VORWORT

Der vorliegenden »Geschichte Italiens« liegt ein Werk zugrunde, das der Verfasser im Jahre 1940 im Verlag des
Bibliographischen Instituts Leipzig unter dem Titel »Geschichte des italienischen Volkes und Staates« (Die Große
Weltgeschichte Bd. 9) veröffentlicht hatte. Was in den Jahren
nach dem zweiten Weltkrieg, als dieses Buch längst vergriffen
war, weder freundschaftlichem Zureden noch verlegerischen
Anregungen gelungen war, glückte dem Alfred Kröner
Verlag: der Verfasser entschloß sich zu einer Überarbeitung
des ursprünglichen Textes für die Bedürfnisse von Kröners
Taschenausgabe. Diesem Ziel galten seine letzten literarischen Bemühungen. Nach dem Tode des Verfassers übernahm Frau Dr. Johanna Seidlmayer aufgrund seiner hinter-
lassenen Aufzeichnungen die Fertigstellung des Manuskrip-
tes. Sie weiß dem Alfred Kröner Verlag aufrichtigen Dank,
daß er ihr diese Aufgabe anvertraut hat. Durch mancherlei
freundschaftliche menschliche wie sachliche Hilfe wurde sie
ihr erleichtert; vor allem fand sie immer bereitwillig Rat und
Förderung durch die Würzburger Universitätsprofessoren
und einstigen Kollegen des Verfassers, Dr. Franz Rauhut und
Dr. Herbert Siebenhüner. Universitätsprofessor Dr. Theodor
Schieder (Köln) übernahm, wie schon 1940, auch diesmal
wieder die Bearbeitung der Epoche seit dem ersten Weltkrieg
und führte sie bis in die jüngste Vergangenheit fort. Erst
durch seine Mitarbeit ist das Erscheinen des Buches in der

angestrebten Form ermöglicht worden. Frau Dr. Josephine Mayer-Seidlmayer (München) hat sich der entsagungsvollen Arbeit des Korrekturlesens mitunterzogen.

J. S.

VORWORT ZUR ZWEITEN AUFLAGE

Die Forschungen zur italienischen Geschichte sind, wie jeder Blick in die Bibliographie am Schluß dieses Bandes zeigen kann, in den knapp drei Jahrzehnten seit der vorhergehenden Auflage dieses Werkes mit großer Intensität vorangeschritten. Gleichwohl darf der »Seidlmayer«, wie er vielfach heißt, auch heute noch das Interesse des deutschen Lesers beanspruchen. Gesamtdarstellungen zur italienischen Geschichte in deutscher Sprache sind rar. Und die wenigen Titel, die hier zu nennen wären, sind qualitativ nicht immer befriedigend. So lohnt weiterhin ein Rückgriff auf dieses solide und aus intimer Kenntnis seines Gegenstandes geschriebene Werk, das zwei Generationen deutscher Italien-Interessierter begleitet hat.

J. P.

ITALIEN IM 12. UND 13. JAHRHUNDERT

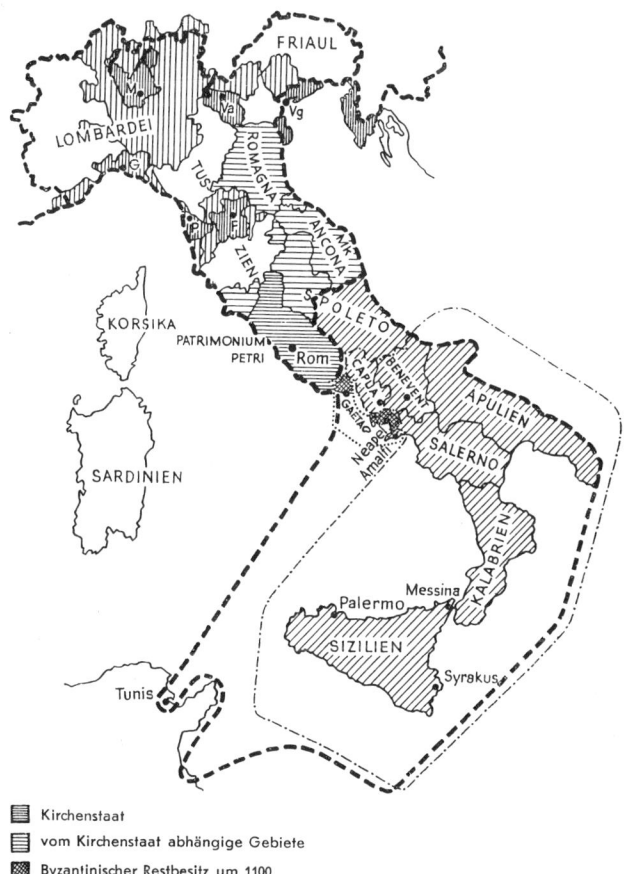

Kirchenstaat

vom Kirchenstaat abhängige Gebiete

Byzantinischer Restbesitz um 1100

Staufischer Besitz um 1200

Gebietsstand um 1300 } der wichtigsten nationalen Stadtstaaten :

Gebietsstand um 1350 }

.... Grenze des byzantin. Restbesitzes

—·—·— Grenze des Normannenreiches in Süditalien um 1200

▬▬▬ Grenze des Deutschen Reiches u. seiner Reichsteile um 1200

M = Mailand
Va = Verona
Vg = Venedig
G = Genua
P = Pisa
F = Florenz

MICHAEL SEIDLMAYER

GESCHICHTE ITALIENS

Vom Zusammenbruch des Römischen Reiches
bis zum ersten Weltkrieg

mit Beiträgen von:

THEODOR SCHIEDER
Italien vom ersten zum zweiten Weltkrieg

JENS PETERSEN
Italien als Republik: 1946–1987

2., erweiterte Auflage

ALFRED KRÖNER VERLAG STUTTGART

Seidlmayer, Michael

Geschichte Italiens
2., erweiterte Auflage
Stuttgart: Kröner 1989
(Kröners Taschenausgabe; Bd. 341)
ISBN 3-520-34102-6

INHALT

Seit dem Zusammenbruch des Römischen Reiches hat das italienische Volk zwei Höhepunkte seiner geschichtlichen Entfaltung erlebt: die Renaissance des 15. und das Risorgimento des 19. Jahrhunderts. Die Namen dieser beiden größten Epochen wirken wie ein Symbol für die *ganze* italienische Geschichte. Rinascimento (Renaissance): ›*Wieder*geburt‹ und Risorgimento ›*Wieder*erstehung‹, beide drücken den Willen aus, an etwas Vergangenes, das verfallen und erstorben war, aber zu neuem Leben erweckt werden soll, anzuknüpfen. In dieser *Rückwendung des Blickes* – weit über jede nähere Vergangenheit hinweg – aber kommt eine gewisse Unzufriedenheit des Italieners mit dem Verlauf seiner Geschichte zum Ausdruck. Die Renaissance hat so bereits ein Jahrtausend überspringen müssen, um den Anschluß an eine Zeit zu finden, die ihr vorbildhaft erscheinen konnte, das Risorgimento fast eineinhalb Jahrtausende. Und ähnlich hat sich auch das faschistische Italien in solchen Gedankenkreisen bewegt: ihm stand das Imperium der Antike als richtungweisendes Vorbild vor Augen.

Nun ist es selbstverständlich, daß sich Geschichte nicht einfach wiederholen läßt, und daß lange Jahrhunderte geschichtlichen Ablaufes nicht gleichsam als ungeschehen ausgemerzt werden können. Und so gehört eine solche Wiedererwekkung mehr dem Bereich des Gedanklichen und Wunschhaften an als dem der realen Verwirklichung: sowohl die Renaissance wie das Risorgimento stellen etwas durchaus Neues und Eigenständiges dar. Dennoch bleibt: bei keinem anderen großen Volk Europas stehen gerade die Höhepunkte seiner kulturellen oder politischen Kraftentfaltung in ähnlicher Weise im Zeichen der geistigen Rückwendung und haben ihre Deutung und Sinngebung so sehr von der Vergangenheit einer längst entschwundenen Vorzeit her empfangen können. Nirgendwo konnte die rückblickende Betrachtung einer Zeit, die schlechtweg als Ideal, Muster und Vorbild des völkischen Daseins erscheint, so sehr Gegenwartsantrieb und neugestaltende Wirkungskraft werden wie beim Volk der Apenninenhalbinsel.

Die Ursache für diese Erscheinung ist leicht zu finden: sie liegt in der *politischen* Entwicklung des Landes. Der festen Einheit und der gebietenden Machtentfaltung zur Zeit der Römerherrschaft – sei es die republikanische Epoche oder die Kaiserzeit – folgten die langen Jahrhunderte des politischen Verfalls, deren Kennzeichen heißen: staatliche Zersplitterung und Fremdherrschaft. Sie sind die Stigmata der äußeren Geschichte Italiens bis zum 19. Jahrhundert.

Das erstere, die Aufsplitterung des Volkes in partikularistische Kleinstaaten, teilen die Italiener freilich auch noch in den neueren Jahrhunderten mit manchen anderen Völkern Europas, vor allem mit dem deutschen Nachbarvolk. Das für die politische Geschichte Italiens (bis zum 19. Jahrhundert) schlechtweg Charakteristische ist vielmehr die Fremdherrschaft. Seit dem Ende des Römischen Reiches ist das italienische Volk fast durchweg nicht mehr Herr seines eigenen Schicksals gewesen; Fremdstämmige vielmehr haben sich das Land ganz oder zu wesentlichen Teilen unterworfen, der Reihe nach alle Völker, die es im Umkreis gab: Germanen und Deutsche, Normannen, Sarazenen und Griechen, Franzosen, Spanier und gelegentlich einmal sogar die Ungarn. Der Kampf um die Vorherrschaft in Europa scheint geradezu den Kampf um Italien zu bedingen. Dieser Erkenntnis hat schon der italienische Publizist Andreas de Marinis aus Cremona in einer aus römisch-antiker Tradition gespeisten Nüchternheit des Blickes Ausdruck verliehen, als er dem nach Italien ziehenden König Ruprecht von der Pfalz (1401) die Mahnung mit auf den Weg gab: »Vor allem wirst du dich des Fundaments und festen Sitzes des Reiches, Italiens, annehmen müssen . . .; so wirst du dir leicht alle übrigen Völker des heiligen Reiches unterwerfen, wie sie ohne Italien noch niemand gewonnen hat.«

So werden wir in diesem Abriß der italienischen Geschichte zunächst eine Periode der germanisch-deutschen Vorherrschaft von der Mitte des 5. Jahrhunderts bis zum Untergang der Staufer um die Mitte des 13. Jahrhunderts unterscheiden können, wobei diese nordische Vorherrschaft allerdings eingeschränkt wird zuerst durch die Griechen, dann durch die Sarazenen und die längst romanisierten Normannen, die sich im Besitze des südlichen Italien gegenseitig ablösen. Auf diese acht Jahrhunderte folgt eine Epoche von weiteren 500 Jahren, in denen zunächst der französische Machteinfluß das Feld beherrscht, bis dann die ganze Halbinsel zum Kampfobjekt der neuen Großmächte Spanien, Frankreich und Österreich wird. Sie alle behaupten sich in wechselvollen Kombinationen, bis endlich das Risorgimento das Land endgültig gegen jeden fremden Herrschaftsanspruch abgeriegelt hat. Gewiß hat das italienische Volk auch früher schon vielfach in nationalen Gegenbewegungen und in kriegerischer Auseinandersetzung mit den Fremdmächten selbst in starkem Maße an der Gestaltung seiner Geschicke mitgewirkt; aber an der Tatsache dieser Fremdmächte selbst hatte es nichts ändern können. Nur zwei kurze Teilabschnitte gibt es innerhalb dieser beiden großen Epochen, die durch eine verhältnismäßig weitgehende politische Selbständigkeit ausgezeichnet sind: das Jahrhundert vom Verfall der karolingischen bis zum Beginn der ottonischen Herrschaft (wobei sich jedoch beträchtliche Teile Unteritaliens in den Händen der Griechen und Sarazenen befinden) und die Jahrzehnte der Renaissance (bis um 1500), in denen aber wiederum Unteritalien und vor allem Sizilien der spanischen Machtsphäre zugehören. Beides sind Perioden, in denen sich das andere Merkmal, die politische Zerrissenheit und Auflösung in kleinstaatliche Gebilde, besonders scharf abzeichnet.

Und doch ist für Petrarca Italien ›der Ruhm der Welt‹ (gloria mundi), ja er schrieb das kühne Wort: »Was ist denn *alle* Geschichte anderes denn ein Lobpreis auf Rom (Romana laus)?« Alle die fremden Beherrscher im Lande drückt das italienische Selbstbewußtsein schonungslos zu ›Barbaren‹ herab, nicht bloß die schwerfälligen und in ihrer kriegerischen

Kraft gefürchteten Deutschen; auch den lateinischen Stammesbrüdern, den Franzosen und Spaniern, ergeht es nicht besser. Denn eine göttliche Offenbarung tritt in der lateinischen – und damit in ihrer unmittelbarsten Erbin, der italienischen – Sprache an den Tag, verkündet derselbe Petrarca ebenso wie Lorenzo Valla; die Sprache aber ist ihnen Fundament, Ausgangspunkt und vornehmste Äußerung aller Kultur. Den gleichen Gedanken nimmt der große Geschichtsphilosoph des 18. Jahrhunderts, Giambattista Vico (gest. 1744) auf, wenn er ein Büchlein über »die uralte Weisheit der Italiker, wie sie aus den Ursprüngen der lateinischen Sprache erhellt«, schrieb. Auf der anderen Seite gibt etwa Goethe in Rom seiner Überzeugung Ausdruck, »daß hier das Große war, ist und sein wird«. Und noch in der Zeit der tiefen Erniedrigung in den vierziger Jahren des vergangenen Jahrhunderts verkündet Vincenzo Gioberti in einem Buch, das trotz aller Phantastik weitesten Widerhall gefunden hat, den »moralischen und zivilen Primat der Italiener«: sie sind unter allen Völkern das begabteste, das universalste, ja sie sind die übernatürliche Nation (nazione sovranaturale)!

Sind solche Äußerungen des gesteigerten *Selbstgefühls* nur eitle Überheblichkeit und die Flucht aus der unbefriedigenden Wirklichkeit in das wunschgeborene Traumland der Phantasie? Zu einem Teil mag es so sein. Aber doch hatte der Italiener auch vor dem 19. Jahrhundert Grund genug, mit Stolz auf seine Leistungen und auf seine Stellung innerhalb der europäischen Völkergemeinschaft zu blicken. Es gab lange und entscheidende Perioden, in denen Italien auf die anderen Völker maßgebenden Einfluß ausübte, ja unter ihnen selbst die unbestrittene Führerstellung einnahm.

Im Gefüge des christlichen Mittelalters ist das ohne weiteres ersichtlich. Die erste Roma aeterna der Antike fand ihre Fortsetzung und Erneuerung in der zweiten Roma aeterna des Papsttums mit seinen mannigfachen (unmittelbar oder mittelbar vom Papsttum getragenen) Einwirkungen nach allen Seiten hin. Man braucht nur etwa an die weitreichenden Ausstrahlungen des benediktinischen Mönchtums zu denken oder an den Strom religiöser Erneuerung und Verinnerlichung, der mit dem vielfältigen Spiritualismus des Franziskanertums die europäischen Länder erfaßt hat, oder anderseits an das römische Recht, das sich – zum guten Teil auf dem Weg über das kanonische Recht – die Völker erobern konnte.

Die große Epoche des Italieners aber ist die Renaissance. Angefangen von der neuen ungebundenen, individualistischen Wirtschaftsform des Kapitalismus und dem neuzeitlichen Staat (: von italienisch stato!) mit seiner rein diesseitigen Zielsetzung und seiner rein rationalen Ordnung; bis zur Ausbildung und bewußten Kultivierung der autonomen Persönlichkeit und der mannigfachen Aspekte, die sie eröffnet: alles das ist eine Schöpfung jener umfassenden Bewegung – und ihr Vermächtnis an alle folgenden Epochen der Neuzeit.

Nochmals ist Italien in beträchtlichem Ausmaß auch für andere Völker beispielgebend geworden, mit der Größe des aufgestellten Ideals ebenso wie mit aller menschlichen Unzulänglichkeit seiner Verwirklichung: im Zeitalter der Gegenreformation und des Barock. Die gesamte Geisteshaltung dieser Epoche, d.h. der geschichtlich letzte Versuch, die irdische mit der jenseitigen Lebenssphäre zu einer harmonischen Einheit zusammenzuschließen – man könnte sie, ohne damit ein Werturteil zu verbinden, als die ›antipuritanische‹ Haltung bezeichnen – hat im lebensfrohen Süden ihre kräftigste Nahrung empfangen und ist als bedeutender geistiger Strom wenigstens in die katholisch gebliebenen Teile Europas übergeflossen.

Dann freilich ist es für lange Zeit mit der geistigen Ausstrahlung großen Stils vorbei. Wenn man von den Teilgebieten der Musik und des Theaters absieht, hat das Italien des späten 17. und des 18. Jahrhunderts auch die kulturelle Führung völlig an andere Länder abgeben müssen, an Frankreich vor allem, dann auch, insbesondere in wirtschaftlicher Beziehung, an die neuen Handelsmächte England und die Niederlande. Der einzige überragende und originale Denker dieser Zeit, der Neapolitaner Vico, blieb in Italien ebenso wie im Ausland ein nahezu unbekannter Mann.

Ein besonderer Entwicklungsfaktor, der der Geschichte Italiens zum Unterschied von allen anderen Ländern allein eigentümlich ist und der einen tiefgreifenden Einfluß ausgeübt hat, ist das *Papsttum:* nicht als universales Haupt der (katholischen) Christenheit, sondern das Papsttum in seiner engen Verflechtung mit dem ganzen politischen und geistigen Schicksal der Halbinsel, insbesondere als territorialer Machtfaktor, als Inhaber des Kirchenstaates und (vom 11. bis ins 18. Jahrhundert) als Lehensherr des Königreiches Neapel und Sizilien. Was für einen Platz nimmt, allgemein gesehen, dieses Papsttum im Rahmen der italienischen Geschichte ein? Für die *kulturelle* Stellung zunächst, die Italien in Europa behauptet hat, ist es auf jeden Fall eine der wichtigsten Grundlagen und Stützpunkte gewesen. Für das Mittelalter und für den Barock ist das ohne weiteres deutlich. Aber auch die Renaissance ist, trotz der Verdiesseitigung aller Lebensbereiche, die sie mit sich brachte, in weitem Umfang mit vom Papsttum getragen. Selbst an einer so weltlichen Sache wie der Ausbildung der neuen Wirtschaftsform des ›Frühkapitalismus‹ ist es in hervorragendem Maße beteiligt. Gewiß hat das Papsttum diesen seinen mächtigen Anteil an der Renaissance weitgehend mit der Preisgabe seiner eigentlichen religiösen und kirchlichen Aufgabe bezahlt, und die Renaissance wird in seiner Geschichte immer als Fremdkörper wirken; aber das ändert nichts an der geschichtlich vorliegenden engen Verknüpfung des Papsttums mit jener großen Durchbruchsbewegung einer neuen Zeit. Später freilich, im 18. und 19. Jahrhundert, wird das Papsttum ein Moment der konservativen Beharrung, ja vielfach ein ausgesprochen hemmendes Moment; aber in den Jahrhunderten der *großen* Kulturleistungen Italiens behauptet es seinen Platz an führender Stelle und in vorderster Linie.

Anders liegen die Dinge in *politischer* Hinsicht. Wohl gibt es auch da einzelne Perioden, in denen das Papsttum aktiv im Sinne der italienischen Interessen auftritt oder selbst die Führung übernimmt. So vor allem gleich in den Anfängen der Geschichte des Landes (6. und 7. Jahrhundert), als es inmitten der allgemeinen Auflösung und Hilflosigkeit kraft seiner überragenden moralischen Autorität zum stärksten Ordnungsfaktor heranwuchs und damit eine Aufgabe übernahm, der damals keine andere einheimische Macht gerecht zu werden vermochte. Langsam und fast unvermerkt hoben die damaligen natürlichen Bedürfnisse des Landes das Papsttum in eine Stellung, die sich dann schließlich zum eigentlichen territorialen Besitz, über das ›Patrimonium Petri‹ zum ›Kirchenstaat‹, ausweitete. Auch aus den späteren Jahrhunderten werden wir noch Augenblicke kennenlernen, in denen das Papsttum die Vertretung der politischen Interessen des Landes führend zu übernehmen schien. So in den ersten Jahrzehnten des großen Kampfes gegen die Staufer, unter Alexander III., Innozenz III. und Gregor IX., oder wiederum auf dem Höhepunkt der Renaissance, als der kriegsgewaltige Julius II. im Kampf gegen die Franzosen den Schlachtruf »Fuori i barbari!« (»Hinaus mit den Barbaren, mit den Fremden!«) erschallen ließ. Ja selbst im 19. Jahrhundert hat noch eine beträchtliche geistige Strömung, der ›Neuguelfismus‹, geglaubt, dem Papsttum die moralische Führerschaft über das von den Fremden gereinigte und föderativ zusammengeschlossene Italien anvertrauen zu können; selbst dem Bereich der realen Politik sind zeitweise solche Gedanken nicht fremd geblieben, so sehr sie auch für den nüchternen Betrachter den Stempel der inneren Unmöglichkeit an sich tragen mochten.

Aber solche Fälle, in denen sich der Landbesitz des Papsttums positiv oder wenigstens ohne zu stören in die nationalen Interessen des Landes einfügte, sind jedenfalls in der Neuzeit Ausnahmen geblieben. Seit dem 13. Jahrhundert, als das nationale Problem in ganz Europa erwachte, ist die territoriale Macht des Papsttums mehr und mehr zum Hemmschuh für die nationale Einigung und Verselbständigung des Landes geworden. Insbesondere die Berufung der Anjou ins unteritalienische Lehensreich erwies sich als eine Tat, die ungeahnte und verhängnisvolle Auswirkungen nach sich zog: sie vor allem hat die jahrhundertelange Rivalität heraufbeschworen, in der die Großmächte Frankreich und Spanien mit Österreich sowohl wie mit den einheimischen Kräften um den Besitz der Halbinsel rangen. Und im 19. Jahrhundert hat das

Risorgimento kein schwierigeres Problem gekannt als die ›römische Frage‹, d.h. die Notwendigkeit, zur Verwirklichung der Unità italiana den weltlichen Besitz des Papsttums liquidieren zu müssen. Erst die Lateranverträge des Jahres 1929 haben dieses Problem endgültig aus der italienischen Geschichte ausgelöscht.

Anderseits ist nicht zu vergessen, daß sich das Papsttum in seiner äußeren Gestalt und Organisation (in den hier zu behandelnden einigen Jahrtausenden) in überwiegender Weise als italienische Einrichtung darstellt. Die Perioden, in denen dieser italienische Charakter des Papsttums mehr oder weniger durchlöchert erscheint, sind verhältnismäßig selten und kurz: das 6. und 7. Jahrhundert erleben noch eine längere Reihe von griechisch-byzantinischen Päpsten – doch steht dazwischen schon eine so nationalrömische Figur wie Gregor d. Gr.! – dann bringt das deutsche Kaisertum um die Mitte des 11. Jahrhunderts mehrere deutsche Männer, deren Regierungszeit aber insgesamt nur etwa ein Jahrzehnt füllt, auf den päpstlichen Thron, und schließlich folgt, nach längerer Vorbereitung in der zweiten Hälfte des 13. Jahrhunderts, als tiefster und markantester Einbruch die französische Epoche des avignonesischen Exils (14. Jahrhundert). Mit dem Niederländer Hadrian VI. (1522–1523) hat bis heute zum letztenmal ein Nichtitaliener die Tiara getragen. Italiener sind aber nicht nur die Päpste selbst; auch die gesamte Kurie – Kardinalskolleg und Verwaltungsbehörden aller Art – steht im *ganzen* genommen unter der entschiedenen Vorherrschaft des Italienertums. Und zahllose Italiener sind in den späteren Jahrhunderten des Mittelalters und in der Neuzeit als päpstliche Legaten oder Nuntien in aller Herren Länder gezogen, um dort auf die inneren Verhältnisse der fremden Völker mehr oder weniger tiefgreifend einzuwirken.

Sodann: in unlösbarer Weise ist der Stuhl Petri an Rom gebunden. Bis in die allerneueste Zeit herauf ist das Papsttum (im Mittelalter in engster Verknüpfung mit dem Kaisertum) der einzige wahrhaft lebendige Träger und kraftvolle Verwirklicher des Romgedankens geworden (über die Schwäche des stadtrömischen Romgedankens wird zu seiner Zeit zu sprechen sein). Der Romgedanke mündet aber immer irgendwie in den Gedanken ›Italien‹, so sehr er kraft seiner inneren Dialektik auch wieder darüber hinauswachsen muß.

All dies blieb nicht unbeachtet. Es weckte vielmehr und belebte immer wieder den Stolz des Italieners auf *sein* Papsttum, das italienisches Wesen am großartigsten zu verkörpern schien und italienischen Einfluß in die ganze Welt hinaustrug. In allen anderen Ländern Europas (England, Frankreich, Deutschland, selbst Spanien) brachen zu gewissen Zeiten (etwa im Spätmittelalter) dem Papsttum gegenüber immer wieder Gefühle der Fremdheit, des Bevormundetseins, ja des Ausgebeutetwerdens durch, die sich oftmals zu scharfer und aktiver Kampfstimmung verdichteten. Auch in Italien fehlt es natürlich nicht an Spannungen, aber sie erscheinen weit schwächer und abgemilderter: es gab eben hier auch außerhalb der rein religiösen Sphäre zu viele positive Berührungspunkte und Gemeinsamkeiten mit dem Papsttum, als daß man (bewußt oder unbewußt) so leicht bereit gewesen wäre, den Bogen bis zum Zerreißen zu spannen – wenigstens solange die christliche und katholische Grundstimmung lebendig blieb, also bis in die Zeit der Aufklärung und des sich auf ihr erhebenden Liberalismus hinein. Erst unter den ungestüm drängenden kulturellen und nationalpolitischen Forderungen des 19. und 20. Jahrhunderts zerbrach jene uralte und spezifische innere Einheit zwischen Italienertum und Papsttum wenigstens im Bewußtsein der führenden Oberschicht in weitem Umfang, um tiefgreifenden, weiterwirkenden Spannungen Platz zu machen.

Jeder Blick auf die Landkarte zeigt mit aller wünschenswerten Deutlichkeit eine grundlegende Position der Apenninenhalbinsel: als Zentrum des Mittelmeerbeckens, das für den größten Teil Europas jahrhunderte-, ja jahrtausendelang *das* Meer gewesen ist. Auch das ›kontinentale‹ Italien, der oberitalienische Raum, öffnet sich dank des Poflusses mit aller Entschiedenheit auf das Meer, die Adria, zu. Das ›peninsulare‹ Mittel- und Unteritalien wird durch seine Flußläufe (Arno, Tiber, Volturno) auf die andere Seite, das Tyrrhenische Meer, hingewiesen; eine Ausnahme bildet fast nur die apulische Ebene mit den Häfen Bari und Brindisi. Und ebenso gehören auch die großen Inseln Sardinien, Korsika und (zu einem guten Teil auch) Sizilien dem Bereich des westlichen Mittelmeerbeckens an. Wohl haben diese geographischen Gegebenheiten zu manchen Zeiten gewisse veruneinheitlichende Tendenzen verschuldet; aber die Tatsache der Meergebundenheit Gesamtitaliens bleibt von solcher Zwiespältigkeit unberührt, ja durch die doppelte Blickrichtung nach Ost und West (und im Süden durch den nahen Übergang nach Nordafrika) wird sie noch in ihrer Allgemeingültigkeit unterstrichen.

So ist es selbstverständlich, daß sich diese *Mittelmeerlage* des Landes immer wieder in der Geschichte zur Geltung bringt, sei es in mehr oder weniger ausgeprägter Andeutung, sei es mit der ganzen Wucht der ihr innewohnenden Dynamik. Vom 12. vor allem bis ins 14. und 15. Jahrhundert hinein durchqueren die Seefahrer von Venedig, Genua und Pisa den weitgespannten Raum von der spanischen Halbinsel bis hinüber zu den nördlichen Gestaden des Schwarzen Meeres, und die afrikanische Gegenküste ist naturgemäß den unteritalienischen und sizilischen Mächten nie völlig aus dem Auge gekommen. So hoch dies alles für das wirtschaftliche und kulturelle Gesamtbild Italiens zu veranschlagen sein mag, es bleibt doch nicht zu übersehen, daß bis in die neueste Zeit hinein in der *politischen* Ausrichtung die Mittelmeerlage des Landes in starkem Maße hinter die zentraleuropäisch-festländische Position zurücktritt.

Als Ursachen für diese Erscheinung sind in gleicher Weise die Fremdherrschaft wie die innere Zersplitterung zu nennen. Von allen Völkern, die von Norden her mit Erfolg nach dem Besitz der Halbinsel gegriffen haben, sind nur die Normannen Seefahrer gewesen. Ostgoten, Langobarden, Franken, dann die Deutschen und im ganzen auch die Franzosen sind ohne politische Aspirationen geblieben, die ernsthaft über das festländische Italien (einschließlich der nächstbenachbarten Inseln) hinausgegriffen hätten. Spanien blickte mit seinen Seeinteressen in erster Linie nicht auf das Mittelmeer, sondern auf den Ozean, hinüber nach Amerika. Die Fremdmächte haben also im großen und ganzen Italien automatisch von seiner Mittelmeerstellung abgezogen und – in Anziehung und Abstoßung – in hohem Maße in die politischen Systeme des nördlichen und westlichen Europa eingegliedert. Das war um so leichter möglich, als ja der Alpenwall in seiner ganzen Ausdehnung über eine beträchtliche Anzahl von hervorragenden Pässen verfügt und so auch für die Verkehrsmöglichkeiten der früheren Zeiten nirgends eine ernsthaft trennende Mauer darstellte. Nur die Normannen in Unteritalien haben versucht, den nordafrikanischen Rand auch machtmäßig in ihren Staat mit einzubeziehen und auch im nahen Albanien festen Fuß zu fassen; aber sie sind über früh verfallene Anfänge nicht hinausgekommen.

Noch weit mehr gilt das von den ausschließlich einheimischen Seefahrerstädten Venedig, Genua und Pisa, deren Mittelmeergedanke überdies nicht vom Politischen, sondern ganz vom Wirtschaftlichen her bestimmt war. Wohl fehlte es auch bei ihnen vor allem im 13. Jahrhundert nicht an Ansätzen zur Bildung von dauerhaften Machtpositionen im östlichen Mittelmeerbecken, aber die unerbittliche Konkurrenz, mit der sich die drei Städte an allen wichtigen Handelspunkten gegenseitig den Rang abzulaufen suchten, hat diese hoffnungsvollen Ansätze im Keim ersticken lassen. Die Vereinzelung, in der jede der drei Städte stand, war ja eine völlige: schon das unmittelbare Hinterland in der Heimat war an ihrem Ringen um Seegeltung zum wenigsten unbeteiligt, wenn es dieses nicht direkt mit scheelen Augen verfolgte. Gerade für Venedig ist es charakteristisch, daß es jahrhundertelang abseits vom übrigen Italien seine Wege ging, daß es mit seiner gesamten Interessenwelt dem Hinterland den Rücken zugekehrt hat. Erst seit Anfang des 15. Jahrhunderts ist es mit seiner ›Terra ferma‹ auch zur Festlandsmacht geworden. Aber diesem vergrößerten Venedig ist nun für die Verfolgung aller östlichen (und auch südlichen, afrikanischen) Interessen durch eine andere Macht ein unüberwindlicher Riegel vorgeschoben worden: durch die Türken. Der Fall von Konstantinopel (1453) endlich hat das Signal zum großen Halt im Osten gegeben.

Und so bleibt es die ganzen neueren Jahrhunderte hindurch. Aber kaum daß im 19. Jahrhundert die ›Italia unita‹ entstanden war, wird frühzeitig – wenn nicht verfrüht – auch das Mittelmeer wieder zum lebendigen politischen Begriff. Zudem stellt sich jetzt die Frage nach dem im Mittelmeerraum verstreuten Auslandsitalienertum, um rasch zu einem fast ständigen Hauptthema des jungen Staates zu werden. Doch erst dem faschistischen Italien sollte der Schritt in eine im großen Stil geplante imperiale Mittelmeerpolitik gelingen.

Das Jahr 1945 jedoch bedeutete auch für Italien eine tiefe Zäsur. Sie verwies das vom Krieg gezeichnete Land nicht nur nachdrücklich an innere Probleme zurück, sondern legte ihm auch im Zuge einer beginnenden weltweiten Liquidierung der Kolonialpolitik überlieferter Prägung den Verzicht auf derartige Formen und Früchte der Machtentfaltung auf. Über solche unausweichliche Gegebenheiten hinaus aber hat sich der Staat der Apenninenhalbinsel für eine Politik der Schicksalsgemeinschaft mit der westlich-atlantischen Völkerwelt – und damit (wenn auch zeitbedingt modifiziert) für seine Tradition – entschieden.

DIE GERMANISCH-DEUTSCHE
VORHERRSCHAFT

(etwa 450–1250)

ITALIEN IN DER VÖLKERWANDERUNGSZEIT
(450–800)

Die Loslösung Italiens aus dem weströmischen Reich
(5. Jahrhundert)

Am 24. August 410 zogen die Westgoten mit ihrem König Alarich an der Spitze als siegreiche Eroberer in Rom ein; sie unterwarfen die Stadt, ohne deren großen antiken und christlichen Bauwerken erheblicheren Schaden zuzufügen, einer dreitägigen Plünderung, um sie dann überraschend schnell und in Richtung nach Süditalien wieder zu verlassen.

Dieser erste Fall der ewigen Stadt – der halb sagenhafte Galliereinfall etwa 387 v. Chr. lag schon 800 Jahre zurück – hat die Welt tief erschüttert. Rom, die »heilige Heimstätte des Reiches und aller Tüchtigkeiten« (so der letzte große lateinische Geschichtsschreiber Ammianus Marcellinus, gest. um 400), war die Beute der feindlichen Barbaren geworden, die gleiche ›Roma aeterna‹, von der der Dichter Claudianus, gläubig den Vergilischen Prophezeiungen vom ›Imperium sine fine‹ hingegeben, noch ein Jahrzehnt vor der Katastrophe gesungen hatte: »Sie aber, Roma, ist gefeit durch Wahrsprüche der Sibylle, sie ist mit Lebenskraft erfüllt durch Numas Götterdienst, von ihr aus schleudert seine Blitze Jupiter . . .« Nun brach Hieronymus in die verzweifelte Klage aus: »Das hellste Licht des Erdkreises ist erloschen, das Haupt des Römischen Reiches vom Rumpf getrennt, und, um es besser zu sagen, mit der einen Stadt ist der ganze Erdkreis untergegangen.« Für Augustinus wird das Geschehen zum unmittelbaren Anlaß zu jenem großen Werk der zweiundzwanzig Bücher ›Vom Gottesstaat‹, in dem er weit ausholend den Sinn des Leidens und des Bösen im christlichen Verständnis zu deuten versuchte und das Christentum gegen die Vorwürfe des sinkenden Heidentums, daß nur der Verrat am Kult der alten heimischen Götter die Schuld an allem Unglück trage, verteidigen wollte. Ein Jahrtausend später aber wird die humanistische Geschichtsschreibung des Leonardo Bruni (gest. 1444), des Flavio Biondo (gest. 1463) und Machiavellis (gest. 1527) in eben diesem Fall Roms (den die beiden letzteren jedoch ins Jahr 412 setzen) den tiefen Einschnitt sehen, von dem aus ein neues Zeitalter begann, eben jene zehn dunklen und barbarischen Jahrhunderte des ›medium evum‹, des Mittelalters, die nun endgültig überwunden werden sollten.

Jedoch ein anderer Humanist, Poggio Bracciolini (gest. 1459) wußte auch schon, daß Rom nicht so sehr nur den äußeren Anstürmen übermächtiger Feinde erlegen war, daß vielmehr die Weltmacht schließlich an sich selbst zugrunde gegangen war. In einer sehr pessimistischen Betrachtung des römischen Reiches schreibt er: »Indem es . . . alle Nachbarn im Umkreis zu unterjochen suchte, schwoll es . . . zu einer solchen ungeheuren Masse an, daß es durch sein eigenes Gewicht stürzen mußte.«

Die Umbildungs- und Zersetzungserscheinungen zunächst vor allem wirtschaftlich-sozialer Art, die, deutlich schon seit der hohen Kaiserzeit einsetzend, dieses selbstzerstörerische ›Eigengewicht‹ immer bedrohlicher anwachsen ließen, sind hier nur insoweit kurz zu berühren, als es zum Verständnis der zum Mittelalter hinführenden Übergangsepoche notwendig ist.

Der Stand der kleinen und mittleren freien Bauern, die ursprüngliche und unerschöpfliche Kraftreserve des alten Rom, fiel mehr und mehr der Vernichtung anheim. An seine Stelle trat einerseits der Stand der großen Latifundienbesitzer, anderseits die Masse der von ihnen abhängigen Kleinpächter, der unfreien und bald auch in ihrer ganzen Lebenshaltung proletarisierten Kolonen. Das war vor allem durch die großen siegreichen Kriege in den entferntesten Ländern möglich geworden. Sie hatten dem Bauern, der dort langdauernden Heeresdienst leisten sollte, die geordnete Bestellung seiner Felder unmöglich gemacht und ihn so langsam verarmen lassen, während sie für eine kleine Gruppe von führenden Männern – Feldherrn, Statthalter und mancherlei gewandte Un-

ternehmer – unerhörte Möglichkeiten der Bereicherung und
damit des eigenen Machteinflusses innerhalb des ganzen
Staatsgefüges eröffneten. Und schnell verstand es diese neue,
nunmehr sozial und rechtlich scharf abgegrenzte Klasse der
großgrundbesitzenden ›Ritter‹ und ›Senatoren‹ die mit der
Ausdehnung des Reiches immer mehr anwachsenden Staats-
lasten auf die Schultern der Kleinen abzuwälzen: so ist der
Bauer auch unter einem für ihn untragbaren Steuerdienst
zusammengebrochen. Das Ergebnis dieser Entwicklung aber,
die ›Grundherrschaft‹, gehört zu den unmittelbaren äußeren
Voraussetzungen für den Wirtschaftsfeudalismus des heraufziehenden Mittelalters.

Entsprechend verlief die Entwicklung in den großen Städten, vorab in Rom selbst. Handel und Gewerbe blühten auf,
die Steigerung der gesamten Lebenshaltung verlockte zu
einer weitausgreifenden Landflucht und hatte zunächst ein
riesiges Anschwellen der Städte zur Folge. Doch auch hier
wußte das (meist im ländlichen Großgrundbesitz fundierte)
Unternehmertum der in der Staatsführung tonangebenden
Stände die finanziellen Lasten vorzüglich dem kleinen und
mittleren Bürgertum zuzuschieben. Große, in wenigen Händen aufgestaute Reichtümer und die besitzlosen proletarisierten Massen traten sich auch hier gegenüber.

Die Zeichen einer ernsten Gefährdung des Reiches drängen sich überall auf: Neben der tiefgreifenden sozialen Umschichtung, die sich auch auf die militärische Kraft Roms nur
unheilvoll auswirken konnte, verursacht ein bedrohlicher Be-
völkerungsrückgang in Stadt und Land die Aushöhlung des
römischen Reiches von innen her. Und in engem Zusammenhang mit dem Versiegen der natürlichen Vitalität vollzieht
sich der Verfall der religiös-sittlichen Welt, an dem auch das
Christentum – seit Konstantin und Theodosius d. Gr. privile-
gierte Staatsreligion (313 bzw. 380) und damit *Massen*bekenntnis – aufs Ganze gesehen nichts mehr ändern konnte.
Schwere Folgen bezüglich der ganzen innervölkischen Struktur blieben nicht aus: Angehörigen fremder Völkerschaften
wurde schließlich wahllos der Zutritt ins Staatsvolk gewährt
(die Anfänge auch dieses Vorgangs lassen sich bis in die hohe

Kaiserzeit zurückverfolgen); eine besondere Rolle spielten dabei freigelassene, zu Besitz, Ämtern und Ansehen gelangte Sklaven aus aller Herren Ländern, so daß man wohl sagen konnte, daß es im 4. oder 5. Jahrhundert kaum mehr eine alte römische Familie gegeben habe, die nicht mit Sklavenblut durchsetzt war.

Diese Auflösung des altrömischen Volkskörpers und seine Vermischung nicht bloß mit fremdvölkischen, sondern großenteils selbst schon aus müden und entarteten Kulturen stammenden Elementen hat überaus destruktiv gewirkt und in hohem Maße den Zerfall von Staat, Gesittung und Kultur befördert. Aber doch gab es unter den Fremden *ein* Element, das sich als Träger der Regenerierung und des Neuaufbaues berufen und befähigt erwies: die Germanen.

Wenn man die Germanen zu positiver Mitarbeit heranzog, konnte man die feindlich andringenden Völker immer wieder beruhigen und unschädlich machen, und man gewann noch dazu ein großes Menschenreservoir für die militärischen und landwirtschaftlichen Bedürfnisse des Reiches. Aber schließlich wurden aus den Fremden, deren man sich zur Verdeckung des eigenen Versagens bediente, die Herren.

Germanische Hilfstruppen finden sich zum erstenmal unter Cäsar. Seit dem ersten nachchristlichen Jahrhundert wurden bereits ganze Völkerschaften unter einheimischen Führern als Hilfstruppen (Auxiliarkohorten) verpflichtet und an den entfernteren Reichsgrenzen eingesetzt. Aber bereits unter Augustus drangen die Germanen auch ins Innere des Reiches und in die vornehmsten Truppenkörper, vor allem in die kaiserliche Leibwache, ein. In der Zeit der Soldatenkaiser rücken sie hier in die höchsten Ämter und Kommandostellen auf. Bald stand ein Truppenkörper umso höher in Ansehen, je mehr ›Barbaren‹ zu ihm gehörten.

Die für die Weiterentwicklung jedoch entscheidende Verbindung von Heerdienst und fester Ansiedlung begann mit den Markomannenkriegen des Kaisers Marc Aurel (166 bis 180). Seitdem sind die Germanen immer tiefer zum Zentrum des Reiches hin vorgestoßen und ihr rechtliches Verhältnis zu ihm gewinnt eine immer unabhängigere Form. Im Jahre

376 fand das sog. Föderatensystem seine erste Anwendung, als auf dem Balkan die vor den Hunnen über die Donau zurückweichenden Westgoten ins Reich aufgenommen wurden. Etwa 398 trafen dann die beiden Kaiser Arcadius und Honorius die reichsrechtliche Regelung: Die föderierten Germanen galten nunmehr als ›Gäste‹ *(hospites)* der römischen Grundbesitzer und hatten Anspruch auf jeweils ein Drittel des Latifundiums, samt allem, was an Einrichtung dazu gehörte, einschließlich der Kolonen. Diese Art von germanischer Landnahme blieb das Vorbild für fast alle germanischen Staaten, die sich auf römischem Boden bildeten (ausgenommen die Vandalen in Afrika), und ist auch für Italien die ausschlaggebende geworden; nur die Langobarden gingen hier dann anders – als reine Eroberer – vor.

So wurde das innerlich ausgehöhlte Reich langsam und unvermerkt mit einem neuen Kern ausgefüllt. Die Entwicklung begann in den allerersten Anfängen zu Augustus' Zeiten; im 3. und 4. Jahrhundert entfaltete sie sich zu voller Stärke. Es fehlte natürlich nicht an nationalrömischen Reaktionen gegen die Überfremdung, aber gegenüber der einfachen Logik der Tatsachen konnte ihnen kein dauernder Erfolg beschieden sein. Manche Kaiser aber, wie Caracalla (211–217), Konstantin (306–337) und Theodosius d. Gr. (379–395) haben die Germanisierung des Reiches bewußt gefördert und vorwärtsgetrieben.

Das 5. Jahrhundert hat aus alledem die Folgerungen gezogen. Und zwar nach zwei Richtungen hin: einmal kommen nun die Geschicke des Reiches und speziell auch Italiens schon für Jahrzehnte in die Hände von Germanen zu liegen, die nicht mehr bloß im Heer, sondern auch in der Zivilverwaltung und in der politischen Führung die obersten Stellen innehaben.

Zum andern aber zerfällt im Laufe des 5. Jahrhunderts das römische Reich in seiner Westhälfte auch nach außen hin. Britannien, Gallien, Spanien, Nordafrika, die Donauländer, sie alle gehen seitdem ihre Sonderwege, auch wenn sie sich unter der Herrschaft von ›föderierten‹ Germanenfürsten größtenteils theoretisch noch zum Reich bekennen. Auch das

Kernland Italien wird jetzt aus dem Reichsverband herausgelöst: die selbständige Geschichte der Apenninenhalbinsel beginnt.

Von hier aus ist bis zum ersten germanischen Königtum des Odoaker ein skizzenhafter Überblick über die äußeren Geschehnisse notwendig. Der Tod des Kaisers Theodosius d. Gr. (395) trennte das Reich in eine Ost- und Westhälfte, wobei aber der Gedanke der Reichseinheit grundsätzlich keineswegs aufgegeben wurde. Im Ostreich saßen seit 376 in Niedermösien (Rumänien südlich der Donau) die Westgoten als Föderaten des Reiches. Diese brachen um 395 unter der Führung ihres jungen Stammesherzogs Alarich zu einem ausgedehnten Wanderzug durch den Balkan auf, bis sie 401 erstmals an die nordöstlichen Tore Italiens pochen. Dort tritt ihnen der Vandale Stilicho entgegen, der, ganz dem römischen Reichsgedanken ergeben, das Westreich im Namen des unfähigen Kaisers Honorius regiert, und verwehrt ihnen – sowie einer größeren Ostgotenschar unter Radagais (405/406) – Zeit seines Lebens sich für länger in Italien festzusetzen.

Da befreite eine nationalrömische Reaktion Alarich von seinem gefährlichsten Gegner: 408 läßt der Kaiser Stilicho, seinen einzigen Beschützer, hinrichten. Im selben Jahr 408 steht Alarich zum erstenmal vor Rom; nur durch die Leistung einer schweren Kontribution – 5000 Pfund Gold, 30000 Pfund Silber, 4000 seidene Gewänder, 3000 purpurverbrämte Felle und 3000 Pfund Pfeffer! – gelingt es den Römern, das Unheil noch abzuwenden.

Alarich bleibt aber in Italien. Er weicht anfänglich nach Toskana zurück, dann zieht er nach fruchtlosen Verhandlungen mit dem Kaiser noch zweimal vor Rom; doch jedesmal läßt er sich durch Verträge von der Einnahme der fast wehrlosen Stadt abhalten. Erst das vierte Mal wird es ernst: das ist jener 24. August 410, der der Welt sinnfällig vor Augen rückte, daß sich ein neues Zeitalter vorbereitete.

Die alte Legende, daß die ewige Stadt durch die Eroberung der ›Barbaren‹ in Schutt und Trümmer gesunken sei, ist von der ganzen Forschung längst aufgegeben. Den Eroberern lag nichts an der Zerstörung, sie wollten möglichst viel von den beweglichen Kostbarkeiten, die die unermeßlich reiche Stadt barg, als Siegespreis mit sich führen. Die Bevölkerung konnte wenigstens ihr Leben in den großen Kirchen, die als Asyl geachtet wurden, in Sicherheit bringen. Bei allem unvermeidlichen Schrecken der Eroberung sprach nach dem Zeugnis der Quellen doch auch das menschliche Herz und der junge christliche (arianische) Glaube der Goten mit.

Bereits nach drei Tagen zog Alarich ab nach Süditalien, um nach Sizilien und weiter nach Afrika überzusetzen. Unerwartet ist er aber, erst vierzigjährig, noch im selben Jahr 410 gestorben. Das berühmte Begräbnis, das ihm sein Volk ehrfürchtig im Flußbett des Busento bereitete, zeigt, daß die Westgoten bereits entschlossen waren, Italien wieder zu verlassen; denn es hatte keinen andern Sinn als den, die Leiche des großen Toten vor jeder Verunehrung durch die Fremden zu bewahren.

Alarichs Nachfolger Athaulf hatte sich zunächst an dem stolzen Programm berauscht, »den römischen Namen in Vergessenheit sinken zu lassen und das ganze Imperium zu einem Reiche der Goten zu machen«. Aber bald hatten ihn die Erfahrungen, die er mit seinem noch viel zu ungebärdigen Volk machte, von der Unmöglichkeit eines solchen Unterfangens überzeugt. Und er lernte sich mit dem bescheideneren Ziel zu begnügen, »den römischen Namen mit der Kraft der Goten wiederherzustellen, um einst als *Erneuerer* Roms gefeiert zu werden, nachdem er nicht sein *Verwandler* hatte sein können«. Es war der Weg, den nach ihm fast alle ostgermanischen Völker im Raume des Imperiums gegangen sind, der einzig mögliche, den es für sie gab, und der ihnen doch allen zum Schicksal geworden ist: die bewußte Einordnung der eigenen Existenz in den alle äußeren Zusammenbrüche sieghaft überdauernden römischen Reichsgedanken.

Athaulf führte das Volk nordwärts nach Südfrankreich. Hier und bald darauf in Spanien fanden die Westgoten endlich eine bleibende Stätte und schieden damit für die Geschicke Italiens aus.

An die Stelle feindlicher Angriffe traten in Italien mannigfache innere Wirren. Der Neffe des Kaisers Honorius, Valentinian III., vermochte sich schließlich durchzusetzen. Unter ihm suchte ›der letzte Römer‹, Aëtius, nochmals mit Eifer und Geschick den Sturz des Reiches aufzuhalten. Sein größter Erfolg bestand in der glücklichen Abwehr der Hunnen Attilas auf den Katalaunischen Feldern (451). Allerdings führte dann Attila seine Völker von Nordfrankreich weg nach Oberitalien; aber aus nicht ganz durchsichtig werdenden Gründen gab er das Unternehmen bald wieder auf (452). Damals trat Papst Leo d. Gr. (440–461) dem Hunnenherrscher in der Nähe von Mantua in feierlicher Gesandtschaft entgegen, ihn mit Bitten um Schonung des Landes bestürmend. Gewiß war die Überredungskunst Leos nicht, wie der Geschichtsschreiber Prosper Tiro will, das einzige und wohl nicht einmal das entscheidende Moment, das Attila zum Rückzug bewog. Aber das Wesentliche an der Szene ist, daß der Papst in amtlicher Mission, d. h. im Auftrag des Kaisers, vor den gefürchteten Feind trat: es war der Hilferuf der ohnmächtigen Staatsgewalt an eine neue, vielversprechende Autorität, die selbst zum äußeren Schutz des Landes eingesetzt werden sollte. Das Papsttum als neuer Machtfaktor Italiens kündigt sich hier zum erstenmal deutlich spürbar an.

Wie Honorius den Stilicho, so ließ Valentinian den Aëtius, dem er alles verdankte, ermorden (454). Die Gefolgsleute des letzteren antworteten damit, daß sie im Jahre darauf auch dem Leben des Kaisers selbst ein gewaltsames Ende setzten (455).

In den letzten zwanzig Jahren, die dem weströmischen Kaisertum noch blieben, brachen über Italien erst recht Wirren und Bedrängnisse aller Art herein. Sieben Kaiser, meist mit Gewalt erhoben und mit Gewalt beseitigt, folgten aufeinander. Und zugleich kommt das germanische Element wieder zur Herrschaft, nun so gut wie endgültig. Doch war der Suebe Rikimer (gest. 472), der seit Valentinians Tod als Heermeister und ›Patrizius‹ das Regiment führte, der Landesverteidigung nur schlecht gewachsen. Die Vandalen, die sich seit 429 unter ihrem König Geiserich in Nordafrika festgesetzt hatten, eroberten nicht bloß die großen Inseln Sardinien, Korsika und Sizilien, sondern suchten auch die Küsten des festländischen Italien in zahllosen, jährlich wiederkehrenden Plünderungszügen heim. So ist Rom 455 durch die Vandalen zum zweiten Male das Opfer einer germanischen Eroberung geworden. Nur das ärgste Unheil einer vierzehntägigen Brandschatzung vermochte Leo d. Gr., der auch diesmal dem Feind entgegentrat, von der unglücklichen Stadt abzuwehren.

Rikimer hatte seinen Neffen Gundobad, den König der Burgunder, zum Nachfolger bestimmt. Aber der vorletzte weströmische Kaiser, Julius Nepos, setzte diesen ab (474) und ernannte nochmals zwei römische Heermeister. Der eine jedoch, Orestes, vertrieb den Kaiser selbst und erhob dessen kindlichen Sohn Romulus, genannt Augustulus, auf den Thron, um selbständig herrschen zu können.

Um diese Zeit standen in Oberitalien germanische Hilfstruppen, hauptsächlich aus Herulern bestehend, die verlangten, nach Art der Föderaten in die römischen Landgüter aufgenommen zu werden. Das verweigerte Orestes. Da riefen sie ihren Fürsten, den Skiren Odoaker, nach germanischer Art zum Heerkönig aus. In kurzem hatte Odoaker in ganz Italien die Macht in Händen. Orestes wurde hingerichtet, der Kaiser Romulus mit einer guten Jahresrente ausgestattet und abgesetzt (476). Mit dem weströmischen Kaisertum war es zu Ende.

Was dieser Akt aber grundsätzlich bedeutete, zeigt die Gesandtschaft, die der römische Senat auf Odoakers Befehl nach Byzanz an den Kaiser Zeno abgehen ließ: Die Gesandten überbrachten die kaiserlichen Insignien und hatten zu erklären, daß Italien eines besonderen westlichen Kaisers nicht mehr bedürfe; es genüge, wenn Odoaker den Schutz der Interessen des Landes übernehme. Odoaker selbst aber bat den Kaiser um die Ernennung zum ›Patrizius‹ und damit zu seinem Stellvertreter.

Das alles heißt nichts anderes, als daß – auch nach Odoakers Willen – das römische Reich nach wie vor bestehen blieb und daß nur die Teilung in eine Ost- und Westhälfte wieder rückgängig gemacht wurde. Die Souveränität auch über Italien war dem Kaiser durch Odoaker eindeutig zuerkannt. Und

dieses staatsrechtliche Verhältnis zu Ostrom blieb noch auf
Jahrhunderte hinaus bestehen. So konnte das Ostreich – so
weit es jeweils seine tatsächliche Macht gestattete – auf der
Apenninenhalbinsel noch bis zur Mitte des 11. Jahrhunderts
mitsprechen; erst dann ist es – durch die Normannen – endgültig aus dem Westen verdrängt worden. Praktisch aber bedeutete das Jahr 476 natürlich doch einen wichtigen Schritt
in der Herauslösung des Landes Italien aus dem römischen
Weltreich insbesondere in seiner Trennung vom Osten. Aber
es war nur *eine* von den verschiedenen Etappen und keineswegs schon die letzte.

Als germanischer Heerkönig und Stellvertreter des östlichen Kaisers hat Odoaker dreizehn Jahre lang die Herrschaft über ganz Italien ausgeübt. Daß dies mit äußerst geringen Machtmitteln und ohne alle schweren Konflikte möglich
war, zeigt, wie dringend das Land einer echten Herrschaft
bedurfte und wie leicht die Bevölkerung bereit war, sich ihr
anzuvertrauen. Im Norden und Nordwesten schützte Odoaker
die Grenzen durch Verträge mit den benachbarten Burgun-
dern und Westgoten. Der einzige größere Krieg, den er als
Herrscher über Italien führte, galt (487/88) der Vernichtung
der Rugier in Noricum, d.h. im Donauland zwischen Passau
und der Wachau. Im Süden gewann er von den Vandalen
durch Vertrag und gegen einen Jahreszins die Insel Sizilien
zurück. Im Innern aber bemühte er sich, die schweren Wunden, die die vergangenen Jahrzehnte dem Lande geschlagen
hatten, nach Möglichkeit wieder zu heilen und versuchte,
durch ein gerechtes und unparteiisches Regiment die römische
Bevölkerung mit der neuen Herrschaft auszusöhnen. Das
Land konnte unter dieser ersten Herrschaft eines Germanen-
königs aufatmen und neue Hoffnung schöpfen.

Die Herrschaft der Ostgoten (493–553)

Odoaker war nur der Wegbereiter gewesen für einen Größeren, der nach ihm kam. Im ganzen Umkreis der Völker-
wanderungsepoche steht der Ostgotenherrscher Theoderich
d. Gr. (493–526) an hervorragender Stelle. Weder das Urteil

der Geschichte – er ist der erste Germane, dem sie den Beinamen ›der Große‹ verliehen hat – noch das der deutschen Hel-
densage (Dietrich von Bern) haben es ihn entgelten lassen, daß
sein Werk so schnell zerbrochen ist, ja daß seine politischen
Grundgedanken, die föderative Zusammenfassung der verstreuten germanischen Kraft und die fruchtbare, schiedlich-
friedliche Ehe zwischen romanischer und germanischer Welt
auf ein und demselben italienischen Boden, sich nur als grausame Utopien erwiesen.

Theoderichs Herrschaft hat dem Land gegeben, was es am
notwendigsten brauchte, und, von den kurzen Jahren Odoakers abgesehen, seit Menschenaltern am schmerzlichsten entbehrte: wirkliche Herrschaft und damit Ruhe und Frieden
nach innen und außen, einen geordneten und sicheren Ablauf
des täglichen Lebens, wirtschaftlichen Aufschwung, die Festigung und Hebung des gesamten Daseins. Die damalige Zeit
empfand den dreißigjährigen Frieden als etwas Unerhörtes.
Über den König Theoderich selbst aber schrieb der Byzanti-
ner Prokop, ein Mann, der die Verhältnisse aus nächster Nähe
kannte und durch seine Parteistellung ganz unverdächtig ist,
die bewundernden Worte nieder: »Seine gewaltige Hand
sorgte für Gerechtigkeit allerwegen und war ein starker
Schirm für Recht und Gesetz. Vor Einfällen benachbarter
Barbaren bewahrte er sein Land. Seine Weisheit und Tapferkeit waren weitum gefürchtet und geehrt. Weder ließ er sich
irgendein Unrecht gegen seine Untertanen zuschulden kommen (nur für den Fall des Boëthius [s. u. S. 38] macht hier Prokop eine Ausnahme), noch ließ er einem andern derartiges
durchgehen ... So war Theoderich dem Namen nach ein
Tyrann, in Wirklichkeit aber ein rechter Kaiser, nicht um
Haaresbreite geringer als irgendeiner von denen, die sonst
diese Würde bekleidet haben. Obgleich es dem menschlichen
Charakter zu widersprechen scheint, liebten und verehrten
ihn tatsächlich Goten und Italiker ohne jeden Unterschied.«

Seitdem die Ostgoten durch Attilas Tod (452) vom hunni-
schen Joch befreit waren, standen sie in Pannonien(Ungarn)
als Föderierte des Reiches. Anfang der siebziger Jahre begannen sie, den Balkan zu beunruhigen; 484 befestigte

Theoderich seine Gesamtherrschaft über das Volk – Byzanz fühlte sich unmittelbar bedroht. Mit einem geschickten Schachzug glaubte nun der Kaiser Zeno die beiden führenden Germanenfürsten seines Reiches gegeneinander ausspielen und einen durch den anderen vernichten zu können. Er machte Theoderich das Angebot, den Odoaker, der durch die Zerstörung des Rugierreiches in Ungnade gefallen war, zu besiegen und an dessen Stelle die Herrschaft in Italien – natürlich im Namen des Kaisers – zu übernehmen.

Theoderich ging darauf ein: war doch Italien das große und verlockende Ziel für alle Ostgermanen! Nach einem entsprechenden Vertrag mit dem Kaiser setzte er sich Ende 488 an der Spitze seines Volkes in Bewegung. Noch im selben Jahr errang er bei Verona den ersten Sieg über Odoaker; ein zweiter entscheidender Schlag folgte 490. Fast ganz Italien ging nunmehr zum neuen Herrn über. Odoaker schloß sich in Ravenna ein, das schon seit langem als bevorzugte Residenz Rom verdrängt hatte, weil es, rings von Sümpfen umgeben, geradezu als uneinnehmbar galt. Zweieinhalb Jahre (Ende 490 bis Februar 493) dauerte die Belagerung: es ist die ›Rabenschlacht‹ der Dietrichsage. Schließlich ergab sich Odoaker aufgrund eines Vertrages, wonach beide gemeinsam über Italien herrschen sollten. Wenige Tage später hat Theoderich den beschworenen Vetrag gebrochen und Odoaker mit eigener Hand meuchlings ermordet. Zugleich wurden die wichtigsten Anhänger Odoakers im ganzen Land beseitigt. Nach diesen schweren Gewalttaten hat sich Theoderich bis zu seinen allerletzten Lebensjahren nichts Ähnliches mehr zuschulden kommen lassen.

So ist Theoderich im März 493 Alleinherrscher von Italien geworden. Die Ostgoten riefen ihn zu ihrem König aus. Er blieb genau wie Odoaker, Heer- und Volkskönig und wurde nicht König von Italien. Daß Byzanz seine formelle Anerkennung als ›Patrizius‹ und Stellvertreter des Kaisers noch bis zum Jahre 497 hinauszog, änderte nichts an seiner tatsächlichen Machtstellung.

Die Außenpolitik Theoderichs, seine berühmte gesamtgermanische Bündnis- und Heiratspolitik, gehört mehr der allgemeinen als der italienischen Geschichte an. Theoderich wollte sich die anderen Germanenstaaten nicht unterwerfen, sie aber großzügig unter seiner Führung lose zusammenschließen. Natürlich sollte dadurch auch seine eigene (wie sich zeigen wird immer gefährdete) Stellung in Italien eine Stütze und Festigung erfahren. Von Afrika bis an die westlichen Gestade der Nordsee, von Spanien bis nach Mitteldeutschland und Ungarn erstreckten sich seine, meist durch verwandtschaftliche Bande eng geknüpften, politischen Verbindungen. Es war ein erster Versuch, das zerbrochene römische Weltreich auf neuer germanischer Grundlage nicht wiederherzustellen, aber doch irgendwie nachzugestalten.

Aber dieses System erwies sich nicht als lebensfähig. Sein eigentlicher Totengräber ist Theoderichs glücklicherer Nebenbuhler, der Merowinger Chlodwig (486–511) mit seinen Söhnen gewesen, brutale Machtpolitiker, die in unübertroffener Instinktsicherheit die viel gesünderen und lebensfähigeren Grundlagen, die ihnen in ihrem Volkstum zur Verfügung standen, nützten. Erst ihr immer weiter ausgreifender Machtstaat hat das wirkliche, dauernde Fundament für die kommende germanisch-deutsche Vorherrschaft in Europa gelegt. So geriet das Ostgotenreich schon in den letzten Lebensjahren seines Begründers in eine gefährliche außenpolitische Lage: es wurde zwischen die zwei Großmächte in Ost und West, zwischen Byzanz und das Frankenreich eingeklemmt. Ein übriges tat noch der Übertritt Chlodwigs zum katholischen Bekenntnis (etwa 497). Gegenüber dem Arianer Theoderich gewann der Frankenkönig dadurch eine mächtige Anziehungskraft auf die rechtgläubige römische Bevölkerung des ganzen Westens. So gingen durch dieses großgedachte außenpolitische System Theoderichs schon frühzeitig gefährliche Sprünge; unter den schwachen Nachfolgern ist es bald völlig zerbrochen.

Als erste Aufgabe stellte sich der inneren Verwaltung des neuen Reiches die Unterbringung des gotischen Volkes auf den römischen Landgütern in der bekannten Form der Einquartierung als ›hospites‹; sie spielt sich hauptsächlich in Oberitalien (bes. im östlichen), sowie in der nördlichen Toskana ab, während der Süden – bis auf die Besatzungen wichtiger Festungen – völlig frei von gotischer Besiedelung blieb. Hier erhebt sich die auch für die Volksgeschichte Italiens bedeutsame Frage nach der vermutlichen zahlenmäßigen Stärke des Ostgotenvolkes. Gegenüber den meist sehr hohen Zahlen, die die zeitgenössischen Quellen für die Stärke der verschiedenen wandernden Germanenvölker angeben (300–500000 Krieger), hat die neuere Forschung dargetan, daß man für gewöhnlich kaum mehr als 10–15000 Krieger, oder einschließlich der Frauen, Kinder und Sklaven, 50–75000 Köpfe annehmen darf. Sowohl die Westgoten Alarichs wie die Ostgoten Theoderichs schätzt Ludwig Schmidt auf etwa 20000 Krieger oder 100000 Köpfe. Selbst wenn man die Möglichkeit einer doppelt so starken Anzahl offen läßt, wird ersichtlich, wie klein sich ein solches Volk auch nur in einem Lande wie Italien ausgenommen hat. Allein die einstige Millionenstadt Rom dürfte im 5. Jahrhundert noch 250–500000 Einwohner gezählt haben.

Nur eine dünne Herrenschicht also bildeten die gotischen Eroberer in der nach Millionen zählenden einheimischen Bevölkerung. Das ganze innenpolitische System, auf dem Theoderich seine Herrschaft über Italien errichtete: Mischehenverbot, getrenntes Recht wenigstens in der zivilen Sphäre, Verschiedenheit des religiösen Bekenntnisses – katholische Römer, arianische Goten – ist darauf abgestimmt, die geringe gotische Volkssubstanz zu erhalten.

So ruhte der neue Staat auf der strengen Scheidung zwischen den beiden Volkstümern und auf einer sorgfältigen Teilung der Aufgabenbereiche: der politische und militärische Bereich war den Goten vorbehalten, der zivile und kulturelle den Römern.

Die römische Staatsverwaltung blieb unverändert erhalten, in ihrer Organisation sowohl wie in ihrem einheimischen Beamtenkörper. Nur bekam jede Provinz einen gotischen Grafen zur Oberaufsicht. Und erhalten blieb auch die höchste römische Behörde, die sich aus der Republik durch die ganze Kaiserzeit hindurchgerettet hatte und immer noch beanspruchte, die Quelle aller Staatsgewalt einschließlich des Kai-

sertums selbst zu sein: der Senat. Ja er hat als Vertretung des
römischen Volkes gegenüber den gotischen Herren eine bedeutende und, wenigstens in Theoderichs späteren Jahren,
keineswegs immer glückliche Rolle gespielt. Das Land lebte
also weiterhin völlig in den alten römischen Formen. Der
König selbst führte die Titel ›Flavius‹ und ›Augustus‹, und
die Worte, die der Geschichtsschreiber Jordanes dem sterbenden Theoderich als letzte Mahnung an sein Volk in den
Mund legt, fassen tatsächlich sein ganzes Regierungspro-
gramm zusammen: »sie sollten ihren König ehren, den Senat
und das römische Volk lieben und den Kaiser des Ostreiches
sich immer nebst Gott als gnädigen Freund bewahren«.

Mit der Sorge um das Wohl seiner römischen Untertanen
war es Theoderich in jeder Weise ernst. Seine unparteiische
Rechtsprechung Römern wie Goten gegenüber wurde von
allen Seiten mit höchstem Lob anerkannt. Und dazu kam
seine weitausgreifende und erfolgreiche Sorge für die wirtschaftliche Wiederherstellung des Landes. Feste Marktpreise,
strenge Aufsicht über Maß und Gewicht, freigebige Steuer-
nachlässe bei Mißernten, Schutz der Reste des kleinen Bauerntums vor dem begehrlichen Zugriff des Großgrundbesitzes,
selbst kostenlose Überlassung von unkultiviertem Boden zur
Bebauung und schließlich die üblichen Getreidespenden für
das stadtrömische Proletariat: das alles waren Maßnahmen,
die in erster Linie den breiten Massen zugute kamen und von
denen man (abgesehen von den Getreidespenden) seit Menschengedenken fast nichts mehr gehört hatte. Der lange und
gesicherte Friede tat das seine dazu: all das mußte dem fremden Herrscher die Zuneigung und Anhänglichkeit jedenfalls
der breiten Volksschichten sichern.

Ein besonders lebenswichtiges Kapitel in dieser Befriedungs-
und Ausgleichspolitik bildete das Verhältnis des arianischen
Herrschers zu seinen katholischen Untertanen. Es fußte auf
einer vornehm-großzügigen Toleranz, die in gleicher Weise
aus politischer Notwendigkeit wie aus bewußt christlicher
Haltung erwuchs. »Die Religion können wir nicht anbefeh-
len, weil niemand gezwungen werden kann, unfreiwillig zu
glauben«, so lautet die grundsätzliche (den Juden von Genua

gegenüber geäußerte) Auffassung des Königs. Sorgfältig, fast
ängstlich blieb er darauf bedacht, die beiden Bekenntnisse vor
gegenseitigen Übergriffen zu schützen.

Im Papstschisma zwischen Laurentius und Symmachus, das
jahrelang den römischen Katholizismus erschütterte und den
ganzen italienischen Episkopat zerriß, hielt er sich bewußt und
entgegen dem Wunsche beider Parteien so stark als möglich
zurück. »Ihr sollt nur das tun, was Gott im Evangelium be-
fiehlt«, schrieb er einmal an die Bischöfe in Rom; »meine Person sollt ihr nicht fürchten, . . . nur sollt ihr dem Volk, dem
Senat und dem Klerus den vollen Frieden geben . . . Und
wollte euch einer mit Gewalt zu einem Unrecht zwingen, so
müßt ihr nicht eure Güter wahren, sondern das Recht. Denn
schon viele Bischöfe eueren und unseren Bekenntnisses sind für
die Sache Gottes aus ihren Kirchen und aus ihrem Besitz vertrieben worden und leben trotzdem! . . .« Erst als nach der
Sitte der Zeit der Streit die Straßen Roms auch mit heftigem
Waffenlärm erfüllte, sah er sich zum direkten Eingreifen genötigt, um wenigstens den äußeren Frieden wieder herzustellen.

Und doch hat es Theoderich trotz allem nicht vermocht, die
nationalrömischen Kreise wirklich mit seinem Regiment auszusöhnen. Unter Odoaker hatte mit Felix III. zum erstenmal
ein Mann aus römischem Hochadel den päpstlichen Stuhl bestiegen; ein bedeutungsvoller Augenblick, denn seitdem fanden sich die beiden großen Mächte, Senat und Kirche, mehr
und mehr als Träger des nationalrömischen Gedankens – entweder mit Betonung des lateinisch-abendländischen Gedankens gegen den Osten, oder aber mit Betonung der reichs-
römischen Idee gegen die Barbaren – zusammen.

Als 519 die Einheit zwischen West- und Ostkirche wiederhergestellt wurde, war das Haupthindernis für die Annäherungsbestrebungen zwischen Rom und Byzanz – die geheime
Sehnsucht von Senat und Kirche – aus der Welt geschafft; von
der gotischen Seite aus gesehen, waren die undurchsichtigen
geheimen Verbindungen römischer Kreise nach dem Osten
allerdings nicht weit vom Hochverrat entfernt. Hier rächte
sich die letzten Endes unklare staatsrechtliche Stellung des

Ostgotenkönigs. In schnell erwachtem Mißtrauen wurde der
alte Theoderich an seinem dreißigjährigen Weg der Gerechtigkeit irre und wollte die geheime Opposition der römischen
Aristokratie mit einem gewaltsamen Schlag ausrotten. So
fielen sein bisher intimer Freund, der Senator und Philosoph
Boëthius (s. unten S. 40), und dessen Schwiegervater, der
Senator Symmachus, im Kerker unter Henkershand (524 u.
525). Die knechtische Fügsamkeit der Senatsmehrheit hatte
eilends ihre angeklagten Standesgenossen fallen gelassen und
angsterfüllt über sie das Urteil gesprochen, ohne daß sie sich
vor einem ordentlichen Gericht hätten verteidigen können.
Bald darauf (526) starb auch der Papst Johannes I. im Gefängnis, zwar infolge einer natürlichen Krankheit, aber auch er
mit dem Schimmer des Märtyrertums umkleidet. In solchen
schrecklichen Verwirrungen klang die Regierung des großen
Königs aus. Sie genügten, um in der Vorstellungswelt des
italienischen Volkes seine segensvolle dreißigjährige Lebens-
arbeit auszulöschen. Nur als Tyrannen und Verfolger der
Rechtgläubigen, der zur Strafe für seine Untaten in die glühenden Massen eines Vulkans gestürzt wird, ließ ihn die
italienische Volkssage des Mittelalters weiterleben.

Ein anonymer Geschichtsschreiber rühmt Theoderich außer
seinen Verdiensten um Frieden und Gerechtigkeit noch besonders die Zirkusspiele und sonstigen Theatervorstellungen
nach, die er dem römischen Volk gegeben habe und schließt
daran die Bemerkung: »Deshalb wurde er von den Römern
Trajan und Valentinian genannt – so ähnlich war seine Zeit
der jener Kaiser.« Das heißt aber: Trotz aller Erschütterungen
des 5. Jahrhunderts lebten die Römer nicht bloß in der altrömischen Reichsvorstellung weiter, sondern auch in der
Kultur oder vielmehr in der Zivilisation der späteren Kaiserzeit. Der geistige Umbruch war noch nicht erfolgt, er kündigte sich erst langsam an. Eine späte Nachblüte der Antike
erfüllt Theoderichs Zeitalter, eine Kultur, die von einer besseren Vergangenheit zehrte und ihre schon etwas müde und un-
schöpferische Geistigkeit nicht mehr ganz verbergen konnte.
Das junge Gotentum hat darauf keinen wesentlichen, jeden-

falls keinen geschichtlich fortwirkenden Einfluß ausgeübt. Immer noch konnte vielmehr jene römische Zivilisation in ihrer äußeren Erscheinung und besonders mit ihrem Traditionsgut auf das jugendlich aufgeschlossene Ostgotenvolk einen blendenden Eindruck ausüben: es ist bekannt, wie sehr sich ihm Theoderich selbst hingegeben hat.

Römisch vor allem blieb das gesamte Rechtswesen, die originalste und kraftvollste Lebensäußerung des römisch-italischen Volksgeistes überhaupt. Die Bedürfnisse des Staates forderten es, daß sich weitgehend auch die Goten an die für sie neuen Formen gewöhnen mußten, doch bieten sie damit nur *ein* Beispiel jener seit dem Eintritt der Germanen in festes staatliches Dasein gemeingermanischen Entwicklung. Die öffentlich-rechtliche Einstellung des Römertums trug den Sieg davon über die privatrechtliche Welt der Germanen, wie sie in Fehdewesen, Selbsthilfe, Blutrache geübt wurde. Auch der alte, grundsätzlich gleichberechtigt neben dem König stehende Geburtsadel hatte (ebenso wie die Volksversammlung aller Freien) als politischer Machtfaktor keinen Platz mehr. Die ganze Gewalt lag nun beim König, dem ein neuer, von ihm abhängiger Dienstadel zur Seite stand. In der zivilen Rechtssphäre dagegen blieben die Goten grundsätzlich außerhalb des römischen Rechtes und lebten weiterhin nach ihren alten (freilich von jenem nicht ganz unbeeinflußten) Rechtsgewohnheiten fort.

Von der höheren Bildung hielt Theoderich seine Goten grundsätzlich (wenn auch nicht ausnahmslos) fern: sie sollten Krieger bleiben. Und zu den charakteristischen Merkmalen der germanisch-arianischen Kirche gehört es, daß sie außer ihrem Verzicht auf missionarische Aktivität unspekulativ und literarisch so gut wie unfruchtbar war. So blieb die geistige Kultur tatsächlich Reservat der Römer.

Sie ist am vollendetsten ausgedrückt durch zwei dem römischen Hochadel entstammende Persönlichkeiten: Cassiodor (etwa 490–583) und Boëthius (etwa 480–524). Beide bekleideten am Hof Theoderichs höchste Ämter und Würden. Cassiodor vor allem ist der unermüdliche Verteidiger des Gedankens vom friedlichen gotisch-römischen Ausgleich gewesen,

den er im Auftrag des Königs in unzähligen Briefen und Gesetzen (den ›Variae‹) formuliert hat und durch seine praktische
Tätigkeit zu verwirklichen suchte. In einem langen, etwa seit
540 zurückgezogenen Dasein auf seinem unteritalienischen
Familienbesitz Vivarium mußte er dann nicht nur den Zusammenbruch der von ihm so gefeierten Gotenherrschaft,
sondern auch den fast aller seiner Bildungsideale schmerzlich
erleben. Die eigene schriftstellerische Tätigkeit Cassiodors
umfaßt philosophische, theologische und geschichtliche
Werke (darunter auch eine nur im Auszug des Jordanes erhal-
tene Gotengeschichte); alles ist aber nur Kompilation aus älteren Schriften, Ergebnis zahlloser Lesefrüchte, dargeboten in
dem gekünstelten Stil der spätantiken Rhetorenschulen: Es ist
ein rückwärtsgewandtes, humanistisches Bildungsideal, von
dem Cassiodor beseelt wird. Aber das Gefühl, daß dieses Alte
bereits entschwunden sei und einer neuen härteren und ›barbarischen‹ Zeit weichen müsse, bricht doch immer wieder
durch; etwas ›Zwiespältiges und Gebrochenes‹ (E. Caspar)
geht durch seine Schriftstellerei wie durch sein Leben. Dennoch diente Cassiodor gerade diesem erahnten neuen Welt-
zeitalter in hohem Maße: durch die ausgedehnte unter seiner
Leitung in Vivarium (wo er eine klösterliche Lebens- und Stu-
diengemeinschaft begründet hatte) entfaltete Sammel- und
Abschreibetätigkeit – er erstrebte eine Art Encyclopädie der
theologischen und profanen Wissenschaftszweige – ist er der
große Überlieferer geworden, der unendlich viel formales
Bildungsgut der Antike ins Mittelalter hinübergerettet hat.

Auch die geistige Welt des Boëthius ist humanistisch rück-
wärtsgewandt. Doch gerade *wie* sie in ihm noch einmal Gestalt annimmt, läßt ihn zu einem der wichtigsten und eindrucksvollsten Repräsentanten dieser letzten Antike werden.
Seine großen, nach Zusammenfassung der Überlieferung
trachtenden wissenschaftlichen Pläne freilich – die Übersetz-
zung und Kommentierung des gesamten Platon und Aristoteles – fielen fast gänzlich seinem frühen Ende zum Opfer.
Doch sein kleines im Angesicht des Todes geschriebene Buch,
die ›Tröstung der Philosophie‹, gehört zu jenen Werken, »in
denen der menschliche Geist über den Verfall und Zusammen-

bruch seiner Daseinssphäre den Sieg gewinnt« (Klingner). Die ganze Lebensweisheit der Antike leistet ihm auf diesem schweren Weg Hilfestellung – nur ganz am Rande finden sich gelegentlich Anklänge an das Christentum – mehr noch: in großartiger Kraft durchformt sie, zusammen mit den Werten des naturhaft Schönen und Ästhetischen seinen ganzen Lebensstil. In Boëthius ist das Römertum wahrhaft nicht unwürdig untergegangen.

Die künstlerische Tätigkeit des Zeitalters schließlich vermittelt ein gleiches Bild. Zwar hat Theoderich viel und großartig gebaut (Wasserleitungen, Befestigungen, Bäder, aber auch Prachtbauten wie den Königspalast, sein Grabmal, verschiedene Kirchen), aber alles ist von römisch-griechischen Werkmeistern und in landesüblichem römisch-byzantinischem Stil geschaffen. Nur an einer einzigen Stelle bricht vielleicht doch germanisches Kunstwollen und Lebensgefühl durch: Theoderichs berühmtes Grabmal, an sich ganz den Mausoleen des Hadrian oder der Cecilia Metella nachgeformt, wird von einer mächtigen Steinkuppel von fast elf Metern Durchmesser, die aus einem einzigen, weit hergeholten Kalksteinblock herausgehauen ist, überwölbt. Diesen unrömischen Baugedanken hat schon ein Zeitgenosse als etwas Ungewöhnliches empfunden. Er wirkt als ergreifendes Symbol für die seltsame Verbindung, die in Theoderichs Staat der harte Norden, mit dem prunkvollen und so gefährlichen Süden einzugehen versucht hatte.

Es bleibt noch kurz die Tragödie des Ostgotenvolkes zu berichten. Nach Theoderichs Tod (526) blieb der äußere Friede zwar noch ein Jahrzehnt erhalten, die gotische Kraft aber verfiel innerer Zersetzung. Theoderichs Tochter Amalasuntha führte die Regierung für ihren zehnjährigen, bereits vaterlosen Sohn Athalarich. Sie schlug eine nationalgotische Opposition, die sich gegen ihre römische Richtung erhoben hatte – im geheimen Einverständnis mit dem Kaiser von Byzanz! – nieder, aber Athalarich starb bereits 534. Seine Mutter heiratete nun Theodahad, den letzten männlichen Sproß aus dem Königsgeschlecht der Amaler. Auf einer Insel im Bolsener

See (im römischen Tuszien) ließ dieser seine Gattin ermorden,
um selbst die Alleinherrschaft zu übernehmen (535). Aber er
entbehrte aller und jeder königlichen Eigenschaften.

Unterdessen hatte das Ostreich unter dem kraftvollen Justinian I. (527–565) einen mächtigen inneren und äußeren
Aufstieg erlebt. Auch den praktisch verlorengegangenen Westen wollte der Kaiser wieder in seine Gewalt bringen; nachdem er 533 das Vandalenreich in Nordafrika zerschlagen
hatte, hielt er die Zeit auch für Italien gekommen. Als Rächer
der ermordeten Königin Amalasuntha auftretend, entsandte
er seinen Feldherrn Belisar gegen Theodahad – im Nu war
Unteritalien in byzantinischen Händen. Die Goten setzten den
untätigen Theodahad ab und erhoben Witiges, einen tapferen
Krieger aus einfachem Stand, zum König (536–540). Aber
auch er hatte kein Glück. Im Dezember 536 zog Belisar in
Rom ein: es ist der Beginn einer furchtbaren Leidenszeit für
die ewige Stadt, die in den nächsten zwanzig Jahren fünfmal
im Sturm genommen worden ist. Nach einjähriger vergeb-
licher Belagerung Roms ließ sich Witiges in Ravenna ein-
schließen. Und nun zeigte sich die ganze innere Zersetzung
des gotischen Volkes: es bot Belisar, dem Feind, die Königs-
herrschaft über sich an. Belisar ging scheinbar darauf ein;
doch als sich ihm Anfang 540 das uneinnehmbare Ravenna
öffnete, nahm er Witiges, seine Gattin (Matasuntha, die letzte
Prinzessin aus Theoderichs Geschlecht) und andere gotische
Edle mit sich nach Byzanz. Nach der offiziellen byzantinischen Auffassung ist Italien von da ab wieder unmittelbar dem
Reich angegliedert.

Aber nochmals raffte sich das Gotenvolk auf. Nach kurzer
Verwirrung wurde Totila (Badwila) zum König erwählt
(541–552), nächst Theoderich mit Abstand der tatkräftigste
und zielbewußteste Ostgotenherrscher. Ravenna blieb zwar
für immer verloren, aber 543 eroberte er Neapel, Ende 546
sogar Rom selbst. Allerdings hat ihn Belisar bereits im Frühjahr 547 wieder daraus verdrängt; aber nach dessen Abberu-
fung durch den ewig mißtrauischen Kaiser Justinian, zog er
549 erneut in Rom ein und betrachtete die Stadt nun als seine
Residenz. Dennoch wurde die Gotenmacht schließlich durch

den neu entsandten Feldherrn, den Eunuchen Narses, Belisars ebenbürtigen Rivalen, bei Gualdo Tadino in der Nähe von Perugia nach heldenhafter Gegenwehr vernichtet; König Totila fiel (Frühjahr 552).

Dann folgt das letzte Nachspiel: König Teja. Mit den überlebenden Goten schlug er sich nach Süditalien durch, erbitterte Rache an der einheimischen Bevölkerung nehmend. In der Gegend des Vesuv, am Mons Lactarius, konnte ihn Narses endgültig fassen. Zwei Tage währte der Endkampf, der dem König nur den tapferen Untergang bringen konnte (Okt. 552).

Aber noch war der Heimsuchung Italiens kein Ende. Die allgemeine Auflösung hatte neue Feinde angelockt. 539 kam ein fränkisches Heer, von den Ostgoten zu Hilfe gerufen, unter dem austrasischen König Theudebert I. über die Alpen und plünderte, die Goten nur gelegentlich unterstützend, Oberitalien aus. Wohl mußte sich Theudebert bald wieder zurückziehen, aber eine Art von fränkischer Herrschaft blieb sowohl in Venetien wie in Ligurien (Genua) bis Ende der fünfziger Jahre bestehen. Schlimmeres noch fügten die beiden alemannischen Brüder Leutharis und Butilinus dem Lande zu, die 553 über die Alpen stiegen und die Halbinsel durchzogen, bis sie, durch Seuchen geschwächt, dem Narses erlagen (554). Als sich dann im Jahr darauf (555) auch die letzte Gotenfestung in Unteritalien ergeben hatte, war der Kaiser von Byzanz wieder unumschränkter Herr seiner ›Provinz Italien‹.

Die byzantinische Alleinherrschaft (553–568)
Verfall und Neubildungen des späteren 6. Jahrhunderts

Zur Neuordnung der Verwaltung Italiens, an dessen Spitze der siegreiche Feldherr Narses trat, erließ Kaiser Justinian im Jahre 554 die sogenannte ›Pragmatische Sanktion‹. Das Gesetz ging von der Auffassung aus, daß die Ostgotenherrschaft nur bis zum Fall von Ravenna (540) legitim gewesen sei und erklärte demgemäß alle Rechtsbestimmungen Totilas für hinfällig. Das bedeutete für die Massen des kleinen Landvolkes,

für die jener König besonders gesorgt hatte, eine beträchtliche Verschlechterung ihrer wirtschaftlichen Lage zugunsten
des Latifundienbesitzes. Im übrigen galt der byzantinische
Verwaltungsgrundsatz, daß sich jeder Reichsteil finanziell
durch seine eigenen Steuern zu erhalten habe und darüber hinaus noch seinen Beitrag für den Hof und die Zentralverwal-
tung in Byzanz leisten müßte. Möglich wurde die Erfüllung
dieser Forderung nur durch die beträchtliche Anziehung der
Steuerschraube im Vergleich zur gotischen Zeit, aber »es war
nicht der Zweck der kaiserlichen Verwaltung, die Interessen
Italiens zu fördern« (L. M. Hartmann). Hinzuzurechnen ist
noch die von alters her übliche Habsucht und Bestechlichkeit
der kaiserlichen Beamten, eine Landplage, die die gotische
Zeit gleichfalls kaum gekannt hatte.

Jetzt wird die Antike unwiderruflich zu Grabe getragen –
in wirtschaftlicher und geistiger Hinsicht –, und ein neues
Zeitalter wird geboren: das Mittelalter. Unsäglich hart sind
seine Geburtswehen gewesen, und in unsäglich armseliger und
dürftiger Gestalt ist es ans Licht getreten. Aber dennoch: hier
war etwas Neues und Jugendliches, das die Keime des Wachs-
tums und der Fortentwicklung in sich trug.

Die ganze zweite Hälfte des 6. Jahrhunderts ist nur »ein ge-
staltloses Chaos des Übergangs« (E. Caspar). Erst mit dem
Anbruch des folgenden Jahrhunderts beginnen sich deutlichere
Umrisse abzuzeichnen. Bis zur Jahrhundertwende also etwa
muß der Blick vorausgreifen, um diesen Umbruch aller Lebensformen, der wirtschaftlichen und der geistigen, erfassen
zu können.

Die Auswirkungen der zwanzigjährigen Gotenkriege in
Italien und mancher Seuchen in ihrem Gefolge hat der beste
deutsche Kenner dieser Epoche, L. M. Hartmann, für verheerender gehalten als diejenigen des Dreißigjährigen Krieges für
Deutschland. Der Bevölkerungsverlust in Stadt und Land
dürfte in die Millionen gegangen sein. Zahlreiche Landgüter
lagen völlig unbewirtschaftet da. Die byzantinische Verwaltung ließ sie durch eigens dafür aufgestellte Beamte den benachbarten, noch einigermaßen betriebsfähigen Gütern
zwangsweise zuteilen – samt den auf ihnen liegenden Steuern!

Nur den großen Inseln Sizilien und Sardinien ging es um vieles besser: sie waren ja von den Kriegsgreueln verschont geblieben; doch hatte sie die byzantinische Regierung von der Provinz Italien abgetrennt und anderen Verwaltungseinheiten des Reiches unterstellt.

Für weite Landgebiete, aber doch nicht mehr für ganz Italien, beschworen dann die Langobardeneinfälle seit 568 neues Unheil herauf und verzögerten den Wiederaufstieg um einige zwei oder drei Jahrzehnte. Im übrigen aber liegt es doch in der Natur der ländlichen Wirtschaft, daß sie sich auch von schwersten Schlägen leichter zu erholen vermag als das weit kompliziertere und auf alle Erschütterungen empfindlicher reagierende städtische Wesen. So hat das Land auch das bisher spezifisch städtische Wirtschaftsleben mehr und mehr an sich gezogen, natürlich nur in ungleich primitiveren Formen als bisher. Die lebensnotwendigen Handwerkserzeugnisse (der Schreiner, Schuster, Schneider usw.) mußten nunmehr großenteils die Kolonen für den Eigenbedarf des Gutes selbst verfertigen. So entstand die in der Hauptsache in sich geschlossene und autarke Hofwirtschaft, die dem Handel nur mehr einen geringen Spielraum ließ: es ist der Entwicklungsprozeß, der wirtschaftlich den Übergang zum Mittelalter schlechtweg entschieden hat. Dem entsprach, daß auch die selbständigen Verwaltungsorgane, die das städtische Bürgertum rechtlich aus der ländlichen Umgebung herausgehoben hatten, verfielen. So verwischten sich vielfach für die nächsten Jahrhunderte die Grenzen zwischen Stadt und Land in beträchtlichem Maße, wenn sich auch, neben Neapel und Ravenna, vor allem in Oberitalien doch noch bescheidene Reste städtischen Lebens retten und dem seit dem 11. Jahrhundert einsetzenden Neuaufschwung als Anknüpfungspunkt dienen konnten.

Das schwerste Schicksal erlitt Rom, denn es stürzte von der höchsten Höhe. »So weit war es mit den Römern, insbesondere den Senatoren gekommen«, schrieb Prokop zum Jahre 546, »daß sie in Sklaven- und Bauernkleidern einhergingen und bei den Soldaten (Totilas) Brot oder sonst etwas zu essen bettelten, um nur ihr Leben zu fristen.« Als Totila 549 erneut in Rom einzog, schien für die gequälte Stadt eine Zeit der Er-

holung gekommen. Selbst Zirkusspiele und Wettrennen, wie
sie den Römern seit Jahrhunderten zur Leidenschaft geworden waren, veranstaltete der Gotenkönig wieder. Aber es
waren die letzten, die Rom gesehen hat.

Und auch die großen Träger römischen Selbstbewußtseins
und römischer Staatsmacht gingen dahin. 541 gibt es zum
letztenmal Jahreskonsuln. Der Senat verschwindet gegen
Ende des Jahrhunderts aus der Geschichte. Was dann im Mittelalter beizeiten als ›Senat‹ auftreten wird, hat von der alten,
in sich abgeschlossenen Körperschaft nur mehr den Namen
und eine blasse literarische Erinnerung behalten. Erst seit dem
12. Jahrhundert wird diese Erinnerung in einigen Augenblik-
ken der stadtrömischen Geschichte wieder lebendigere Gestalt annehmen.

Und auch im äußeren Erscheinungsbild der Stadt bröckelte
jetzt die alte Herrlichkeit Stück für Stück ab, und das mittelalterliche Rom der Ruinen stieg herauf. Die großen antiken
Bauwerke verwandeln sich in Festungen – das Hadriansgrab-
mal wird zur ›Engelsburg‹ – oder werden (in etwas späterer
Zeit) als Steinbrüche benützt und abgetragen. Um die Jahrhundertwende hören wir schon, daß Trümmer um Trümmer
die Stadt bedeckten. Die alte aurelianische Stadtmauer aus
dem 3. Jahrhundert n. Chr. legte sich nun wie ein viel zu weit
gewordener Mantel um die vielleicht auf 30–40000 Seelen zu-
sammengeschmolzene Bevölkerung: So wächst in ganzen
Stadtteilen jene Einsamkeit von verlassenen Gebäuden, wilden Gärten und totenstillen Winkeln heran, die den fremden
Rompilger fast noch bis in unsere Tage herein mit dem
Schauer romantischer Empfindungen erfüllte.

All das wurde für das nationalrömische Bewußtsein zu
einem tief erschütternden Erlebnis, dem keiner ergreifenderen
Ausdruck verliehen hat als der selbst aus vornehmer römischer Familie stammende Papst Gregor d. Gr. In einer berühmten Predigt, die man mit Recht als »die Leichenrede am
Grabe Roms« (F. Gregorovius) bezeichnet hat, rief er in
einem Augenblick, da der Langobardenkönig Agilulf vor den
Toren der Stadt stand (593), aus: »Von unermeßlichem
Schmerz, von Entvölkerung der Bürger, vom Sturm der

Feinde, vom Schutt der Ruinen ist die einstige Herrin der Welt darniedergebeugt... Wo ist der Senat? Wo ist das Volk?... Aller Glanz weltlicher Würde ist ausgelöscht... Und doch bedrängt uns wenige, die übrigbleiben, tagtäglich das Schwert und unzählige Plage... Siehe, nun ist die Stadt verödet und von Gestöhne niedergedrückt... Wie der entfiederte Adler (nach Gregors Erklärung wird der Adler im Alter am ganzen Körper kahl) hat die Stadt, die ihr Volk verlor, ihre Kahlheit verbreitet. Auch die Schwungfedern der Flügel sind ausgefallen, mit denen sie einst zum Raube zu fliegen gewohnt war; denn alle Helden, durch die sie einst fremdes Eigentum raubte, sind tot...«

Und doch ist nicht alles Untergang und Zusammenbruch gewesen. Es gibt Ansätze zu neuem Leben, das nun freilich nach Form und Inhalt mit der antiken Fülle des Daseins nichts mehr gemein haben wird.

Dieses Neue steht völlig im Zeichen der Kirche. In einem Ausmaß, wie es in der ganzen Geschichte Italiens kaum mehr der Fall sein wird, wird von der Mitte des 6. bis gegen Ende des 7. Jahrhunderts das gesamte *eigenständige* öffentliche Leben des Landes von diesem einen Faktor beherrscht und durchdrungen. Denn in diesem Zeitraum hat das italienische Volk selbst keine anderen öffentlichen Organe hervorgebracht als das Papsttum und die von ihm abhängigen Bischöfe. So weitete sich für diese der Aufgabenbereich, dem bereits die Pragmatische Sanktion bedeutende öffentliche Funktionen zugewiesen hatte, ins Ungeahnte: Gregor d. Gr. selbst schrieb einmal, man könne daran zweifeln, ob er das Amt eines Hirten oder das eines weltlichen Fürsten verwalte. Die ganze Vertretung der Interessen des italienischen Volkes, wenigstens soweit es außerhalb des langobardischen Machtbereiches lebte, fiel dem Papsttum allein zu. Die politische Mission Leos d. Gr. bei Hunnen und Vandalen hatte eine Entwicklung angedeutet, die sich jetzt, nach der großen Katastrophe, widerstandslos entfalten konnte. »Das allmähliche Wachstum und Emporsteigen dieser geistigen Macht aus dem Schutt des antiken Staates«, urteilt F. Gregorovius, »unter den schwierigsten Verhältnissen, wird als eine der größten Verwandlungen der Geschichte ewig das Erstaunen der Nachwelt sein ... Sie (die Kirche) allein hielt die moralische Einheit Italiens zusammen, sobald der römische Staat zertrümmert war.«

Infolge umfangreicher Schenkungen gehörten die Bischöfe schon seit langem zu den ersten Latifundienbesitzern im Lande. Abgesehen von ihrer Autorität sicherte dieser Umstand den Bischöfen auch die führende Stellung in ihren Städten: sie traten mehr und mehr an die Stelle der früheren Organe der städtischen Selbstverwaltung. Der allgemeine Zusammenbruch des 6. Jahrhunderts mit all seinen wirtschaftlichen und seelischen Erschütterungen trieb diese Entwicklung mächtig vorwärts. Die Kirche übte große Anziehungskraft auf die Entwurzelten oder wirtschaftlich Schwachen aus, die die Kraft verloren hatten, den Kampf mit dem Leben allein aufzunehmen: sie vermachten ihr ihren Besitz und verlangten Einlaß ins Kloster oder begaben sich sonst in den Dienst der Kirche. Erst um 600 scheint die Masse der privaten Schenkungen einen gewissen Abschluß gefunden zu haben. Sie hatten aber dazu geführt, daß die Kirche trotz aller schweren Verluste, die natürlich auch sie erlitt, zur einzigen Institution des öffentlichen Lebens wurde, die im allgemeinen Niedergang Italiens im Aufstieg begriffen war.

Der hervorragendste Anteil an allem fiel der Kirche von Rom zu, deren neues Gesicht am ausgeprägtesten die Regierungszeit Gregors d. Gr. (590–604) widerspiegelt. Ihr Landbesitz – besonders in Mittel- und Süditalien und Sizilien – wurde der umfangreichste, den es in Italien gab. Natürlich blieben die Güter der römischen Kirche, die entsprechend den kaiserlichen Domänen den Namen ›Patrimonium‹ erhielten, ganz in den Grenzen des Privatrechtes: der römische Bischof war Untertan des Kaisers, er mußte für seine Besitzungen die Abgaben entrichten wie andere auch (der Übergang zu staatlicher Hoheit vollzog sich erst im späten 8. Jahrhundert).

Auf dieser Grundlage gingen bei der allgemeinen Schwäche der byzantinischen Herrschaft die Funktionen der absterbenden staatlichen Organe schließlich eine nach der anderen auf die römische Kirche über. Die Getreideversorgung der Stadt war, wie früher auf Afrika und andere Provinzen, jetzt auf die Zufuhr aus den Patrimonien, vor allem aus denen Siziliens, angewiesen. Wenn sie einmal nicht funktionierte, machte der Kaiser in Byzanz nicht seinen Beamten Vorwürfe, sondern dem Papst! »Die gemeinsame Kirche wurde nicht anders denn als gemeinsamer Speicher angesehen«, schrieb der gleichzeitige Biograph Gregors d. Gr. Selbst die Verproviantierung der in Rom stationierten kaiserlichen Truppen fiel schließlich dem Papste zu: Gregor nannte sich selbst nicht zu Unrecht den Säckelmeister des Kaisers. So ist Rom zuerst wirtschaftlich – und erst weit später auch politisch – ein päpstliches Rom geworden.

Eine solche wirtschaftliche Vormachtstellung zog den Papst naturgemäß auch in alle möglichen anderen öffentlichen Angelegenheiten hinein. In allen Bedrängnissen der einheimischen Bevölkerung wurde er als Anwalt angerufen, in den jahrzehntelangen Nöten des Langobardensturms ebenso wie im Kampf gegen die Übergriffe der volksfremden byzantinischen Statthalter. Durch Hilferufe nach Byzanz, durch Sammlung der wenigen noch vorhandenen eigenen Kräfte, in diplomatischen Verhandlungen mit dem Feind und, wenn es oft genug nicht anders ging, durch Entrichtung hoher Tribute, suchten die Päpste unablässig vor den Langobarden alles italienische Land zu retten, das diesen nicht beim ersten Ansturm zum Opfer gefallen war. Daß vor allem Rom nie von den Langobarden erobert wurde, ist fast ausschließlich ihr Werk gewesen.

Verständlich wird diese ganze Neuentwicklung aber erst, wenn man sich die gleichzeitige Verwandlung der Geister vergegenwärtigt. Der antike Intellektualismus und das Bildungsideal, die noch die Zeit Theoderichs beherrscht hatten, verloren nach der Katastrophe der Jahrhundertmitte auch ihre letzte Anziehungskraft. Gregor d. Gr. vor allem gibt seiner Verachtung dieser ganzen Bildung oft genug stärksten Ausdruck; insbesondere macht er aus seiner Abneigung gegen die Verwendung des Griechischen im römischen Sprachgebiet kein Hehl, ja er weigert sich einmal sogar, den Brief einer Dame zu beantworten, »weil sie mir griechisch geschrieben

hat, obwohl sie Lateinerin ist«: in gleicher Weise ein sprechendes Symbol für den um die Jahrhundertwende durchbrechen-
den geistigen ›Simplismus‹ wie für das bewußte Sichloslösen
des römischen Nationalstolzes vom byzantinischen Osten. An
Stelle der alten Bildung aber traten das Ideal der christlichen
Askese und eine Weltflucht, die man im Dienste der Kirche zu
verwirklichen glaubte und die sich dann sogar in tieferer Hingabe den drängenden Aufgaben des Lebens widmen konnte,
als es oft die lässige Resignation der Spätantike tat – denn das
Vorzeichen für allen Lebenskampf war ein anderes geworden.
Auf literarischem Gebiet aber verband sich sprachliche Unbe-
kümmertheit, ja stilistische Roheit mit scharf umrissener und
konsequent verfolgter Zielsetzung im Dienste der verschärften
transzendenten Blickrichtung. Die Lebensbeschreibungen der
Päpste im ›Liber Pontificalis‹ etwa stellen eine lebendige Verkörperung dieses neuen Weltbildes dar.

Nichts kam der Stimmung des Zeitalters so sehr entgegen
wie die Begründung des abendländischen Mönchtums durch
Benedikt (gest. um 547). Gegenüber dem individualistisch un-
gezügelten Mönchtum des Orients, das auch in Italien eingedrungen war, hat seine Regel, vom echt römischen Geist der
Ordnung erfüllt, den Drang der Zeit nach Weltflucht und
Heiligung des Lebens in maßvolle Formen eingefangen und
zugleich zu produktiver – gemeint war zunächst nur körperliche – Arbeit hingelenkt. Dadurch ist Benedikts Werk zu
einem hervorragenden Faktor in der Neugestaltung Italiens
geworden, nicht nur in geistiger, sondern ebenso auch in
wirtschaftlicher Hinsicht. In der sich selbst genügenden Pro-
duktions- und Konsumgemeinschaft des Klosters erhielt das
Land in der Zeit seines tiefsten Verfalls einen Wirtschaftskör-
per von überlegener Kraft und vorbildlichem Wert. Darüber
hinaus hat sich Benedikts Regel schnell das ganze Abendland
erobert. Als »eines der wirksamsten Dokumente aller Zeiten«
(E. Caspar) ist sie die erste große Ausstrahlung geworden, in
der Italien in seinem Übergang von der alten zur neuen Gestalt auf die anderen Völker des Westens in eindringlichster
Weise gewirkt hat.

Wie die byzantinische Herrschaft ihren Aufgaben im Innern des Landes weitgehend nicht gerecht wurde, so versagte auch nach außen hin ihr Verteidigungssystem entlang der Alpen beim ersten feindlichen Ansturm fast völlig. 565 war der Gotenbezwinger Narses von Kaiser Justinian I. abberufen worden. Drei Jahre später standen – angeblich von ihm selbst aus Rache gerufen – fremde Eroberer im Lande: die Langobarden unter ihrem König Alboin (568). An dem langwierigen Ablösungsprozeß, den Italien dem Osten gegenüber durchmachte, kommt ihnen der hervorragendste Anteil zu. Hierin ist wohl die grundlegende Bedeutung der zweihundertjährigen Herrschaft dieses Volkes im Rahmen der Gesamtentwicklung der Halbinsel zu erblicken.

Die Langobarden hatten ihre Wohnsitze zuletzt in Pannonien (Ungarn) aufgeschlagen, in jenem Völkerkessel, durch den so gut wie alle ostgermanischen Stämme hindurchgegangen waren und in dem die meisten auch mehr oder weniger lang geweilt hatten. Die besondere Wildheit und Ungezügeltheit, die diesem Volke nachgesagt wurde, hatten die Bewohner Italiens bereits durch eine langobardische Abteilung kennengelernt, die unter Narses gegen die Goten gekämpft hatte. Nach Italien kommen sie nicht als Föderierte des Reiches, sondern als Feinde und Eroberer; und sie werden sich nie dem Kaiser in Byzanz in die Hand geben: ein erstes Moment durch das sich die Langobardenherrschaft in Italien von der der Ostgoten wesentlich unterscheiden wird.

Das Volk ist zahlenmäßig nicht stark, aber Gruppen von anderen Stämmen, wie Gepiden, Bajuwaren, Thüringer und vor allem ein bedeutendes Kontingent von Sachsen füllen die Reihen auf. Selbst fremdvölkische Bulgaren befinden sich unter ihnen.

Über Venetien brechen sie ein, um 570 ist fast ganz Oberitalien in ihren Händen. Nur Pavia ist erst nach dreijähriger Belagerung zu bezwingen (572). Es wird zur Hauptstadt erhoben und bleibt auch im Mittelalter (bis ins 11. Jahrhundert) die bevorzugte Krönungsstadt für das ›Königreich der Lombardei‹.

Byzanz konnte den Feind nicht abwehren, aber seine Kraft reichte doch hin, um beträchtliche Teile des Landes vor ihm zu retten. Sein bester Bundesgenosse dabei war die verhältnismäßige Schwäche des langobardischen Königtums selbst, die eine bedenkliche Zersplitterung der an sich beschränkten Volkskräfte verschuldete. Ein weiterer entscheidender Unterschied zur Ostgotenzeit also: die staatliche Einheit Italiens wurde nun – seit rund achthundert Jahren zum erstenmal! – zerrissen, und sie blieb es, bis die Truppen Viktor Emanuels II. in Rom einzogen (1870)! Vor allem die wichtigsten Küstengebiete blieben dem langobardischen Zugriff vorenthalten, sowie die römischen Gebiete und die südlichen Teile von Unteritalien (s. unten S. 55).

Nach Mittel- und Unteritalien zogen nur mehr einzelne, ziemlich selbständig vorgehende Truppen unter Führung von Herzögen. In reichlich unübersichtlichen Kampfhandlungen erwuchsen hier zwischen 570 und 580 vor allem zwei wichtige langobardische Territorien: die Herzogtümer Spoleto und Benevent. Und dies ist nun ein drittes, für die Geschichte Italiens überaus bedeutsames Moment: auch die Langobardenmacht selbst ist kein geschlossenes Ganzes. Neben dem Königtum, das vor allem Oberitalien und Toskana beherrscht, standen Herzöge, die den Königen zwar theoretisch unterworfen blieben, praktisch aber oft genug Politik auf eigene Faust, ohne und gegen die Zentralregierung, betrieben und oft genug nicht einmal vor offener Verbindung mit dem Feind zurückscheuten. Den Herzögen von Benevent und Spoleto reihten sich in dieser Hinsicht besonders solche im Nordosten, wie die von Friaul, an. Es blieb immer eine Frage der augenblicklichen Macht und der persönlichen Fähigkeit des Königs, inwieweit er seine Souveränität auch in diesen nördlichen und südlichen Grenzgebieten praktisch zur Geltung bringen konnte.

König Alboin kam kaum mehr in den Genuß seiner Eroberung: 573 trifft ihn der Mordstahl. Er stirbt söhnelos, und zu einer eigentlichen Herrscherdynastie mit festem Erbrecht wird es bei den Langobarden überhaupt nicht kommen. Herzöge und Volksversammlung erheben den Herzog Kleph auf den Thron; im folgenden Jahr wird auch er ermordet (574).

Zehn Jahre (bis 584) gibt es keinen König mehr, die Herzöge regieren für sich selbst. Nach dem allerdings fast zweihundert Jahre jüngeren Geschichtsschreiber Paulus Diaconus sollen es deren sechsunddreißig gewesen sein.

Diese erste Periode der langobardischen Geschichte (568–584) und insbesondere das königlose Jahrzehnt sind für die italische Bevölkerung der eroberten Gebiete die härtesten und notvollsten Jahre gewesen, den Siegern auf Gnade und Ungnade ausgeliefert. Die Großgrundbesitzer wurden erschlagen oder verknechtet, ihre Ländereien in Besitz genommen. Die kirchliche Organisation des Landes ging großenteils zugrunde, das meiste Kirchengut verfiel den Eroberern. Die Bebauung des Landes blieb aber auch jetzt Sache der Kolonen; die Langobarden begnügten sich mit dem Genuß der Erträgnisse, die die Latifundien abwarfen.

Die zunehmende Bedrohung von außen aber lehrte die Langobarden, daß es ohne das einigende Königtum nicht ging. Als gefährlichste Feinde meldeten sich die Franken – im Bündnis mit Byzanz! – an, Beutezüge der Langobarden über die Westalpen (569/570 u. 574/575) mit dem Gegenangriff beantwortend. So wurde schließlich mit Authari, dem Sohn des Kleph, das Königtum erneuert (584). Die Herzöge verstanden sich sogar dazu, für die wirtschaftliche Fundierung des königlichen Hofes die Hälfte ihres Besitzes abzutreten.

König Authari (584–590) rettete zunächst die außenpolitische Situation. Es gelang ihm, Franken und Byzanz endgültig voneinander zu trennen, obgleich mehrere Herzöge zum Feind gehalten hatten. Die Friedensverhandlungen, die er mit den Franken eingeleitet hatte, brachte sein Nachfolger Agilulf (590–615, zuvor Herzog von Turin) zum Abschluß. Seitdem hatten die Langobarden vor den westlichen Nachbarn so gut wie völlig Ruhe – bis zum Endkampf des 8. Jahrhunderts. Mit Byzanz blieb der Kriegszustand, abgesehen von einigen Waffenstillständen um die Jahrhundertwende, weiter bestehen.

Agilulfs Expansionsbestrebungen in Mittelitalien aber fehlt die rechte Zielsicherheit. 593 steht er vor Rom. Papst Gregor beginnt von sich aus, mit ihm Friedensverhandlungen anzuknüpfen und obgleich die Stadt für den Zugriff des Königs offen daliegt, kann er den Abzug der Langobarden mit einem jährlichen Tribut von 500 Pfund Gold aus der päpstlichen Kasse erkaufen.

Für das langobardisch gewordene Italien aber leitete die Regierung der beiden Könige Authari und Agilulf eine neue Periode ein. Nach den Jahren bloßer Gewalttätigkeit konstituierte sich nun die langobardische Macht als fest geordnetes Staatswesen. Dazu war vor allem notwendig, daß die unterworfene Bevölkerung mit der neuen Fremdherrschaft langsam ausgesöhnt wurde. Beide Könige haben daran bewußt und nicht ohne Erfolg gearbeitet. Mit der Annahme des römischen Titels ›Flavius‹ bekundeten sie symbolisch, daß sie die Tradition des Reiches – aber ohne Byzanz! – wieder aufnehmen wollten, und daß sie sich auch den römischen Untertanen gegenüber als verantwortliche Herrscher fühlten. Die stärkste einheimische Macht, die Kirche, bekam einen Teil ihrer Besitzungen zurückerstattet, und der Episkopat konnte langsam wieder seine geordnete Tätigkeit aufnehmen.

Das ganze 7. Jahrhundert hat dann nach außen keine wesentlichen Veränderungen mehr gebracht. Sehr viel Kraft ging in den Auseinandersetzungen des Königtums mit den Herzögen verloren. Fast die einzige machtvolle Gestalt auf dem langobardischen Thron zu dieser Zeit ist König Rothari (636–652) gewesen, der größte Gesetzgeber seines Volkes und auch im Felde nicht ohne Erfolg: er gewann dem langobardischen Reich die ligurische Küste samt Genua hinzu. Gegen Grimoald, den ersten süditalienischen Herzog (von Benevent) auf dem langobardischen Königsthron (661–671), unternahm Byzanz einen letzten großen Versuch, das Verlorene wiederzugewinnen; nach mehrfachen Mißerfolgen kam etwa 680 endlich ein Friede zwischen Langobarden und Byzanz zustande, in dem sich das Ostreich zum erstenmal zur offiziellen Anerkennung der neuen Machtverhältnisse bequemte.

Der Besitzstand, den Byzanz nach Abschluß dieser mehr als hundertjährigen, fast ununterbrochenen Kriegsepoche in Italien hat retten können, wird sich in der politischen Gestaltung der Halbinsel noch durch lange Jahrhunderte hindurch deutlich abzeichnen. Von Norden angefangen sind es zunächst Istrien und ein schmaler Küstenstreifen von Venetien mit dem zu beträchtlichem Wohlstand aufblühenden neuen städtischen Mittelpunkt Venedig. Anschließend folgt, landeinwärts sich beträchtlich verbreiternd, das ›Exarchat‹ von Ravenna – so benannt nach der Residenz des ›Exarchen‹, des obersten byzantinischen Statthalters für Italien, sowie die ›Pentapolis‹, das Fünfstädteland von Rimini bis über Ancona hinaus. Dieser ganze Gebietskomplex an der Adria wird durch einen schmalen Streifen über Perugia weg notdürftig verknüpft mit der wichtigsten Landschaft jenseits des Apennin, dem ›Ducatus Romanus‹: Rom und sein weiteres Vorland im Norden (südliches Tuszien) und im Süden (Campagna und Maritima). Von Unteritalien aber blieben unter byzantinischer Hoheit Kalabrien (modern: südliches Apulien) und Brutium (modern: Kalabrien) sowie, als bedeutende Enklave im Feindesland, das Gebiet der wichtigen Seestadt Neapel, das südlich bis über Salerno hinausreichte, aber freilich selbst wieder in drei verschiedene Teile zerrissen war. Dazu kommt dann noch die Insel Sizilien sowie das abseits gelegene und bedeutungslos gewordene Sardinien und Korsika.

Das Charakteristische für alle diese Landschaften war, daß in ihnen der Schrumpfungsprozeß der byzantinischen Herrschaft im Laufe des 7. Jahrhunderts weitere bedeutsame Fortschritte machte und dadurch allmählich wieder einheimische Kräfte auf den Plan rief, die die Staatsgewalt und vor allem die Landesverteidigung praktisch selbst übernehmen mußten. Allenthalben entstehen nun einheimische Milizen, die es früher höchstens in ganz geringem Umfang und völlig ins byzantinische Militärwesen eingegliedert gegeben hatte (im übrigen war ja die Wehrkraft der italienischen Bevölkerung – eine Folge der allgemeinen sozialen und völkischen Zersetzung – weitgehend zerfallen und durch die Gotenherrschaft grundsätzlich nicht beansprucht worden). Es war aber nur natürlich, daß die Befehlsgewalt über die einheimischen Milizen den großen Grundbesitzerfamilien zufiel, durch die sie organisiert wurden – die byzantinischen Kommandanten

und sonstigen Beamten der einzelnen Kastelle traten mehr
und mehr zurück – und bald behaupteten diese ihr neues
Amt als oberste lokale Gewalt auch in erblicher Folge:
der Feudaladel beginnt zu entstehen. Diese Entwicklung
gilt nicht nur für den kleinen Kreis einer einzelnen Ort-
schaft, sie greift automatisch auch auf größere, geographisch
und geschichtlich miteinander verbundene Räume über. Ohne
viel Rücksicht auf den zuständigen kaiserlichen Beamten
wählen sie sich den stärksten oder geeignetsten Mann als
›dux‹, als ihren Führer, selbst. Im Gebiet von Venedig, wo
die Verhältnisse einer solchen autonomen Entwicklung besonders günstig waren, erwächst daraus frühzeitig das Amt
des ›Dogen‹.

Ebenso drangen die neuen Lokalgewalten in den kirchlichen
Grundbesitz ein und machten hier ihre Ansprüche geltend.
Einerseits strebten sie, und des öfteren schon mit Erfolg, nach
maßgeblichem Einfluß bei Papst- und Bischofswahlen, anderseits schränkten sie die freie Verfügungsgewalt der päpstlichen
bzw. bischöflichen Bürokratie über den Kirchenbesitz in stei-
gendem Maße ein. So wächst ein zweiter bedeutender einheimischer Machtfaktor *neben* der Kirche heran: Die mittelalterliche Adelsherrschaft in ihrer engsten Verflechtung mit
der Kirche und mit ihren beständigen Kämpfen um den beherrschenden Einfluß in ihr findet ihre Vorbereitung und
Grundlegung.

All das geht natürlich nicht ohne Rückschläge vor sich;
aber die Gesamtlinie – außer den schon früher dargelegten
und natürlich weiterwirkenden Entwicklungen – ist unver-
kennbar: machtpolitische Loslösung von Ostrom durch
Wiedererstehung der eigenen Wehrkraft und Einschränkung
des päpstlichen Machtbereiches durch den sich langsam bildenden Feudaladel. Beides bedeutete aber außerdem die Entwicklung von der einheitlichen Zentralgewalt weg zur Auflösung in eine Vielheit der miteinander rivalisierenden Lokalgewalten.

Im langobardischen Staat sahen zunächst die Dinge natürlich ganz anders aus. Die Langobarden waren als Feinde des
römischen Reiches gekommen und sind es geblieben: diese

Grundtatsache bestimmte ihr ganzes Regierungssystem bis zum Ende des 7. Jahrhunderts. Die ›Römer‹ blieben *rechtlich* die Unterworfenen auch nach der neuen versöhnlichen Richtung, die Authari und Agilulf eingeschlagen hatten. Im allgemeinen behielten nur die Bischöfe und der Klerus ihre volle persönliche Freiheit, während die überlebenden Großgrundbesitzer in die Stellung der langobardischen Halbfreien herabsanken; den dritten Teil ihrer Einkünfte mußten sie den ihnen zugeteilten Langobarden als Tribut entrichten. Es gab keine römischen öffentlichen Organe mehr; die ganze Verwaltung war langobardisch. Für Langobarden wie ›Römer‹ gab es nur mehr *ein* Recht: das langobardische. Seine grundlegende Kodifikation geht auf König Rothari zurück. Es hielt die germanischen Rechtsgewohnheiten im Erbrecht wie im Strafrecht und Prozeßverfahren – Wehrgeld, gerichtlicher Zweikampf, Eideshilfe u. dgl. – aufrecht. Nur für einzelne Persönlichkeiten, wie insbesondere wiederum die Bischöfe, wurden Ausnahmen zugunsten des römischen Rechts gemacht.

Die Langobarden haben also den Staat mit ihren Einrichtungen weit gründlicher durchdrungen als die Ostgoten und ihre germanische Eigenart zäher und energischer behauptet als diese. Und doch entgingen auch sie nicht dem Schicksal der übrigen Ostgermanen: auch die Langobarden sind mit der Zeit von den mannigfachen Elementen der sie umgebenden fremden Kultur – nicht zuletzt auch durch die den gesamten schriftlichen Verkehr beherrschende lateinische Sprache – durchsetzt worden und haben sich ihr assimiliert.

Besonders wichtig ist hier wiederum die konfessionelle Frage. Die Langobarden waren als Arianer, manche selbst noch als Heiden, ins Land gekommen. Aber mit dem Arianismus war es vorbei: 586 hat ihm das letzte große Volk, die Westgoten Spaniens, den Rücken gekehrt. Und König Authari führt bereits eine katholische Prinzessin als Gattin heim (589): Theudelinde, die Tochter des bayerischen Herzogs Garibald, die eifrig für den Schutz und dann für die Ausbreitung des Katholizismus tätig ist. Durch ihre Vermittlung entsteht im westlichen Oberitalien das Kloster Bobbio (612),

das als Gründung des Iroschotten Kolumban zunächst zwar
einem völlig fremden Kulturkreis entsprang, bald aber zu
einem der ersten Kulturzentren Oberitaliens erwuchs und auf
die Katholisierung der Langobarden großen Einfluß ausübte.
Gegen Ende des 7. Jahrhunderts etwa ist die Katholisierung
des ganzen Langobardenvolkes vollendet – der konfessionelle
Trennungsstrich war damit ausgelöscht.

Dazu trieb der Friedensschluß mit Byzanz (680) die Entwicklung mächtig weiter. Die vornehmeren italienischen
Kreise, aber auch etwa Baumeister und kunstfertige Handwerker, erhoben sich aus ihrem halbgebundenen Zustand
mehr und mehr zu unumschränkter Freiheit. Das römische
Recht gewann etwa seit Anfang des 8. Jahrhunderts neue Geltung. Selbst ins Langobardenrecht hielten, wenn auch oft nur
durch Anleihen aus dem längst schon romanisierten West-
gotenrecht, römische Rechtsvorstellungen ihren Einzug, besonders in der Gesetzgebung König Liutprands. Gegen Ende
des 7. Jahrhunderts ist der langobardische Adel sprachlich
und kulturell bereits völlig romanisiert.

Die Ehegemeinschaft zwischen beiden Völkern, die seit
dem späteren 7. Jahrhundert begann und schnell um sich griff,
besiegelte die Verschmelzung zwischen Langobarden und
Italikern. Unter König Aistulf (749–756) konnte der Begriff
›Langobarden‹ gelegentlich schon auf alle Freien, ob germanischer oder römischer Herkunft, angewendet werden:
damit waren die letzten Unterschiede zwischen Siegern und
Besiegten gefallen.

Das dürftige kulturelle Leben wurde auch in der Langobar-
denzeit von der einheimischen Bevölkerung bestritten. In
manchen Städten Oberitaliens erhielten sich, natürlich fast
durchweg in geistlichen Händen, einige Grammatiker- und
Rhetorenschulen alten Stils (einigermaßen greifbar werden
sie erst gegen Ende des 7. Jahrhunderts). Nicht ihr dürftiger
und formalistischer Schulbetrieb macht sie bemerkenswert,
sondern die Tatsache, daß durch sie – zum Unterschied von
den römischen, noch stärker unter kirchlichem Einfluß stehenden Gebieten – die weltliche Bildungstradition der früheren Zeiten irgendwie erhalten blieb und weitergegeben

wurde. Als einziger bedeutender Mann ist aus diesen Schulen der stark romanisierte Langobarde Paulus Diaconus (etwa 720–799) hervorgegangen, der in seinen späteren Lebensjahren bereits in den Kulturkreis Karls d. Gr. hineinwuchs. Er hat der Nachwelt die Geschichte seines Volkes lebendig und in einem, im Vergleich mit den sonstigen Erzeugnissen der Zeit, sehr flüssigen und gewandten Latein aufgeschrieben.

Auch die Baukunst und das Kunsthandwerk haben sich in den Städten irgendwie – anscheinend sogar in einer Art von gildenmäßigem Zusammenschluß der Handwerker – durchgerettet. Die künstlerische Betätigung hielt sich zunächst an die alten römisch-byzantinischen Vorbilder; aber seit dem beginnenden 8. Jahrhundert scheint doch das besondere Kunstempfinden der Langobarden in beträchtlichem Maße durchgebrochen zu sein. In der farbigen und reichgemusterten Gestaltung der Fassaden durch verschiedenartige Steine, in mannigfachen Motiven der reichen, oft phantastischen Ornamentik, ferner in den runden und freistehenden Glockentürmen sowie auch in einer besonderen Pflege des Backsteinbaues sehen manche Kunsthistoriker spezifisch langobardische Elemente. Entschiedener noch und eindeutiger machte sich der germanische Einfluß im Kunsthandwerk, wie besonders in der Goldschmiedekunst, geltend.

Vier Faktoren haben das politische Geschehen des 7. und 8. Jahrhunderts bestimmt: die Langobarden, Byzanz, das Papsttum und die neuen lokalen Gewalten. Aber alle vier sind wieder mehr oder weniger in sich gespalten: das langobardische Königtum wird durch mancherlei Thronwirren beengt und muß sich in lähmenden Kämpfen mit den Herzögen abquälen; das Papsttum sieht sich durch dogmatische Streitigkeiten (Dreikapitelschisma, Monotheletismus) und durch Emanzipationsbestrebungen des Patriarchen von Aquileja bedrängt, der Kaiser von Byzanz hat manchen Kampf mit seinen eigenmächtigen Exarchen in Ravenna auszufechten, von denen zwei, Eleutherius und Olympius, sogar versuchten, ein neues westliches, byzanzfreies Kaisertum aufzurichten (619 bzw. 649/652); die neuen Feudalmächte aber streben an sich nach möglichster Dezentralisation. So verläuft das politische Leben in wechselvollsten Gruppierungen und oft in wirren unübersichtlichen Bahnen, die die große politische Ausrichtung vermissen lassen und von denen der folgende kurze Überblick nur eine schwache Vorstellung zu geben vermag. Und zu allem tritt am Schluß eine neue Macht hinzu, der der Endsieg gehören wird, das Frankenreich.

Drei starke Persönlichkeiten bringen nach dem Friedensschluß von 680 neue Bewegung in das politische Getriebe der Halbinsel: König Liutprand (712–744), Papst Gregor II. (715–731), nach längerer Pause wieder der erste Nationalrömer auf dem Päpstlichen Stuhl, und der Kaiser Leo III. der Isaurier (717–741).

Eine tiefgreifende Steuerreform, die der Kaiser durchführen will, löst eine nationalrömische Revolution unter der Führung des Papstes aus. Gregor versteht es, die langobardischen Herzöge Mittelitaliens auf seine Seite zu ziehen, während Liutprand die Gelegenheit zu einem Einfall ins Gebiet von Ravenna benützt. Mit dem politisch-wirtschaftlichen Kampf verknüpft sich sogleich auch ein neuer kirchlich-dogmatischer Streit, der Streit um die Bilderverehrung, der von jetzt ab das ganze 8. Jahrhundert erfüllen und Ost- und Westrom voneinander trennen wird. Die politische Stellung des Papstes erweist sich als unhaltbar. Der Exarch, zu dem Liutprand eilig umgeschwenkt war, zieht in Rom ein – der König betritt die Stadt nicht, sondern besucht nur ehrerbietig die Petersbasilika –, die Niederlage der national-italienischen Partei ist vollständig. Die neuen Steuern werden durchgeführt und die päpstlichen Besitzungen in Kalabrien und Sizilien vom Kaiser derartig mit Abgaben belastet, daß diese Maßnahme sich praktisch wie eine Konfiskation auswirkte. Seitdem ist das Papsttum in Süditalien tatsächlich als Machtfaktor ausgeschieden, und daher kamen auch bei der Konstituierung des Kirchenstaates diese Gebiete nicht mehr in Betracht.

Das Bündnis des Langobardenkönigs mit dem Exarchen war so unnatürlich wie das der Herzöge mit dem Papst; Liutprand dachte nicht daran festzuhalten. In den dreißiger Jahren vielmehr unternimmt er mächtige Vorstöße gegen Ravenna sowohl wie gegen Rom. Und nun versucht der Papst (Gregor III.) zum erstenmal, dem Kampf eine ganz neue Wendung zu geben: er ruft im Namen der Stadt Rom die Hilfe des Frankenkönigs an (739)! In feierlicher Gesandtschaft läßt er ihm die Schutzherrschaft über Rom anbieten und erklären, daß er und die Stadt entschlossen seien, die Sache des Kaisers von Byzanz völlig zu verlassen. Es war – formalrechtlich – der Versuch zum Staatsstreich.

Aber noch erwies er sich als verfrüht. Karl Martell (717 bis 741), der als Majordomus im Frankenreich tatsächlich regierte, lehnte das Angebot ab und beschränkte sich auf eine diplomatische Vermittlung zwischen König und Papst. Aber der Weg für die Zukunft war gewiesen.

Die Gefahr war in Wirklichkeit nicht allzu groß. Bei aller Angriffslust legte König Liutprand doch immer wieder merkwürdig wenig Zielstrebigkeit und innere Sicherheit an den Tag. Schließlich ließ er sich sogar auf einen zwanzigjährigen Waffenstillstand mit Rom ein: in einem Sondervertrag trennte der Papst die Geschicke des römischen Dukates eigenmächtig von denen der Ravennater Gebiete ab. Aber selbst in seinem Unternehmen gegen Ravenna ließ sich Liutprand in einer persönlichen Zusammenkunft mit dem Papst nicht bloß zur Einstellung der Feindseligkeiten, sondern sogar zur Rückgabe der in den letzten Jahren gemachten Eroberungen bewegen (743): »ein matter Abschluß einer heroischen Laufbahn« (E. Caspar), dem im Jahr darauf bereits der Tod des Königs folgte.

Anders König Aistulf (749–756). Er nimmt die Eroberungspolitik mit neuer Wucht auf: Das ganze Exarchat einschließlich der Hauptstadt Ravenna fällt ihm zum Opfer (751). Dann stößt er gegen den Ducatus Romanus selbst vor. Sein klares Ziel ist der Zusammenschluß der ganzen Halbinsel unter der einen langobardischen Krone.

Da wendet sich Papst Stephan II. (752–757) nochmals an das Frankenreich. Der Herrscher, von dem das Papsttum Schutz erhoffte, sollte mächtig, aber dem päpstlichen Interessenkreis doch nicht so unmittelbar benachbart sein, wie es die Langobarden waren. Der letzte Merowingerkönig war abgesetzt, und der erste Mann der neuen Dynastie, Pippin, hatte unter ausdrücklicher päpstlicher Zustimmung den Thron bestiegen und sich – als Ersatz für das fehlende Geblütsrecht – vom Legaten Bonifatius zum König salben lassen (751).

Und jetzt hat der Papst Erfolg. Pippin lädt ihn zu sich ins Frankenreich ein. Mitten durch das Land König Aistulfs, der nicht wagt, den Papst an der Reise zu hindern, zieht Stephan über die Alpen. Nach feierlicher Begrüßung in der fränkischen Pfalz Ponthion kommen auf einem Reichstag zu Quierzy (Nordfrankreich) die entscheidenden Abmachungen zwischen Pippin und Stephan zustande (April 754): Der Frankenkönig wird ›Patrizius‹, d.h. Schutzherr der Stadt Rom und der Kirche. Er macht dem Papst ein territoriales Schenkungsversprechen, dessen Inhalt uns im einzelnen nicht bekannt ist; es dürfte aber außer dem Ducatus Romanus und dem Exarchat von Ravenna, das infolge der langobardischen ›Usurpation‹ als herrenlos angesehen wurde, auch schon die Herzogtümer Spoleto und Benevent umfaßt und also über das bisher byzantinische Italien hinausgegriffen haben.

Diese viel besprochenen Ereignisse von Ponthion und Quierzy haben nicht nur eine neue Epoche der Weltgeschichte – das fränkisch-deutsche Imperium des Mittelalters – grundgelegt, sondern auch das Land Italien in ganz neue Zusammenhänge hineingestellt: seine Bindung an das jung aufstrebende Westgermanentum und damit seine Loslösung von Byzanz ist nun für immer entschieden; was sich von jetzt ab noch an östlichen Einflüssen und Machtstellungen auf der Apenninenhalbinsel behaupten wird, wird zwar noch etliche Jahrhunderte überdauern, ist aber doch als Rückzugsstellung, die zum endgültigen Zusammenbruch verurteilt ist, gekennzeichnet.

Wohl hatten manche fränkische Große, und unter ihnen Pippins eigener Bruder Karlmann, der als Mönch in Monte Cassino lebte, gegen die schwerwiegenden Bindungen, die ihr König eingegangen war, Widerspruch erhoben. Aber Pippin zog über die Alpen. In einem kurzen Feldzug nötigte er König Aistulf zu einem Friedensschluß, in dem dieser versprach, alle jüngst gemachten Eroberungen, das Exarchat also

und die Pentapolis, herauszugeben (754). Die wirkliche Ausführung des Versprechens mußte Pippin in einem zweiten,
ebenso kurzen Feldzug erzwingen (756). Die Ansprüche, die
der Kaiser auf die befreiten Gebiete anmeldete, wies er kühl
zurück: er habe für den hl. Petrus und sonst für niemand das
Schwert gezogen.

· So sind die Jahre 754 und 756 die Geburtsstunde des ›Kirchenstaates‹ geworden, wie er aus dem allgemeinen Zusammenbruch der Ostgotenkriege in langsamem Wachstum erstand. Aber auf lange Jahrhunderte hinaus wird er die Merkmale seiner besonderen Geburtsweise noch deutlich an sich
tragen. Einmal bleibt es auch jetzt noch sehr schwierig, den
territorialen Umfang dieses neuen Staatsgebildes genau zu
bestimmen. Seine zwei Hauptkomplexe sind der Ducatus Romanus und das Exarchat mit der Pentapolis. Beide verbindet,
entsprechend dem bisherigen byzantinischen Besitzstand, ein
schmaler Streifen mit Perugia als wichtigster Stadt; er war
völlig ungenügend, um die zwei Komplexe zu einer lebensfähigen Einheit zusammenzuschweißen. Machtpolitisch ist das
Ganze ein unmögliches Gebilde gewesen. So gingen die
adriatischen Gebietsteile praktisch auch sehr schnell wieder
verloren: sie galten im frühen und hohen Mittelalter fast ausschließlich als Reichsland; dem Papst blieb nur der Dukat
selbst. Daher spielt auch der Papst in diesen frühen Jahrhunderten *auf Grund seines ›Staates‹* im machtpolitischen Getriebe
der Halbinsel nur eine sehr untergeordnete Rolle.

Und von ähnlich unbestimmtem Charakter ist die rechtliche Stellung des neuen Staates. Der Frankenkönig hatte ihn,
unabhängig vom Kaiser, ja gegen ihn, für den Papst geschaffen. Aber endgültig hat der Papst mit der byzantinischen
Oberhoheit doch erst an Weihnachten 800 gebrochen. Vor
allem aber: bereits als ›Patricius Romanorum‹ hat Pippins
Sohn Karl seine Herrschaftsrechte im Patrimonium grundsätzlich betont – so besonders durch Prägung von Münzen
mit seinem Bild und Namen neben den vom Papst bereits
geschlagenen Münzen – und hat sie auch in der Praxis mit
starker Hand zur Geltung gebracht. Und nicht anders wurde
es selbstverständlich mit der Kaiserkrönung. Genau so wie das

oströmische hat auch das fränkisch-deutsche Kaisertum Anspruch auf universale Geltung erhoben: so wenig wie irgendein anderes christliches Reich ist der Kirchenstaat samt der
Stadt Rom, trotz aller Schenkungserneuerungen von seiten
der Kaiser, von ihrem Herrschaftsanspruch ausgenommen gewesen. Vielmehr blieb das Land – rechtlich und praktisch –
ein Gebiet der gemischten Herrschaft von Kaiser und Papst
und war nicht ein solches der ausschließlichen Souveränität
des letzteren. An sich ist ein solcher Zustand einer mehr oder
weniger unbestimmten Halbsouveränität keineswegs etwas
Seltenes gewesen, er entsprach vielmehr durchaus dem Geiste
der Zeit; aber nirgends ist er praktisch so fühlbar geworden
und hat so weittragende Folgen gezeitigt wie hier auf kir-
chenstaatlichem Boden.

Sowohl die rechtliche wie die territoriale Unbestimmtheit
des päpstlichen Besitzes ist erst zu Anfang des 13. Jahrhunderts
durch Innozenz III., den ›zweiten Begründer des Kirchenstaates‹, beseitigt worden, als sich das Papsttum vom Kaisertum endgültig emanzipierte und die beiden Weltmächte für
immer auseinandertraten. Es scheint daher besser, bis dahin
überhaupt nicht vom ›Kirchenstaat‹ zu sprechen, sondern
einfach den Ausdruck der zeitgenössischen Quellen ›Patrimonium‹ (beati Petri) zu gebrauchen.

Die Vollendung des von Pippin begonnenen Werkes brachte
sein Sohn Karl d. Gr. Auf Aistulf war der letzte Langobardenkönig, Desiderius (756–774), gefolgt. Er versuchte zuerst,
Frankenkönig und Papst auf diplomatischem Weg voneinander zu trennen. Das schien kein aussichtsloses Beginnen,
denn am päpstlichen Hof gab es eine nicht unbeträchtliche
langobardenfreundliche Partei. Aber schließlich blieb der Erfolg versagt. Desiderius begann mit neuen Einfällen in das
nunmehr päpstliche Gebiet. Auf den Hilferuf Papst Hadrians I.
(772–795) kommt Karl d. Gr. 773 über die Alpen und bela-
gert Pavia und Verona. Zwischendurch aber erscheint er
überraschend in Rom und erneuert und bekräftigt an Ostern
774 die Schenkungen sowie die ganze politische Grundhaltung
seines Vaters Pippin. Bald darauf fällt die Hauptstadt Pavia,
Desiderius und seine ganze Familie werden gefangengenom-

men und ins Kloster gesperrt. Karl nimmt das Langobardenreich in Besitz, aber er vereinigt es nicht unmittelbar mit dem
fränkischen Reich, sondern gliedert es diesem nur in einer
Art Personalunion an: er ist von jetzt ab ›König der Franken
und Langobarden‹. Der Weg für den Eintritt Italiens in das
neue abendländische Kaisertum war geebnet.

Ungleich dem Endkampf der Ostgoten war der Ausgang des
zweihundertjährigen Langobardenreiches müde und kraftlos
resigniert, die Feldzüge von 754, 756 und 774 waren unbedeu-
tende Kriege ohne große Menschenverluste. Dadurch konnte
die langobardische Volkssubstanz in einem beträchtlich stärkeren Ausmaß in den italienischen Volkskörper eingehen als
die ostgotische. Etwas Genaues freilich läßt sich über den Umfang des in die alteingesessene Bevölkerung eingeströmten
langobardischen Blutes naturgemäß schwerlich ausmachen.
Aber wie sich der Volksname der Langobarden in der ›Lombardei‹ erhalten hat, so sind im ganzen mehr als tausend Orts-
namen langobardischer Herkunft zum allergrößten Teil in
Oberitalien und Toskana feststellbar. Ebenso sind diese Haupt-
sitze der Langobarden mit einem dichten Netz von archäologischen Resten des Volkes überzogen. Weiterhin treten in der
Geschichte Italiens die Lombardei und Toskana immer wieder
als die aktivsten Landschaften der ganzen Halbinsel auf: fast
alle Neuantriebe politischer, wirtschaftlicher, künstlerischer
und geistiger Art (mit Ausnahme vielleicht des rein wissenschaftlichen Denkens) sind von ihnen ausgegangen und vorzüglich durch sie getragen worden. Gerade diese unbezweifel-
bare Tatsache läßt sich doch wohl am besten durch ein bedeutendes germanisches Element erklären, das in die einheimische Bevölkerung des nördlicheren Italien inbesondere
durch das Langobardenvolk eingedrungen ist.

Karl d. Gr. (774 bzw. 800–814).
Die Umbildung Italiens zum Feudalstaat

Die Neuordnung, die Italien durch das Eingreifen Karls d. Gr. erfuhr, hat die politische Gestalt der Halbinsel für nicht weniger als ein Jahrtausend festgelegt. Denn nunmehr wird dem Land jene Aufteilung in drei politische und bis zu einem gewissen Grad auch kulturelle Großräume aufgedrückt, die sich durch alle Wandlungen der Jahrhunderte bis zum Risorgimento deutlich sichtbar abzeichnen werden.

Der erste von diesen drei Großräumen umfaßt Oberitalien und greift mit Toskana noch ein gutes Stück ins mittlere Italien über: das Langobardenreich also, bald auch schlechtweg das ›Reich Italien‹ genannt. Es wurde der fränkischen Universalmonarchie unmittelbar angegliedert und bildete demgemäß auch einen wesenhaften Bestandteil des deutschen Imperiums. Das heißt: dieser ganze Machtbereich bleibt als ›Reichsitalien‹ mit den Geschicken des Nordens, mit denen Deutschlands insbesondere, allezeit aufs engste verknüpft. Noch im 18. und bis tief ins 19. Jahrhundert hinein wird sich Oberitalien in den Händen der habsburgischen Monarchie befinden.

Der zweite Großraum besteht aus dem ›Kirchenstaat‹, der sich als breiter Gürtel von Meer zu Meer, von Südwest nach Nordost, quer über die Halbinsel legt. Praktisch allerdings ist dieser Kirchenstaat zunächst nur in einer sehr verkleinerten Form Wirklichkeit geworden. Theoretisch aber haben schon die ersten pippinischen und karolingischen Schenkungen den Grund zu seinem späteren Umfang gelegt. In diesem gemischt kaiserlich-päpstlichen Machtbereich fehlte jede genauere Abgrenzung der beiderseitigen Gerechtsame und Kompetenzen und infolgedessen erwuchs er später (12. und 13. Jahrhundert) in besonderem Maße zu einem kaiserlich-päpstlichen Konfliktsbereich. Auch dieser zweite Raum erhält sich bis weit ins vorige Jahrhundert hinein. Ja, in den Endzeiten seines Daseins schien mit der starken Einflußnahme, die das Haus Österreich auf ihn ausübte, geradezu die Situation des frühen Mittelalters – so fremd sie sich auch im 19. Jahrhundert ausnehmen mochte! – nochmals aufzuleben.

Der dritte Großraum schließlich, Unteritalien, stand in der Hauptsache außerhalb des Einflußkreises Karls d. Gr. sowie nach ihm der deutschen Kaiser (mit Ausnahme der beiden letzten Staufer). Er blieb am stärksten seiner eigenen Entwicklung überlassen und lebte, vielfach auch nach seiner wirtschaftlichen und sozialen Struktur, sein Sonderdasein. Weder an den Vorteilen noch an den Schwächen und Gefahren der mittelalterlichen Reichsordnung hat er teilgehabt. So konnten sich hier zunächst so stark wie nirgend sonst die fremden Völker und Eroberer tummeln. Zweieinhalb Jahrhunderte bleibt das Land noch einigermaßen in den Händen der Griechen; doch die Sarazenen machen es ihnen ernsthaft streitig. Ihnen folgen die Normannen, dann, auf dem Umweg über die letzten Staufer, die Franzosen und Spanier. Anderseits aber wird eben durch diese abseitige Entwicklung hier für die fremden Eroberer weit früher und nachhaltiger der Weg frei zum Aufbau eines Staates, der an innerer Geschlossenheit und Stärke sowie an Großräumigkeit alle anderen Staatsgebilde der Halbinsel bei weitem übertraf. Und wiederum hat erst im Jahre 1860 der letzte Herrscher dieses gut 700 Jahre alten Königreiches ›Neapel und Sizilien‹ seinen Thron verlassen müssen.

Die Kaiserkrönung Karls d. Gr. (Weihnachten 800) drückte der ganzen Entwicklung noch das letzte Siegel auf. Gegen Hadrians Nachfolger Leo III. (795–816) werden schwere und vermutlich nicht ganz unberechtigte Vorwürfe moralischer Art erhoben; der Aufstand einer römischen Adelspartei nötigt ihn zur Flucht an den fränkischen Hof (799). Karl führt den Papst nach Rom zurück und läßt eine Untersuchung der Anklagen einleiten. Sie kommt zu keinem Ergebnis; nach einem Reinigungseid des Papstes betrachtet Karl die Anschuldigungen als hinfällig und die Ankläger als Rebellen. Der Papst will aber die von Karl über ihn und die Stadt ausgeübte Oberhoheit rechtlich noch eindeutiger unterbauen, als es bisher durch das Patriziat der Fall gewesen war. So setzt er beim

Weihnachtsgottesdienst in der Peterskirche dem König unerwartet eine Krone aufs Haupt, das Volk ›akklamiert‹ nach
alter römischer Rechtssitte dreimal dem »Augustus Karl, dem
großen und friedbringenden Kaiser«, und ebenso erweist der
Papst, auf den Knien liegend, Karl die nach üblichem Zere-
moniell dem Kaiser gebührende Huldigung (adoratio).

Die geistigen, im römisch-christlich-universalen Gedankenkreis verwurzelten Grundlagen dieses neuen westlichen, frän-
kisch-germanischen Kaisertums gehören mehr der allgemeinen
abendländischen als der besonderen italienischen Geschichte
an (ebenso eine Reihe von schwierigen geschichtlichen Fragen, die sich an den Akt des Weihnachtsfestes von 800 anknüpfen). Für Italien ausschlaggebend war einmal der mit
einem scharfen Ruck endgültig vollzogene Bruch mit Ostrom, der von Byzanz her nur als Staatsstreich gewertet werden konnte. Sodann die Tatsache, daß es nun zwar wieder
einen ›Imperator Romanorum‹ gab, der die Quelle seines
Rechtes von den Gewalten der ewigen Stadt herleitete, daß
aber das Schwergewicht dieses neuen Imperiums völlig außerhalb Italiens lag. Freilich war dieser Zustand nichts. Neues
mehr, das byzantinische Kaisertum hatte Rom und Italien
längst daran gewöhnt. Vor allem für Karl d. Gr. nahm die
Apenninenhalbinsel immer nur eine zweitrangige Stellung
ein; er hat dem Lande nicht mehr Aufmerksamkeit und Kraft-
verbrauch zugewendet als unbedingt notwendig schien. Stärker trat es dann wohl unter den deutschen Kaisern hervor,
aber immer blieb es Nebenland eines mit seiner ganzen Macht
jenseits der Alpen fundierten Reiches. Trotzdem ist das Kaisertum wenigstens für die nördliche und mittlere Machtsphäre Italiens zum wohltätigen Ordnungsfaktor geworden –
die Jahrzehnte der Anarchie zwischen dem Zusammenbruch
des fränkischen Imperiums und seiner Erneuerung durch
Otto d. Gr. liefern dafür einen ebenso unwiderleglichen Beweis wie die allgemeine Auflösung aller Ordnung, die auf das
Ende der staufischen Herrschaft folgte.

Die Kaiserkrönung hat die Einreihung Italiens in den ger-
manisch-romanischen Lebenskreis für immer sichergestellt.
Aber trotzdem ist die Ablösung vom Osten noch keine rest-

lose gewesen. Doch Karl war vor allem darum zu tun, mit
dem durch das neue, ›usurpierte‹ Kaisertum schwer gekränk-
ten Herrscher von Byzanz zum Frieden zu kommen. Bis auf
Eingriffsversuche im südlichen Grenzgebiet (gegen den unter
byzantinischer Oberhoheit stehenden Fürsten von Benevent
bereits 786/787) blieb die eigentliche byzantinische Machts-
sphäre in Süditalien von Karl so gut wie unangetastet. Und
selbst in den viel wichtiger erscheinenden Grenzgebieten des
östlichsten Oberitalien ist Karl dem oströmischen Kaiser weit
entgegengekommen. Im Frieden von Aachen (812) überließ
er das ganze von seinem Sohn Pippin 806–810 unterworfene
Gebiet (Istrien, Dalmatien samt Venedig) wieder der Oberhoheit des byzantinischen Kaisers, dessen Gesandte ihn dafür
feierlich als Imperator und ›Basileus‹ anerkannten.

Die innere Gestalt des ›Reiches der Langobarden‹ selbst erfuhr durch den neuen Herrn keine große Veränderung. Mit
der Erhebung seines Sohnes Pippin zum König von Italien
(781) unterstrich Karl die Sonderstellung dieses Reichsteiles
innerhalb der fränkischen Gesamtmonarchie. Regierung und
Verwaltung wurden in der alten Weise weitergeführt. Die
langobardischen ›Gastalden‹, Beamte, die das allenthalben
zerstreute Königsgut zu verwalten und zugleich eine gewisse
Oberaufsicht über die Lokalgewalten zu führen hatten, wurden größtenteils durch fränkische Gaugrafen ersetzt. Die Herzöge (mit Ausnahme der von Spoleto) mußten verschwinden,
um allerdings in den Grenzgebieten bald in neuer Gestalt wie-
derzuerstehen. Die fränkische Aristokratie rückte mehr und
mehr in die politisch wichtigen und wirtschaftlich ertragreichen Stellen des Landes ein. Doch gab es von Anfang an
nicht die tiefe Kluft zwischen Siegern und Besiegten wie bei
den Langobarden und Ostgoten. Wohl standen für die drei
Volksgruppen in Italien drei Rechte nebeneinander: das fränkische, das langobardische und das römische. Aber entsprechend dem ganzen Herrschaftssystem der Franken, das ja
immer auf Verschmelzung des germanischen und romanischen
Elementes ausgegangen war, machte die völkische und soziale Vereinheitlichung des italischen Reiches bereits im 9. Jahrhundert erhebliche Fortschritte.

Auch am kulturellen Gesicht des Landes hat die neue Herrschaft nichts Wesentliches geändert. Wohl hat Karl d. Gr.
einige wertvoll erscheinende italienische Kräfte an seine berühmte Hofakademie gezogen, wie die Grammatiker Petrus
von Pisa und Paulus von Aquileja und als bedeutendsten Mann
den schon genannten Geschichtsschreiber Paulus Diaconus.
Aber gerade dies zeigt, daß die vielbesprochene ›karolingische Renaissance‹ eine Angelegenheit des fränkischen Reiches blieb und vom Land Italien kaum Besitz ergriffen hat.

Trotz des eben Gesagten macht die politische und soziale
Struktur des Landes in diesen Jahrzehnten eine tiefgreifende
Wandlung durch. Aber sie ist nicht das Ergebnis einer bewußten Planung, sondern das einer unaufhaltsamen gemeineuropäischen Entwicklung: der Feudalisierung des gesamten
öffentlichen Lebens. Die Anfänge und Voraussetzungen dazu
in Italien hießen: Grundherrschaft und Versagen des byzantinischen Beamtentums (s. o. S. 24 u. 44). Im Frankenreich
aber war durch die Erfordernisse des großräumigen, städte-
und damit an Verwaltungszentren armen Reiches die Entwicklung schon ungleich weiter fortgeschritten. Denn Natural-
wirtschaft und Großräumigkeit sind die eigentlichen Fundamente des Feudalstaates. Er hat im germanischen Bereich
(wohl dank des im germanischen Wesen besonders stark aus-
gebildeten Gefolgschaftsgedankens) seine bedeutungsvollste
und charakteristischste Durchformung erlebt. Nur die vorwiegende Geldwirtschaft ermöglicht die Schaffung eines im
vollen Maße von der Zentralgewalt abhängigen Beamtentums. Wenn sie fehlt, muß das Amt an den Grundbesitz gebunden und durch dessen Erträgnisse bezahlt werden. Der
Grundbesitz trägt jedoch notwendig die Tendenz zur Erblichkeit in sich, die dann von selbst auf das Amt übergeht. Damit
aber wird der Träger des Amtes, die Einzelpersönlichkeit wie
die Familie, schon in einem gewissen Grad der unbeschränk-
ten Verfügungsgewalt des Königs entzogen: er kann nicht
mehr nach Belieben ein- und abgesetzt werden. Hierzu
kommt, daß der einfache Staatsapparat auf lange Jahrhunderte hinaus noch keine sachliche, sondern nur eine räumliche

Aufteilung der Amtsgeschäfte kennt. An *seinem* Platz hat der Amtsträger die Fülle der örtlichen Macht in Händen: militärische Führung, Rechtsprechung (wenigstens die niedere) und Verwaltung. So schiebt er sich als die unmittelbare Vertretung der Staatsgewalt als Zwischenglied zwischen die Untertanen und den Herrscher ein; für die Bevölkerung seines Bezirkes wird er leicht wichtiger als der im Hintergrund und oft in unerreichbarer Ferne stehende König.

Unter der Einwirkung der fränkischen Herrschaft empfing auch der Feudalisierungsprozeß auf der Apenninenhalbinsel neue und mächtige Antriebe. Vor allem das langobardische Italien wurde von ihm erfaßt, während der byzantinische Süden noch bis ins 11. Jahrhundert vorwiegend Beamtenstaat bleiben und auch dann nicht alle beamtenmäßigen und zentralistischen Traditionen aufgeben wird. Die normale Einheit der örtlichen Gewalt war der Gaugraf. Karl d. Gr. hat sich freilich mit allen Kräften bemüht, dessen Beamtencharakter nach Möglichkeit zu betonen, d.h. sein grundsätzliches Recht der Ein- und Absetzung des Grafen auch in der Praxis zur Geltung zu bringen. Sein ganzes Herrschaftssystem suchte sich ja gegen die natürlichen Entwicklungstendenzen der Zeit zu stemmen und einen verhältnismäßig straff und zentralistisch organisierten Beamtenstaat aufzurichten. Das Institut der wandernden ›Königsboten‹ sollte diesem Zweck noch besonders dienen: in dem ihm angewiesenen Bezirk hatte der Königsbote die Tätigkeit des Grafen zu überwachen und mit der Annahme von Beschwerden und Appellationen die unmittelbare Verbindung zwischen Untertanen und königlicher Zentralgewalt herzustellen. Der übermächtigen Persönlichkeit Karls glückte es noch einigermaßen – wenn auch nicht ohne beträchtliche Zugeständnisse an die Lokalgewalten – diese starke und zentralistische Herrschaftsform durchzuhalten. Unter seinen schwächeren Nachfolgern aber überfluteten die natürlichen auflösenden Tendenzen alle von ihm aufgerichteten Dämme hemmungslos. An Stelle der beamtenmäßigen Bindung trat nun fast restlos die ungleich schwächere und unzuverlässigere lehensrechtliche Verpflichtung. Und mit der Zwischeninstanz des Grafen allein war es keineswegs

getan. Besonders die gefährdeten Grenzgebiete erforderten
die Zusammenfassung der militärischen Macht in größeren
Räumen, also von einer Summe von Grafschaften. So entstehen etwa die Markgrafschaft von Friaul, das (nunmehr fränkische) Herzogtum Spoleto, dessen östlichen Randgebieten
der Name ›Marken‹ (Mark Ancona) für immer erhalten blieb,
oder die Markgrafschaft Tuszien und etwas später im westlichen Oberitalien die Markgrafschaft von Ivrea. Die großen
Herren dieser Gebiete bildeten also ein neues Zwischenglied,
das nun zwischen Grafen und Königsgewalt tritt. Und entsprechend dem größeren Machtkomplex, den sie in ihren Händen vereinigten, wurde auch ihre Bewegungsfreiheit gegenüber dem König um vieles größer. Weiterhin gaben schon
Karl d. Gr. und besonders die schwächeren spätkarolingischen
Herrscher durch Privilegien mehr und mehr königliche
Rechte und Einkünfte (Regalien) wie Zölle, höhere Gerichtsbarkeit (die auch eine finanzielle Einnahmequelle darstellte!),
Marktrechte u. dgl. an die großen und kleinen Lokalgewalten
preis, ein Vorgehen, das sich mit der Zeit zu einer überaus
verhängnisvollen Schmälerung der wirtschaftlichen Basis des
Königtums auswuchs.

Auch die kirchlichen Organe nahmen an dieser gewaltigen
Stärkung der Lokalmächte ihren vollen Anteil. Mit Schenkungen von Landbesitz und mancherlei Einkünften und Rechten an Bistümer und Klöster ist schon Karl d. Gr. freigebig
gewesen. Das 9. Jahrhundert sieht darüber hinaus bereits Bischöfe mit voller gräflicher Amtsgewalt. Vor allem aber
kennt das Feudalsystem für die Kirche noch eine besondere
Einrichtung, die bisher dem Land Italien fremd geblieben
war, die Immunität. Die Bistümer und großen Klöster (vereinzelt auch weltliche Gebiete) wurden der Amtsgewalt des
zuständigen Grafen entzogen und unmittelbar dem König
unterstellt: praktisch bedeutete das wiederum deren weitgehende Verselbständigung. Allerdings erwuchsen der königlichen Herrschaft doch gerade in diesen geistlichen Immuni-
täten meistenteils wertvolle Stützpunkte im Lande. Der ganze
kirchliche Vorstellungskreis, in dem der hohe Klerus lebte,
beförderte dessen geistige Einstellung auf universale oder we-

nigstens großräumige Herrschaftsformen. Dazu fehlten jene Antriebe zur Machtsteigerung, die aus der Erblichkeit des Besitzes flossen, und nicht zuletzt sprach der praktische Vorteil – Schutz des Kirchengutes durch den König vor dem rücksichtslosen Zugriff der Lokalgewalten – mit.

Das langsam reifende Ergebnis dieser ganzen Entwicklung ist jener stufenförmige Aufbau des Feudalstaates mit seinen mannigfachen, immer komplizierter und unübersichtlicher werdenden lehensrechtlichen Bindungen, der nun weithin das Mittelalter beherrschen wird. Auf der Apenninenhalbinsel freilich nur mit einer gewissen Abschwächung: dank der Reste der für Italien charakteristischen Stadtkultur hat das Feudalsystem das Land nicht so tiefgreifend und dauerhaft zu erfassen vermocht und hier nur vorübergehend zu so unbedingter Alleinherrschaft kommen können wie nördlich der Alpen. Der Staatsapparat als solcher ist in diesem Feudalstaat denkbar schwach; er bietet dem König wohl die Grundlage für die Kraftentfaltung in die Weite, aber nicht mehr für die Wirkung in die Tiefe, d. h. für die wirkliche und organisatorische Durchdringung eines bestimmten Raumes. Die Reichs*idee* als solche wird freilich eine erstaunliche Wirkungskraft auf die Gemüter der damaligen Menschen ausüben. Im übrigen aber ist alles auf die Persönlichkeit des Herrschers selbst gestellt: von seiner Kraft und von seiner Fähigkeit sich durchzusetzen hängen Einheit und Zerfall des Reiches (und der großen Reichsteile) so unmittelbar ab, wie wohl in keiner anderen Staatsform mehr. Dies gilt von jetzt ab auch besonders für Italien.

Die Auflösung des karolingischen Großreiches und die Anarchie (814–951)

Diese eineinhalb Jahrhunderte sind nichts als die praktische Illustration zu den soeben gemachten theoretischen Ausführungen. König Pippin, Karls d. Gr. Sohn, starb bereits vor dem Vater. Sein Sohn Bernhard, der ihm in Italien als König folgte, geriet mit dem neuen Kaiser Ludwig dem Frommen in Streit und erlag der furchtbaren Strafe der Blendung (818).

Ludwig setzte seinen ältesten Sohn Lothar, den er bereits 817 zum kaiserlichen Mitregenten hatte krönen lassen, als König ein. Lothar trat zuerst sehr energisch auf. Denn während Ludwig der Fromme nicht bloß auf jeden Einfluß des Kaisers auf die Papstwahl, sondern auch auf jeden Eingriff in Verwaltung und Rechtspflege des Patrimoniums verzichtet hatte, erneuerte Lothar in der ›Constitutio Lotharii‹ von 824 die Machtstellung des Kaisers, wie sie sein Großvater Karl d. Gr. geübt hatte, wieder im vollen Umfang oder verstärkte sie sogar noch. In Rom nahm nunmehr ein ständiger kaiserlicher Vertreter (Missus) seinen Sitz. Er hatte zusammen mit einem päpstlichen Beamten die Oberaufsicht über die ganze Beamtenschaft des Patrimoniums zu führen, Klagen über Amtsverletzungen entgegenzunehmen und dem Kaiser jährlichen Bericht zu erstatten. Die Römer sollten das Recht der freien Papstwahl haben, aber der neue Papst mußte *vor* seiner Weihe dem kaiserlichen Vertreter den Treueid leisten, und ebenso wurde die römische Bevölkerung durch einen Treueid an den Kaiser gebunden. Die Bestimmung kam einem kaiserlichen Bestätigungsrecht für die Papstwahl gleich. Die Constitutio, die später das Vorbild für Ottos d. Gr. ›Pactum‹ wurde, bedeutete einen Höhepunkt des kaiserlichen Machteinflusses in Rom und Mittelitalien.

Aber Lothar selbst hat diesen Höhepunkt nicht lange gehalten. Die Kämpfe der Söhne Ludwigs des Frommen mit ihrem Vater, dann der Söhne untereinander zogen ihn naturgemäß in starkem Maße von Italien ab. Ihr einstweiliges Ergebnis war der Vertrag von Verdun (843), der Italien mit Burgund, Lothringen und dem Niederrhein zu einem ›Mittelreich‹ in Lothars Hand zusammenschloß, einem völlig lebensunfähigen Staatsgebilde, das dann auch bald von der Landkarte verschwand, um Italien als praktisch selbständiges Reich freizugeben (Vertrag zu Mersen 870).

Lothar residierte in Aachen und blieb fast ausschließlich an den Dingen nördlich der Alpen interessiert. Die Herrschaft über Italien überließ er seinem Sohne Ludwig II., der bis zum Tode des Vaters (855) als Statthalter regierte. Seine selbständige Herrschaft aber (855–875) brachte für Italien zwei bemerkenswerte Jahrzehnte. Ludwig war zwar (bereits seit 850) Kaiser und erhob nachdrücklich den Anspruch, über die ›ganze Francia‹ zu herrschen; aber seine Macht blieb nahezu ausschließlich auf Italien eingeengt. Schon zeitgenössische Quellen haben ihn schlechtweg als ›Italiae imperator‹ bezeichnet. Wie nur selten mehr wurde so das Land eine in sich geschlossene Einheit. Im langobardischen Reich sowohl wie in den päpstlichen Besitzungen übte Ludwig eine im ganzen starke Regierung aus, und das ist um so bemerkenswerter, als zu seiner Zeit und mit seiner Hilfe der bedeutendste Papst auf den Thron kam, den die Geschichte zwischen Gregor d. Gr. und Gregor VII. kennt, Nikolaus I. (855–867). Die machtvolle Durchsetzung des päpstlichen Primates gegenüber den Metropoliten, die grundsätzliche Forderung der Unabhängigkeit der Kirche von der Laienwelt – eine Vorausnahme des Programms Gregors VII.! – und auch der langjährige erbitterte Kampf mit Lothar II. um die Unauflöslichkeit der Ehe weisen diesem Manne in der Geschichte des Papsttums und in der allgemeinen Geschichte der Zeit einen überragenden Platz ein. Nicht so sehr aber in der Geschichte Italiens; er hat die herrschaftliche Vormachtstellung des Kaisers auch in Rom und im Patrimonium nie ernsthaft anzutasten versucht.

In diesen Jahren drängt sich eine neue Macht auf den politischen Schauplatz der Apenninenhalbinsel: der *Islam*. Nach zweihundertjährigem Bestand (Mohammed gest. 632) ist diese Erobererreligion nach ihrem Siegeszug durch Nordafrika und Spanien bis zum Herzen des Abendlandes, bis vor die Tore Roms vorgestoßen. Das 8. Jahrhundert erlebte schon mehrere Raubzüge der nordafrikanischen und spanischen Sarazenen an die nahen Küsten Siziliens und Unteritaliens; ernsthaft wurde der Angriff erst seit dem zweiten Drittel des 9. Jahrhunderts: Palermo (831), Messina (843), Enna im Innern der Insel (859) und schließlich Syracus (878) und Taormina (902) bezeichnen die wichtigsten Etappen der Besitznahme des bis dahin byzantinischen Sizilien durch seine neuen Herren. Auch die wichtigsten Stützpunkte an den Küsten von Sardinien und Korsika gingen gegen Ende des 9. Jahrhunderts an die Sarazenen verloren, während das gebirgige und unzugängliche Innere der beiden Inseln im großen und ganzen einigen einheimischen Machthabern überlassen blieb.

Längst bevor die Eroberung Siziliens vollendet war, griffen die Sarazenen auch auf das Festland über. Ihr bester Bundesgenosse dabei war der ewig während Streit zwischen den einheimischen Mächten im Grenzbereich des westlichen und des östlichen Kaisertums, besonders zwischen Benevent und Neapel, sowie der ungebändigte Feudalismus, der schließlich das Fürstentum Benevent in drei selbständige, aber naturgemäß schwächliche Herrschaften zersprengte: Benevent, Salerno und Capua (Mitte des 9. Jahrhunderts). In hemmungslosem Egoismus bedienten sich alle Parteien mit Vorliebe der fremden Hilfe; Neapel hat die Sarazenen bereits 836 gegen Benevent ins Feld geführt. So erobern die Sarazenen 841 Bari und Tarent. 846 aber landen sie in der Tibermündung, plündern die außerhalb der Stadtmauern gelegenen Basiliken St. Peter und St. Paul aus und brennen sie nieder. Ein Ereignis, das die abendländische Welt wieder einmal für einen Augenblick aufhorchen ließ: Eine große Kollekte im ganzen fränkischen Reich diente der Wiederherstellung der Hauptkirche der Christenheit und dem Schutz des ganzen Stadtteiles westlich des Tiber durch eine Mauer, die Papst Leo IV. errichtete (daher seitdem der Name ›leoninische Stadt‹).

Ludwig II. holte erst 866 zum großangelegten Vorstoß gegen die Sarazenen aus, nachdem er sich Benevent, Capua und Salerno unterworfen hatte. Nach vierjähriger Belagerung konnte er die wichtige Seefestung Bari zurückerobern (871). Die Vertreibung der Sarazenen vom Festland schien im besten Zug – Ludwig verlangte bereits vom Kaiser in Byzanz die Überlassung des ganzen Unteritalien –, da stürzte der Kaiser über den Verrat des Fürsten von Benevent. Nach hinterhältigem Spiel ergab sich dieser dem ungefährlicheren Kaiser in Byzanz und beide zusammen nahmen Kaiser Ludwig Bari wieder ab, das nunmehr noch 200 Jahre lang griechisch bleiben sollte. Ludwig war unterlegen. Die Einigung des ganzen Italien unter seinem Zepter hatte in nächster Nähe gewinkt, aber die zersprengenden Tendenzen des kleinen Fürstentums im Bunde mit Byzanz hatten sich als stärker erwiesen. Im Laufe der nächsten zwei Jahrzehnte nahmen die Griechen dann den gleichfalls in sich uneinigen Mohammedanern den größten Teil des festländischen Unteritalien wieder ab, ohne doch die sarazenische Gefahr für Italien wirklich bannen zu können. Die Insel Sizilien blieb verloren.

Der Tod Ludwigs (975) machte die Bahn frei für die Auflösung aller Ordnung. Zunächst freilich trat noch ein Mann auf, der sich gegen die übermächtigen partikularen Gewalten und gegen die Bedrohung durch die Sarazenen mit Verzweiflung zur Wehr setzte: Papst Johann VIII. (872–882). Er gehört ganz der italienischen Geschichte an. Zum erstenmal gewann durch ihn das Papsttum die Oberhand über das Kaisertum. Mit bisher unerhörter Kühnheit nahm Johann das Verfügungsrecht über die Krone für sich in Anspruch: »Derjenige, der von uns zur Kaiserwürde erhoben werden soll, muß auch von uns zuerst und hauptsächlich von uns berufen und erwählt werden.«

Doch die drei Karolinger, die er nacheinander erwählt – Karl d. Kahle (875–877), Karlmann (877–880), Karl d. Dicke (881–887) – sind in Italien nur Schattenfiguren. Die wirklichen Herren sind die partikularen Gewalten, die sich nun hemmungslos entfalten, und neben ihnen einigermaßen noch der Papst. Johann versucht aus dem Patrimonium einen wirklichen päpstlichen Machtfaktor zu machen; bereits Karl dem Kahlen hatte er zu diesem Zweck den Verzicht auf den kaiserlichen Missus in Rom abgenötigt. Aber schon jetzt zeigt es sich – und es wird sich dann im Laufe der Jahrhunderte immer aufs neue wiederholen –, daß das Papsttum in Wirklichkeit für seine Länder des kaiserlichen Schutzes nicht entbehren konnte. Die Barone sind auch im Gebiete des Papstes schon so mächtig herangewachsen und vergreifen sich so rücksichtslos am Kirchengut, daß sich Johann ihrer nicht zu erwehren vermag: in einem ebenso leidenschaftlichen wie vergeblichen Kampf mit ihnen verzehrt er seine Kräfte.

Und ebenso vergeblich ringt Johann mit den Sarazenen. Seine Könige und Kaiser bringen ihm trotz aller Hilferufe nichts als Enttäuschung. »Wir haben Licht erwartet«, schrieb er einmal an Karl III., »und siehe da, es ist Finsternis; wir haben Hilfe erwartet, und wir wagen uns nicht aus den Mauern der Stadt . . ., weil weder unser geistlicher Sohn, der Kaiser, noch sonst irgend eines andern Volkes Mann uns Beistand bringt.« Wieder drängen die Sarazenen bis dicht an die Mauern Roms. Johann versucht, alle einheimischen Kräfte gegen sie in Bewegung zu setzen bzw. die Seestädte wie Neapel, Gaëta und Amalfi von ihren Bündnissen mit den Feinden der Christen loszureißen. Er selbst bringt eine päpstliche Flotte auf und übernimmt persönlich ihre Führung. Doch schließlich wußte er kein anderes Mittel, als sich (wie einst Gregor d. Gr.) durch schwere Jahrestribute loszukaufen. Die Bedrohung Roms durch die Sarazenen bleibt jedoch durch deren Stützpunkt an der Mündung des Garigliano bei Gaëta (seit 882) bestehen.

Mit Johann ist auf geraume Zeit der letzte Papst dahingegangen, der italienische Politik zu treiben versucht hat. Der Tod, den er 882 fand, gibt für die kommenden Jahrzehnte mit ihren Szenen grauenhafter Verwilderung den schrecklichen Auftakt. Ein Verwandter hat ihm den Gifttrank gereicht und, als der nicht schnell genug wirkte, ihm mit einem Hammer den Schädel zertrümmert.

Nicht das Papsttum hat, so wie es Johann VIII. gewollt hatte, die Erbschaft des Kaisertums angetreten, sondern die Mächte der Zersetzung – vom Alpenrand bis an die Grenzen des byzantinischen Südens. Es lohnt sich nicht mehr, die nächsten Jahrzehnte im einzelnen zu verfolgen. Es gibt auf italienischem Boden auch weiterhin noch Könige und vielfach sogar ›Kaiser‹. Alle stellen sich irgendwie auf den Boden der karolingischen Tradition, d.h. sie treten mit Erbansprüchen auf, die aus Blutsverwandtschaft in weiblicher Linie oder aus Verschwägerung mit der alten Dynastie abgeleitet werden. Keiner von ihnen vermag mehr in größerem Umfang ernsthafte Herrschaft auszuüben. Auch nicht jene Bewerber um die Krone, die sich nun aus zwei großen einheimischen (d.h. ursprünglich wohl fränkischen) Familien anmelden: aus der Familie der Herzoge von Spoleto, die in den neunziger

Jahren mit Wido und Lambert (II.) zwei Könige und Kaiser stellt, und aus der ihrer Gegenspieler, der Markgrafen von Ivrea. Die Schicksale Berengars I. von Ivrea mögen eine Vorstellung von den Wirrnissen dieser Zeit geben: 888 wird er in Pavia zum König gekrönt, im Jahre darauf aber bereits verjagt, dann behauptet er sich wieder als König etwa von 898 bis 900 und erneut von 905 bis zu seiner Ermordung 924; seit 915 trägt er auch die Kaiserkrone. Zwischendurch beherrschen das Feld zunächst die zwei genannten Spoletiner; dann tritt ein König von Niederburgund, Ludwig von der Provence (Enkel Kaiser Ludwigs II.), als Kaiser auf (etwa 901 bis 905), um von Berengar geblendet und machtlos in die Heimat zurückgestoßen zu werden. In gleicher Weise verdrängt König Rudolf von Hochburgund Berengar selbst. Aber Rudolf räumt das Feld bald vor einem anderen Mann, dem Hugo von Vienne (926–947), der wenigstens in Oberitalien eine verhältnismäßig gesicherte Herrschaft ausüben kann. In der Person Arnulfs von Kärnten (Sohn Karlmanns), der 894–899 die Herrschaft über Italien samt der Kaiserkrone erringt, oder in Eberhard (dem Sohn des Bayernherzogs Arnulf), der sich 934 zum ›König der Langobarden‹ wählen läßt, melden auch Deutschland und insbesondere seine südlichen Herzogtümer ihre Ansprüche an.

Alle diese Herrscher blieben naturgemäß immer nur auf ein mehr oder weniger großes und in seinem Umfang beständig wechselndes Gebiet beschränkt; sie waren nicht viel mehr als die Marionetten in den Händen der nur auf die eigene Unabhängigkeit bedachten Lokalgewalten. Auch das Papsttum versank nun rettungslos in die alles zerstörenden Parteikämpfe der römischen Aristokratie; Intrige und Gewalttat, Revolution und Mord entschieden über das Schicksal der Päpste dieser Jahrzehnte. Der Egoismus und Machthunger des Feudaladels bediente sich dabei der Gegensätze zwischen den einheimischen ›nationalen‹ und den fremden burgundischen oder ostfränkischen Herrschern. Gegen Lambert von Spoleto hatte der Papst Formosus (891–896) Arnulf von Kärnten zum Zug nach Italien veranlaßt. Sein Nachfolger Stephan VI. wiederum gehörte der Partei des Spoletiners an und verhängte nun in jener berüchtigten ›Leichensynode‹ über den Vorgänger ein Gericht, das an Verrohung und Grauenhaftigkeit all die blutigen Szenen der römischen Geschichte weit hinter sich läßt. Wenige Monate später bezahlte Stephan VI. die Stillung seines unbändigen Rachedurstes selbst mit dem Leben (997).

Mit Beginn des 10. Jahrhunderts aber schält sich in Rom aus diesem Kampf aller gegen alle doch eine Adelsfamilie heraus, die die Führung übernimmt und sich das Papsttum als Instrument und ausführendes Organ ihres Willens weitgehend unterordnet. Ein gewisser Theophylakt beherrscht als Konsul, Senator und magister militum die Stadt Rom: man sieht, wie sich die altehrwürdigen Namen römischer Staatsgewalt – aber auch nur die Namen! – durch allen Verfall hindurch retteten. Wichtiger noch sind seine Frau Theodora und seine beiden Töchter Theodora und Marozia, die die berühmte Frauenherrschaft in Rom aufrichten. Die ältere Theodora setzt als Papst Johann X. (914–928) ein, einen zwar sehr weltlichen, aber wenigstens verhältnismäßig kraftvollen Mann, der sich wirksam gegen die Sarazenen zur Wehr gesetzt hat. Marozia jedoch, die ›Senatrix‹ und ›Patricia‹, stürzt und ermordet Johann und setzt ihren eigenen illegitimen Sohn Johann XI. an seine Stelle. Dann aber erhebt sich gegen sie und ihren dritten Gatten, König Hugo von Vienne, eine römische Revolution, an deren Spitze ihr eigener Sohn aus erster Ehe, Alberich, steht. Dieser regiert nun als ›Princeps et Senator‹ die Römer unangefochten volle 22 Jahre lang (932–954). Er ist der erste Mann, der nach jenen schrecklichen Jahrzehnten wieder als Element der Ordnung und Festigung gewirkt hat, wenigstens in dem engbegrenzten römischen Raum. Ohne die päpstliche Souveränität formell anzutasten, machte er aus dem Patrimonium ein ganz weltliches Machtinstrument in seinen Händen, indem er alle wichtigen Besitzungen und Ämter seinen Anhängern unter der römischen Aristokratie anvertraute. Aber Alberich war nicht bloß Gewaltherrscher, er hat nun auch der so bitter notwendigen religiös-ethischen Erneuerung einen ersten Weg in die Papststadt gebahnt, indem er der langsam vordringenden cluniazensischen Reformbewegung Eingang in die Klöster des Patrimoniums verschafft hat. So hat der weltliche Herr Roms selbst in diesen kirchlichen Dingen den Papst überflügelt. Aber doch war die Tatsache, daß *zwei* Häupter in Rom regierten, nicht aus der Welt geschafft. Auf kühne Art versuchte Alberich dieses Problem zu lösen. Gegen Ende seines Lebens ließ er die Römer schwören, daß sie seinen Sohn Oktavian zum Papst wählen würden; er hätte dann die geistliche und weltliche Gewalt in sich vereinigt. Aber der entartete Sohn, der als Johann XII. (955–963) tatsächlich den päpstlichen Stuhl bestieg, vermochte weder die Machtstellung noch die Verantwortlichkeit seines Vaters zu übernehmen: seinem unwürdigen Regiment hat Otto d. Gr. das verdiente Ende bereitet.

Von außen bedrohen das unglückliche Land zur selben Zeit zwei gleich schreckliche Gefahren: die Sarazenen und die Ungarn. Das ganze 9. Jahrhundert hindurch setzten die Sarazenen ihre Plünderungszüge ins römische Gebiet fort. Erst nach der Vernichtung ihres vorgeschobenen Stützpunktes bei Gaëta (915) durch eine Liga zwischen Johann X., den kleinen Fürsten und Byzanz war für das mittelitalienische Festland wenigstens die Hauptgefahr beseitigt; aber Kalabrien hatte seit dieser Zeit einen jährlichen Tribut an die Sarazenen abzuführen. Und die seetüchtigen Feinde konnten sich um 890 sogar hoch im Norden festsetzen, in Fraxinetum in der Provence. Von hier aus schwärmten sie nach allen Richtungen im weiten Umkreis aus. Ihre bevorzugten Beutegebiete waren natürlich neben Südfrankreich die Küsten Oberitaliens samt ihrem piemontesischen Hinterland. Erst Otto d. Gr. konnte diesem sarazenischen Horst an der Pforte nach Italien, Frankreich und Deutschland den Garaus machen (972).

Und von Nordosten kamen die Ungarn, deren schweifende Horden vor allem das flache Land mit Schrecken und Verwüstung überziehen. 899 zogen sie zum erstenmal über Venetien durch die Lombardei bis vor die Mauern von Pavia (924 wird die Stadt sogar einmal niedergebrannt). König Berengar erkaufte ihren Abzug durch Geschenke und durch Stellung von Geiseln; im Kampfe gegen Ludwig von der

Provence jedoch führte er die Ungarn selbst wieder ins Land! In den folgenden Jahrzehnten kehrten diese noch mehrmals wieder (921, 924, 947); manchmal ergossen sich ihre raubenden und mordenden Scharen selbst durch Tuszien und Spoleto bis hinab gegen die Grenzen Süditaliens.

Diese wenigen Seiten vermögen kaum eine blasse Vorstellung zu geben von der Wirrheit des Geschehens und von den chaotischen Zuständen, in die Italien in den sieben oder acht Jahrzehnten seit dem Tod Ludwigs II. gestürzt war. Doch das eine wird klar: so konnte das Land nicht weiter existieren. Es bedurfte eines Mannes, der, anders als alle diese Scheinkönige, ernsthaft die Tradition des karolingischen Herrschaftsgedankens wieder aufnahm und der auch die Macht besaß, diesen Herrschaftsgedanken in die Wirklichkeit umzusetzen. Dieser Mann ist Otto d. Gr. gewesen; er hat die auseinanderstrebenden Kräfte des Landes wieder zu einer einheitlichen Ausrichtung zusammengezwungen und das politische Leben Italiens einer auf der alten Grundlage erneuerten Ordnung zugeführt.

Das Imperium der Deutschen (951 bzw. 962–1254)

Eine einzige Machtkonzentration großen Stils hatte sich aus den Ländermassen des zerfallenen fränkischen Großreiches erhoben: Deutschland. Fast von seiner Geburtsstunde an bekundete das neue Reich den alten Drang ins Weite. Heinrich I. (919–936) bezeichnet sich in seinen Urkunden bereits als Rechtsnachfolger der ›Könige und Kaiser‹ Pippin, Karl, Ludwig usw., und schon sein Sohn Otto d. Gr. (936–973) schwenkte mit vollen Segeln in das Fahrwasser der großen karolingischen Reichspolitik ein.

In Italien umfaßte das karolingische Erbe zwei Bestandteile: das ›Königreich Italien‹ und die Kaiserkrone, die konkret die Auseinandersetzung mit Rom und dem Papsttum bedeutete. Hier wie dort bot für den Mann, der dieses Erbe antreten wollte, das politische Chaos der Halbinsel übergenug an äußeren Anlässen zum Eingreifen.

Der nächstliegende Anknüpfungspunkt war die oberitalienische Machtsphäre. Die junge verwitwete Königin Adelheid, eine Frau von ungewöhnlichen Herrschergaben, bittet den deutschen König Otto, die nach dem Tode Berengars I. von Ivrea (924) entstandenen Machtkämpfe zu schlichten (951). Der Gedanke lag ihr nahe, denn ihre hochburgundische Heimat (sie ist eine Tochter Rudolfs von Hochburgund) hatte schon seit längerer Zeit in enger Verbindung mit dem deutschen Herrscherhaus gestanden. Aber auch ihr Rivale Berengar II. hatte seine Beziehungen zum deutschen Königshof und zwar beträchtlich weitergehende als Adelheid: in den Kämpfen mit Hugo von Vienne hatte er sich nach Deutschland geflüchtet und für sein oberitalienisches Reich dem König Otto den Lehenseid geleistet; nur als Vasall eines fremden Herrschers war er 945 in sein Land zurückgekehrt.

Otto leistet dem Hilferuf Adelheids Folge. 951 erscheint er in Oberitalien. Alle Großen huldigen ihm widerstandslos in Pavia; ohne Wahl und Krönung bezeichnet sich Otto von jetzt ab in unmittelbarster Anknüpfung an die karolingische Tradition als ›König der Franken und Langobarden‹. Die Ehe, die der bereits verwitwete König gleich darauf mit Adelheid schließt, stärkt natürlich seine Stellung in Oberitalien, aber sie ist keineswegs der Rechtstitel, unter dem er die Herrschaft an sich nimmt.

Berengar hatte sich unterdessen in seine schwer zugänglichen Alpenburgen zurückgezogen, er war nicht eigentlich bezwungen. Aber im nächsten Jahr mußte er doch dem deutschen König in Magdeburg den Vasalleneid erneuern, worauf er von ihm mit dem Königreich Italien belehnt wurde. Doch sicherte sich Otto den freien Übergang über die Alpen (Brennerpaß), indem er die Markgrafschaft Verona vom Königreich abtrennte und dem Herzogtum Bayern unterstellte (952). Berengars Selbständigkeitsdrang bereitete Otto zwar noch mancherlei Schwierigkeiten, die erst beim zweiten Italienzug, zehn Jahre später, endgültig überwunden werden konnten. Aber an der Tatsache, daß das Königreich Italien nun wieder einem größeren Staatsverband angegliedert und einem stärkeren Machtwillen unterworfen war, änderte das nichts.

Das andere Thema der karolingischen Erbschaft: Rom,

Papsttum und Kaiserkrone, hat Otto gleichfalls bereits 951 anpacken wollen. Aber damals herrschte in Rom noch Alberich und seinem Willen gehorchend hat der Papst (Agapet II.) dem König die Kaiserkrönung ausdrücklich abgeschlagen. Sie mit Gewalt zu erkämpfen, fühlte sich Otto einstweilen nicht stark genug. Erst Alberichs Tod (954) und die darauffolgenden Wirren machten die Bahn frei.

Ein zeitgenössischer Schriftsteller, Liutprand von Cremona, entwirft von dem neuen Papst, Johann XII. (955-963; Alberichs 20jährigem Sohn Oktavian), ein wüstes Bild; und wenn auch manches davon als gehässige Verleumdung entlarvt worden ist, bleibt immer noch genug. Auch das politische Erbe Alberichs vermochte Johann nirgends aufrechtzuerhalten. Er geriet in Konflikt mit einem Teil der römischen Aristokratie und vor allem mit Berengar und dessen Sohn Adalbert; in dieser Bedrängnis verließ er völlig die nationalrömische Linie seines Vaters: er rief Otto, den neuen König des italienischen Reiches, zu Hilfe.

Otto zieht ein zweites Mal über die Alpen (961). Wieder wagt Berengar keinen Kampf, und Italien öffnet sich widerstandslos. Der König steht vor den Toren Roms und begehrt vom Papst die Kaiserkrone. Vorher aber kommt (auf Grund verschiedener vorausgegangener Verhandlungen) zwischen Otto, der sich nun wie einst Pippin und Karl d. Gr. ›Patricius Romanorum‹ nennt, und Johann die für die ganze Folgezeit grundlegende Vereinbarung, das sog. ›Pactum Ottonianum‹, zustande: Otto verspricht dem Papst eidlich Schutz und Erhöhung der römischen Kirche sowie die Anerkennung der karolingischen Schenkungen, anscheinend jedoch ohne genauere Bezeichnung ihres territorialen Umfangs. Der Papst dagegen leistet dem König einen Sicherheitseid, insbesondere, daß er sich nie mit Berengar und dessen Anhang gegen ihn verbünden wolle. Und dazu soll von jetzt ab, entsprechend der Constitutio Lotharii von 824, künftig jeder neugewählte Papst *vor* seiner Weihe dem Kaiser einen gleichen Treueid (natürlich nicht Vasalleneid) leisten, und ebenso soll wieder ständig ein kaiserlicher Missus in Rom residieren und die oberste Aufsicht führen. Auch die Römer müssen schwö-

ren, nie von Otto abzufallen. Unter diesen Bedingungen hat
Papst Johann XII. am 2. Februar 962 Otto d. Gr. die Kaiserkrone aufs Haupt gesetzt.

Der Kaiser ging zur endgültigen Niederringung Berengars
nach dem Norden zurück. Da reute den Papst, was er getan,
und auch die Römer vergaßen schnell ihrer Eide: sie verbanden sich mit Berengar gegen den Kaiser, ja selbst nach Byzanz
hinüber zogen sich die Fäden der Verschwörung. Im Zorn
kehrte Otto zurück. Auf einer römischen Synode ließ er den
Papst, der unterdessen entflohen war, absetzen (November
963) und einen neuen Papst wählen, einen Laien, der an *einem*
Tage alle Weihen empfing (Leo VIII.). Den Römern aber
nahm Otto nun einen Eid ab, daß sie ohne seine Zustimmung
keinen Papst mehr wählen und weihen würden. Es war weit
mehr, als je ein karolingischer oder byzantinischer Kaiser verlangt und erreicht hatte; dieses Versprechen ist auch schnell
genug wieder in Vergessenheit versunken, während der im
›Pactum‹ niedergelegte kaiserliche Anspruch bis zu den Anfängen des Investiturstreites aufrechterhalten, wenn auch keineswegs immer beachtet blieb.

Otto geht wieder nordwärts. Nun kann er Berengar gefangennehmen; in der Verbannung in Bamberg ist dieser bereits
nach zwei Jahren gestorben. Johann XII. aber versucht nochmals sein Glück und es gelingt ihm, den kaiserlichen Papst zu
verdrängen. Bei seinem 3. Romzug (Sommer 964) muß der
Kaiser die Stadt mit Gewalt nehmen – es ist das erstemal in der
deutschen Kaisergeschichte –, dann kann er die Ordnung
schnell wiederherstellen.

Mit solchen Unternehmungen hat Otto d. Gr. seine neue
Herrschaft in Italien – in Reichsitalien wie in Rom – sichern
müssen. Sie mögen als Beispiel dienen für die vielen ähnlichen
Kämpfe, die von nun ab die kaiserliche Herrschaft in Italien
begleiten werden. Von jetzt ab gibt es vor allem unter dem
führenden römischen Adel eine kaiserliche und eine antikaiserliche Partei. Aber die Parteizugehörigkeit richtet sich nicht an
ideologischen Zielsetzungen, sondern nur an den augenblicklichen Interessengegensätzen der einzelnen Geschlechter aus
und bleibt daher einem mannigfaltigen und verwirrenden

Wechsel unterworfen. Wie ein gleichförmiger, ermüdender Rhythmus kehrt es immer wieder: begeisterter Empfang des Kaisers und Unterwerfung – Aufstand – neue Unterwerfung. Dreihundert Jahre bleibt das so. Unter allen deutschen Königen und Kaisern bis zum Untergang des staufischen Hauses sind nur Konrad III. (1138–1152) und Philipp von Schwaben (1198–1208) nicht persönlich nach Italien gekommen. Die anderen haben alle zwei- oder dreimal ihren Zug über die Alpen gemacht, um sich die Kaiserkrone zu holen und um durch ihre perönliche Anwesenheit die wichtigsten Verhältnisse mit größerem Nachdruck ordnen zu können. Oft waren diese Züge nur eine Angelegenheit von wenigen Monaten, manchmal dauerten sie auch ein, zwei und drei Jahre. Im übrigen wird das Land aus der Ferne durch Stellvertreter und vor allem auf dem Weg über die großen Feudalherren regiert. Bis zu den Staufern bleibt so Italien, vom Reich und von Deutschland aus gesehen, durchaus Nebenland. Erst Barbarossa rückt es stark in den Vordergrund: Er bringt es bereits auf sechs Italienzüge, und von seinen 38 Regierungsjahren verbringt er fast 14 jenseits der Alpen. Damit bereitet er die Jahrzehnte der letzten Staufer (Heinrich VI. und Friedrich II.) vor, für die nun umgekehrt Italien großenteils zum Haupt- und Deutschland zum Nebenland geworden ist.

Die alte, mit soviel Leidenschaft erörterte Streitfrage nach dem Segen oder Fluch – oder, wie sie richtiger zu stellen wäre: nach der zeitgebundenen Notwendigkeit oder Vermeidbarkeit – der Kaiserpolitik vom *deutschen* Standpunkt aus steht hier nicht zur Behandlung. Wohl aber die Frage: Wie hat das Kaisertum auf Italien gewirkt, und vor allem: wie haben sich die Römer und Italiener selbst dazu gestellt? Haben sie es als Vergewaltigung ihrer nationalen Interessen und als bloßen Zwang der Eroberer empfunden oder als wohltätige oder wenigstens berechtigte Einrichtung, bei der auch Italien selbst trotz der Fremdherrschaft auf seine Rechnung kommen konnte?

Für das 10. Jahrhundert freilich ist die literarische Tätigkeit so dürftig, daß sich die Antwort auf solche Fragen fast nur er-

ahnen läßt. Das »Buch über die kaiserliche Gewalt in der Stadt
Rom«, das wohl der ersten Hälfte des Jahrhunderts angehört,
sieht im Kaisertum nach antikem Vorbild eine Schutzwehr
gegen die Mächte der Auflösung und verherrlicht die Herrschaft Karls d. Gr. und Ludwigs II.; man darf annehmen, daß
sein unbekannter Verfasser die Erneuerung des Kaisertums
durch Otto d. Gr. (wenn sie noch in seine Lebenszeit gefallen
ist) aufrichtig begrüßt hat. Der Bischof Liutprand von Cremona, ein Mann langobardischer Abstammung und im Zeitalter der Ottonen eine der Hauptfiguren Oberitaliens, setzt
sich rückhaltlos für die Herrschaft der neuen deutschen Dynastie ein. Er weiß, daß es ohne eine solche über dem Streit der
Feudalmächte thronende Gewalt nicht geht; denn, bemerkt er
einmal mit der ihm eigenen Bissigkeit, »die Italiener wollen
immer zwei Herren haben, um den einen durch die Furcht
vor dem andern zu bändigen«.

Aber aus den nationalrömischen Kreisen, wie sie etwa hinter Alberich standen, tönt uns in den Worten, in die die Chronik des Mönches Benedikt vom Monte Soracte ausklingt,
eine überraschend leidenschaftliche Klage entgegen: »Wehe
Rom! Denn von so vielen Völkern bist du unterdrückt und
zertreten. Du bist auch von dem Sachsenkönig gefangen, und
dein Volk ist mit dem Schwert gerichtet, deine Stärke zu
nichts geworden. Dein Gold und Silber tragen sie fort in
ihren Säcken. Du warst Mutter, und nun bist du zur Tochter
geworden. . . . Du hast auf dem Gipfel deiner Macht über die
Völker triumphiert, die Welt hast du in den Staub geworfen,
die Könige der Erde erwürgt. Du hast das Zepter und die
große Gewalt geführt, du bist vom Sachsenkönig ganz ge-
plündert und gebrandschatzt worden . . . Du bist vom Volk
der Gallier (= Franken; Otto d. Gr. als Nachfolger Karls
d. Gr.) in Besitz genommen, du warst allzu schön . . . Wehe
dir, leoninische Stadt, schon lange warst du genommen, jetzt
aber bist du vom Sachsenkönig in Verlassenheit gestürzt!«

In einer völlig verwilderten, vom tiefsten Kulturverfall
zeugenden Sprache ist diese einsame, ergreifende Klage über
den nationalen Niedergang Roms gestammelt, in einer
Sprache, die nicht mehr Latein und noch nicht Italienisch ist:

um so eindrucksvoller wirkt sie noch über ein Jahrtausend weg.

Und wie wenig andere Dokumente läßt diese Klage das mittelalterliche Rom, wie es wirklich war, lebendig werden. Das Rombewußtsein und – da sich dieses ja sogleich an der harten Wirklichkeit stoßen mußte – der römische Erneuerungsgedanke ziehen sich durch die ganzen Jahrhunderte des Mittelalters. Das ›kaiserliche Zeremonienbuch‹ (Graphia-Libellus) um 1030, oder die um ein Jahrhundert jüngeren ›Wunderwerke der Stadt‹ (Mirabilia Urbis), ein erster Fremdenführer durch die Ruinenfelder des antiken Rom, legen (neben manchen anderen, auch von nationaler Empfindlichkeit getönten Stimmen) davon lebendiges Zeugnis ab. Aber all das bleibt in den Grenzen des Literarischen, bleibt die müde Erinnerung an die einstige Größe und Herrlichkeit der Stadt und erhebt sich nicht zu einem echten, lebensstarken Staatsgedanken; und noch mehr fehlen der ernsthafte Wille und die Kraft, einen solchen Staatsgedanken zu verwirklichen. Was als *lebendige* Wirkungskraft von der antiken Romidee erhalten blieb, hat die tiefgreifende Metamorphose in den mittelalterlich-christlichen Reichsgedanken, der ja seinerseits immer den Anschluß an das alte Rom gesucht hat, durchgemacht; der imperiale Wille der Staufer hat dann dieses römische Element besonders stark zur Geltung gebracht. Man hat gerade das 10. Jahrhundert als das »heroische Säkulum des Romgedankens« feiern wollen (F. Schneider). In der Welt der Wirklichkeit aber verzehrte sich der ›Romgedanke‹ der stadtrömischen Kräfte – der des Papsttums steht auf einem anderen Blatt – in der Begierde nach Unabhängigkeit der Stadt oder, richtiger gesagt, der großen Adelsfamilien, die sich um ihren Besitz stritten, und im mühselig-unfruchtbaren Ringen mit den widerspenstigen Nachbargemeinden, die (wie etwa Tivoli oder Tusculum) fast vor den Toren Roms ihr selbstherrliches Dasein führten. Auch Alberich hat trotz des vielverheißenden Namens Oktavian, den er seinem Sohn gab, nicht in wesentlich größeren Räumen gedacht, geschweige denn ›Italien‹ als Ganzheit erfaßt. Später konnte sich der Romgedanke gelegentlich wohl zu großem demagogischem Schwung erheben, wie zu Barbarossas Zeiten unter Arnold von Brescia oder im 14. Jahrhundert unter dem Volkstribunen Cola di Rienzo; aber immer wieder ist er wie ein hochaufloderndes Strohfeuer schnell und kraftlos in sich zusammengesunken. Italien selbst hat von diesem Rom niemals irgend etwas an politischer Führung erwartet. Der uralte Nimbus der Stadt freilich und die Tatsache, daß in ihr das Papsttum residierte, reichten aus, um sie nicht nur bei den italienischen Schriftstellern, sondern auch bei denen der anderen abendländischen Völker als das ›goldene Rom‹ und als das ›Haupt der Welt‹ fortleben zu lassen. Aber die *Bevölkerung* der Stadt selbst traf oft genug harte Geringschätzung und bittere Verachtung, denn sie war es eben, die sich unter allen Volksteilen Italiens am wenigsten aus dem politischen und moralischen Verfall der späten Antike zu erheben vermocht hat.

Und was die *politische* Kraftentfaltung anlangt, steht es auch im übrigen Italien nicht wesentlich anders. Nirgendwo läßt das Italien des 10. bis 13. Jahrhunderts stärkere Kraftkonzentrationen erkennen, deren natürliche Entwicklung zu fruchtbarem und eigenständigem Aufbau des Landes durch den Eingriff von außen her unterbunden worden wäre. Das Kaisertum kam nicht als Sprengkörper, sondern als Faktor der *verhältnismäßigen* Ordnung und Zusammenfassung der Kräfte. Und als solcher ist es auch in Italien immer wieder aufgefaßt und gepriesen worden. Liutprand von Cremona, Leo von Vercelli (der Berater Ottos III.), die Juristenschule von Ravenna im 11. Jahrhundert, Benzo von Alba, der leidenschaftliche Verteidiger der kaiserlichen Rechte im Investiturstreit, und die Verherrlicher des staufischen Kaisertums wie Gottfried von Viterbo und Petrus von Ebulo im späten 12. Jahrhundert sind miteinander durch eine einheitliche Linie verknüpft, die hinführt zum glühendsten Künder des kaiserlichen Gedankens, zu Dante. Zu seiner Zeit waren dem kaiserlichen Adler bereits in unheilbarer Weise die Schwingen gebrochen; trotzdem aber werden sich noch das ganze 14. Jahrhundert hindurch immer wieder, sobald sich nur ein deutscher König zur Erwerbung der Kaiserkrone anschickt, Stimmen des vertrauenden Hoffens und der Sehnsucht nach dem großen Friedensbringer und Ordner aller Dinge erheben. Ja es gehört mit zu den merkwürdigsten Erscheinungen des späteren Mittelalters, mit welcher Hartnäckigkeit sich die römische Reichsideologie gerade auf italienischem Boden gehalten hat, in Zeiten, in denen es doch längst offenkundig sein mußte, daß alle Hoffnungen, die man auf sie gründete, nur grausamen Schiffbruch erleiden konnten. Aber das römische Weltreich war nun einmal das letzte der vier großen Weltreiche, auf die hin man ein Jahrtausend lang den Propheten Daniel (2,31ff.) ausdeutete und wer *dieses* Reich zugrunde richtete, richtete auch die Welt zugrunde: Quando cadet Roma, cadet et mundus! Bis ins späteste Mittelalter hinein dauerte es, bis dieses fast wie ein Dogma betrachtete Weltbild endgültig in sich zusammenstürzte.

Gewiß sind auch bald ablehnende und feindselige Stimmen laut geworden. Der ungestüme Drang insbesondere der italienischen Städte nach ungehemmter Entfaltung ihres unbändigen Willens zur Selbstherrlichkeit hat im 12. und 13. Jahrhundert die schwersten Konflikte mit dem Kaisertum heraufgeführt. Dann erinnerte man sich auch beizeiten, daß dieses fremdvölkischer Herkunft war. Eine deutsche Quelle glaubt sogar nicht bloß vom ›Hochmut der Italiener‹, sondern von ›ihrem angeborenen Haß‹ gegen die Deutschen sprechen zu dürfen. Weit tiefer und nachhaltiger aber als durch solche gelegentliche und erst seit dem 13. Jahrhundert in stärkerem Maße aufbrechenden Gefühle wurde die politische Haltung der einheimischen Mächte – zuerst der Feudalgewalten und dann in noch höherem Maße der Kommunen – durch andere Motive, Eifersucht und Haß untereinander, bestimmt. Nicht selten sind etwa aus Barbarossas Zeiten die Beispiele, daß die Städte, wenn sie kaiserliche Rektoren, Richter oder sonstige Aufsichtsbeamte annehmen mußten, ausdrücklich darauf bestanden, daß diese Deutsche seien und nicht aus den Reihen der eigenen Landsleute genommen würden.

Mit einem Wort: nicht die *fremde* Zentralgewalt war der Stein des Anstoßes, sondern die Zentralgewalt als solche, gleichviel, durch wen sie getragen war. Die furchtbare Zerrüttung aller staatlichen Ordnungen, die das Land durchlitt, seitdem es im 13. Jahrhundert die Herrschaft des deutschen Kaisertums abgeschüttelt hatte, ist dessen eindrucksvollste Rechtfertigung auch vom italienischen Blickwinkel aus.

Die Führung durch das deutsche Kaisertum (962–1059)

Bei seinem dritten Italienaufenthalt (966–972) galt Ottos d. Gr. Hauptinteresse dem byzantinischen Süden. Vor allem die fast selbständigen, zwischen der Oberhoheit des östlichen und des westlichen Kaisers geschickt hin und her pendelnden Fürstentümer in der Grenzzone zwischen dem römischen Patrimonium und dem eigentlich byzantinischen Gebiet boten immer wieder dringliche Veranlassung zum Eingreifen der deutschen Herrscher, ohne daß diese bis zur späteren Stauferzeit an der Eigenständigkeit des unteritalienischen Machtkreises etwas hätten ändern können. Benevent, Capua und Salerno anerkannten Ottos Oberhoheit, aber den Widerstand der festen Seestadt Bari vermochte er nicht zu brechen. »Dein Herr hat keine Flotte, ich allein bin mächtig zur See«, rechnete der Kaiser in Byzanz dem Gesandten Ottos, Liutprand von Cremona, höhnisch vor; er berührte damit tatsächlich einen der militärisch schwächsten Punkte der deutschen Herrschaft in Italien: das Kaisertum blieb zur See immer auf die Hilfe und den guten Willen der großen Seestädte wie Genua, Pisa oder auch Venedig angewiesen. Bald bemühte sich Otto um einen friedlichen Ausgleich und – ebenso wie Karl d. Gr. – um die Anerkennung seines Kaisertums durch Byzanz. Die Heirat des jungen Otto II. mit der byzantinischen Prinzessin Theophanu (972) und in territorialer Hinsicht die gegenseitige Anerkennung des Status quo (wobei die genannten Fürstentümer unter der deutschen Oberhoheit blieben) waren das Endergebnis der Verhandlungen.

Für Otto II. (973–983) rückte, nicht zuletzt durch seine byzantinische Heirat, Unteritalien ganz in den Vordergrund. Er schlug hier Wege ein, wie sie hundert Jahre vor ihm Ludwig II. gegangen war. In Reichsitalien übte noch bis 994 die Kaiserinwitwe Adelheid die stellvertretende Herrschaft aus; ihrer Geschicklichkeit und dem ehrwürdigen Ansehen, das diese ›Mutter der Königreiche‹ genoß, war in erster Linie die ununterbrochene Treue und Ruhe des lombardischen Reiches zu danken. Rom erlebte zwar wieder eine aristokratische Opposition gegen die kaiserliche Herrschaft und die kaiserlichen Päpste, diesmal unter Führung der Crescentier, die in weiblicher Linie vom Senator Theophylakt abstammten; aber schon vor der persönlichen Ankunft des Kaisers (980) ist dieser Aufstand in der Hauptsache zusammengebrochen.

Dagegen hatte sich in Unteritalien die Lage verschlimmert. Von Sizilien aus suchten die Sarazenen das Land erneut mit schweren Einfällen heim. Der Kaiser fühlte sich zum Eingreifen verpflichtet; aber nach anfänglichen Erfolgen traf ihn die schwere Niederlage bei Capo Colonne (Juli 982). Otto selbst konnte sich nur in abenteuerlicher Flucht in Sicherheit bringen. Aus seinen hochfliegenden Plänen jäh herausgerissen, war der junge Kaiser zuerst so gebrochen, daß »er dieses Land (Unteritalien) nicht mehr betreten wollte«. Dann bereitete er doch wieder ein neues Unternehmen vor, aber ein früher Tod hat den Achtundzwanzigjährigen unerwartet weggerafft. In einem antiken Porphyrsarkophag liegt er als der einzige mittelalterliche Kaiser in der Peterskirche in Rom bestattet. Die Schlacht von Capo Colonne aber entschied aufs neue die Sonderstellung Süditaliens außerhalb des abendländischen Kreises.

Wieder ein anderes Gesicht zeigt die Herrschaft Ottos III. (983–1002), des Sohnes Ottos II. und der Byzantinerin Theophanu. Sie hätte für Italien eine Wende seines Schicksals bringen können, wenn nicht die großen Pläne dieses Kaisers wie ein flüchtiger Traum grausam zerronnen wären. In diesem Jüngling, der schon mit 22 Jahren starb, und dem deshalb die Klärung und Reife seiner stürmischen, zur Überschwenglichkeit neigenden Natur versagt blieb, verbanden sich die stärksten christlichen Demutsäußerungen mit dem gesteigertsten herrscherlichen Selbstbewußtsein (»Servus Jhesu Christi et apostolorum et Romanorum imperator augustus«!), so daß er neben Friedrich II. die geistig komplizierteste und umstrittenste Persönlichkeit unter allen mittelalterlichen Kaisern geworden ist. Seine Ziele lagen wohl auf der Linie der Kaiseridee Ottos I. und II., aber ihre praktische Verwirklichung hätte weit über sie hinausgeführt. Rom die ständige kaiserliche Residenz und damit erneut die Hauptstadt der Welt: so hieß sein Programm, das in der bekannten, vielberedeten Formel ›Renovatio imperii Romanorum‹ zusammengefaßt war. Die Erfüllung dieses Programms hätte in der Praxis nichts anderes bedeutet, als daß die mittelitalienische Machtsphäre, die (wenn auch nur unvollkommen) dem Papst zugeordnet war, ausgeschaltet, d. h. mit der kaiserlichen Machtsphäre zu einer Einheit verschmolzen worden wäre. Natürlich hat Otto III. hier nicht sogleich eine wirklich klare Linie geschaffen, aber doch begann er schon deutlich genug den Rechtsanspruch des Papstes zurückzudrängen. In einer Urkunde von grundsätzlicher Bedeutung überging seine Kanzlei die Schenkungen Pippins und seiner Nachfolger mit Stillschweigen, während sie die andere Rechtsgrundlage des Papstes, die Konstantinische Schenkung (nach der dem Papst ganz Italien überlassen blieb), schlechtweg als Fälschung erklärt: dieses letztere ein Zeichen für die hohe Bildung und das kritische Vermögen in der Umgebung Ottos III. Noch Dante hat zwar die unseligen Folgen beklagt, die Konstantin mit dieser Schenkung heraufbeschworen habe, aber an der Echtheit des Dokumentes selbst hat er nicht gerüttelt. Erst dem Humanisten Lorenzo Valla und dem deutschen Kardinal Nikolaus von Cues glückte die endgültige Entlarvung dieses Schriftstückes, das wohl im 8. oder beginnenden 9. Jahrhundert entstanden war, aber erst seit dem 11. (und mehr noch dem 12.) Jahrhundert von der päpstlichen Politik als großer Trumpf ausgespielt wurde.

Doch fand Otto III. mit *seiner* Art der ›Erneuerung des römischen Reiches‹ in Rom selbst wenig Anklang. Nachdem er 996 und 998 Aufstände des Adels unter Crescentius II. niedergeworfen und seinen Vetter Brun als ersten deutschen Papst (Gregor V.) eingesetzt hatte, beginnt die ›Renovatio‹: Ein gutes Jahr lang und wieder seit seiner Rückkehr aus Deutschland im Jahre 1000 hält der Kaiser auf dem Aventin zu Rom, ›unserer königlichen Stadt‹, Hof. Aber bald erhebt sich gegen ihn und seinen Papst Silvester II. (Gerbert von Reims) ein mächtiger Aufstand, an dessen Spitze der bisher kaisertreue Graf von Tusculum, ein Enkel Alberichs, steht. Heimlich und in der Nacht müssen Kaiser und Papst aus der Stadt entweichen. Otto III. wird durch diesen Verrat seiner undankbaren Römer, die er zur alten Herrlichkeit und Größe hatte zurückführen wollen, zutiefst erschüttert: unter dem Einfluß seiner asketischen Freunde Romuald und Nilus gelobt er, der kaiserlichen Würde zu entsagen und sich in ein Kloster zurückzuziehen. Aber nur für einen Augenblick ist das ungeheure Herrschaftsbewußtsein in ihm zurückgedrängt: *vor* der Abdankung will er noch an den Römern Rache nehmen! Während der militärischen Vorbereitungen dazu stirbt Otto in einem kleinen Kloster am Monte Soracte (Januar 1002): der erste Traum von der Erneuerung Roms als Weltstadt ist ausgeträumt. Aber nicht die Römer hatten ihn geträumt, von einem fremden Herrscher war er ihnen aufgenötigt worden.

Es war gut, daß auf den zur Maßlosigkeit neigenden Otto III. ein so nüchterner und dabei doch energischer Mann wie Heinrich II. (1002–1024) folgte. Denn zum erstenmal seit Otto d. Gr. wurde durch den Zusammenbruch der kaiserlichen Sache in Rom auch das oberitalienische Reich in Aufruhr versetzt: während des deutschen Thronwechsels ließ sich in Pavia der Markgraf Harduin von Ivrea zum ›König der Langobarden‹ krönen. Seine Macht blieb zwar immer beschränkt – vor allem die Reichsbischöfe stellten sich auf die deutsche Seite, und in den tuszischen Reichsteilen vermochte er überhaupt keinen Einfluß zu gewinnen – endgültig vernichten aber konnte sie Heinrich erst 1013/1014.

Jetzt ging Heinrich auch an die Ordnung der römischen Verhältnisse. In Rom rangen die beiden Familien der Crescentier und der Tusculaner miteinander um die Macht; jede der beiden Parteien hatte auch ihren eigenen Papst aufgestellt. Der Tusculaner Benedikt VIII. (1012–1024) – eine der im kirchlichen wie im weltlichen Aufgabenbereich machtvolleren und tatkräftigeren Papstgestalten dieser Jahrzehnte (s. u. S. 95) – behauptete das Feld. Auch Heinrich anerkannte ihn und empfing aus seinen Händen die Kaiserkrone, nachdem er seine Oberhoheit in dem vor Otto III. üblichen Ausmaß zur Geltung gebracht hatte.

In Süditalien war die Entwicklung wieder stärker in Fluß geraten: einerseits durch neue Angriffe der Mohammedaner auf das Festland, andererseits durch große Aufstände der mit der byzantinischen Beamtenregierung unzufriedenen Untertanen des griechischen Kaisers. Die Kämpfe zogen sich viele Jahre hin, und in ihnen trat zum erstenmal das Element der Zukunft auf: die Normannen.

Vierzig Ritter aus der französischen Normandie landen, (wohl 1016) von einer Pilgerfahrt nach Jerusalem zurückkehrend, in Unteritalien, während gerade Salerno von den Sarazenen hart bedrängt wird. Sie stellen sich der Stadt zur Verfügung und die Feinde werden zurückgeschlagen. Die Ritter folgen der Einladung zum Bleiben und ziehen aus der Heimat neue Stammesgenossen herbei; in kurzem sind es schon an die 250 normannische Herren. Sie werden zunächst, da sich Apulien in Aufruhr befindet, gegen die Griechen eingesetzt. Außer Melus, dem Führer des Aufstandes, einem reichen Kaufmann langobardischer Herkunft, der sich Herzog von Apulien nennt, betreibt vor allem Papst Benedikt VIII. den Kampf gegen Byzanz. Aber trotz der normannischen Waffenhilfe unterliegen die Verbündeten, die griechische Herrschaft behauptet sich.

Da wandte sich Benedikt VIII. an Heinrich II. um Hilfe. Bamberg hat damals (1020) seltsame Gäste in seinen Mauern beherbergt: den Papst, den Herzog Melus (der in Bamberg starb und begraben wurde) und, als Vertreter der neuen Macht, einen Normannenführer. Durch sie veranlaßt ging der Kaiser zum drittenmal über die Alpen mit dem Ziel Unteritalien (1021/1022). Nach verschiedenen Erfolgen gegen die griechische Macht zwangen ihn aber die Malaria und andere Nöte zur Umkehr, bevor etwas Entscheidendes erreicht war. Die rechtliche Abgrenzung zwischen dem ost- und weströmischen Machtbereich blieb weiterhin in der Schwebe: Benevent, Capua, Salerno und selbst das wichtige Reichskloster Monte Cassino schwankten des öfteren hin und her.

In Reichsitalien ist zunächst ein merkwürdiges Zwischenspiel zu verzeichnen. Verschiedene weltliche Große der Lom-

bardei boten die italienische Krone dem König Robert von
Frankreich (996–1031) und, als dieser ablehnte, dem Herzog
Wilhelm von Aquitanien für seinen Sohn an. Wilhelm ging
darauf ein, aber bei der Reichstreue vor allem des Episkopats
mußte er schnell die Unmöglichkeit des Unterfangens ein-
sehen und trat zurück. Die Motive dieser überraschenden
Hinwendung zu Frankreich bleiben im Dunkeln. Das Jahr
1038 bietet nochmals das gleiche Bild, als der mit Konrad II.
verfeindete Erzbischof Aribert von Mailand die Königs- und
Kaiserkrone dem Grafen Odo von der Champagne verschaffen wollte; da die Verschwörung rechtzeitig entdeckt wurde,
schlug auch diesmal der Plan fehl. Es ist wie eine frühe – im
11. Jahrhundert noch ganz anachronistisch anmutende und
schon im Keim erstickte – Vorahnung der Anjouherrschaft,
die zweieinhalb Jahrhunderte später auf der Apenninenhalbinsel einziehen wird.

Unvergleichlich bedeutsamer aber erscheint die innere Entwicklung des Landes, die in der Regierungszeit Konrads II.
(1024–1039) zum erstenmal ans Tageslicht drängt. Zwei sozial-ständische Probleme melden sich mit Macht an: das Verhältnis zwischen der Masse der niederen Lehensträger und der
Oberschicht der großen weltlichen und geistlichen Feudalherren und, einstweilen noch in enger Verknüpfung damit,
die bürgerlich-städtische Bewegung.

Die großen Herren, die unmittelbar bei der Krone (oder
auch bei der nächsten Rangstufe, den Fürsten) zu Lehen gingen und die vielfach fränkischer oder deutscher Herkunft waren, hatten seit langem die Erblichkeit ihrer Lehen wenigstens
in der Praxis durchgesetzt. Und ebenso hatten sie es verstanden, sich von den wenigen Organen des zentralen königlichen
Verwaltungsapparates, der in Pavia seinen Sitz hatte, größtenteils unabhängig zu machen, d.h. also sich unmittelbar dem
König selbst zu unterstellen. Auf diesen ›Capitanei‹ oder
›Valvassores maiores‹ und auf ihren Leistungen bei Kriegs-
zügen usw. baute sich unmittelbar die Macht des Königs auf.
Auch die Bischöfe gehörten größtenteils zu ihnen, denn sie
waren mehr und mehr aus diesem höchsten sozialen Stand
genommen worden – soweit nicht, was sehr häufig der Fall

war, der Kaiser die oberitalienischen Bistümer unmittelbar mit Deutschen besetzte – und hatten überdies vielfach im System der ›ottonischen Reichskirche‹ für ihre Stadt oder ihren Sprengel die Grafenrechte, also die weltliche Verwaltung, übertragen bekommen.

Der naturgemäß kleinen Anzahl von geistlichen und weltlichen Valvassores maiores stand die große Masse des kleinen, in der Hauptsache einheimischen und langobardischen Adels gegenüber, die ›Valvassores minores‹, die bei jenen zu Lehen gingen. Ihre Existenz ruhte völlig auf dem Grundbesitz; aber da die Erblichkeit dieser kleinen Lehen nicht anerkannt war, entspann sich ein harter Kampf um die Sicherung ihrer Lebensgrundlagen. Die weltlichen Capitanei vermochten durch die Erbfolge ihre Standesinteressen gegen die Wünsche des niederen Adels viel leichter zu behaupten; dafür suchte sich dieser besonders am Kirchengut schadlos zu halten. Was an die kleinen Ministerialen zuerst in zeitlich begrenzter Pacht ausgegeben worden war, sollte nun erbliches Lehen oder möglichst ganz unumschränkter Besitz werden. Gewalttaten und unrechtmäßige Wege, wie besonders die Versorgung von Priestersöhnen (der Zölibat war auch im hohen Klerus in Verfall geraten), halfen mit, um viel Kirchengut in die Hände insbesondere der kleinen Laien zu bringen. Eine solche wirtschaftliche Schwächung der Kirche wirkte sich aber im mittelalterlichen Herrschaftssystem als ebenso empfindliche Schwächung der Reichsgewalt aus, die auf die Leistungen der Bischöfe und großen Äbte angewiesen war; und außerdem gehörte ja die ›Defensio‹, der Schutz der Kirche, grundsätzlich zu den vornehmsten Aufgaben eines jeden Herrschers. Frühzeitig begann so von seiten des Reiches der Kampf gegen die ›Verschleuderung‹ (Dilapidatio) des Kirchengutes. Bereits Otto d. Gr. versuchte im Bunde mit dem Papst gegen sie einzuschreiten (967). Otto III. erließ ein Gesetz, wonach Kirchengut nur auf Lebenszeit des Verleihers (!) ausgegeben werden sollte (998). Heinrich II. und Benedikt VIII. erneuerten die Verbote gegen die ›Verschleuderung‹ mit besonderem Nachdruck (1018 und 1022). Allen diesen Gesetzen aber war kein dauernder Erfolg beschieden, denn das wirkliche soziale Problem, das hinter der ganzen Entwicklung steckte, blieb dabei ungelöst.

Ein zweites Spannungsfeld bildet sich zwischen derselben feudalen Oberschicht und dem städtischen Element aus, nur mit anderen Vorzeichen. Vor allem in der Lombardei hatten sich bei allem wirtschaftlichen Verfall des 6. Jahrhunderts nicht unbeträchtliche städtische Reste erhalten (s. o. S. 45) und man konnte, von den Verhältnissen nördlich der Alpen ausgehend, Italien wegen dieses seines ununterbrochen städtischen Charakters geradezu als ›das unmittelalterliche Land‹ bezeichnen. Nur unterschieden sich diese ›Städte‹ etwa im 9. und 10. Jahrhundert doch verhältnismäßig wenig vom ›Land‹, sowohl ihrer wirtschaftlichen Struktur wie ihrer Rechtsstellung nach: die Bürger besitzen vor den Stadtmauern Ackergrund, und die Autarkie des einzelnen Betriebes oder wenigstens des einzelnen Gemeinwesens bleibt weitgehend erhalten, während anderseits das normale Verwaltungsorgan, der Graf – in vielen Fällen personengleich mit dem Bischof –, auch für die Stadt zuständig ist.

Von den Seestädten aus (Venedig!) strömt in diese Verhältnisse neues, Bewegung bringendes Leben ein. Sie vermitteln Waren, die die Autarkie der Einzelstadt durchbrechen: vor allem das lebenswichtige Salz, Gewürze, Luxusgegenstände aus dem (vorläufig noch byzantinische 1) Osten. Der Binnenhandel erfährt so eine beträchtliche Belebung, die sich schon seit der karolingischen Zeit bemerkbar macht: ständige Märkte, eine gewisse (noch durchaus bescheidene) Kapitalansammlung, Differenzierung von einzelnen Gewerbezweigen sind zugleich Grundlage und Folge dieses ersten Aufschwunges einer spezifisch städtischen Wirtschaft.

Wohlhabenheit und Reichtum, Ehrgeiz und Unternehmungslust des Kaufmanns und Gewerbetreibenden wecken naturgemäß auch den Wunsch nach Mitbeteiligung am politischen Leben, sie drängen nach eigenständiger politischer Kraftäußerung. So war der Konflikt mit der bisher ausschließlich führenden Schicht des hohen Adels und der Bischöfe gegeben, besonders dort, wo die letzteren durch die Ausübung der Grafenrechte und als Inhaber sonstiger wichtiger Regalien die eigentlichen Stadtherren geworden waren. Selbst zu eigenmächtigen Gewalttaten gegen die königliche Herrschaft kommt es schon: so zerstörte beim Tode Heinrichs II. die Bürgerschaft von Pavia die Königspfalz, und Konrad II. mußte die Stadt mit Gewalt zum Gehorsam zurückzwingen (1026).

Trotz der Gegensätzlichkeit der Motive, die die Städte einerseits und die kleinen Valvassoren anderseits mit den geistlichen und weltlichen Capitanei zusammenstoßen ließ, mußten sich die beiden Gruppen als Bundesgenossen treffen: gemeinsam war ihnen ja der Drang nach aufwärts und der Gegensatz zur führenden Herrenschicht. Und außerdem waren die Grenzen zwischen diesen beiden Volksschichten nicht so scharf gezogen wie gegenüber dem Hochadel. Reich gewordene Bürger nahmen gern Lehen an und viele Valvassoren ländlicher Herkunft besaßen auch in der Stadt ihre Häuser und waren daher am städtischen Leben mit interessiert. Das hindert nicht, daß es im konkreten Einzelfall auch mannigfache wirkliche und vermeintliche Überschneidungen der Standesinteressen gab, und daß sich daher die Parteigruppierung nicht immer so geradlinig: hie weltlicher und geistlicher Hochadel, hie Bürgertum und Valvassoren, entfaltete. Doch je länger, desto deutlicher und klarer mündete die Entwicklung in die hier vorgezeichneten Bahnen ein.

Am Valvassorenproblem entzünden sich die ganzen Gegensätze. Der Mailänder Erzbischof Aribert, aus vornehmem Geschlecht stammend, entzieht einem ritterlichen Bürger ein Lehen: der Aufstand ist fertig. Der Erzbischof behält zunächst die Oberhand, aber die Bewegung breitet sich über Rittertum und Bürgerschaft der Lombardei aus und beide zusammen siegen in der Entscheidungsschlacht bei Campo Malo (zwischen Mailand und Lodi) über Fürsten und Bischöfe (1035). Beide Parteien rufen nach dem Kaiser, die Valvassoren in einer stolzen und drohenden Sprache: Wenn der Kaiser nicht kommen wolle, so würden sie sich selbst Gesetze schaffen! Nicht minder stolz antwortet Konrad: »Wenn Italien nach dem Gesetze hungert, so will ich es damit sättigen.« Er kommt nach Mailand – und sieht sich der Gegnerschaft beider

Gruppen gegenüber, des Bürgertums wie des Erzbischofs.
Denn beide fühlen sich durch ihn in ihrem Selbständigkeitsdrang' und Machtstreben gehemmt. Konrad muß Mailand
belagern, ohne es erobern zu können. Den Erzbischof, der
sich von den vielen gegen ihn erhobenen Anklagen nicht reini-
gen will, setzt er ab, ohne ihn deswegen bezwungen zu haben.
Dafür stellt sich der Großteil der übrigen Bischöfe und der
weltlichen Capitanei auf seine Seite. Die Valvassoren aber
setzen wirklich ihre Hoffnung auf ihn: die berühmte Constitutio de feudis (Mai 1037), durch die Konrad alle Afterlehen
für erblich erklärte und damit der Willkür der Herren entzog,
bringt sie ans Ziel ihrer Wünsche.

Erst die Zeit Heinrichs III. (1039–1056) beendete diese Auseinandersetzungen. Aribert, mit dessen unkanonischer Absetzung Heinrich von Anfang an nicht einverstanden war, wurde
wieder anerkannt. Aber nun vertrieb die Stadt Mailand ihren
Erzbischof, da sie als seine Bundesgenossin eben doch nicht auf
ihre eigene, bürgerliche Rechnung gekommen war (1040).
Nach Ariberts Tod (1045) ernannte Heinrich einen einfachen
Landpriester als Nachfolger, unter dem sich die Verhältnisse
endlich beruhigten; es war ein erster Sieg des Bürgertums über
die den Bischofsstuhl beherrschende Feudalschicht.

In diesen Kämpfen ist *das* Thema für die oberitalienische
Geschichte der nächsten Jahrhunderte vorgezeichnet: unauf-
haltsamer Aufstieg des Bürgertums in beständiger Auseinandersetzung mit den alten konservativen Mächten: Feudalherren, Episkopat und Kaisertum. Auch das Valvassorenproblem wird bald in diesen einen großen Entwicklungsstrom ein-
münden. Das bürgerlich-städtische Element ist der erste *einheimische* Entwicklungsfaktor ganz großen Stiles, den Italien
aus sich selbst hervorgebracht hat – und den man doch wiederum nicht überschätzen darf. Einmal hat die kommunale Bewegung doch nur in Reichsitalien (einschließlich der adriatischen Teile des späteren Kirchenstaates) ihre überragende
Stoßkraft entfalten können, und auch da bleiben in Piemont,
im östlichsten Oberitalien und im Spoletinischen noch lange
beträchtliche Reste des alten Feudalsystems erhalten (s. unten
S. 121). In den römischen Gebieten dagegen und im ganzen

Königreich Neapel-Sizilien ist den Städten die Durchsetzung ihres Eigenwillens nie in großem Maßstab geglückt. Sodann aber entsprach dem Durchbruch der *politischen* Selbstherrlichkeit der oberitalienischen Kommunen keine wahrhaft konstruktive Idee, der eine wirklich lebensfähige politische Neuordnung des Landes aus eigener Kraft gelungen wäre oder die eine solche auch nur ernsthaft angestrebt hätte; bei all seiner imponierenden Kraftentfaltung brachte das Bürgertum nie die dafür notwendige Weite des Horizontes auf und ermangelte der an einer zündenden politischen Idee genährten großen Gesinnung. Im Gegenteil, alle politischen Ordnungen sind der hemmungslosen Zersetzung anheimgefallen und eben dies hat nach dem Zusammenbruch des Imperiums bereits in der zweiten Hälfte des 13. (und mehr noch an der Wende vom 15. zum 16.) Jahrhundert die Tore erneut für den Zugriff fremder Mächte geöffnet. Das Städtewesen hat – in den von ihm beherrschten Gebieten – die wirtschaftlich-sozial-ständische und die kulturelle nationale Einheit Italiens geschaffen, aber vor der Aufgabe der politischen Ablösung der alten Fremdmächte hat es völlig versagt.

Nachdem das oberitalienische Konfliktsgebiet vorläufig beruhigt war, drängte sich für Heinrich III. wieder die mittelitalienische Sphäre in den Vordergrund. Konrad hatte Rom soweit seinen Parteikämpfen überlassen, als es für die allgemeine Anerkennung seines Herrschaftsanspruches und für die Erlangung der Kaiserkrone (1027) nur anging. Crescentier und Tusculaner durchtobten in wilden Fehden die Stadt und nach dem Tode Benedikts VIII. erlebte das Papsttum mit Benedikt IX., der als Knabe den Heiligen Stuhl bestieg, einen so tiefen Fall wie nie zuvor. Das erhöhte innere Interesse, das Heinrich der Reform und der Reinigung der Kirche entgegengebracht hat, drängte den Kaiser zum energischen Durchgreifen. Den langen Wirren, in denen die päpstliche Tiara zuletzt teils durch Gewalt, teils durch Geld zwischen drei verschiedenen Bewerbern gewechselt hatte, setzte das Machtwort der Synode von Sutri (und in Ergänzung der Synode von Rom) ein Ende: alle drei Rivalen um die Papstkrone (von denen sich

der eine allerdings selbst schon früher zurückgezogen hatte)
mußten vom Schauplatz abtreten (Dezember 1046). Durch
Sutri wurde das Papsttum für mehrere Menschenalter, d. h.
etwa bis in die Tage Lothars von Supplinburg, aus der unheilvollen Umklammerung durch den machthungrigen römischen Adel erlöst und so der Weg für seine äußere und innere
Reform freigelegt. Ein Ereignis, das auch auf die Entwicklung
Italiens tief eingewirkt hat, denn von hier aus erhob sich das
Papsttum nicht bloß zu wirklich universaler geistlicher Stellung, sondern es konnte von jetzt ab auch zur hervorragenden
italienischen Macht heranwachsen.

Unter den folgenden, von Heinrich III. bestellten und meist
deutschen Päpsten, ist es Brun von Toul, der als Leo IX.
(1048–1054) nach den beiden angedeuteten Richtungen die
entscheidende Wendung herbeiführte. Die kirchliche Reformbewegung des Kluniazensertums hat unter ihm endgültig von Rom Besitz ergriffen, und mit der Neuordnung des
in den Parteikämpfen völlig zerrütteten päpstlichen Haushal-
tes und der Wiederherstellung der päpstlichen Autorität im
Patrimonium belebte sich auch die äußere Aktivität der Kurie mit Erfolg.

Darüber hinaus versuchte Leo aber auch in Unteritalien
einzugreifen. Dort hatten sich die Normannen 1038 zum
erstenmal ein festes Herrschaftsgebiet sichern können: die
Grafschaft Aversa, die der Normanne Rainulf (unter Anerkennung durch Konrad II.) vom Fürsten von Salerno als
Lehen annahm. Von diesem mehr als bescheidenen Territorium aus hat das Normannenreich, das zwei Menschenalter
später ganz Unteritalien und Sizilien beherrschen sollte, seinen eigentlichen Ausgangspunkt genommen. In den vierziger Jahren rissen die Eroberer bereits weite Gebiete des byzantinischen Apulien an sich. Heinrich III. hat die neue Staats-
bildung – damals noch keine in sich geschlossene Macht –
dadurch anerkannt, daß er sie aus der Lehensabhängigkeit von
Salerno befreite und unmittelbar unter die Hoheit des Reiches nahm (1047). Ihr unaufhaltsames Vorstoßen auch gegen
die Südgrenzen des Patrimoniums verleitete Leo IX. dazu,
im Bunde mit Byzanz und den Fürstentümern einen großen

Schlag gegen die junge Macht zu wagen, obgleich die Normannen wahrscheinlich schon damals die Lösung der Zukunft – Annahme ihres Besitzes als päpstliches Lehen – angeboten hatten. An der Spitze eines großen Heeres zog Leo persönlich ins Feld, aber die Schlacht bei Civitate entschied gegen ihn (1053); er selbst geriet in Gefangenschaft und ist im Jahre darauf gestorben.

Die Lehre war eindeutig: die Normannen waren nicht mehr zu beseitigen. Im Gegenteil, in den fünfziger Jahren brachten sie in einem reißenden Eroberungszug bereits das ganze festländische Unteritalien (ausgenommen nur einige Seestädte wie besonders Bari) in ihre Gewalt. Diese einfache Logik der Tatsachen nötigte auch die Kurie, das Steuer ihrer Politik herumzuwerfen. Die Führung auf diesem neuen realpolitischen Weg lag weniger in den Händen des augenblicklich regierenden Papstes (Nikolaus II.), als vielmehr in denen des Archidiakon Hildebrand, des künftigen Gregor VII. Die Reformsynode zu Melfi (1059) verwirklichte das normannische Angebot an Leo IX.: Richard von Aversa empfing Capua, Robert Guiscard Apulien, Kalabrien und das noch sarazenische, also erst zu erobernde Sizilien als Lehen aus der Hand des Papstes. Der Vorgang war in der bisherigen Papstgeschichte ohnegleichen. Daß in Deutschland zur selben Zeit eine schwache und in sich uneinige Vormundschaft für den unmündigen Heinrich IV. das Regiment führte, erleichterte überaus das eigenmächtige Vorgehen der Kurie. Wohl hat das Papsttum an seinen neuen Vasallen nicht immer die reinste Freude erlebt – Gregor VII. selbst geriet zeitweise in die heftigsten Zerwürfnisse mit ihnen –, aber doch legte das Jahr 1059 den Grund zu einer ganz tiefgreifenden Verschiebung der Machtverhältnisse auf der Halbinsel: erst Melfi hat das Papsttum zu einem ernsthaften *politischen* Machtfaktor in Italien gemacht, der nun auch ohne das Kaisertum – und gegen dieses! – aufzutreten vermochte, und der der politischen Entwicklung wenigstens schon des halben Italien ein unvergleichlich gesteigertes Interesse entgegenbringen mußte. Melfi hat den Weg des Papsttums in die territoriale Machtpolitik endgültig besiegelt.

Die Normannenherrschaft aber hatte mit der Lehensnahme in den Augen der Zeit ihre rechtliche Sicherung und Legitimierung gewonnen, auch für die Eroberung der letzten noch vorhandenen griechischen Stützpunkte Bari und Brindisi (1071). Und da die Inseln Sizilien, Sardinien und Korsika bereits gegen Ende des 9. Jahrhunderts verlorengegangen waren, bedeutete dies das endgültige Erlöschen jeder oströmischen Machtposition im westlichen Mittelmeer, in dem sich Byzanz trotz aller Schwäche und allen Versagens mit einer erstaunlichen Zähigkeit ein halbes Jahrtausend hindurch behauptet hatte.

Kaisertum und Papsttum im Wettstreit um die Führung (1059–1194)
Städtewesen und Normannenstaat

In dem nun anhebenden Zeitalter der gewaltigen Auseinandersetzung zwischen Kaisertum und Papsttum mündet die Geschichte Italiens in immer stärkerem Maße in die allgemeine Reichsgeschichte, ja in die europäische Geschichte ein. Zweihundert Jahre lang (bis zum Untergang der Staufer), und selbst in den Jahren und Jahrzehnten äußerlichen Friedens, empfing auch sie ihr großes Thema von jenen Ereignissen.

Wohl drehte sich das Ringen zwischen Kaiser- und Papsttum letzten Endes um die Frage der *universalen* und *geistigen* Vormachtstellung und Überordnung der einen oder der anderen Macht; aber in der konkreten Entwicklung verlagert sich der Streit mehr und mehr auf den Boden Italiens und wird immer stärker in der Form des territorialen Machtkampfes um die Apenninenhalbinsel ausgetragen, bis er im letzten Zeitabschnitt der deutschen Kaiserherrschaft in Italien fast ausschließlich davon charakterisiert wird.

Neben Kaisertum und Papsttum stehen als wesentliche Komponenten des nun anhebenden wechselvollen Kräftespieles zwei Mächte, deren Entwicklungslinie unaufhaltsam aufwärts führt: das städtische Wesen im Norden (was freilich nur eine *begriffliche*, keine *politische* Einheit bezeichnet) und die Normannenmacht im Süden des Landes. Sie sind gleichsam das Material, mit dem die beiden übergeordneten Mächte zu arbeiten, und das Instrument, auf dem sie beim diplomatischen oder kriegerischen Austrag ihrer Gegensätze zu spielen haben.

Die ganze geschichtliche Fortentwicklung Italiens aber würde unverständlich bleiben ohne die richtungweisenden Antriebe, die ihr aus jener entscheidenden Umwandlung zuflossen, die unterdessen alle Hauptvölker des Abendlandes ergriffen hatte: aus der kirchlichen Reformbewegung.

Das allgemeine Kultur- und Geistesleben Italiens hatte sich im 10. und beginnenden 11. Jahrhundert zunächst in nicht wesentlich anderen Bahnen als im karolingischen und langobardischen Zeitalter bewegt. Grammatikerschulen (von denen als typischer Vertreter etwa Gunzo von Novara zu nennen wäre) gaben besonders in Oberitalien die Kenntnis der antiken Schriftsteller und der Kirchenväter weiter. Auch das römische Recht lebt in Rom selbst sowie etwa an den Schulen von Pavia und Ravenna fort, allerdings in starker Vermischung mit langobardisch-fränkischen Rechtseinflüssen und deshalb ohne beträchtlichere äußere Wirkungskraft; erst seit dem späten 11. und seit dem 12. Jahrhundert wird es sich wieder ganz auf sich besinnen und sich von den fremden Elementen in sauberer Abscheidung loslösen.

Aus dieser im ganzen etwas einförmigen Umwelt hebt sich als besonders geprägte Gestalt fast nur der schon mehrfach genannte Bischof Liutprand von Cremona (gest. um 970) heraus. Sein streitbares ›Buch der Wiedervergeltung‹ ist eine geschichtliche Darstellung seines Zeitalters, in der er mit allen seinen Feinden – und ihre Zahl war stattlich genug! – scharfe Abrechnung hält. Diese ›Antapodosis‹ – das Werk führt stolz den griechischen Titel – und mehr noch der kurze Bericht über Liutprands mißglückte Gesandtschaftsreise nach Konstantinopel mit seinen vielen treffsicheren und scharfsinnigen Beobachtungen, mit seinen bissigen Ausfällen und seinem polterndem Schimpfton gehören zum Unterhaltsamsten und Vergnüglichsten, was man in mittelalterlichen Quellen überhaupt lesen kann. Liutprand erscheint so als eine jener eigenwilligen, in ihren guten und schlechten Seiten scharf umrissenen Individualitäten, wie sie unter dem Himmel Italiens vielleicht früher und zahlreicher gerieten als anderswo.

Die neuen Antriebe aber wiesen in eine ganz andere Richtung. Die religiös-moralische Verwilderung und die Entchristlichung der *praktischen* Lebensführung hatten seit langem in allen Ländern um sich gegriffen; auch die Geschichte Italiens im 9. und 10. Jahrhundert stand reichlich in diesem Zeichen. Die Reaktion dagegen war unausbleiblich, ihre Losung hieß einfach: endlich Ernst machen mit den christlichen Grundlehren und mit der sich für Christen geziemenden Lebensführung! Vom Mönchtum nahm der Ruf nach Erneuerung seinen Ausgang. Aber es war natürlich, daß er mit der Zeit die *ganze* Kirche, den Weltklerus vor allem, dann aber auch den Laienstand, mit erfaßte. Das gesamte Denken erhielt durch eine verschärfte transzendentale Ausrichtung sein bestimmendes Gepräge: Askese und Weltflucht rückten in verschiedenen Abstufungen für die einzelnen Stände in den Vordergrund; daß dabei auch die Hinneigung zur extremen Entwertung alles Diesseitigen nicht fehlte, brachte allein schon der Charakter der Bewegung als einer Reaktion mit sich.

In Italien sind die neuen Gedanken aus teils einheimischen, teils fremden Quellen gespeist worden. Von Unteritalien aus griff bereits vor der Jahrtausendwende eine starke, vom *griechischen* Mönchtum getragene Bewegung auf Rom und weiter nach dem Norden über; Kaiser Otto III. ist durch sie und ihren Hauptvertreter Nilus (gest. 1005) stark beeindruckt worden. Um dieselbe Zeit fand die *lateinische* Kirche des Landes in Romuald (gest. 1027) und seiner Ordensgründung der Camaldulenser (Camaldoli bei Arezzo) einen Vertreter des kirchlichen Erneuerungswillens, dessen Ruf weithin gehört und aufgenommen wurde. Ebenso wichtig wurde der Kreis, der sich etwas später um Petrus Damiani (gest. 1072) und sein Kloster Fonte Avellana (bei Gubbio) sammelte. Diese letztere Gruppe aber stand bereits ganz im Zeichen jener gemeineuropäischen Bewegung, die dem Reformgedanken auch in Italien erst den entscheidenden Sieg gesichert hat: des Kluniazensertums. Von dem im südfranzösisch-burgundischen Grenzgebiet gelegenen Kloster Cluny (gegründet 910) aus stieß seit Anfang des 10. Jahrhunderts in alle benachbarten

Länder eine Erneuerungsbewegung vor, die bald eine Durchschlagskraft gewinnen sollte, wie sie keiner der anderen verwandten Erscheinungen beschieden war. In ihrem ersten Übergreifen auf Italien begegnet sie bereits bei Alberich, aber sie hat sich damals in Rom keineswegs schon wirklich durchsetzen können. Im Gegenteil: Rom und das vom römischen Adel beherrschte Papsttum leisteten am längsten und hartnäckigsten Widerstand. Erst die Synode von Sutri (1046) und der aus Lothringen stammende Papst Leo IX. haben den neuen Forderungen endgültig zum Durchbruch verholfen und das Papsttum damit auf eine neue Basis gestellt.

Und nun erfuhr die ganze Reformbewegung die tiefgreifende Umbildung, die sie erst zu einem geschichtlichen Entwicklungsfaktor umfassendsten Ausmaßes erhob. Bisher hatte sie sich auf das religiös-moralische und innerkirchliche Gebiet beschränkt. Abgesehen von den speziell klösterlichen Reformanliegen waren ihre hauptsächlichsten Programmpunkte gewesen: die Neubetonung des beim Klerus im stärksten Ausmaß in Vergessenheit geratenen Zölibates, der Kampf gegen die ›Simonie‹, d.h. die Käuflichkeit der geistlichen Ämter und Würden – eine der Ursünden innerhalb der christlichen Gesellschaftsordnung – und eben die allgemeine Forderung nach einer vertiefteren christlichen Lebenshaltung. Jetzt aber brach sich der Gedanke des Vorranges alles Geistlichen vor dem Weltlichen – nicht bloß in der ideologischen Wertordnung, sondern auch auf dem Boden der tatsächlichen Regierung der Welt – Bahn. Die Kirche, d.h. der Klerikerstand, sollte frei und unabhängig von allen weltlichen Gewalten – auch vom Kaisertum! – sein; ja ihr und ihrer obersten Spitze, dem Papsttum, stand nach der neuen Auffassung die wahre Führung und Lenkung der Welt zu. Das bedeutete die Erschütterung der bisherigen Weltordnung in ihren wesentlichen Grundlagen: die alten Rechte, die der Kaiser bisher als ›Defensor‹ der Kirche in Theorie und Praxis geltend gemacht hatte – so der entscheidende Einfluß auf die Besetzung der Bischofsstühle (Investitur), das Mitsprechen bei der Papstwahl u. dgl. – waren nun verdammenswerter Mißbrauch geworden, gleichviel, ob sie mit oder ohne Simonie ausgeübt wurden.

Dieser Anspruch auf hierarchische Führung der Welt durch das Papsttum – der selbst mit den Mitteln der Waffengewalt durchzusetzen war – entwertete, ob gewollt oder nicht, die bisher geheiligte und unantastbare Majestät der kaiserlichen Würde. Noch Petrus Damiani und Leo IX. standen solchen Gedanken durchaus ferne; erst Männer wie der Kardinal Humbert (gest. 1061) und vor allem Papst Gregor VII. (1073–1085) haben die neue Richtung, entgegen den schweren Bedenken jener älteren Reformer, zum Sieg geführt. Ein oder zwei Menschenalter später freilich lag es bereits offen zutage, daß die Verquickung des geistig-kirchlichen Erneuerungs- gedankens mit Forderungen rechtlich-institutioneller-politi- scher Art Verderb und Tod der Reformbewegung geworden sind: denn gerade sie hat der ›Welt‹ in verhängnisvoll breiter Front Einlaß in die Kirche gewährt und sie auf Bahnen ge- drängt, die sie geraden Weges in den Verfall und die Ent- artung des späteren Mittelalters hineinführten.

Eine wichtige Etappe auf dem Wege der inneren Reini- gung und Reform des Papsttums ist das große Papstwahl- gesetz (1059). Mit diesem Gesetz sollte die Besetzung des päpstlichen Stuhles auch rechtlich für alle Zeiten den Händen der römischen Adelsparteien entrissen werden. Ebenso wurde der bisherige Einfluß des Kaisers auf ein bloßes formales Be- stätigungsrecht zurückgeschraubt; dies ist um so bemerkens- werter, als sich erst noch 1046 Heinrich III. vom römischen Volk die alte Würde eines ›Patricius Romanorum‹ und damit das unmittelbare Vorschlagsrecht bei der Papstwahl hatte übertragen lassen. Die zeitliche Gleichheit der beiden Ereig- nisse: Papstwahlgesetz und normannische Lehensnahme, läßt aber den Punkt sichtbar werden, an dem die Geschichte Ita- liens wieder in jenen allgemeingeschichtlichen Aufstieg des Papsttums einmündet: das nunmehr in sich geistig gefestigte und selbstbewußt gewordene Reformpapsttum vermochte auch seine äußeren Machtwünsche und Ansprüche mit un- gleich stärkerem Nachdruck zu verfolgen, als es die früheren, so leicht im römischen Kleinkrieg erstickenden Päpste hatten tun oder auch nur beabsichtigen können. Der Sieg der Re- formbewegung hat nicht nur die universale Geltung des

Papsttums neu gefestigt und in ungeahntem Maße gesteigert, sie hat es auch zur *italienischen* Macht erhoben.

Die wesentlichen machtpolitischen Stützpunkte für diese neue italienische Stellung der Kurie geben auch jetzt noch nicht die römischen Gebiete, also das Patrimonium, ab, sie sind vielmehr im Süden und im Norden der Halbinsel zu suchen.

Im Süden befand sich das Festland (bis auf die noch annähernd unabhängigen Städte Neapel und Amalfi und Benevent, das sich dem Papst ergeben hatte) ganz in den Händen der Normannen. Schnell wagten diese nun auch den Sprung hinüber zum sarazenischen Sizilien, das sie ja in Melfi bereits als Lehen angenommen hatten: 1061 erobert Robert Guiscards Bruder Roger I. Messina, 1072 Palermo, 1088 als letzten großen Stützpunkt der Sarazenen Syrakus. Aber noch war der einheitliche Normannenstaat nicht geschaffen; Richard von Aversa, Robert Guiscard und Roger teilten sich – nicht immer in freundschaftlicher Weise – in den gesamten Besitz, und auch die großen Barone machten den neuen Herrschern noch genügend zu schaffen. Wenn sich so die volle Schlagkraft der normannischen Macht noch nicht entfalten konnte, reichte sie aber ohne weiteres dazu aus, um an den Nordgrenzen auch den unmittelbaren Besitz des neuen Lehensherrn, des Papstes, zu bedrohen. Gregor VII. wurde darüber an der von ihm selbst eingeschlagenen Linie von Melfi irre und versuchte nochmals, gleich Leo IX., im Bunde mit den vertriebenen Herren der langobardischen Fürstentümer, die unbequemen Nachbarn zurückzudrängen; sein stärkster Vasall Robert Guiscard verfiel sogar dem Kirchenbann (1073). Aber der Kampf mit Heinrich IV., der unterdessen ausgebrochen war, hat den Papst den Wert der normannischen Bundesgenossenschaft erneut schätzen gelehrt. Er suchte und fand den Ausgleich mit Robert Guiscard, der seinerseits den Lehenseid für alle seine Besitzungen erneuerte (1080). Wenige Jahre später wird der Normanne zum erstenmal aktiv gegen den deutschen König und Kaiser eingesetzt werden.

Die andere Machtsphäre, auf die sich der Einfluß des Papstes auszudehnen beginnt, ist Oberitalien. Hier tritt eine besondere Abart der städtischen Bewegung auf den Plan, die Pataria. Die ›Patareni‹ – ›die in Lumpen gekleideten‹ (wie sie ursprünglich von ihren Gegnern hohnvoll genannt wurden) – sind die Träger einer revolutionären Volksbewegung, die mit dem wirtschaftlich-sozialen Kampf gegen den großen Adel und die bischöflichen Stadtherren das Programm der Kirchenreform verknüpfte. Um 1056 erringt sie in Mailand gegen den damaligen Erzbischof Wido einen ersten Erfolg und breitet sich dann unter Führung des Diakon Ariald und der Ritter (Valvassoren) Landulf und Erlembald rasch über die meisten Städte Oberitaliens aus. Ihre Feinde, der Adel und der verweltlichte Episkopat, waren aber die Hauptstützen des Kaisertums; so erschütterte die Pataria wenigstens indirekt auch die Machtstellung des Reiches in Oberitalien. Umgekehrt aber ist sie für das Reformpapsttum trotz ihres revolutionären Charakters zum willkommenen Bundesgenossen geworden, wenigstens seitdem an der Kurie der alle Schranken niederreißende Gregor VII. allein ans Ruder gekommen war. So eröffnet die Pataria für die Kurie auch in Oberitalien zum erstenmal eine bedeutende Einflußsphäre nicht nur geistiger, sondern auch machtpolitischer Art; seitdem werden die Fäden zwischen der Kurie und dem oberitalienischen Städtewesen nie mehr ganz zerreißen, bis sich dann das Verhältnis zwischen beiden Partnern zu den großen antikaiserlichen Bündnissen der Stauferzeit verdichten wird.

Schließlich erwächst noch auf dem Boden des alten Feudalsystems ein Machtfaktor, der von jetzt ab auf ein Jahrhundert hinaus immer wieder von sich reden machen wird: der große Gebietskomplex, der sich allmählich in den Händen der Markgrafen von Tuszien zusammenfindet und seit der Zeit Heinrichs III. greifbarere Gestalt annimmt. Er umfaßt schließlich so gut wie das ganze kaiserliche Tuszien, reicht aber nordwärts auch über den Apennin und bis an den Po herauf; Städte wie Modena, Reggio, Mantua und Ferrara gehören noch zu ihm. Die Markgräfin Mathilde insbesondere versteht es, diese Länder zu einem der stärksten Machtbereiche, die es im damaligen Italien gab, auszugestalten. Und ihre unerschütterliche Parteinahme für Gregor VII. und dessen Nachfolger verschafft dem Reformpapsttum bis zu ihrem Tod (1115) eine weitere machtpolitische Stütze, die das Kräfteverhältnis in Italien nochmals erheblich zuungunsten des Kaisers verschob.

Das mit inneren Spannungen geladene Oberitalien legt an all den gesammelten Explosionsstoff die Zündschnur. Über dem Streit um die simonistische Neubesetzung des Mailänder Bischofsstuhles (1071) und ihre ebenfalls auf simonistischem Weg erfolgte kaiserliche Anerkennung kommt es zum Bruch zwischen König Heinrich IV. (1056–1106) und Papst Gregor VII. (1073–1085). Die Ereignisse folgen sich schlagartig: Gregor droht dem König mit dem Kirchenbann, eine Synode von Worms und eine zweite von Piacenza (Januar 1076) erklären den Papst (wegen unkanonischer Erhebung auf den päpstlichen Thron und anderer Vergehen) für abgesetzt, Gregor bannt den König in feierlichem, an den Apostelfürsten Petrus gerichteten Gebet und erklärt ihn zugleich des Thrones für verlustig (Februar 1076). In Deutschland verbindet sich der Partikularismus der Fürsten und des sächsischen Volkes mit dem Papst, man ist entschlossen, einen neuen König zu wählen. Heinrich sucht dem zuvorzukommen: in der berühmten Szene von Canossa (Januar 1077) nötigt er durch Erfüllung der kirchlichen Bußvorschriften den Papst zur Aussöhnung.

Bannung und Absetzung des Königs und seine kirchliche Rehabilitierung in Canossa sind Augenblicke von weltgeschichtlichem Ausmaß, die die Zeitgenossen wie die Nachfahren in Atem gehalten haben. »Unser ganzer römischer Erdkreis erzitterte, als die Kunde von der Bannung des Königs dem Volke zu Ohren kam«, schrieb in lapidaren Worten der Gregorianer Bonitho von Sutri, und Benzo von Alba, ein fanatischer Anhänger der königlichen Sache, dichtete die leidenschaftlichen Verse: »Die Hölle spie aus alles, was sie besaß und vermochte. Sie verwirrte Erde und Meer und die Heiligtümer. Der, zu dem wir Zuflucht nehmen müssen (der Papst), wagte es, den Fürsten der Fürsten zu zerschmettern, ihn, der das Band des Gesetzes in Händen hält.« Das »Bewußtsein eines elementaren Zusammenstoßes von ungeheurer

Tragweite« (A. Mayer-Pfannholz) spricht aus solchen Sätzen. Denn die ›sacra regia potestas‹ selbst, die von Gott allein verliehene, in kirchlicher Weihe und Segnung geheiligte und deshalb mit dem Nimbus der Unantastbarkeit umkleidete Gewalt des höchsten irdischen Herrschers war getroffen: ein Vorgang von unerhörter Neuheit und gefährlichster Sprengwirkung. Und auch alle politisch-diplomatischen Augenblickserfolge des Königtums (wie z.B. Heinrichs IV. Gang nach Canossa) konnten in der Folgezeit nicht mehr darüber hinwegtäuschen, daß es in seinen tiefsten Daseinswurzeln unheilbar verwundet war – das ist das eigentlich Entscheidende und Erschütternde an jenen schicksalschweren Tagen der Jahre 1076 und 1077.

Trotz der Bannlösung von Canossa stellten die deutschen Fürsten einen Gegenkönig auf (Rudolf von Rheinfelden, März 1077). Nach anfänglicher Zurückhaltung bannt Gregor Heinrich zum zweitenmal (1080). Darauf folgt die erneute Absetzung Gregors durch den größten Teil des deutschen und lombardischen Episkopats auf der Synode von Brixen (1080) und die Wahl des Erzbischofs Wibert von Ravenna zum Gegenpapst (Clemens III. 1080–1100).

Jetzt wird der Austrag des welterschütternden Streites zum ersten Mal auf den Boden Italiens verlegt. Heinrich zieht mit einem Heer über die Alpen (1081) und seine Sache findet in Oberitalien starke Anhängerschaft nicht nur politischer und militärischer, sondern auch geistiger Art. Denn zum erstenmal seit dem Ende der Antike erhebt sich zu dieser Zeit das römische Recht wieder zu selbständiger Gestaltungskraft – und stellt sich in den Dienst des Kaisergedankens auf italienischem Boden! Es ist die Rechtsschule von Ravenna mit ihrem bedeutendsten Kopf, Petrus Crassus, die nun in die christliche Ideologie des mittelalterlichen Kaisertums auch römischrechtliche Vorstellungen von Wesen und Grundlagen der Staatsgewalt einfließen läßt – ein erster Auftakt zu der noch weit entschiedeneren Unterbauung des Kaisergedankens mit Elementen der antiken Staatsauffassung ein Jahrhundert später im staufischen Zeitalter.

Heinrich ist also Herr des größten Teiles der Lombardei.

Da alle neuen Bundesgenossen des Papstes versagen, kann er auf Rom vorrücken; nach wechselvollem Hin und Her zieht er Ostern 1084 in die ewige Stadt ein. Sein Papst Clemens erhält die Weihe, worauf er sogleich selbst Heinrich zum Kaiser krönt. Gregor VII. aber ist in der Engelsburg eingeschlossen, und nun tritt zum erstenmal die Hilfe des neuen Vasallen wirklich in Kraft: Robert Guiscard rückt mit einem großen Heer heran, Heinrich räumt vor ihm die Stadt und kehrt bald zur Bekämpfung seiner deutschen Feinde nach dem Norden zurück (1085). Guiscard aber nimmt Rom im Sturm, und die Befreier des Papstes verhängen eine furchtbare Plünderung über die Stadt. Um sich vor der Volkswut zu schützen, verläßt Gregor zusammen mit den Siegern seine Residenz. Ein knappes Jahr später ist er in Salerno, auf normannischem Boden, gestorben (Mai 1085); zwei Monate darauf folgte ihm Guiscard im Tode nach.

Dieser erste Abschnitt des Kampfes um die Macht auf italienischem Boden hatte gezeigt, mit welchen neuen Kräften das Kaisertum von jetzt ab rechnen mußte, aber er hatte keinerlei ernsthafte Entscheidung gebracht.

Unzweifelhaft hatte die leidenschaftliche Persönlichkeit Gregors VII. dem bisherigen Kampf einen großen und heroischen Zug verliehen. ›Seinen heiligen Satan‹ hat ihn einmal sein um so viel anders gearteter Freund, Mitstreiter und Gegenspieler Petrus Damiani genannt, in zwiespältigem Gefühl sich widerwillig der überragenden dämonischen Kraft dieses Mannes ergebend. Daß sein Werk nichts weniger als die Unterhöhlung aller bisherigen, wenigstens seit 300 Jahren gültigen Fundamente – der machtpolitischen wie der geistigen – des christlichen Imperiums bedeutete, daß es Staat und Kirche in gleicher Weise revolutionierte, hat Gregor nicht erkannt.

In den folgenden Jahrzehnten büßt der Streit mehr und mehr dieses menschlich und gedanklich gleich große Format ein. Papst Urban II. (1088–1099) hat mehr als alle anderen Päpste des Investiturstreites die Gesamtentscheidung auf dem Felde des italienischen Machtkampfes gesucht. Seine jahrelangen Besitzkämpfe mit dem Gegenpapst Clemens um Rom rufen erneut den stadtrömischen Adel auf den Plan. Bereits

Anfang des 12. Jahrhunderts haben sich die Geschlechter der Frangipani und der Pierleoni – die letzteren sind jüdischer Herkunft – wieder einen maßgebenden Einfluß auf die Besetzung des päpstlichen Stuhles gesichert. Und das äußere Bild der Stadt wird in diesen Kämpfen wiederum ein gutes Stück ›mittelalterlicher‹: zahlreiche alte Gebäude und Ruinen – so das Pantheon oder die Bauten auf dem Palatin – verwandeln sich in heiß umstrittene Adelsfestungen und Trutzburgen.

Ungleich wichtiger als diese Kämpfe wurden die in Ober- und Mittelitalien. Um die Markgräfin und die neuauflebende Pataria niederzuwerfen, kam der Kaiser nochmals nach Italien (1090–1097). Die vereinigte Gegnerschaft des Reiches – zum erstenmal hatten sich einige oberitalienische Städte wie Mailand und Piacenza zu einer förmlichen Liga gegen den Kaiser zusammengeschlossen – behauptete uneingeschränkt das Feld. Völlig machtlos in Oberitalien eingeschlossen mußte Heinrich zufrieden sein, als sich ihm wenigstens noch *ein* Paß zur Rückkehr nach Deutschland öffnete. Zur selben Zeit hielt Urban II. in Piacenza, mitten in der bisher kaisertreuen Lombardei, eine glanzvolle Synode ab (März 1095). Sie offenbarte ebenso den allgemeingeschichtlichen Sieg des Reformpapsttums über das Kaisertum wie sie deutlich machte, daß die Kurie nun zum erstenmal das Kaisertum auch in der italienischen Machtstellung überflügelt hatte. Doch der Triumph, den Urban feiern konnte, während der Kaiser zum untätigen Zusehen verurteilt blieb, erwies sich nur als Augenblickserscheinung und spiegelte nicht das wirkliche Kräfteverhältnis auf italienischem Boden wider. Als der Tod des unglücklichen Heinrich IV. den Thron für seinen zweiten Sohn Heinrich V. (1106–1125) freigemacht hatte, sah sich auch in Italien die Sache schnell wieder anders an.

1110 kommt Heinrich nach Italien; die Macht des Königs steht wieder auffallend gefestigt da. König Heinrich und Papst Paschalis II. (1099–1118), der sich nach dem Tode des Gegenpapstes Wibert (1100) wieder als allgemein anerkanntes Oberhaupt der Kirche betrachten konnte, versuchen den grundsätzlichen Streit um die Investitur endgültig beizulegen. Das Abkommen von Sutri (1111) bestimmte, daß der König

auf die Investitur verzichten, dafür aber die Prälaten alle
Reichsrechte und Reichsgüter zurückgeben sollten: es war
ein radikaler Lösungsversuch, dessen Verwirklichung geradezu das Ende des Mittelalters bedeutet hätte. Aber bei der Verkündigung des Abkommens in der Peterskirche in Rom erheben die geistlichen und weltlichen Großen leidenschaftlichen Widerspruch. Im allgemeinen Tumult führt Heinrich
mit überlegener Macht den Papst gefangen mit sich fort und
nötigt ihm dann ein Investiturprivileg (das der Papst jedoch,
sobald er sich wieder in Freiheit befand, widerrief) und die
Kaiserkrönung ab (April 1111). Die normannischen Freunde
des Papstes versagten in diesem wichtigen Augenblick ebenso
wie die Markgräfin Mathilde.

Die allgemeine Friedenssehnsucht, die sich vor allem in
Deutschland unwiderstehlich Bahn brach, führte endlich zum
Kompromiß des Wormser Konkordates (1122). Es setzte für
Italien (sowie für Burgund; anders dagegen war die Regelung
in Deutschland) fest, daß der Kaiser den kanonisch gewählten
Bischof erst *nach* der Weihe mit den weltlichen Gütern be-
lehnen durfte; der wirksame Einfluß auf die Besetzung der
Bistümer war ihm damit entzogen. Von einem lombardi-
schen Reichsepiskopat läßt sich vorerst nicht mehr sprechen.
Eine der tragfähigsten Säulen der kaiserlichen Macht in
Reichsitalien war in dem erbitterten fünfzigjährigen Ringen
gestürzt oder wenigstens aufs äußerste entkräftet worden.

Die territorialen Machtfragen Italiens waren in den letzten
Jahren des Investiturstreites durch den Tod der Markgräfin
Mathilde (1115) erneut in Fluß gekommen. Bereits 1080 hatte
Mathilde ihre Länder testamentarisch der Kurie vermacht.
Aber die Eigengüter (Allodien) der Familie – für die eine
solche Schenkung allein rechtsgültig sein konnte – und die
Reichslehen waren in diesem Riesenbesitz schon fast unlöslich
ineinander aufgegangen, wodurch die unklarsten Rechtsverhältnisse heraufbeschworen wurden. Auf seinem zweiten
Italienzug (1116/1118) konnte Heinrich V. den ganzen Besitz, die Lehen sowohl wie das Allod, an sich nehmen. Aber
schnell machte auch die Kurie ihre Ansprüche mit Nachdruck
geltend. So werden von jetzt ab die ›Mathildischen Güter‹

jahrzehntelang zum Zankapfel, der geeignet war, das Verhältnis zwischen Papsttum und Kaisertum in besonderem Maße zu vergiften.

Rom und Unteritalien drängten sich in einer eigentümlich engen Verflechtung zunächst am stärksten in den Gesichtskreis des neuen Königs Lothar von Supplinburg (1125–1137). In Rom stürzte der Adel, der in den unablässigen Wirren der letzten Jahrzehnte zu neuer Macht aufgestiegen war, das Papsttum in eine gefährliche Spaltung. Die Frangipani drückten die Wahl Innozenz' II. (1130–1143) durch, die Pierleoni diejenige Anaklets II. (1130–1138), der ihrer eigenen Familie angehörte. Beide Päpste waren in einem rechtlich durchaus mangelhaften Verfahren erhoben worden, aber beide setzten sich durch. Innozenz gewann Frankreich, England und schließlich auch Deutschland für sich; Anaklet dagegen behauptete sich in Rom selbst sowie in einem großen Teil Italiens, und vor allem: auf seine Seite trat das päpstliche Vasallenreich der Normannen. So sieht sich der König als ›Defensor‹ der Kirche, d. h. des von ihm anerkannten Papstes, zur feindlichen Auseinandersetzung mit dieser mächtigen Stütze des Gegenpapstes genötigt. Dabei erwachen verständlicherweise auch die alten, theoretisch ja nie aufgegebenen Reichsansprüche auf Süditalien zu neuem Leben. Der unteritalienische Machtbereich rückt damit stark in den Vordergrund der kaiserlichen Interessen und solange die Kaiserherrlichkeit in Italien noch dauern wird, sollte er nicht wieder in seine frühere abseitige Stellung zurücktreten.

Aber auch das Papsttum findet sich jetzt auf dieser antinormannischen Linie mit dem Kaisertum zusammen. Denn die Macht des neuen Vasallen wuchs allzu bedenklich an: aus den bisherigen verschiedenen (wenigstens drei) normannischen Herrschaftsbereichen ersteht jetzt das Großreich Unteritalien-Sizilien. Durch glückliche Erbfälle bekommt Roger II. von Sizilien (1101–1154) auch die Länder seiner Verwandten in die Hand, einschließlich der Seestädte Amalfi und Neapel (1137). Im Einverständnis mit Anaklet II. nimmt er 1130 den Titel eines ›Königs von Sizilien, Kalabrien und Apulien‹ an. Wohl war das geeinigte Reich noch nicht gegen alle inneren

Erschütterungen gefeit – vor allem in den Jahren 1132–1135 und dann wieder 1137–1139 hat sich der König in blutigsten Kämpfen gegen die Barone des Festlandes zur Wehr setzen müssen – aber er vermochte schließlich doch allen feindseligen Bemühungen des Kaisers wie des Papstes standzuhalten. Denn an Größe und Weiträumigkeit und bald auch an innerer Geschlossenheit und Kraft kam diesem, von einem kühnen, wenngleich sich rasch verzehrenden Eroberervolk getragenen Staat nichts mehr auf der ganzen Halbinsel irgendwie gleich. Und wenn er in der Folgezeit auch in die verschiedensten Hände übergegangen ist, so blieb er doch (abgesehen von seiner zeitweisen Aufteilung in den festländischen und den insularen Teil) *als Staat* durch die Jahrhunderte hindurch erhalten und wirkt fast wie ein ruhender Pol im wilden Wirbel der unaufhörlichen territorialen Verschiebungen und Umgestaltungen, die alle übrigen Gebiete der Halbinsel über sich ergehen lassen mußten. *Politisch* gesehen ist dieses süditalienische Reich zweifellos eine weit positivere Neuschöpfung geworden, als sie das oberitalienische Städtewesen je zustande gebracht hat.

Lothar zog 1132/1133 ein erstes Mal über die Alpen. Mit seinem Papst Innozenz zieht er geradewegs gegen Rom und erobert es mit Ausnahme des leoninischen Stadtteiles (Vatikan und Engelsburg); im Lateran wird er zum Kaiser gekrönt (Juni 1133). Zum Angriff auf das Normannenreich fühlt er sich aber zu schwach, er kehrt nach Deutschland zurück, Anaklet nimmt wieder von Rom Besitz: der Kaiser und sein Papst waren so weit wie zuvor.

Bei einem zweiten Versuch (1136/1137) gelingt es Lothar, bis ins Herz Unteritaliens vorzustoßen; Roger, der sich in höchster Bedrängnis auf die Insel Sizilien zurück gezogen hatte, war zu den äußersten Angeboten bereit. Doch der Kaiser wollte ihn in Sizilien selbst fassen – da hinderte ihn der offene Widerspruch seines deutschen Heeres an der Fortführung des Kampfes; die Abneigung der Deutschen gegen die unteritalienischen Experimente ihrer Könige wird sich nun noch öfters Luft machen.

Lothar mußte sich damit begnügen, eine Neuordnung des

festländischen Unteritalien zu versuchen. Einer der vertriebenen Langobardenfürsten, Rainulph von Alife, wurde mit dem Lande belehnt. Dabei kam an den Tag, wie ungelöst in Wirklichkeit die Machtfrage zwischen Papst und Kaiser war: bei der feierlichen Belehnung hielt der Papst die Spitze der Fahnenlanze und der Kaiser den Schaft. Mit diesem Kompromiß sollten die beiderseitigen Rechte gewahrt bleiben – zwei Jahre später schon hat Roger sein ganzes Reich wieder fest in Händen.

Auch in der Angelegenheit der Mathildischen Güter kam die Spannung zwischen den alten kaiserlichen und den neuen päpstlichen Machtansprüchen (geistiger wie territorialer Art) zum Durchbruch. Lothar anerkannte das Besitzrecht des Papstes auf das Allod, ließ es sich aber gegen die Entrichtung eines Jahreszinses selbst übertragen; sein Schwiegersohn, der Welfe Heinrich der Stolze, der die Verwaltung des ganzen Besitzes bekam, leistete dem Papst dafür persönlich den Lehenseid (1133). Auch hier flüchtete man sich also in einen Kompromiß. Er brachte Lothar zwar einen starken Machtzuwachs, aber allzu leicht konnte er den Eindruck erwecken, als ob der Kaiser als solcher beim Papst zu Lehen ginge und kam damit den neuen kurialen Wünschen nach der obersten Lehensherrschaft des Papstes über den Kaiser in der gefährlichsten Weise entgegen.

Der endgültige Durchbruch des oberitalienischen Städtewesens und die Prägung des Normannenreiches zu seiner ihm eigentümlichen Gestalt sind die beiden Faktoren, die das Bild Italiens in den Jahrzehnten Lothars von Supplinburg und seines Nachfolgers Konrad III. maßgebend bestimmen.

An der Wende vom 11. zum 12. Jahrhundert erfährt das Städtewesen seine eigentliche Konstituierung und charakteristische Ausgestaltung. Die weltlichen Rechte wie Zölle, Gerichtsbarkeiten, Marktrechte waren seit dem späten 11. und dem beginnenden 12. Jahrhundert schon zu einem sehr großen Teil von den Bischöfen (oder sonstigen Feudalherren) auf die städtischen Organe übergegangen – ein wesentliches Stück in der ›Dilapidatio‹ (Verschleuderung) der Reichsrechte und der Reichsmacht. Mit der Ausbildung eines umfassenden, allen Bedürfnissen gerecht werdenden Verwaltungsapparates trat die Stadt mehr und mehr als unabhängiges Gemeinwesen und als juristische Persönlichkeit oder mit dem alten Wort: als ›Kommune‹ auf den Plan. Jetzt werden die alten feudalen (geistlichen und weltlichen) Stadtherren auch äußerlich verdrängt und durch freigewählte ›Konsuln‹ ersetzt: in diesem Namen der neuen Stadthäupter gibt sich schon kund, daß die Erinnerung an die Gemeinwesen der Antike wieder erwachte. An eine grundsätzliche Loslösung aus der Oberhoheit des Kaisertums hat man bei alledem weder jetzt noch später gedacht; nur von seiner praktisch wirksamen Einflußnahme und von dem Zugriff seiner Vertreter, der Feudalherren, wollte man frei werden. Und auch die Sonderstellung (Exemtion) der Geistlichkeit hat man nicht grundsätzlich verworfen, sondern nur praktisch in vielen und leidenschaftlichen Kämpfen versucht, den Klerus möglichst stark in den Stadtorganismus einzugliedern, d.h. ihn wenigstens bis zu einem gewissen Grad der städtischen Besteuerung und Gerichtsbarkeit zu unterwerfen und die vielerlei restlichen Feudalrechte von Bischof, Domkapitel und Kloster zu beseitigen.

Bürgertum und *hoher* Feudaladel setzen sich also schärfer als bisher gegeneinander ab, d.h der letztere wird aus dem städtischen Bereich wieder aufs Land zurückgedrängt, von dem er ja seinen Ausgang genommen hatte. Das gesellschaftliche Zwischenglied des *niederen* Adels dagegen wird umgekehrt von den Städten aufgesogen und in den Prozeß des städtischen Aufstiegs eingegliedert. Die Valvassoren hatten sich einst in heißem Kampf die Erblichkeit ihrer Lehen gesichert. Aber im Vergleich zu den ständig wachsenden Aussichten in der Stadt wurden die wirtschaftlichen Möglichkeiten, die diese Landsitze boten, immer bescheidener. Die Anziehungskraft, die die ungleich breitere, mit Lebensgenuß und Kultur gesättigte städtische Daseinsform ausübte, war unwiderstehlich: die Valvassoren suchten nun durch Verkauf oder sonstige eigenmächtige Veräußerung ihre Lehen loszuwerden und mit dem Kapital, das sie dafür gewannen, an der ganzen Fülle des städtischen Lebens Anteil zu bekommen. Der sozial-ständische Aufbau des Landes vereinfacht sich also. Allerdings vollzieht sich anderseits in den Städten selbst die natürliche Scheidung in das wohlhabende und politisch führende Bürgertum und in die Masse der kleinen Leute (vor allem der Handwerker), deren aktiver Anteil an der städtischen Führung jedoch noch sehr bescheiden bleibt.

Das auf dem Feudalsystem ruhende Reich konnte all dem nicht untätig zusehen. So hat Lothar im Jahre 1137 (genau ein Jahrhundert nach der Constitutio de feudis Konrads II.) diese Verschleuderung der Afterlehen durch ein Reichsgesetz untersagt. Barbarossa hat später (1154) dieses Lehensgesetz erneuert und verschärft, aber gegen die natürliche wirtschaftliche Entwicklung war auf die Dauer nicht aufzukommen: noch im Laufe des 12. Jahrhunderts ist der ländliche Adel als geschlossener Stand mit wirtschaftlicher und politischer Eigenbewegung aus der großen Entwicklung ausgeschieden.

Das ureigenste Gebiet der Kommune ist immer die Lombardei geblieben; hier setzt auch die Bewegung am frühesten und stärksten ein. In Pavia gibt es schon 1084 ›Konsuln‹, in Mailand 1097, in Como 1109, in Piacenza 1126. In Toskana werden Lucca, die jahrhundertelange Hauptstadt der Markgrafschaft Tuszien, und Pisa, die führende Seemacht, ebenfalls schon 1084 von selbstgewählten Stadthäuptern geleitet; im übrigen aber bleibt Toskana zeitlich und auch an Kraft und Ausdehnung der städtischen Bewegung merkbar hinter der Lombardei zurück. In Florenz treten erst 1138 die ersten Konsuln auf; die alte Kraftkonzentration der Mathildischen Güter hat dem Feudalismus – und damit der kaiserlichen Macht – in Tuszien noch lange ausgedehnte und kräftige Stützpunkte erhalten. Gegen Umbrien, das Herzogtum Spoleto und das römische Tuszien zu flaut die Bewegung in zunehmendem Maße ab; Perugia, Spoleto, Viterbo oder Orvieto wirken nur als Inseln inmitten eines hauptsächlich feudalen Landes. Bedeutende kommunale Gebiete dagegen werden noch die Romagna und die Mark Ancona. In der ersteren geht Bologna voran, in der letzteren Ancona selbst; ihnen folgen im Laufe des 13. Jahrhunderts Faenza, Rimini, Urbino, das alte Ravenna u. a. Orte.

Oberitalien kennt zwei Gebiete, in denen sich der Feudalismus wenigstens gleich stark neben den Städten erhält, die Ost- und die Westecke der Poebene. Unter den Städten des Ostens treten – außer Venedig, das an den Dingen des Festlandes noch auf lange hinaus uninteressiert bleibt – Verona und Padua führend auf, aber in der Mark Verona und besonders im östlich anschließenden Friaul bleiben noch starke Feudalmächte bestehen. Die größte von ihnen ist das Patriarchat von Aquileja, dessen Inhaber in Cividale residiert und gewöhnlich ein Deutscher ist: die östliche Einfallspforte ins Land mußte ja der Kaiser möglichst lange in der Hand behalten. Und das gleiche gilt von der Westecke, von Piemont. Turin, Asti und Alessandria haben sich hier um 1200 schon bedeutende Geltung errungen, das politische Schwergewicht bleibt aber trotzdem bei einigen Adelsgeschlechtern. Neben den Markgrafen von Saluzzo und denen von Montferrat ragen unter ihnen die Grafen von Savoyen besonders hervor, deren Nachfahren in gerader Abstammung einst die Königskrone des geeinten Italien tragen werden. Zu Anfang des 11. Jahrhunderts taucht die Familie aus dem Dunkel der Geschichte auf, als Herrin der westlichen Alpenpässe und damit in politisch wichtiger Schlüsselstellung; als für den jungen Heinrich IV. eine Tochter aus diesem Hause als Gattin erwählt wurde, war der Machtbereich der Familie schon in die vorgelagerte Ebene von Turin hereingewachsen; erst dadurch ist sie zur *italienischen* Macht geworden; Friedrich II. hat ihr bereits das Reichsvikariat für Piemont anvertraut.

Nur in der Lombardei also kann man sagen, daß der Feudalismus dem Städtewesen bis auf wenige Reste das Feld hat räumen müssen. In allen übrigen Gebieten Ober- und Mittelitaliens stehen vom Anfang des 12. bis um die Mitte des 13. Jahrhunderts alte und neue Herrschaftsformen, alte und neue Wirtschaftsmächte nebeneinander und verzahnen sich in vielfältigster Weise ineinander. Diese Verhältnisse haben dem Kaisertum immer noch einen beträchtlichen Spielraum zur Machtentfaltung gelassen. Mit Sicherheit läßt sich sagen, daß ohne die dauernde Bundeshilfe des Papsttums in der staufischen Epoche der politische Selbständigkeitsdrang der Städte nur wenig Möglichkeiten gehabt hätte, sich gegenüber dem Kaisertum durchzusetzen. Dasselbe gilt allerdings auch umgekehrt: auch die Erreichung der politischen Ziele der Kurie blieb ohne die städtische Hilfe nahezu undenkbar. Beide Mächte waren zu gegenseitiger Bundesgenossenschaft vorherbestimmt.

Schnell bewirken viele lokale Verschiedenheiten und Zufälligkeiten – wie Gunst oder Ungunst der geographischen Lage, Auftreten oder Ausbleiben führender Persönlichkeiten – eine wachsende Differenzierung unter den Kommunen selbst. Und die größeren und stärkeren von ihnen suchen die kleineren und schwächeren ihrer Gewalt zu unterwerfen, worauf diese wiederum Schutz und Hilfe bei ihresgleichen suchen. So bildet sich eine Vielheit von einander feindselig gegenüberstehenden städtischen Gruppen aus und ein Wirrsal von sich überschneidenden kommunalen Interessen. In der westlichen Lombardei ist es vor allem Mailand, das von Anfang an seine Vormachtstellung im weiten Umkreis zu begründen und immer mehr auszuweiten bestrebt ist. Lodi und Como sind frühzeitig von ihm unterworfen, Crema und Tortona mehr oder weniger freiwillig zum Bündnis genötigt worden; auf der anderen Seite stehen Cremona und vor allem Pavia, das den Sturz von seiner alten Höhe als Hauptstadt des lombardischen Reiches hauptsächlich dem rücksichtslos aufstrebenden Mailand zu verdanken hatte. In solche bis zur Todfeindschaft gesteigerte Parteiungen löst sich das ganze Städtewesen Oberitaliens auf. »Allgemein läßt sich sagen, daß jede Stadt die Tendenz hatte, Feindin ihrer Nachbarin und Bundesgenossin der Nachbarin jener zu sein« (L. Salvatorelli). Mit diesem Satz ist das politische Leben der vom Städtetum beherrschten Gebiete Italiens auf zwei oder drei Jahrhunderte hinaus gekennzeichnet.

Die hemmungslose Entfaltung des kommunalen Machthungers wird aber auch wieder der übergeordneten Gewalt des Königtums den Zugang ins Land öffnen, sobald dieses ernsthaft seine alten Rechtsansprüche geltend macht. Die bedrohten oder sich beengt fühlenden Städte wollten lieber von einem fremden Herrn in Schutz genommen sein als unter der Faust der eigenen Nachbarn jeder Art von Selbständigkeit verlustig gehen. So kommt es von jetzt ab schließlich nur darauf an, auf welcher Seite die einzelne Stadt im konkreten Fall ihren größeren Vorteil zu sehen glaubt. Wenn etwa Parma, Reggio, Modena u. a. Städte Lothar von Supplinburg (der das Städteproblem im übrigen ganz seiner Aufmerksamkeit auf Süditalien hintanstellte) in ihre Mauern aufnahmen, so geschah das in einer grundsätzlich nicht weniger eigenwilligen Politik als sie Mailand, Bologna, Verona und Cremona verfolgten, die ihm in offenem Widerstand entgegentraten. Von einer ernsthaften ideologischen Scheidung läßt sich (von wenigen dürftigen Ausnahmen abgesehen) vorläufig so wenig sprechen wie etwa bei den Parteiungen des römischen Adels.

In der Zeit Konrads III. (1138-1152) wirft die städtische Bewegung ihren Wellenschlag selbst bis nach Rom. Doch es ist nicht der nüchtern auf realen Fundamenten aufbauende Kaufmannsgeist der nördlichen Kommunen, der von der Stadt Besitz ergreift. Wie eine scharfe Stichflamme vielmehr bricht plötzlich jenes von der literarischen Erinnerung immer genährte, durch die Jahrhunderte unsicher schwelende Feuer des antiken Rombewußtseins durch. Die Adelsparteiungen werden zurückgedrängt, das Volk erwählt sich eine oberste Stadtbehörde, den ›heiligen Senat der heiligen Stadt‹ (sacrum sanctae Urbis senatum). Die päpstliche Herrschaft wird als ›verwegene Ursurpation‹ gestürzt (1143/1144), dem deutschen König (Konrad sowohl wie hernach Friedrich Barbarossa) die Kaiserkrone von römischen Volkes Gnaden angeboten. Denn die *Stadt* Rom allein (nicht der Papst) ist die Quelle allen Kaiserrechtes: »Du warst Gast« – so redet dieses Rom Barbarossa an – »und ich habe dich zum Bürger gemacht. Ich habe den Fremdling von jenseits der Alpen zum Herrscher bestellt. Was das Recht mir gab, gab ich dir.« Etwas phantastisch Unwirkliches haftet dieser Romrenaissance an. Aber sie verbindet sich mit einer anderen realeren Bewegung: sie eröffnet den grundsätzlichen Angriff gegen die in ihrem neuen Machtstreben schon verweltlichte und von Entartung bedrohte Kirchenleitung, sie erhebt zum erstenmal offen den Ruf nach der alten evangelischen Armut und Einfachheit der Kirche und dementsprechend nach ihrer Entmachtung auf weltlichem Gebiet. Dieses religiöse Element hat Arnold von Brescia in die demokratisch-stadtrömische Bewegung, an deren Spitze er sich etwa 1147 stellen konnte, hineingetragen. Arnold, der schon in seiner oberitalienischen Heimatstadt gegen die weltliche Herrschaft des Bischofs gekämpft hatte, ist ganz der geistige Sohn der Pataria. Aber während die Pataria einst im Bunde mit dem Reformpapsttum gegen den entarteten lombardischen Episkopat stritt, war jetzt, den veränderten Verhältnissen entsprechend, der Reformruf bereits zum Schlachtruf gegen die verweltlichte Kirche als solche – einschließlich des Papsttums! – geworden. Unter mancherlei Wechselfällen behauptete sich Arnold im ganzen in Rom, bis Friedrich Barbarossa zum erstenmal in Italien eingriff und ihn dem Papst und damit der Hinrichtung auslieferte (1155). Der römische Senat selbst erhält sich auch über den Tod seines bedeutendsten Führers hinaus mehrere Jahrzehnte, aber die große Schwungkraft der Bewegung war dahin.

Auch das *Normannenreich* tritt in der ersten Hälfte des 12. Jahrhunderts in die Zeit seiner höchsten Blüte und stärksten Machtentfaltung nach innen und außen ein. Wenn auch die deutsche Reichspolitik mit erstaunlicher Zähigkeit noch ein halbes Jahrhundert lang in der durch Lothar festgelegten Feindschaft verharrte, so kamen ihre Bemühungen um eine große Liga aller Normannengegner doch nicht über diplomatische Vorstöße hinaus. Auch das Unternehmen Papst Innozenz' II. endete für ihn mit dem gleichen Schicksal, das einst Leo IX. erlitten hatte: Niederlage im Felde und Gefangennahme. Im Vertrag von Mignano (1139) mußte er erneut Roger II. mit allen seinen Ländern belehnen und ihn – den Spuren seines Gegners Anaklet II. folgend – als Gesamtherrscher des italienischen Südens anerkennen.

Bedenklicher wurde die Aktivität, die zwei Jahrzehnte hindurch der oströmische Kaiser entfaltete, um seine verlorene Provinz Unteritalien wieder zu erobern. Als auf Roger II. der schwächere Wilhelm I. nachfolgte (1154–1166) und ihn ein Aufstand der festländischen Barone in Not versetzte, griff Kaiser Manuel zu. In Bari, Trani und in den ganzen adriatischen Küstengebieten zogen wieder die Griechen ein. Erst im Mai 1156 ließ ein Sieg des Königs die byzantinischen Restaurationsversuche für immer zusammenbrechen und sicherte den Fortbestand des einigen Normannenstaates, bis das baldige Aussterben des Königshauses für das Reich eine neue Zeit heraufführte (1189).

Wie kaum ein anderer Staat hebt sich dieses unteritalienische Reich aus der gemeineuropäischen, nicht nur aus der italienischen Entwicklung als eine Besonderheit heraus. Alle seine Entfaltungsweisen bezeugen es, daß er an der Grenze dreier Welten steht: der abendländisch-romanisch-germanischen, der griechisch-orientalischen und der arabisch-mohammedanischen; sie sind – ebenso wie der Bevölkerungsaufbau – durch einen ausgesprochenen Mischcharakter gekennzeichnet.

Was die Staatlichkeit anlangt, so fällt im Vergleich zu den übrigen politischen Gebilden des hochmittelalterlichen Abendlandes die Weiträumigkeit des Machtkomplexes, in dem sich eine verhältnismäßig einheitlich ausgerichtete Herrschaftsform behaupten konnte, in die Augen. Unteritalien ist das Land, wo der Feudalismus wie nirgends sonst an seiner vollen und hemmungslosen Entfaltung verhindert worden ist. Neben und gegen die Barone tritt immer wieder ausgleichend ein vom König allein abhängiges und allein der zentralen Verwaltung dienendes Beamtentum – früher als im ganzen übrigen Europa. Die Auseinandersetzung ziwschen diesen beiden Elementen ist geradezu das Hauptthema der inneren Geschichte des unteritalienischen Reiches. Die alte byzantinische Herrschaft gründete sich ursprünglich auf einen völlig beamtenmäßigen Verwaltungsapparat. Aber mit dem Verfall der griechischen Macht kam auch der selbständige Adel mit all seiner Eigenwilligkeit in die Höhe, und die normannischen Eroberer dachten an alles eher als sich einem straffen und einheitlichen Regiment einzufügen. Günstiger als auf dem Festland standen die Dinge für das Königtum von Anfang an auf der Insel Sizilien, das eine zweihundertjährige, im ganzen straff geführte arabische Herrschaft hinter sich hatte; aber auch da melden sich bald feudalistische Eigentendenzen, wenngleich mit geringerer Kraft, zum Wort.

Der Größte unter allen Herrschern der normannischen Dynastie, Roger II. (1101–1154), hat unablässig daran gearbeitet, diese auflösenden, die Königsgewalt beschränkenden Mächte zurückzudrängen. Insbesondere versucht er erfolgreich die Belange des königlichen Fiskus durch ›staatliche Beamte‹ (publici officiales) wahrnehmen zu lassen. Und in dem großen Gesetzeswerk der ›Assisen‹ von Ariano (1140) hat er in einem Maße, wie es sonst seine Zeit noch kaum gekannt hat, dem gesamten Reich den Stempel seines einheitlichen gesetzgeberischen Willens aufgedrückt. So hat er das Feudalsystem durch eine gewisse zentralistische beamtenmäßige Organisation überdacht, um seine auflösenden Tendenzen unschädlich zu machen. An dieser eigentümlichen Struktur des normannischen Staatswesens sind die verschiedensten Elemente beteiligt: neben dem fränkisch-normannischen ›Grafen‹ (comes) stehen da der griechische ›Strategos‹ und ›Protonotar‹ und der arabische ›Admiral‹ – der letztere nicht bloß als Befehlshaber der Flotte, sondern meist als oberster Leiter der ganzen Staatsverwaltung. Und daß für den König, der so bestimmt und unablässig seine Herrschaftsgewalt zu festigen und auszubauen trachtete, auch das römische Recht mit einspringen mußte, ist selbstverständlich.

Doch auch diese Staatsform bedurfte der überragenden Persönlichkeit. In den Jahrzehnten nach Rogers Tod verfällt das Beamtentum wieder weitgehend und die Gewalt des Adels gewinnt ihm gegenüber beträchtlich an Boden: derselbe Prozeß, wie er während des Niederganges der byzantinischen Herrschaft zu beobachten war. Die Staufer, die dann das Reich übernehmen, insbesondere Friedrich II., müssen fast wieder von vorne anfangen. Aber auch dieser durch Friedrich noch weit fester gefügte Beamtenstaat wird nur mit beträchtlichen Erschütterungen und zeitweise starker Einbuße an innerer Schlagkraft den Übergang der Herrschaft an den französischen Anjou (bzw. in Sizilien an die aragonesische Dynastie) überstehen.

Neben dem Feudalismus hätte auch das Städtewesen die innere Einheit des Reiches bedrohen können. Die alten Seestädte Amalfi, Gaëta und Neapel schienen unter der formalen byzantinischen Oberhoheit den gleichen Weg zu kraftvoller Eigenständigkeit zu gehen, wie Venedig im Norden. Aber für sie ist durch die neue Herrschaft die Entwicklung zu autonomen Verwaltungseinheiten oder gar zu politischen Individualitäten für immer abgeschnitten worden: das gesamte Städtewesen auf normannischem Boden geriet in völlige Abhängigkeit von der Zentralgewalt. Auch an wirtschaftlicher Bedeutung mußten die Städte mehr und mehr hinter den nördlichen Rivalen Genua, Pisa und Venedig zurücktreten. Hafengelder, Warenzölle, Fischregale oder die Salzgewinnung füllten in erster Linie den königlichen Fiskus. Erst in den unruhigen Zeiten, die auf das Ende der Normannenherrschaft folgten, haben sich wenigstens die Städte Siziliens wie Messina, Palermo und Syrakus gelegentlich als selbständigere Individualitäten zur Geltung bringen können; aber von der dynamischen Kraft, wie sie die lombardischen oder auch nur die tuszischen Städte ständig an den Tag legten, kann hier nicht entfernt die Rede sein.

Auch das kirchliche Gebiet schließlich ist von den Bemühungen des Königtums um eine möglichst starke und einheitliche Staatsgewalt erfaßt worden. Der Eroberer Siziliens, Graf Roger I. (gest. 1101, Vater Rogers II.), hatte ob seiner Verdienste um das Christentum von Urban II. für sich und seine Nachfolger das Privileg erwirkt, daß der Papst ohne ihre Zustimmung keinen Legaten ins Land schicken werde, daß vielmehr die Durchführung päpstlicher Anordnungen nur durch den Herrscher – der somit Legatengewalt bekam – erfolgen sollte (1098). Dieses eigentümliche und für die Zeit ungewöhnliche Zugeständnis eröffnete dem König Möglichkeiten zu vielfältiger und tiefgreifender Einflußnahme auf die Kirche seines Landes, wenn es auch über der Frage nach seiner rechtlichen Tragweite fast von Anfang an zu Meinungsverschiedenheiten kam; Innozenz III. hat in der Zeit der Unmündigkeit Friedrichs II. das Privileg wieder beiseiteschieben können. Aber in der neuesten Geschichte wird die Urkunde wiederum aufleben: seit dem 16. Jahrhundert beanspruchen die Könige Siziliens die volle Verfügungsgewalt über die kirchlichen Angelegenheiten ihres Landes und jahrhundertelang flackern die Kämpfe zwischen Königtum und Kurie um eine solche – nunmehr als ›Monarchia Sicula‹ bezeichnete – Sonderstellung immer wieder auf. Erst das Garantiegesetz des neuen Italien von 1871, das die Aufhebung dieses Privilegs von 1098 durch Pius IX. anerkannte, hat seine Geschichte endgültig zum Abschluß gebracht!

Die allgemeine Entwicklungslinie zeichnet sich deutlich ab: Aufbau einer möglichst in die Tiefe reichenden, den einzelnen Untertanen unmittelbar erfassenden zentralen Staatsgewalt und, damit zusammenhängend, ein gewisser Drang zur Ausweitung des staatlichen Aufgabenbereiches. Mit den Bemühungen um solche Ziele und mit den wenigstens teilweise beschiedenen Erfolgen, geht das Land allen übrigen Staaten Europas beträchtlich voraus; insofern darf man im normannischen (und mehr noch im staufischen) Unteritalien das Geburtsland des ›modernen Staates‹ erblicken.

Dem arabischen Element fällt dabei auf allen Gebieten ein wesentlicher Anteil zu. Im Gegensatz zum Geist des Jahrhunderts – dem Zeitalter der Kreuzzüge! – haben die Normannen das Arabertum auf der Insel Sizilien nicht auszurotten versucht, sondern von Anfang an als positives Element ihrem Staat eingegliedert. Vor allem Roger II. ist diesen Weg mit Entschiedenheit gegangen. Sein erster ›Admiral‹ ist ein allerdings zum Christentum übergetretener Araber gewesen; dessen noch bedeutenderer Nachfolger Georg von Antiochien war zwar ein aus Syrien stammender Christ, ist aber lange im Dienste der nordafrikanischen Herrscher gestanden und so mit dem Mohammedanertum in engste Berührung gekommen. Auch andere wichtige Ämter hat Roger in arabische Hände, die ihm im Vergleich zu dem unzuverlässigen Adel des eigenen Volkstums als die sichersten erschienen, gelegt. »Er hielt die Muselmanen in Ehren«, rühmt ein arabischer Chronist von ihm, »pflegte vertrauten Umgang mit ihnen und gewährte ihnen Schutz gegen die Franken (= Normannen); daher brachten sie ihm Liebe entgegen.« Von grundsätzlicher Toleranz gegenüber dem Glauben der Untertanen läßt sich freilich bei alledem nicht sprechen, enthalten doch etwa die Assisen von Ariano strenge Strafbestimmungen für den Abfall vom katholischen Glauben. Aber in der Praxis hat sich hier zweifellos ein (wenigstens im Abendland) der Zeit weit vorauseilendes friedliches Nebeneinander und Ineinander christlichen und mohammedanischen Wesens ausgebildet und das konnte seine tiefgehenden Auswirkungen auf die geistige Einstellung und das kulturelle Gesicht des Landes nicht verfehlen.

Auch an der wirtschaftlichen und kulturellen Hochblüte des Landes hat das Arabertum (neben den griechisch-italienischen und normannischen Kräften) keinen geringen Anteil. Wichtigste Gewerbe wie besonders die der Seidenwirkerei und Tuchfärberei, die die Regierung mit Eifer gepflegt und aus denen sie reiche Geldmittel gewonnen hat, befanden sich vor allem in arabischen – und daneben auch jüdischen – Händen. Arabische Dichter und Gelehrte sind bereits unter Roger II. an den Königshof gezogen worden; besonders charakteristisch ist etwa, daß unter ihrem Antrieb die Geographie – eine Wissenschaft, in der die Araber dem Abendland weit voraus waren – am königlichen Hof eifrigem Interesse begegnete.

Zweifellos gehört das Unteritalien des 12. (und dann des 13.) Jahrhunderts zu den wirtschaftlich, geistig und künstlerisch höchststehenden und reichsten Ländern des ganzen Westens. »Wir sagen«, so preist der arabische Geograph Edrisi in überschwänglichen Worten das Reich seines Gönners Roger, »daß Sizilien die Perle des Jahrhunderts an Reichtum und Schönheit ist, das erste Land der Welt an Fruchtbarkeit des Bodens, Volkszahl und Alter der Kultur. Von allen Seiten strömen die Reisenden und Kaufleute dorthin und rühmen einstimmig Siziliens hohen Wert, preisen seine glänzende Schönheit und sprechen von den mannigfaltigen Vorzügen, die es vereinigt, und von den Gütern, die es aus aller Herren Ländern an sich zieht.« Den Anteil, der den verschiedenen völkischen Elementen an dieser Kulturblüte zufällt, im einzelnen festzulegen, wird aber immer unmöglich bleiben. Am leichtesten lassen sich noch in der Baukunst die verschiedenen Stilformen nach ihrer Herkunft auseinanderhalten – so etwa in der von märchenhaftem Glanz erfüllten Hofkapelle Rogers II. in der Residenzstadt Palermo oder in dem von Wilhelm II. erbauten Dom und Kreuzgang von Monreale – aber doch nur mit dem Ergebnis, daß alle diese verschiedenen Elemente zu einer eigentümlichen und unlösbaren inneren Einheit zusammengewachsen sind. Dies gilt auch von der Gesamtkultur des Staates.

Ein Volk voll überschäumenden Kraftgefühls, wie es das normannische in seiner besten Zeit gewesen ist, konnte schließlich an der lockenden Mittelmeerlage des unteritalienischen Machtraumes nicht achtlos vorbeisehen. Nach zwei Hauptrichtungen versucht sich der normannische Expansionsdrang: gegen Byzanz, das zu dieser Zeit noch bis ins nahe Griechenland herüberreichte, und gegen die Nordküste Afrikas. Robert Guiscards Angriffe auf byzantinisches Reichsgebiet bringen in der Eroberung von Durazzo (1082) und Korfu (1085) erste, jedoch nur vorübergehende Erfolge. Auch die hochgespannten Hoffnungen, denen sich Roger II. nach dem 2. Kreuzzug hingibt und die auf die Eroberung des ganzen byzantinischen Reiches abzielen, bleiben auf halbem Wege stecken. Allerdings einen bedeutsamen wirtschaftlichen Gewinn zog das Normannenreich aus dem mißglückten Unternehmen: aus dem zerstörten Theben führten die Normannen viele Handwerker, die sich auf die Seidenzucht und Seidenverarbeitung verstanden, mit sich fort; so kommt diese neue Kunst nach Unteritalien und wird eine der wichtigsten Industrien des Landes. Bald zeigen die Gegenschläge, mit denen nun Byzanz die normannischen Angriffe, auch seinerseits ohne dauernden Erfolg, heimzahlte (1155), daß das machtmäßige Gleichgewicht zwischen beiden Staaten nicht zu beseitigen war.

Nicht viel anders ging es in Afrika. Zu Anfang der zwanziger Jahre des 12. Jahrhunderts griff Roger die Araberherrschaft im Gebiete von Tunis an, nachdem die Insel Malta schon um 1090 von den Normannen besetzt worden war: das Unternehmen mißglückte restlos. Mit mehr Erfolg wurden die Versuche zwanzig Jahre später wieder aufgenommen. 1148 fiel die damalige Hauptstadt Mahedia und ziemlich der ganze Küstenstrich von Tunis bis nach Tripolis in die Hände

der Normannen – kaum ein Jahrzehnt später gingen die afrikanischen Besitzungen wieder verloren (1156/1160). Wilhelm II. versuchte sein Glück in Ägypten (1174/1176); auch
hier reichte die Kraft nicht aus.

Bei all diesen mittelmeerischen Unternehmungen führte
mehr der ungestüme, in die Weite schweifende Eroberer-
drang das Wort als die zielbewußte Verfolgung eines klar gesehenen Programms. Man griff bald hier, bald dort zu, wie
gerade der Augenblick günstig schien, und hat sich dabei im
Vergleich zur wirklichen Kraft übernommen. Nur die *Möglichkeiten*, die die mediterrane Lage des unteritalienischen
Raumes in sich trug, sind hier lebendig geworden.

›Renovatio Imperii‹ hieß das Programm, das sich Friedrich
Barbarossa (1152–1190) gesetzt hatte und das eine Wiederherstellung der geheiligten inneren Autorität des Kaisertums wie
eine Wiederherstellung seiner gesamten machtpolitischen
Stellung umfassen sollte. Es bedeutete aber auch den Versuch,
die Mächte, die unterdessen neu emporgestiegen waren, zugunsten der alten Ordnungen wieder zurückzudrängen und auszu-
schalten. ›Renovatio‹ ist Blickrichtung nach rückwärts, konservative, unter Umständen sogar – wenn sie sich gegen echte und
lebenskräftige Neubildungen wendet – reaktionäre Haltung.

Mit dem übermenschlich anmutenden Versuch, das in Italien im letzten Jahrhundert Geschehene ungeschehen zu machen, sind die ganzen vier Jahrzehnte Barbarossas ausgefüllt.
Aus der Vielfalt der Ereignisse kann hier nur das herausgehoben werden, was er den drei großen italienischen Macht-
sphären gegenüber gewollt hat und wie sich die Dinge dann
dort wirklich gestaltet haben.

Am einfachsten liegen die Verhältnisse bezüglich des Normannenreiches. Mit ihm hat Barbarossa theoretisch fast ein
Menschenalter lang im Kriegszustand gelebt, ohne daß es aber
zu einer ernsthaften Unternehmung gegen den Süden gekommen wäre. Auch als zur Zeit seines ersten Italienzuges
(1155) König Wilhelm I. von Sizilien durch schwere Aufstände seiner Barone und den Angriff des griechischen Kaisers hart bedroht war, konnte Barbarossa die Gelegenheit

nicht nützen und seinerseits gegen Unteritalien marschieren: wieder haben die deutschen Fürsten ihre Teilnahme verweigert. Der Friede, den Kaiser und Papst 1177 zu Venedig miteinander schlossen, brachte schließlich auch den Waffenstillstand mit dem Normannenkönig. Den endgültigen Frieden aber besiegelte erst das Jahr 1186 mit der folgenreichen Heirat zwischen Barbarossas Sohn und Nachfolger Heinrich VI. und Konstanze, der Tante König Wilhelms II. (Tochter Rogers II.) von Sizilien. Die Erbaussichten, die diese Verbindung eröffnete, schienen zunächst recht gering, aber der unerwartet frühe Tod des Königs hat bereits drei Jahre später (1189) das unteritalienische Reich dem staufischen Haus in die Hände gespielt. Doch vergingen noch weitere fünf Jahre, bis Heinrich VI. das normannische Erbe tatsächlich antreten konnte (1194).

Nach wenigen Friedens- und Freundschaftsjahren zwischen Kaisertum und Papsttum, mit denen Barbarossas Regierung begonnen hatte, entspann sich zwischen den beiden Mächten ein neues, fast zwanzigjähriges Ringen voll Erbitterung und Leidenschaft. Das Papsttum war dabei durch den Engländer Hadrian IV. (1154–1159) und den Sienesen Alexander III. (1159–1181) vertreten. Anlaß zu Streitigkeiten gab es bei den wirren Rechtsverhältnissen genug. Aber alle Einzelfragen trafen nicht das Wesen und den Sinn des Streites. Durch die Renovatio Imperii vielmehr mußte sich das Papsttum in seiner *Gesamt*stellung, die es sich geistig und machtmäßig seit dem Investiturstreit gegenüber dem Kaisertum errungen hatte, bedroht fühlen. Das Bestreben aber, sich die machtpolitischen Einflußsphären in Italien zu erhalten und weiter auszubauen, führte das Papsttum nicht nur an die Seite seines alten normannischen Vasallen zurück, sondern ließ es auch in engster Kampfgemeinschaft mit dem aktivsten und gefährlichsten Feind des Kaisertums, mit dem lombardischen Städtewesen, zusammenwachsen. Die unausbleibliche Folge freilich war, daß sich das Ringen um die rein weltlichen Machtpositionen in den Zielsetzungen der kurialen Politik unvermerkt mehr und mehr als *Selbstzweck* vordrängte und so dem alten Reformertum endgültig den Todesstoß versetzte. Mit allen Mitteln der Zeit ist der Kampf geführt worden: hier Exkom-

munikation des Kaisers (1160), die doch nur sehr mangelhaft
ihre Wirkung tat; dort Aufstellung von Gegenpäpsten, die
bei dem kirchlichen Sinn des Zeitalters auch nicht zu halten
waren. Das Endergebnis des Friedens von Venedig (1177) entsprach für keinen der beiden Teile den riesigen Opfern, die
der Kampf gekostet, und der Verwirrung der Geister, die er
erneut angerichtet hatte. Beide Partner anerkannten sich wieder gegenseitig und sie versprachen, daß jeder dem anderen
das Seine an Rechten und Besitzungen zurückgeben wolle.
Was das im einzelnen sei, wurde freilich nicht ausgemacht.
Noch zu Lebzeiten Barbarossas kam es darüber erneut zu
ernsthaften Unstimmigkeiten, die man dann nur zu Ehren des
dritten Kreuzzuges (1189/1190, auf ihm fand Barbarossa den
Tod) nicht austrug. Die Mathildischen Güter blieben rechtlich der Kurie, praktisch, d.h. zur Nutznießung, aber dem
Kaisertum – so wie es zuvor auch war.

Das Hauptproblem bleibt die Lombardenfrage. Vor allem
die Aufsplitterung der politischen Kraft der städtischen Bewegung ermöglichte es dem Kaiser, die ›Renovatio‹ in der Lombardei zu versuchen und bis zu einem gewissen Grad auch zu
verwirklichen. Die von Mailand unterdrückten Städte Lodi,
Como und Pavia haben Friedrich selbst um Hilfe angerufen.
Sein erster Zug über die Alpen, den er daraufhin antrat, ver-
mittelte ihm wenigstens einen persönlichen Eindruck von der
Schwierigkeit der Aufgabe, die hier im letzten halben Jahrhundert herangewachsen war. In Pavia empfängt Friedrich
die lombardische Krone. Mailand, das sich dem kaiserlichen
Gericht nicht unterwerfen will, kommt in die Reichsacht,
aber zu seiner Bezwingung reichen Friedrichs Streitkräfte bei
weitem nicht aus. Erst auf dem zweiten Italienzug (1158–1162),
als er schon die Kaiserkrone trug und mit stärkeren Machtmitteln ausgerüstet auftreten konnte, nahm Barbarossa die
grundsätzliche Neuordnung der Verhältnisse in Angriff. Auf
dem Reichstag von Roncaglia (bei Piacenza) vom November
1158 forderte er für das Reich alle Hoheitsrechte zurück, für
deren Besitz die Städte keine urkundlichen Belege nachweisen
konnten. Der Grundsatz, daß es für Staats- und Königsrechte
keine Verjährung gäbe, daß also das Gewohnheitsrecht hier

keinen echten neuen Rechtszustand zu schaffen vermöge, bildete den festen Rechtsboden, auf dem Barbarossa die verfallene Reichsmacht wieder aufzubauen gedachte. Der Gedanke aber stammt aus dem *römischen* Recht (auf germanisch-deutschem Boden wäre eine solche allgemeine Forderung unvorstellbar gewesen). Die Juristenschule von Bologna, die allmählich das Hauptstudium des römischen Rechtes auf sich gezogen hatte, lieferte dem Kaiser die wissenschaftliche Fundierung dafür. Überhaupt kündigt sich die römisch-rechtliche Sicherung der Unantastbarkeit des Herrschers schon deutlich an: »Dein Wille ist das Recht«, so redet der Erzbischof von Mailand den Kaiser an; »was dem Fürsten gefällt, hat Gesetzeskraft, denn das Volk – gemeint ist das *römische* Volk – hat das ganze Imperium auf ihn übertragen.«

Über der Ausführung der Beschlüsse kommt es zum Bruch und zum erbitterten Kampf. Die Eroberung und völlige Zerstörung des stolzen Mailand (1162) bezeichnet den Augenblick des höchsten kaiserlichen Triumphes: die Bürger müssen sich in vier offenen Marktflecken ansiedeln – dasselbe Schicksal hatte vor nicht langer Zeit Mailand selbst dem kleinen Lodi bereitet! – und an die Stelle der früher selbstgewählten Konsuln tritt hier wie auch in den anderen Städten das harte Regiment eines kaiserlichen Podestà. Aber diese maßlose und unkluge Ausbeutung des Sieges führte nur zu erneuter und gefährlicherer Sammlung aller Widerstandskräfte. Bereits 1164 schließen sich die Städte des östlichen Oberitalien zum Veroneser Bund zusammen, 1167 weitet sich dieser zum großen Lombardischen Städtebund aus. Die Kurie aber, die das Schicksal der lombardischen Städte längst schon mit tiefer Sorge verfolgt hatte, macht nun offen mit ihnen gemeinsame Sache. Zum äußeren Symbol dafür erhält die neue Festung, die sich der Städtebund errichtet, zu Ehren des Papstes Alexander III. den Namen Alessandria. Der Bund zwischen Papsttum und italienischem Städtewesen bleibt von jetzt ab trotz mancher Schwankungen das Kennzeichen der folgenden Jahrzehnte bis zum Untergang des staufischen Hauses; und *er* ist es gewesen, an dem die kaiserliche Reformatio in Wirklichkeit gescheitert ist.

Aus dem Kampf, der sich nochmals mehrere Jahre hinzieht, hebt sich als markantestes Ereignis die Niederlage des Kaisers bei Legnano (in der Nähe von Mailand) vom Mai 1176 heraus; aber eine wirkliche Entscheidung brachte auch sie nicht. Erst der Friede von Venedig, in dem sich Papst Alexander III. über den Kopf seiner Bundesgenossen hinweg mit dem Kaiser einigte, hat auch die Städte zur Beendigung der Feindseligkeiten genötigt. Nach sechsjährigem Waffenstillstand wurde 1183 der Friede von Konstanz geschlossen: als Kompromiß, wie es nicht anders zu erwarten war. Die Städte schwuren Treue, anerkannten also die Zugehörigkeit zum Reich. Sie behielten die freie Wahl ihrer Konsuln, aber diese bedurften der kaiserlichen Investitur, die alle fünf Jahre erneuert werden mußte. Die Regalien innerhalb der Stadtmauern verblieben den Städten, außerhalb des eigentlichen Stadtgebietes dem Kaiser. Beim Durchzug der kaiserlichen Heere hatten die Städte ihre Unterhaltspflichten wie bisher zu leisten. Die Gerichtsbarkeit konnten sie frei ausüben, nur als oberste Appellationsinstanz blieb das kaiserliche Hofgericht.

Die Bundesfestung Alessandria unterwarf sich dem Kaiser in einem Sonderfrieden. Die Einwohner verließen dabei in großem Zug die Stadt, um sogleich mit einem kaiserlichen Bevollmächtigten an der Spitze zurückzukehren, und als *kaiserliche* Neugründung nahm sie nunmehr den Namen ›Cäsarea‹ an. Das Ganze ist ein Akt von symbolhafter Bedeutung: das Neue hatte sich durchgesetzt, aber auch das Alte hatte sich behauptet.

Der Endkampf (1194–1254 bzw. 1268)

In der nun anhebenden Phase, da die achthundertjährige Geschichtsepoche der germanisch-deutschen Vorherrschaft auf der Apenninenhalbinsel endgültig ins Grab sinkt, erfahren die alten Probleme ihre letzte Zuspitzung und Verschärfung. Sie waren in steter Entwicklung soweit herangereift, daß die bisherigen Auswege des Kompromisseschließens und der Verschleppung ungangbar wurden.

Kaisertum und Papsttum – in der Ideologie des Mittelalters zur Einheit in gemeinsamer Wirksamkeit und Herrschaftsführung berufen – waren im unauflöslichen Dualismus ihres beiderseitigen ideellen und realen Machtanspruches soweit auseinandergetreten, daß es sich endgültig entscheiden mußte, wer von ihnen nun eigentlich das letzte Wort zu sprechen habe – im gesamten Abendland und, als Voraussetzung und Grundlage dafür, in Italien.

Das Papsttum, seit den Tagen des Investiturstreites im eigentlichen Sinne politisch geworden und zutiefst von seinem Recht und seiner Pflicht zur Leitung der gesamten Welt durchdrungen, trug in der logischen Folgerichtigkeit, die sich aus dieser Überzeugung ergab, seinen Machtanspruch soweit in die Sphäre der ›weltlichen‹ Angelegenheiten hinein wie nie zuvor; die Päpste Innozenz III. (1198–1216) und seine beiden Nachfolger Gregor IX. und Innozenz IV. sind die machtvollsten Vertreter dieses höchst gesteigerten kurialen Herrschaftsgedankens geworden.

Aber auch das Kaisertum erhebt mit der Hilfe neuerstehender *antik*-römischer Traditionen seinen theoretischen Hoheitsanspruch auf eine nicht mehr überbietbare Höhe. Das Imperium war bisher weit weniger als römische Welt*herrschaft* denn als christliches Welt*patronat* gedacht gewesen; zu diesen alten christlichen Fundamenten seines Daseins hinzu aber sucht es nach neuer sturmsicherer Verankerung in der Welt des römisch-cäsarischen Staatsgedankens mit seiner absoluten Heiligkeit und Unverletzlichkeit der Herrschgewalt. Das Schlagwort des ›heiligen‹ römischen Reiches‹ (Sacrum Imperium), das die Staufer geprägt haben, erwächst ursprünglich aus dem antiken Bereich; erst später, als der Macht- und Hoheitswille des staufischen Geschlechtes zusammengebrochen war, hat es seine Umdeutung im ausschließlich christlichen Sinn erfahren. Diese ›Heiligkeit‹ der obersten Staatsgewalt ermöglichte es, die Person des Herrschers in die unmittelbarste Gottnähe hinaufzuheben und sie infolgedessen in allen ihren Lebensäußerungen in einem bis dahin unbekannten Ausmaß dem dreisten Zugriff, ja der bloßen Kritik jedwelchen Untertans zu entrücken: in dem sizilianischen Gesetzbuch Friedrichs II., den Constitutiones von Melfi (1231), wird der Grundsatz aufgestellt, daß bereits das Disputieren über einen königlichen Entscheid als Majestätsverbrechen und Sakrileg anzusehen sei.

Zu diesem ›christlichen Cäsarismus‹ hat bereits Friedrich Barbarossa den Grund gelegt; aber erst Heinrich VI. und Friedrich II. haben das römische Element in ihm zu voller Entfaltung gebracht. Vom italienischen Gesichtspunkt aus gesehen, empfindet man eine gewisse Tragik, daß sich dieser Staatsgedanke trotz seines römischen Gewandes nicht die Herzen des Volkes (in seiner überwiegenden Mehrheit) zu erobern vermochte. Mehr noch als der Umstand, daß er von einem fremden Geschlecht getragen war, stand seinem siegreichen Durchbruch die zutiefst eingewurzelte Befangenheit in all den lokalen Sonderinteressen im Wege, für deren Entfaltung ein solches römisches Cäsarentum noch ungleich weniger Raum bot, als das deutsche Imperium älterer Prägung. Die Gedanken der Städte schweiften nicht zum römischen Kaisertum zurück, sondern zur Republik Rom mit ihrer Konsularverfassung – *so* freilich nur, daß jede einzelne Stadt für sich ›Rom‹ sein wollte.

Nach dieser letzten ideologischen Zurüstung der Kampffronten – durch nicht unbeträchtliche Elemente *römischer* Geschichtsmächte –, spielt sich der konkrete Austrag des Entscheidungskampfes endlich im Raum der Apenninenhalbinsel und um ihn ab. Die spezifisch italienischen Mächte gruppieren sich um die beiden universalen Partner. Die unteritalienische Machtkonzentration fällt dem Kaisertum zu. Das zum größten Teil in die kommunalen Einzelstrebungen aufgelöste Reichsitalien bleibt zwischen der kaiserlichen und päpstlichen Machtsphäre aufgeteilt. In der Mehrzahl stehen die Städte noch mehr als bisher der Werbung des päpstlichen Kampfgenossen offen, in der klaren Erkenntnis, daß ihre Ziele ohne dessen Mithilfe unerreichbar blieben. Trotz allem findet aber auch der Kaiser unter den Kommunen immer noch beträchtlichen Anhang und eine starke Stütze bleibt ihm der Großteil der feudalistischen Restgebiete (s. o. S. 121). Jetzt vollzieht sich jene Aufspaltung des ganzen Landes in die zwei großen Heerlager, deren Parteiwut Italien an die eineinhalb Jahrhunderte bis in den letzten Winkel zerreißen wird: in die

Heerlager der Ghibellinen – unter der Flagge der kaiser-
lich-universalen Herrschaftsidee – und der Guelfen – unter
der des kurialen Führungsanspruches und der städtischen und
territorialen Unabhängigkeit (um 1215 tauchen die Namen
zum erstenmal auf). Für beide Teile aber ist von Anfang an
und in stetig wachsendem Maße das ideologische Programm
oft genug nur der willkommene Deckmantel für die ungestörte Verfolgung aller eigennützigen Sonderinteressen und
Parteiwünsche geworden.

Die Übernahme des normannischen Erbes durch Barbarossas Sohn Heinrich VI. (1190–1197) und damit die Vereinigung
der unter- und oberitalienische Machtsphäre in dieser einen
Hand führte äußerlich die entscheidende Wendung, die zum
Austrag der Machtfrage nötigte, herbei.

Nachdem Heinrich die oberitalienische Sphäre einigermaßen gesichert und in Rom die Kaiserkrone empfangen
hatte (April 1191), nahm er den Kampf um Unteritalien auf.
Hier hatte die normannisch-italienisch gesinnte Partei den
Grafen Tancred von Lecce, einen Halbbruder des verstorbenen Königs, auf den Thron erhoben; auch der Papst hatte ihm
die Belehnung erteilt (1192). Aber das Unternehmen des
Staufers mißglückte völlig, selbst die Kaiserin Konstanze fiel
in die Hände des Feindes. Durch eine Fürstenverschwörung
in der Heimat schwer bedroht mußte Heinrich nach Deutschland zurück und die Fortführung des Kampfes in Unteritalien
seinem kleinen deutschen Heer überlassen. Da half das Glück
dem Staufer nach: Tancred ist bereits im Februar 1194 gestorben.

Bei einem zweiten Angriff auf das nun herrenlose Unteritalien versicherte sich der Kaiser in kluger Berechnung der
Flottenhilfe Pisas und Genuas, indem er beiden Seestädten den
Vorteil vor Augen rückte, den sie selbst vom Ende der normannischen Seeherrschaft zu erwarten hatten: »Die Ehre wird
mein sein, euer aber der Gewinn; ich kann mit meinen Deutschen nicht dort (in Sizilien) bleiben; ihr aber und eure Nachkommen könnt es; nicht mir, sondern euch wird das Reich gehören.« Und so war es auch von den beiden Städten gemeint:
in den Wirren, die auf den frühen Tod des Kaisers folgten,

griffen sie in Sizilien zu, und die Genuesen konnten sich tatsächlich in den Besitz von Syrakus setzen (1199); zwei Jahrzehnte später (1222) jedoch hat sie Friedrich II. wieder verjagt.

Mit verhältnismäßig geringer Mühe nahm Heinrich das
Reich nun wirklich in Besitz. Am Weihnachtstag 1194 ließ er
sich unter feierlichem Gepränge im Dom von Palermo die
sizilische Krone aufs Haupt setzen. Freilich offenbarte eine
Verschwörung, die noch während des Festes selbst entdeckt
und niedergeschlagen wurde, wie vulkanisch der Boden war,
auf dem der neue König stand. Seine Gattin Konstanze selbst
hatte sich frühzeitig der antistaufischen, nationalnormannischen
Partei verschrieben: 1197 war es nicht ohne ihr Mitwissen auf
das Leben des Kaisers selbst abgesehen; der Graf Jordan von
S. Giovanni war als künftiger König und Gemahl der Konstanze auserwählt. Die Art und Weise, wie Heinrich VI. die
besiegten Verschwörer bestrafen ließ, hat alles hinter sich gelassen, was die gewiß nicht ängstliche Zeit an Grausamkeit
gewohnt war. Die Ruhe war freilich mit alledem wieder hergestellt, aber die ungeheure Einbuße an innerer Zuneigung
und Ergebenheit, die die neue Herrschaft dadurch im sizilischen Reich und darüber hinaus in ganz Italien erlitt, wog den
Erfolg reichlich auf. Das entsetzensvolle Gericht von 1197 ist
der Auftakt zu dem gigantischen Ringen zwischen dem Stau-
fertum und all seinen italienischen Feinden geworden, das in
den kommenden Jahrzehnten die ganze Halbinsel mit unaus-
löschlichem gegenseitigem Haß und mit Taten unerhörtester
Grausamkeit erfüllen wird: kein Teil ist dabei dem andern
etwas schuldig geblieben.

Mit der Erbitterung gegen den Kaiser war zugleich auch zu
einem nicht geringen Teil die Herrschaft der Deutschen überhaupt gemeint. Denn nicht nur im sizilischen Reich waren
schon bald nach der Krönung Heinrichs VI. in fast alle entscheidenden Stellen deutsche Ministerialen, meist schwäbi-
scher oder fränkischer Herkunft, eingezogen, auch Reichsitalien wurde in einem Maße, wie es dieses schon lange nicht
mehr erlebt hatte, dem Regiment deutscher Herren unterworfen. Wohl wurde damit die gesamte Halbinsel wie nie zuvor
dem Machtgebot des Kaisers untergeordnet – auch die ober-

italienischen Städte vermochten sich nicht zu rühren und
selbst in Rom gebot ein kaiserlicher Statthalter – und die einheitliche Zusammenfassung des Landes zu einem einzigen
Machtbereich schien fast bis zum letzten verwirklicht. Aber
bei weitem nicht alle diese deutschen Herren sind sich ihrer
besonders heiklen Stellung und ihrer großen Verpflichtungen,
die ihnen im fremden Land auferlegt waren, recht bewußt
geblieben. Durch unnötig herrisches Auftreten und rücksichtslose Ausbeutung des Landes haben manche von ihnen
der Sache ihres kaiserlichen Herrn mehr geschadet als genützt.

Trotzdem: zunächst schien das kaiserliche Programm in
Italien vor seiner restlosen Erfüllung zu stehen. Da setzte der
frühzeitige Tod Heinrichs VI. (1197) allem ein hartes Ende.
Ein jahrelanger wilder Thronstreit zwischen Staufern und
Welfen (Philipp von Schwaben und Otto IV. von Braunschweig) zerfleischte Deutschland, riß das Imperium in die
tiefste Ohnmacht herab und verlieh der Waagschale des politischen Papsttums und aller zu ihm hinneigenden Kräfte, ein
kaum mehr wieder auszugleichendes Übergewicht, zumal
nun auf dieser Seite ein Führer von überragender Kraft und
Zielsicherheit auf den Plan trat: Papst Innozenz III. (1198–
1216).

Sein italienisches Programm hebt sich aus dem bunten Ein-
zelgeschehen in klaren und einfachen Linien ab: päpstliche
Vormachtstellung und Führung auf der ganzen Apenninenhalbinsel. Das schloß drei Aufgabenkreise in sich. Einmal:
Das Papsttum mußte endlich selbst über einen starken und
aktionsfähigen Machtkomplex, über einen echten Staat verfügen können. Innozenz III. stellte das Programm der sogenannten ›Rekuperationen‹ auf, d.h. der Wiederherstellung der
uneingeschränkten päpstlichen Hoheit über alle im Laufe der
Jahrhunderte verloren gegangenen, aber einst dem Papst
durch die alten pippinischen, karolingischen und ottonischen
Schenkungen überlassenen Gebiete. Und die augenblickliche
Schwäche des Reiches hat es dem Papst verhältnismäßig leicht
gemacht, die Anerkennung der Rekuperationen durch das
Imperium durchzusetzen. Der Welfe Otto IV. verzichtet 1198
auf alle vom Papst angeforderten Gebiete und hat nach der

Anerkennung seines Königtums durch Innozenz in der Urkunde von Neuß (Juni 1201) diese Erklärung wiederholt (und
nochmals 1209 in Speyer). Auch der neue Thronkandidat
Innozenz', der junge Staufer Friedrich von Sizilien, mußte sich
in der Goldbulle von Eger im Juli 1213 auf den Verzicht seines
Rivalen festlegen.

Diese Urkunden haben aus dem ›Patrimonium‹ den ›Kirchenstaat‹ gemacht. Allerdings haben sowohl Otto IV. wie
insbesondere Friedrich II. bald ihre Verzichterklärungen selbst
wieder umgestoßen und zeitweise auch mit Erfolg die frag-
lichen Gebiete wieder an sich zu nehmen versucht. Aber die
Rechtslage war nun von Grund auf eine andere geworden: alle
diese späten kaiserlichen Eingriffe ins kirchenstaatliche Gebiet
erschienen einwandfrei als Usurpation und waren auf die
Dauer nicht mehr durchzuhalten. Ein letzter gescheiterter Versuch Rudolfs von Habsburg auf die Romagna Einfluß zu nehmen, bringt mit seiner Verzichterklärung auf dieses Gebiet
(1275) die Neugestaltung des Kirchenstaates zum Abschluß.

Von jetzt ab ist der Kirchenstaat ein Land ausschließlich
päpstlicher Souveränität geworden. Freilich wird sich in der
Folgezeit noch zur Genüge zeigen, daß die praktische Ausübung dieser Souveränität für Menschenalter hindurch durch
die lokalen Mächte, die Städte und insbesondere die neuauf-
strebende oberitalienische Herrschaftsform der Signorie, aufs
schwerste bedroht wurde. Aber die Auseinandersetzung mit
diesen Gewalten war keine Frage des Rechtes mehr, sondern
eine Frage der realen Machtverhältnisse. Immerhin ist gleich
hier festzuhalten: Innozenz III. hat zwar das kirchenstaatliche
Gebiet aus dem kaiserlichen Machtbereich herausgelöst, aber
weder ihm noch seinen nächsten Nachfolgern ist es gelungen,
es zur ›Staatlichkeit‹ im vollen Sinn auszubauen: ein erster
bedeutungsvoller Punkt, an dem das Ziel nur zum Teil und
bruchstückhaft erreicht wurde.

Das andere Neue ist die territoriale Ausweitung und genaue
Umgrenzung der päpstlichen Landeshoheit. Die bisher gegen
Süden und ganz besonders gegen Norden (Reichstoskana) sehr
unbestimmten und fließenden Grenzen werden endgültig
festgelegt, von Ceperano (am Liris) im Süden bis zu Radico-

fani, einer Grenzburg nordwestlich von Orvieto, im Norden. Was dies auch für die Klärung der wirren Rechtsverhältnisse gegenüber den verschiedensten Lokalgewalten bedeutete, läßt die Tatsache erkennen, daß noch ein halbes Jahrhundert zuvor der Papst die Burg und Herrschaft von Radicofani zur Hälfte *als Lehen* von einem Kloster angenommen und diesem dafür jährlichen Zins geleistet hatte! Weit wichtiger waren jedoch die Gebiete jenseits des Apennin: das Exarchat von Ravenna mit der Pentapolis, für die sich unterdessen der gemeinsame Name ›Romagna« (oder Romandiola) eingebürgert hatte, sowie die nach Süden hin ausgeweitete Mark Ancona, ein Gebiet, das die adriatische Küste vom Podelta bis weit über Ancona hinaus beherrschte, und landeinwärts so wichtige Städte wie Ferrara, Bologna, Faenza, Urbino usw. umfaßte. Der ganze adriatische Besitz aber bekam erst Sinn und Wert durch die letzte neuerworbene Landschaft, das Herzogtum Spoleto, das die Übergänge über den Apennin beherrschte und den adriatischen und tyrrhenischen Besitz zu einem einheitlichen Machtbereich zusammenschloß. Schließlich kommt noch – machtpolitisch bedeutungslos – die mitten im unteritalienischen Reich gelegene Enklave Benevent hinzu, die sich einst vor dem normannischen Zugriff in den Schutz der Kirche geflüchtet hatte.

Im ganzen gesehen hat so die mittelitalienische Machtsphäre, bisher die unklarste und unbestimmteste auf der ganzen Halbinsel, ein völlig neues Gesicht bekommen – zunächst wenigstens theoretisch und staatsrechtlich. Und trotz der zahllosen inneren Wandlungen und Veränderungen, die dieser Kirchenstaat in der künftigen Geschichte noch erleben wird, bleibt er in seiner äußeren Form so wie ihn Innozenz, sein ›zweiter Begründer‹, geschaffen hat, bis tief ins 19. Jahrhundert unverändert bestehen.

Aber der ganze Kirchenstaat half dem Papst wenig genug, solange er eingeklemmt blieb zwischen den in der Hand des Staufers vereinigten süd- und norditalienischen Machtbereichen. So mußte die zweite unumgängliche Aufgabe der päpstlichen Italienpolitik die erneute Trennung des Südens vom Norden sein. Nach den kurzen Regierungsjahren Heinrichs VI. schien sich der kuriale Wunsch von selbst zu erfüllen: den staufischen Anspruch auf das Imperium (und damit auf Reichsitalien) vertrat Philipp von Schwaben, den aufs sizilische Reich aber der unmündige Friedrich, dessen Mutter sogar die Vormundschaft über ihn dem Papst übertragen hatte. Als in Deutschland der Welfe Otto IV. zur Alleinherrschaft kam (1208), schienen sich die Dinge erst recht zur Zufriedenheit zu entwickeln. Aber Otto IV. hat als Kaiser sogleich die imperiale Politik der Staufer in ihrem vollen Umfang wieder aufgenommen, und nun stellte Innozenz den jungen sizilischen Friedrich als deutschen Kronprätendenten gegen die Welfen auf. Allein mit päpstlicher Hilfe konnte der damals mittellose Jüngling in abenteuerlichem Zug das ganze ihm feindliche Italien durchqueren und auf deutschem Boden die Krone seiner Väter erkämpfen (1212/1215). Freilich suchte sich der Papst vorzusehen. Friedrich mußte schon vor dem Zug nach Deutschland seinen jungen Sohn Heinrich zum König von Sizilien krönen lassen und zu dessen Gunsten auf das unteritalienische Reich verzichten (1212). Wohl hat Friedrich diesen Verzicht mehrfach wiederholt, seine reale Ausführung jedoch immer wieder zu verhindern gewußt. Die Unio zwischen dem Imperium und Sizilien bleibt in seiner Person erhalten: durch diese schärfste Zuspitzung der machtpolitischen Lage vor allem ist der mörderische Endkampf um die Macht unvermeidbar geworden.

Die politische Zielsetzung des Papstes ergab als dritte Aufgabe im gesamten Bereich der Halbinsel um gefolgschaftswillige Bundesgenossen zu werben. Hierbei hat Innozenz III. mit geschickter Hand die weit verbreitete Stimmung aufgefangen, die das harte Regiment der deutschen Herren Heinrichs VI. erzeugt hatte. Weckung des nationalen Bewußtseins seiner Landsleute zum Kampf gegen die Fremdherrschaft als solche, hieß das neue Motiv, das er in die allgemeine Spannung hineingeworfen hat. Als »das durch Gottes Ratschluß bevorzugteste aller Länder« stellt er den Italienern die Heimat vor Augen und hämmert ihnen ein, daß es im Kampf gegen die Staufer um nichts weniger als »um die Interessen ganz Italiens« gehe. Denn die Deutschen sind »eine gewalttätige

Nation (gens robusta) mit einer fremden Sprache, die sie (die Einheimischen) nicht verstünden«, schreibt er an die Bewohner von Spoleto, und an die von Capua (in wohlberechneter Übertreibung): »Kaum einer ist unter euch, der nicht ihr (der Deutschen) Opfer geworden wäre.« Von der »unerträglichen Tyrannis der Deutschen« spricht ganz im Geiste Innozenz' III. dessen Biograph. Aber seine, des Papstes, Aufgabe ist es, in diesem gemeinsamen Kampf des Landes um seine natürlichen Rechte die Führung zu übernehmen: »Uns geziemt es in väterlicher Fürsorge ganz besonders für Italien zu sorgen.« Mit dem Bibelwort: »Mein Joch ist sanft und meine Bürde ist leicht« beteuert er den Städten immer wieder, daß sich unter seiner Vorherrschaft die Lasten verringern und die Selbständigkeit steigern würden. Zum erstenmal seit den Tagen Gregors d. Gr. war das Papsttum wieder daran, bewußt Schutzherr und Vorkämpfer des ganzen Landes zu werden und sich mit den stärksten einheimischen Kräften eins zu fühlen. Der Augenblick schien in greifbare Nähe zu rücken, wo die Fremdherrschaft abgeschüttelt werden konnte und es möglich würde, die Kräfte Italiens in einer auf einheimischer Grundlage ruhenden föderativen Ordnung unter Führung des national gewordenen Papsttums zusammenzufassen.

Aber das Echo auf diesen Anruf der päpstlichen Politik blieb zu uneinheitlich. Wohl war das deutsche Regiment in Italien wieder zusammengebrochen, kaum daß der gefürchtete Kaiser Heinrich VI. die Augen geschlossen hatte. Der alte Lombardenbund wurde wiederhergestellt, ein gleichgearteter Bund tuszischer Städte trat an seine Seite. Die deutschen Herren in Spoleto und Ancona mußten das Feld räumen, in Rom ergriff der Papst aufs neue die Macht. Ungehindert bemächtigte man sich der Reichsrechte und Reichsgüter und die Städte verpflichteten sich gegenseitig, ohne gemeinsames Einvernehmen keinen Bewerber um die Kaiserkrone nach Rom durchzulassen.

Jedoch wie immer wuchsen mit der Freiheit auch die Eifersucht und die Uneinigkeit, und *sie* haben dem Herrschaftsanspruch des Reiches, wenn er nur irgendwie mit einigem Nachdruck erhoben wurde, immer wieder die Tore geöffnet.

Wohl blieb von jetzt ab die ›Libertas Italica‹ das immer wie-
derkehrende Schlagwort, und wenn es hart auf hart ging
zwischen dem städtischen Freiheitsanspruch und dem zentra-
listisch-absolutistischen Machtwillen des staufischen Cäsarismus, marschierten die Städte gern Seite an Seite mit dem
Papsttum – dessen Bundesgenossenschaft sie einfach nicht entbehren konnten – in den Kampf gegen die Fremden. Aber der
Gedanke einer neuen, lebensfähigen nationalen Ordnung in
größeren Räumen, etwa die Lombardei und Toskana zusam-
menfassend, blieb ihnen fremd, jetzt so gut wie den ganzen
Rest des Mittelalters hindurch. Die städtischen Vorstellungen
von der Freiheit vermochten sich nie positiven Zielsetzungen
zuzuwenden. Freiheit *von* der kaiserlichen Herrschaft hieß die
Losung, nicht: Freiheit *zur* Neugestaltung der Dinge. Die
Unterordnung unter eine einheitliche Führung, ob sie vom
Papsttum oder von irgendeiner anderen italienischen Macht
getragen sein mochte, und die Einfügung in ein größeres Ganzes kamen so wenig in Frage wie die ernsthafte und willige
Anerkennung des kaiserlichen Machtanspruches.

Anderseits trug das Papsttum des 13. Jahrhunderts selbst auf
allen Gebieten den Drang zu stärkster zentralistischer und ab-
solutistischer Durchsetzung seiner Herrschgewalt in sich und
es vermochte diese Entwicklungstendenz auch in seiner italienischen Politik nicht zu verleugnen. Schnell wurde offenbar, daß in den Gebieten der päpstlichen Rekuperationen die
städtische Selbstverwaltung so wenig Platz hatte wie im kaiserlichen Machtbereich. In der Romagna, in der Mark Ancona, in Spoleto traten die zentralistische Ausrichtung des
neuen päpstlichen Regiments und seine finanziellen Forderungen frühzeitig genug an den Tag, und Innozenz III. und seine
Nachfolger hatten alle Mühe, den von ihnen eingesetzten
Beamten einigermaßen den Gehorsam der Untertanen zu
verschaffen. Dieses Beispiel aber konnte die noch freien lombardischen und tuszischen Städte nicht dazu ermuntern, sich
der päpstlichen Vormacht in stärkerem Maße in die Arme zu
werfen, als es der Abwehrkampf gegen das Kaisertum unbedingt erforderte. So ist die städtisch-kuriale Einigung immer
unzulängliches Bruchstück geblieben, und das Ideal einer von

den Fremden unabhängigen Neuordnung Italiens war nicht
mehr als ein fernes Wunschgebilde, dem es an der Möglichkeit zu realer Verwirklichung gebrach. Weder die städtischen
Mächte noch das Papsttum sind letzten Endes dazu reif gewesen.

Das Zeitalter Innozenz' III. hat in allen wesentlichen Stri-
chen die Szenerie entworfen, auf der sich der letzte Entscheidungskampf, die staufische Tragödie in Italien, abspielt.

Friedrich II. (1215–1250; König von Sizilien seit 1198), der
noch stärker als sein Vater das Schwergewicht seiner Herrschaft nach Italien verlegte, mußte nicht nur im Imperium,
sondern auch in seinem Erbland Sizilien wieder von vorne beginnen. Als der achtzehnjährige Friedrich nach dem Norden zog,
war er in seinem eigenen Reich fast aller Machtmittel beraubt;
während seiner Abwesenheit in Deutschland (1212–1220) hat es
vollends die schwersten Krisen durchgemacht. So mußte er nach
seiner Rückkehr erst hier wieder Ordnung schaffen, bevor er
daran denken konnte, nach außen hin – den oberitalienischen
Städten und dem Papsttum gegenüber – machtvoll aufzutreten. In verhältnismäßig wenigen Jahren war seinem ebenso
geschickten wie rücksichtslosen Durchgreifen im ganzen
Königreich ein voller Erfolg beschieden. Stärker noch als in
den Zeiten Rogers II. mußte sich der Adel in das Verhältnis
des abhängigen Beamtentums zurückbequemen; neben ihn
trat ein Kreis von geschulten Juristen bürgerlicher Herkunft,
die die Verwaltung, die Rechtspflege und vor allem das Steuer-
wesen straff organisierten und unerbittlich im Sinne der Zentralgewalt handhabten. Nach altem normannischem Vorbild wurde der Drang zu städtischer Autonomie so wenig
wie die feudalistische Unabhängigkeit geduldet. Ein besonderes Kapitel bildete das Arabertum im Innern der Insel Sizilien.
In den Jahren 1223/1225 hat Friedrich schwere arabische Aufstände mit harter Hand niedergeworfen und dann den größten
Teil der Sarazenen in geschlossenen Militärkolonien – von denen
Lucera die berühmteste geworden ist – auf das Festland über-
führt. In Sizilien ist seitdem das Arabertum als selbständiges
Bevölkerungselement erloschen. Den auf neuen Boden ver-

pflanzten Arabern gegenüber aber betrieb der König eine
ebenso weitherzige wie erfolgreiche Versöhnungspolitik.
Entgegen seinem sonstigen System beließ er ihnen eine gewisse Selbstverwaltung sowie vor allem die Freiheit des
Glaubens, was die Sarazenen ihm und seinem ganzen Hause
mit fanatischer Treue vergalten. Neben den deutschen Ritterscharen sind sie in allen kommenden Kämpfen die zuverläs-
sigste und weitum gefürchtete Kerntruppe des Königs geworden. Und zugleich mit dem staufischen Haus sind auch diese
Sarazenenkolonien des unteritalienischen Festlandes aus der
Geschichte verschwunden. In mörderischen Kämpfen wurden
sie durch den neuen Eroberer Karl von Anjou bis auf wenige
Reste vernichtet.

Den Abschluß der sizilischen Reichsreform brachten 1231
die Konstitutionen von Melfi, ein Gesetzbuch, das die in den
Assisen von Ariano (1140) eingeschlagene Linie fortführte
und noch schärfer unterstrich. In ihm kommt eine Art von
›aufgeklärtem Absolutismus‹ zur Herrschaft, der auf die
größtmögliche Hebung der wirtschaftlichen Kraft des Landes
und auf das Gemeinwohl aller Untertanen abzielte, ohne
ihnen eine Beteiligung und Mitbestimmung an der Regierung
zu gewähren. Die ungeheueren Anforderungen freilich, die
bald der Riesenkampf in ganz Italien an den königlichen
Fiskus stellte, nötigte dazu, die Leistungskraft des Landes aufs
äußerste anzuspannen und aus ihm herauszuholen, was nur
möglich war. So wurden die an sich nicht ungünstigen Wirkungen des absolutistischen Regimentes Friedrichs II. für das
ganze Land wieder zunichte gemacht. Die Kirche wurde
noch in beträchtlich stärkerem Umfang als in der Normannenzeit dem Staatswillen untergeordnet. Der König übte ihr
gegenüber die Gerichtsbarkeit (in weltlichen Dingen) und das
Besteuerungsrecht aus, unterband weiteren Erwerb von
Grundbesitz und schränkte die Appellationsmöglichkeiten des
Klerus an die römische Kurie auf das rein religiöse Gebiet ein.

Trotz mancher bedrohlicher Anzeichen brach der Sturm
in der mittel- und norditalienischen Machtsphäre erst aus, als
der alte von tiefer religiöser Leidenschaft wie von unerbitt-
lichster Hartnäckigkeit durchglühte Feuerkopf Gregor IX.

(1227–1241) an die Spitze der kurialen Politik trat. Über der Frage, wann das Kreuzzugsversprechen Friedrichs einzulösen sei, führt Gregor den Bruch herbei, indem er den Bann über den Kaiser verkündet (September 1227). Und während Friedrich trotzdem die Fahrt nach dem Orient unternimmt, fällt ein päpstliches Heer in sein unteritalienisches Reich ein – zum erstenmal in der Geschichte führt der Papst als Landesherr selbständig eine Truppenmacht ins Feld; nach ihrem Feldzeichen (dem Petersschlüssel) hat man sie die ›Schlüsselträger‹ (clavigeri) genannt. Doch Friedrich befreit sein Land mit leichter Mühe von den fremden Eindringlingen (Sommer 1229).

Nach zähen Verhandlungen war man nochmals (im Frieden von San Germano, August 1230) um eine echte Entscheidung herumgegangen: Friedrich gibt die Rekuperationen heraus, gewährt allen Anhängern des Papstes Amnestie und wird dafür vom Bann gelöst und als Kaiser und König von Sizilien wieder anerkannt. Vor allem war die Lombardenfrage unberührt geblieben. Die Städte beantworteten den Versuch des Kaisers auf dem Reichstag zu Ravenna (Ende 1231) eine Klärung herbeizuführen mit ihrem erneuten und gestrafften Zusammenschluß. Der Kaiser verhängt über sie die Acht (1232); und der Tag von Cortenuova (westlich von Brescia, November 1237) endlich wird ein glanzvoller Sieg für Friedrich.

Die geschlagenen Städte bieten einen Frieden an, der sie selbst hinter die Konstanzer Bestimmungen zurückgeworfen hätte. Der Kaiser aber verlangt bedingungslose Unterwerfung. Der Kampf geht weiter. Um den Kaiser sammelt sich ein Heer, das wie kaum etwas anderes die Weltstellung offenbart, die sich Friedrich bereits errungen hatte: Hilfstruppen der Könige von England, Frankreich, Ungarn und Kastilien, des (griechischen) Kaisers von Nicaea und des Sultans von Palästina treten in Oberitalien zum Kampf gegen die aufrührerischen Städte an! Der militärischen Schlagkraft des kaiserlichen Heeres gereichte freilich ein so bunter Aufmarsch keineswegs zum Vorteil: der erste gemeinsame Versuch vor den Mauern von Brescia mißlang (Oktober 1238).

Zur selben Zeit versuchte der Kaiser eine grundlegende

Umgestaltung des Verwaltungsapparates für ganz Reichsitalien nach dem Vorbild seines zentralistisch organisierten
sizilischen Reiches. Das Land wurde in zehn Generalvikariate
aufgeteilt. An die Stelle der deutschen Herren wurden italienische, vor allem apulische Barone als Generalvikare, Burg-
hauptleute, Podestà der kaisertreuen Städte (in Tuszien, Spoleto usw.) und in sonstigen wichtigen Ämtern eingesetzt; für
ihre unbedingte Abhängigkeit vom Kaiser wurde gesorgt.
Die Reform hätte die weitestgehende Italienisierung Reichsitaliens bedeutet und dem Fremdenhaß den Wind aus den
Segeln genommen. Aber gerade in diesen Jahren geht der
Ruf nach der ›Libertas Italica‹ wieder in verstärktem Maße
durchs Land: sein letzter Sinn war eben nicht der nationale.

Der Papst hatte der bisherigen Entwicklung mit wachsen-
der Unruhe, aber ohne unmittelbar einzugreifen, zugesehen.
Da trat als neues Streitobjekt zwischen Kaiser und Papst die
Insel Sardinien. Der Papst sah seinen alten, von Otto IV. und
Friedrich II. anerkannten Anspruch auf die Lehensherrschaft
über die Insel durch Enzio, den natürlichen Sohn Friedrichs,
der sich mit einer sardinischen Fürstin vermählt und den
Titel ›König von Sardinien‹ angenommen hatte, bedroht.
So verhängt er zum zweitenmal den Bann über den Kaiser
(und über seinen Sohn Enzio; März 1239). Der Aufzählung
der politischen Übeltaten Friedrichs reihte sich der Vorwurf
der Ungläubigkeit an (es handelt sich vor allem um das bekannte Wort von Moses, Christus und Mohammed als den drei
Betrügern); den Beweis dafür aber ist der Papst immer schuldig geblieben. Jetzt erhebt sich das gewaltige Ringen, das alle
bisherigen Kämpfe zwischen den beiden Mächten in den
Schatten stellt und dem an bedingungslosem Vernichtungswil-
len und an fanatisch haßgetränkter Todfeindschaft wenig in
der Weltgeschichte vergleichbar bleibt. Jetzt ist der Kaiser das
apokalyptische Tier der Blasphemie, das aus dem Meere auf-
steigt, um den Namen Gottes zu vernichten, er ist der leib-
haftige Antichrist, und sein ganzes Geschlecht eine giftige
»Drachen- und Vipernbrut«. Und der Papst ist »der mit dem
Öl der Nichtswürdigkeit gesalbte Pharisäer«, der »Vater des
Ärgernisses« und der große Drache der Apokalypse und der

Antichrist. »Nie habe ich in den Annalen der Menschheit von einem gleich unerbittlichen Haß gehört«, schrieb damals ein Chronist in seine Blätter, »wie er zwischen dem Herrn Innozenz (IV., Gregors Nachfolger) und Friedrich war.«

Es ging um die Weltgeltung der einen oder der anderen Macht, um die gesamte Ordnung des irdischen Daseins, und darum umspannte der Kampf alle Länder und Völker des Abendlandes; aber alle nahmen an ihm nur mittelbar Anteil im Vergleich zu Italien, dessen ganzes Dasein bis in die letzten Wurzeln von ihm aufgewühlt wurde.

Dem Vordringen Friedrichs auf Rom wird durch den Tod Gregors IX. (Aug. 1241) vorerst Einhalt geboten, denn nicht der Kirche, sondern den Ansprüchen des Papstes persönlich gilt sein Kampf. In dem Genuesen Innozenz IV. (1243–1254) bekommt die kuriale Politik als neuen Führer einen kaltblütigen Rechner und Machtpolitiker; vielleicht ist er der gefährlichste Feind, dem je ein mittelalterlicher Kaiser gegenübergestanden ist. An der Forderung des Papstes, in der Lombardenfrage die volle Schiedsgerichtsbarkeit zu erhalten – eine Forderung, die vom *Rechts*standpunkt aus nicht zu halten war, da es sich ja unbestritten um Reichsland handelte –, scheiterte alles, was anfänglich Hoffnungen zum Guten erweckt hatte (so ein vorläufiger Friedensvertrag, Frühjahr 1244).

Und nun tut der Papst einen Schritt, der dem ganzen Kampf plötzlich ein neues Gesicht gab und für die kommenden Jahrhunderte der italienischen Geschichte die unübersehbarsten Folgen nach sich zog: er flieht ohne wirkliche Nötigung nach Lyon, das nominell wohl noch dem Imperium zugehörte, tatsächlich aber bereits dem französischen Machteinfluß unterstand. Bis jetzt war der Kampf um die Apenninenhalbinsel von der Kurie aus allein im Bunde mit den einheimischen Kräften geführt worden; jetzt wird diese nationale Linie verlassen. Der erste Schritt auf dem Wege, der eine neue Fremdherrschaft, die französische, ins Land führen wird, ist getan.

In Lyon hat der Papst auf dem Konzil den Kaiser feierlich verfluchen und absetzen lassen (Juli 1245) und die deutschen Fürsten zur Neuwahl aufgefordert.

In Italien erheben sich nicht nur die meisten lombardischen Städte gegen den Kaiser; durch die Wühlarbeit der feindlichen Agenten gerät selbst die Treue seiner sizilischen Beamten und von Männern seiner nächsten Umgebung ins Wanken. Die Ermordung des Kaisers war das Ziel der Verschwörer. In dämonisch grausamer Vernichtungsarbeit, in stets wachem fieberhaftem Mißtrauen ist Friedrich dem wie eine vielköpfige Hydra an allen Ecken und Enden aufschießenden Verrat zuleibe gegangen. Es wurden Tage und Jahre des Entsetzens für das ganze Land, in dem die verstümmelten Opfer seiner Rache herumgeschleppt wurden, weil, wie Friedrich meinte, »das Auge einen viel tieferen Eindruck vermittelt als das Ohr« (d. h. die bloße Erzählung von den Strafen). Italien bekam es zu spüren, daß »der Hammer der Welt« (malleus mundi) sein Herr war und bleiben wollte.

Der Kampf im Felde konzentriert sich vor allem um die Stadt Parma. Vor ihren Toren errichtet der Kaiser eine Lagerstadt mit einem Palast, mit Marktplatz und Kaufläden, einem Tierpark und allem sonstigen orientalischen Prunk, der zu Friedrichs Hofhaltung gehörte. In Vorwegnahme des Sieges bekommt die neue Siedlung den Namen ›Victoria‹. Aber in einem unbewachten Augenblick zerstören die Parmesen in kühnem Ausfall die ganze Lagerstadt; Staatsschatz, Krone und Zepter werden ihre Beute (Februar 1248).

Und es folgt eine Reihe schwerer Schicksalsschläge: die Romagna geht verloren; der Papst verkündet einen ›Kreuzzug‹ gegen das Königreich Unteritalien; Verrat und Veruntreuung unter der engsten Umgebung des Kaisers; Enzio fällt der feindlichen Stadt Bologna in die Hände (Frühjahr 1249) und verliert lebenslang (bis 1272) die Freiheit. Sie alle haben den Kampfwillen des Kaisers nicht erschüttern können.

Seit Anfang 1250 geht es wieder aufwärts. Die zwei mächtigen und getreuen Anhänger des Kaisers in Oberitalien, der Markgraf Oberto Pallavicini und der Gewaltherr von Verona, Ezzelino da Romano, bedrängen die lombardischen Städte mit wachsendem Erfolg. Das sizilische Reich bleibt im ganzen, trotz aller Bemühungen der Gegner, in Friedrichs Händen.

Vor allem aber sprach die internationale Lage – und nicht

zuletzt eine wachsende Friedenssehnsucht – zu seinen Gunsten. König Ludwig IX. der Heilige von Frankreich – der mächtigste Fürst, den das damalige Europa außer dem Kaiser gekannt hat – suchte den Papst selbst mit der Androhung der Vertreibung aus Lyon zum schnellen Friedensschluß zu nötigen. Aber noch bevor sich dieser für Innozenz gefährlich werdende Umschwung auswirken konnte, ist der Kaiser am 13. Dezember 1250 unerwartet gestorben, »überwunden allein von der göttlichen Macht«, wie die Annalen von Genua in scheuer Ehrfurcht schrieben, »er, den die Völker des Menschengeschlechtes nicht zu überwinden vermochten«.

Nach dem letzten Willen des Kaisers sollten das Imperium und das Königreich Sizilien in den Händen seines Sohnes Konrad IV. vereint bleiben; die staufische Partei war entschlossen, danach zu handeln. Konrads unehelicher Halbbruder Manfred – weit begabter als dieser und von Jugend auf völlig mit dem italienischen Boden verwurzelt – übernahm einstweilen die Regentschaft in Sizilien und behauptete sich mit Erfolg. Nach dem frühen Tode des deutschen Königs (1254), der als Erben seiner Ansprüche nur den unmündigen Konradin hinterließ, nahm Manfred selbst die sizilische Krone für sich (1258). Aber er begnügte sich nicht damit. Wie in den besten Zeiten Friedrichs II. standen seine Generalvikare wieder in der Lombardei, in Tuszien und selbst in den Ländern der päpstlichen Rekuperationen. Vielleicht schwebte ihm ein Königreich Italien ohne engere Verbindung mit Deutschland vor Augen.

Der Papst hingegen, der schon 1251 im Triumph nach Italien zurückgekehrt war, betrachtete das sizilische Reich als erledigtes Lehen und begann, nach einem Thronkandidaten Ausschau zu halten, der willens und imstande war, den Händen eines ›Usurpators‹ ein Königreich zu entreißen. Das bedeutete aber, daß die Beschränkung der Kurie auf die italienischen Kampfgenossen nun endgültig aufgegeben und die Einführung einer neuen ausländischen Dynastie auf der Halbinsel beschlossene Sache war. Aber erst beim fünften Anlauf hatte der Papst (Urban IV.) endlich Erfolg: 1263 wurde der entscheidende Vertrag mit Karl von Anjou (einem Bruder Ludwigs IX. des Heiligen von Frankreich) abgeschlossen.

Karl von Anjou war der kleine Graf der Provence, aber ein Mann von glühendem Ehrgeiz und zugleich von kühler politischer Rechenkunst – und das Glück stand ihm zur Seite. Nur mit den ärmlichsten Mitteln ausgestattet kam er nach Italien und ließ sich in der Peterskirche in Rom zum König von Sizilien krönen (Januar 1266). Manfred, der allen Vorbereitungen des Gegners in merkwürdiger Untätigkeit zugesehen hatte, verlor in der Schlacht von Benevent (Februar 1266) Krone und Leben. Die deutschen Ritter, die zu seiner Unterstützung über die Alpen herbeigeeilt waren, und die Sarazenen hielten tapfer aus, aber die italienischen Herren ließen ihn verräterisch im Stich. Ohne weiteren Schwertstreich hatte das Königreich Sizilien seinen neuen Gebieter – einen Franzosen.

Als letzter Staufer zog der sechzehnjährige Konradin nach dem Süden, um das Erbe seiner Väter dem französischen Usurpator zu entreißen. In Italien fand sich mancher Anhang und Rom selbst hat dem kühnen Knaben einen triumphalen Empfang bereitet. Als er über den Apennin ins sizilische Reich eindringen wollte, traf er in der Nähe von Tagliacozzo (östlich von Rom) auf den Gegner. Der Sieg war schon beinahe errungen, da entschieden französische Reservetruppen den Tag gegen ihn (August 1268). Über Rom floh er nach Torre Astura, einem kleinen Schloß an der Meeresküste, das dem ghibellinischen Grafen Giovanni Frangipani gehörte. Der Graf hat ihn an den Anjou ausgeliefert. Dessen Juristen erklärten Konradin des Hochverrates schuldig. Am 29. Oktober 1268 ließ Karl ihn und zehn seiner getreuesten Gefährten auf dem Marktplatz zu Neapel enthaupten. Die halbtausendjährige Epoche, in der das Imperium der Franken und Deutschen wirksam die Geschicke Italiens bestimmt hatte, war zu Ende.

Die Mittelmeerstellung. Geistige Bewegungen des 12. und 13. Jahrhunderts

Die binnenländisch-mitteleuropäischen Bindungen, in die Italien hineingestellt war, stehen für die längste Zeit seiner Geschichte beherrschend im Vordergrund. Auf ihrem Boden ist das Ringen der großen Landmächte, zwischen Kaisertum,

Papsttum und Kommunen, erwachsen. Aber damit ist noch nicht die ganze Geschichte Italiens umschrieben. Mit dem 12. Jahrhundert vielmehr beginnt eine Epoche, in der die Mittelmeerstellung Italiens in einer seit dem Untergang des römischen Reiches nicht mehr dagewesenen Weise auflebt; erst die Eroberung Konstantinopels durch die Türken (1453) ist der weithin sichtbare Markstein ihres Abschlusses.

Vom normannischen Süditalien abgesehen, bleibt alle große mittelmeerische Aktivität der Apenninenhalbinsel so gut wie restlos an drei Namen geknüpft: Venedig, Genua und Pisa. Das ganze übrige Land zieht zwar mittelbar aus den materiellen und geistigen Schätzen, die aus der Fremde zusammenströmen, reichen Gewinn, aber den großen Unternehmungen zur See selbst steht es fern, es bleibt binnenländisch in sich verschlossen oder nordwärts, über die Alpen hinweg, ausgerichtet. Und zum andern ist festzuhalten: Alle Unternehmungen der drei genannten Seestädte sind primär vom Handel und von der Wirtschaft her bestimmt. Der machtpolitische Einsatz geht nur so weit, als er für jene unmittelbar notwendig oder zweckdienlich erscheint. Und da jede der drei Städte für sich allein auch zur höchsten Blütezeit naturgemäß nur über ein sehr beschränktes Kraftreservoir verfügen konnte, ist es auch kaum irgendwo zur Ausbildung ernsthafter Machtkonzentrationen gekommen.

Venedig konnte unter den drei Städten auf die älteste Geschichte zurückblicken. In den schwer zugänglichen Lagunen als Zufluchtsort vor den Einfällen der Barbaren entstanden, verfolgte es bald unter der nominellen Oberhoheit von Byzanz und unter der tatsächlichen Führung von ›Duces‹ (Dogen) seine eigenen Ziele. Mit dem Hinterland blieb es in der Hauptsache nur durch zahlreiche, mit den verschiedenen Machthabern immer wieder erneuerte Verträge verbunden, die sowohl die Absatzwege des jungen Handels wie die Zufuhr der notwendigen Lebensmittel sichern mußten. Mit der Jahrtausendwende beginnt Venedig auch an der adriatischen Gegenküste festen Fuß zu fassen – der Doge Peter II. Orseolo bezeichnet sich (um 1000) als Herzog von Dalmatien – aber erst seit der Mitte des 12. Jahrhunderts ist seine dauernde

Machtstellung wenigstens im nördlichen Dalmatien gesichert. Auch auf die westlichen Küstenstriche Istriens hatte Venedig bereits die Hand gelegt; der übrige Teil der Halbinsel aber blieb unter dem Patriarchen von Aquileja und dem Grafen von Görz dem (deutschen) Reich unterstellt. Erst in den siebziger und achtziger Jahren des 13. Jahrhunderts drang die venetianische Macht in breiterer Front in das Innere des Landes vor.

Zu Beginn der Kreuzzüge (Ende des 11. Jahrhunderts) stand Venedig bereits als leistungsfähigste Seemacht (abgesehen von Byzanz selbst) in den Gewässern des östlichen Mittelmeeres da. Aber schon waren ihm von der anderen Seite Italiens her zwei gefährliche Konkurrenten erwachsen: Genua und Pisa.

Die beiden Seestädte werden geschichtlich greifbarer in einem gegenseitigen erbitterten Machtkampf (besonders 1165–1175) um die Vorherrschaft über die Inseln Sardinien und Korsika, die sie zusammen mit Papst Benedikt VIII. den Sarazenen abgenommen hatten (1016). Das zunächst überlegene Pisa blieb auf Sardinien Sieger, freilich nur in der Form, daß es über die einheimischen Herren der Inseln – die ›Iudices‹ und ihre vier wichtigsten Herrschaftsgebiete, die ›Iudikate‹ – eine mehr oder weniger wirksame Oberhoheit ausübte. Auf Korsika behauptete sich seit einem Friedensschluß von 1188 im ganzen Genua. Doch versuchte Pisa auch hier noch des öfteren die Konkurrentin zu verdrängen. Erst die Seeschlacht von Meloria (bei Livorno, 1284) hat Pisa zum endgültigen Verzicht auf die Insel gezwungen und das dauernde Übergewicht Genuas sichergestellt; in Sardinien dagegen teilten sich beide Städte in die Macht.

Im Gegensatz zu Venedig gehörten Genua und Pisa dem Reichsverband an und standen daher nicht in solchem Maße abseits des Ganzen wie jenes. Die jahrzehntelange normannenfeindliche Politik der deutschen Herrscher nötigte Lothar, Friedrich Barbarossa und noch Heinrich VI. sich immer wieder der Flottenhilfe der beiden Städte zu versichern: die Gewährung von Privilegien und die Überlassung von Reichsrechten in einem Umfang, wie sie den Binnenstädten frei-

willig nie zugestanden wurden, bildeten die unvermeidliche
Gegengabe. Die ›Renovatio‹ Barbarossas ist an den Seestädten
ziemlich spurlos vorübergegangen, sie konnten sich ungestört nach ihren eigenen Gesetzen entwickeln; dafür hat sich
besonders Pisa immer kaisertreu und ghibellinisch gezeigt.

Als das Zeitalter der Kreuzzüge anbrach (erster Kreuzzug
1096–1099, zweiter 1147–1148, dritter 1189–1192), waren die
drei Seestädte so weit, daß sie bis an die äußersten östlichen,
südlichen und westlichen Gestade des Mittelmeeres vorstoßen konnten, um an allen irgendwie bedeutenden Punkten
ihre Handelsvorposten aufzurichten. Im Gegensatz zu den
Ländern jenseits der Alpen blieb der kriegerische Einsatz Italiens in den Kreuzzügen immer sehr bescheiden. Abgesehen
von einigen Feudalherren zogen nur von den Normannen
größere Ritterscharen zum Kampf aus, und gelegentlich haben sich einmal Venedig oder Genua an der Belagerung einer
Seefestung in Palästina aktiv beteiligt. Um so stärker brachten sich die italienischen Seestädte beim Transport, bei der
Verpflegung und der sekundigen Führung der übers Meer
nach dem heiligen Land strebenden Heere zur Geltung. Vor
allem aber haben die Kreuzzüge erst so recht den Handel mit
den reichen und vom Abendland bald so begehrten Schätzen
des Orients, des christlichen wie des mohammedanischen, in
Bewegung gebracht und dem Unternehmungsgeist der see-
fahrenden Kaufherren ungeahnte Möglichkeiten des Aufstiegs eröffnet.

Ein kurzer geographischer Rundgang soll den Umfang die-
ser neuen Mittelmeerbeziehungen deutlich machen. In Palä-
stina und Syrien besitzen alle drei Städte seit Beginn des 12.
Jahrhunderts große Handelskolonien, Genua vorzüglich in
Akkon, Pisa in Antiochien, Venedig in Tyrus. An diesen drei
Plätzen vermögen sich die italienischen Städte ein Maß von
Selbständigkeit zu erringen wie sonst nur mehr selten; die
Kolonien bestehen aus territorialem Besitz und durchbrechen
mit dem Recht der völligen Selbstregierung die Landeshoheit,
unterstehen aber ihrerseits ganz der Gewalt der Heimatstädte.
Erst nach der Vernichtung der letzten christlichen Stütz-
punkte in Palästina durch die Sarazenen (Eroberung von

Akkon 1291), kam auch für diese Kolonien ein schwerer Rückschlag. Doch im Laufe des 14. Jahrhunderts begann sich ihr Handel wieder zu erholen, wenn auch die staatliche Unabhängigkeit nicht mehr in der alten Weise herzustellen war.

Im christlichen Reich Kleinarmenien mit seinem Haupthafen Lajazzo üben seit Anfang des 13. Jahrhunderts Venetianer und Genuesen nebeneinander in privilegierten Stellungen den Handel aus.

Auf dem Boden Ägyptens finden sich in Alexandrien alle drei Städte vertreten (daneben etwa noch Salerno), ohne sich jedoch eine ähnliche Selbständigkeit erwerben zu können wie in Syrien. Erst seit etwa 1384 tritt in den ägyptischen Handel, ebenso wie in den armenischen in Lajazzo, auch Florenz ein. Im erbitterten Kampf mit Pisa, dessen Selbständigkeit es schließlich zu Anfang des 15. Jahrhunderts vernichten konnte, hatte Florenz gelernt sich auch für das Meer zu interessieren. Doch gegenüber dem in jahrhundertelanger Tradition seegeübten Venedig mußte es bald zurücktreten.

An der ganzen afrikanischen Nordküste jedoch konnte Venedig trotz eines Handelsvertrages mit Tunis (1251) die Konkurrenz mit den westlichen Seestädten nicht halten. In Tripolis, Tunis und Ceuta teilten sich während des 12. und 13. Jahrhunderts Genua und Pisa in die Handelsvorrechte; dazu haben auch Friedrich II. und später Karl von Anjou die Handelsverbindungen mit Tunis besonders gepflegt.

Im Vergleich zu den östlichen Küsten, die die Wege in die Länder des südlicheren Orient aufschlossen, treten die westlichen Gestade des Mittelmeeres, denen ein annähernd tiefes Hinterland fehlte, beträchtlich zurück. Erfolge, die Pisa und Genua erzielen (auf den Balearen 1143, in Almeria 1147, in Sevilla und Tortona 1148), waren auf die Dauer nicht zu halten.

Konstantinopel und das Schwarze Meer gehören wieder zum unmittelbarsten Interessengebiet der italienischen Seefahrer. In Byzanz sind im 12. Jahrhundert die drei führenden Seestädte (und etwa noch Amalfi) vertreten. Ihre untereinander scharf rivalisierenden Kolonien genießen im allgemeinen das Recht der Selbstverwaltung, aber ohne es gegenüber dem Staat zu so großer Unabhängigkeit zu bringen wie in Syrien, und ohne Landbesitz. Ganz Kleinasien, Griechenland, die Inselwelt des ägäischen Meeres, aber auch noch Syrien und Ägypten werden von hier aus mit einer Fülle von Handelsbeziehungen überzogen; an verschiedenen Plätzen des östlichen Kaiserreiches können sie sich auf ständige Kolonien stützen. Venedig blieb im ganzen an der Spitze.

Den vollen Triumph aber schien der Lagunenstadt der vierte Kreuzzug (1202–1204) zu bringen, bei dem sich zum erstenmal der beginnende Verfall der Kreuzzugsidee, ja der Verrat an ihr, mit aller Deutlichkeit ankündigte. Unter der Initiative Venedigs benützte man Thronstreitigkeiten in Byzanz um das östliche Kaiserreich zu stürzen. Die Hauptstadt am Bosporus wurde erobert und unter furchtbaren Greueltaten ausgeplündert (Januar 1204), einer der Führer des Kreuzheeres, Balduin von Flandern, zum ›lateinischen Kaiser‹ des östlichen Reiches erhoben. Nur in Kleinasien konnten sich Reste der griechischen Herrschaft wie Nicäa und Trapezunt halten. Venedig führte als große Siegestrophäe das vergoldete Viergespann, das sich jetzt noch auf der Fassade von S. Marco erhebt, aus Konstantinopel weg. Aber es war auch sonst der eigentliche Gewinner: die Insel Kreta (Candia), die trotz mehrfacher Aufstände der Eingeborenen mehr als 400 Jahre (bis 1645) in seinem Besitz bleiben wird, ferner Durazzo, Korfu und die jonischen Inseln (Kephalonia), eine Reihe von Stützpunkten in der Peloponnes, Euböa und einen großen Teil der ägäischen Inselwelt sowie mehrere Städte an den Dardanellen und am Marmarameer und schließlich drei Achtel von Konstantinopel selbst fielen ihm zu. Stolz nannte sich der Doge Enrico Dandolo ›Dominator quartae partis et dimidiae totius imperii Romaniae‹. Ja man hat in Venedig selbst ernsthaft daran gedacht, die Hauptstadt des neuen Machtkomplexes an den Bosporus zu verlegen. Freilich konnte die Stadt das Kolonialreich nicht selbst regieren. Es wurde unter eine Reihe von venetianischen Adeligen aufgeteilt, die sich schnell genug emanzipierten und gegenseitig ihre verschiedenen Herrschaftsbereiche streitig machten. Der plötzliche Riesenerwerb überstieg die politische Kraft der Lagunenstadt bei weitem. Aber die unbedingte Vorherrschaft im Handel war natürlich erreicht. Das Innere des Balkans wurde ebenso erfaßt wie das kleinasiatische Sultanat von Ikonium.

Wenige Jahrzehnte später folgte von den griechischen Restgebieten aus unter Führung des Kaisers Michael Paläologus ein Rückstoß, der dem ganzen ›lateinischen Kaiserreich‹ den Garaus machte (1261). Nur auf dem griechischen Festland hielten sich einige abendländische Herren (Fürstentum Achaia, Herzogtum Athen). Venedig konnte für sich Kreta, Euböa und einige kleinere Stützpunkte retten. Durazzo und Korfu eignete sich bald der Anjou in Neapel an.

Nun triumphierte Genua über Venedig, das erst mit der Zeit seine alte Stellung in Konstantinopel wieder erneuern konnte. Die Hafenplätze Galata und Pera und im ägäischen Meer die Inseln Lesbos und Chios wurden genuesisch; auch Pisa mußte zurücktreten. In einer wahren Todfeindschaft standen sich Genua und Venedig gegenüber; sie entlud sich schon in den sechziger Jahren des 13. Jahrhunderts in mehrfachen Kriegen und ließ die beiden Mächte besonders in den Jahren 1294–1299 im ganzen östlichen Mittelmeer in großen Seeschlachten aufeinanderprallen; aber erst das spätere 14. Jahrhundert wird die Entscheidung zu Venedigs Gunsten bringen.

Mit der Übernahme der venetianischen Vorherrschaft durch Genua auch auf der Krim – 1266 nahm es die Stadt Caffa, zu Anfang des 14. Jahrhunderts auch noch Tana am äußersten Zipfel des Asowschen Meeres in Besitz – suchte sich die ligurische Seestadt in die großen Handelswege, die von Innerasien durch Rußland nach dem Norden und Westen führten, einzuschalten; besonders das späte 14. Jahrhundert brachte einen bedeutenden Aufschwung in dieser Richtung. Erst mit der Eroberung Konstantinopels durch die Türken 1453 sind diese fernöstlichen Kolonien Genuas zusammengebrochen. Seine Stützpunkte am Südufer des Schwarzen Meeres (in Trapezunt und an einigen anderen Plätzen) sind bereits um 1340 den großen Völkerbewegungen des Ostens zum Opfer gefallen.

Die Waren, die die italienischen Kauffahrteischiffe in all

den genannten Hafenplätzen übernahmen, kamen zum großen Teil aus den inneren Gebieten Asiens, aus denen sie orien-
talische Kaufleute herbeischafften. Vereinzelt aber drangen
kühne Unternehmer auch selbst nach Innerasien vor. Um
1250 findet sich eine venetianische Kolonie in Damaskus, zu
Anfang des 14. Jahrhunderts sind Kaufleute der drei Handels-
städte in Persien und vereinzelt auch in Indien. Vorher schon
erfolgten die ersten Vorstöße nach China und in die Mongo-
lei. Missionare waren hier vorangegangen: die Franziskaner
Johann von Piana (bei Perugia; 1245–1246) und Wilhelm
Rubruck, ein Niederländer (anfangs der fünfziger Jahre) und
der französische Dominikaner Andreas von Longjumeau
(1249–1251). Ihnen folgten 1260 die venetianischen Brüder
Niccolò und Mafio Polo sowie der berühmte Sohn des ersteren, Marco Polo. Siebzehn Jahre lang hielt dieser sich in
China auf und nach seiner Rückkehr auf dem Seeweg über
Sumatra, Indien und Persien berichtete er dem staunenden
Abendland von den Wundern der ungeahnten östlichen Fernen. Noch um die Wende des 13. zum 14. Jahrhundert hat
der Franziskaner Johann von Monte Corvino (aus der Gegend von Neapel) zusammen mit einigen anderen Missionaren
die von den Polo angebahnten Beziehungen so weit ausbauen
können, daß in Peking und seiner weiteren Umgebung die
ersten größeren Christengemeinden entstanden, die erst bei
der Vertreibung der Mongolen aus China (1368) wieder zugrunde gingen.

Kaum ein bedeutenderes Stück der gesamten vielverschlungenen Mittelmeerküste war von den italienischen Seestädten vergessen worden. Die rechtliche Stellung der Han-
delsherren gegenüber den einheimischen Mächten der Küstengebiete unterlag dabei größten Schwankungen: von ›Kolonien‹ oder exterritorialen ›Konzessionen‹ im modernen
Sinn, über Schutzgarantien für ihre Personen und Waren bis
zu ganzer oder teilweiser Befreiung von Zöllen. Im gesamten
Mittelmeerhandel standen die Italiener überall an erster
Stelle. Und darüber hinaus wurde Italien zum aktiven Zentrum des wesentlichsten Teiles des Welthandels, da ja die ein-
geführten Waren – Gewürze, Spezereien und Drogen aller

Art (sowohl als Genußmittel wie zu medizinischen Zwecken), Seide (roh und verarbeitet), kostbare Stoffe, Perlen, Edelsteine u. dgl. aus dem Orient; bedeutende Getreidemengen aus Afrika – nur zum geringeren Teil auf der Apenninenhalbinsel selbst verblieben. Der Westen hatte dafür wenig gleichwertige Tauschobjekte zu bieten: etwas Öl und Wolle, dazu einige Chemikalien wie Phosphor und Alaun. Metalle allerdings (besonders Eisen), Waffen und Schiffsbauholz hat der Osten sehr gerne abgenommen. Aber ihre Ausfuhr in die mohammedanischen Länder wurde durch oft wiederholte päpstliche Verbote überaus eingeschränkt, denn diese Stoffe konnten ja nur dazu dienen, die Wehrkraft der Feinde der Christenheit zu steigern. Schießlich kam dazu noch ein Handelsartikel, der immer zu den dunkelsten Seiten des christlichen Mittelalters gehören wird: die Sklaven. Trotz vielfacher kirchlicher Verbote sind doch bis ins 15. Jahrhundert hinein jährlich Hunderte oder Tausende von Bewohnern der nördlichen Länder, Slawen vor allem, auf die Sklavenmärkte des Orients verfrachtet worden. Venedig, auf das sich der Sklavenhandel vor allem konzentrierte und das umgekehrt auch das Abendland mit mohammedanischen Sklaven versorgte (zu Ende des 15. Jahrhunderts gab es deren in Venedig noch an die 3000!), hat seit dem 10. Jahrhundert aus diesem einträglichen Geschäft sogar ein Staatsmonopol gemacht.

Die Auswirkungen der überseeischen Unternehmungen auf ganz Italien sind zweifellos von größtem Ausmaß gewesen. Der Seehandel vor allem hat die Reichtümer angehäuft, die den festen und notwendigen Unterbau für alle städtische Kraftentfaltung boten. Er hat auch einen neuen Menschentyp herangezogen, den des zugleich wagenden und berechnenden Kaufherrn und des gewerblichen Unternehmers großen Stiles. Und durch die ungeheure Ausweitung des Gesichtskreises, den die weitgereisten Seefahrer dem ganzen Lande vermittelten, sowie durch die Steigerung und Verbreiterung aller Lebensverhältnisse hat er einen beträchtlichen Teil dazu beigetragen, daß eine neue Kultur und eine neue Einstellung zum Leben erwuchsen. Nicht an letzter Stelle zählt er zu den Vorbereitern der Renaissance.

In den Jahrhunderten des frühen Mittelalters erscheint das romanisch-germanische Abendland noch als eine wenig differenzierte Einheit, aus der sich auch das Gesicht Italiens nur in unklaren Linien heraushebt. Das 12. und 13. Jahrhundert aber wird die Zeit, in der sich die völkische Besonderung des Italieners – und ähnlich bald auch der anderen großen Völker – in deutlicheren Umrissen abzuzeichnen beginnt. Die Erschütterungen, die der zweihundertjährige Kampf zwischen den alten geheiligten Mächten des Papsttums und Kaisertums notwendig in den Geistern hervorrufen mußte, und die Zerstörung des alten, einheitlich festgefügten Weltbildes, die Kreuzzüge und Orienthandel im Gefolge hatten, sind in gleicher Weise an diesem ersten Individualisierungsprozeß beteiligt. Italien aber, das im Mittelpunkt all dieser Bewegungen stand und sie mit solcher Wucht erlebte, hat naturgemäß auch am frühesten und heftigsten darauf reagiert.

Unter den ideologischen Waffen, die Papsttum und Kaisertum seit dem späteren 11. Jahrhundert in ihren Dienst gestellt haben, wird die Rechtswissenschaft eine der bedeutsamsten. Ein juristisches Zeitalter zieht herauf. Sein Geburtsland ist Italien und auch an seinem Wachstum und seiner Entfaltung bleiben die Kräfte der Halbinsel immer in führender Stellung beteiligt. Das römische Recht – aufgespalten in das weltliche und das kanonische Recht – tritt seinen Siegeszug an.

Nachdem das römische Recht in den Jahrhunderten des frühen Mittelalters ein bescheidenes Dasein gefristet hatte – in Pavia und Ravenna etwa oder auch in Rom – befreit es sich seit dem ausgehenden 11. Jahrhundert aus den Fesseln, in die es die Vermengung mit fremden Rechtselementen – langobardischen, fränkischen, deutschen – geschlagen hatte, und erhebt sich wieder zur selbständigen Macht. Eindeutig tritt an diesem ziemlich undurchsichtigen Prozeß nur hervor, daß Oberitalien – obgleich das Land mit dem stärksten germanischen Einschlag! – völlig die Führung inne hat. Die Stadt Bologna, die mit einer rasch zu europäischer Berühmtheit aufsteigenden Juristenschule glänzt, schrieb voll Stolz auf ihre Münzen: ›Bononia docet‹. Die Sammlung und Sichtung der alten römischen Gesetze und ihre Auslegung in Wort und

Schrift wurde zu einer umfangreichen, äußerst komplizierten Wissenschaft ausgebildet, in der das historische Interesse und vor allem der kritische Geist und die Künste der Dialektik ein überreiches Betätigungsfeld fanden. Entsprechend dem mittelalterlichen Ausdruck ›Glosse‹ für ›erläuternde Randbemerkung‹ gingen die Vertreter dieser Wissenschaft vielfach unter dem Namen ›Glossatoren‹. Der erste große Lehrer in Bologna ist Irnerius (gest. 1125) gewesen, hundert Jahre später erwirbt sich der Rechtsgelehrte Azzo (gest. 1230) fast noch größeren Ruhm. Die erste systematische Zusammenfassung aller Glossen zum römischen Recht, die sog. ›Glossa ordinaria‹, geht auf den Florentiner Francesco Accursio (gest. 1260) zurück. Bologna behauptet wohl auch weiterhin seinen Ruhm als vornehmste Juristenschule, aber die Monopolstellung, die es sich hatte sichern wollen, ließ sich doch nicht aufrecht erhalten. Bald finden sich in zahlreichen anderen Städten ähnliche Hochschulen, so in Modena, Padua, Pisa, Rom, Perugia und Neapel. Wie ein breiter Strom ergießt sich etwa seit der zweiten Hälfte des 12. Jahrhunderts das Rechtsstudium über die ganze Halbinsel.

Mit Ausnahme von Neapel, das von Friedrich II. als die erste Staatsuniversität gegründet worden ist (1224), sind alle diese Rechtsschulen eine Schöpfung *städtischen* Kulturwillens gewesen. Um so bemerkenswerter bleibt es, daß das Recht, das hier gepflegt wurde, im *politischen* Kampf jener Tage als unmittelbare Waffe doch nur zugunsten des Kaisertums eingesetzt werden konnte (schon Heinrich IV. und Heinrich V. beziehen juristische Gutachten aus der Ravennater und Bologneser Schule; über die Fundierung der staufischen ›Renovatio‹ und des absoluten Herrschaftsanspruches der späteren Staufer s. o. S. 134 u. 136f.). Das alte Material, das zugrunde lag, war ja nicht römisch-republikanisches, sondern ausschließlich römisch-cäsarisches Recht, und zwar vor allem in der Form, die ihm Kaiser Justinian (gest. 565) gegeben hatte, auf den der Satz zurückgeht: »Der Wille des Königs ist das oberste Gesetz.«

Noch tiefergreifend waren die Wirkungen, die das römische Recht in der Sphäre des Zivilrechtes auf das Denken der

Zeit ausübte. Es sei nur auf eine bedeutsame Wandlung hingewiesen: der neue Geist versetzte dem aus dem germanisch-feudalen Bereich stammenden Grundsatz der ›Personalität des Rechtes‹ den Todesstoß, also dem Grundsatz, daß jeder ohne Rücksicht auf Ort und Land, in dem er sich aufhielt, nach den Rechtsgewohnheiten seines Volkes zu behandeln sei. Von jetzt ab (etwa 13. Jahrhundert) gibt es für alle, gleichviel welcher Herkunft, nur mehr *ein* Recht: das römische. Dadurch ist die Verschmelzung der verschiedenen völkischen Elemente zu einer nationalen Einheit schnell vollendet worden. Und gegenüber dem Feudalwesen hat das bürgerliche Element aus dem römischen Recht einen starken Auftrieb an innerer Kraft und Selbstbewußtsein gezogen. Denn so sehr dieses Recht cäsaristisch ausgerichtet war, so wenig wußte es etwas von der Hierarchie des Lehenswesens und von den aus ihm abgeleiteten Feudalrechten und Leistungsverpflichtungen: *hier* kam es dem städtischen Drang nach Unabhängigkeit in jeder Weise entgegen.

Dazu ist mit der Rechtswissenschaft zum erstenmal das Laienelement ernsthaft in kulturellen Wettbewerb mit dem Klerus eingetreten. Wohl hatte dieser in Italien nie so ausschließlich wie in den anderen europäischen Ländern alle Pflege der geistigen Güter in Händen. Aber dem Laientum blieb doch nur ein verhältnismäßig recht bescheidener Bewegungsraum, der erst durch das Aufblühen der Rechtswissenschaft eine entscheidende Ausweitung erfuhr und von hier aus immer mehr Kulturbezirke in seinen Kreis miteinbeziehen konnte.

Neben dem römischen steht das kanonische Recht, das als Machtinstrument für das neue kuriale Programm auf kirchlichem und weltlichem Gebiet noch weit bedeutsamer geworden ist als das weltliche römische Recht für den Kaisergedanken. Mit dem neuen Kampfgeist des Investiturstreites nimmt die bis dahin in dienender Rolle zurücktretende Kanonistik den ersten großen Anlauf, um sich als Trägerin aller zentralistischen und absolutistischen Tendenzen des Papsttums allmählich zum beherrschenden Maßstab des gesamten kirchlichen Lebens und Denkens aufzuschwingen – nicht ohne sich entscheidende geistige Antriebe aus dem römischen Recht für ihre rechtliche Untermauerung zu eigen zu machen. Schon in diesem Anfangsstadium der Entwicklung gehen (neben dem Deutschen Bernold von Konstanz) hauptsächlich Italiener voran: der Bischof Anselm von Lucca (gest. 1086), der Kardinal Deusdedit (gest. um 1100) und, wenigstens indirekt durch die lapidare Formulierung des neuen päpstlichen Programms im sog. ›Dictatus Papae‹, Gregor VII. selbst.

Bologna, der vornehmste Sitz des weltlichen Rechtes, ist auch eine der ersten großen Schulen des Kirchenrechtes geworden. Um 1140, wenig später also als Irnerius, lehrte hier der Kamaldulensermönch Gratian. Aus dem bisherigen wirren und sich vielfältig widersprechenden Kunterbunt der in langen Jahrhunderten aufgehäuften kirchlichen Gesetze und Verordnungen versuchte er ein einheitliches Gesetzeswerk zu schaffen; als ›Decretum Gratiani‹ ist es zum Grundstock des (im großen und ganzen bis zum Jahre 1917 gültigen) ›Corpus iuris canonici‹ geworden. Fast zur selben Zeit wirkte als berühmter Rechtsgelehrter in Bologna der Magister Rolandus, der später als Papst Alexander III. den Kampf mit Barbarossa führen wird. Die weitere Ausbildung des ›Corpus‹ beanspruchte noch das ganze 13. Jahrhundert. Vor allem hat Gregor IX., der Gegner Friedrichs II., dem Decretum Gratiani eine große Sammlung neuerer Gesetze durch den spanischen Dominikaner Raymund von Peñaforte anfügen lassen, die Dekretalen (1234). Tieferen Einfluß als diese Sammlung an sich hat auf das Geistesleben der Zeit die große Zahl ihrer Glossatoren ausgeübt. Johann von Faenza (gest. 1190), die Bologneser Professoren Ognibono (gest. 1185) und Huguccio (gest. 1210), der Kardinal Heinrich von Segusia (gest. 1271, ›Hostiensis‹ genannt) sind einige der wichtigsten unter ihnen. Und die bedeutendsten Päpste des 13. Jahrhunderts wie Innozenz III. und IV., Gregor IX. und Bonifaz VIII. sind bereits – ein charakteristisches Merkmal der Zeit! – vor allem in ihrer Eigenschaft als hervorragende Kenner des kanonischen Rechtes auf den Papstthron gekommen. Bald haben sich auch die Laien eifrig dem Studium des kirchlichen Rechtes hingegeben.

Die daraus entstandenen vielfachen Wechselbeziehungen zwischen weltlichem und kirchlichem Recht haben die beiden getrennten Ströme immer wieder in *ein* Flußbett zusammengeführt.

Weit weniger markant als in der Rechtswissenschaft tritt Italien in den übrigen die Zeit beherrschenden Wissenszweigen – der Philosophie und der Theologie – hervor. Es fehlte zwar auf diesen Gebieten nicht an bedeutenden Gelehrten italienischer Herkunft wie etwa im 11. und 12. Jahrhundert Lanfranc, Anselm von Canterbury, Petrus Lombardus, und im 13. Jahrhundert die Begründer und Meister der Scholastik Thomas von Aquin und Bonaventura (beide 1274 gest.), aber zum größten Teil stehen sie mit ihrer Wirksamkeit außerhalb ihres Geburtslandes. Frankreich mit seiner weltberühmten Pariser Universität behauptete auf diesen Gebieten unbestritten den Primat. Nur mit der Vermittlung des Aristoteles, der sich im 13. Jahrhundert gegen die älteren Lehrmeister des Mittelalters, Platon, Plotin und Augustinus, das Feld eroberte, hat Italien, und zwar hauptsächlich Unteritalien, einen wesentlichen Beitrag zum neuen, rationalistisch ausgerichteten Wissenschaftszeitalter geleistet. Auf zweifachem Weg ist damals ein neuer Zugang zu Aristoteles eröffnet worden: dadurch, daß die Werke seiner arabischen Bearbeiter (vor allem des Averroes, gest. 1198), die allerdings seine Gedankengänge zum Teil nicht unwesentlich verändert hatten, ins Lateinische übertragen wurden, und durch das unmittelbare Zurückgehen auf den griechischen Urtext selbst. Während die Bekanntschaft mit dem arabischen Aristotelismus hauptsächlich durch Spanien vermittelt wurde (Averroes hatte meistenteils in Sevilla und Cordoba gewirkt), hat Unteritalien dank seiner alten griechischen Traditionen das Denksystem des großen Philosophen der Wissenschaft in seiner unverfälschten griechischen Form darbieten können; auf dieser Grundlage vor allem hat sich die Hochscholastik des 13. Jahrhunderts erhoben.

Aus der Mischkultur des unteritalienischen Bereiches (s. o. S. 129) sind naturgemäß auch sonst mancherlei bedeutsame Anregungen gekommen. Friedrich II. hat ja die Gelehrten aus aller Herren Ländern um sich versammelt, und fast noch mehr als in der Normannenzeit stehen die arabischen und die jüdischen obenan. Das Ausschlaggebende ist aber weniger der neue Wissensstoff an sich, der hier von den verschiedenen Seiten beigesteuert wurde, sondern vielmehr der Forschungstrieb, die Skepsis, die sich unter dem Eindruck der hier aufeinandertreffenden Religionen und Weltanschauungen fragend an die großen Rätsel des diesseitigen und des jenseitigen Lebens heranwagte. Nicht zuletzt deswegen ist Friedrich selbst den Zeitgenossen als der ›wunderbare Verwandler der Welt‹, als das mit dem Schimmer des Unheimlichen umgebene ›Staunen der Welt‹ (stupor mundi) erschienen; er war ja nicht bloß Mäzen, sondern als unermüdlich bohrender Frager der lebendige, vorwärtstreibende Mittelpunkt der um ihn gescharten Gelehrten. Das Fragen erstreckte sich auf Probleme der Metaphysik (›Unsterblichkeit der Seele‹, ›Wesenheit Gottes‹) mehr aber noch auf das ›Geheime in den Werken der Natur‹ (so Friedrich selbst): etwa ob die Erde Hohlräume habe oder ein fester Körper sei, woher das Feuer der Vulkane komme, ob die Erde »von etwas anderem als Luft und Wasser getragen würde oder von selbst stehe oder auf den Himmeln unter ihr ruhe«, ob beim Jagdfalken der Gesichts- oder der Geruchsinn entscheidend sei und ähnliches mehr. Der Drang zur konkreten Erfahrung der Natur, zur empirischen Forschung und zum Experiment bricht sich hier Bahn. Von ihm hat besonders die Medizin – ein Gebiet auf dem Italien von alters her führend war – praktischen Vorteil gezogen; an ihrem weltberühmten, schon weit über die Zeit Friedrichs II. zurückreichenden Mittelpunkt Salerno sind damals z.B. für anatomische Studien bereits Leichen zur Verfügung gestellt worden. Den Handbüchern der Chirurgie oder der Arzneimittelkunde, die Salernitaner Professoren des 13. Jahrhunderts verfaßten, hatten die anderen Völker nichts Gleichwertiges an die Seite zu stellen.

Das ungeheure Ringen um die Macht, in das die politischen Kräfte des Zeitalters verstrickt waren (und das die Entfaltung der Rechtswissenschaft gleichsam als seine positive Auswirkung emporgetragen hatte), zeitigte jedoch auch noch andere und vielleicht folgenschwerere Begleiterscheinungen, die sich zur ständigen offenen oder stillen Anklage verdichteten. Vor allem der Eindruck, daß sich die Kirche mit ihrem Macht- und Besitzstreben immer weiter von ihren im Evangelium und in den frühchristlichen Zeiten gelegenen Wurzeln losriß, hat eine tiefe Erschütterung der Geister erzeugt, hat den bohrenden Zweifel wachgerufen, ob denn in dieser konkreten Erscheinungsform der Kirche die Botschaft Christi noch verwirklicht werden könne, und hat die Sehnsucht nach einer reineren und glücklicheren Zukunft immer mächtiger anschwellen lassen.

Der Zisterzienserabt Joachim von Fiore in Kalabrien (1132–1202) hat mit seiner neuartigen Bibelerklärung und mit vielen dunklen Prophezeiungen dieser Stimmung zum erstenmal klaren Ausdruck verliehen. Nach dem verflossenen, durch das Alte Testament dargestellten Zeitalter des Gesetzes und der Knechtschaft ist ihm die gegenwärtige ›Zeit des Neuen Testamentes‹ nur ein Mittelzustand zwischen Knechtschaft und Freiheit, das Zeitalter der Kleriker; ihm wird erst die (nahe bevorstehende) ›Fülle der Zeiten‹ folgen, das Zeitalter des Heiligen Geistes mit einem neuen vergeistigten Verständnis der Schriften des Alten und Neuen Testamentes und mit einer neuen, vom ›Orden der Gerechten‹ getragenen Geistkirche. Obgleich der aufs Jahr 1260 festgelegte Beginn dieses Zeitalters der Vollkommenheit ausblieb, haben sich die Ideen Joachims von Fiore doch in zäher Lebenskraft viele Menschenalter hindurch behauptet und sind in tausendfachen Rinnsalen in allen Gebieten Italiens in die Massen eingesickert, als lebendiger Ausdruck der leidenschaftlichen Friedenssehnsucht sowohl wie des tiefen Mißtrauens gegen die Mächte, die die Gegenwart beherrschten.

Als der ›Orden der Gerechten‹, der berufen wäre, das neue gotterfüllte Weltalter zu verwirklichen, ist weiten Kreisen die große religiöse Erneuerungsbewegung erschienen, die Franz von Assisi (1182–1226) ausgelöst hat. Sein Ideal eines Lebens in absoluter Armut, eines ›Lebens nach der Norm des hl. Evangeliums‹, ergriff in einem beispiellosen Siegeszug die Herzen der Zeitgenossen in Italien und bald auch im übrigen

Europa. Franz von Assisi selbst lag dabei jeder Angriff auf die Papstkirche fern, vielmehr hat er sich vorbehaltlos auf ihren Boden gestellt. Aber das Beispiel, das er und seine Jünger gaben, mußte von selbst als stummer Vorwurf wirken gegenüber der von einem ganz anderen Geist erfüllten Lebensform der Kirche seiner Zeit. Und die weitere Entwicklung seiner jungen Gründung hat schnell diese innere Gegensätzlichkeit nachdrücklich und in einer von Franz keineswegs gewünschten Weise verschärft. Über der radikalen Forderung unbedingter Besitzlosigkeit nicht nur des Einzelnen, sondern (zum Unterschied von den alten Orden) auch der ganzen Gemeinschaft kam es im Orden noch zu seinen Lebzeiten zu gefährlicher Spaltung. Die Kurie hat dabei, den unabweislichen Lebensnotwendigkeiten einer großen Organisation nachgebend und zugleich dem ihrem eigenen Geist widersprechenden Radikalismus die gefährliche Spitze abbrechend, für gewöhnlich die Vertreter der laxeren Richtung, die sog. Konventualen, begünstigt. Dafür ist die am ursprünglichen Ideal kompromißlos festhaltende Partei nun offen zum Angriff auf die Kirche selbst, die entartet und vom Evangelium abtrünnig geworden sei, übergegangen. So sind die verschiedenen Richtungen des unbedingten Franziskanertums, die ›Spiritualen‹ und (als die Extremsten) die ›Fraticellen‹, das nie versiegende Sammelbecken für alle Hoffnungen und Forderungen nach einer Reinigung und Erneuerung der Kirche geworden – vom joachimitischen Prophetentum und anderen mystischen Zukunftserwartungen (›Engelpapst‹, ›Friedenskaiser‹) bis zu Dante und Cola di Rienzo.

In der franziskanischen Bewegung hat sich das Laientum wiederum einen neuen wichtigen Platz erobern können. Franz von Assisi, der Sohn eines reichen Kaufmanns aus Umbrien, ist immer Laie geblieben, ebenso die Masse seiner Jüngerschaft. Und die Art seiner Frömmigkeit, ja seine ganze Daseinsform trägt Züge an sich, auf die die Masse der Laien besonders leicht ansprechen konnte. Vor allem mit der starken Gefühlsinnigkeit, die er aller beseelten und unbeseelten Natur, also dem konkreten, individuell-lebendigen und sinnenhaft erfaßbaren Einzelding entgegenbringt, hat er ein

echtes Zeitbedürfnis aufgefangen. Franz ist hier ebenso An-
reger wie Interpret eines neuen Zeitgefühles geworden.
Diese in ihrer Tiefe und Kraft neue Seinsfrömmigkeit, ganz
erfließend aus dem Erlebnis der Kreaturhaftigkeit alles Seins
(*deshalb* wird ihm die Sonne zum Bruder, die Quelle zur
Schwester usw.) und daher noch meilenweit entfernt von
jeder renaissancehaften Verselbständigung des Diesseitigen
und erst recht von jedem pantheistisch-immanenten Weltge-
fühl moderner Prägung, öffnete den Massen des Volkes einen
neuen, ungeheuer fruchtbar werdenden Zugang zum Einzelnen und Mannigfaltigen der Natur, zum unmittelbar Anschaulichen und subjektiv-gefühlsmäßig Erfaßbaren und Aus-
deutbaren des gesamten Lebensumkreises. Die Kunst hat sogleich solche mächtige Neuantriebe aufgegriffen: in Giotto
ersteht der erste große Darsteller und Deuter franziskanisch
bewegter Innigkeit und Subjektivität – die bei ihm wie bei
Franz von Assisi trotzdem noch ganz in die Sphäre der Transzendenz eingetaucht erscheint – und damit eine Kunst, die
durch ihre Vermenschlichung und Verlebendigung des dargestellten Objektes zum schlichten Beschauer weit unmittelbarer und herzergreifender sprechen konnte als die hieratische,
weltentrückte Feierlichkeit des romanisch-byzantinischen
Bildes.

Dazu sind die Franziskaner von Anfang an mit Vorliebe
mitten in die Städte gegangen (im Gegensatz zu den alten,
die Landwirtschaft pflegenden Orden der Benediktiner und
Zisterzienser) und so mit dem Bürgertum aufs engste ver-
wachsen. In der Einrichtung des ›Dritten Ordens‹ überdies,
dessen Mitglieder – Männer wie Frauen – zwar weiterhin in
der Welt, aber immer mit dem franziskanischen Ideal vor
Augen leben sollten, sind die weitesten Volksschichten unmittelbar von der Bewegung erfaßt worden. Im Franziskaner-
tum (aller Schattierungen) findet die bürgerlich-städtische
Kultur des 13. und 14. Jahrhunderts wie in nichts anderem
die ihr gemäße Ausdrucksform der Volksfrömmigkeit.

Nicht anders als die franziskanische (und die dem zweiten
Bettelorden des Zeitalters, dem der Dominikaner, entstammende dominikanische) Bewegung ist auch (wenigstens

größtenteils) das Ketzertum, das um die Wende des 12./13. Jahrhunderts als vielgestaltige, weitgedehnte und im einzelnen oft schwer faßbare Bewegung üppig aus dem Boden schießt, von dem Willen beseelt, zu den Grundsätzen des Evangeliums und zu den echten christlichen Lebensformen der kirchlichen Frühzeit zurückzufinden.

Der reiche Kaufmann Waldes aus Lyon hat in den siebziger Jahren des 12. Jahrhunderts kaum anders begonnen als Franz von Assisi. Getroffen von der Gewalt des Evangeliums entäußert er sich seines Besitzes und zieht mit Gleichgesinnten, die sich die ›Armen von Lyon‹ nennen, als Bußprediger durchs Land. Erst später (1184) kommt es zwischen ihm und dem Papst zum Bruch, und in der Folge verschärft Waldes seine theoretischen Lehren: Ablaß, Fegfeuer, Geldwesen der Kirche, aber auch Eid, Kriegsdienst, Todesstrafe werden nun grundsätzlich abgelehnt. Von Südfrankreich aus hat sich das Waldensertum schnell weite Gebiete der Lombardei erobert, wo es an die alten, noch nicht ausgestorbenen Ideen der Pataria und des Arnold von Brescia anknüpfen konnte. Mailand wird der wichtigste Mittelpunkt der Bewegung. Die lombardischen Waldenser überwerfen sich aber bald (um 1210) mit ihrem französischen Begründer; mit der Ablehnung der Sakramente und der hierarchischen Ordnung der Kirche radikalisieren sie sich weiterhin. Unter verschiedenen Namen und in verschiedene Gruppen aufgespalten, die im wesentlichen doch alle dasselbe wollen, treten sie als ›Arme Lombarden‹, als ›Humiliaten‹ oder auch als ›Paterener‹ auf.

Anders sind die Katharer (die Reinen) oder die Albigenser (benannt nach der südfranzösischen Stadt Albi) zunächst nicht von den konkreten Gebrechen der wirklichen Kirche ausgegangen, sondern vom alten (aus dem Orient kommenden) manichäischen Dualismus von Geist und Materie. Die Forderung strengster Askese, die Verwerfung oder wenigstens grundsätzliche Abwertung der Ehe, ferner des Eides, der Todesstrafe, des Krieges, ja aller weltlichen Gewalt überhaupt, für die ›Vollkommenen‹ sogar der freiwillige Hungertod waren die wichtigsten praktischen Konsequenzen, die nicht nur die Kirche, sondern die gesamte soziale und staatliche Ordnung in ihren Grundfesten bedrohten. Von hier aus sind starke Antriebe zur Radikalisierung auch auf die Waldenser ausgegangen. Auch die Katharer sind in Oberitalien in ausgedehntem Maße heimisch geworden. Da sowohl bei ihnen wie großenteils auch bei den Waldensern nur die Führer, die ›Vollkommenen‹, den völligen Bruch mit der Kirche vollzogen, während die Masse der ›Gläubigen‹ – vergleichbar etwa dem Dritten Orden der Franziskaner – sich äußerlich weiterhin am Kultus der offiziellen Kirche beteiligte, konnten verhältnismäßig ungestört weite Kreise des Volkes mit den Ideen der beiden Bewegungen durchsetzt werden. Direkt und indirekt bekam so das Ketzertum einen beträchtlichen Anteil an der Formung des städtischen Lebens; wie einst in der alten Pataria, verflochten sich auch jetzt religiöse und soziale Motive oft zu unlösbarer Einheit.

Papsttum und Kaisertum – die städtischen Behörden hielten sich anfangs stark zurück – nahmen vereint den Kampf gegen diese gefährliche Revolutionierung der bürgerlichen Gesellschaft auf: mit Reichsacht, Todesstrafe und der von der Kurie zu Anfang des 13. Jahrhunderts geschaffenen neuen zentralen Einrichtung zur Verfolgung der Häretiker, der Inquisition (deren Ämter bald fast ausschließlich von den Dominikanern ausgeübt wurden), ging man gegen die Ketzer vor. Konfiskation des gesamten Besitzes und Tod auf dem Scheiterhaufen wurden die normalen Strafen für den hartnäckigen Häretiker. Die südfranzösischen Katharer fielen in den blutigen Albigenserkriegen (1208–1209) größtenteils der Vernichtung anheim, während man in Oberitalien gegen sie und die Waldenser mehr in Einzelaktionen einschritt. Doch ist es trotz aller eifervollen Bemühungen und Nachforschungen nie gelungen, die häretischen Ideen wirklich auszurotten: die konkreten, vom christlichen Ideal so stark abfallenden Verhältnisse in der Kirche selbst ließen sie immer wieder von neuem aufbrechen.

Alle diese religiösen Erscheinungen machen deutlich: in den aufstrebenden Städten hat der religiöse Geist gegenüber den früheren Jahrhunderten keineswegs abgenommen, ja eher noch eine Steigerung erfahren. Aber die vertrauende

Hingabe an die Führung durch die offizielle Kirche verliert etwas von ihrer früheren Selbstverständlichkeit; das Bewußtsein der persönlichen Verantwortlichkeit für das Seelenheil und der Drang, mit eigenen Kräften und zum Teil auch auf neuen Wegen um die religiösen Probleme zu ringen, erfaßt weite Kreise. Etwas Subjektives und damit etwas Bewegtes und Unruhiges wird dem religiösen Gesicht der Zeit aufgeprägt.

Die Erscheinungen auf kirchlichem Gebiet sind Ausdruck und Abbild der gesamten geistigen Entwicklungstendenzen. Wie im Politischen und Wirtschaftlichen, so ist die bürgerlich-städtische Gesellschaft auch im kulturellen Bereich zum hervorragenden Träger des Fortschrittes geworden und hat Adel und Klerus aus ihrer bisher allein führenden Stellung verdrängt. Die gesamte Geschichte wird auf eine breitere Basis gestellt – eine Entwicklung, die alle europäischen Völker der Reihe nach durchmachen, das italienische Volk aber als eines der ersten.

Um so erstaunlicher bleibt es daher, daß jener Prozeß, in dem sich das Erwachen des Volksgeistes am typischsten auszudrücken pflegt, in Italien erst verhältnismäßig spät zum Durchbruch kommt: das Heranbilden der Volkssprache zur literarischen Sprache. »England, Deutschland, Nord- und Südfrankreich hatten alle ihre erste literarische Hochblüte hinter sich, als in Italien, dem klassischen Land der Kultur, noch kaum ein volkssprachliches Lied erklungen war« (K. Vossler). Von jeher hat man sich bemüht, die Ursachen für diese eigentümliche Erscheinung zu erhellen. Ein Hauptgrund wird wohl darin zu sehen sein, daß dem Volk der Apenninenhalbinsel das Latein verhältnismäßig immer näher und verständlicher blieb als den anderen Völkern, daß also das Bedürfnis nach einer literarischen Verfeinerung der Umgangssprache nicht so unmittelbar gefühlt wurde wie anderswo. Diese besonders starke und langwährende Verwischung der Grenzen zwischen Volks- und Gebildetensprache und die unmittelbaren gegenseitigen Wechselwirkungen zwischen beiden sind ja weder der einen noch der anderen gut bekommen. So kam es, daß man jenseits der Alpen zum we-

nigsten seit dem späteren 8. Jahrhundert ein viel reineres Latein schrieb als in Italien und daß hier trotz der Reste von
Laienschulen (s. o. S. 58), die literarische Tätigkeit (auch in
lateinischer Sprache) beträchtlich hinter der der nördlichen
Völker zurückstand. Nicht gering zu veranschlagen ist ferner auch, daß manche auf den spezifisch mittelalterlichen
Geist gefühlsmäßig stark wirkenden Erlebnisformen – wie insbesondere das Rittertum – auf das bereits anderen Entfaltungen hingegebene italienische Wesen nur geringen Einfluß gewinnen konnten. Die kulturelle Kraft des italienischen Rittertums reichte wohl zur Aufnahme, aber kaum zu selbständiger
Produktion ritterlicher Kunsterzeugnisse hin und an der
Fülle von literarischen Stoffen, die gerade das Kreuzzugszeitalter vermittelt hat, ist das Land – ebenso wie an der Kreuzzugsbegeisterung im allgemeinen – vorübergegangen.

Von außen her, am stärksten von der benachbarten und besonders weit fortgeschrittenen Provence aus, mußte der zündende Funke ins Land geworfen werden: Provenzalische
Minnelieder und französische Ritterromane, Epen, Tiergeschichten und Schwänke sind seit dem 12. und 13. Jahrhundert in ganz Oberitalien bis tief ins Toskanische hinein
heimisch geworden, verbreitet auf handschriftlichem Wege
oder, noch unmittelbarer, durch die zahlreichen Bänkelsänger und Troubadours, die über die Alpen kamen und
an Höfen wie dem der Herren von Montferrat, der Este oder
der Malaspina gern gesehene Gäste wurden. Die französische
(provenzalische) Sprache hat sich in Oberitalien einen breiten
Raum erobert, so daß die ersten Italiener, die volkssprachliche
Lieder gesungen haben, sich dabei der Laute ihrer provenzalischen Freunde bedienten. Zu den ersten, die den Bann gebrochen haben, gehört ein Mann, der selbst von den Troubadours stark beeindruckt war, obgleich er sich von Geist und
Inhalt ihrer Lieder radikal abwendete: Franz von Assisi. Als
echter Sohn dieser Übergangszeit hat er noch mit Vorliebe
in provenzalischer Sprache gebetet und gesungen, aber sein
begeistertstes, gefühlsinnigstes Lied, der ›Lobgesang der Kreaturen‹ (gewöhnlich ›Sonnengesang‹ genannt), erklang bereits im Dialekt seiner umbrischen Heimat. Und das Beispiel

hat unter seinen Jüngern mächtig gezündet. Als die ›Spiel-
leute‹ Gottes – ihr kraftvollster Vertreter ist Jacopone da Todi
(gest. 1306) – durchzogen sie das Land und überschütteten es
mit einer wahren Flut von gefühlsstarken religiösen Liedern
in der Mundart des Volkes; und mit ihrer ungeheuer breiten
Wirkung auf alle Volksschichten hat die franziskanische Dichtung den stärksten Beitrag zur Neuformung der Volkssprache
und mit ihr des Volksgeistes geleistet.

Etwa zur selben Zeit ist das Vorbild der provenzalischen
Troubadours auch am Hofe Friedrichs II. aufgenommen worden. Wahrscheinlich der Kaiser selbst, dann seine Söhne Manfred und Enzio und eine Reihe von Hofbeamten wie Petrus de
Vinea, der Notar Jacopo da Lentini, Odo delle Colonne und
andere haben sich in Minneliedern versucht, die der Ver-
schönerung der Hoffeste und der Verfeinerung der Tafel-
freuden dienen sollten. Es war höfisch-konventionelle Dichtung, beschränkt auf einen kleinen Kreis von Gebildeten,
mehr literarische Übung als gefühlsstarker Erlebnisausdruck.
Aber diese ›sizilianische Dichterschule‹ ist dadurch wichtig
geworden, daß sie zum erstenmal über die verschiedenen
Dialektformen hinausstrebte und eine kunstmäßige Schrift-
sprache zu formen versuchte, ein ›Vulgare aulicum‹ (aula =
Königshof), wie es Dante genannt hat.

Während am unteritalienischen Königshof mit den Anjous
wieder die französische und provenzalische Dichtung das
Feld beherrschten, haben die Traditionen des sizilischen Kunst-
gesanges zunächst in Toskana eine neue Heimat gefunden.
Das bürgerliche Element: Notare, Rechtsgelehrte, höhere
städtische Beamte sind die Träger dieser Dichtung, die freilich schnell in verstandesmäßiger Lehrhaftigkeit erstarrte. Ihr
bezeichnendster Vertreter ist Guittone von Arezzo (gest.
1294). Man (Brunetto Latini, der Lehrer Dantes) wollte das
enzyklopädische Wissen der Zeit, wie es die Philosophie und
die Naturwissenschaften, die Scholastik und Aristoteles, die
Rhetorik und Jurisprudenz boten, »in die handlichen Gefäße
italienischer Prosa und Dichtung gießen und anderseits wollte
man das lyrische Lied der Sizilianer und des Volkes zu meta-
physischen und psychologischen Spekulationen erheben. Die

Wissenschaft sollte populär und konkret, die Dichtung intellektuell und abstrakt werden« (Voßler).

Aus diesen Fesseln der Unfruchtbarkeit ist die junge nationalsprachliche Dichtung durch Guido Guinicelli (gest. 1276), das Haupt einer Dichterschule in Bologna, befreit worden. Auch Guinicellis Dichtung, die die übersinnlich-geistige Liebe verherrlicht, ist aufs stärkste philosophisch durchtränkt. Aber die Lehrhaftigkeit ist überwunden und an ihre Stelle tritt die liebevoll betrachtende Hingabe und das in immer neuen Bildern schwelgende Schauen und Schildern des Ideals. Das ist der ›Dolce stil nuovo‹, der süße neue Stil, wie ihn Dante gerühmt hat und dem er in der ›Vita nuova‹ und im ›Canzoniere‹ zutiefst verpflichtet erscheint. Dantes um wenige Jahre älterer, aber schon früh (1300) verstorbener Freund Guido Cavalcanti schließlich hat den ›neuen Stil‹ nach Florenz verpflanzt und dessen mystische Tiefsinnigkeit und empfindsame Zartheit noch weiter gesteigert. Mit Dante endlich, der in seiner Schrift ›De vulgari eloquentia‹ das Problem einer höfischen, kultivierten italienischen Einheitssprache auch theoretisch behandelt hat, findet der Prozeß, in dem sich das Volk der Apenninenhalbinsel seiner eigenen Individualität bewußt wird, seinen ersten, weithin sichtbaren Abschluß.

ITALIEN IM STREIT DER NATIONEN

(1250–1815)

In der politischen Dynamik Gesamteuropas meldet sich um
die Mitte des 13. Jahrhunderts ein neues Motiv an, das von
jetzt ab das Leitmotiv für fast alle großen politischen Bewegungen werden wird: der Kampf zwischen Frankreich und
dem Imperium, d. h. zwischen Frankreich und Deutschland
um die Vormachtstellung im Abendland. Zum erstenmal seit
dem Zusammenbruch des karolingischen Reiches erwuchs zu
Beginn des 13. Jahrhunderts ein geeintes Frankreich mit einer
verhältnismäßig schon sehr starken und schlagkräftigen Zentralgewalt, das sogleich nach größeren und größten Zielen
auszuschauen beginnt: das verstärkte Wiederaufleben des Kul-
tes Karls des Großen zu Mitte des Jahrhunderts ist das spre-
chendste Symbol eines über die eigenen Grenzen hinaus-
drängenden Geltungs- und Machttriebes. Der Konflikt mit
dem Reich der Deutschen und seinem immer noch lebendigen universalen Geltungsanspruch war damit von selbst gegeben. Die Entscheidung zwischen Frankreich und Deutschland aber wird jahrhundertelang auf fremdem Boden gesucht werden: auf dem Boden Italiens, wo das Anlehnungs-
bedürfnis der Kurie dem jungen französischen Expansions-
willen begegnet war und ihm, während die deutsche Herrschaft vernichtet wurde, die Tore zur Apenninenhalbinsel geöffnet hatte (s. o. S. 150 ff.).

Unlöslicher aber denn je war mit dem Schicksal der Kurie
dasjenige Italiens verknüpft. Mit dem Lehensreich Unteritalien und mit dem Kirchenstaat in seiner von Innozenz III.
geschaffenen Ausdehnung umfaßte ja die unmittelbare politische Interessensphäre des Papsttums wenigstens zwei Drittel der gesamten Halbinsel. Und wenn auch die realen Möglichkeiten, diesen weitgespannten Herrschaftsanspruch zur
Geltung zu bringen, allezeit beträchtlich hinter dem Programm zurückblieben, das Papsttum war doch mit Abstand
zum größten Territorialherren Italiens emporgestiegen.

1266 hatte Karl von Anjou das sizilische Reich, das ihm Urban IV. drei Jahre früher als Lehen übertragen hatte, in seine Gewalt gebracht und bis zu seinem Tod 1285 die Schicksale des reichen und mächtigen Landes mit eigener Hand gelenkt. Von Anfang an hatte der Papst dabei die Gefahr erkannt, daß dieser neue Herr vom Süden der Halbinsel aus auch auf andere Gebiete Italiens übergreifen und so die Situation der Staufer erneuern könnte. Die Papststadt Rom selbst schlug die erste Bresche: 1263 bereits, während gerade der Vertrag zwischen dem Papst und dem Grafen der Provence zustande kam, hatte sie diesem eigenmächtig die Senatorenwürde, d.h. die oberste Gewalt über die Stadt, auf Lebenszeit anvertraut. Im Jahr darauf zog ein provenzalischer Ritter als Vikar des Anjou in Rom ein und übte von da ab (mit zwei kurzen Unterbrechungen von 1266–1268 und 1278–1281) ein strenges Regiment aus, das die Parteikämpfe Roms für zwei Jahrzehnte verstummen ließ.

So war der unteritalienische Rahmen, auf den Urban IV. den Anjou hatte beschränken wollen, von Anfang an gesprengt. In geschickter Diplomatie und in wechselvollen Kämpfen, nicht ohne manche Rückschläge, wußte der ehrgeizige Herrscher sich auf der ganzen Halbinsel in mehr oder weniger starken Positionen festzusetzen. Das wurde ihm vor allem möglich, weil sich dank seiner unablässigen Bemühungen in diesen Jahren die Kurie zunehmend französisierte: vier Päpste französischer Abstammung hat die 2. Hälfte des 13. Jahrhunderts bereits erlebt; sie haben die kuriale Politik fast vorbehaltlos ins französische Fahrwasser gelenkt. So wurde Karl von Anjou päpstlicher Reichsvikar in Tuszien, so beherrschten seine Truppen, abgesehen von Rom, weite Gebiete des Kirchenstaates. Und das freie Italien schloß sich großenteils dem kurialen Vorbild und dem Beispiel Roms willig an: die guelfischen Parteiführer im ganzen Land erhoben den Anjou zu ihrem Schutzherrn. Bis in die Lombardei und bis nach Ligurien und Piemont hinauf erstreckte sich zeitweise sein wirksamer Machteinfluß und stellte hier im Nordwesten die unmittelbare Verbindung mit dem südfranzösischen Ausgangspunkt her. So trug neben dem Papsttum

auch das Städtewesen seinen redlichen Anteil an der Begründung der neuen Fremdherrschaft. Weite Kreise sahen in Karl
von Anjou nicht bloß den eigentlichen Herrn Italiens, sondern den künftigen Weltherrscher, den ›zweiten Karl den
Großen‹. Solchen Vorstellungen entsprachen nur seine eigenen hochfliegenden Pläne. Lange Jahre hindurch betrieb er
einen großen Feldzug gegen Byzanz, der ihm die Kaiserkrone des (nach dem Intermezzo des ›lateinischen Kaisertums‹) soeben wiedererstandenen östlichen Reiches einbringen sollte. Und in denselben Jahren (1272/1273) dachte er die
noch herrenlose Kaiserkrone des Westens seinem Neffen, dem
König Philipp III. von Frankreich, zu. Die französische Weltmonarchie – machtpolitisch gegründet auf das Heimatland
und auf Italien – schien vor der Tür zu stehen, großartiger
und umfassender als je das deutsche Imperium gewesen war.

Der Gegenstoß an der Kurie konnte nicht ausbleiben. Dem
friedliebenden Gregor X. (1271–1276) gelang es zunächst in
geschickter Diplomatie, die französischen Kaiserpläne in Ost
und West ohne große Erschütterung zum Scheitern zu bringen. Vor allem aber war es der nationalrömische Stolz des
aus dem uralten römischen Geschlecht der Orsini stammenden
Nikolaus III. (1277–1280) – einer Herrschernatur großen For-
mates –, der sich gegen die Übermacht der Franzosen auf dem
Boden Italiens aufgebäumt hat und sie allenthalben mit Erfolg zurückzudrängen versuchte: der Anjou verlor das Reichsvikariat in Tuszien, sein Einfluß in der Lombardei ging zurück und in Rom selbst mußte er vom Senatorenamt abtreten.
Niemals wieder sollte, wie es das berühmte ›senatorische
Edikt‹ Nikolaus' III. vorschrieb (Juli 1278), ein auswärtiger
(d. h. nichtrömischer) Fürst zum Senator, Patrizius oder Rektor erwählt werden können; diese höchsten Würden sollten
allein den Bürgern der ewigen Stadt selbst vorbehalten bleiben. Denn sie sind »das heilige, das auserwählte Volk« und
Rom ist »die königliche und priesterliche Stadt, als Sitz des
heiligen Petrus das Haupt des ganzen Erdkreises«. In diesem,
mit leidenschaftlicher Liebe zu seiner Vaterstadt erfüllten
Orsinipapst verschmolz sich der antike Romgedanke, der seit
den Tagen des Arnold von Brescia immer wieder in offenem

oder verstecktem Widerspruch zur Papstherrschaft durchgebrochen war, mit der christlichen Ideologie und dem päpstlichen Anspruch auf Rom. Indem sich Nikolaus persönlich, nicht in seiner Eigenschaft als Papst, sondern als der edle Römer Orsini zum Senator erwählen ließ, glaubte er, beide Elemente zu harmonischer Einheit zusammengeschweißt zu haben.

Doch schon sein Nachfolger, der Franzose Martin IV. (1281–1285), hat das senatorische Edikt umgestoßen und Karl erneut die Herrschaft über Rom anvertraut, ja hemmungslos wie kaum einer seiner Vorgänger ist er allen Wünschen des Anjou entgegengekommen.

Da riß ein unerwartetes Ereignis eine erste tiefe Bresche in die französische Vormachtstellung: die Sizilianische Vesper vom 31. März 1282. Der neue König hatte im unteritalienischen Reich natürlich gerne das Beamtensystem der Staufer mit seinen absolutistischen Regierungsformen und vor allem seiner schweren finanziellen Belastung der Bevölkerung übernommen und sogar noch drückender ausgestaltet; dazu mußte er die zahlreichen Franzosen seines Gefolges mit Ämtern und Lehen ausstatten: das ging nur auf Kosten der Einheimischen. Am Dienstag in der Osterwoche brachte ein geringfügiger Anlaß allen angehäuften Zündstoff auf der leicht erregbaren Insel Sizilien zur Explosion. In Palermo fielen die Franzosen der erbitterten Rache des Volkes zum Opfer, wenige Wochen später war die ganze Insel von den Fremden gesäubert. Mit Mühe nur konnte der Anjou durch schleunige Abstellung der schlimmsten Mißstände verhindern, daß der Aufstand auch auf das festländische Unteritalien übergriff. Aber seine Truppen, die in den wichtigsten Plätzen des Kirchenstaates lagen, wurden verjagt und in Rom fielen sein Senatorenamt und die ganze französische Besatzung der Revolution zum Opfer (1284).

Die Aufständischen in Sizilien boten zuerst die Schutzherrschaft über die Insel dem Papst (als ihrem Lehensherrn) an. Als dieser mit Bann und Interdikt antwortete, riefen sie einen anderen Retter herbei: König Peter III. von Aragon (1276–1285), der sich als Schwiegersohn Manfreds schon lange Hoffnungen auf das staufische Erbe gemacht hatte. Die neue Wendung ist charakteristisch: bei allen Empörungen gegen die Fremdherrschaft führte nicht der grundsätzliche Wille zu selbständig-nationaler Ordnung der heimischen Verhältnisse das Wort, ohne Bedenken vielmehr verschrieb man sich sogleich einem neuen fremden Herrn.

Und so wenig wie die Franzosen sind die Aragonesen (bzw. die Spanier) in den folgenden Jahrhunderten wieder aus dem italienischen Machtbereich verschwunden. Auch ein fast zwanzigjähriger Krieg, den die Anjou – auf Karl von Anjou war sein weit schwächerer Sohn Karl II. (1285–1309) gefolgt – im Bunde mit dem Papsttum gegen die Insel führten, vermochte an den durch die Revolution geschaffenen Tatsachen nichts mehr zu ändern. Nach dem Tode Peters III. (1285) wurde die Personalunion zwischen Sizilien und dem spanischen Königreich wieder gelöst; auf der Insel zog eine Sekundogenitur der aragonesischen Dynastie, vertreten zunächst durch Friedrich III. (1296–1337), ein. Gegen ihn stellte Bonifaz VIII. (1294–1303) in Karl von Valois, einem Bruder König Philipps IV. des Schönen von Frankreich, einen neuen Thronanwärter auf. Dieser französische Prinz sollte Sizilien wieder erobern, aber auch im übrigen Italien die päpstliche Vormachtstellung neu festigen und verstärken; so sollte er als ›Friedensstifter‹ (paciarius) die Parteiwirren in Toskana schlichten und als Generalkapitän des Kirchenstaates besonders die unsicheren Gebiete der Romagna, der Mark Ancona und des Herzogtums Spoleto niederhalten (1301). Nochmals eröffneten sich durch die Karl von Valois zugedachte Rolle für die gefährdete französische Hegemonie in Italien die größten Aussichten, so wie sie nur in den besten Tagen Karls von Anjou bestanden hatten. Aber der Valois versagte völlig. »In Toskana«, schrieb der Florentiner Chronist Giovanni Villani höhnisch, »hätte er Frieden stiften sollen und er hinterließ es im Krieg; Sizilien hätte er bekriegen sollen und er ließ es zu seiner Schmach in Frieden.« So konnte Friedrich III. in einem vorläufigen Friedensschluß zu Caltabellota (1302) zum erstenmal die Anerkennung seines Besitzes erreichen. Im Grunde genommen war es freilich nur ein Waffenstillstand,

die Anjou hatten ihren Anspruch auf die Insel keineswegs aufgegeben und haben ihre Bemühungen um deren Rückgewinnung bald wieder fortgesetzt.

Natürlich konnte das jahrzehntelange Ringen der beiden
feindlichen Häuser nicht ohne schwerwiegende Folgen für
die inneren Verhältnisse der umkämpften Länder bleiben.
Die zentrale Königsgewalt vor allem erlitt schwere, kaum
wieder gut zu machende Rückschläge. Der große Adel, den
sich die Herrscher bei gutem Willen erhalten mußten, bekam wieder die Vorhand. Auf dem Festland wurden ihm
viele Städte, die bisher unmittelbar dem König unterstellt
waren, in mehr oder weniger weitgehenden Privilegien ausgeliefert. In Sizilien erlebt das ›Parlament‹, das in seinen Anfängen bis in die Normannenzeit zurückreicht, aber durch
das überlegene Königtum immer wieder in den Schatten gestellt wurde, seine endgültige Konstituierung. Es ist eine Versammlung des Adels, des hohen Klerus und von Vertretern
der königlichen Städte, die das Recht besaß, über Krieg und
Frieden zu beraten, Steuern zu genehmigen und die öffentlichen Beamten zur Verantwortung zu ziehen. Die Einrichtung
hat sich, später freilich nur mehr formal, bis ins 19. Jahrhundert
herein erhalten.

Die Anjouherrschaft in Italien ist immer nur ein Teil des
jungen gesamtfranzösischen Aufstiegswillens gewesen. Die
weitere Entwicklung macht dies besonders deutlich. In Philipp IV. dem Schönen von Frankreich (1285–1314) erstand
der französischen Großmachtpolitik ein Vertreter, der es an
Geschick, Rücksichtslosigkeit und Erfolg mit dem ersten
Anjoukönig aufnehmen konnte und dessen weltgeschichtli-
cher Zusammenstoß mit dem radikalsten Vertreter des mittelalterlichen päpstlichen Hierokratismus, mit Bonifaz VIII. auch
über das Schicksal eines wesentlichen Teiles Italiens mitent-
schied. Nach dem Tode dieses Papstes war die päpstliche Kurie,
diese seit einem halben Jahrhundert vom französischen Machtwillen so heiß umkämpfte Festung, für lange Jahrzehnte endgültig erobert. Nach einem kurzen und schwächlichen Zwischenpontifikat wanderte sie unter dem Franzosen Clemens V.
für 70 Jahre aus Italien aus und ließ sich in der unmittelbarsten

Nachbarschaft des französischen Machtbereiches, in Avignon, nieder (1305–1378). Das Papsttum und damit die Vertretung seiner ganzen weitgespannten territorialen Interessen in Italien ist damit von Frankreich und für Frankreich mit Beschlag belegt worden, in einem Ausmaß und mit einem Nachdruck wie kaum je zuvor.

An dieser Stelle ist zunächst eine Betrachtung der nördlichen und mittleren Landschaften der Apenninenhalbinsel – ›Reichsitaliens‹ und des Kirchenstaates also – wenigstens in ihren markantesten Zügen notwendig. Mehr als irgendein anderes Gebiet hat der Zusammenbruch des Kaisertums Reichsitalien vor eine neue Situation gestellt: hier war gleichsam ein machtpolitischer Leerraum enstanden, den niemand – weder das Papsttum noch die Anjoudynastie – auszufüllen vermochte, so sehr auch das Bedürfnis nach einem großräumigeren Ordnungsfaktor immer wieder gefühlt und laut geworden ist.

So blieb es dabei, daß der Entfaltung der zahllosen Einzelwünsche und Einzelbestrebungen auch die letzten Fesseln abgestreift waren. Stadt steht gegen Stadt. Der Haß und die Feindschaft gegen die Nachbarkommune, ihre Niederhaltung und womöglich ihre völlige Unterwerfung umschreibt fast den ganzen Horizont, den das politische Wollen der städtischen Führung in sich schließt. Für den Chronisten von Perugia etwa sind die Bewohner von Arezzo nichts anderes als ›unsere natürlichen Feinde‹, ein Wort, das für Dutzende und Hunderte von Fällen gleicher Gesinnung zeugt. Aber auch die einzelne Stadt ist alles eher als ein in sich geschlossener einheitlicher Wille: »Es spaltete sich die Stadt Florenz, so schreibt etwa ein Chronist, und es bildeten sich zwei Parteien derart, daß es weder Mann noch Frau, weder groß noch klein, weder Mönch nach Priester gab, die nicht Partei ergriffen hätten.« In schnellem Wechsel von Revolution und Gegenrevolution lösen sich die streitenden Faktionen in der Macht ab, wobei die Unterlegenen als Verbannte in die Fremde wandern müssen und dort auf die nächste Gelegenheit warten, um als Sieger in die Heimatstadt zurückzukehren und nun sogleich der anderen Partei das gleiche Schicksal der ›Fuorusciti‹ (Verbannten) zu bereiten. Von dem Ingrimm und der Verbissenheit, die hier das Wort führten, kann man sich nur schwer eine richtige Vorstellung machen. Der alte Schlachtruf ›guelfisch‹ und ›ghibellinisch‹ dröhnt mit gesteigerter Heftigkeit durchs Land, aber die Begriffe sind ihres inneren Gehaltes entleert und bis zur Umkehr ihrer früheren Bedeutung sinnlos geworden. ›Höllische Namen‹ (tartarea nomina) seien es geworden, bemerken ingrimmig die Genueser Annalen. Höchstens daß sich unter dem guelfischen Schlagwort noch mehr die bürgerlichen Interessen – die des reichen Bürgertums des ›popolo grasso‹ sowohl, wie die des kleineren, des ›popolo minuto‹ – verbergen, während sich im Ghibellinentum mehr das Machtstreben des Adels zusammenschließt.

Doch im Kampf aller gegen alle versagen die demokratischen Ideale, unter deren Flagge die Städte seit 200 Jahren aufgestiegen waren, mehr und mehr gegenüber den Anforderungen, die der einfache Selbsterhaltungstrieb der einzelnen Kommune an sie stellte. So läßt das spätere 13. und das beginnende 14. Jahrhundert eine neue Herrschaftsform entstehen, die das politische Gesicht von zwei Jahrhunderten und vor allem das der Renaissance bestimmen und für die italienische Geschichte so typisch werden wird: die Signorie. In der Signorie sind innerhalb der einzelnen Städte wieder echte, tragfähige Machtzentren erstanden; doch wenn ihr mit der Zeit (an der Wende vom 14. zum 15. Jahrhundert) in beschränktem Ausmaß auch die Bildung von einigermaßen größeren Territorien geglückt ist: das *eine* Hauptproblem, die Neuschaffung einer übergeordneten, aus der Zersplitterung wirklich herausführenden Gewalt, blieb auch von der Signorie ungelöst.

Ihre Entstehung unterliegt im Einzelnen manchen Schwankungen. Für gewöhnlich kristallisieren sich aus den kommunalen Kämpfen vielleicht zwei oder drei städtische Familien als die mächtigsten heraus, von denen dann wiederum eine, dank eines besonders begabten und rücksichtslosen Vertreters oder dank besonders glücklicher Umstände, die anderen aus dem Felde schlagen und alle Gewalt in ihren eigenen Händen

zusammenfassen konnte. In manchen, aber selteneren Fällen
sind es auch Feudalherren mit vorwiegend ländlichem Besitz
gewesen, die Gewalt über eine oder mehrere der benachbarten Städte bekamen und so entwicklungsgeschichtlich eine
gewisse äußere Verbindung zwischen dem Feudaladel alten
Stiles und dem neuen signorilen Adel herstellten. Die republikanischen Rechte der Bürgerschaft: freie Wahl der Behörden und vor allem die ständige Mitregierung in den städtischen Körperschaften sind nach und nach zurückgedrängt
worden und in Vergessenheit geraten oder zu bloßen formalen Einrichtungen herabgesunken. Als das wichtigste Zwischenglied im Zug der ganzen Entwicklung gibt sich meist
das Amt des Podestà zu erkennen (Ende 12., Anfang 13. Jahrhundert; Name und Amt sind ursprünglich staufisch-kaiser-
licher Herkunft!). Der Podestà übte die Alleinherrschaft aus,
aber um die demokratischen Rechte nicht ganz aus der Hand
zu geben, war sein Auftrag zeitlich auf ein, zwei oder fünf
Jahre befristet. In vielen Fällen hat man außerdem zu diesem
Amt nicht einen Bürger der eigenen Stadt berufen, sondern
sich einen Fremden, der jenseits der unversöhnlichen heimischen Parteigegensätze stehen sollte, geholt. Doch vermochten solche Vorsichtsmaßregeln den endgültigen Verfall der
republikanischen Selbständigkeit nur zu verzögern, aber nicht
wirklich aufzuhalten. Der Podestà wurde, wenn er mit Geschick und zur Zufriedenheit regierte, im Amt verlängert
oder gar auf Lebenszeit ernannt, seine Gewalt wurde dabei
immer umfassender und vollständiger, mit einem Wort: er
wurde zum Signore. Die erbliche Festlegung der Würde freilich in einer Familie blieb bei alledem der schwierigste Punkt,
denn im Hintergrund standen ja immer noch die vom Signore
verdrängten Familien und sie warteten nur auf die nächste
günstige Gelegenheit, um ihrerseits an die Macht zu kommen.
Viele Dynastenschicksale sind gerade an dieser gefährlichen
Klippe zerschellt, aber einem beträchtlichen Teil der neuen
Alleinherrscher gelang es doch, auch sie glücklich zu um-
schiffen, denn schließlich konnte ja erst die Erblichkeit die
durch die Verhältnisse so dringend gebotene Stabilität der
Herrschaft sicherstellen. Eine ähnliche Rolle wie das Amt des

Podestà spielt in der Entwicklung zur Signorie auch das neu aufkommende Amt des ›Capitano del popolo‹, das ursprünglich einen vorzüglich militärischen Charakter besaß; in ebenfalls vorerst zeitlich beschränkter Form wurde der ›Volkskapitän‹ an die Spitze der bürgerlichen Milizen gestellt. Für die ideologische Unterbauung der Signorie aber ist das römische Recht weitgehend Pate gestanden, das sich jetzt unter den gewandelten Verhältnissen auch im beschränkten Raum der Kommune voll zu entfalten vermochte.

Als wichtigstes Charakteristikum der neuen Herrschaftsform aber ist festzuhalten: die Signorie ist auf Gedeih und Verderb mit der Stadt verknüpft. Nicht im ländlichen Grundbesitz und in festen Landschlössern wie beim alten Feudaladel liegen die Wurzeln ihrer Kraft, sondern in der städtischen Wirtschaftsform des Geldwesens, des Handels und Gewerbes, und im Bürgertum mit seiner spezifischen sozialen und kulturellen Eigenart. Zum guten Teil kommt die Signorie unmittelbar auf den Schultern der Zünfte, die sich gegen die aristokratische Oberschicht zur Wehr setzen, in die Höhe. Aus dieser Verbindung des städtischen Kulturkreises mit der monarchisch-autokratischen Herrschaftsform entsteht diese bedeutsamste sozial-ständische Neubildung des Zeitalters – der künftige Träger alles dessen, was man Renaissance nennen wird.

Es ist daher nicht verwunderlich, daß sich der Lebensbereich der Signorie völlig mit der räumlichen Verbreitung der Kommunen deckt, d. h. von deren Dichte und Stärke unmittelbar abhängig ist. In der Lombardei und in der Romagna sowie noch in den angrenzenden Gebieten der Mark Ancona liegt von Anfang an ihre Hauptstärke. Auch in Toskana beansprucht sie noch einen beträchtlichen Raum; noch weiter gegen Süden, gegen das Herzogtum Spoleto und das kirchenstaatliche Tuszien zu, verliert sie sich in wenigen und schwächlichen Ausläufern.

Der viel gebrauchte zeitgenössische Ausdruck für die Signorie ist ›Tyrannis‹. Das besagt zunächst nur, daß der ›Tyrann‹ die Herrschaft durch Gewaltstreich an sich gerissen hat, daß diese in ihren Wurzeln illegitim war. Seine Regierung selbst

mußte deswegen keineswegs immer ›tyrannisch‹ im land-
läufigen Sinn sein. Allerdings den Standesgenossen gegenüber, aus deren Kreis er herausgewachsen war, hat der Signore
für gewöhnlich alle Mittel der Brutalität, der Hinterlist und
des Verrates unbedenklich eingesetzt, da sie ja im Grunde
nach Gleichem strebten und nur zur ständigen Bedrohung
seiner Herrschaft lebten. Aber doch ist die Zahl derjenigen
›Tyrannen‹, die sich – abgesehen von ihrem oft großartigen
Mäzenatentum für Kunst und Wissenschaft – im wohlver-
standenen eigenen Interesse um eine fruchtbare, positive und
volksfreundliche Regierung bemühten, nicht ganz gering.
Jene gefährlichen Rivalen wiesen ja den einsichtigen Signore
gerade auf die breiten Kreise des mittleren und kleinen Bürgertums als auf die zuverlässigsten Stützen seiner Herrschaft
hin. Förderung von Handel und Gewerbe aber, die Hebung
des allgemeinen Wohlstandes – der dann wieder der Steuer-
kraft des Landes zugute kam! – der Schutz der Kleinen und
wirtschaftlich Schwachen, die unparteiische Handhabung des
Rechtswesens u. dgl. waren die besten Mittel, um diese Volksschichten zu gewinnen. Freilich nur bei einigermaßen gesicherten Verhältnissen konnten sich solche gute Absichten
fühlbar auswirken. Für gewöhnlich haben die ständigen Kriege
und die damit verbundenen harten Steuerlasten das meiste
wieder zunichte gemacht und auch das breite Volk den ehrgeizigen Anführern neuer Umsturzversuche allzu leicht in die
Arme getrieben. Und neben diesem besseren und in einigen
Persönlichkeiten sogar hervorragenden Herrschertyp der
Signorie gab es natürlich auch genug solche, die ›Tyrannen‹
im Vollsinn des Wortes blieben, deren Herrschaft sich in bloßer Willkür und Gewalttat erschöpfte.

Mit Männern dieses letzteren Typs tritt die Signorie noch
in den Zeiten Friedrichs II. zum erstenmal in Erscheinung,
mit *Oberto Pallavicini* (gest. 1269), der neben verschiedenen
kleineren Städten Cremona, Pavia, Piacenza und zeitweise
(gegen Ende der fünfziger Jahre) selbst Mailand beherrschte,
und mit dem weit berühmteren *Ezzelino da Romano*, dem
Schwiegersohn des Kaisers. 1232 bereits bekommt Ezzelino
mit Friedrichs Unterstützung Verona in seine Gewalt, vier

Jahre später auch Vicenza und Padua und mit der Zeit die ganze Mark Treviso. Alle Widerstände und Verschwörungen hat er in unerhörten Bluttaten erstickt. »Keiner der Späteren«, so urteilt Jakob Burckhardt über ihn, »auch Cesare Borgia nicht, hat ihn an Kolossalität des Verbrechens irgendwie erreicht.« Schließlich, als er die Hand selbst nach Mailand ausstreckte, vereinigten sich Guelfen und Ghibellinen in einer Liga gegen ihn, die seinem Wüten das verdiente Ende bereiten konnte; an den in einer Schlacht erhaltenen Wunden ist er 1259 gestorben.

Was Ezzelino versagt blieb, die Dynastienbildung, gelang bereits seinem klügeren und maßvolleren Nachfolger in der Macht, dem Mastino della Scala (der Name der Familie erscheint auch in der Form Scaliger). Noch 1259 wird er Podestà in *Verona*, wenige Jahre später vervollkommnet die Stadt seine Herrschgewalt mit der Ernennung zum Capitano del popolo. 1277 wird er ermordet, aber die Familie bleibt obenauf. Sein Bruder Alberto folgt ihm unmittelbar als Capitano auf Lebenszeit und vererbt das Amt der Reihe nach auf seine drei Söhne. Der jüngste von ihnen, Cangrande della Scala, Alleinherrscher seit 1311, ist das hervorragendste Mitglied der ganzen Familie, ja eine der vornehmsten und imposantesten Gestalten der älteren Signorie überhaupt. Vicenza und nach jahrelangen Kämpfen auch Padua ergeben sich ihm (1320 bzw. 1328), bis zu seinem frühen Tod (1329) bleibt er der mächtigste Herr des östlichen Oberitalien und der unbestrittene Führer des dortigen Ghibellinentums. Doch ist er nicht nur ruheloser Eroberer gewesen, vielmehr gehört er zu den ersten Signoren, an deren Hof sich Gelehrte und Künstler zusammenfinden konnten – als Beschützer und Gastfreund Dantes hat er seinem Namen Eingang in die große Geistesgeschichte verschafft. Die Familie behauptet sich dann noch fast das ganze Jahrhundert in ihrem Besitz – zeitweise gelingt sogar noch eine erhebliche Machterweiterung – erst 1387 wird sie von den Visconti in Mailand, die unterdessen zur ersten Macht herangewachsen waren, für immer gestürzt.

Für gewöhnlich jedoch ist die Entstehungsgeschichte der einzelnen Signorien weit bewegter und reicher an Wechsel-

fällen. Im benachbarten *Mantua* ergreift 1257 ein Graf Lodo-
vico von San Bonifazio als Volkskapitän die Macht, 1272
bringt eine Revolution das Haus der Bonacolsi an die Spitze
des Staatswesens, 1328 wird ihr letzter Vertreter Passerino
durch das neue Geschlecht der Gonzaga gestürzt. Die Gonzaga aber werden das langlebigste Geschlecht unter allen italienischen Signorenfamilien: 300 Jahre lang, bis zu ihrem Aussterben (1628), werden sie das Regiment über die Stadt Mantua führen.

Länger als fast in allen anderen oberitalienischen Städten
hat sich die republikanische Verfassung in *Padua* behauptet.
Erst die dauernde Bedrohung der in Parteien zerrissenen Stadt
durch Cangrande della Scala führt (1318) zur Ernennung des
Jacopo da Carrara zum Capitano und Signore mit unbe-
schränkten Vollmachten. Doch schon im Jahre darauf wurde
die Signorie vorübergehend einem Fremden, Friedrich dem
Schönen von Österreich, übertragen. 1328 glückte es Cangrande doch, die Stadt in seinen Besitz zu bringen, aber zehn
Jahre nachher befreit sich Padua aus der Scaligerherrschaft
und überträgt den Carrara die erbliche Signorie (1337), die
sie nun trotz schwerer Familiengreuel bis gegen Ende des
Jahrhunderts behaupten.

Ferrara gehört zwar seit Innozenz III. theoretisch zum Kirchenstaat, doch das ganze 13. Jahrhundert hindurch ist der
Anspruch des Papstes fast nur auf dem Papier gestanden. Die
Kämpfe zwischen den guelfischen Este – sie bleiben zum
Schluß Sieger – und den ghibellinischen Salinguerra führen
bis in die Anfänge der Regierungszeit Friedrichs II. zurück.
1264 richtet sich Obizzo d'Este als ›generalis et perpetuus do-
minus‹ in der Macht ein und gewinnt auch die erbliche Herrschaft über Modena (1289) und Reggio (1290). Ohne Schwierigkeit folgt auf Obizzo sein Sohn Azzo VIII. (1293). Erst
nach dessen Tod (1308) – er hinterläßt keine legitimen Nachkommen – gelingt es der Kurie, die Este zu verdrängen und
Ferrara unmittelbar in ihre Verwaltung zu nehmen. Aber bereits 1317 haben Azzos Neffen in einer erfolgreichen Revolution die Macht der Familie fast uneingeschränkt wiederhergestellt.

Mailand war, indem es unmittelbar über Bergamo, Vercelli, Como, Lodi und andere kleinere Orte gebot, längst zum Vorort der westlichen Lombardei herangewachsen. Die Umwandlung der Kommune zur Signorie sollte der Stadt, wenn auch in sehr langsamer, wirrenreicher Entwicklung, noch eine weitere gewaltige Machtsteigerung einbringen. Adel (Nobili, Capitani) und Bürgerschaft (Popolari) standen sich hier besonders scharf gegenüber, dazu kommt der allgemeine guelfisch-ghibellinische Gegensatz. Mehr als ein halbes Jahrhundert lang ringen zwei Familien, die della Torre und die Visconti, unentschieden miteinander. Pagano della Torre, ein Mann mit beträchtlichem Feudalbesitz in den naheliegenden Alpentälern, wird von der Bürgerschaft zum Schutz gegen den Adel zum Capitano del popolo ernannt (vierziger Jahre des 13. Jahrhunderts). Nach ihm behauptet sich zunächst sein Neffe Martin; seit 1259 muß dieser sich jedoch mit dem Markgrafen Pallavicini, der für fünf Jahre zum Capitano gewählt wird, in die Macht teilen. Seit 1265 führt Napoleone della Torre das Regiment als Podestà auf Lebenszeit (und seit 1274 auch als kaiserlicher Vikar), bis seine Familie die Signorie über Mailand auf die Dauer von fünf Jahren an Karl von Anjou überträgt. In den siebziger Jahren tritt dann das Geschlecht der Visconti auf den Plan. Der Papst ernennt Otto Visconti zum Erzbischof von Mailand, die della Torre verweigern ihm den Eintritt in die Stadt; Otto Visconti setzt sich jedoch durch und wird zum Signore auf Lebenszeit ernannt (1277). Doch fühlt er sich nicht stark genug und tritt sein Amt an Wilhelm von Montferrat, den ›großen Markgrafen‹ (1253–1292) ab, der im Umkreis seines Feudalstaates schon eine ganze Reihe von Städten (Alessandria, Tortona, Ivrea, Novara, Pavia) unterworfen hatte. Aber ein Aufstand im Mailänder Gebiet erhebt Otto Visconti erneut zum Signore (1282). Nach Jahren erbitterter Kämpfe mit den della Torre behalten die Visconti die Oberhand: 1287 wird Matteo Visconti, ein Großneffe des Erzbischofs, Capitano del popolo. In diesen Wirren geht auch die Macht des Hauses Montferrat zum größten Teil zugrunde. Novara, Alessandria, Pavia und andere Städte werden zum Mailänder Territorium geschla-

gen. Aber 1302 wird das Haus Visconti gestürzt, die gegneri-
sche Familie kehrt nach fünfundzwanzigjähriger Verbannung
zurück und Guido della Torre wird 1308 zum Capitano del
popolo auf Lebenszeit ernannt. Die Visconti kämpfen als
›Fuorusciti‹ weiter. Als Kaiser Heinrich VII. 1310 über die Alpen kam, führte er sie in die Stadt zurück, im vergeblichen
Glauben beide Parteien miteinander aussöhnen zu können.
Matteo Visconti gewinnt schließlich den Kampf um die
Macht und erhält auch die Bestätigung als kaiserlicher Vikar,
die della Torre haben endgültig ausgespielt. Von hier ab beginnt der ständige Aufstieg der Visconti, der sie zu Ende des
14. Jahrhunderts bis nahe an die italienische Königskrone her-
anführen wird.

Die innere Geschichte der ligurischen Seestadt *Genua*
wurde durch die neuen Entwicklungstendenzen in ein besonders bewegtes und umsturzreiches Fahrwasser gerissen. Ari-
stokratisch-oligarchische Verfassungsformen, ähnlich den-
jenigen von Venedig, werden ständig von republikanischen
und signorilen Bestrebungen durchkreuzt, keine dieser Herrschaftsformen gelangt zu einem eindeutigen Sieg. 1257 tritt
Wilhelm Boccanegra als ghibellinischer Capitano del Popolo
auf, 1262 wird er vom guelfischen Adel gestürzt, der einen
fremden Podestà beruft. 1270 bereits kommen wieder die
Ghibellinen obenauf und ernennen zwei einheimische Capitanei, Oberto Spinula und Oberto Doria, die durch einen
Rat der Alten (Anziani) konstitutionell beschränkt bleiben
und bis 1291 das Regiment führen können. Dann entschloß
man sich, wieder jährlich einen auswärtigen Podestà zu wählen, bis man 1296 zum Doppelkapitaneat der beiden ghibellinischen Familien zurückkehrte; aber die bisher im ganzen
einträchtig zusammenarbeitenden Spinula und Doria ent-
zweiten sich jetzt mehr und mehr. Obizzo Spinula schwingt
sich 1308 zum ›Capitaneus perpetuus et generalis‹ auf. Doch
schon im folgenden Jahre stürzte ihn der vereinte guelfische
und ghibellinische Adel. Eine Körperschaft von zwölf ›Gu-
bernatoren‹, zur Hälfte Nobili und zur Hälfte Popolari, übernimmt die Regierung, die Spinula müssen in die Verbannung.
Im Gefolge Heinrichs VII. kehren sie zurück, aber die vom

Kaiser versuchte Versöhnung mit den Doria mißglückt. Nun läßt sich Heinrich VII. selbst von der im Streit zerklüfteten Stadt zum lebenslänglichen Signore wählen und ernennt einen Fremden, Uguccione della Faggiuola, zu seinem Vikar (1311). Da dieser bald im Toskanischen anderen Zielen nachjagt, brach der Bürgerkrieg von neuem aus: die Stadt trieb immer tiefer in die Parteiwirren hinein.

Nichts hat der Lagunenstadt *Venedig* mehr zum Endsieg, den sie im späten 14. Jahrhundert über die ligurische Rivalin erringen wird, verholfen als die von allen übrigen Städten so scharf abstechende Ruhe und Gleichmäßigkeit der inneren Verfassung. Hier gibt es keine Volksherrschaft und keine Signorie. Die Namen guelfisch und ghibellinisch haben keinen Klang. Die in langen Jahrhunderten herangewachsene Regierungsform behauptet sich in ihren wesentlichen Merkmalen auch in den Zeiten, in denen die anderen Städte die tiefstgreifenden Wandlungen durchmachen müssen. An der Spitze des Staatswesens steht der von seiner Wahl ab gewöhnlich lebenslang regierende Doge, aber seine Gewalt bleibt beschränkt durch den ›Großen Rat‹, in dem die vornehmsten Familien sitzen und über alle wichtigen Fragen entscheiden. Diese ausgesprochen aristokratisch-oligarische Herrschaftsform erfährt in den Jahren 1297-1319 durch eine Reihe von Gesetzen ihre Besiegelung und ihren verfassungsrechtlichen Abschluß. Diejenigen Familien, die Zutritt zum Großen Rat besitzen, sind nun genau bestimmt, die Erblichkeit der Ratsfähigkeit ist damit festgelegt. Das ist die sogenannte ›Schließung des Großen Rates‹ (Serrata del Gran Consilio). Die Aufnahme neuer Familien konnte nur mehr in der Form einer Selbstergänzung der Ratsaristokratie geschehen. Eine Verschwörung des Bajamonte Tiepolo (1310) gegen die also gefestigte Staatsgewalt mißglückte völlig und hatte nur zur Folge, daß sich die herrschende Schicht eine geheime Staatspolizei schuf, eine im italienischen Städtewesen einzigartige Institution: den ›Rat der Zehn‹, der, vom Großen Rat auf jeweils ein Jahr gewählt, über die Staatssicherheit zu wachen, die Kriminalfälle des Adels zu behandeln und auch die Sittenpolizei zu führen hatte. Die von ihm angestrengten Prozesse wurden geheim geführt und der Angeklagte besaß nur beschränkte Möglichkeiten zur Verteidigung. Das Verfahren war aber an einen genauen Rechtsgang gebunden, zu dessen Sicherung später noch mehr Beigeordnete zugezogen wurden. Das venezianische Staatswesen ist durch diese Einrichtung (die bis zum Ende der Republik 1797 bestehen blieb) wie kaum ein anderes vor inneren Erschütterungen und Umstürzen bewahrt geblieben.

In *Toskana* vermochte sich die Signorie in unserem Zeitabschnitt in keiner Stadt endgültig durchzusetzen. So wenig das demokratische Element imstande war, geordnete und gesicherte Verhältnisse herzustellen, seine Kraft reichte doch aus, um sich mit mehr oder weniger Erfolg neben der Alleinherrschaft zu behaupten.

Das bisher ghibellinische Regiment der Stadt *Pisa* – geschwächt durch den unglücklichen Ausgang der Seeschlacht bei Meloria (1284) und den gleichzeitigen Krieg mit Florenz und einer guelfischen Liga – wurde durch den guelfischen Grafen Ugolino della Gherardesca, der 1284/1285 als Podestà und Capitano generale das Steuer ergriff, gestürzt. Aber unter Führung des Erzbischofs von Pisa, Ruggiero Ubaldini wurde die Ghibellinenherrschaft wiederhergestellt – die aber nur erneut die toskanischen Guelfen gegen die Stadt und das mit ihr verbündete Arezzo auf den Plan rief. Pisa verschrieb sich nun dem großen Ghibellinenführer Guido von Montefeltre, dem auf drei Jahre die gleiche Stellung übertragen wurde, wie sie Gherardesca inne gehabt hatte. Nach Ablauf der Frist konnten die vertriebenen Guelfen zurückkehren, doch blieb die Führung der Stadt in der Hauptsache ghibellinisch. Uguccione della Faggiuola, Heinrichs VII. Vikar in Genua, übernahm Ende 1312 die Regierung, zwei Jahre später bemächtigte er sich auch des benachbarten Lucca. In Verbindung mit Cangrande della Scala von Verona und mit Passerino Bonacolsi von Mantua drohte er den toskanischen Guelfen und insbesondere Florenz völlig über den Kopf zu wachsen, bis 1316 ein Aufstand seiner Herrschaft in Pisa wie in Lucca ein Ende machte. Unter der Signorie des Grafen Gaddo della Gherardesca kamen für die vielgeprüfte Stadt einige ruhige Jahre (bis 1320), aber von einer wirklich gesicherten Herrschaft blieb sie weit entfernt.

Lucca verschrieb sich im engen Anschluß an Florenz der guelfischen Fahne. 1267 wurde hier ebenso wie in Pistoja, Prato und Florenz Karl von Anjou auf sechs Jahre zum Podestà erwählt. Der eben erwähnte Faggiuola konnte jedoch vorübergehend Lucca mit dem ghibellinischen Pisa zu einer einzigen Herrschaft zusammenfassen. Sein Sturz (1316) brachte einen der bedeutendsten Städteführer in Toskana, Castruccio Castracane, als (zuerst zeitlich beschränkten, dann lebenslänglichen) Signore an die Herrschaft. In den 20er Jahren stieg er als Herr von Lucca, Pistoja, Prato, Volterra zum stärksten Machthaber in ganz Toskana auf. Sein Tod (1328) ließ alles wieder auseinanderfallen, für Lucca kehrten Tage trübster Wirrnisse zurück.

In *Siena* trat zum erstenmal 1253 ein Capitano del popolo auf. Lange Kriege mit dem guelfischen Florenz beschworen innere Unruhen herauf, in denen der ghibellinische Adel zurückgedrängt wurde. Und nach dem Sturz König Manfreds (1266) mußte Siena die Herrschaft Karls von Anjou, des vom Papst für Toskana ernannten Reichsvikars, anerkennen. Die folgenden Jahre sind von Wirren zwischen Popolari und Nobili erfüllt. Unter den letzteren sind es seit Beginn des 14. Jahrhunderts besonders die beiden Familien der Salimbeni und Tolomei, deren Rivalität die Stadt immer wieder aufs neue beunruhigte; doch niemand war stark genug, um die Macht dauernd an sich zu nehmen.

Die Zukunft Toskanas gehörte *Florenz.* Aber sehr weit war der Weg, der die Stadt dem frühzeitig angestrebten Ziel, gebietender Vorort des ganzen Tuszien zu werden, zuführte. Er umfaßt eineinhalb Jahrhunderte zahlloser innerer Wirren und Umstürze – hervorgerufen sowohl durch den Gegensatz zwischen Guelfen und Ghibellinen wie durch die sozialen Auseinandersetzungen zwischen Adel, großem und kleinem Bürgertum – und ebenso vieler äußerer Kämpfe mit Siegen und Niederlagen in bunter Folge. Der Tod Kaiser Friedrichs II. macht der Herrschaft des ghibellinischen Adels ein Ende. Das Volk gibt sich eine Verfassung und beruft zu-

nächst einen auswärtigen Adeligen, den Mailänder Uberto
von Mandello, als Capitano del popolo, dem zwölf Älteste
(Anziani) zur Seite stehen. Schnell leben jedoch die Feindseligkeiten zwischen Guelfen und Ghibellinen, verbunden
mit Kämpfen gegen die auswärtigen Feinde, unter denen
Siena obenansteht, wieder auf. In der Schlacht bei Montaperti (1260) erringen Siena und seine ghibellinischen Verbündeten (unter ihnen auch König Manfred) einen Sieg. Die
Ghibellinen, an ihrer Spitze Graf Guido Novello und Farinata
degli Uberti, halten triumphierenden Einzug in Florenz. Wen-
dig sucht die höhere Bürgerschaft den Anschluß an die neuen
Herren. Und doch hatten die Sieger, vorab Manfred und
Siena, aber auch die florentinischen Ghibellinen selbst, nichts
anderes im Sinn, als die blühende Stadt dem Erdboden gleich-
zumachen und den Rest der Bürgerschaft in mehreren offenen
Marktflecken anzusiedeln! Allein der flammende Einspruch,
den der edle Farinata gegen solche Barbarei erhob, hat damals die Stadt vor diesem bitteren Schicksal gerettet.

Nach Manfreds Sturz war es auch mit der ghibellinischen
Herrschaft in Florenz vorbei. Auf Antrag des guelfischen Volkes übernimmt Karl von Anjou 1267 die Signorie auf zehn
Jahre. Gegen 3000 ghibellinische Bürger trifft das Los der
Verbannung. Florenz stellt sich an die Spitze des Guelfen-
bundes, der von Perugia bis Bologna reicht und von dem
sich nur noch Siena und Pisa fernhalten können. Zur selben
Zeit haben mit dem Mailänder della Torre die Guelfen auch
in der westlichen Lombardei das Heft in der Hand – mit ihnen
aber und durch sie der ›Schutzherr‹ Karl von Anjou!

Die Bemühungen der Päpste Gregor X. und Nikolaus III.
über die Besänftigung der alles zerstörenden Parteiwut und
die Sammlung der einheimischen Kräfte gegen den Machteinfluß des unteritalienischen Herrschers anzukämpfen, hatten
zunächst Erfolg: der Kardinal Latino brachte in Florenz einen
Frieden zustande (1280). Die Regierung übernahm jetzt eine
Körperschaft von vierzehn ›Buonuomini‹, acht davon Guelfen und sechs Ghibellinen. Doch zwei Jahre später müssen
die Ghibellinen aufs neue in die Verbannung. Es folgt eine
reine Volksherrschaft der Zünfte. Auch die guelfischen Ade-

ligen dürfen sich am öffentlichen Leben nur beteiligen, wenn sie sich in eine der höheren Zünfte einschreiben lassen. Zehn Jahre später aber schwingt sich einer von ihnen, Giano della Bella, zum Führer des Volkes auf und bringt es dazu, daß seine Standesgenossen aus den Zünften und damit aus dem Staatsleben wieder ausgeschlossen werden (1293). Die Rückkehr jeder Adelsherrschaft, gleichviel ob guelfisch oder ghibellinisch, sollte unmöglich gemacht werden. Das sind die sogenannten ›Ordnungen der Gerechtigkeit‹ (Ordinamenti della giustizia), erlassen »zum Nutzen der Republik, zur Eintracht und Mehrung des friedlichen Zustandes der Handwerker, der Zünfte und der ganzen Kommune«. Fast 150 Familien bis hinein in die letzten Verwandtschaftsverzweigungen sind durch sie entrechtet worden und jeder irgendwie ›Verdächtige‹ konnte auf Grund dieser Gesetze auf dem einfachsten Weg ausgewiesen werden. Es war der Höhepunkt de-Volksherrschaft, zwei Jahre später ist Giano della Bella bereits gestürzt (1295). Die Ordinamenti bleiben zwar bestehen – sie bildeten noch jahrzehntelang einen wesentlichen Bestandteil der Florentiner Verfassung – aber sie erfahren eine beträchtliche Abschwächung, die auch den Vornehmen wieder im Rahmen der höheren Zünfte Betätigungsmöglichkeiten einräumte.

Nun bildet sich um die zwei Familien der Cerchi und der Donati eine neue, in sich freilich ganz sinnlose Parteigruppierung: jene sammeln den Popolo minuto, die Ghibellinen und etliche reiche Kaufmannsfamilien um sich, diese den guelfischen Adel und einen Großteil des höheren Bürgertums. Die Cerchi sind die ›Weißen‹, die Donati die ›Schwarzen‹. Jetzt sucht Bonifaz VIII. einzugreifen, um Frieden zu stiften und – um selbst die Hand auf Florenz und Toskana zu legen! Aber das Werkzeug, das er sich dazu erwählte, der ›paciarius‹ Karl von Valois, war der Aufgabe in keiner Weise gewachsen. In blutigen Kämpfen behalten die Schwarzen den Sieg, die Weißen müssen aus der Stadt. Dante, damals in der Mitte der dreißiger Jahre stehend (geb. 1265), hatte mit Feuereifer die Partei der Weißen verfochten. Jetzt trifft ihn das Urteil der Gütereinziehung und Verbannung (1302). Bis zu seinem

Lebensende (1321) hat er die Heimatstadt nicht wieder gesehen. Erst dieses Unglück hat ihn für die Erkenntnis der Unfruchtbarkeit all dieser Parteiumtriebe reif gemacht; langsam
zog er sich auch von den bisherigen Parteifreunden in die einsame Welt seines inneren Reiches zurück, in das ihm nur die
Wenigsten zu folgen vermochten. Der Sieg der Schwarzen
aber ließ die Partei wieder in ihre bürgerliche und ihre guel-
fisch-adelige Gruppe zerfallen; der Führer der letzteren, Corso
Donati, verlor dabei Macht und Leben (1308). Zum Schutze
gegen den heranziehenden Heinrich VII. verschreibt sich die
Stadt dem König Robert von Neapel (Enkel Karls I. von
Anjou) und überträgt ihm die Signorie (1312). Die scharfe
Parteinahme gegen den Kaiser aber wird die Stadt nur in
neue äußere und innere Verwicklungen hereinziehen und ihr
auch im offenen Felde schwere Niederlagen zufügen.

Der *Kirchenstaat* bietet schon auf Grund seiner Zusammensetzung aus dem alten Patrimonium und den Rekuperationen
Innozenz' III. ein noch uneinheitlicheres Bild, da beide Land-
schaftsgruppen durch ihre inneren, stark voneinander abweichenden Entwicklungstendenzen auch weiterhin auf verschiedene Wege geführt werden.

Im Patrimonium – Rom, die Campagna und Maritima südlich, das römische Tuszien samt der Sabina nördlich davon –
bleibt das Städtewesen mit seinen spezifischen Wirtschafts-
und Kulturformen ganz unbedeutend (höchstens Viterbo und
Orvieto am Nordrand des Gebietes wären zu nennen). Hier
liegt nach wie vor der stärkste Lebensbereich des großgrundbesitzenden Feudaladels: der berühmten, zum Teil uralten
Geschlechter der Orsini und Colonna, der Frangipani und
Savelli oder der neu aufstrebenden Gaëtani. Dieser Adel ist
der eine wichtige Machtfaktor, mit dem die päpstliche Herrschaft im Patrimonium zu rechnen hat. Aber er kämpft nicht
gegen das Papsttum, sondern *um* dieses, d. h. um den beherrschenden Einfluß auf die Kurie. Bedeutsamer hebt sich aus
diesem steten, offenen oder stillen Ringen um die Macht nur
der Vernichtungskampf heraus, den der Gaëtanipapst Bonifaz VIII. gegen die Colonna geführt hat. Damals hat er wohl
Palestrina, die Hauptfestung des feindlichen Geschlechtes,

dem Erdboden gleichmachen und über ihren Boden den Pflug wegführen lassen können (1298), so wie es einst die alten Römer im eroberten Karthago getan hatten. Doch war auch dies nicht mehr als eine Episode zwar von besonderer Gewalttätigkeit, aber auch von ebenso schneller Vergänglichkeit. Denn all diesen römischen Adelsgeschlechtern war ja längst in Frankreich (s. o. S. 183 f.) ein gemeinsamer, übermächtiger Konkurrent erstanden.

Neben dem Feudaladel steht als zweiter, zum Teil selbständiger Machtfaktor die Stadt Rom selbst. Ihre vielfachen politischen Eigenbewegungen entspringen der alten, seit der Mitte des 12. Jahrhunderts wiedererwachten Ideologie der römischen Res publica und ihrer das ganze Erdenrund überstrahlenden Heiligkeit und Würde. Gewiß erflossen der Stadt aus dieser Ideologie bedeutende geistige Antriebe, aber sie blieben zu sehr im Bereich der Theorie verhaftet und ermangelten der realen Unterlagen, die Rom gestattet hätten, sich so wie die lombardischen oder tuszischen Städte wirklich auf eigene Füße zu stellen. So hat es die Stadt, bald im Bund mit dem Adel, bald ohne und gegen ihn, zwar immer verstanden, den Päpsten das Leben in ihren Mauern sauer genug zu machen. In der ganzen zweiten Hälfte des 13. Jahrhunderts residieren die meisten von ihnen weit lieber in den verschiedenen kleinen und ruhigeren Ortschaften des Patrimoniums als in dem ständig mit Sprengstoff geladenen Rom selbst. Aber in Wirklichkeit war die Verbindung zwischen Rom und dem Papsttum längst schon viel zu eng und unlöslich geworden, als daß die Stadt an eine ernsthafte und dauernde Trennung hätte denken können. Vor allem wirtschaftlich ist die Kurie, an der die Menschen aus aller Herren Ländern zu den verschiedensten Geschäften zusammenströmten, das Rückgrat und der unentbehrliche Halt Roms gewesen.

Das Patrimonium bleibt also das beharrende, konservative Land des Kirchenstaates, jenseits der politischen, wirtschaftlichen und kulturellen Umwälzungen des nördlichen Italien. Ganz anders steht es mit den zwei Hauptländern der Rekuperationen, der Romagna und der Mark Ancona, wogegen das dritte, das Herzogtum Spoleto (Umbrien), als Übergangsland erscheint, das in seinem nördlicheren Teil in Perugia noch einen sehr bedeutenden städtischen Mittelpunkt besitzt, sich im übrigen aber durch seinen starken feudalen Einschlag im ganzen doch mehr dem Charakter des Patrimoniums anschließt. Durch tausend Fäden wechselseitiger Verbindung und Beeinflussung sind Romagna und Mark Ancona entwicklungsgeschichtlich aufs engste mit der Lombardei (und auch mit Toskana) verknüpft. Nicht weniger wie jene sind sie durch ein reiches und selbstbewußtes, nach Selbständigkeit strebendes Städtewesen ausgezeichnet. Dadurch werden diese Landschaften innerhalb des kirchenstaatlichen Gefüges die wirtschaftlich wertvollsten und ertragreichsten, aber ebenso auch die politisch schwierigsten Gebiete. Die päpstliche Zentralregierung sah sich hier ganz vor dieselben Aufgaben gestellt, mit denen sich vordem das Kaisertum so endlos hatte abquälen müssen: vor alle Fragen der republikanischen Verfassung wie Wahl der Beamten aller Ränge, Entwicklung der Zünfte, freie städtische Gerichtsbarkeit. Und überdies ließ die kuriale Forderung einer strengen Beobachtung der Privilegien und Exemtionen des Klerus (Steuerfreiheit und Freiheit von der weltlichen Gerichtsbarkeit) weiteren Konfliktsstoff anwachsen. Dazu konnte die kuriale Herrschaft hier nicht wie im Patrimonium auf eine jahrhundertelange festigende Tradition zurückblicken, sondern sie war, praktisch genommen, etwas völlig Neues, das sich erst durchsetzen mußte. Und ferner: die Rekuperationen wurden nicht wie Rom und seine Umgebung durch die wirtschaftlichen Interessen auf die Kurie hingewiesen, im Gegenteil, diese mochte viel eher als Hemmnis für die freie Entfaltung der Kräfte empfunden werden. All das bewirkt, daß die neu erworbenen adriatischen Gebiete immer – und noch bis in das 19. Jahrhundert herein! – der päpstlichen Herrschaft innerlich weit fremder und kühler gegenüber gestanden sind als die römischen Landschaften.

Aus dieser Situation ist weder die Kommune noch die Kurie als der eigentliche Gewinner hervorgegangen, sondern eine dritte Macht: die Signorie. Die wirtschaftlichen und sozialen Voraussetzungen für die Entstehung der Signorie waren ja in der Romagna und Mark Ancona in gleicher Weise gegeben wie im benachbarten Reichsitalien. Und wenn dort der Kampf aller gegen alle zur Ausbildung dieser neuen Herrschaftsform gedrängt hatte, so konnte sie hier dem lokalen Selbständigkeitswillen gegen die Ansprüche der päpstlichen Zentralregierung helfend beispringen. In merkwürdiger Verkennung der Verhältnisse erhoffte sich aber auch umgekehrt die Kurie von der städtischen Einherrschaft ihren Vorteil: sie glaubte, mit den Signorien, die sich in ihre Lehensabhängigkeit begaben, besser zu fahren als mit den widerspenstigen Elementen der republikanischen Kommune, und hat daher ihr Aufkommen zunächst nicht ungern gesehen, ja es in manchen Fällen sogar begünstigt.

Nur in Ferrara mußte die Kurie von Anfang an mit der Signorie (vertreten durch die Este) als mit einer ziemlich feststehenden Tatsache rechnen. Sonst aber erwächst sie auf dem Boden des Kirchenstaates durchweg erst im letzten Drittel des 13. Jahrhunderts, also unmittelbar unter den Augen der kurialen Regierung. Im alten Ravenna ergreift 1275 die Familie der Polenta unter ihrem Führer Guido Novello die Macht. In Rimini gewinnen wenige Jahre später (1280/1281) die Malatesta die Herrschaft, in den kleineren Städten Camerino, Recanati und Macerata die Varano, in Forlì die Ordelaffi, in Urbino die Montefeltre. Einige von ihnen, wie besonders die Malatesta und die Montefeltre, werden zu den berühmtesten Dynastenfamilien des Renaissancezeitalters gehören.

Was die Wendung zur Signorie aber für die Kurie zu bedeuten hatte, sollte sich schnell genug zeigen. Bereits zu Anfang der achtziger Jahre, als der Franzose Martin IV. die Tiara trug und eine Reihe wichtiger kirchenstaatlicher Ämter in französischen Händen lag, erhebt sich die ganze Romagna sowie der nördliche Teil der Mark Ancona in einem mächtigen Aufstand, dessen Seele und Anführer der berühmte Kriegsheld Guido von Montefeltre war. Wenn auch die Fremdenfeindschaft keineswegs das ausschlaggebende Motiv des Aufstandes gewesen ist, so sprach doch ein gewisser nationaler Einschlag, ähnlich wie bei der gleichzeitigen Sizilianischen

Vesper, mit. Die Franzosen mußten das Land verlassen. Im
übrigen konnte die Kirche nach jahrelangen heißen Kämpfen
der Bewegung Herr werden. Der Montefeltre wurde in die
Verbannung geschickt (1286). Aber bereits wenige Jahre später (1290) erhoben die Polenta und die Malatesta die Fahne
des Aufruhrs und Guido von Montefeltre konnte sich ihnen
erneut anschließen und seinen Besitz zurückgewinnen. Auch
diesmal dauerte es an die vier Jahre, bis die Ruhe wiederhergestellt war.

Diese letzten zwei bis drei Jahrzehnte des 13. Jahrhunderts
haben die Geschichte der Rekuperationsgebiete – die sich im
Rahmen der kirchenstaatlichen Geschichte nun in den Vordergrund drängen – bis in die Renaissancezeit hinein in ihren
Umrissen festgelegt. Die zentralen Herrschaftsorgane und die
lokalen Signorien werden fast ständig in blutigem Kampf
miteinander liegen, oft scheint es, als ob der brutale Machtwille der großen Stadtherren die Einheit des staatlichen Gefüges überhaupt zersprengen würde. Auch im eigenen Staat
hat so die Kurie nur in sehr dürftiger Weise die machtpolitische Stellung und Aufgabe des gestürzten Kaisertums zu
übernehmen vermocht.

Dies also ist das Bild Italiens zu Anfang des 14. Jahrhunderts:
das südliche Festland dem französischen Machthaber unterworfen, das Papsttum, die ausgedehnteste Territorialmacht
der ganzen Halbinsel, gleichfalls im Schlepptau Frankreichs
und zugleich von der Widerspenstigkeit seiner eigenen Länder bedroht, die Insel Sizilien in den Händen der Aragonesen,
der ganze Norden aber in zahllose Machtgruppen und -grüpp-
chen zerrissen, in die sich, wo es nur immer möglich schien,
der Anjou einzunisten sucht. In ergrimmter Liebe hat Dante
seinem Vaterland im 6. Gesang des Purgatorio jenes denk-
würdige, von Leidenschaft glühende Straflied gesungen:

Italien, Sklavin, Haus des Schmerzes! Schau dich um . . .
such, ob irgendwo es Frieden gibt! Die die gleiche Mauer und
der gleiche Graben umgibt, sie zerfressen sich in ewigem
Krieg . . . Wehe dir, Volk! Den Cäsar müßtest du im Sattel
dulden, wenn du Gottes Willen recht erfüllen wolltest . . .

Wehe aber auch dir, deutscher Albrecht (König A. I., 1298 bis 1308, Sohn Rudolfs von Habsburg), du hast das wilde, ungezähmte Roß sich selbst überlassen!... Du hast geduldet, daß des Reiches Garten (il giardin dell'imperio) veröde... Komm, Grausamer, und sieh an die Bedrängnis deiner Edlen, hilf ihrer Not! Komm und sieh dein Rom, die verlassene Witwe, wie sie klagt und Tag und Nacht schreit: »Mein Cäsar, warum bist du nicht bei mir?«

Die Versäumnisse, die sich nach Dantes Meinung König Albrecht dem ›Garten des Reiches‹ gegenüber hatte zuschulden kommen lassen, versuchte schon sein nächster Nachfolger, der Luxemburger Heinrich VII. (1308–1313), wieder gutzumachen. Als der langersehnte Friedenskaiser wollte er kommen, als er im Herbst 1310 an der Spitze eines kleinen Heeres über die Alpen zog. Als Friedensbringer hat ihn Dante begrüßt und in einem an alle Fürsten und Völker des Landes gerichteten, von tiefem Pathos durchglühten Aufruf hat er für den Retter Italiens geworben: »Siehe, nun ist die freudenreiche Zeit, in der sich die Zeichen des Trostes und des Friedens ankünden... Freue dich, Italien, jetzt noch erscheinst du selbst den Sarazenen bemitleidenswert, bald wirst du auf dem Erdenrund beneidet werden. Denn dein Bräutigam naht zur Hochzeit, der Trost der Welt und der Ruhm deines Volkes, der göttliche Augustus und Cäsar, der gütigste Heinrich. Trockne die Tränen und tilge die Spuren der Trübsal, du Schönste: nahe ist, der dich befreien wird aus dem Kerker der Gottlosen... Ihr, die ihr bedrückt seid und trauert, erhebet euer Herz, denn nahe ist euer Heil!... Und täuschet euch nicht wie die Unwissenden und die Träumer, die da in ihrem Herzen sprechen: ›Wir haben keinen Herrn!‹ Denn seines Reiches ist zu Wasser und zu Lande alles, was der Himmel überwölbt...«

Dante stand nicht allein. Mit allgemeiner Begeisterung ist Heinrich in Oberitalien begrüßt worden; es zeigte sich, daß wenigstens hier die Hoffnung auf das Kaisertum noch keineswegs erloschen war. Die Städte öffneten ihm bereitwillig die Tore. In Mailand empfing er die Lombardenkrone (Januar 1311). Allen gleichmäßig ein gerechter Herr zu sein, war sein oberstes Ziel; nicht Ghibellinen und nicht Guelfen wollte er kennen, sondern die Ordnung der Gerechtigkeit wieder herstellen. So wie in Mailand die Visconti und in Genua die Spinula konnten daher auch anderwärts in vielen Fällen die von ihren Gegnern Vertriebenen in ihre Heimatstädte zurückkehren.

Aber der gute Wille des Königs wurde zuschanden. Dunkle Machenschaften der della Torre und Visconti erregten das unbeständige Volk in Mailand schon wenige Wochen nach der Krönung zu einem bedenklichen Aufstand, der nur mit Mühe gebändigt werden konnte; Brescia mußte mit Gewalt bezwungen werden. Guelfen und Ghibellinen war es mit der Versöhnung nie ernst, jeder war nur von der Sorge erfüllt, er möchte dabei ins Hintertreffen geraten. Umsponnen von ihren intriganten Umtrieben fand sich der König nicht mehr zurecht; mehr und mehr wurde er auf die Seite derer, die sich Ghibellinen hießen, gedrängt. Sein Heer war für die schweren Aufgaben, die hier gelöst werden mußten, viel zu schwach. Der König brauchte Zuzug und vor allem: er brauchte Geld. Er legte beträchtliche Steuern auf. Sie waren für die reichen Städte gewiß nicht untragbar, aber für den bescheidenen Opfermut des Bürgertums schon viel zu viel und sie reichten hin, um die Gemüter zu erregen. Für die meisten begann der allzu unverbindliche Traum vom Friedenskaiser zu zerrinnen.

Unterdessen zogen sich über dem Haupte Heinrichs VII. jenseits des Apennin schwere Gewitterwolken zusammen. Mit gutem Grund hatte Dante den König in eindringlichen Worten gemahnt, doch nicht lange Monate in der Lombardei zu vergeuden, sondern unverzüglich ›die verderbenbringende Hydra‹ zu zertreten: Florenz, das wahre Haupt alles offenen und geheimen Widerstandes gegen die Erneuerung des kaiserlichen Macht in Italien. In der Tat, hier in Florenz liefen alle Fäden des Guelfentums, das zur Verteidigung des nationalen und lokalen Partikularismus entschlossen war, zusammen. Und es fand sich ein mächtiger Bundesgenosse dazu: König Robert von Neapel (1309–1343), der Enkel des ersten Anjouherrschers in Italien. Wohl hatte sich Heinrich VII. schon vor dem Antritt seines Italienzuges in langen diplomatischen Verhandlungen mit Robert und den Mächten, die hinter ihm standen (Frankreich und der Papst), alle Wege zu ebnen gesucht und die Unantastbarkeit des Königreichs Neapel in jeder Weise gewährleistet. Trotzdem fühlte sich Robert beunruhigt und er hielt den Angriff für das beste Mittel der Abwehr: durch seinen Bruder Johann ließ er einfach die Stadt Rom besetzen. Als Heinrich endlich nach Jahresfrist, an Florenz vorbei, gegen Rom zog, mußte er die ewige Stadt den neapolitanischen Truppen im Sturm entreißen. Im Lateran – denn der leoninische Stadtteil mitsamt der Peterskirche blieb in Roberts Gewalt – empfing er aus den Händen zweier Kardinäle, die der Papst in Avignon dazu beauftragt hatte, die Kaiserkrone (Juni 1312).

Wie zwangsläufig schien sich die alte unheilschwangere Situation – die Kampfstellung gegen Neapel und (als unvermeidliche Folge) gegen dessen Schutzherrn, den Papst – zu erneuern. In diesem dem Kaiser aufgezwungenen Kampf aber bot sich ihm ein höchst wertvoller Bundesgenosse: König Friedrich III. von Sizilien, der alte Gegner der Anjou und ein überzeugter Verteidiger des Kaisergedankens.

Doch entschloß sich der Kaiser, zunächst den guelfischen Widerstand im Rücken zu brechen, er zog gegen Florenz. Trotz zahlreicher italienischer Ghibellinen unter seiner Fahne war aber sein vielleicht 20000 Mann starkes Heer den etwa 60000 Mann guelfischer Truppen vorläufig noch nicht gewachsen. Der Kaiser mußte die begonnene Belagerung der Stadt wieder abbrechen und sich nach Pisa zurückziehen, wo er mit größtem Nachdruck zum Entscheidungskampf gegen Robert rüstete. Die Flotten Pisas und Siziliens und die reichen Geldmittel, die Friedrich III. zur Verfügung stellte, verliehen ihm eine Macht, wie er sie bisher in Italien noch nicht besessen hatte. Erfüllt von der überragenden Würde seines kaiserlichen Amtes eröffnete er überdies gegen Robert als Reichsrebellen – der König trug formell noch die Provence vom Kaiser zu Lehen – den Prozeß: der Spruch des Gerichtes lautete auf Absetzung und Todesstrafe. Robert – obwohl vom Papst und König Philipp IV. von Frankreich mit geistlichen und diplomatischen Mitteln unterstützt – sah die Katastrophe

fast unabwendbar heraufziehen – da griff, bevor der Kampf
richtig entbrannte, der Tod ein: am 24. August 1313 ist Heinrich VII. in Buonconvento bei Siena gestorben. Im Dom zu
Pisa haben ihn seine Getreuen beigesetzt, das Heer zerstreute
sich in alle Winde. König Robert und seine Verbündeten
atmeten erleichtert auf.

Unabhängig von der Frage nach den machtpolitischen
Möglichkeiten, die dem universalen Kaisertum noch geblieben sein mochten – eine Frage, die der nachgeborene Betrachter ungleich leichter zu beantworten (und das hieße hier: zu
verneinen) vermag als der mitten in den Ereignissen Stehende!
– haben die Tage Heinrichs VII. die Zeitgenossen vor tiefgreifende grundsätzliche Entscheidungen gestellt. Mit einer
Härte und Wucht wie kaum sonst einmal prallen die Geister
aufeinander, diejenigen, die das Alte beschützen wollen und
in ihm das Heil suchen, und die, die mit mehr oder weniger
klarem Bewußtsein das Neuwerdende bejahen und ihm zum
Durchbruch verhelfen wollen. Dante und König Robert von
Neapel etwa darf man in diesem Ringen als die äußersten ge-
gensätzlichen Pole – zwischen denen dann eine Vielheit von
Abstufungen und Variationen steht – ansehen.

In seiner ›Monarchia‹ hat Dante das Weltkaisertum, seine
Nützlichkeit, ja Notwendigkeit mit einem gewaltigen Qua-
derwerk philosophischer, historischer und vereinzelt auch
theologischer Argumente zu untermauern und gegen jeden Ansturm zu sichern versucht. Aber ein geheimer, doch tiefer und
tragischer Riß geht durch dieses kunstvolle Gebäude. Einmal:
Dante meint das universale Kaisertum im hochmittelalterlichen Sinn und kämpft dafür auf dem Boden des Aristotelismus, also auf dem Boden einer Staatslehre, die keineswegs auf
die Weltmonarchie abzielt – und am allerwenigsten auf das
feudalistische Imperium des Mittelalters! –, die vielmehr ganz
vom Kleinstaat ausgeht und aus der der nationale und territoriale Einzelstaat reichliche Nahrung für seinen Anspruch auf
Eigenrecht und Eigenleben ziehen konnte – und zu Dantes
Zeiten bereits zu ziehen begann. Und zum anderen: das mittelalterliche Imperium, dem Dantes heiße Liebe gilt, wurzelt
mit seinem eigentlichen Sein in der Vorstellungswelt der uni-

versalen Christenheit, die durch ihren (neben dem Papst) obersten, von Gott berufenen Lenker in Frieden und Eintracht zu bewahren und ihrem ewigen Ziel zuzuführen ist – deshalb ist ja der Kaiser der ›Gesalbte des Herrn‹ (Christus Domini), ist ›rex et sacerdos‹ zugleich, deshalb ist mit *einem* Wort sein Amt nicht nur ein weltliches, sondern *wesenhaft* auch ein geistliches und trägt halb sakramentalen Charakter an sich. Von alledem bleibt in Dantes Monarchie nur mehr ein bloßer Schatten. Nicht die Christenheit, der ›sanctus populus Dei‹, sondern die Menschheit ist das Objekt seiner Spekulationen, und es sind in allererster Linie Erwägungen über die Natur des Menschen und über die beste Art der Erreichung seiner (fast ausschließlich diesseitig gesehenen) Ziele, die auf die Weltmonarchie als auf die beste Form der menschlichen Gemeinschaft hinführen sollen. Auch diese Rationalisierung und Säkularisierung der ganzen Betrachtungsweise rühren von Aristoteles her, und auch hier wird der tiefe Umbruch deutlich, den die Scholastik und ihr Begründer Thomas von Aquin mit der Einführung der aristotelischen Gesellschafts- und Staatslehre ins mittelalterliche Denken verursacht haben. So wird die intellektualistische, naturrechtliche und vom Einzelstaat ausgehende Staatsphilosophie des neu entdeckten Aristoteles unbewußt aufgepfropft auf das theologisch-mystisch geprägte universale Imperium des Mittelalters: eine letzte innere Einheit konnte daraus schwerlich entstehen.

Trotz allem bleibt die ›Monarchie‹ Dantes ein in seiner Starrheit großartiges System, ergreifend durch die leidenschaftliche Hingabe an das im Geist geschaute Ideal, von der allenthalben die abstrakten, manchmal so unwirklich anmutenden Spekulationen und die nüchternen, nach den Regeln der scholastischen Methode geführten Beweisreihen erwärmt werden; aber die Schrift liest sich nicht wie ein Programm, das noch in die Welt der Wirklichkeit Eingang finden könnte, sondern (wenn man ihre Zielsetzung im Auge hat) wie der Epilog auf die große, unwiederbringlich verlorene Vergangenheit eines halben Jahrtausends.

Daß *ein* Herrscher über der Welt stehen müsse, ist das The-

ma des ersten der drei Bücher, in die sich die ›Monarchie‹
gliedert. Das Menschengeschlecht ist eines und muß daher
ein einheitliches Ziel haben: dies ist schlechtweg der Angel-
punkt, in dem sich alle folgenden Beweisführungen bewegen.
»Denn daß es ein Ziel gebe für diese und jene (Einzel)gemein-
schaft, aber nicht für alle gemeinsam *ein* Ziel, dies zu wähnen
ist töricht . . .« Dieses letzte gemeinsame Ziel ist der universale Friede. Ihm haben alle Einzelziele und Einzelordnungen
zu dienen. Denn »der Teil verhält sich zum Ganzen wie zum
Ziel und zur Vollendung; also auch die Ordnung im Teil zur
Ordnung im Ganzen wie zum Ziel und zur Vollendung. Daraus ergibt sich, daß das Gutsein der Teilordnung nicht über
das Gutsein der Gesamtordnung hinausgeht, sondern umgekehrt . . . So müssen alle Teile unterhalb der Reiche (Haus,
Nachbarschaft usw.) und die Reiche selbst sich auf *einen* Herrscher oder *eine* Herrschaft hinordnen, das ist auf den Monarchen oder die Monarchie.« Die Wesenheit des Schöpfers selbst
und der Schöpfungsplan zeichnen es so vor: »Es ist gesagt:
Lasset uns den Menschen machen nach unserm Bild und
Gleichnis! . . . Also befindet sich das Menschengeschlecht gut
und am besten, wenn es sich, soweit sein Können reicht, Gott
angleicht. Doch gleicht sich das Menschengeschlecht am meisten Gott an, wenn es am meisten eines ist, denn der wahre
Begriff des Einen ist allein in Ihm . . . Doch dann ist das Menschengeschlecht am meisten Eines, wenn es sich ganz in
Einem vereint . . . Also gleicht sich das Menschengeschlecht,
einem Herrscher untertan, am meisten Gott an.«
Überlegungen der praktischen Zweckmäßigkeit weisen
nicht weniger auf die Universalmonarchie als die beste Daseinsform des Menschengeschlechtes hin: »Die Welt ist am
besten ausgebildet, wenn die Gerechtigkeit in ihr am stärksten ist . . . Die Gerechtigkeit aber ist am stärksten in der
Welt, wenn sie den zum Träger hat, der sie am meisten will
und am besten verwirklichen kann. Dies ist allein der Monarch . . .« Denn die Gerechtigkeit wird am meisten durch
die Begehrlichkeit bedroht. »Nun hat (aber) der Monarch
nichts, was er wünschen könnte, denn seine Gerichtsbarkeit
wird nur durch das Weltmeer begrenzt. Das trifft nicht zu

bei den anderen Fürsten, deren Fürstentümer an andere grenzen ... Hieraus folgt, daß am lautersten unter den Sterblichen der Monarch Träger der Gerechtigkeit sein könne.«

Auch die Freiheit ist unter dem Monarchen am besten gewahrt. »Hierfür gilt es zu wissen, daß *das* frei ist, was um seiner
selbst willen und nicht um eines anderen willen da ist, wie
der Philosoph (Aristoteles) sagt ... Das Menschengeschlecht
ist nur unter dem Befehl des Monarchen um seiner selbst
und nicht um eines andern willen da. Denn nur unter ihm
werden die verderbten Verfassungen gebändigt, nämlich die
Demokratien, die Oligarchien und Tyranneien, die das Menschengeschlecht in Knechtschaft zwingen, wie es jedem, der
sie alle betrachtet, offenbar wird ... Der Monarch aber liebt
am meisten die Menschen und will, daß alle gut werden, was
bei verderbten Verfassungen nicht möglich ist. Daher sagt
der Philosoph in seiner ›Politik‹, daß in der verderbten Verfassung der gute Mensch ein schlechter Bürger ist, in der richtigen aber der gute Mensch und der gute Bürger eins sind.
Und solche richtige Verfassungen gehen auf die Freiheit aus,
das heißt darauf, daß die Menschen um ihrer selbst willen da
sind. Denn nicht sind die Bürger für die Konsuln und das
Volk für den König, sondern umgekehrt, die Konsuln sind
für die Bürger und der König für das Volk da ... So sehr
Konsul oder König in Hinsicht auf den Weg Herren über
andere sind, so sind sie doch in Hinsicht auf das Ziel Diener
der anderen und am meisten der Monarch, den man ohne
Zweifel für den Diener aller halten muß. Daraus kann man
auch schon ersehen, daß der Monarch bei der Gesetzgebung
durch das ihm vorgesteckte Ziel (des Friedens, der Gerechtigkeit und der Freiheit) geleitet und genötigt wird, so daß sich
das Menschengeschlecht unter dem Monarchen am besten
befindet ...«

Und zu allen Vernunftgründen kommt schließlich die ge-
schichtliche Erfahrung: »Wenn wir seit dem Falle der ersten
Eltern, der der Anbeginn all unserer Abwegigkeit ist, die
Verhältnisse der Menschen und die Zeiten durchgehen, so
finden wir allein, daß unter dem göttlichen Monarchen
Augustus, da die Monarchie vollendet da war, die Welt all-

überall in Ruhe lag. Daß damals das menschliche Geschlecht in der Ruhe des universalen Friedens glücklich gewesen sei, davon geben uns alle Geschichtsschreiber, davon die erlauchten Dichter, davon auch der Darsteller der Sanftmut Christi (der Evangelist Lukas) Zeugnis und endlich hat Paulus jenen glücklichsten Zustand als ›die Fülle der Zeiten‹ bezeichnet...«

Diese letzten Sätze leiten schon über zum Thema des zweiten Buches: »daß das römische Volk sich von Rechts wegen das Amt der Monarchie zugeschrieben habe«. Es ist vielleicht der merkwürdigste Teil der ganzen Schrift. Daß Dante hier seine eigene Zeit als unmittelbare Fortsetzung des antiken Imperiums begreift, daß ihm alle Weltgeschichte seit Begründung des Römischen Reiches *römische* Geschichte ist und bleibt, diese Auffassung teilt er mit dem gesamten Mittelalter. Aber viel stärkere Töne schwingen noch mit. Jenes Herrschaftsbewußtsein des römischen Volkes, das sich als literarische Erinnerung durch die Zeiten gerettet und sich in den Menschenaltern vor Dante in vielfachen Ausbrüchen immer wieder Luft gemacht hatte, erhält nun einen so starken und entschiedenen, vom nationalen Selbstgefühl des Italieners gehobenen Künder und Interpreten, wie es bisher noch kaum einen erlebt hatte. Doch weit tiefer sind Dantes Wurzeln ins mittelalterliche Erdreich geschlagen, sie lassen ihn auf die logischen Spannungen und Dissonanzen vergessen, die sich aus dieser reichlich ungeklärten geistigen Situation ergeben: die ›Translatio‹ (Übertragung) der römischen Reichsgewalt auf die Germanen und ihre tatsächliche Ausübung durch die Deutschen ist für Dante eine so selbstverständliche und unverrückbare Tatsache, daß er gar nicht das Bedürfnis empfindet, sich mit ihr auseinanderzusetzen, um sie mit dem römischen Herrschaftsanspruch irgendwie in Einklang zu bringen. Der Fürst aus dem Norden ist ihm unbedenklich dessen vollgültiger Vertreter. Und auch daß es der Papst ist, der wenigstens formell die Kaiserkrone überträgt, ist für ihn in *diesem* Zusammenhang kein Problem: rechtmäßiger Herrschaftsträger bleibt das römische Volk.

Denn die Weltherrschaft gebührt dem adeligsten Volk, dieses aber ist das römische gewesen wie die Alten zeugen

(Vergil, Livius). Und wie das Volk, so ist auch das Land Italien ›die adeligste Landschaft Europas‹. Daß dieses Volk und dieses Land das Römische Reich errichten konnten, dazu hat Gott selbst mit zahlreichen Wundern (sie werden einzeln angeführt) mitgeholfen.

Aber das römische Volk hat die allgemeine Herrschaft auch verdient. »Denn es hat, indem es sich den Erdkreis unterwarf, stets nach dem Wohl des Gemeinwesens und so nach dem Zweck und Ziel des Rechtes gestrebt. Dies verkünden seine Taten. In ihnen scheint ... jenes heilige, fromme und glorreiche Volk der eigenen Vorteile vergessen zu haben, um für die allgemeinen zu sorgen zum Heile des Menschengeschlechtes. Mit Recht sagt Cicero, das Römische Reich ›ist eher als Vormundschaft (patrocinium) denn als Herrschaft (imperium) über das Erdenrund zu bezeichnen‹.«

Und wenn die Natur die Einherrschaft vorgezeichnet hat als Gleichnis des Göttlichen im All, so mußte sie auch die Mittel dazu bereitstellen. Daher sind manche, nicht nur Einzelmenschen, sondern auch Völker, zum Herrschen geboren, andere aber zum Unterworfensein und zum Dienen ... So hat die Natur ohne Zweifel *eine* Stätte und *ein* Volk in der Welt zur allumfassenden Herrschaft vorgebildet: das römische. Unter allen Wettläufern um das Weltkaisertum – von dem Assyrerkönig Ninus über die Perserkönige Cyrus und Xerxes bis zu Alexander d. Gr. – ist nur das römische Volk durch das Siegestor gegangen. In dieser Bewährung aber spricht das göttliche Urteil: die Herrschaft über die Welt ist durch Rom zu Recht erworben worden.

Und Christus selbst hat schließlich die Rechtmäßigkeit des römischen Kaisertums bezeugt: »Er wollte, wie Lukas sagt, unter dem Gebote der römischen Machtfülle aus der Jungfrau-Mutter geboren werden, auf daß bei jener einzigartigen Schätzung des Menschengeschlechtes der Sohn Gottes, Mensch geworden, als Mensch in die Zählung aufgenommen werde ... Also hat Christus durch die Tat dargetan, daß das Gebot des Augustus, des Trägers der römischen Machtfülle, gerecht sei ... Wenn aber das Gebot, dann auch die Befehlsgewalt selbst ... Wenn also das Römische Reich nicht nach

Recht gewesen ist – so lauten die kühnen Schlußfolgerungen
– dann hat sich Christus mit seiner Geburt (in diesem Reich)
eines Unrechts unterfangen, dann ist die Sünde Adams nicht
in Christus bestraft worden, und wir sind noch jetzt Söhne
des Zornes; denn die Bestrafung (nicht bloß die Verhängung
einer Pein) kann nur durch einen ordentlichen Richter geschehen und dieser Richter mußte über das ganze Menschengeschlecht Gerichtsherr sein, weil das ganze Menschengeschlecht in Christus bestraft wurde . . .«

»O glückliches Volk, o glorreiches Ausonien«, so schließt
das zweite Buch, »wäre doch niemals jener Minderer deines
Kaisertums geboren worden oder hätte ihn niemals eine
fromme Absicht betrogen!«

Der ›Minderer des Imperiums‹, das ist Konstantin, der gemäß der ›konstantinischen Schenkung‹ dem Papsttum den
Kirchenstaat, Italien, ja den ganzen Okzident zur Herrschaft
überlassen und der damit auch die Unabhängigkeit und Unantastbarkeit der kaiserlichen Autorität selbst in Frage gestellt habe. Gegen die damals grundgelegte und seit dem
Investiturstreit auch praktizierte päpstliche Machtpolitik und
ihre Folgerungen – eine in den Augen Dantes und vieler seiner Zeitgenossen so unheilvolle Abwegigkeit – wendet sich
in besonders scharf geschliffenen Sätzen das letzte Buch der
Monarchie. Hier will Dante, ohne die gläubige Ehrfurcht vor
der Kirche und ihren wahren Zielsetzungen zu verletzen,
die rechte Ordnung, nach der das Kaisertum ebenso wie das
Papsttum allein von Gott abhängig ist, wiederherstellen und
das gleichberechtigte Nebeneinander der beiden Gewalten
mit ihren gesonderten Aufgabenkreisen aufzeigen und beweisen. Nach langen philosophisch-theologischen Erörterun-
gen setzt er sich mit Konstantin und seiner Schenkung selbst
auseinander: »weder konnte er die Würde des Kaisertums ver-
äußern, noch konnte die Kirche diese annehmen . . . Denn
keinem ist es erlaubt, kraft des ihm zugewiesenen Amtes das
zu tun, was gegen dieses Amt ist . . . Aber gegen das dem
Kaisertum zugewiesene Amt ist es, das Kaisertum zu zerreißen, da sein Amt ist, das Menschengeschlecht *einem* Wollen
und *einem* Nichtwollen unterworfen zu halten, wie aus dem

ersten Buch leicht zu ersehen ist... Und die Kirche besaß keinerlei Fähigkeit, zeitliche Güter zu übernehmen, infolge des ausdrücklichen Verbotes, wie wir es bei Matthäus haben: Ihr sollt nicht Gold noch Silber noch Münze in eurem Gürtel tragen usw.... Wohl konnte der Kaiser der Kirche ein Erbgut (patrimonium) zur Obhut anvertrauen, aber immer ohne das höhere Eigentum zu erschüttern, dessen Einheit keine Teilung verträgt. Und das konnte auch der Statthalter Gottes annehmen, nicht als Besitzer, sondern als Verteiler der Früchte für die Kirche und für die Armen Christi, so wie man weiß, daß es auch die Apostel getan haben«. Das Patrimonium beati Petri im frühmittelalterlichen Sinne ist also in diesen Sätzen bejaht, der Kirchenstaat als souveränes, aus dem Kaisertum losgelöstes Machtgebilde verneint. Hier ist all das theoretisch grundgelegt, was sich in der Divina Commedia immer wieder in leidenschaftlichen Vorwürfen gegen das verweltlichte und machthungrige Papsttum seiner Zeit Luft macht (z. B. Purgatorio, Gesang 16; Paradiso, Gesang 27).

Die Geltung des Kaisertums endlich ist abhängig »allein vom Gipfelpunkt des ganzen Seins, der Gott ist«. Er allein erwählt, er allein bestätigt. Der Pfleger des Erdkreises aber, der römischer Fürst genannt wird, müsse darauf am meisten hinstreben, daß die Fluten der eitlen Begehrlichkeit gestillt würden und daß man so auf dieser kleinen Tenne der Sterblichen frei und in Frieden leben könne...

Nicht aus der Betrachtung und Verarbeitung der wirklichen Verhältnisse ist Dantes Monarchie entstanden, sie ist ein aus höchsten philosophischen Prinzipien abgeleitetes Postulat dessen, wie es sein *sollte*. Wie illusionslos hören sich dagegen die kalten Überlegungen und Forderungen eines Memorandums an, das König Robert von Neapel unmittelbar nach dem Tode Heinrichs VII. an den Papst in Avignon richtete. Diese Denkschrift, in der fast jede Zeile vom nüchternen realpolitischen Egoismus des Einzelstaates eingegeben scheint, gipfelt in dem Ansinnen an den Papst, mit der Institution des römischen König- und Kaisertums überhaupt Schluß zu machen. Denn »wieviel Übel, wieviel Skandale, Verluste, Bedrängnisse und Ängste, Verwüstungen und Zerstörungen

sind durch die Herrschaft des römischen Königs über das
Land Italien hereingebrochen, wieviel Verfolgungen, Bestra-
fungen und Anfeindungen auch über die römische Kirche!
Reiflich muß man sich überlegen, was Gutes oder Nützliches
denn eigentlich der Welt aus dieser Institution erwachsen
könne!«

»Das Imperium ist erworben durch Gewalt und Eroberung.
Sallust aber sagt, daß ein Reich mit *den* Mitteln erhalten werde,
mit denen es zu Anfang begründet worden ist ... Was mit
Gewalt erworben ist, ist nicht dauerhaft und nicht beständig,
denn ... das Gewalttätige ist ein gewisser Abfall von dem, was
naturgemäß ist, wie der Philosoph (Aristoteles) sagt ...
Wenn also das Imperium von vielen Fürsten, Gemeinwesen
und einzelnen Personen in der Welt so sehr geschwächt, ver-
stümmelt, zerrissen und in Besitz genommen worden ist, so
kehren damit die Dinge zu ihrem alten Naturzustand zurück, den sie nach dem Naturrecht und nach dem Völker-
recht besessen haben ...« Und wieviel Unrecht haben die
alten römischen Kaiser der Kirche zugefügt! Domitian, Ju-
lian, Valerius, Theodosius, Anastasius, Trajan usw., heid-
nische und christliche Herrscher des alten Rom müssen her-
halten, um diese Tatsache in breiter Ausmalung zu erhärten.
Für das Mittelalter dagegen beschränkt sich das Memorandum
auf die nähere Vergangenheit: Otto IV., Friedrich II. und natürlich Heinrich VII. werden angeführt.

»Die wurzelhafte Verderbnis und Ursache alles dessen aber
ist, daß die Kaisergewalt keinen Teilhaber neben sich dulden
will... Die Wahl des deutschen (und damit römischen) Königs
ist der Ruin für die andern. Mit dem König von Frankreich
gerät er sogleich in Zwist wegen Reichsgebieten und Reichsrechten, die dieser angeblich okkupiert habe. Wenn er aber
nach Italien kommt, wird ihm von den Ghibellinen gesagt:
›Herr, niemals werdet Ihr die volle Herrschaft besitzen können, wenn Ihr nicht das Königreich Sizilien besitzt ..., wie
es einst der Kaiser Friedrich besessen hat.‹« Und ebenso hetzt
ihn ›der ghibellinische Haufe‹ gegen die Kirche auf. »Wenn
der Kaiser einigen Erfolg hat, dann bekommt er gleich die
törichten Ratschläge derer zu hören, die ihm sagen: ›Ihr seid

der Herr des Erdkreises.‹ Und durch sie wird der Kaiser selbst
töricht. Wer aber mit vernünftigen Sinnen sieht nicht, daß
sich die weltlichen Herrschaften durch den Ablauf der Zeiten
hindurch beständig verändert haben und durch den Fortgang
der Ereignisse immer wieder verändern werden! Wo ist die
Herrschaft der Chaldäer, der Perser, Ägyptens, wo die Macht
der Griechen, der Trojaner, wo die einzigartige und den Vorrang behauptende Monarchie der Römer, die einst beinahe
die ganze Welt beherrscht hat und nun auf eine winzig kleine
Zahl von unterworfenen Ländern eingeengt ist?«

Und dann: »Die römischen Könige werden gewöhnlich
aus dem Bereiche der deutschen Sprache erwählt, die aber
ein hartes und schlecht umgängliches Volk, das mehr der barbarischen Wildheit als dem christlichen Glauben anhängt,
hervorzubringen pflegt ... Zwischen Deutschen und Franzosen besteht keine Harmonie, sondern nur Abneigung, und
mit den Italienern passen sie (die Deutschen) nicht zusammen.
So ist aufs äußerste darauf Bedacht zu nehmen, daß die deutsche Wildheit nicht unter so vielen Königen und Nationen
Skandale hervorrufe und die Süßigkeit Italiens nicht in Bitternis verwandle ...« Um solche Skandale zu vermeiden, habe
der Papst das Recht, auch entgegen den bestehenden Rechtsgewohnheiten die Bestätigung des römischen Königs und
seine Krönung und Salbung zum Kaiser zu verweigern und
sein Eingreifen in Italien zu verhindern ...

Wie die Hammerschläge einer neuen Zeit dröhnen die
Sätze dieser Denkschrift ins Ohr. Aber es ist klar, daß ein
solcher erster Großangriff gegen das Amt, das in der Vorstellung langer Jahrhunderte als das höchste und geheiligste (neben dem des Papsttums) gegolten hat, nicht gleich von einem
vollen Erfolg begleitet sein konnte. Das Imperium war nicht
mehr zu verwirklichen, auch nicht in dem relativen Ausmaß
der vergangenen Jahrhunderte. Aber die Ideologie blieb weithin als Wunschtraum und in einem gewissen Sinn selbst noch
als Wegweiser. Und sie blieb es in besonderem Maße in
Italien. Nicht einmal die rücksichtslos-selbstherrlich auftretenden Signoren wollten sich grundsätzlich aus dem Raum
des Imperiums lösen; sie strebten vielmehr möglichst alle da-

nach, vom Kaiser die ausdrückliche Bestätigung ihrer tatsächlichen Herrschaft zu erlangen und als kaiserliche ›Vikare‹ auftreten zu können. Und eine solche Bestätigungsurkunde war mehr als eine belanglose Formalität. Obgleich sie natürlich niemals vor dem Umsturz und einem stärkeren Rivalen zu schützen vermochte, ließen sie sich die Signoren immer wieder viel Geld kosten: das unausrottbare Bedürfnis aller staatlichen Neuwerdung aus dem Zustand der bloßen Gewalttätigkeit in den des legitimen Bestandes überzutreten, bricht hier durch. Das bleibt so die ganzen folgenden zwei Jahrhunderte. Die alte und die neue Zeit, Dante und Robert, beide haben ihren Platz behauptet, wenn auch nicht in der Absolutheit des Anspruches, mit dem sie auftraten. Daß freilich die Waagschale des Alten leichter und leichter wurde und die des Neuen immer gewichtiger herabzog, das war nicht zu übersehen.

Der große Versuch, das Steuer herumzureißen, war mit dem jähen Tod Heinrichs VII. abgeschlossen: nun konnten die Dinge wieder in den alten Bahnen weitergehen. Für ein knappes halbes Jahrhundert bleibt die französische Machtstellung noch das beherrschende Moment, dann beginnt sie eines langsamen Todes zu sterben. Der Partikularismus Reichsitaliens – einschließlich der nördlichen Gebiete des Kirchenstaates – feiert nach wie vor seine Triumphe. Vielfach mischen sich in seine endlosen lokalen Auseinandersetzungen wieder fremde (oder halbfremde) Mächte: das Papsttum, das – freilich ohne etwas zu erreichen – mit gewaltigem Kraftaufwand weitgespannte Ziele verfolgt; das alte Kaisertum, wobei zwei- oder dreimal noch ein römischer König persönlich den Boden Italiens betritt; dann vorübergehend der Böhmenkönig Johann, der Sohn Kaiser Heinrichs VII. und schließlich, als letzter, aber furchtbarer Machtfaktor, die fremden Söldnerkompanien, die nicht bloß im Dienst ihrer verschiedenen italienischen Herren kämpfen, sondern sich zu einer Art von wandernden Militärstaaten mit eigenen Zielen verselbständigen und zur wahren Gottesgeißel des Landes werden. Alle diese Faktoren wirken in wildem, kaleidoskopartigem Wirbel ineinander, mit- und gegeneinander und machen das 14. Jahrhundert (neben dem 9. Jahrhundert) vielleicht zu den wirrsten und verwirrendsten Zeiten, die Italien je erlebt hat.

Die beiden Reiche des Südens, Neapel und Sizilien, bleiben dabei immer noch die geschlossensten Machtkonzentrationen mit Entwicklungslinien, die trotz der schweren inneren Zersetzung, die seit der Jahrhundertmitte auch über sie hereinbricht, im Verhältnis zum Norden einfach anmuten.

König Robert der Weise von *Neapel* (1309–1343) lehnt sich in seiner gesamten Politik immer aufs engste an diejenige Frankreichs und des in Avignon gebundenen Papsttums an und stellt damit Italien für die gesamtfranzösische – d.h. aber antideutsche und antikaiserliche – Interessensphäre sicher. Neben seinem eigenen Reich, das er im Ganzen fest in der Hand hat, kann er als päpstlicher Vikar für ganz Reichsitalien auftreten, ferner als zeitweiliger Signore von Genua, Florenz und anderen Guelfenstädten, als Senator von Rom, als Rektor der Romagna und Generalkapitän des Kirchenstaates: eine Stellung, in der der Anjou in Neapel der Gesamtherrschaft oder wenigstens der entschiedenen Hegemonie über Italien nahezustehen scheint. Dazu ist er einer der gebildetsten Männer seiner Zeit, ein Gelehrter, in dem sich bereits der Übergang von den streng gebundenen Wissens- und Denkformen der Scholastik zum freieren Geist des Frühhumanismus vorbereitet. In seinem weitverzweigten Machtsystem gibt es allerdings eine wunde Stelle, die ihn nicht zur Ruhe und zur freien Entfaltung seiner Kräfte kommen ließ: die Insel Sizilien, deren Verlust (1282) er nicht verschmerzen wollte. Zwölf Kriegszüge hat er, unterstützt von allen geistlichen Waffen des Papsttums, in den Jahren zwischen 1314 und 1341 unternommen, um sie zurückzugewinnen: alle vergeblich.

Mit Königin Johanna I. (1343–1382), der Enkelin Roberts, war die große Zeit der Anjoumacht abgelaufen und der tragende Eckstein der französischen Vorherrschaft in Italien begann auszubrechen. Sie stürzte ihr Reich alsbald in die gefährlichsten Wirren, indem sie ihren Gatten Andreas, der der ungarischen Seitenlinie der Anjou angehörte, ermorden ließ (1345). Als dessen Rächer und zugleich mit dem Anspruch

auf die Krone Neapels trat sein Bruder, König Ludwig von
Ungarn, auf. In schnellem Zugriff eroberte er das Königreich,
Johanna floh zum Papst nach Avignon (1348). Doch nach
längeren Kämpfen und Verhandlungen kam sie wieder in den
unbestrittenen Besitz ihres Reiches (1350/52). Als sie sich jedoch nach dem Ausbruch der großen Kirchenspaltung (1378)
dem Gegenpapst Clemens VII. anschloß, erklärte sie Urban
VI. für abgesetzt und übertrug das Königreich ihrem ungarischen Verwandten Karl von Durazzo (1381). Die Königin,
selbst ohne überlebende männliche Nachkommen, adop-
tierte den Herzog Ludwig I. von Anjou, einen Bruder des
französischen Königs und den Stammvater der jüngeren
(französischen) Anjoulinie. Doch Karl von Durazzo gewann
das Spiel; Johanna geriet in seine Hände und ist im Kerker
umgekommen (1382). Mit Karl von Durazzo zog der unga-
rische Zweig der (älteren) Anjou in Neapel ein und er wird
sich hier bis zu seinem Aussterben (1435) behaupten, freilich
immer nur im ständigen Kampf mit den Ansprüchen, die die
französischen Erbfolger Ludwigs I. von Anjou (gest. 1384)
unentwegt erhoben.

Die aragonesische Dynastie auf der Insel *Sizilien* kennt
kaum eine andere Außenpolitik als die der Verteidigung gegen das benachbarte Festland. So wie unter Friedrich III.
(1296–1337; obwohl erst der zweite sizilische Herrscher dieses Namens, bezeichnet er sich als Friedrich III.; trotzdem galt
der spätere Friedrich ebenfalls als der dritte) behauptete die
Insel auch unter seinen Nachfolgern Peter II. (1337–1342),
Ludwig II. (1342–1355) und Friedrich III. (1355–1377) ihre
Selbständigkeit. Nach fast 90jährigem Kriegszustand mit
Neapel und dem Papst kam 1372 der endgültige Ausgleich
zwischen den drei Mächten zustande. Aber die Unabhängigkeit war teuer genug erkauft: der machthungrige, durch
Krieg und Vormundschaftsregierungen emporgetragene Adel
machte die Insel zum Spielball verheerender Parteifehden der
großen Barone, einer national-sizilischen und einer katala-
nisch-aragonesischen Gruppe: die eine von den Familien der
Palizzi und Chiaramonte, die andere von Blasco d'Alagona
und dessen Sohn Artal d'Alagona geführt. Das Ergebnis war

nichts als der Zusammenbruch jeder geordneten zentralen Regierungsgewalt und der allgemeine wirtschaftliche Verfall des einst so blühenden Landes. Mit dem Tod des söhnelosen Friedrich III. ging die ältere aragonesische Dynastie zu Ende. Die lang erwartete Heirat der Erbtochter Maria mit Martin, dem Sohn des gleichnamigen Infanten und späteren Königs von Aragon (1390) erneuerte die 1282 angebahnte Verbindung der Insel Sizilien mit dem Königreich Aragon (und damit späterhin mit Gesamtspanien), diesmal in einer für Jahrhunderte gültigen Weise.

Florenz und die toskanischen Guelfen hatten beim Tode Heinrichs VII. vergeblich frohlockt: eineinhalb Jahrzehnte lang blieben noch die Ghibellinen unter ihren Führern Uguccione della Faggiuola, dem Herrn von Pisa und Lucca, und (seit 1316) Castruccio Castracane, der ebenfalls Lucca sowie Pistoja besaß, obenauf. Enge Verbindung mit den lombardischen Parteigängern, insbesondere mit Cangrande della Scala von Verona, Passerino Bonacolsi von Mantua sowie Matteo und Galeazzo Visconti von Mailand, sicherte den toskanischen Ghibellinenführern das entschiedene Übergewicht, gegen das die Guelfen trotz Robert von Neapel, der ja (bis 1321) die Signorie über Florenz besaß, nicht aufkommen konnten. In den Schlachten bei Montaperti (1315) und bei Altopascio (1325) – beide gehören zu den berühmtesten Schlachten ihrer Zeit – ist die stolze Arnostadt tief gedemütigt worden. Damals (1325) vertraute sie die Signorie Karl von Kalabrien (Sohn Roberts von Neapel) an; doch als Ludwig der Bayer heranrückte (1328), machte dieser einem Volksregiment, an dem auch der Adel Anteil bekam, Platz. Der gleichzeitige Tod Castruccio Castracanes (1328) gestattete der Guelfenstadt endlich, sich in Toskana wieder etwas freier zu bewegen.

In denselben Jahren erfüllen die verschiedenen guelfischghibellinischen Bünde ganz *Oberitalien* von Piemont bis zur Mark Treviso mit Krieg. Überall hat dabei Robert von Neapel die Hand mit im Spiel. Er ist Rektor der kirchenstaatlichen Romagna, und als es der Kurie gelungen war, die Este vorübergehend aus Ferrara zu verjagen (1309), wurde ihm bald auch dieser wichtige Eckpfeiler gegen die freie Lom-

bardei anvertraut (1312). Das führt die ursprünglich guelfischen Este an die Seite der Ghibellinen, insbesondere der della
Scala, die sich durch Roberts Nachbarschaft beengt fühlen.
Eine Revolution in Ferrara bereitet zwar bald Roberts Regiment ein blutiges Ende und führt die angestammten Este zurück (1317). Doch verstummt der Kampflärm auch weiterhin
nicht; besonders die Erschütterungen, die die Romagna in
diesen Jahren erlebt, wirken herüber. Ein greifbares Ergebnis
aber wird nicht erreicht.

Im westlichen Oberitalien wird das Geschehen vor allem
durch den nach allen Seiten ausgreifenden Expansionsdrang
des Matteo *Visconti* (1311–1322) und seines Sohnes Galeazzo
(1322–1328) beherrscht. Como, Bergamo, Piacenza, Pavia,
Cremona, Vercelli, Tortona und Alessandria unterstehen bereits ihrem Machtbereich. Ihr großes Ziel aber heißt: *Genua*.
Die ligurische Seestadt lädt förmlich dazu ein, denn nach wie
vor wird sie vom Bürgerkrieg zerrissen. Die Guelfen sind von
den Fieschi geführt, die Ghibellinen von den Doria und Spinula, die aber, sobald sie die Macht in den Händen zu haben
glauben, sich ihrerseits befehden. Das bringt erneut die Guelfen obenauf (1317). Aber der Ansturm, den die nun wieder
vereinigten Ghibellinen von außen her gegen die Stadt unternehmen, und die gleichzeitige Bedrohung durch Mailand
versetzt sie in solche Not, daß sie ihre Geschicke in die Hände
König Roberts legen, zuerst (1318) auf zehn, dann nochmals
auf sechs Jahre. Dreizehn Jahre lang kämpfen die ghibellinischen Fuorusciti gegen ihre Vaterstadt weiter. Schließlich
kommt ein Ausgleich zustande: König Robert bleibt Signore,
aber Guelfen und Ghibellinen müssen sich in die führenden
Ämter der Stadt teilen (1331). Die Mailänder konnten einstweilen nichts gegen die Stadt ausrichten.

Neben den innerstädtischen und festländischen Nöten war
Genua – und mit ihm die Konkurrentin *Pisa* – um diese Zeit
auch noch von seinen maritimen Interessen bezüglich Sardinien und Korsika beansprucht. Bereits 1297, bei den Auseinandersetzungen zwischen den Anjou, dem Papst und dem
Hause Aragon um die Insel Sizilien, hatte Bonifaz VIII. dem
König Jakob von Aragon als Ersatz für seinen Verzicht auf

Sizilien die beiden Inseln als Lehen übertragen. Aber erst jetzt, seit 1322, unternahm Aragon ernsthafte Versuche, sich tatsächlich in ihren Besitz zu setzen. Pisa wurde bald zum Verzicht auf seine Anrechte in Sardinien gebracht (1326). Hartnäckiger kämpfte Genua; Guelfen und Ghibellinen standen in seltener Eintracht Seite an Seite. Der Friedensschluß von 1336 sprach Korsika den Genuesen, den größten Teil von Sardinien aber dem spanischen Herrscher zu. Freilich verschwand damit die Insel keineswegs aus der Interessensphäre Genuas. Die einheimischen, höchst eigenwilligen Barone ließen sich durch die genuesische Agitation bereitwillig gegen den neuen Herrn aufstacheln, so daß die Könige von Aragon an ihrem neuen Besitz, um den sie noch jahrzehntelang kostspielige, nur von geringen Erfolgen begleitete Kriege führen mußten, wenig genug Freude erlebt haben. Aber für Genua besaß das Ganze noch eine ernsthaftere Seite: bei den kommenden unvermeidlichen Auseinandersetzungen mit Venedig bekam dieses nun im König von Aragon einen natürlichen Bundesgenossen, der für die westliche Seestadt eine beständige Bedrohung darstellte.

Auf das bewegte Parteigetriebe der einheimischen Mächte Tusziens und der Lombardei wirken in den 20er und 30er Jahren starke Einflüsse von auswärts ein. Da ist vor allem das *avignonesische Papsttum*, vertreten durch den streitbaren Südfranzosen Johann XXII. (1316–1334), der sich wie kaum einer seiner Vorgänger der letzten Menschenalter in großer italienischer Politik versucht hat. Die Entwicklung, die Reichsitalien seit dem Ende der Staufer genommen hatte, mußte frühzeitig den Gedanken nahelegen, daß hier eine wahre Befriedung und dauerhafte Ordnung nur möglich sein würde – wenn die verfallene kaiserliche Macht durch eine neue übergeordnete, großräumige Gewalt ersetzt werden könnte. Die Entsendung von ›Friedensstiftern‹ und mehr noch die Ernennung von päpstlichen ›Reichsvikaren‹ für die im Streit der Parteien zerrissenen Länder (ein Recht, das die Kurie seit Mitte des 13. Jahrhunderts für die Zeiten, in denen das römische Königtum vakant wäre, für sich in Anspruch nahm) sind der beredte

Ausdruck solcher Einigungsbestrebungen von Seiten der praktischen kurialen Politik. Mit vollem Recht konnte Johann XXII. bei der Bestätigung Roberts im Reichsvikariat (1317) davon sprechen, »wie gierig die Länder Italiens und besonders diejenigen, die zum Imperium gehörten, nach einem durch Tüchtigkeit, Klugheit und Macht ausgezeichneten Lenker verlangten«. Päpstliche Nuntien berichten zur selben Zeit über eine weitverbreitete Stimmung in Oberitalien: »Es erklären sehr viele Geistliche und Laien . . ., daß ihr lombardisches Vaterland kaum oder niemals Frieden bekommen werde, außer wenn es einen einheimischen und bodenständigen Mann, der nicht einer barbarischen Nation (gemeint sind Deutsche und Franzosen) entstamme, als König erhielte und seine Herrschaft durch natürliche Erbfolge gesichert werde . . . Er müßte das unerträgliche Joch der Tyrannen beseitigen und Frieden und Gerechtigkeit wahren.« Die Errichtung wenigstens eines lombardischen Königreiches – natürlich in Lehensabhängigkeit von der Kurie – war das Ziel, das Johann XXII. fast während seiner ganzen Regierungszeit mit zäher Beharrlichkeit verfolgte, für das er ungeheure materielle Mittel geopfert und seine ganze, durch die übermäßige Beanspruchung allerdings schon gefährlich abgestumpfte Macht der geistlichen Waffen unbedenklich eingesetzt hat.

Fast eineinhalb Jahrzehnte (1320–1334) hat sein Kardinallegat Bertrand Poggetto, als Feldherr wie als Politiker gleich hervorragend, im gesamten Oberitalien um dieses Ziel gerungen. Im engsten Bunde mit den Guelfen, voran natürlich mit König Robert, ging er mit allen militärischen Machtmitteln in der Form eines ›Kreuzzuges‹ gegen die Ghibellinen, insbesondere die Visconti, vor. Nach der Niederwerfung der Tyrannen in der Romagna und der Sicherung dieser wichtigen Provinz des Kirchenstaates (Ende der zwanziger Jahre), schien der Enderfolg auch in der freien Lombardei in greifbare Nähe gerückt.

Zu dramatischer Spannung erhob sich das Ringen, als plötzlich ein Mann auf dem Schauplatz auftauchte, der als Träger einer künftigen lombardischen Krone geeignet erscheinen mochte: der Abenteurer *König Johann von Böhmen* (1330; herbeigerufen durch die von den Ghibellinen bedrängte Stadt Brescia). In kürzester Frist hatte sich ihm eine Menge von kleineren Städten ergeben: neben Brescia selbst Bergamo, Crema, Pavia, Vercelli, Novara, Parma, Reggio, Modena und dazu Lucca im Toskanischen, lauter Orte, die bei ihm Befreiung von den großen Signoren und Kommunen (Visconti, Scaliger, Este, Florenz) suchten. Bald fand sich der König mit Poggetto und dem Papst zusammen (hinter beiden stand Frankreich) und nahm mehrere der genannten Städte als päpstliche Lehen an. Aber die Reaktion konnte nicht ausbleiben: gegen ihn und Poggetto kam eine Liga zustande, in der sich – ein unerhörtes Schauspiel! – die Visconti, die Scaliger, die Gonzaga, die Este mit den freien tuszischen Städten Florenz, Siena, Volterra u.a. und schließlich selbst mit Robert von Neapel, der den Böhmenkönig als unbequemen Rivalen empfinden mußte, zusammenfanden (1332). Dieser vereinten Macht ist der König wie der Kardinallegat in blutigen Schlachten erlegen. Ende 1333 verschwand Johann von Böhmen so plötzlich vom Schauplatz, wie er gekommen war, im Jahre darauf mußte auch Poggetto vor der allgemeinen Revolution im nördlichen Kirchenstaat nach Avignon flüchten. Sein und des Papstes Werk sowohl in der Romagna wie in der Lombardei war endgültig vernichtet.

Noch vor dem Erscheinen des Böhmenkönigs hat *Ludwig der Bayer* (1314–1347) die Pläne Johanns XXII. in Reichsitalien zu durchkreuzen versucht. Von den bedrängten Visconti und ihren Parteigängern mehrfach um Hilfe angegangen, erscheint er Anfang 1327 in der Lombardei. In Mailand empfängt er die eiserne Krone der Lombarden. Ohne längeren Aufenthalt drängt er nach Rom weiter.

Hier vertreiben die Ghibellinen unter Führung des Sciarra Colonna die Truppen König Roberts, die noch seit den Tagen Heinrichs VII. die Stadt beherrschten, und öffnen dem König die Tore. Dann setzen ihm, unter völliger Außerachtlassung des Papstes, vier Vertreter der Stadt in der Peterskirche die Kaiserkrone aufs Haupt (Januar 1328) – ein in der Geschichte des Kaisertums einzigartiger revolutionärer Akt, in

dem das antike Rombewußtsein mit seinem Rechtsanspruch
auf die höchste Souveränität wieder einmal heftig durch-
brach:

Den Kaiser aber hatten zur Annahme einer solchen Krönung vor allem die umstürzenden Theorien bewogen, die
der Italiener Marsilius von Padua (etwa 1280–1342/43) in
seinem berühmten, Ludwig gewidmeten Werk, dem ›Defensor pacis‹ (›Verteidiger des Friedens‹, geschrieben 1324)
entwickelte. Die seit dem 13. Jahrhundert im Abendland heimisch gewordene aristotelische Staatslehre weiterbildend und
verschärfend, erklärt hier Marsilius ganz allgemein das Volk
als die eigentliche Quelle aller Macht; in jedem Staatswesen
sei der Fürst nur der beauftragte Vollstrecker des Volkswil-
lens. Dazu kam der Verfasser dem Kaiser, der in schwerem
Streit mit dem Papst lag, mit der Auffassung entgegen, daß
die Kirche im Staate keinerlei selbständige Stellung beanspruchen könne, vielmehr in so gut wie allen Angelegenheiten
völlig der staatlichen Gewalt unterworfen sei. Ein starker
Zug zur kühlen, realistischen Verdiesseitigung der Staatsgewalt, zu ihrer Herauslösung aus den transzendenten Bindungen des Mittelalters, beherrscht den Defensor pacis. Wohl ist
das Werk mit seinem grundsätzlichen Radikalismus seiner
Zeit beträchtlich vorausgeeilt und hat zunächst nicht allzu
starke Beachtung gefunden. Aber es bezeichnet ebenso wie
der gewalttätige Angriff König Roberts auf das universale
Kaisertum eine überaus wichtige Etappe auf dem Weg zum
›modernen‹ Staat, für den Italien – wenigstens in der Theorie
– wie kein anderes Land der Lehrmeister Europas werden
wird.

Der begeisterte Empfang, den Rom dem König bereitet
hatte, verkehrt sich, sobald die nüchternen Erfordernisse der
praktischen Politik in den Vordergrund treten, schnell in sein
Gegenteil: unter den Verwünschungen und Steinwürfen des
Volkes muß der Kaiser die Stadt verlassen (August 1328).
Machtlos, von dem sizilianischen Bundesgenossen wie von
seinen ghibellinischen Anhängern im Stich gelassen, kehrt
Ludwig Ende 1329 nach Deutschland zurück.

Für den Machtwillen der Signorien stand die Bahn wieder völlig frei. In Oberitalien erheben sich Anfang der dreißiger Jahre die *Scaliger* zu gewaltiger Höhe. Mastino II., der Sohn Cangrandes, gewinnt zusammen mit seinem Bruder Alberto zum Besitz des (1329 gestorbenen) Vaters – Verona, Vicenza, Padua, Mark Treviso – noch Brescia, Parma, Modena, Reggio und in Toskana Lucca und Massa hinzu, fast lauter Städte aus der Erbschaft König Johanns. Kein einzelner im weiten Umkreis vermochte sich mehr an Macht mit den Scaligern zu messen. Doch eben dies war ihr Verderben. Die Eifersucht führt die anderen Signorien und Kommunen, Florenz, Venedig, die Este, die Gonzaga und Visconti, zu einer Liga gegen die beiden Brüder zusammen (1336/37). Schnell ist der Traum einer lombardischen Königskrone, dem, wie es heißt, Mastino schon nachhing, zerronnen. Zu Anfang der vierziger Jahre fällt Brescia den Visconti zu, in Padua kehren die vertriebenen Carrara (bereits 1337) zurück, in Parma erhebt sich ein neuer Signore, Azzo da Coreggio, Lucca wird zuerst von Florenz und dann von Pisa weggenommen, Venedig setzt sich in der Mark Treviso fest und richtet sie als eine erste festländische Provinz ein (1339). Damit war der Anfang zur ›Terra ferma‹ der Lagunenstadt gemacht und seitdem beginnt das Interesse Venedigs an den Geschehnissen der Lombardei ständig zu wachsen. Den Scaligern selbst blieb nur das ursprüngliche Gebiet, Verona und Vicenza. Nach Mastinos Tod (1351) führte eine Reihe blutiger Familiengreuel dahin, daß die Visconti schließlich den ganzen Scaliger Besitz wegnehmen konnten (1387): die Dynastie hatte ausgespielt.

Jetzt hebt die große Zeit der *Visconti* an. Galeazzos Sohn Azzo (1328–1339) nahm an der Beute der Liga von 1336/37 seinen Anteil (Brescia); wichtiger noch war, daß er in gerechter und strenger Herrschaft heimische Streitigkeiten unterdrückt, die Wehrkraft gestärkt, die Wirtschaft gefördert, daneben auch schon manche Kunst- und Nutzbauten aufgeführt und mit alledem das Staatswesen von innen heraus gestärkt und gesichert hat. In seinem Sinn führten seine beiden Oheime Lucchino und Giovanni, die beide dem besten Typ des ›Tyrannen‹ zuzuzählen sind, die Herrschaft weiter. Nach

dem Tode des ersteren hat Giovanni, zugleich Erzbischof von
Mailand, die gesamte geistliche und weltliche Macht in einer
Hand vereinigt (1349–1354). Unter ihm hat der Rat von
Mailand die Erblichkeit der Macht im Mannesstamm der
Visconti ausdrücklich festgelegt. Nach außen hin aber be-
gann das Haus Visconti jetzt mit dem Erwerb von Genua und
Bologna *große* Geschichte zu machen. Genua suchte in den
Nöten, in die es der Krieg mit Venedig (s. unten S. 227f.)
stürzte, Schutz bei Giovanni Visconti und übertrug ihm die
lebenslängliche Signorie (1353). In Bologna, der als Basis für
den Vorstoß nach Toskana (Florenz!) weitaus wichtigsten
Stadt des nördlichen Kirchenstaates, waren die Pepoli, die das
Vikariat ausübten, mit der Kirche in Konflikt geraten, sahen
sich aber bald so bedroht, daß sie die Herrschaft um 200000
Goldgulden an Giovanni Visconti verkauften (1350). Notgedrungen mußte die Kurie zustimmen und die Stadt den
Visconti auf zwölf Jahre als Lehen überlassen (1352).

Unter den drei herrschsüchtigen und gewalttätigen Neffen
Giovannis, Matteo II., Barnabò und Galeazzo II., die zunächst
gemeinsam die Regierung übernahmen, erlebte freilich der
junge Viscontistaat wieder schwere Erschütterungen. Matteo II. ist bald durch Tod, wahrscheinlich durch Vergiftung,
ausgeschieden (1355). Die beiden anderen sind echte Vertreter
jener ›Tyrannis‹, der keine Greueltat zuviel wird. Auf Galeazzo II. z. B. geht jenes berüchtigte Dokument des Sadismus
zurück, in dem die langsamen, stufenweise sich steigernden
Todesqualen, denen die ›Staatsverbrecher‹ zu überliefern
seien, bis ins einzelnste ausgeklügelt sind, so, daß es ein Mann
von normaler körperlicher Verfassung vierzig Tage lang aus-
hielt; die ›Ruhetage‹, die ein zu frühes Erliegen des Gemar-
terten verhindern mußten, sind dabei nicht vergessen.

Genua macht sich von der Tyrannis der beiden Brüder bald
wieder frei (1356). Um Bologna aber entzündet sich ein Streit,
der sich schnell zur erbitterten Machtprobe zwischen den
Visconti und der Kurie auswuchs. Der viscontische Statthalter
in Bologna, Giovanni da Oleggio, war von seinem Herrn
Barnabò abgefallen; von ihm bedrängt, bot er die Herrschaft
über die Stadt der Kirche zum Rückkauf an (1360). Der Kar-

dinallegat Egidius Albornoz überredete den Papst (Innozenz VI.), auf das Angebot einzugehen und den Kampf mit den Visconti aufzunehmen. Die willkürliche und gewalttätige Behandlung des Mailänder Klerus durch Barnabò (Besteuerung, Gerichtswesen u. dgl.) hatte das ihre getan, um den Papst gegen den »grausamsten und treulosesten Feind Gottes, des Glaubens und der Kirche« aufzubringen. Der ›Kreuzzug‹ gegen ihn wurde verkündet. Die anderen Signoren aber, die Carrara, Scaliger, Este, die Markgrafen von Montferrat und ebenso Florenz und andere freie Städte Toskanas, schlossen sich in großen (in ihrer Zusammensetzung wechselnden) Bündnissen der Kirche an: die unheimlich anwachsende Macht der Visconti hatte sie längst mit tiefem Unbehagen erfüllt. Eineinhalb Jahrzehnte lang, wenn auch mit einigen Unterbrechungen, stürzte Oberitalien wieder in die tiefsten Wirrnisse. Auch so fromme und friedliebende Päpste wie Urban V. (1362–1370) und Gregor XI. (1370–1378) vermochten die kuriale Politik nicht mehr aus diesen unheilvollen Verstrickungen herauszureißen. 1376 endlich kam der Friede zustande: Bologna kehrte zwar in den Besitz der Kirche zurück, im übrigen aber blieb die Machtstellung der Visconti ungeschwächt.

Galeazzo II. ist 1378 gestorben, sein Erbteil dem jungen Sohn Gian Galeazzo überlassend. In einem ›unvergleichlichen Handstreich‹ (J. Burckhardt) nahm dieser heimtückisch den Oheim Barnabò und dessen ganze Familie gefangen; Barnabò beschloß im Kerker das Leben (1385). Damit ist die Einheit des Viscontistaates wieder hergestellt, und Gian Galeazzo wird ihn in den letzten eineinhalb Jahrzehnten des 14. Jahrhunderts seinem Höhepunkt zuführen.

Die Seestädte *Genua* und *Venedig* traten in diesen Jahrzehnten zum Entscheidungskampf um die Vorherrschaft im Mittelmeer an. Als Genua 1346 die Insel Chios im Ägäischen Meer (wie schon einmal im frühen 13. Jahrhundert) weggenommen hatte, fühlte sich Venedig in seinen Handelsinteressen bedroht und eröffnete den Krieg (1350). Auf seiner Seite standen der König von Aragon und zeitweise auch der Griechenkaiser. Genua dagegen konnte auf Ludwig von Ungarn rechnen; Ludwig, der schon mit seinem Griff nach

dem Königreich Neapel starke Interessen für die Adria an
den Tag gelegt hatte, machte der Lagunenstadt mit Erfolg
den Besitz der dalmatinischen Städte Zara, Spalato u. a.
streitig. Die Waagschale des Krieges neigte sich aber auf die
venetianische Seite. Da vertraute sich Genua dem Mailänder
Herrn Giovanni Visconti an (1353), der dafür Waffenhilfe
gewährte. Dies wieder hatte zur Folge, daß sich die Signoren
des östlichen Oberitalien Venedig anschlossen und so der Krieg
auch das Festland ergriff. Aber nach Giovannis Tod kam zwischen beiden schon beträchtlich geschwächten Seestädten der
Friede zustande (1355): er hat an den alten Machtverhältnissen
nichts Wesentliches geändert.

Rund zwanzig Jahre später setzte sich Genua, das damals
(wie früher schon einige Jahre unter Simon Boccanegra, gest.
1363) von ›Dogen‹ geleitet war, in Famagusta, der Hauptstadt
Cyperns, fest (1373). Dies und einige andere Streitfragen im
Ägäischen Meer ließen die beiden Seestädte erneut zum Waf-
fengang antreten (1378). Wieder wollten natürlich die andern
Staaten nicht zurückbleiben: Mailand, Aragon und Cypern
hielten sich zu Venedig, die Carrara, der Patriarch von Aquileja und der König von Ungarn zu Genua. In kühnem Vorstoß nahm Genua den wichtigen, in den Lagunen liegenden
Hafen Chioggia (nach ihm wird der ganze Krieg als ›Chiog-
giakrieg‹ bezeichnet). Venedig raffte die letzten Kräfte zusammen und vermochte das militärische Gleichgewicht wiederherzustellen. Der Friede zu Turin (1381) brachte äußerlich
wiederum keine einschneidenden Veränderungen. Aber es
zeigte sich, daß Genua vom Krieg und mehr noch von seinen
aufreibenden städtischen Kämpfen weit stärker mitgenom-
men war als das innerlich gefestigte Venedig; von jetzt ab
sank es schnell zur zweitrangigen Seemacht herab.

Der Austrag der ghibellinisch-guelfischen Gegensätze und
der sozial-ständischen Spannungen sowie der Machtkampf
zwischen den beiden stärksten Kommunen des Landes, Pisa
und Florenz, bleiben auch noch um die Jahrhundertmitte die
Hauptthemen der *toskanischen* Geschichte. Florenz, vom höheren Bürgertum (popolo grasso) geführt, hatte dem von
allen Seiten bedrängten Mastino della Scala um 250000 Gold-

gulden Lucca abgekauft (1341). Aber Pisa, das sich um diese Zeit unter der Leitung der Grafen Bonifazio (gest. 1340) und Ranieri della Gherardesca einer ruhigen Entwicklung erfreute, nahm mit der Unterstützung der Visconti den Florentinern die Stadt weg (1342).

Dieser äußere Mißerfolg der Regierung führte in Florenz für einen Augenblick den Adel und den Popolo minuto zusammen; sie ließen als Signore einen Fremden, Walther von Brienne (der sich ›Herzog von Athen‹ nannte), hochkommen (1342). Nach dessen Sturz (bereits 1343) ergriff der guelfische Popolo grasso, in dem auch ein beträchtlicher Teil des Adels aufging, erneut das Steuer; er bemühte sich nun, alle ihm Verdächtigen durch die sogenannten ›Verwarnungen‹ (Ammonizioni) von den staatlichen Geschäften auszuschließen. Nebenher liefen langwierige, im ganzen ergebnislose Verwicklungen mit Pisa (1356–1364) um den Besitz von Lucca sowie besonders um die Frage des Seehandels: Florenz besaß ja immer noch keinen unmittelbaren Zugang zum Meer.

In den 70er Jahren bekommt die florentinische Außenpolitik plötzlich ein ganz ungewohntes Gesicht. Die Stadt fühlt sich durch die Kurie in ihrer Freiheit bedroht und nimmt mit größter Leidenschaft den Krieg auf (1375). Das ist der sogenannte ›Krieg der acht Heiligen‹, benannt nach dem Spottnamen, mit dem der Volksmund ein Direktorium von acht Männern mit diktatorischen Vollmachten belegte. Die neue Lage führte die Stadt (entgegen einer zwanzigjährigen Tradition) wenigstens diplomatisch an die Seite der Visconti. Und Florenz wußte die Kirche an ihrer verwundbarsten Stelle zu treffen: erfolgreich trug es die Fahne des Aufruhrs mit der gleißenden Inschrift ›Libertà‹ über die Grenzen hinweg in den Kirchenstaat, der sich seit Jahren wieder in tiefer Gärung befand (s. unten S. 233 f.). Anderseits hatte auch die Kurie für den ›Kreuzzug‹ gegen Florenz ihre empfindlich treffenden Waffen: der gesamte Besitz der florentinischen Bankherren und Kaufleute in Avignon verfiel der Beschlagnahme. Schließlich vermochte die Kirche des Aufstandes im eigenen Staat Herr zu werden (Sommer 1377). Auch die Visconti zogen sich von ihrer Bundesgenossin zurück, die

Lage für Florenz war damit aussichtslos geworden. Doch das
große Papstschisma (seit 1378) hat die Kirche in neue Sorgen
gestürzt und schnell zu einem billigen Ausgleich mit Florenz
willig gemacht.

Inmitten all der Ruhelosigkeit des freien, fessellosen Italien
taucht zweimal wieder der römische König und Kaiser auf,
der Luxemburger Karl IV. (1347–1378), doch beide Male
(1354/55 und 1368/69) nur wie ein eilig seine Bahn ziehender
Komet und schnell wieder ›wie Schatten und Traum‹ (Petrarca) jenseits der Alpen untertauchend.

Petrarca (1304–1374), der sich wie keiner seiner Zeitgenossen als Sprecher der Nation ausgeben durfte, hatte schon 1351
an Karl, an den »vom Himmel gesandten Schirmer unserer
Freiheit« geschrieben, er möge nicht zögern zu kommen, denn
»es gilt keine gewöhnliche oder mittelmäßige Sache, sondern
das römische Reich, das alle Hoffnungen auf dich setzt, aber
von der Hoffnung allein nicht leben kann ... Nie hat Italien
die Ankunft eines auswärtigen Fürsten froher erwartet, Italien, das von keiner andern Seite der Heilung seiner Wunden
sich versehen darf und von dir, obgleich du aus einem anderen
Lande kommst, kein Joch zu fürchten braucht. Durch eine
wunderbare Gnade Gottes ist uns in dir ... unser Augustus
zurückgegeben«. Die Worte klingen, vielleicht nur etwas ge-
dämpfter, nicht anders als bei Dante. Aber in Wirklichkeit
sind sie längst nicht mehr von jener unerschütterten Einheit
der Weltansicht getragen, von der der Verfasser der ›Monarchie‹ erfüllt ist. Petrarcas Vorstellung vom römischen Imperium ist schon viel zu stark von nationalitalienischen Wünschen durchtränkt, als daß er so wie Dante einfach über die
›Translatio‹ des Reiches hätte hinwegsehen können und wollen. Dieses jetzige römische Reich, erklärt er bei anderer Gelegenheit frei, ist nur noch dem Scheine nach römisch, einen
leeren Namen macht man mit ihm zum Idol. Und jede andere
Nation sei zur Verwaltung des Imperiums geeigneter als die
deutsche. So hatte er in zwei Briefen (von 1325 und 1339)
auch Robert von Neapel schon zur Errichtung einer italienischen Monarchie aufgerufen. Und dazu kommt, daß sein

Herz bereits aufgespalten ist zwischen dem römischen *Imperium* und der römischen *Republik* und daß es ihn – wie es für den ganzen Humanismus charakteristisch werden wird – im geheimen weit stärker zu dieser hinzog als zu jenem. Ganz verschiedene Linien durchkreuzen sich in ihm je nach Stimmung und Augenblickslage; seine Politik, vielfältig schillernd, ist »die Politik eines Dichters: mehr Traum und Begeisterung als Begriff« (Eppelsheimer).

Aber auch Karl IV. ist nicht mehr derselbe wie sein Großvater Heinrich VII. und nicht einmal wie sein Vorgänger Ludwig der Bayer gewesen. Beider Schicksale hatten ihn belehrt. Vor allem bei seinem ersten Romzug suchte er in Italien nicht mehr als was ohne jeden Machteinsatz und ohne jedes Risiko zu haben war. So hat er überall die bestehenden Verhältnisse hingenommen und die tatsächlichen Machthaber durch die Verleihung von Reichsvikariaten und Privilegien in ihrem Amt sanktioniert. Ganz Reichsitalien, die Lombardei wie Toskana, leistete ihm dafür die Huldigung. Rom verließ er noch am selben Tage, an dem er aus der Hand eines Kardinallegaten die Kaiserkrone empfangen hatte (Ostern 1355). Signorien wie Kommunen ließen sich in gleicher Weise die kaiserlichen Bestätigungen eine Menge Geldes kosten. Der Florentiner Geschichtsschreiber Giovanni Villani und manche andere haben darob schwer auf Karl gescholten: mehr wie ein Kaufmann denn ein Kaiser sei er durch Italien gezogen. Aber er war eben ein echter Realpolitiker, der weder die harten Gegebenheiten der Wirklichkeit noch die unabwägbaren ideellen Werte, die die Kaiserkrone immer noch in sich barg, übersah.

Beim zweiten Romzug allerdings (1368/69) schien der Kaiser zunächst aus seiner Zurückhaltung herauszutreten. Er wollte den Papst (Urban V.) endlich aus Avignon nach Rom zurückführen. Um ihm den Weg dorthin zu ebnen, versprach er bei der Bändigung der Visconti mitzuhelfen und für die Befreiung Italiens von der Plage der Söldnerkompanien zu sorgen. Aber schnell hatte er mit Barnabò Visconti einen Sonderfrieden geschlossen, der den Tyrannen an der Macht ließ, und die Söldnerkompanien waren keineswegs vernichtet,

als er über die Alpen zurückkehrte. Rom freilich hat damals
das verheißungsvoll scheinende, seit Menschengedenken unerhörte Schauspiel erlebt, daß Papst und Kaiser einträchtig in
seinen Mauern weilten. Aber Urban, von Karl bitter enttäuscht, folgte schnell dessen Beispiel und ging nach Avignon
zurück.

Wie Reichsitalien bewegte sich der Kirchenstaat im 14.
Jahrhundert wesentlich in denselben Bahnen fort, die schon
das spätere 13. Jahrundert vorgezeichnet hatte. Für die adriatischen Landesteile heißt so das Hauptthema: Auseinandersetzung der päpstlichen Zentralregierung mit dem Städtewesen und der Signorie. Die Abwesenheit aber des Papsttums
in Avignon und seine Gebundenheit in der französischen Einflußsphäre tragen in bedeutendem Maße zur Zuspitzung und
Verschärfung der an sich schon gefährlichen Probleme bei.
Das Beamtentum, das die Kurie von Avignon aus zur Verwaltung ihres Staates bestellt, zeigt sich im ganzen – nicht
ohne ehrende Ausnahmen – in einem sehr düsteren Licht: Hab-
gier, Bestechlichkeit und Erpressung, Willkür und Zügel-
losigkeiten mancherlei Art nehmen einen breiten Raum ein.
Die einen Päpste haben dieses Treiben gleichgültig hingehen
lassen, bei anderen, die besseren Willens waren, zeigte es sich,
daß die große Entfernung und die Unkenntnis der wirklichen
Verhältnisse es überaus erschwerten, die untergeordneten Organe wirksam zur Rechenschaft zu ziehen. Die hohen und
niederen Verwaltungsstellen sind aber zum großen Teil von
Fremden, vorzüglich von Südfranzosen besetzt. Die Erbitterung, mit der die Einheimischen auf ihre ausbeuterischen Methoden reagieren, bekommt dadurch von selbst eine starke
nationale Färbung. Dante bereits hat das Stichwort ausgegeben von den »Gascognern und Caorsinern (Cahors in Südfrankreich), die im Gewande des Hirten reißenden Wölfen
gleichen und bereit sind, von unserem Blute zu trinken«.
Überhaupt entzündet sich an der langen Dauer des avignonesischen Exils eine scharfe Spannung zwischen Italienern und
Franzosen, und die feindliche Distanzierung der beiden Völker macht in diesen Jahrzehnten starke Fortschritte. Bald in

ausdrücklicher, bald in stillschweigender Verbindung mit dem
Franzosentum wird das Schlagwort von den ›schlechten Hirten‹ mit der Zeit Allgemeingut der italienischen Stimmen
ghibellinischer wie guelfischer Richtung; aber auch die heilige Katharina von Siena (1347–1380) führt beim Papst be-
wegliche Klage über sie, die ihr gar als ›fleischgewordene
Teufel‹ erscheinen.

Die ungeheuere Wucht, mit der sich die Tyrannis im 14.
Jahrhundert auf dem Boden des Kirchenstaates nicht nur behauptet, sondern immer mehr Raum gewonnen hat, fand
in diesem unheilvollen Versagen des kirchlichen Verwaltungsapparates ihren fruchtbarsten Nährboden. So erleben bereits
das erste und zweite Jahrzehnt eine mit Erfolg neu andrängende
Welle der Tyrannis. Neben den alten Herren, den Malatesta,
Polenta, Montefeltre, Ordelaffi u. a., die ihre Macht befestigen
und erweitern konnten, taucht eine Reihe von kleinen und
kleinsten Tyrannen auf, die allen Bemühungen der Kurie zum
Trotz selbst in bescheidenen Städtchen ihr selbstherrliches Regiment einrichten. Neben der Romagna und Mark Ancona
wird auch das Herzogtum Spoleto von der Bewegung ergriffen. Erst der kriegsmächtige Legat Bertrand Poggetto
vermochte sich (Ende der 20er Jahre) wieder durchzusetzen
und die Signoren entweder zu vertreiben oder in eine eindeutige Abhängigkeit zurückzudrängen. Aber von seinen
lombardischen Unternehmungen erdrückt, mußte Poggetto
flüchtend das Land verlassen (1334). Für die Signorie kehrten
Zeiten zurück, glanzvoller, als sie zuvor gewesen waren. Und
nachdem sie einen neuen kurzen Rückschlag überstanden
hatte, glückte ihr zu Anfang der 50er Jahre nochmals ein
mächtiger Vorstoß. Den größten Gewinn haben dabei die
Malatesta eingeheimst: außer ihrem älteren Besitz Rimini,
Pesaro und Fano fielen ihnen jetzt noch Sinigaglia, Osimo, Recanati, Jesi, Ascoli und sogar Ancona zu. Im weiten Umkreis
stiegen sie zum führenden Geschlecht auf.

Und doch hat es von seiten des Papsttums keineswegs an
einsichtigen Reformmaßnahmen gefehlt. Bonifaz VIII. bereits hat in Erkenntnis der gefährlichen Mängel, die dem kirchlichen Verwaltungsapparat schon zu seiner Zeit anhafteten,

besonders für die Mark Ancona eine Reformkonstitution erlassen (1303), die von wahrhaft staatsmännischen Einsichten und vom ernsthaften Willen zur gründlichen Besserung der Verhältnisse zeugt. Doch der Tod des Papstes ließ sie nicht wirksam werden. Benedikt XII. (1334–1342) vor allem hat sich in tiefem Verantwortungsbewußtsein unermüdlich für eine gerechte, milde und volksfreundliche Herrschaftsführung eingesetzt, indem er, soweit es nur aus der Ferne möglich war, seinen Beamten mit peinlicher Genauigkeit auf die Finger sah und – die Waffengewalt nur als letztes Auskunftsmittel betrachtend – dem von endlosen Kämpfen durchwühlten Land den Frieden zurückgab. Dann fand die Kirche in dem spanischen Kardinal Egidius Albornoz (1300–1367) einen Mann, der als Feldherr wie als Staatsmann gleich Großes geleistet hat und der als die bedeutendste Persönlichkeit bezeichnet werden muß, die während des ganzen 14. Jahrhunderts die politische Bühne der Apenninenhalbinsel betreten hat. Im Namen seiner beiden Auftraggeber Innozenz VI. und Urban V. stellte er mit genialer Hand in wenigen Jahren (1353–1359) die zerrütteten Verhältnisse im Kirchenstaat wieder her. Die großen Signoren wurden wenigstens soweit niedergezwungen, daß sie, auf kleineren Raum zurückgedrängt, als päpstliche Vikare die Oberherrschaft der Kirche wieder in fühlbarer Weise anerkennen mußten. Die freien Kommunen aber wurden durch vorsichtige Schonung ihrer Selbstverwaltung und durch die genaue Fixierung ihrer Rechte und Pflichten gewonnen. Das große Gesetzeswerk, mit dem Albornoz die gesamte Verwaltung neu regelte, die sogenannten ›Constitutiones Aegidianae‹, haben ihren Schöpfer um Jahrhunderte überdauert: sie blieben, wenn auch natürlich mit mancherlei Zusätzen und Abänderungen versehen, das Gesetzbuch des Kirchenstaates bis zum Jahre 1816. Aber Albornoz' Nachfolger im Amt (seit 1367) haben es verstanden, das Aufbauwerk auch dieses Mannes wieder zunichte zu machen. Die Antwort darauf war jener letzte große und allgemeine Aufstand, den die Florentiner mit leichter Mühe entfachen konnten (1375) und der wie kaum ein anderer Krieg zuvor den Kirchenstaat in seinen Grundfesten erschüttert hat. Auch die schweren

Bluttaten, die sich die gascognischen und bretonischen Söldnerheere des skrupellosen Kardinallegaten Robert von Genf (des späteren Gegenpapstes Clemens VII.) zuschulden kommen ließen, vermochten ihn nicht zu bändigen. Die Revolution überzeugte schließlich das Papsttum in Avignon davon, daß die endgültige Rückkehr nach Rom allein schon im Interesse der weltlichen Macht zur unaufschiebbaren Notwendigkeit geworden war. Als Gregor XI. Ende 1377 in Italien erschien und seinen aufrichtigen Willen zum Frieden und zu Reformen bekundete, beruhigten sich langsam die stürmischen Wogen, die den Kirchenstaat zwei Jahre lang überflutet hatten.

Die unerquicklichen Jahrzehnte des avignonesischen Exils trugen in besonderem Maße dazu bei, die weltliche Macht der Kirche als *grundsätzliches* Problem sichtbar werden zu lassen. Petrarca klagt wie Dante über die verheerenden Wirkungen der ›Konstantinischen Schenkung‹. Die (ghibellinische) Chronik von Piacenza knüpft an das ewige Auf und Ab der letzten siebzig Jahre eine ernste Betrachtung und gelangt zu dem Fazit: »Wenn also die Hirten der Kirche ihre Länder nicht behaupten können, dann müßten sie lieber alles verlieren wollen, als mit der Wiedereroberung so viel Übel anzurichten. Gewiß würden sie besser oder doch weniger schlecht daran tun, wenn sie die Länder jenen Signoren und Kommunen überließen, die bisher schon die Herrschaft darüber ausgeübt haben.« Die heilige Birgitta von Schweden aber (gest. 1373), die während ihres zwanzigjährigen Aufenthaltes in Rom Gelegenheit hatte, die Dinge aus der Nähe zu betrachten, hält dem Papst nicht nur vor, daß er mit dem Visconti um jeden Preis Frieden schließen müsse, auch wenn es ihn den Verlust seiner weltlichen Machtstellung koste, sondern sie möchte am liebsten unter die ganze Vergangenheit den Schlußstrich ziehen. Mit unerhörter Kühnheit sieht sie einmal im Geiste den römischen Borgo, das schmale Dreieck zwischen Vatikan, Engelsburg und S. Spirito, als Wohnort der Kardinäle und der ganzen Kurie und als *einzigen* Besitz eines »heiligen Papstes, der die Kirche in geistlicher Weise glühend liebe«. Ein halbes Jahrtausend ist hier in genialer Vision fast auf den Buchstaben genau vorausgenommen!

Im Vergleich zu den adriatischen Ländern des Kirchenstaates verliert die Geschichte des Patrimoniums an Bedeutung und Interesse. Das römische Tuszien mit Viterbo als Mittelpunkt wird durch die Nachbarschaft des freien Toskana noch in stärkerem Maße in die allgemeinen Bewegungen des Nordens hereingezogen. Aber bei der Spärlichkeit des städtischen Wesens haben hier die Kämpfe und Zwistigkeiten mit dem päpstlichen Regiment schon etwas Kleinbürgerliches an sich. Nur in Viterbo selbst erhebt sich mit den Herren von Vico die Tyrannis zeitweise zu beachtlicher Machtstellung.

Rom ist die ›verlassene, trauernde Witwe‹, die unablässig nach der Rückkehr des Papstes ruft. Ein vielstimmiger Chor, in den sich u. a. die Stimmen stadtrömischer Gesandtschaften, die Petrarcas oder der heiligen Katharina von Siena mischen, vereinigt sich mit Bitten, Forderungen und Drohungen in diesem Ruf. Ludwig der Bayer erläßt gar zusammen mit den Römern ein Gesetz (1328), daß der Papst die Ewige Stadt nur mit Erlaubnis des römischen Volkes und auch dann nur auf höchstens drei Monate verlassen dürfe; wenn er auf dreimalige Mahnung nicht zurückkehre, gehe er seines Amtes verlustig! Der Abzug der Kurie hatte tatsächlich der Stadt furchtbar zugesetzt: ihre Einwohnerzahl soll in diesen Jahren auf vielleicht 30000 herabgesunken sein, die christlichen Kirchen und die Paläste fielen kaum weniger dem Ruin anheim als die alten Tempel und Monumente, am Lateran und um die Peterskirche weidete das Vieh. Die Adelskämpfe zwischen den Parteien der Colonna und Orsini und anderseits die fruchtlosen Auseinandersetzungen zwischen Adel und Bürgerschaft taten das Ihre, um die Stadt herunterzubringen. Mit Mitleid und Verachtung sieht Giovanni Villani, der stolze Florentiner Kaufherr und Geschichtsschreiber, auf die Stadt herab: »Rom ist im Niedergang begriffen, meine Vaterstadt aber im Aufsteigen und zur Ausführung großer Dinge bereit.« Und doch war und blieb Rom die heiße Liebe und Sehnsucht des jungen italienischen Nationalgefühls: die prunkvolle Feier auf dem Kapitol, die Petrarca zum ›Poeta laureatus‹ erhob (1341), ist der sinnfälligste Ausdruck dafür. Und auch das selbstbewußte Florenz kannte keinen höheren Ehrentitel für sich als den, ›Tochter Roms‹ zu sein: Dante, Villani, Petrarca, Boccaccio, Coluccio Salutati u.a. gehen darin einig.

Da schien sich die Stadt plötzlich ernsthaft aus ihrem Verfall aufraffen zu wollen. Cola di Rienzo (Nicolaus Laurentii), der Sohn eines Schankwirtes – er selbst rühmte sich, der Sohn Kaiser Heinrichs VII. und einer Römerin zu sein –, entflammt seine Mitbürger in glühenden Reden zu großen Taten; in Anschlägen und leicht faßlichen Zeichnungen an den Mauern einiger Gebäude stellt er ihnen die große Vergangenheit und die erbärmliche Gegenwart eindrucksvoll gegenüber. Unter dem Titel eines ›Volkstribunen‹ konnte Cola als höchster Machthaber seinen Einzug auf dem Kapitol halten (Sommer 1347); der streitsüchtige Adel mußte aus der Stadt weichen. Doch die *gesamte* Halbinsel (und mit ihr die ganze Welt) wollte Cola erneuern. In rauschenden Manifesten berief er die Fürsten, Signoren und Städte des ›ganzen heiligen Italien‹ (universa sacra Italia) zu einem Nationalparlament auf das Kapitol; es sollte den föderativen Zusammenschluß aller italienischen Mächte unter Roms Führung bringen. Petrarca begeisterte sich für ihn, ja die meisten Signoren schienen in der ersten Überraschung willig dem Ruf Folge zu leisten – da machte das römische Volk, erregt durch die Auflage neuer Steuern und durch den ungeheueren Pomp, den Cola entfaltete, dem seltsamen Schauspiel gewaltsam ein Ende. Colas Schicksal erfüllte sich, als er, 1354 nach Rom zurückgekehrt, nochmals an die Spitze der Stadt tritt: in einem neuen Aufstand wird er erschlagen (1354). »Tod dem Verräter, der die Steuer gemacht hat!« hieß die Parole, unter der das Volk auf ihn eingestürmt war.

»Eine wunderliche Komödie« nennt J. Burckhardt das Auftreten dieses Mannes, ihn selber im Vergleich zu den Signoren Oberitaliens »einen armen verlassenen Toren«. K. Burdach und sein Schülerkreis dagegen wollten in Cola einen der echtesten Vertreter des jungen Renaissancebewußtseins erkennen und ihn geradezu an den Anfang dieses neuen Zeitalters stellen. Doch ist Cola am wenigsten auf einen einheitlichen Nenner zu bringen. Mit Recht hat L. Salvatorelli seine Herrschaft »klassisch, republikanisch und theokratisch in

einem« genannt. Humanistische Vorstellungen und Wunsch-
träume sind natürlich in ihm lebendig, aber viel stärker bleibt
er in den prophetisch-mystischen Romvorstellungen verhaftet, wie sie mit ihren schwärmerischen Wucherungen und
ihrer realpolitischen Kraftlosigkeit gerade für das Mittelalter
(seit den Tagen Arnolds von Brescia) charakteristisch sind.
Von der unsentimentalen, ganz egoistisch und diesseitig orientierten Machtentfaltung des echten Renaissancefürstentums
ist Cola denkbar weit entfernt – insofern bleibt Burckhardts
hartes Urteil zurecht bestehen.

Rom hat nach Colas Sturz sein altes Leben wieder weitergeführt. Zeitweise hat es sich dabei gegenüber der päpstlichen
Oberherrschaft eine gewisse kommunale Selbstverwaltung
sichern können, aber bedeutsamere geschichtsbildende Kräfte
hat es bis zu den Tagen der Renaissancepäpste nicht mehr hervorgebracht.

Im Bilde Italiens um die Mitte des 14. Jahrhunderts würde
ein wesentlicher, wenn auch vielleicht der schmerzvollste Zug
fehlen, wenn man auf die fremden Söldnerkompanien, die
das Land jahrzehntelang heimsuchten, vergäße. Die soziale
und wirtschaftliche Umschichtung, die West- und Mitteleuropa im Laufe des 14. Jahrhunderts erlebten, entzog der
Masse des mittleren und kleinen Rittertums mehr und mehr
die wirtschaftlichen Grundlagen seiner Existenz, während das
Ende der Kreuzzüge und das Aufhören der großen Italien-
fahrten der Kaiser wesentlich dazu beitrugen, das ritterliche
Berufsethos in Frage zu stellen. So strömte ein großer Teil
dieses in der Heimat beschäftigungs- und erwerbslos gewordenen Rittertums dorthin ab, wo es wie in keinem anderen
Lande immer etwas zu kämpfen gab: nach Italien. Die Deutschen stehen dabei zahlenmäßig obenan, aber auch Engländer,
Franzosen (Gascogner und Bretonen) sowie Ungarn spielen
eine beträchtliche Rolle. Der ›Herzog‹ Werner von Urslin-
gen, die Grafen Konrad und Ludwig von Landau, Annechin
von Bongard, Albert Sterz u. a., dann der Engländer John
Hawkwood (Giovanni Acuto) oder der ehemalige Tempel-
ritter Fra Moriale – zum Teil Persönlichkeiten von nicht un-

bedeutendem Format – zählten zu ihren berühmtesten Anführern. Die Signorien und Kommunen haben diese Soldtruppen mit großen Anerbieten über die Alpen gelockt; die
zahllosen Kämpfe des Jahrhunderts wären ohne sie undenkbar, denn das städtische Bürgertum selbst hat (auch wenn es
einer Signorie unterstand) nur mehr in geringem Umfang
Kriegsdienste geleistet. Aber das Land wurde die Geister, die es
gerufen hatte, nicht wieder los. Die bloße Existenz der Kompanien barg den unaufhörlichen Anreiz zu Krieg und Verwüstung in sich; denn sie wollten leben, ja Reichtümer und
Schätze sammeln, und wenn sie das nicht im Dienste eines
bestimmten Herrn tun konnten, dann eben auf eigene Faust.
Der Krieg erhob sich in ihnen zum eigengesetzlichen, d.h.
keinem politischen Willen mehr dienstbaren Prinzip. Hilflos
standen ihm die italienischen Mächte gegenüber. Das einzige
Mittel, das einem von solchen Freischaren bedrohten Territorium Rettung bringen konnte, bestand meist darin, daß es
sich durch große Geldsummen rechtzeitig ›loskaufte‹. Auf
den Banken der italienischen Städte speicherten die Freischarenführer die Reichtümer auf, die sie ebendenselben Städten durch Plünderung oder Erpressung abgenommen hatten.
Ein Bongard und Albert Sterz besaßen das Bürgerrecht in
Perugia, John Hawkwood war der ›teuere Freund und Sohn‹
der Stadt Florenz und dann wieder mußte dieselbe Stadt demselben Hawkwood 130000 Goldgulden (1 Gulden etwa 20
Goldmark) dafür erlegen, daß er sie auf fünf Jahre ungescho-
ren ließ. Für alle anderen Mächte gibt es Dutzende von gleichen Beispielen. Nur Barnabò Visconti, der allerdings zwei
seiner Töchter an Kompanieführer verheiratet hatte, war
stark genug, seine Unabhängigkeit zu wahren, und hat sich
niemals loskaufen müssen. Auch die Kurie hat sich der Kompanien bedient und sie dann wieder verflucht und zum ›Kreuzzug‹ gegen sie aufgerufen und, wenn aus ihm nichts wurde,
eben tief in den Säckel gegriffen. So geht es in sinnlosem
Wechsel, nur von der Eingebung des augenblicklichen, wirklichen oder scheinbaren Bedürfnisses geleitet: man holt die
Kompanien herbei und verflucht sie; man ehrt ihre Führer
und zittert vor ihnen, man bedient sich ihrer Hilfe und ver-

folgt sie und schließt sich zu Bündnissen gegen sie zusammen, die doch nie Wirklichkeit werden. Selbst das Königreich Neapel wird in den Jahren, da Johanna I. und Ludwig von Ungarn miteinander um die Macht kämpften, in den allgemeinen Strudel mit hineingerissen.

Die Blütezeit der Kompanien fällt etwa in die Jahre zwischen 1340 und 1380. Alle italienischen Chroniken dieser Zeit sind voll von Berichten über ihre Züge und Unternehmungen und von Klagen über Raub, Mord, Plünderung und Untaten aller Art, die ihren Weg durchs Land schreckenerregend bezeichneten. Wohl haben auch andere Länder (besonders Frankreich) Ansätze zu gleichen Erscheinungen erlebt, aber die staatliche Macht war dort noch so stark, daß sie sich nicht richtig entfalten konnten. Nichts vermag die Verwirrung und Ratlosigkeit, die Zerfahrenheit und Hilflosigkeit, in die die Apenninenhalbinsel in diesen Jahrzehnten versunken war, eindringlicher zu beleuchten als diese merkwürdige Erscheinung der ausländischen Söldnerkompanien. Erst gegen Ende des Jahrhunderts versiegt der Zustrom aus der Fremde. Das Söldnerwesen wird nun von einheimischen Kräften, die vorher stark zurückgetreten waren, übernommen und zugleich entsteht ein neuer Typ des Söldnerführers: der Condottiere des Renaissancezeitalters (s. u. S. 244).

DIE AUSBILDUNG DES STAATENSYSTEMS DER RENAISSANCE (ETWA 1380–1450)

Die französische Vormachtstellung in Italien ist – anders als einst die deutsche Vorherrschaft – in einem langwierigen Prozeß abgestorben. Französischer Machteinfluß an diesen und jenen Stellen und vor allem französischer Machtanspruch bleiben zwar auch weiterhin bestehen – in den letzten Jahren des 15. Jahrhunderts werden sie sogar eine mächtige Wiederbelebung erfahren –, aber sie vermögen nicht mehr in größerem Umfang bestimmend einzuwirken. Es ist ja das Zeitalter, in dem Frankreich selbst im hundertjährigen Krieg mit England bis aufs äußerste um seine Existenz ringen muß. In breiter Zone gehen so die sinkende Vorherrschaft Frankreichs

und die Ausbildung der neuen, das werdende Renaissancezeitalter bestimmenden Mächte – der Signorien und Kommunen – nebeneinander her und ineinander über; ohne irgendwelche schärfere Grenzlinie wird jene von diesen allmählich
abgelöst. Nachdem die Macht der unteritalienischen Anjou
langsam zerbröckelte, bricht mit der Rückkehr der Kurie
nach Italien (1377) auch die zweite große Stütze Frankreichs
auf der Apenninenhalbinsel zusammen: das avignonesische
Papsttum.

Aber nicht nur das avignonesische: das Papsttum überhaupt – seit 1378 in die unheilvollste Spaltung seiner ganzen
Geschichte gestürzt – scheidet als Machtfaktor in Italien fast
ganz aus, um erst nach vier oder fünf Jahrzehnten langsam
und in bescheidenerem Rahmen wieder wirksam zu werden.
Die italienisch-französischen Spannungen (s. o. S. 232 f.) empfingen durch dieses ›große abendländische Schisma‹ besonders
in den ersten Jahren seiner Entstehung neue Nahrung; machtpolitisch jedoch blieb die Apenninenhalbinsel im großen und
ganzen (nicht ohne Ausnahmen) der avignonesischen Papst-
linie (vertreten durch Clemens VII. und seinen Nachfolger)
versperrt. Aber auch die römischen Päpste (Urban VI. und
seine Nachfolger) hatten, abgesehen von der allerdings bedeutsamen Übertragung des Königreichs Neapel auf die ungarischen Anjou (1381), in der italienischen Politik nicht mehr
viel zu sagen. Die ungeheure materielle und geistige Einbuße,
die das Papsttum in diesem sich selbst zerfleischenden Streit
erlitt, machte allen Vormachtsbestrebungen, die es bisher in
Italien verfolgt hatte, von selbst ein Ende.

Der Ausfall des Papsttums, dazu die unvermeidlich gewordene Einordnung mancher kleinen und mittleren Kommune
und Signorie in größere Territorien, brachte eine gewisse Ver-
einfachung des politischen Kräftespiels mit sich. So kommt
es, daß um die Mitte des 15. Jahrhunderts, zu Beginn der
eigentlichen Renaissance, in Reichsitalien nur mehr verhältnismäßig wenige Mächte ernsthaft in Betracht kamen: Mailand, Venedig, Florenz und etwa noch Ferrara mit den Este
und Mantua mit den Gonzaga. Nur die kirchenstaatlichen Gebiete der Romagna und Mark Ancona sind auch jetzt noch

nicht imstande, ihre Auflösung in kleine und kleinste Territorien zu überwinden.

Doch auch in der Ideologie – oder wenigstens in den Schlag-
worten, die eine solche vortäuschten: guelfisch-ghibellinisch
– ändert sich etwas. Bereits um die Mitte des 14. Jahrhunderts
ist von ganz verschiedenen Seiten her (Cola di Rienzo, Albornoz, Barnabò Visconti) gegen den Gebrauch jener längst zur
offenkundigen Fiktion herabgesunkenen Parteinamen Front
gemacht worden. Wenn diese dennoch das ganze 15. Jahrhundert hindurch hier und dort auftauchten, so hat man in
den großen politischen Kämpfen doch ziemlich auf sie verzichtet. Jene wurden auch äußerlich als das ausgefochten, was
sie in Wirklichkeit gewesen sind: als reine Machtkämpfe.

Ganz Reichsitalien wird durch *Mailand* in Atem gehalten,
zunächst durch den Expansionsdrang der Visconti, dann durch
die Frage der Nachfolge. Gian Galezzo (1385-1402) vereinigt
wieder den ganzen Viscontibesitz – zweiundzwanzig Städte,
die ihm gelegentlich in einem Jahr bis zu zwei Millionen
Goldgulden Steuern einbringen können – in einer Hand.
Aber seiner ebenso ehrgeizigen wie begabten Eroberernatur
genügt das nicht. 1387 reißt er im Bund mit den Carrara von
Padua das ganze Territorium der della Scala an sich, 1388 bereits vertreibt er zusammen mit Venedig auch die Carrara.
Die östlichen Gebiete ihres Staates vergrößern das venetianische Treviso, das übrige mit Padua selbst nimmt der Visconti
weg (doch zwei Jahre später, 1390, haben die Carrara wieder
den größten Teil ihres Besitzes in Händen). Dann wendet sich
Gian Galeazzo gegen die Romagna, vor allem gegen die Stadt
Bologna, und gegen Toskana. Nach einem ersten Mißerfolg
fielen ihm Pisa, Siena, Perugia und Assisi (die beiden letzteren
sind Städte des Kirchenstaates) zu (1399/1400). Vorher bereits hatte er sich von König Wenzel, dem Sohn Karls IV.,
die Erhöhung seines Standes erkauft: er wurde zum Herzog
ernannt (1395). Mailand ist so das erste neue Herzogtum auf
italienischem Boden geworden (1416 folgt, durch Kaiser Sigismund erhoben, die Grafschaft Savoyen mit demselben Titel). Ruprecht von der Pfalz, der die Verleihung seines Vorgängers für Mailand nicht anerkennen wollte, erlitt durch den

Visconti eine Niederlage (1401). Nun holt Gian Galeazzo zu entscheidenden Schlägen aus. Er erobert Bologna (Juli 1402) und erringt bei Casalechio über Florenz einen bedeutenden Sieg; aber noch bevor er die Stadt erobern konnte, stirbt er mitten im Siegeslauf fünfundfünfzigjährig weg (September 1402). Schon war er als der ›neue Cäsar‹ gefeiert worden, und der erste Akt, den man nach der Einnahme von Florenz von ihm erwartete, war, daß er sich die Königskrone für Italien aufs Haupt setzen würde. Was so vielfach ersehnt, aber keinem geglückt war, schien ihm zu gelingen: der Zusammenschluß wenigstens Reichsitaliens zu einem einheitlichen Staat.

Und Gian Galeazzo wäre der rechte Mann dazu gewesen. Nicht bloß Eroberer, sondern echter Herrscher, hat er seinen Länderbesitz in einer Vollkommenheit ausgebaut, deren sich sonst kaum ein anderes italienisches Staatswesen dieser Zeit rühmen konnte. Die Schaffung eines einheitlichen Gesetzbuches und die Neuordnung der ganzen Staatsverwaltung sicherten eine gerechte, von Willkür freie Regierung. Die eifrige Sorge für Ackerbau, Gewerbe und Handel brachte einen solchen wirtschaftlichen Aufschwung, daß auch die hohen Steuerlasten nicht allzu schwer empfunden wurden. Dazu kam eine großzügige Pflege der Künste und Wissenschaften. Seine Bibliothek war berühmt. Der Dom von Mailand aber, der Palast in Pavia und die Certosa (bei Pavia), ›das wunderbarste aller Klöster‹ (J. Burckhardt), künden noch heute von der großen Zeit, die der mailändische Staat unter diesem Tyrannen erlebt hat.

Die beiden Söhne Gian Galeazzos waren unmündig, die Vormundschaftsregierung der Herzoginwitwe versagte: der Staat droht wieder auseinanderzufallen. In mehreren Städten des Territoriums reißen kleine Signoren die Macht an sich; Bologna, Perugia und Assisi müssen dem Papst zurückgegeben werden (1403), Siena macht sich frei, Pisa geht an Florenz verloren (1405). Venedig nimmt Verona und Vicenza und, nach einem erneuten Angriff auf die Carrara, auch Padua weg (1405/06).

Giovanni Maria, der eine der beiden Brüder, entpuppte sich kaum zwanzigjährig als ebenso unfähiger wie blutdürstiger Tyrann. Als ihm während der langen Wirren das halb ver-

hungerte Volk auf den Straßen »Pace! Pace!« zuschrie, ließ
er seine Söldner auf es einhauen und verbot bei Todesstrafe,
die Worte ›Pace‹ und ›Guerra‹ in den Mund zu nehmen;
selbst die Priester am Altar sollten nicht mehr »Dona nobis
pacem« beten, sondern »Dona nobis tranquillitatem«. Aber
schon 1412 traf ihn der Mordstahl von Verschwörern.

Nun wird der andere Bruder, Filippo Maria, zum Herzog
ausgerufen (1412–1447); auch ihm gingen die großen Regen-
teneigenschaften seines Vaters ab. Die Erfindung eines komplizierten Etikettewesens und die raffinierteste Ausklügelung
von Sicherheitsmaßnahmen für seine eigene Person gehören
zu seinen hervorstechendsten Interessen, denen alle Staats-
mittel dienstbar gemacht werden. Immerhin gelang es Filippo Maria in wenigen Jahren, den weiteren Zerfall seiner
Länder aufzuhalten und großenteils sogar wieder rückgängig
zu machen. Und auch in der Folgezeit hat er sich verhältnismäßig erfolgreich durch die gefährlichen Wirrnisse der großen Politik hindurchgefunden.

Nun hebt die große Zeit der Söldnerführer, der Condottieri, an. Die Frage, wie sich der Condottiere zu seinem Herrn
stellt, ob er ihm Treue hält oder Verrat übt, zu welcher Partei
er überwechselt und ob er die vielverschlungenen Wege der
Diplomatie und des geheimen Einvernehmens mit dem Gegner
mit Erfolg zu Ende gehen kann oder schließlich selbst in das
Fangeisen des noch listenreicheren oder glückhafteren Rivalen gerät – dies alles entscheidet über den Gang der politischen
Ereignisse nicht weniger als die diplomatischen Künste der
regierenden Herren selbst. Die Fürsten waren auf diese Männer angewiesen und lebten doch in ständiger Furcht vor
ihnen, entschlossen, sie beiseite zu schieben, wenn es nur an-
gängig schien. Oft mußten die Heerführer Weib und Kind
als Geiseln stellen, ohne doch bei ihren Herren das Gefühl der
Sicherheit erwecken zu können. Von einem »über alle Maßen
unmoralischen Verhältnis zwischen den Regierungen und
ihren Condottieren« hat J. Burckhardt gesprochen.

Das überlegene Genie Gian Galeazzos hatte seine Heerführer
wie Alberigo da Barbiano, Carlo Malatesta, Facino Cane u.a.
noch im Zaume zu halten gewußt. Aber bereits Giovanni

Maria lebte hauptsächlich von der Tüchtigkeit des Letztge-
nannten, der sich seinerseits schadlos hielt: er eignete sich aus
dem Viscontibesitz Alessandria, Novara und Tortona an. Filippo Maria nahm zunächst den Heerführer Francesco Carmagnola in seine Dienste: dieser hat ihm nicht nur die abgefallenen Städte wieder zum Gehorsam zurückgeführt, sondern mit seiner Hilfe gelang dem Herzog noch ein weiterer
großer Erfolg: die erneute Eroberung Genuas.

In *Genua*, wo die Parteien der Guelfen und Ghibellinen ungebrochen fortlebten, löste ein Umsturz den anderen ab. So
begannen wieder fremde Mächte ihr Auge auf die ligurische
Hauptstadt zu werfen: Gian Galeazzo und – Karl VI., der
König von Frankreich. 1396 ergab sich die Stadt dem französischen König, dessen Statthalter jedoch zunächst die inneren
Wirren nicht bändigen konnten. Erst das scharfe Regiment des
Marschalls Boucicault (1401–1409) schaffte Ordnung. Zugleich versuchte dieser, wenn auch nur mit geringem Erfolg,
die schwindende genuesische Seegeltung durch Unternehmungen gegen Cypern, Beirut und Tripolis wieder zu stär-
ken (1403). Dann wandte er sich, durch die Schwäche der
Visconti verlockt, gegen Mailand, aber das gewagte Unternehmen kostete ihn den Besitz von Genua (1409). Die Stadt
ergab sich jetzt der Signorie des Markgrafen von Montferrat
(1409–1413); dann versuchte man es erneut mit Dogen; 1421
endlich zog Filippo Maria als Gebieter in Genua ein, den Feldherrn Carmagnola zu seinem Statthalter ernennend. Der Besitz Genuas und seiner Flotte ermöglichte es dem Visconti,
ernsthaft in den Thronstreit um Neapel (s. unten S. 254 f.) einzugreifen; freilich im Gefolge gerade dieser Kämpfe hat Genua die mailändische Herrschaft wieder abgeschüttelt (1435),
um dann für gut zwanzig Jahre erneut unter das Regiment
von eigenen Dogen zurückzukehren.

Der Wiederaufstieg der Viscontimacht erregte die Sorge
und Eifersucht der Nachbarn, vor allem Venedigs.

Venedig hatte zu Anfang des 15. Jahrhunderts nach beiden
Seiten seiner Interessensphäre, gegen das Adriatische Meer
und gegen das Festland zu, erfolgreich ausgegriffen. Das
adriatische Meer war mit dem Erwerb vor allem von Korfu

(1385), Durazzo (1396), Zara (1409), Udine, Friaul und dem Patriarchat von Aquileja (1420/21), Cattaro, Spalato und Skutari ein venetianisches Meer geworden. Von dieser gewaltig verbreiterten Basis aus empfing die Seeherrschaft Venedigs – wenngleich schon auf dem düsteren Hintergrund der vordringenden Türken – neue mächtige Antriebe.

Bedeutsamer für das Geschehen auf der Apenninenhalbinsel selbst wurde der neu erwachte Drang Venedigs in die Lombardei herein. 1339 hatte es mit der Mark Treviso den Anfang zu seiner ›Terra ferma‹ gemacht und die Erwerbung des früheren Besitzes der Scaliger und der Carrara (Verona, Vicenza, Padua) erhob Venedig endgültig auch zur Festlandsmacht. Vom Kaiser ließ es sich die Bestätigung seines neuen Besitzes geben (1437).

Venedig war nun unmittelbare Nachbarin und – Rivalin Mailands geworden. Die Liga, die es 1426 zwischen Florenz, den Este, den Gonzaga, dem Markgrafen von Montferrat und dem Herzog von Savoyen zustande brachte, eröffnete den Krieg, der für Venedig zur ersten großen Machtprobe auf dem Festland wurde. Der Feldherr der Liga ist Carmagnola, der sich mit dem Visconti überworfen und aus Rache die Partei gewechselt hatte. Filippo Maria mußte Brescia und Bergamo an Venedig abtreten (1428). Doch als der Krieg von neuem aufflammte, neigte sich das Glück mehr auf Mailands Seite. Carmagnola gerät in den Verdacht des Verrates, Venedig macht ihm den Prozeß und läßt ihn hinrichten (1432).

An Stelle Carmagnolas hatte der Herzog von Mailand die Heerführer Niccolò Piccinino und Francesco Sforza in Dienst genommen. Der Vater des Sforza schon hatte sich aus einfachsten Verhältnissen zum berühmten Feldherrn emporgearbeitet, der Sohn aber übertraf ihn noch an Bedeutung, Kraft und Erfolg. Als ›Vater der Kriegerschaft‹ verehrten ihn abgöttisch die Soldaten. »Hoch und äußerst imposant an Gestalt, von ernsten Zügen, ruhig und leutselig im Reden, fürstlich im ganzen Benehmen, ein Ganzes an leiblicher und geistiger Begabung, ohnegleichen in unserer Zeit . . .«, so hat ihn später, als er bereits den Herzogsstuhl von Mailand einnahm, Enea Silvio Piccolomini (Pius II.) geschildert.

Filippo Maria besaß nur eine illegitime Tochter, Bianca Maria; frühzeitig hatte er ihre Hand – und damit die Anwartschaft auf das Herzogtum! – dem Sforza versprochen. So drängt sich die Frage der Nachfolge in Mailand, für die noch der Markgraf von Montferrat, die Herzöge von Savoyen und Orléans und König Alphons von Neapel Rechte geltend machten, immer mehr in den Vordergrund. An die eineinhalb Jahrzehnte hat sie ganz Italien in Aufregung versetzt, zugleich mit der nicht weniger bedeutsamen Nachfolgefrage im Königreich Neapel (s. unten S. 254f.). Ein wahrer Hexenkessel von diplomatischen Winkelzügen und Intrigen tut sich auf, ein wilder Wirbel von ständig wechselnden Parteikonstellationen zwischen den großen und kleinen Mächten, den Souveränen wie den Condottieri. Außer Filippo Maria, seinem Feldherrn Piccinino und dem Sforza sind der Papst, König Alphons von Neapel, Sigismondo Malatesta von Rimini und die Städte Venedig, Florenz, Genua und Bologna an der Auseinandersetzung beteiligt. Jeder versucht, bei dieser seltenen Gelegenheit irgend etwas für sich herauszuschlagen: ein Irrgarten der diplomatischen Künste, der selbst im Italien des 14. und 15. Jahrhunderts seinesgleichen sucht.

Doch nach dem im August 1447 erfolgten Tod des Herzogs kam zunächst ein überraschendes Zwischenspiel, das allen Hoffnungen der Prätendenten ein Ende zu setzen schien. Die Stadt Mailand, seit hundert Jahren jedes politischen Eigenlebens entwöhnt, erhob sich und erklärte die Wiederherstellung ihrer Unabhängigkeit als ›Republik des heiligen Ambrosius‹ (394–397 Erzbischof von Mailand, der alte Lokalheilige der Stadt). Die anderen Städte des Territoriums schlossen sich zum Teil der Hauptstadt an, zum Teil machten sie sich ihrerseits selbständig.

Zu seinem Schutz nimmt Mailand den Sforza (dessen Heirat mit Bianca Maria 1441 zustande gekommen war) in Dienst. Doch dieser macht mit Venedig gemeinsame Sache (1448): die Adda sollte die künftige Grenze zwischen seinem und dem venetianischen Staatsgebiet werden. Er besetzt den größten Teil des Mailänder Territoriums und schließt die Hauptstadt selbst ein (Frühjahr 1449). Darauf besinnt sich Venedig wieder

eines anderen und verbündet sich mit der ambrosianischen
Republik gegen den Sforza. Doch zu spät: das ausgehungerte
und im Innern von Parteien zerrissene Mailand öffnet dem
Sforza die Tore und begrüßt ihn als seinen neuen Herzog
(März 1450). Zugleich wurde das Erbrecht für seine legitimen
Nachkommen festgesetzt. Gegen Könige, Fürsten und Repu-
bliken hatte der Condottiere das Spiel gewonnen!

Der Widerstand, den die anderen Mächte (Neapel, Venedig, Siena, Montferrat und anfangs auch Savoyen) gegen das
neue, aus dem Nichts emporgestiegene Fürstenhaus, das im
Bunde mit Bologna, Florenz und Frankreich stand, erhoben,
dämpfte sich bald, als die erschütternde Kunde von der Eroberung Konstantinopels durch die Türken (1453) ins Abendland drang. Venedig und Mailand fanden sich im Frieden von
Lodi zusammen (April 1454). Die Adda bildete danach ein
Stück weit die Grenze zwischen beiden Territorien; Brescia,
Bergamo und Crema waren die westlichsten Städte des neuen
Venetien, mit Piacenza und Parma stieß Mailand am weitesten
nach Osten vor. Auch die übrigen Mächte legten die Waffen
nieder; ja Mailand, Venedig und Florenz vereinigten sich zu
einer ›allerheiligsten Liga‹ zur Aufrechterhaltung des Friedens (August 1454).

In Toskana konnte *Florenz* den größten Teil des Landes
und der Macht an sich nehmen.

Nach dem Krieg mit der Kirche (1375–1378) erlebte Florenz zunächst starke soziale Erschütterungen. Gegen die führende Oberschicht (bestehend aus Popolo grasso und Resten
des alten Adels) erhob sich die Masse der kleinen Handwerker.
Sie wünschte ihre Loslösung aus den Zünften, in denen nur
die größeren Unternehmer das Wort hatten, und den Zusammenschluß in neuen, selbständigen Zunftorganisationen,
die ihr die entsprechende Mitbeteiligung am Staatsleben sichern sollten. Vor allem die Wollkämmer (›Ciompi‹) standen
an der Spitze der Bewegung, die deshalb auch nach ihnen benannt ist. Einer der ihren, Michele di Lando, wurde Signore
und Gonfaloniere der Stadt (1378). Doch bald hatte es der
brutale Emporkömmling auch mit seinen eigenen früheren
Standesgenossen verdorben. Er wurde gestürzt, nach etlichen

Schwankungen kehrte der Popolo grasso an das Steuer des Staates zurück (1382).

Diese bürgerliche Oligarchie, an deren Spitze zumeist die Familie der Albizzi stand, hat den diplomatischen und militärischen Abwehrkampf der Republik gegen die fast unablässig über den Apennin herüberdrängenden Visconti geleitet. Und im Gefolge dieser Auseinandersetzungen mußte nun das bisher stärkste Hindernis für die florentinischen Hegemoniebestrebungen in Toskana, die Stadt Pisa, als selbständige Macht verschwinden.

In den mittleren Jahrzehnten des 14. Jahrhunderts hatte *Pisa* eine verhältnismäßig stete Entwicklung durchgemacht. In den achtziger Jahren aber flackerten wieder schwere innere Unruhen auf: der Signore Pietro Gambacorta wird ermordet. Doch seine Gegner vermögen dem Druck vonseiten des Visconti nicht standzuhalten: kurzerhand verkauft der neue Signore Gherardo d' Appiano die Stadt um 200000 Goldgulden an Gian Galeazzo (1399). Er selbst behält sich nur Piombino und die gegenüberliegende Insel Elba vor; so entsteht ein neues Kleinfürstentum, das, lange Zeit in den Händen der Appiano, bis in die Tage des Risorgimento fortexistieren wird. Gian Galeazzos natürlicher Sohn aber, Gabriello Maria, der den toskanischen Besitz des Vaters geerbt hatte, gibt die Stadt Pisa um die gleiche Summe an Florenz weiter (1405): 1406 zieht der florentinische Statthalter Gino Capponi in die Stadt ein. Wenig später bekommt Florenz auch die beiden Häfen Livorno und Portopisano (die sich zunächst der Marschall Boucicault angeeignet hatte) in die Hände (1421): der unmittelbare Zugang zum Meer war für die Republik am Arno endgültig gesichert.

Weniger Erfolg hatte Florenz Siena und Lucca gegenüber, den beiden einzigen Stadtrepubliken, die in Toskana noch einigermaßen in Betracht kamen.

Lucca, 1343–1369 der Herrschaft Pisas unterworfen, hatte sich von Karl IV. um 100000 Goldgulden die Zusicherung der Reichsunmittelbarkeit erkauft (1369). Im Jahre 1400 wird die republikanische Herrschaft durch die Signorie des Paolo Guinigi abgelöst. Als ihm ein Menschenalter später Florenz den Condottiere Niccolò Fortebraccio auf den Hals hetzte, erreichte es zwar Guinigis Sturz (1430) und die Wiederherstellung der Republik, aber in den Besitz der ersehnten Stadt konnte es nicht gelangen.

Stürmischer als in Lucca verlief die Entwicklung in *Siena*. Popolari und Adel rangen das ganze 14. Jahrhundert miteinander um die Macht. Das Jahr 1335 brachte die Popolari ans Ruder, das Jahr 1368 wieder den Adel, unter dem die älteren Familien der Tolomei und Salimbeni und die jüngere der Piccolomini hervorragten. In seiner Außenpolitik ging Siena vielfach mit Florenz zusammen, des öfteren aber waren die inneren Umwälzungen auch von Kriegen mit der mächtigen Nachbarrepublik begleitet (1387 und wieder 1429–1430). Zwischendurch hatte sich die Stadt an Gian Galeazzo angeschlossen, der die letzten drei Jahre seines Lebens die Signorie über Siena ausübte (1399–1402). Dann errang es seine Selbständigkeit wieder – mit der sich freilich auch die inneren Kämpfe erneuerten – und behauptete sie mit Erfolg. Im großen politischen Getriebe jedoch bedeuten seit der Mitte des 15. Jahrhunderts weder Siena noch Lucca mehr viel; die Führung im Toskanischen steht durchaus bei Florenz.

Florenz aber tritt nun in ein neues Stadium seiner Geschichte ein. Nirgendwo hatte sich der republikanische Geist mit solcher Zähigkeit behauptet wie hier. Jetzt bricht auch diese Hochburg der Demokratie zusammen, zwar nicht als formales Gebilde, wohl aber als tatsächliche Macht. Das Jahrhundert der Medici bricht an. Die Anfänge des Geschlechtes gehen (geschichtlich greifbar) bis in die ersten Jahre des 13. Jahrhunderts zurück, aber Generationen hindurch bleibt es verhältnismäßig noch im Hintergrund. Erst unmittelbar vor der Revolution der Ciompi hatte ein Mitglied der Familie, Salvestro Medici, für kurze Zeit als Gonfaloniere die Führung der Stadt übernommen. Ein anderer Angehöriger des weitverzweigten Hauses, Giovanni Medici (gest. 1429) setzt dessen Politik klug und vorsichtig fort. Mit dem Reichtum, den ihm seine umfangreichen Bankgeschäfte eintrugen, macht er sich beim niederen Volk Freunde, ohne es aber noch auf den offenen Bruch mit dem führenden Geschlecht der Albizzi ankommen zu lassen. Der Krieg, den Florenz 1426 im Bunde mit Venedig gegen Mailand begann, ohne irgendeinen Gewinn daraus zu ziehen, kostet die herrschende Oligarchie ein gutes Stück Ansehen; der Stern der Medici, die im Sinne des Volkes für den Frieden eintraten, beginnt sichtbar aufzusteigen. Giovannis Sohn Cosimo (der Ältere), der die Führung des Hauses übernimmt, kann schon kühner auftreten. Er bezahlt dies allerdings zunächst mit seiner Verbannung (September 1433). Aber schon im Jahre darauf kehrt er, vom Volk gerufen, aus Padua, wo er (sowie in Venedig) in einem glanz- und ehrenvollen Exil gelebt hatte, im Triumph zurück (Oktober 1434). Nun begann jene berühmte Herrschaft der Medici, die, ohne die Formen der Republik anzutasten, einem monarchischen Regiment gleichkam. Die Gegner mußten als Verbannte die Stadt verlassen oder wurden wirtschaftlich niedergedrückt. Die Festsetzung der Steuern, bei der sich der Machthaber einen weiten Spielraum zur Begünstigung der Freunde wie zur Verfolgung der Feinde zu sichern wußte, bot dazu die willkommene Handhabe. Anderseits fesselten die Förderung von Handel und Gewerbe sowie prunkvolle Feste und glänzendes Mäzenatentum das Volk auch in seinen mittleren und höheren Schichten an ihn. Ohne daß es sich dessen recht bewußt wurde, lenkte er es damit von dem bisher so heißgeliebten politischen Getriebe ab und ließ es den Verlust seiner Freiheit leicht vergessen. Der Kampf um die Erbschaften in Mailand und Neapel setzte freilich Florenz noch manchen Schwierigkeiten aus und legte auch der Bevölkerung wieder beträchtliche Lasten auf. Aber mit Geschick wußte sich Cosimo durch alle Fährlichkeiten durchzuwinden. Das Ziel, das er vor allem verfolgte: das Gleichgewicht zwischen den Großmächten Venedig, Mailand, dem Papst und Neapel aufrechtzuerhalten, hat der Friede von Lodi verwirklicht (1454). Von da an konnte Cosimo die Stadt bis zu seinem Tode (1464) vor allen Kriegen bewahren.

Die Tendenz zur Vereinheitlichung des Staatensystems macht sich auch in *Unteritalien* bemerkbar: am Ende dieses Zeitabschnittes werden Neapel und Sizilien wieder in *einer* Hand zusammengefaßt sein. Bis dahin aber steht die Ge-

schichte des unteritalienischen Reiches 70 Jahre lang fast ausschließlich im Zeichen des Thronstreites und der Nachfolgefrage, Probleme, die natürlich auch alle anderen Mächte Italiens auf den Plan gerufen haben.

Karl III. von Durazzo, seit 1382 König von Neapel, versuchte nach dem Tod König Ludwigs von Ungarn (1382),
seine Erbansprüche auch in diesem Reich durchzusetzen. Er
eroberte Ungarn, aber wenige Monate später wurde er auf
Anstiften der Königinwitwe Elisabeth ermordet (1386).

Für ihren zehnjährigen Sohn Ladislaus (1386–1414) nahm
in Neapel seine Mutter Margarete mutig aber nur teilweise erfolgreich den Kampf auf. Ludwig II. von Anjou (der Sohn
Ludwigs I., den Johanna I. adoptiert und zur Nachfolge bestimmt hatte) konnte mit Hilfe der französischen Partei im
Lande sogar in die Hauptstadt einziehen (1390). Bald aber
nahm der junge Ladislaus persönlich den Kampf auf. Bis
etwa 1400 war er wieder Herr seines Reiches, und kaum daß
er sich fest im Sattel fühlte, wanderten seine begehrlichen
Blicke in den benachbarten Kirchenstaat hinüber.

Die Situation im *Kirchenstaat* kam seinen Wünschen entgegen. Bald nachdem der Aufstand von 1375–1377 zur Ruhe
gekommen war, hatten die Wirren des Schismas wieder die
Auflösung aller zentralen Gewalten verursacht. Rom zeigte
sich besonders gegen Bonifaz IX. (1389–1404) so widerspen-
stig, daß der Papst die Stadt einige Zeit verlassen mußte. Die
Feudalbarone des ganzen Dukates trieben ihr altes Unwesen,
in der Romagna und Mark Ancona aber beherrschten die
Signoren in aller Selbstherrlichkeit, wie nur je in den Tagen
vor Albornoz, das Feld. Mit Ausnahme der Este in Ferrara
sind es lauter kleine und kleinste Herren, von denen es keinem gelang, den Nachbarn zu verdrängen und dessen Territorium aufzusaugen. Bologna blieb Republik, bald unter Anerkennung der kirchlichen Oberhoheit, bald im Widerspruch
zu ihr. Der stets geldbedürftige Bonifaz IX. begnügte sich damit, gegen bedeutende einmalige und jährliche Zahlungen
Vikariate zu verkaufen und so wenigstens nominell seine Oberhoheit anerkannt zu sehen. Dagegen konnten er und seine
Nachfolger Innozenz VII. (1404–1406) und Gregor XII.

(1406–1415) in Rom selbst und in der unmittelbaren Umgebung der Stadt doch nicht darauf verzichten, ihre Herrschaftsrechte tatsächlich geltend zu machen.

Sie suchten sich dabei der Hilfe des Königs Ladislaus zu bedienen und ernannten ihn zum Rektor der Campagna und Maritima und zum Gonfaloniere (›Bannerträger‹) der Kirche (1406). Aber der Beschützer wuchs ihnen bald über den Kopf. 1408 bereits ist Ladislaus Herr von Rom. Im Namen Gregors XII. übernimmt er die Regierung des gesamten Kirchenstaates. Mit Hilfe von Florenz, Siena und Ludwigs von Anjou gelingt aber dem Pisaner Papst – 1409 war auf dem Konzil von Pisa ein dritter Papst gewählt worden – ein Gegenstoß, der Ladislaus aus Rom verdrängt (1410); doch drei Jahre später (1413) ist er wieder im Besitz der Stadt. Und nun geht er offen zum Angriff auf Toskana, das heißt: auf Florenz über. Wie kurz zuvor Gian Galeazzo vom Norden, so versucht Ladislaus jetzt vom Süden her große Eroberungspolitik, die das Land Italien nochmals der Einheit nahe zu bringen schien. Aber wie dem Visconti, so gebot auch dem Anjou plötzlich der Tod Halt (August 1414).

Auf Ladislaus folgte seine Schwester Johanna II. (1414–1435). Die Machtstellung Neapels im Kirchenstaat konnte sie nicht aufrechterhalten. Der Condottiere Braccio da Montone (Fortebraccio, Vater des Niccolò Fortebraccio), der gegen Ladislaus gekämpft hatte, riß große Teile Umbriens einschließlich Perugia an sich; nur in Rom selbst behauptete sich die Königin noch einige Jahre.

Endlich aber wurde in Konstanz die kirchliche Einheit wiederhergestellt (1417) und das Papsttum begann langsam wieder zu einem Machtfaktor aufzusteigen, der in Italien ernsthaft mitsprechen konnte. Der neue Papst Martin V. (1417–1431), dem römischen Adelsgeschlecht der Colonna angehörend, brachte zunächst Rom wieder fest in seine Hand. Als Ersatz für die verlorengegangene Freiheit begann nun auch für diese Stadt endlich eine Zeit der wirtschaftlichen Erholung und des langsamen Aufstieges. In den Ländern jenseits des Apennin erreichte Martin V. gegen die Belassung der bestehenden Verhältnisse wenigstens wieder die eindeutige Anerkennung seiner Oberhoheit; den Braccio da Montone mußte er als Vikar im Besitz seiner meisten Eroberungen bestätigen. Es waren, im Ganzen gesehen, Erfolge von sehr bescheidenem Ausmaß.

Die Königin Johanna war bereits vierundvierzigjährig und kinderlos, als sie den Thron bestieg. So beherrschte die Frage der Nachfolge ihre ganze Regierungszeit. Während der Papst mit dem Condottiere Attendolo Sforza (dem Vater des Francesco Sforza und obersten Heerführer der neapolitanischen Truppen) die Adoption Ludwigs III. von Anjou (Sohn des 1417 verstorbenen Ludwig II.) erzwingen wollte, rief Johanna den König Alphons von Aragon (1416–1458) zu Hilfe. Ihm, der als Sohn und Nachfolger Ferdinands von Kastilien (1412–1416; der seinerseits als Neffe König Martins von Aragon [s. o. S. 219] dessen Nachfolger sowohl im spanischen Stammland wie auf Sizilien geworden war) bereits die Insel Sizilien besaß, versprach Johanna die Adoption. Er kam ins Land (1421) und nun beginnt ein gleiches Spiel zwischen Fürsten und Condottieren wie in Mailand. Der Sforza hält die Partei des Anjou, Braccio diejenige des Aragonesen. Johanna selbst überwirft sich bald mit Alphons und adoptiert nun wirklich Ludwig von Anjou (1423). Da Alphons wegen seiner spanischen Angelegenheiten nach Aragon zurück muß, bleibt der Anjou in der Oberhand. Als Ludwig kinderlos stirbt (1435), übernimmt sein Bruder René dessen Ansprüche; auch der Papst erkennt sie an. Aber während Johannas Tod den Thron von Neapel wirklich frei machte (1435), fällt René bei einem Streit um Lothringen in die Gefangenschaft des Herzogs von Burgund. Erst 1438 kann er persönlich in Italien erscheinen. Längst zuvor aber war Alphons wieder auf den Plan getreten.

In diesen dreißiger Jahren verschlingt sich das Ringen um Neapel und das um Mailand diplomatisch und militärisch zu einem unlösbaren Knäuel. Aber nicht genug damit: auch die neuen kirchlichen und politischen Nöte des Papsttums verfilzen sich mit den Kämpfen in Nord und Süd aufs engste. Von Filippo Maria aufgestachelt, nahmen – vorgeblich im Namen des Basler Konzils – die Condottieri Niccolò Fortebraccio, Niccolò Piccinino und Francesco Sforza dem mit diesem Konzil in Streit geratenen Papst Eugen IV. (1431 bis

1447) einen großen Teil des Kirchenstaates weg. Dem Sforza gegenüber machte der Papst gute Miene und ernannte ihn zum Vikar der soeben von ihm eroberten Mark Ancona und zum Gonfaloniere der Kirche (1434); dafür nahm dieser den Krieg gegen seine beiden Rivalen auf.

Schwere Kämpfe mit den widerspenstigen römischen Baronalgeschlechtern, insbesondere den Herren von Viterbo und den durch den Nepotismus Martins V. übermächtig gewordenen Colonna, kamen dazu. Die Aufgabe, sie niederzuwerfen, übernahm der Bischof von Recanati und Patriarch von Alexandrien, Giovanni Vitelleschi, eine wilde Condottierennatur im geistlichen Gewande. Er verrichtete (in den Jahren 1434–1437) seine Arbeit mit brutaler Gewalt und gründlichem Erfolg: in Rom und im Dukat wurde Ruhe.

Zugleich mit den römischen Unternehmungen mußte Vitelleschi im Auftrage des Papstes auch nach Unteritalien gegen König Alphons ziehen. Doch blieb ihm hier der rechte Erfolg versagt. Um so größer war der Triumph, den Genua, die alte Feindin der Aragonesen, feiern konnte: in der Seeschlacht bei Isola Ponza fiel König Alphons selbst den Genuesen in die Hände und wurde, da die Stadt damals Mailand unterstand, dem Herzog Filippo Maria ausgeliefert (August 1435). Doch in einem meisterhaft diplomatischen, von den Zeitgenossen viel bewunderten Schachzug weiß der gefangene König den Herzog davon zu überzeugen, daß die Herrschaft des Franzosen in Neapel für ihn selbst nicht wünschenswert sei. Frei und mit dem Herzog verbündet scheidet Alphons nach wenigen Wochen aus Mailand. Genua freilich hat in Erbitterung darüber die Herrschaft des Visconti wieder abgeschüttelt (Dezember 1435).

In Unteritalien macht Alphons schnell gute Fortschritte. Auch der Papst nähert sich ihm nun in der (1446 auch erfüllten) Hoffnung, mit Hilfe des Königs den Sforza aus den Marken vertreiben zu können. Im Juni 1442 erobert Alphons die Hauptstadt Neapel. Im Jahr darauf erteilt der Papst dem neuen Herrn Unteritaliens die Belehnung (1443). Nach einer Trennung von eineinhalb Jahrhunderten waren Neapel und Sizilien in der Hand eines Spaniers wieder vereinigt.

Grundzüge der Kultur (14. und 15. Jahrhundert)

Die gleichen Jahrhunderte, deren politische Geschichte ein Bild äußerster Zerrissenheit widerspiegelt, haben einer staunenerregenden Entfaltung aller menschlichen Kulturbetätigung die Bahn gebrochen. Wie in eben diesen wirren, chaotischen Zeiten – und gerade in den am stärksten geschüttelten Landschaften – nicht nur diese und jene Einzelgebiete der Kultur Fortschritte erzielten, sondern die gesamte menschliche Existenz in allen ihren Lebensbeziehungen eine ungeahnte Erhöhung und Ausweitung erlebte und eine mächtige Verbreiterung ihrer physischen und geistigen Daseinsbedingungen erfuhr, dies wird immer zu den denkwürdigsten Erscheinungen geschichtlichen Lebens überhaupt gehören.

Zweifellos kann man einwenden, daß von dem Eindruck, den die politische und militärische Geschichte auf den ersten Blick bieten, manches abzuziehen ist. In der Praxis sind die Kriege tatsächlich vielfach nur schleppend, mit langen Zwischenpausen und wenigen ernsthaften militärischen Operationen geführt worden. Aber doch bleibt, wie die Quellen eindeutig zeigen, noch genug und übergenug an ständig fortlaufender Zerstörung materieller Werte und an immer neuen Zusammenbrüchen von Hunderten und Tausenden menschlicher Existenzen. Die Kriegstaktik der Zeit, die sich besonders auf die Verwüstung und Ausplünderung des feindlichen Territoriums verlegte, dazu die fast regelmäßig auftretenden großen Pestepidemien (besonders des 14. Jahrhunderts), die zahllosen politischen Exilierungen und Güterkonfiskationen sowie das risikoreiche neue Wirtschaftsgebaren sorgten dafür.

Dieser gewaltige Umbruch des gesamten Denkens und Fühlens hat sich in den Republiken Toskanas und an den Fürstenhöfen Oberitaliens vollzogen, unter denen auch die kleineren wie die des Ludovico Gonzaga von Mantua (gest. 1478), des Sigismondo Malatesta von Rimini (gest. 1468) oder des Federico Montefeltre von Urbino (gest. 1482) einen bedeutenden Platz einnehmen; Florenz geht dabei, vor allem

was die Kunst anlangt, mit mächtigen Schritten bahnbrechend voraus. Erst in der zweiten Hälfte des 15. Jahrhunderts
tritt den oberitalienischen Kreisen Rom und auch noch der
aragonesische Königshof von Neapel (Alphons V. und Ferrante) an die Seite. So wird die typische Welt der ober- und
mittelitalienischen Stadtstaaten zum Ursprungs- und Heimatland der Renaissancebewegung. Ihre im politischen, wirtschaftlichen und sozialen Leben entwickelten Formen, ihre
darauf aufbauenden und daraus resultierenden geistig-seelischen Zielrichtungen und Entfaltungsweisen – Lebenstheorie
und Lebenspraxis in unlöslicher Durchdringung – finden hier
ihren denkwürdigen, in ihren Höchstleistungen überzeitlichen Ausdruck.

Die Städte drängen ins Große und Weite allein schon in
ihren äußeren Erscheinungsformen. Für Florenz etwa schildert das um 1340 Giovanni Villani: »Unaufhörlich baute man
in jener Zeit und bemühte sich, alles bequemer und reicher
zu machen und treffliche Beispiele jeglichen Fortschrittes zur
Schau zu bringen. Kathedralen und Ordenskirchen aller Art
und prächtige Klöster! Und dabei gab es im Volke sowohl
wie unterm Adel kaum einen Bürger, der nicht gebaut hätte
oder draußen im Weichbild der Stadt eine große und reiche
Besitzung mit prächtigem Wohnhaus und schönen Bauwerken noch sehr viel besser als innerhalb der Mauern sich anlegte ... Man schätzte, daß es etwa in der Entfernung von
sechs Meilen um die Stadt her so viele und reiche herrschaftliche Wohnungen gab, daß es mehr als das Doppelte der
eigentlichen Stadt betrug.«

Mailand und Venedig taten es der toskanischen Metropole
sicher gleich, und etwa Bologna, Genua, Pisa, Siena, Perugia,
Ferrara und andere Orte folgten in dem ihnen angemessenen
Rahmen dem Beispiel der großen Hauptstädte. Nur eine
Stadt gab es, an der der allgemeine Lebensdrang vorbeizugehen schien: Rom. »Sie (die Stadt) glich einem von bemoosten Mauern umfaßten großen Gefilde mit Hügeln und
Tälern, mit wüstem und bebautem Lande, woraus finstere
Türme oder Schlösser, graue, in Ruinen gehende Basiliken

und Klöster, vom Pflanzenwuchs umschlungene Monumente
kolossaler Größe ... emporragten, während sich ein Gewirr
enger Straßen, durch Schutt unterbrochen, an Ruinen hinzog,
und der gelbe Tiberstrom unter hier und da schon eingestürz-
ten Quaderbrücken diese trümmervolle Wüste melancholisch
durchfloß. Rings um die alten Mauern Aurelians lagen innerhalb öde oder als Acker bebaute Strecken, Landgütern an Ausdehnung gleich, mit emporragenden Ruinen; Weingärten
und Gemüsefelder durch die ganze Stadt gleich Oasen zer-
streut, selbst in der Mitte des heutigen Roms, am Pantheon,
an der Minerva, bis zur Porta del Popolo; das Kapitol war
bis zum Forum herab, auf dessen Schutt Türme standen, mit
Weingärten bedeckt, nicht minder der Palatin ...« Dieses
Bild der Stadt, das ihr meisterhafter Geschichtsschreiber Ferdinand Gregorovius hier für das 13. Jahrhundert entwirft, ist
bis in die Anfänge des 15. Jahrhunderts nicht heller, sondern
in den Zeiten des avignonesischen Exils sogar noch düsterer
geworden (s. o. S. 236). Erst mit der zweiten Hälfte des 15.
Jahrhunderts beginnt auch für Rom die große Epoche des
Aufstiegs zu Glanz und Prachtentfaltung, die dann zu Beginn des 16. Jahrhunderts die ewige Stadt zum erstenmal wieder an die Spitze der Apenninenhalbinsel führen wird – doch
nicht einheimisch-römische Kräfte bewirken den Umschwung: »ohne päpstliche Weltmacht wäre die Stadt eine
ausgebrannte Stätte geblieben« (Brinckmann).

Die Bevölkerungsziffern der Städte (mit Ausnahme Roms)
sind zweifellos in starkem Anwachsen begriffen. Florenz ist
um 1280 auf etwa 45000 Einwohner zu schätzen – es gehört
damit bereits zu den größten Städten des Abendlandes! – um
1340 zählt es etwa 90000; an die 6000 Täuflinge wurden damals jährlich registriert. In Venedig gibt es 1422 insgesamt
190000 Seelen. Die Zahl der Adelsfamilien, die das Recht auf
Vertretung im ›Großen Rat‹ (der im Jahre 1490 1570 Mitglieder umfaßte) besaßen, betrug etwa 1000. Diese Aufwärts-
bewegung, zeitweise nur gehemmt durch die Verluste der
Kriege und der Seuchen, hielt im ganzen wenigstens während
des 14. Jahrhunderts an.

Die neue Wirtschaftsform, d. h. die Verwandlung des vorwiegend naturalwirtschaftlichen Betriebes in die vorwiegende und schließlich allein herrschende Geldwirtschaft hat die entscheidenden Anstöße und zugleich die festen Grundlagen für die neuen Entwicklungsbahnen bereitgestellt. Der Orienthandel (mit seinen mannigfachen Auswirkungen auf den binnenländischen Handel) hat die ersten größeren Kapitalien geschaffen. Kaum weniger bedeutsam aber für die Kapitalansammlung sind die umfangreichen Leihgeschäfte geworden, mit denen der städtische Kaufmann den Besitz des feudalen Adels sowohl wie von Bistümern und Klöstern aufsaugen konnte. Die Ritterweihe der Söhne, die Ausstattung der heiratsfähigen Töchter, die Unkosten der lokalen Fehden oder die Bußgelder für solche Streitigkeiten, die auf schiedsgerichtlichem Wege beigelegt wurden, versetzten den Adel in ein ständiges Bedürfnis nach barem Geld. Beim Klerus aber taten etwa die hohen kurialen Taxen für die Ernennung der Prälaten (Servitien, Palliengelder usw.) die gleiche Wirkung. Ihnen allen, die nach ihrer ganzen feudalen Geisteshaltung meist schlecht zu wirtschaften verstanden, bot der reiche Kaufherr bereitwillig seine Hilfe an. Zwar mußte er wenigstens noch in den älteren Zeiten das kirchliche Zinsverbot formell beachten, aber er kam doch auf seine Rechnung: die eingegangene Schuldverpflichtung lautete wesentlich höher als das tatsächlich ausgezahlte Darlehen! Viele dieser Darlehen konnten natürlich nicht mehr ganz in bar zurückbezahlt werden; dafür verfielen dann die Burgen, der Grundbesitz, Pachtzinse, Einnahmen aus der Gerichtsbarkeit usw. – eben die ehemaligen Reichsrechte – dem Gläubiger. So ist der Feudalismus besonders in Toskana (wo er ja noch länger existiert hat als in der Lombardei) sozusagen aufgekauft worden. Und was man zunächst in kleinerem Rahmen mit den Herren der näheren Umgebung erprobt hatte, ließ sich bald in gleicher, nur umfangreicherer Weise auch auf die Prälaten, Fürsten und Herren der fremden Länder anwenden. Engländer, Deutsche, Franzosen, Spanier suchten und fanden den nötigen Geldbedarf, den ihnen die eigene Heimat noch nicht zu bieten vermochte, bei den italienischen Kaufherrn. Bereits in der

zweiten Hälfte des 13. Jahrhunderts stehen z. B. florentinische
Geschäftsleute in einträglichem Verkehr mit den Königen
von Neapel, England und Spanien – ohne sie vermochten die
Fürsten kaum mehr große Politik zu machen.

Reiche Erträgnisse warfen auch die Erzeugnisse der gewerblichen Unternehmungen ab. Manche von ihnen, z. B. florentinische Waffen aller Art, konnten sich seit dem 13. Jahrhundert europäischen Ruf erwerben. Den größten Reichtum aber
brachte die immer mehr von Großunternehmern betriebene
und auf Luxusbedürfnisse eingestellte Tuchindustrie, die sich
hauptsächlich um Mailand und Florenz mit fast der ganzen
Toskana, später auch um Venedig, Genua und Bologna konzentrierte. Die Wollindustrie, sowie die Seidenfabrikation
(einschließlich ausgedehnter Kulturen des Maulbeerbaumes)
stehen obenan.

Aus diesen Elementen entsteht das Wirtschaftszeitalter des
›Frühkapitalismus‹. Es trägt bereits alle Merkmale des kapitalistischen Systems an sich: Bankwesen, Kreditwirtschaft, bar-
geldlose Verrechnung, Transaktionen usw. Die Banken von
Florenz, von Lucca, Asti, Perugia und anderen Städten hatten
an zahlreichen wichtigen Plätzen des Auslandes ihre ständigen
Niederlassungen oder Vertreter – die florentinischen Peruzzi
z. B. verfügten über sechzehn Kontore im Raum zwischen
London und Cypern – und umspannten so mit ihrem Einfluß
die Wirtschaft des halben Europa. Die Vergesellschaftung,
der Zusammenschluß mehrerer Familien oder Einzelunter-
nehmer (bis zu zehn und fünfzehn Teilhabern) zu einem Geschäft, machte bereits seit dem späteren 13. Jahrhundert große
Fortschritte. Aber auch eine andere Erscheinung des kapitalistischen Wirtschaftssystems fehlte nicht: der Zusammenbruch
einzelner großer Bankhäuser wie derjenigen der Bardi und
Peruzzi von Florenz (1345).

Als eine der wichtigsten Kundschaften insbesondere der
florentinischen Bankhäuser ist das Papsttum nicht zu vergessen. Die Kurie befand sich ja in ihrer Epoche des schärfsten
Zentralismus und Fiskalismus und verstand es, mit einem weitgedehnten, bis ins kleinste durchorganisierten Verwaltungsapparat die Kirchen aller europäischen Länder zu umfang-

reichen und regelmäßigen finanziellen Leistungen heranzuziehen. Die von den päpstlichen ›Kollektoren‹ gesammelten Gelder gingen aber großenteils durch die Hände der Bankiers. Die Verrechnung und das Umwechseln der zahllosen Geldsorten, die Übernahme des Risikos für den Transport, die Ausführung von Zahlungsaufträgen in fremden Ländern u. dgl. warfen für sie reichen Gewinn ab. Ohne diese riesige Beteiligung der Kurie hätte sich der ganze Frühkapitalismus in beträchtlich bescheideneren Bahnen bewegen müssen, als es tatsächlich der Fall war.

Mit dieser ganzen Entwicklung ist Italien den übrigen europäischen Ländern wenigstens um ein Jahrhundert richtungweisend vorausgegangen. Der florentinische Goldgulden war überall die angesehenste und wertbeständigste Geldsorte, an der sich eine Menge von anderen Münzsystemen ausrichtete. Ein so wichtiges Hilfsmittel des modernen Wirtschaftsgebarens wie die Statistik ist in Venedig und Florenz geboren worden. Manche banktechnische Ausdrücke wie ›Agio‹, ›Lombard‹ oder ›Diskont‹ zeugen noch heute von der überragenden Stellung, die ganz Oberitalien im System des Frühkapitalismus einnahm.

Bereits dieser Überblick regt zu Überlegungen an, die charakteristische Ausblicke auf die allgemeinen Entwicklungsbahnen des Zeitalters eröffnen. Einer der bedeutendsten hochbürgerlichen Humanisten des 15. Jahrhunderts, Leone Battista Alberti, erklärt einmal: wer Geld und Zeit auszunützen wisse, mache sich zum Herrn aller Dinge. Dies Wort spiegelt die Erfahrung wider, daß sich nun dem Einzelnen – seinem alle Möglichkeiten und Risiken sorgfältig berechnenden Unternehmungsgeist (freilich auch seinem Glück oder Pech) – ein weites Betätigungs- und Experimentierfeld auftut. Unlösbar damit ist aber auch verbunden, daß das Leben dieses in jedem Augenblick zu geistiger Beweglichkeit aufgerufenen Geldmannes zugleich spannungsreicher und gefährdeter wird. Dies Letztere gilt besonders auch für seine innere Haltung. Denn er muß bereit sein, ein nicht geringes Maß an Freizügigkeit, ja sozialer Rücksichtslosigkeit und

Skrupellosigkeit im Existenzkampf mit dem Konkurrenten
wie den alten ethisch verbindlichen Normen (Zinsverbot u.
dgl.) gegenüber auf sich zu nehmen. Hier vor allem fällt er-
schwerend ins Gewicht, daß sich der Kaufmann auf keine den
veränderten Verhältnissen angepaßte Wirtschafts- und So-
zialethik stützen und sich gewissenhaft nach ihr ausrichten
konnte. So sah sich der verantwortungsbewußte Einzelne
auch innerlich auf sich selbst gestellt – und oft fand er als
Ausweg nur jenes im Grunde unehrliche Flickwerk, zum
Ausgleich irgendwelche fromme oder wohltätige Stiftungen
zu machen; so erbaut z. B. Cosimo Medici d. Ä. das Kloster
San Marco (das Kloster Savonarolas!), weil ihm (nach dem
Bericht seines Biographen) »das Bewußtsein gekommen
sei, manche Gelder nicht ganz rechtmäßig erworben zu
haben«.

Ebenso aufschlußreich für die neue bürgerliche Situation
ist das Zweite, das Alberti für den Erfolg im Leben nennt:
Ausnützung der Zeit. Das Bewußtsein um den Wert der Zeit
und dementsprechend eine planmäßige disziplinierte Ordnung des Tagesablaufes ist im weltlichen Bereich etwas ganz
Neues. Handel und Gewerbe brachten jedoch die Erkenntnis
mit sich, daß man ›keine Zeit verlieren‹ dürfe, daß man
›wirtschaftlich‹ mit ihr umgehen müsse u. dgl. mehr. Sichtbaren Ausdruck aber fand dieses neue Zeitgefühl darin, daß
vom 14. Jahrhundert ab in den italienischen Städten öffentliche Uhren die Tageszeit anzeigten. Die Zeit, eine »überaus
wertvolle und unwiederbringliche Sache« (Erzbischof Anto-
nin von Florenz), ist zu einer anderen Art von Kapital geworden, dem man in rational sorgfältiger Planung das Höchst-
mögliche abgewinnen muß. Über das Wirtschaftsleben hinaus aber durchdringt dieser Gedanke die Mentalität auch des
geistigen Menschen. Der ganze Tagesablauf wird gleichsam
rationalisiert, um allen Forderungen, die den Menschen von
außen umdrängen, oder aber aus seinem Innern hervorbre-
chen – in den Verpflichtungen des verantwortungsbewußten
Bürgers, oder des von einem ›Brotberuf‹ abhängigen Literaten etwa, wie in den Idealvorstellungen von einem freien, nur
den Studien und der Persönlichkeitskultur gewidmeten Le-

ben durch zeitliche Ordnung zu ihrem jeweils wohlabgewogenen Recht zu verhelfen. Und erst recht wird dann die
dem Humanisten für sich allein frei bleibende Zeit sorgfältig
durchgeplant, um sie in höchsten geistigen Gewinn umzu-
münzen. Hier in den Zonen sublimer Geistigkeit gilt das
gleiche wie für den übrigen Lebensbereich: der neue spezifisch bürgerliche Nützlichkeitssinn, Erfolgsspekulation und
unbedingter Erfolgswille haben weitgehend das Wort.

Analoge Beobachtungen und Überlegungen drängen sich
auch bei der Betrachtung der politischen Sphäre auf. Der
Ausbau der neuen Wirtschaftsform hat (Hand in Hand mit
dem Verfall der alten Zentralgewalt des Kaisertums bzw. des
Königsreichs der Lombardei) den feudalistisch-naturalwirt-
schaftlichen Organismus des Landes endgültig zerstört. Die
Stadt ist auch ihrem inneren Gefüge nach ein auf sich selbst
gestelltes Individuum geworden. Viele Beschränkungen fielen damit weg, aber auch die Kräfte, die Schutz und Sicherheit geboten hatten, waren nicht mehr. Die Stadt – die Republik wie die Signorie – muß nun die Sorge für die Erhaltung
ihrer Existenz auf eigene Schultern nehmen und dazu ganz
neue materielle und geistige Energien entfalten. Diktiert vom
Kampf ums Dasein in einem einstmals einheitlich zusammen-
gefaßten und ausgerichteten, nun aber in seine Atome aufge-
lösten Raum – »Italien . . . hat nichts Festes mehr in sich«, so
empfindet Enea Silvio seine Zeit – erwächst notwendigerweise ein neuer Geist der Politik. Die alte ethisch-transzen-
dente Ausrichtung des politischen Führeramtes, die im Staat
nie letzten Selbstzweck, sondern nur das Mittel zur Erhaltung oder Wiederherstellung von Friede und Gerechtigkeit
erblickte, verblaßt zum wesenlosen Schemen gegenüber dem
nunmehr einzigen Ziel des Stadtstaates: unbedingte Selbst-
behauptung und größtmögliche Machtanreicherung ohne
Rücksicht auf alles, was außerhalb seiner selbst steht – das
Dasein des Staates ist »rein tatsächlicher Art« geworden (J.
Burckhardt). Diese in einer Menge von staatlichen Individuen
vervielfältigte Zielsetzung stellt die politische Führung vor
neuartige Aufgaben: nach innen, gegenüber den eigenen Un-

tertanen, die der überlegenen Menschenführung, die auf genauer psychologischer Beobachtung der Verhaltungsweisen
des Einzelnen und der Masse aufgebaut werden muß; nach
außen, gegenüber den anderen staatlichen Individuen, die
Ausbildung eines nach den Grundsätzen höchster Zweckmäßigkeit errichteten Systems einer Diplomatie, die alle Mittel in ihren Dienst zu stellen vermag, die sittlich indifferenten
in gleicher Weise wie die nach den bisherigen christlichen
Grundsätzen der Ethik verwerflichen. So finden sich manche
Einrichtungen, die der europäischen Diplomatie der Neuzeit
das charakteristische Gepräge geben, in den Stadtstaaten
Oberitaliens zum erstenmal ausgebildet, oder doch am aus-
gedehntesten und genialsten gehandhabt: die Einrichtung
ständiger Gesandtschaften an fremden Höfen und deren re-
gelmäßige Berichte nach Hause, die Verwendung von Chif-
fren für geheime Mitteilungen, die Formeln der berechnenden
diplomatischen Höflichkeitsbezeugungen und die Technik
der Überredungskunst, der Kampf mittels großer politischer
Denkschriften oder Prunkreden u. dgl. Aber einen nicht geringeren Raum nehmen Verrat, Hinterlist und Wortbruch,
Gift, bezahlte Mörder und alle sonstigen Mittel einer brutalen
Gewaltpolitik ein, die, wenn sie nur dem einzigen Staats-
zweck, der Erhaltung und Steigerung der Macht, dienlich erscheinen, fast bedenkenlos gebraucht und kaum mehr unsitt-
lich empfunden werden. Die letzte Instanz, die über Sinn
und Erlaubtheit aller Einzelmaßnahmen entscheidet, ist die
›Staatsräson‹ (ragione di stato; der geprägte Begriff taucht
zwar erst in den zwanziger Jahren des 16. Jahrhunderts auf,
der praktischen Haltung nach ist er bereits jetzt voll entwickelt) – die wohlabgewogene Dosierung und Anwendung
aber all dieser verschiedenartigen Mittel und Kunstgriffe
macht die politische Führung zur Staats›kunst‹, erhebt den
Staat zum ›Kunstwerk‹ (J. Burckhardt).

Und doch wird das Gebrechen, an dem diese so unüber-
trefflich ausgeklügelte Diplomatie unheilbar krankte, mit
überdeutlicher Schärfe sichtbar: es ermangelte ihr die bele-
bende Kraft einer großen politisch-ethischen Idee, einer über
den bloßen, auf schmalen Raum eingeengten Selbsterhaltungs-

trieb hinausweisenden Ausrichtung. Die Reichsethik und Reichstranszendenz des Mittelalters war (im italienischen Bereich) so gut wie abgestorben. Und noch keine andere Idee, wie etwa die des Nationalstaates oder des auch das Nachbarterritorium umfassenden Gemeinwohls war an ihrer Stelle als neuer lebenspendender Quell aufgebrochen. Das Papsttum hatte wohl (zum wenigsten in der praktischen Politik) mit am ersten und rücksichtslosesten das Alte über Bord geworfen, aber anderseits machte es seine unveräußerliche universale und überweltliche Struktur auch wieder unfähig, das Neue – also etwa eine konsequent nationalstaatliche Linie – mit ganzer und entschlossener Hingabe zu verfolgen: das Renaissancepapsttum mußte nach der politischen wie nach der geistigen Seite hin notwendig ein Zwitterwesen bleiben. Eine Unsumme von technischem Können, von handwerklicher Routine wurde an Ziele verschwendet, die keine echte Lebenskraft in sich bargen. Der Realismus der Renaissancepolitik ist nur ein scheinbarer, denn der unendlich unfruchtbare Leerlauf dieses ganzen Getriebes – diese Staats›kunst‹ bleibt letzten Endes »l' art pour l'art« – wurde nicht (auch bei Machiavelli nur andeutungsweise) gefühlt. So ist Italien wohl für die technische Kunst der neuen Staatsführung und bis zu einem gewissen Grad auch für die Neuformung des Staatsbegriffes als solchem zum Lehrmeister Europas geworden, aber dem Lande selbst war es nicht gegeben, seine Erfindungen für sich selber fruchtbar werden zu lassen; noch an der Neige des Renaissancezeitalters ist es weit hinter das früher Erreichte in einen Zustand äußerster staatlicher Lethargie und Passivität zurückgesunken.

Die gleiche Dynamik, die die äußeren Lebensbereiche ergriffen und zur Neugestaltung gedrängt hatte, erfüllt auch das geistige Leben in all seinen Strahlungszonen. In seinem Mittelpunkt steht das zum Bewußtsein seiner Selbst erwachte, sich selbst zur Aufgabe gegebene Individuum. Und mit dieser ›Entdeckung des Menschen‹ Hand in Hand geht eine bisher ungeahnte ›Entdeckung der Welt‹ (J. Burckhardt), die, entlassen aus den Normen einer einseitig auf die Transzendenz

ausgerichteten Wertwelt, das Experimentier- und Kampffeld
für den neuerstehenden Menschentyp abgibt.

Ein Blick auf einige der wesentlichen Fragestellungen, die
das Zeitalter und seine Menschen bewegen (und wie sie die
reiche literarische Produktion der Zeit widerspiegelt), läßt
ahnen, mit welchem Ernst die Humanisten – die Träger und
Repräsentanten des neuen Geistes – sich der Aufgabe annah-
men, die neugeschaute Lebenswirklichkeit in ihrer ganzen
Fülle und Kompliziertheit zu bewältigen. Da wird zuvörderst
die Frage nach dem ›recht‹ leben, in der charakteristischen
Forderung einer Verbindung mit dem ›schön‹ und ›glücklich‹ leben neu gestellt: Lebens*ethik*, -ästhetik und -eudämo-
nismus versuchen einen Bund einzugehen. Da können die –
gleich gewichtigen – Rechte eines Stille und vollkommene
Freiheit heischenden, ganz der umfassenden Persönlichkeitskultur gewidmeten Lebens mit den dennoch unüberhörbaren
Forderungen, die die sozial-öffentliche Lebenssphäre (verkörpert vorab in Familie und Staat) dem verantwortungsbewußten Bürger stellt, in der Frage nach der rechten *Lebensform*
hart aufeinanderprallen: die Harmonie zwischen dem typisch
humanistischen, ichbezogenen Ideal einer Vita solitaria et
contemplativa und dem zur Mitverantwortung bereiten tätigen Leben, der Vita activa et politica, läßt sich oft nur mehr
in einem dürftigen Kompromiß überbrücken. Da mischen
sich unter den strahlenden Lebens- und Bildungs*optimismus*
düstere Schatten: die Erfahrung konkreter Lebensschicksale,
der Blick hinein in die Geschichte, geben einem nicht geringen Zug auch zum *Lebenspessimismus* Nahrung, der seinen
Niederschlag in (ganz mittelalterlich anmutenden) Traktaten
über die Gebrechlichkeit und Vergänglichkeit des menschlichen Lebens, in schmerzerfüllten Klagen über das Verblühen
leiblicher Kraft und Schönheit findet. Und da ist noch die
unberechenbar zuschlagende Schicksalsmacht, die *Fortuna*,
der sich der Mensch ausgeliefert fühlt – und dennoch die besten Kräfte seines Geistes und seiner Virtù zu ihrer Überwindung einsetzt. Nicht zuletzt auch stellen sich gerade die ern-
steren Geister einer Überprüfung ihrer neu errungenen, als
unaufgebbar erkannten Positionen an der Wertwelt des *Chri-*

stentums – um auch hier die Spannungen der Erkenntnis auf sich zu nehmen, daß in der Welt eines ›Polytheismus der Werte‹ (Fr. Meinecke) nicht mehr alle Fragen glatt aufgehen.

Diese knappsten Andeutungen führen bereits mitten hinein in die Welt, in der der ›Vater des Humanismus‹, Francesco Petrarca (1304–1374), urbildhaft für die ganze Bewegung mit allen Fasern seines Herzens lebt und webt und – leidet. Und in all dem empfand er noch mit urtümlicher Gewalt das Wagnis seines Unterfangens, erobernd in Neuland aufzubrechen, daß er noch kurz vor dem Tode glauben mochte, erst am Anfang all dessen, was er erstrebte, zu stehen. Bei aller (manchmal hart ans Pathologische streifenden) Empfindsamkeit und Empfindlichkeit weht in diesem Leben der Atem einer ursprünglichen, spontanen Kraft.

Die Nachfahren können bereits auf diesem Fundament weiterbauen und die große Einheit der humanistischen Bewegung mit den individuellen Farben und Gaben ihrer Persönlichkeit bereichern. Da mag (neben vielen Ungenannten) Giovanni Boccaccio (1313–1375) als Vertreter einer typischen Literatenexistenz – ungesichert, freizügig (auch in sittlicher Hinsicht) und nicht ohne persönliche Tragik – gelten; seinen eigentlichen Beitrag für die neuerstehende geistige Welt leistet er jedoch in den Gefilden humanistischer Religionsauffassung. Der langjährige Florentiner Staatskanzler Coluccio Salutati (1331–1406) – ihm in der religiösen Problematik eng benachbart (s. u. S. 277) – hingegen, vertritt einen in Lebensform und Lebensweise nach streng soliden, bürgerlich nüchternen Grundsätzen ausgerichteten (nicht eben häufig anzutreffenden) Humanistentyp; und doch ist gerade seine scheinbar so sicher gegründete Existenz von schier heillosen Spannungen zwischen christlich-asketischen, stoischen und humanistischen Lebensmaximen durchzogen. Da verkörpert auf der Höhe der Bewegung Poggio Bracciolini (1380–1459) den Normaltyp des aus der Fülle des Erreichten zu schöpfen gewohnten Humanisten – nicht ohne zuweilen mit besonderer Intensität gerade die breite Einbruchszone pessimistischer Lebensstimmungen, für die ihm (u. a.) gerade auch seine tiefe umfassende Kenntnis der antiken Welt und ihrer Schicksale den Blick schärft, anzuvisieren. Da glückt Leone Battista Alberti (1404–1472) für das Empfinden der Zeitgenossen beispielhaft die praktische Verwirklichung des hohen Ideals vom Menschen (s. u. S. 269f.) und Enea Silvio Piccolomini (1405–1464, der spätere Pius II.) wiederum lenkt den Blick der Um- und Nachwelt nachdrücklich auf das Realwissen von der irdischen Wirklichkeit, so wie es ihm in eigener Anschauung und durch eigenes Nachforschen auf seinen weitgedehnten Reisen in den nördlichen Ländern zugeflossen war; die historisch-geographische Völker- und Länderkunde empfängt von diesem zudem stark pädagogisch interessierten Humanisten entscheidende Antriebe. Doch dem gleichen humanistischen Wurzelgrund kann auch gleichsam der Antitypus (zu Petrarca und den in seinen Bahnen weiterschreitenden Nachfahren) erwachsen, so wie er sich in der Gestalt des Lorenzo Valla (1407–57) formt; kraft seiner kompromißlosen Denkschärfe und Denkradikalität bricht er für die Bereiche der weltlichen Wissenschaften (Philologie, historische Textkritik) und – seine hier gewonnenen Methoden und Theoreme konsequent anwendend – auch für die Ethik und Theologie neue Entwicklungsbahnen für den Humanismus auf (s. u. S. 277f.).

Alle diese (und die vielen ungenannten) Geister umkreisen in Lebenstheorie und Lebenspraxis von den verschiedensten Einsatzpunkten aus schlechthin das eine Zentrum: den Menschen. *Sein* wahres Bild, seine sicher in sich gegründete Würde wollen sie wiederherstellen. Keiner aber erreicht an Universalität der Spekulation und gleichsam mystisch-religiös gesteigertem Enthusiasmus das Gemälde vom Menschen, das der junge Graf Pico della Mirandola (1463–1494) in seiner großangelegten, aus der geistigen Überlieferung der ganzen Menschheit schöpfenden »Rede über die Würde des Menschen« entwirft. In eindrucksvoller Schau verankert er seine Anthropologie in der Kosmologie, die Würde des Menschen aus seiner von Gott bestimmten Seinsbedingung heraus interpretierend: der Mensch, in den »der Vater die Samen *aller* Möglichkeiten und die Lebenskeime *jeder* Art hineingelegt« hat, wird als Mikrokosmos im Zentrum der Welt begriffen. Jedoch Gott hat das Werk ›Mensch‹ erst begonnen – vollenden muß es dieser selber. In vollkommener Freiheit, als sein eigener ›Bildhauer und Dichter‹ ist er ermächtigt, sich jede Form zu geben; seine Berufung aber heißt: »dem Höchsten nachjagen, denn« – den ethischen Optimismus auf die Spitze treibend – »das können wir, wenn wir nur wollen«! Zu solch staunenswertem Höhenflug erhebt sich der humanistische Geist, um der Summe seines Welt- und Menschenverständnisses Ausdruck zu verleihen. Doch neben allen Zeichen reifer Fülle, mit der sich die humanistische Bewegung auf ihrem Höhepunkt umgeben hatte, trägt das Gedankengebäude des Pico in der maßlosen Übersteigerung seines Menschenbildes wie der völligen Mißachtung der Gefährdungen menschlicher Existenz bereits deutliche Spuren der Überreife an sich: dieses Ideal ist ernsthaft in Gefahr, an der Lebenswirklichkeit vorbeizusehen.

Die auf die Lebenspraxis gerichteten Bemühungen um das wahre Menschsein aber verdichten sich in dem Idealziel »ein Ganzes an leiblicher und geistiger Begabung« zu sein (Enea Silvio über Francesco Sforza). Und so steigt das Bild des universalen Menschen (uomo universale) auf, der sich, dank einer allseitigen – auch körperlichen – Ausbildung in den Wissenschaften und Künsten, im öffentlichen wie im geselligen und privaten Leben sicher und formvollendet bewegt und zugleich auch mit ausgezeichneten Leistungen hervortritt – ohne jedoch die Harmonie des Ganzen durch einseitige (etwa genialische) Übersteigerungen zu zerstören.

In der Frührenaissance ist diesem Ziel wohl niemand näher gekommen als Leone Battista Alberti. Auch er anerkennt keine Begrenzung der menschlichen Natur mehr: »Die Menschen können von sich aus alles, sobald sie nur wollen.« So tritt er auf als vollendeter Meister in allen Leibesübungen und pflegt ein gewandtes, selbstbeherrschtes, von körperlicher Zucht wie Ästhetik geadeltes Auftreten; er betätigt sich als Maler, Bildhauer, Architekt, Kunsthistoriker, Philosoph, Dichter und Musiker und ist zu alledem noch mit einem höchst empfindsamen Gefühlsleben, das auch seine religiöse Haltung durchtränkt, begabt. Doch anders als bei Petrarca, dessen Leben von einem unablässigen Ringen um das ferne Ziel durch-

bebt war, tragen Albertis Bemühungen den sicheren Besitz
ein: »In nichts mißfalle ich mir selber«, lautet das Fazit seiner
Lebensrückschau – »der zum Ideal verklärte ehrenhafte Bürger« (de Sanctis) steht vor uns.

Leonardo da Vinci (1452–1519) sprengt diesen Rahmen.
Bildender Künstler, Mathematiker und Philosoph, Theater-
leiter, Konstrukteur der erstaunlichsten Maschinen zu militärischen Zwecken wie für den Prunk großer Feste, unermüd-
licher, vielseitiger Beobachter der Natur, der sich mit Physik,
Optik, Astronomie, Metereologie, Geologie, Kartographie
usw. beschäftigt, dazu eindringlicher Erforscher der menschlichen Anatomie und Physiognomie: all das ist Leonardo mit
einer Vollendung, die für Menschenalter hinaus Anregung
gab und bahnbrechend wirkte. Die glänzende äußere Erscheinung vollends, die Gabe des Witzes und der geistvollen, ernsten und scherzhaften Unterhaltung runden sein Bild zum
unerreichten Idealtyp des ›uomo universale‹ des späteren
Quattrocento.

Im Endstadium der humanistischen Bewegung erfährt dieses Persönlichkeitsideal in der höfisch-ritterlichen Sphäre der
Renaissancekultur seine letztmögliche Steigerung durch den
Grafen Baldassare Castiglione (1478–1529), der, selbst ein
vollendeter Welt- und Edelmann, sein Ideal des ›Hofmanns‹
(il cortegiano) gleichsam vorlebt. Jedoch der bis ins Einzelne
ausgeklügelte und normierte Perfektionismus, mit dem dieser
ideale Hofmann – und ebenso die ihm wesenhaft zugeordnete
edle Dame, die Donna di palazzo – jede Lebens- und Gesell-
schaftssituation kraft seiner aufs höchste kultivierten und beherrschten leiblichen, geistigen und seelischen Gaben meistert,
läßt zugleich offenbar werden, wie auch hier dem mit allen
Fasern umworbenen Ziel der vollkommen und selbstsicher
gelebten und im Einklang mit der Natur stehenden Humanitas, von innen her der Lebensraum beschnitten werden muß.

Wieder ist es Petrarca, der einen weiteren, charakteristischen Zug des neuen Persönlichkeitsbewußtseins: das uner-
sättliche Verlangen nach persönlichem Ruhm, beispielhaft
vorlebt und vorleidet. In seinem berühmten ›Brief an die

Nachwelt‹ sucht er von seinem Leben und seinem Werk Rechenschaft abzulegen, um im richtigen, d. h. in dem von ihm gewünschten Licht in das Gedächtnis der späteren Zeiten einzugehen. Diese Stimmung, oft zu kindischer Eitelkeit und zu wirklichkeitsfremder Selbsteinschätzung übersteigert, beherrscht in breitestem Ausmaß die Menschen der Renaissance – und die Zeit kam ihr aufs bereitwilligste entgegen. Sie sammelt und liebt leidenschaftlich die Lebensbeschreibungen berühmter Männer und Frauen, verehrt deren Geburtsorte und Todesstätten – der alte Petrarca bereits genoß die Genugtuung, daß seine Heimatstadt Arezzo dafür sorgte, daß an seinem Geburtshause nichts verändert wurde – jede einzelne Stadt ist auf bedeutende Persönlichkeiten der Antike oder der Gegenwart erpicht, die mit ihr irgendwie in Zusammenhang stehen und so ihren eigenen Ruhm vermehren könnten, und wie einst die Kirchen voll Eifer die Leichname von Heiligen sammelten, so bemüht man sich jetzt um die sterblichen Überreste von Malern, Dichtern, Gelehrten usw., um ihnen prunkvolle Grabstätten bereiten zu können. Auf lange Zeit hinaus geschieht das noch im Raume der Kirche; erst zögernd löst sich das profane Porträt oder Denkmal auch äußerlich aus dem sakralen Bereich und wagt es, in die volle Weltlichkeit hinauszutreten, ins Rathaus oder auf die Piazza der Stadt. Dem kriegerischen Bildnis lag dies besonders nahe. Bereits 1328 hat Simone Martini das stolze Bild des Feldherrn Guidoriccio Fogliani auf eine Wand des Rathaussaales von Siena gemalt: die erste monumentale Verherrlichung des kriegerischen Ruhmes, aber noch gegenübergestellt einem großen Fresko der mit Engeln und Heiligen umgebenen Madonna (1315). Erst das 15. Jahrhundert sieht die in der Selbstherrlichkeit diesseitigen Machtwillens lebenden, von irdischer Kraft und Gespanntheit strotzenden Reiterstandbilder erstehen: Donatellos Denkmal des Condottiere Gattamelata zu Padua (fertiggestellt 1453) oder Verrocchios Denkmal des Bartolomeo Colleoni zu Venedig (1481–1488), während ein gleichartiges, von Leonardo da Vinci entworfenes Modell für Francesco Sforza (1493) vor seiner Ausführung der Zerstörung anheimfiel.

Freilich gelingt es oft nur schwer, sich auf dem noch ungewohnten, so stürmisch eroberten Boden der neuen Per-
sönlichkeitsgeltung ganz zurechtzufinden. Die typischsten
Vertreter des Zeitalters (Petrarca, Poggio Bracciolini, Lorenzo
Valla, Filelfo (1398–1481) u. a.) scheinen fast mehr für das
Urteil der anderen zu leben als für sich selbst: unechte Effekt-
hascherei, maßloses Sichhineinsteigern in die überhitztesten
Vorstellungen von der Einmaligkeit und Unübertrefflichkeit
der eigenen Person und Leistung, unfreie Eifersucht und bis-
sige Feindschaft gegen den Rivalen, der nur von ferne eine
Gefahr für den eigenen Ruhm bedeuten könnte und damit
verbunden Schmähsucht und Verleumdung feiern in aller
Öffentlichkeit Triumphe wie nicht leicht wieder in einem anderen Zeitalter. Und umgekehrt ist man kaum sonst einmal
so bereit, auch die bescheidensten Leistungen, wenn sie nur
irgendwie dem Stil der Zeit entgegenkamen, enthusiastisch
mit Lorbeer zu umkränzen. In solchen Erscheinungen toben
sich gleichsam die Flegeljahre des individualistischen Zeitalters hemmungslos aus. Und doch, vielleicht eröffnet sich
über all dies vordergründig Negative, nicht selten Absto-
ßende hinaus für das ganze Problem noch ein tieferer Hintergrund (die im Humanismus aufbrechende religiöse Problematik anvisierend): ein »neuer Weg zur Unsterblichkeit«
(F. R. Schröder) und seine wie auch immer verstandene Sicherung scheint in diesem übersteigerten Ruhmverlangen
(bzw. seiner ebenso übersteigerten Kehrseite) mit dem alten
christlichen Heilsweg und seinen jenseitigen Verheißungen
die Konkurrenz aufzunehmen.

Auch die Wiederbelebung des *klassischen Altertums* vollzieht sich weitgehend auf dem Hintergrund des neuen Welt-
ergreifens und seiner Problemstellungen. Alle Bereiche
menschlicher Betätigung und geistig-seelischer Entfaltungsweisen zeugen von jener leidenschaftlichen Hingabe, mit der
das humanistische Zeitalter die klassische Überlieferung in
all ihren Spielarten (die antiken Ethiksysteme stehen bezeichnenderweise mit an oberster Stelle) aufgegriffen und in sich
eingesogen hat. Hier fand man oder glaubte man die Verkör-

perung der eigenen hohen Ideale: der in sicherem Selbstverständnis harmonisch in sich ruhenden Persönlichkeit und einer ganzheitlichen Lebensgestaltung, zu finden. Und so weist die innerste Zielrichtung dieser wahrhaft existentiellen Begegnung wiederum zurück ins Zentrum der eigenen Lebenssituation: die Humanisten, zwar den alten Bindungen und Autoritäten weitgehend entwachsen, für das eigene Suchen jedoch noch des wegweisenden Vorbildes und vor allem der inneren Selbstbestätigung bedürftig, fanden in der Antike in einem Maße wie sonst nirgends die unentbehrlichen Bauelemente für die eigene Lebensform und Lebensnorm.

Dies gilt in ähnlicher Weise auch für den speziellen Bereich der formal-ästhetischen Bildungsgrundlagen. In den Werken der Klassiker fand man die ein für allemal gültige Form und sie wird oft wichtiger als der durch sie ausgedrückte Gedanke selbst: das ästhetische Moment verselbständigt sich und reißt die Vorherrschaft an sich. Cicero für die Prosa und Vergil für die Poesie werden seit Petrarca (der für sich selber jedoch auch in Fragen des Stils Unabhängigkeit und innere Freiheit wahrt) die unantastbaren Autoritäten für jeden Schriftsteller und Dichter, der zum Wort kommen wollte. So konnte die vergötterte Antike für die freie Entwicklung (gerade der weniger selbständigen) geistigen Kräfte nicht nur belebendes und anfeuerndes, sondern ebenso sehr belastendes und tyrannisch herrschendes Element werden.

Die alte Romsehnsucht und Romromantik haben den Zugang zu dieser bis zur Selbstvergessenheit gesteigerten Hingabe an die Antike freigemacht; jetzt verdichtet sie sich überdies in der konkreten Ausdrucksform einer neuen wissenschaftlichen Disziplin: Petrarca, Boccaccio, Poggio, Leonardo Bruni (1369–1444) und Lorenzo Valla sind die Begründer der Wissenschaft vom klassischen Altertum geworden. Neben der gierigen Aufnahme des klassischen Geistes und der klassischen Form ist das Durchstöbern der alten Klosterbibliotheken (besonders auch in Deutschland) nach vergessenen Handschriften, das Abschreiben von seltenen versteckten Werken, die Bemühung um philologische Verbesserung der Texte, die enzyklopädische Sammlung der antiken

Schriftsteller ihr unsterbliches Verdienst. Ihnen ist es zu danken, daß etwa um 1430 die lateinischen Klassiker in der Hauptsache in ihrem heutigen Umfang allgemein bekannt waren. Die Errungenschaften der nationalen, durch Dante bereits zu so hoher Vollendung emporgehobenen volkssprachlichen Literatur schienen durch diese neu aufbrechende, alles überwältigende Begeisterung des Humanismus längere Zeit ernsthaft in Frage gestellt. Aber im Heimatland der lateinischen Sprache mußte die Wiederbelebung des lateinischen Geistes und Kulturwillens letzten Endes doch auch dem nationalen italienischen Geiste zugute kommen.

Erst in späterer Zeit ist die eifervolle Bemühung um die Antike ernsthaft auch auf das *Griechentum* ausgedehnt worden. Das Konzil von Ferrara (1438/39), das die Wiedervereinigung der griechischen mit der römischen Kirche betrieb (und für einen Augenblick auch erreichte) und das demgemäß zahlreiche griechische Geistesmänner nach Italien herüberführte, sowie vollends die Eroberung Konstantinopels durch die Türken (1453), die die Griechen samt ihren Bücherschätzen endgültig aus dem Osten ins Abendland vertrieb, haben ziemlich dürftigen Ansätzen an der Wende zum 15. Jahrhundert Leben und Kraft verliehen: die griechische Sprache und die alten griechischen Autoren (im Original und in lateinischen Übersetzungen) werden in größerem Umfang bekannt. Leonardo Bruni, die Griechen Chrysoloras (gest. 1415) und Gemistos Plethon (gest. 1451) sowie der Kardinal Bessarion (1403–1472) haben den Hauptanteil daran.

Die Einbeziehung des Griechischen hat vor allem einen neuen Zugang zur Philosophie Platons bzw. zu ihrer durch Plotin umgestalteten Form des Neuplatonismus aufgeschlossen, die im Gegensatz zu der bisher konkurrenzlos herrschenden, betont rationalistischen Ausrichtung der aristotelischen Scholastik mehr die intuitiven, ja mystischen Erkenntniskräfte des Menschen zur Geltung brachte. Als Mittelpunkt dieser neuen Bewegung entstand in Florenz, von Cosimo Medici ins Leben gerufen, ums Jahr 1440 eine platonische ›Akademie‹, die Ende der sechziger Jahre unter Lorenzo Medici und ihrem Haupt Marsiglio Ficino (1433–1499) und dessen Schüler, dem Grafen Pico della Mirandola ihre Glanzzeit erlebte. Unter der Leitung dieser Männer aber begnügt sie sich nicht mehr damit, nur die griechisch-römische Antike in ihr eigenes Weltbild einzubauen. Sie schreitet – als »Kundschafter der Wahrheit« (wie sich Pico einmal bezeichnet) – zu einem schlechthin allumfassenden philosophisch-theologischen Synkretismus fort: hier erst wird ihr, indem sie unter allen äußeren Verschiedenheiten immer wieder den *einen* göttlichen Logos am Werk erkennt, die Offenbarung der geheimen Gesamtstruktur allen Lebens zuteil.

Mit der unerhörten Intensivierung der klassischen Studien weit über jede bloße formale Bildungsgrundlage hinaus erfuhr aber die alte, bereits das ganze Mittelalter durchziehende Frage nach der Vereinbarkeit dieser Studien mit christlicher Glaubens- und Lebenshaltung ihre ernsthafte Zuspitzung und Verschärfung. Auf der einen Seite die verwirrende Mannigfaltigkeit und Sinnenfreudigkeit des ganzen Götterhimmels, der von allgemeiner Skepsis nicht weit entfernte Eklektizismus der philosophischen Schriften Ciceros, die kühl und vornehm in sich ruhende, allein auf die menschliche Kraft gestellte Ethik der Stoa oder gar die freigeistige epikureische Lehre mit ihrer Predigt des vollkommenen Lebensgenusses durch die alle Lebensbereiche durchdringende, eudämonistisch aufs höchste verfeinerte ›Lust‹ und ihrer Leugnung einer persönlichen Unsterblichkeit – dort Ursünde, Erlösung, Gnadenhilfe und Ausrichtung des ganzen Lebens auf das Jenseits: der Zusammenstoß war unvermeidlich.

Der Versuch, Antike und *Christentum* harmonisch miteinander zu vereinigen ist daher nur ganz wenigen Humanisten wirklich geglückt. Der große Pädagoge Vittorino da Feltre (1378–1446), eine der edelsten Gestalten des ganzen Renaissancezeitalters überhaupt, nimmt unter ihnen den ersten Platz ein. Als Prinzenerzieher an den Hof der Gonzaga nach Mantua berufen, hat er sich mit gleicher Sorgfalt und Liebe auch der Ausbildung armer Kinder gewidmet. Neben allen humanistischen Fächern und einer im streng christlichen Sinn religiös-sittlichen Erziehung nimmt in seinem pädagogischen

System auch körperliche Ertüchtigung aller Art einen wichtigen Platz ein und gibt seiner Erziehungsweise ein ebenso
modernes Gepräge wie der fast völlige Verzicht auf körperliche Züchtigung, an deren Stelle Strafmittel, die an das Ehr-
gefühl des Zöglings appelierten, treten. Nicht umsonst trug
seine Schule den Ehrentitel ›das fröhliche Haus‹ (casa giocosa).
Das Ideal des Humanismus, die harmonische Durchbildung
aller geistigen, leiblichen und sittlichen Kräfte des Menschen,
ist im Werk Vittorinos wie sonst kaum wieder in die Wirklichkeit umgesetzt worden.

Ebenso selten wie solche im Vollsinn des Wortes christlich
gebliebene Humanisten sind auch jene, die aus ihrer Stellung
zum Altertum wenigstens annähernd die letzten Folgen gezogen haben, wie vielleicht Antonio Beccadelli (gest. 1471),
oder der Gewaltherr von Rimini, Sigismondo Malatesta (gest.
1468) oder mehr noch Carlo Marsuppini (gest. 1463), der den
Zeitgenossen als völliger Heide galt. So weit man auch sonst
die Skepsis gegen die christlichen Grundlehren oder die Verachtung des christlichen Sittengesetzes im Leben praktizieren
mochte, »einen irgendwie spekulativ begründeten Überzeu-
gungsatheismus hat keiner aufgestellt« (J. Burckhardt).

Viel näher an die Lebenswirklichkeit heran führt etwa
Boccaccio: er schreibt mit Behagen die zersetzenden Ge-
schichten des Decamerone, die ungestörte Triumphe über
christliche Zucht und Sitte feiern, und dichtet Marienlieder;
er erzählt mit spürbarer Freude die Geschichte von den drei
Ringen, in der die christliche, jüdische und mohammedani-
sche Religion als gleich wahr und gleichberechtigt erscheinen
und vermacht seine Bibliothek einem Augustinermönch mit
der Bestimmung, daß dieser für sein Seelenheil beten solle.
Beides ist gleich echt. Filelfo feiert in einem Brief an den Papst
Christus als den ›Lenker des Olymp‹; der Kardinal Bembo
(gest. 1547) will sein Brevier nicht mehr beten aus der tiefen
Besorgnis heraus, sich dadurch sein ciceronianisches Latein zu
verderben; die Bronzetüren der Peterskirche in Rom (ge-
gossen von Filarete 1433–1455) sind ebenso mit Darstellungen
Christi, Mariens und der Apostel geschmückt wie mit denen
antiker Götter- und Heroengestalten. *Dies* ist lebendiger, in

hundertfachen Beispielen wiederkehrender Ausdruck und echtes Symbol der durchschnittlichen religiösen Haltung der Renaissance.

Den eigentlich entscheidenden Beitrag für die Problematik Humanismus-Christentum leisten jedoch erst jene Humanisten, die (sich selbst weitgehend der ihren Gedanken innewohnenden Sprengkräfte unbewußt) den christlichen Einzigartigkeits- und Ausschließlichkeitsanspruch in Frage stellen.

Da verteidigt einmal Coluccio Salutati sein Studium der Klassiker mit dem Argument, daß keine Wahrheit, wo immer sie auch ausgesprochen werde, Gott, dem Zentrum der Wahrheit, näher oder ferner sei. Und er (und mit ihm Boccaccio) erschaut hinter den Werken der Dichter eine mythische Urreligion, deren Wahrheiten, im dichterischen Bild gestaltet, noch heute im christlichen Zeitalter (theologisch) vollgültig zu den Menschen sprechen. Aber auch die Bibel bediene sich der gleichen poetischen Sprechweise, um »unter dem Schleier der Dichtung« dem menschlichen Geist die unaussprechliche Majestät Gottes überhaupt faßbar zu machen. Die Dichtung wird in dieser Sicht zur Sprache der Theologie.

Von diesen Dichter-Theologen ist der Weg nicht weit zu dem Religionsverständnis der ›Platonischen Akademie‹, das jene sublime Idee einer alle Völker und Zeiten umspannenden ›Gesamttheologie aller Völker‹ (Marsiglio Ficino, Picco della Mirandola) hervorgebracht hat: verschieden, vielleicht sogar gottgewollt, ist nur die Art der Gottes*verehrung* durch die Zeiten und Völker hindurch; hinter jeder Einzelreligion aber steht die *eine* allgemeine göttliche Offenbarung.

So wie diese gleichsam dichterischen Anschauungen weite Aspekte eröffnen und den Absolutheitscharakter der christlichen Religion zu verflüchtigen vermögen, so konfrontiert anderseits Lorenzo Valla – die *christliche* Religionsproblematik des Zeitalters (und die aller Zeiten!) in ihr Zentrum treffend – mit besonderer Schärfe und Konsequenz die Christen mit den Grundlagen und Grundforderungen ihrer Religion. Das Hauptziel seiner historisch-kritischen Arbeiten wie seiner Schriften zur Ethik besteht darin, die Quellen des Christentums freizulegen und so seiner alleingültigen Norm, der Regel Jesu und der Apostel, wieder zum Durchbruch in der Lebenspraxis zu verhelfen.

Alle diese verschiedenen religiösen Formen und Verhaltensweisen gelten jedoch vornehmlich nur für eine (nicht zu schmal anzusetzende) geistige Oberschicht, für die eigentlichen Träger der Renaissancebewegung; die breite Masse des Volkes und auch ein erheblicher Teil der höheren Stände bleiben von geistiger Verwirrung und Zersetzung im großen und ganzen unberührt. Das Zeitalter kennt eine Reihe von ernsthaften Kirchenmännern und Heiligen, die durchaus nicht abseits des öffentlichen Lebens standen: so neben dem schon genannten Bessarion Bernhardin von Siena (gest. 1444), Johann von Capestrano (gest. 1456), den Erzbischof Antoninus von Florenz (gest. 1459), mit dem sich Cosimo Medici zu regelmäßigen religiösen Gesprächen zusammenfand, oder schließlich den erschütternden Bußprediger Savonarola (1452–1498), in dessen Bann eine ganze Reihe von hervorragenden Künstlern wie Botticelli, Cronaca, Fra Bartolomeo, die Familie der della Robbia und nicht zuletzt der junge Michelangelo geriet. Bei ihnen allen wäre der breite Wirkungskreis, den sie tatsächlich besaßen, undenkbar, wenn die Verweltlichung oder gar die Paganisierung des ganzen Lebensstiles allgemein schon so starke Fortschritte gemacht hätte, wie führende Literaten den Anschein erwecken könnten. Und ebenso hätten dann die gesamten bildenden Künste im ganzen 14. und noch weit bis ins 15. Jahrhundert herein völlig außerhalb des Volksganzen stehen müssen. Anderseits offenbart gerade eine Gestalt wie Savonarola, daß auch die religiöse Welt der Massen in ein Stadium der Gärung und der ernsthaften Problematik eingetreten war. Das Bewußtsein von der Geborgenheit in der Kirche als objektiver Heilsanstalt erleidet (nicht zuletzt durch die zunehmende tiefe Verwilderung der offiziellen Kirche) schwere Stöße, die Sorge um das persönliche Seelenheil des einzelnen wirkt aufwühlender als vordem, ein stark subjektivistisches Moment und damit ein Element der inneren Unsicherheit und Aufgeregtheit bestimmt vielfach auch dort, wo das christliche Erbgut ungeschmä-

lert übernommen worden ist, den Frömmigkeitscharakter
der Zeit.

Die anthropozentrisch-individualistische Betrachtungsweise bringt schließlich auch eine neue Einstellung zur Umwelt
des Menschen, zur belebten und unbelebten Natur mit sich.
In der Wissenschaft bedeutet das die Hinwendung zur induk-
tiven Sammlung von Erfahrungstatsachen, zur Beobachtung
und zum Experiment, überhaupt zum realistisch forschenden
Eindringen in die Geheimnisse der Natur. Alberti, Verrocchio
(1435–1488) und vor allem Leonardo da Vinci verkörpern am
stärksten gerade diese Seite der Renaissance. Aufs Ganze gesehen jedoch weist die humanistische Geistigkeit weniger in
die Richtung der Naturwissenschaften (einschließlich der Medizin) im modernen Sinn, als vielmehr in die der Naturphilo-
sophie, Naturspekulation und Naturmystik. Daneben haben
aber auch die Afterwissenschaft der Sterndeutekunst, die ihre
erste Heimstätte bereits am Hof Friedrichs II. gefunden hatte
und jetzt in gleicher Weise aus arabischen wie aus antiken
Quellen gespeist wurde, Zauberwesen und Magie aller Art,
trotz der Gegenwehr einzelner erleuchteter Männer (Pico
della Mirandola, Enea Silvio) die gebildetsten Geister der Zeit
in ihren Bann geschlagen und erst von hier aus ihren noch
manches Jahrhundert währenden Siegeszug angetreten.
Was sich sinnliche Anschauung und Erfahrung an tatsächlicher Kenntnis des Menschen und der Natur erarbeitet haben, hat weit weniger in eigentlichen wissenschaftlichen Ab-
handlungen oder Forschungsergebnissen seinen Niederschlag
gefunden, als vielmehr auf dem weiten Gebiet der bildenden
Künste. Von der starren hieratischen Feierlichkeit der einer
anderen Welt angehörenden byzantinischen Heiligenfigur, die
noch das 13. Jahrhundert beherrscht, wendet sich die Kunst
allmählich hin zum bewegten, realistisch gesehenen Leben,
zum unerschöpflichen Reichtum der konkreten Erscheinungsformen des menschlichen Daseins wie der gesamten ihn umgebenden Natur. Der Mensch in seiner individuellen, körper-
lich-seelischen Erscheinungsform wird das Maß der Dinge.
Ein Wort von Leone Battista Alberti bekundet in charakteri-

stischer Weise den neuen Kunstwillen: »Ich pflege meinen
Freunden zu sagen, jener Narcissus, der sein Ebenbild im
Wasser sah und vor der Schönheit seines Bildes erbebte, sei
der eigentliche Erfinder der Malerei.« Zweierlei Tendenzen
kommen hierin zum Ausdruck: der Wille zum Realismus,
zur individuellen Gestaltung, und der Wille zu sinnenhafter
Schönheit. Beide Tendenzen gingen nicht ganz in dieselbe
Richtung, ja sie konnten sich direkt überkreuzen. Denn das
Streben nach individueller und naturalistischer Mannigfaltigkeit schließt grundsätzlich den Willen zur Darstellung des
Ausdrucksstarken und des Charakteristischen in sich, auch
dort, wo es häßlich ist; so etwa bei Leonardo da Vinci, der in
seinen Zeichnungen der Natur auch in ihren abwegigsten Erscheinungsformen nachgeht. Der Wille zur schönen Form
anderseits lenkt hin zu einer Auslese des Gegebenen, zur Ty-
pisierung und zur Aufstellung eines im einzelnen genau bestimmten Schönheitskanons. Und wie die Literatur den Maßstab des Schönen in den klassischen Schriftstellern fand, so
richtete sich auch die Kunst an den aus dem Schutte der vergangenen Jahrhunderte wieder zutage geförderten antiken
(genauer gesagt: spätantiken, hellenistischen) Skulpturen aus,
mochte sie auch praktisch vielfach wieder eigene Wege gehen
und dem eigenen Empfinden folgen.

Diese umwälzende Neuorientierung des gesamten Kunst-
wollens im einzelnen aufzuzeigen oder auch nur die charakteristischsten Vertreter zu nennen, hieße schlechtweg eine
Kunstgeschichte der italienischen Renaissance schreiben. Hier
sei nur kurz daran erinnert, daß Giotto (um 1300) als erster
mit Entschiedenheit aus dem ›griechischen Stil‹ herausstrebt
und dabei die heiligen Geschehnisse zu dramatisch gesteigerten, in zyklischer Abfolge gegliederten Szenen umformt, die
sich nun durch die Bestimmtheit des Ortes, durch die Vermenschlichung der Gebärde und den gefühlsstarken Ausdruck
im Diesseits abspielen. Sinnliches und Übersinnliches sollte
zu einer tieferen Harmonie vereint werden, ohne daß die feier-
liche, dem religiösen Stoff angemessene Ruhe gestört würde.
Die Entwicklung zur Säkularisierung schreitet bei den bildenden Künsten ungleich zögernder fort als auf literarischem Ge-

biet. Noch das ganze 14. Jahrhundert tut keinen wesentlichen
Schritt über Giotto hinaus, ja der letzte Vertreter seiner
Schule, Fra Angelico (gest. 1455), reicht noch weit ins fol-
gende Jahrhundert hinein.

Erst mit dem Quattrocento finden die inneren Strebungen
der Renaissance auch in die bildenden Künste wirklichen
Eingang. Nun stellt Masaccio (1401–1428) die alten sakralen
Themen noch weit entschiedener als Giotto in die Natur hinein, die den Raum, das Licht, die menschliche Gestalt und deren Charakter in gleicher Weise sinnfällig macht. Piero della
Francesca (gest. 1492) gibt den religiösen Bildgegenständen
innerhalb der neuerworbenen Anschauungsformen so eigen-
willige Fassungen, daß ihr symbolhafter Charakter manchmal
geradezu ans Rätselhafte streift (Geißelung Christi in Urbino).
Sandro Botticelli (gest. 1510) fügt zu den überlieferten Stoffen der Bibel und Heiligenlegende in reichem Maße auch
solche der antiken Mythologie, freilich in einer sehr spiri-
tuellen Auffassung und mit einem ganz unklassisch wirkenden Schönheitsideal. Auf vielen Fresken der Zeit zieht mit
den Gestalten der Auftraggeber und ihrer Sippen die ganze
buntbewegte Wirklichkeit des italienischen (insbesondere des
florentinischen) Alltags in die heilige Erzählung ein, und bei
Fra Filippo Lippi (gest. 1469) gar schaut die Geliebte des Ma-
lers, Spinella Buti, in der Gestalt der Madonna sehr irdisch
auf den Betrachter hin. Die profane Kunst bemächtigt sich
auch des politischen Getriebes im Lande. Die Schlachtenbilder
des Paolo Ucello (gest. 1475) verherrlichen die heroischen
Gefühle der Zeit. Zu Donatellos und Verrocchios Reiterstand-
bildern gesellt sich der Condottiere des Andrea del Castagno
(gest. 1457), ein Bild der Gewaltsamkeit, in unerschrockenem
Realismus gesehen. Das stolze Daseinsgefühl aber einer ganzen Renaissancedynastie – der Gonzaga – hat Andrea Mantegna (gest. 1506) in der ›Camera degli Sposi‹ zu Mantua für
alle Zeiten verewigt. Und Mantegna schließlich hat auch die
Säkularisierung eines der feierlichsten Bildgegenstände auf
einen Höhepunkt geführt, in jener Pietà der Mailänder Brera,
die in vollendeter Beherrschung der Perspektive den Leib
des Herrn in jäher Verkürzung, die Füße voran, zeigt, sicher

um damit dem Betrachter den Inhalt der Darstellung in erschreckender Wucht aufs neue nahezubringen.

Der ins Diesseits drängende neue Lebensstil läßt allein in Florenz in dem kurzen Zeitraum von 1450–1488 zahlreiche Palastbauten erstehen – unter ihnen den Palazzo Pitti, Palazzo Ruccellai und Palazzo Strozzi –, deren Ideal das in sich selbst ruhende klassische Maß und die festliche Dekoration antikischen Geistes ist. Die sakrale Architektur folgt mit dem Zentral- und Kuppelbau der gleichen Gesinnung, und selbst der ehrwürdigste Bau der gesamten Christenheit des Abendlandes, die Petersbasilika, wird ohne Bedenken geopfert, um der festlich repräsentativen Raumschöpfung eines Bramante und Michelangelo Platz zu machen.

An der Wende vom 15. zum 16. Jahrhundert hat die Unsumme von Beobachtungen der vorausgegangenen Generationen an der Natur, am Menschen und an den Formprinzipien der Antike schließlich das Dreigestirn Leonardo da Vinci, Raffael und Michelangelo erstehen lassen. Leonardo umkleidet seine Felsgrottenmadonna oder Anna Selbdritt in bezeichnender Weise geradezu mit der Mystik des Naturgeheimnisses; seine allseitige Offenheit gegenüber dem Kosmos und der überquellenden Vielfalt seiner Erscheinungsweisen nötigt aber seinem ganzen Schaffen stark den Charakter des Fragmentarischen auf. Raffael verleiht in der ›Schule von Athen‹ dem großen Vorbild und der Sehnsucht seiner Zeit, der kultivierten und bewegten Geistigkeit der antiken Denker, den vollendetsten und anschaulichsten Ausdruck; bei seinen Madonnen und Heiligen macht sich nicht selten der übersteigerte Kult eines Idealtyps und damit ein bedenkliches Übergewicht der reinen Form über den auszudrückenden Gedanken geltend, so daß hier die Grenze der geistigen Entleerung manchmal hart gestreift ist. Die Art aber, wie Michelangelo die alten sakralen Gehalte in die Heroenleiber seiner leidenschaftlich bewegten Gestalten bannt, weist schon den Weg in die Zukunft: zur Überwindung der säkularisierenden und individualisierenden Tendenzen der Renaissance im kämpferischen Ethos des wieder um das Überweltliche ringenden Zeitalters des Barock.

Überblicken wir die charakteristischen Erscheinungsformen des Zeitalters in ihrer ganzen Breite, so fügen sich alle Teilbereiche zu einer grundlegenden Erkenntnis zusammen: diese Epoche des Humanismus und der Renaissance gehört primär der Lebensgeschichte und der Seelengeschichte des abendländischen Menschen an; in *dieser* Funktion übertrifft sie bei weitem die Rolle, die ihr etwa im Zuge der geistesgeschichtlichen Entwicklung Europas zukommt. Das Erbe, das sie der Neuzeit hinterlassen hat – und das auch als die ursprüngliche Bewegung in gewissen Alters- und Ermüdungserscheinungen abebbte, oder von den Gegenbewegungen der Reformation und Gegenreformation abgebremst wurde, nicht mehr verloren ging – ist ein neues Lebensverständnis, ein neues Lebensgefühl (oder auch eine neue Art des Lebenswillens). Was diese Menschen meinen, ist eine neue ›Kunst‹ des Menschseins, in der der geistig hochstehende und anspruchsvolle Mensch das rechte Verhalten zum Leben in allen seinen inneren und äußeren Bezügen finden und so seine wahre Bestimmung in höchstmöglicher Vollkommenheit verwirklichen soll – in sich selber kraft der Freiheit und Selbstbestimmung seiner einmaligen personalen Individualität. Und bei der unendlich verfeinerten Struktur des ganzen Lebens in all seinen vielgliedrig-differenzierten inneren und äußeren Objektsbezügen, mit denen sich der Mensch auseinanderzusetzen hat, wie bei der so viel empfindlicher gewordenen Reaktionsfähigkeit des Menschen gegenüber allen Anstößen der Welt wird diese Selbstverwirklichung wahrhaft zum ›Experimentum Humanitatis‹.

Die politische Entwicklung

Wie Machiavelli einmal bemerkt, war Italien um die Mitte des 15. Jahrhunderts »in gewisser Weise ins Gleichgewicht gebracht« (bilanciata): fünf ›Großstaaten‹ Mailand, Venedig, Florenz, der Kirchenstaat und Neapel hielten sich gegenseitig ungefähr die Waage. In ihnen erlebten die gesamtitalienischen Kräfte eine verhältnismäßige Einigung und Zusammenfassung. Allerdings eine nähere Betrachtung der Apenninen-

halbinsel läßt das Bild doch wieder um vieles bunter erscheinen: neben den fünf Hauptmächten steht immer noch eine
nicht ganz geringe Anzahl von kleineren oder kleinsten unabhängigen Territorien mit verschiedenen Staatsformen: die
freien Republiken Genua, Siena und Lucca; die Signorie der
Gonzaga von Mantua, die sich seit 1432 kraft einer Titelver-
leihung durch Kaiser Sigismund als Markgrafen bezeichnen,
sowie die der Este, denen Kaiser Friedrich III. 1452 die Herzogs-
würde für Modena und Reggio und 1471 der Papst für Ferrara verlieh; sodann das Herzogtum Savoyen (dieser Titel
seit 1416) in dessen Lehensabhängigkeit sich die Markgrafschaft Montferrat begeben hatte, und das erst 1399 neuent-
standene Fürstentum von Elba und Piombino; die nahezu
selbständigen Herren der Romagna und Mark Ancona, unter
denen die beiden Rivalen, die Malatesta von Rimini und die
Montefeltre von Urbino an vorderster Stelle stehen; die letzteren erlangten vom Papst gleichfalls ihre Erhebung in den
Herzogsstand (1474).

Man nimmt die Jahrzehnte (bis zum Italienzug Karls VIII.
von Frankreich 1494) auch gerne als eine Epoche, in der Italien
selbst über seine Geschicke hat entscheiden können. Doch sind
auch hier Einschränkungen zu machen. Die aragonesische
Dynastie, allerdings – in Neapel bestrebt, sich möglichst schnell
zu italienisieren – mochte man bald nicht mehr als fremdstäm-
mig empfinden. Aber die Insel Sizilien blieb (nach ihrer neuerlichen Abtrennung von Neapel 1458) in Personalunion unmittelbar mit dem Königreich Aragon verknüpft. Die Franzosen besaßen seit der Heirat einer Visconti-Tochter mit dem
Herzog Ludwig v. Orléans (1387) in Oberitalien in der Stadt
Asti einen Stützpunkt; ferner hat Genua wieder einmal dem
französischen König die Tore geöffnet (1458–1461). Das Herzogtum Savoyen aber, mit seinem Stammland ganz dem
französischen Volkstum und Machtbereich angehörend, wußte immer noch nicht recht, ob es französisch oder italienisch
sein wollte. Und schließlich kamen die keineswegs aufgegebenen Ansprüche der Anjou auf Neapel hinzu, während die
ähnlichen Ansprüche der Orléans auf Mailand einstweilen
noch im Hintergrund blieben und erst hervorgeholt wurden,

als Ludwig XII., selbst ein Orléans, den französischen Königsthron bestieg (1498).

Francesco Sforza von Mailand (1450-1466) erwies sich als
hervorragender Herrscher. Über seine maßvolle und gerechte Regierungsweise legte er öffentliche Rechenschaft ab.
Unter verschiedenen Nutzbauten, die er aufführen ließ, steht
das von Filarete errichtete Ospedale maggiore, ein Kranken-
haus, wie es bis dahin keine Stadt der Welt besaß, obenan.
Mit seinem Sohn Galeazzo Maria (1466-1476) folgte freilich
wieder ein Willkürherrscher voll Grausamkeit und ohne
Kraft. Nach dessen Ermordung blieb als Nachfolger ein sie-
benjähriges hilfloses Kind, Giovanni Galeazzo, zurück.

Auch Alphons I. von Neapel und Sizilien (1443-1458) –
ob seines Mäzenatentums gegen die Humanisten als der
›Großherzige‹ gepriesen – besaß große Eigenschaften, wenngleich seine Verschwendungssucht dem Land schwerste Lasten aufbürdete. Nachdem er bereits mit Erfolg das genuesische Korsika angegriffen hatte, rüstete er zu einem großen
Schlag gegen die ligurische Hauptstadt, die alte Feindin der
Aragonesen. Die Wirkung aber war unerwartet und uner-
wünscht: Genua begab sich aufs neue in die Hand des französischen Königs, und dieser schickte als Statthalter keinen
anderen als Johann, den Sohn und Rechtsnachfolger Renés
von Anjou (1458).

Nach Alphons' Tod übernahm sein Bruder Johann (1458 bis
1479) das Königreich Aragon sowie die beiden Inseln Sizilien
und Sardinien, während ihm in Neapel sein natürlicher Sohn
Ferdinand I., gewöhnlich Ferrante genannt, nachfolgte (1458 bis
1494). Ferrante wollte bereits in Sprache und Kultur nichts
als Italiener sein, aber durch sein tyrannisches Gebaren schuf
er sich im eigenen Land Feinde genug. Von rebellierenden
Baronen gerufen, unternahm Johann von Anjou tatsächlich
den Versuch, ihm das Königreich abzujagen. Für Ferrante
trat der Sforza ein, der sich im geheimen selbst immer von
Frankreich (durch die Orléans) bedroht fühlte, ferner Papst
Pius II. und dessen Feldherr Federico von Montefeltre; für
den Anjou kämpfte außer einigen italienischen Herren wie
Sigismondo Malatesta der Condottiere Jacopo Piccinino (der

Sohn des Niccolò), der mit größter Zähigkeit einem eigenen Fürstentum nachjagte. Um 1460 geriet Ferrante in ernsthafte Bedrängnis, drei Jahre später hatte er das Heft wieder fest in den Händen. Der Anjou verließ, wie schon mancher seiner Vorfahren, geschlagen den Boden Unteritaliens (1464). Piccinino versuchte, sich mit Ferrante zu verständigen, wurde aber vom König im Einverständnis mit dem Sforza verräterisch gefangengenommen und ermordet (1465).

Genua aber hatte die Anjouherrschaft schon 1461 abgeschüttelt. Francesco Sforza verständigte sich mit Ludwig XI. von Frankreich und übernahm in Genua mit starker ordnender Hand die Regierung (1466). Erst die Ermordung seines Sohnes Galeazzo Maria (1476) gab der Stadt die Freiheit zurück, mit der sie doch weniger anzufangen wußte als irgendeine andere Kommune Italiens.

In Florenz hatten unterdessen die Medici durch die Macht ihrer unermeßlichen Reichtümer und durch die psychologisch unvergleichlich geschickte Behandlung des Volkes ihre Stellung weiter befestigt und ausgebaut. Schon der sterbende Giovanni Medici (1429) soll die bezeichnenden Worte gesagt haben: »Meine Söhne, tut nichts gegen die Neigung des Volkes. Will es Unverständiges, so sucht es nicht durch hochmütiges Besserwissen, sondern durch freundliches Zureden davon abzubringen. Tut ja nicht, als ob ihr schon im Palast der Signorie zu Hause wäret, wartet, bis man euch ruft. Zeigt euch gelassen und meidet hochfahrende Worte, wirkt für den Frieden im Volk und für die Sicherheit der Stadt!« Sein Sohn Cosimo der Ältere hatte ein Menschenalter lang (1434–1464) wesentlich nach diesen Maximen gehandelt; zum Dank dafür setzte ihm Florenz auf den Leichenstein den alten Ehrentitel ›Pater patriae‹, Vater des Vaterlandes.

Cosimos Sohn Piero (1464–1469) besaß bei weitem nicht die Begabung und Klugheit des Vaters. Trotzdem hatte eine Verschwörung gegen ihn nur den einen Erfolg, daß seine Herrschaft nachher noch gefestigter dastand als zuvor.

Und der mit 21 Jahren nachfolgende Lorenzo Medici (1469–1492) konnte nun endlich zu der tatsächlich ausgeübten Gewalt auch Amt und Titel hinzufügen: Florenz überträgt ihm (und seinem jüngeren Bruder Giuliano) ausdrücklich den Prinzipat über die Stadt. Unter ihm erleben die ganze Pracht, aber auch der Luxus, die Üppigkeit und Sittenlosigkeit der florentinischen Renaissance ihre höchste Entfaltung. So wird der Titel ›il Magnifico‹ (ursprünglich einfacher Kanzleititel) für ihn zum besonderen Beinamen: Lorenzo der Prächtige.

Doch aus dem Schoß eines antimediceischen Bundes (dem die Florentiner Familie der Pazzi, Papst Sixtus IV. und dessen Neffe Girolamo Riario, der Erzbischof Francesco Salviati von Pisa, die Republik Siena und Ferrante von Neapel angehören) erwächst ein Mordplan gegen die beiden Häupter der Familie: während des Hochamtes im Dom von Florenz sollten sie von zwei Priestern – denn ein ursprünglich dafür gedungener Hauptmann wollte die Tat nur an ungeweihtem Ort begehen! – erdolcht werden. Doch nur Giuliano wird tödlich getroffen, Lorenzo entkommt leicht verwundet, der gleichzeitige Aufstand in der Stadt mißglückt ebenfalls, nach wenigen Stunden sieht man den Erzbischof Salviati im Palast der Signorie an einem Fensterkreuz aufgeknüpft, Lorenzo hat die Macht wieder in Händen und übt blutige Vergeltung. Das ist das Ende der ›Verschwörung der Pazzi‹ (April 1478). Ein päpstlich-neapolitanisches Heer, das schon bereit stand, fällt zwar noch ins Florentinische ein, aber mit einem kühnen diplomatischen Schachzug begegnet Lorenzo auch dieser Gefahr; im April 1480 wird der Friede geschlossen, Lorenzos Herrschaft war neu gefestigt, ja nun zur absoluten Gewalt geworden.

In diesen selben Jahrzehnten wird Italien und mit ihm das halbe Abendland durch die neue Gefahr aus dem Osten, die Türken, in Atem gehalten. Seit diese 1354 auf der Halbinsel Gallipoli zum erstenmal europäischen Boden betreten hatten, waren sie auf dem Balkan in beharrlichem Vordringen begriffen, bis im Mai 1453 nach heldenmütiger Verteidigung auch die Hauptstadt des byzantinischen Reiches, Konstantinopel, fiel. 700 Genuesen hatten auf ihren Wällen mitgefochten, sonst aber hatte das Abendland, vor allem das zuerst dazu berufene Venedig, gegen das Unheil, das man seit langem heraufziehen sah, nichts getan. Ja, die Republik des hl. Mar-

kus suchte sich mit der neuen Lage möglichst schnell und vor-
teilhaft abzufinden. Im April 1454 schloß sie mit Mohammed
II., dem Eroberer Konstantinopels, einen Vertrag ab, der sie
zwar zur Entrichtung von Zöllen und zur Bezahlung eines
Tributes verpflichtete, ihr aber im übrigen Handelsfreiheit
zusicherte.

1463 aber begannen die Türken den Krieg aufs neue und
nahmen den Genuesen und Venetianern die meisten Besitzungen im ägäischen Meer wie besonders Euböa (Negro-
ponte) und verschiedene Stützpunkte auf der Peloponnes
weg; den Genuesen verblieb nur mehr die Insel Chios.

Nun erst waren die Venetianer für einen ernsthaften Kampf
zu haben. Schon Calixt III. (der erste Borgiapapst, 1455 bis
1458) und vor allem Pius II. (Enea Silvio Piccolomini, 1458 bis
1462) hatten unermüdlich die Fürsten Europas zum Kreuzzug
gegen die Feinde der Christenheit aufgerufen und am Ende
seiner Tage schien dem letzteren auch der Erfolg zu winken.
Es ist eine der eindrucksvollsten Szenen des Jahrhunderts, wie
der sterbende Papst auf der Höhe des Kaps von Ancona endlich die venetianische Flotte heransegeln sieht, mit der er selbst
– der hochgebildete, völlig unkriegerische Humanist! – gegen
die Türken hatte ausziehen wollen. Sein Tod machte alles
wieder zunichte; ja nicht selten haben die italienischen Fürsten und Republiken versucht, sich gegenseitig die Türken
auf den Hals zu hetzen. Im Frieden von Skutari endlich (1479)
tritt Venedig, das jetzt im wesentlichen allein hatte weiter-
kämpfen müssen, den bereits in Friaul und Udine eindringen-
den Türken Skutari sowie mehrere Inseln im Ägäischen Meer
ab, verpflichtet sich zu einem jährlichen Tribut von 10000
Dukaten und bekommt dafür freie Schiffahrt und für die
Niederlassung in Konstantinopel eigene Rechtsprechung zugesichert.

Einen gewissen Ersatz für die Verluste brachte der Republik die gleichzeitige Neuerwerbung von Cypern. Nachdem
die Insel fast 300 Jahre im Besitz der französischen Lusignans
gewesen war, fiel sie 1489 über ihre letzte Königin, die Ve-
netianerin Katharina Cornaro, an Venedig.

Erst nach dem Tod des großen Türkenherrschers Mohammed II., der sich zur Eroberung Italiens selbst anschickte – im August 1480 nimmt er Otranto an der Südspitze Apuliens weg – war die unmittelbare Gefahr für das Land vorläufig beseitigt. Die venetianische Seegeltung im östlichen Mittelmeer aber schwand dahin, auch wenn die Republik ihren Handel unter den fremden Eroberern noch längere Zeit einigermaßen aufrechterhalten konnte.

Die beiden letzten Jahrzehnte des 15. Jahrhunderts bringen in die innere Dynamik der Apenninenhalbinsel ein neues bewegendes Moment: die Nepotenpolitik des Renaissancepapsttums. Mit Nikolaus V. (1447–1455) bestieg zum erstenmal ein ganz von der Begeisterung des Humanismus durchglühter Papst den Stuhl Petri. Mit ihm beginnt der Aufstieg der ewigen Stadt zu neuer Größe, im äußeren baulichen Bild sowohl wie geistig und wirtschaftlich. Als sein zweiter Nachfolger kam ein Mann auf den päpstlichen Thron, der von den Zeitgenossen wie kaum einer als Gelehrter, Dichter und Redner gefeiert worden war, Enea Silvio Piccolomini als Pius II. Dessen übernächster Nachfolger, Sixtus IV. (1471–1484), trieb die Entwicklung wiederum ein mächtiges, von der Seite der Kirche wie Italiens aus gesehen, ein unheilvolles Stück weiter. Jetzt bemühen sich die Päpste eifervoll, ihren Neffen, Söhnen oder sonstigen nahestehenden Verwandten auf irgendeine Weise zu selbständigen Fürstentümern zu verhelfen: die politische Renaissance mit ihrem skrupellosen Getriebe ergreift auch vom Papsttum Besitz. Die geeigneten Spekulationsobjekte für solche Nepotenpolitik bot vor allem der Kirchenstaat, insbesondere jene nördlichen Gebiete, die an sich schon so stark in Einzelterritorien aufgelöst waren. Aber die Versuche zur Neugründung von persönlichen oder womöglich erblichen Fürstentümern riefen naturgemäß auch die anderen Mächte auf den Plan, so daß diese neue Form päpstlicher Politik – die bei dem verhältnismäßig schnellen Wechsel der Pontifikate überdies immer neue Konstellationen hervorrief – ihren Wellenschlag gewöhnlich auch über ganz Italien warf.

Sixtus IV. hatte 1473 seinem Neffen Girolamo Riario die Stadt Imola in der Romagna als Lehen übertragen; Lorenzo

Medici aber, der die auf größere Ziele gerichteten Absichten der beiden ungern sah, wirkte ihnen nachdrücklich entgegen. Nach der mißglückten Pazziverschwörung (s. o. S. 287) zu deren Hauptanstiftern Riario deshalb gehörte, konnte sich dieser wenigstens der Stadt Forlì bemächtigen (1480); damit mußten die Ordelaffi als eine der ersten der alten kirchenstaatlichen Tyrannenfamilien vom Schauplatz abtreten. Spannungen, die sich zwischen Venedig und den Este von Ferrara ergaben, schienen sodann dem päpstlichen Neffen Aussichten auf dieses begehrenswerte Herzogtum zu eröffnen. So ergreift der Papst in dem 1482 ausbrechenden, weite Kreise ziehenden Krieg zuerst die Partei Venedigs, um dann – enttäuscht über dessen Aussichten auf den Hauptgewinn – auf die Ferraras überzuwechseln; der Friede von 1484 bringt Venedig dann nur einen bescheidenen Landstreifen vom Gebiet der Este ein.

Auch der Genuese Innozenz VIII. (1484–1492) hat zugunsten seines Sohnes Franceschetto Cibò mancherlei Unruhen hervorgerufen oder wenigstens gefördert, sowohl in der Romagna wie im Königreich Neapel, ohne doch ein greifbares Ergebnis zu zeitigen.

Dann folgt mit Alexander VI. (1492–1503) und seinem beim Regierungsantritt des Vaters siebzehnjährigen Sohn Cesare Borgia ein Jahrzehnt, in dem sich das spanische Element auch in Rom breit macht. Die Borgia, die sich schon seit Calixt III. (1455–1458; dem Oheim Alexanders VI.) an der Kurie festgesetzt hatten, haben ihre Abstammung aus einem südspanischen Geschlecht nicht vergessen; Cesare insbesondere hat seine nächste Umgebung mit Vorliebe aus Landsleuten ausgewählt und damit auch den besonderen Haß des vornehmen Römertums auf sich gezogen. Mit Alexander VI. und Cesare Borgia hat bekanntlich die nepotistische Territorialpolitik ihren unübertreffbaren Höhepunkt erreicht und überhaupt alles, was das politische Leben des Renaissancezeitalters an Entwicklungsmöglichkeiten in sich barg, seine letzte Verdichtung und Zusammenballung erfahren. Freilich ist dabei nicht zu vergessen: das einzigartig Kolossalische, das diesem Verbrechertum im Bewußtsein der Menschen unver-

lierbar anhaftet, gründet letzten Endes in dem Umstand, daß
»der beständige Hintergrund für die Borgia die christliche
Kirche ist«. In einem nur profanen Umkreis würden sie »bald
aufhören, mehr zu sein als Einzelnamen einer – im Renais-
sancefürstentum gegebenen (d. Vf.) – großen Gattung« (F. Gregorovius). Und bei allem Wüten Cesares gegen die eigenen
Standesgenossen fehlen nicht einmal beachtenswerte positivere Momente: das Volk hat sich von ihm Schutz gegen die
kleinen Tyrannen und die Herstellung von Ordnung und
Ruhe erhoffen können und hat ihm eine gewisse Treue und
Ergebenheit selbst noch gewahrt, als sein Stern bereits unrett-
bar dahinsank.

Der Rückhalt an Frankreich, der sich materiell in Geldmit-
teln und Truppenhilfe auswirkte, bildete für die beiden Borgia das feste Fundament ihrer Unternehmungen. Der Papst
erklärte sämtliche kirchenstaatlichen Vikariate in der Romagna und Mark Ancona wegen Nichtbezahlung des schul-
digen Jahreszinses für erloschen (1499), Cesare wird mit der
Niederwerfung der Signoren beauftragt. Im Sturm nimmt er
Imola und Forlì, erobert Pesaro, Rimini und Faenza und wird
vom Vater zum Herzog der Romagna ernannt. Von hier aus
bedroht er Florenz und Siena und besetzt das Fürstentum
Piombino (1501). Ein Vorstoß gegen die Mark Ancona bringt
Urbino und Camerino in seine Gewalt (1502). Die alten Signoren werden überall vertrieben, oder durch Verrat und
Mord beseitigt. In gleicher Weise räumt unterdessen der Papst
mit Güterkonfiskationen und Mord unter den römischen Ge-
schlechtern, den Colonna, Savelli, Gaëtani und Orsini auf.
Ein Komplott der noch überlebenden Herren gegen Cesare
endet blutig: Cesare beruft sie mit freundlicher Miene zu
einer Besprechung nach Sinigaglia, sie kommen nichtsahnend
und werden alle beseitigt (Dezember 1502).

Das eigentliche (wenigstens vorläufige) Ziel Cesares ist ein
Königreich Mittelitalien. Die besten Soldaten und Offiziere
Italiens strömen ihm zu, selbst Leonardo da Vinci verschmäht
es nicht, als Kriegsingenieur in die Dienste eines solchen Mannes zu treten. Da machte der unerwartete (durch Gift oder auf
natürliche Weise erfolgte) Tod des Papstes im August 1503

dem ganzen Spuk ein Ende. Nach kurzem Zwischenpontifikat bestieg mit Julius II. (1503–1513), einem Neffen Sixtus' IV., der erbittertste Feind der Borgia den päpstlichen Stuhl. Bald hatte er dem Sohn seines Vorgängers die Macht aus der Hand gewunden. Cesare begab sich im Vertrauen auf den König Ferdinand von Neapel in dessen Hauptstadt, aber der unübertroffene Meister der Verstellung und des Verrates war nun selbst in die Falle gegangen: der König ließ ihn als Gefangenen ins ferne Spanien abtransportieren. Dort machte er sich zwar wieder frei, ist aber bald im Dienste seines Schwagers, des Königs von Navarra, im Kampf umgekommen (1507).

Trotzdem hat das Werk der Borgia geschichtlich bedeutsam fortgewirkt: der kriegsgewaltige Julius II., der Papst, dem die Zeitgenossen den Beinamen ›il Terribile‹ (der Furchtbare) gaben, hat, die wertvolle Vorarbeit seines verhaßtesten Gegners ausnützend, der Signorie im Kirchenstaat neue schwere Schläge versetzt. Doch wollte er nicht einfach an Stelle der Borgia seine eigene Familie setzen – wiewohl er ihr durch eine Heirat das Erbe der Montefeltre in Urbino sicherte–, sondern den Kirchenstaat endlich zu dem machen, was er hätte sein sollen: zu einem Staat. Kriegerische Unternehmungen, in denen der Papst seine überlegene Feldherrnkunst wie seinen unerschrockenen Mut glänzend bewährte, führten nicht weniger zu diesem Ziel als eine kluge und milde Regierungsweise, die ihn wirklich als Befreier vom Joche der Tyrannen erscheinen ließ. Was er mit solchen Bemühungen tatsächlich erreichte, hat Machiavelli in die Worte zusammengefaßt: »Sonst war kein Baron klein genug, um nicht die päpstliche Macht zu verachten, jetzt hat ein König von Frankreich Respekt vor ihr.«

Unterdessen aber hatten sich im übrigen Italien die schwerstwiegenden Veränderungen vollzogen, die für die Apenninenhalbinsel nichts Geringeres bedeuteten als den Beginn einer völlig neuen politischen Epoche – mitten in der hohen Renaissance.

Das Einverständnis zwischen Mailand, Neapel und Florenz, gegen das weder Venedig noch die anderen Mächte recht aufkommen konnten, hatte in den vergangenen Jahrzehnten die italienische Politik in ein einigermaßen ruhiges und stetes Fahrwasser gelenkt. Der Zusammenbruch dieses ›Dreibundes‹ aber macht das Land wieder führerlos und liefert es erneut von den Alpen bis zur sizilischen Meerenge dem Zugriff der Fremden aus.

Bald nach der Ermordung des Galeazzo Maria (1476) wird in Mailand der siebenjährige Thronerbe Giovanni Galeazzo von seinem machthungrigen Oheim und Vormund Ludovico il Moro (der Dunkle, der Mohr) verdrängt (1480). Unter ihm erlebt die Renaissancekultur in Mailand ihre großartigste Prachtentfaltung; Dichter, Gelehrte, Künstler verbreiten seinen Ruhm in alle Welt, Leonardo da Vinci, kurze Zeit auch der junge Bramante stehen in seinen Diensten.

Der Moro denkt nicht daran abzutreten, auch nachdem er seinen nunmehr zwanzigjährigen Neffen mit Isabella, einer Enkelin Ferrantes und Tochter Alphons II. von Neapel, verheiratet hatte (1489). Vielmehr hält er ihn wie einen Gefangenen und bereitet zugleich gegen die Aragonesen in Neapel, die für Giovanni Galeazzo die ihm gebührende Herrschaft fordern, einen tödlichen Schlag vor. Er legt dem französischen König Karl VIII. (1486–1498), von dem er 1490 Genua als Lehen angenommen hatte, nahe, er möge als Rechtsnachfolger der Anjou (deren Stammlande in Frankreich unterdessen an die Krone übergegangen waren) das unteritalienische Reich an sich nehmen, und verspricht für den Fall, daß der König über die Alpen ziehe, seine Neutralität.

Und dies war nicht der einzige derartige Appell, der an Karls Ohr drang: auch der Kardinal Giuliano della Rovere, der dann als Julius II. zum eifrigen Franzosenhasser wurde, hatte den König aufgefordert, nach Italien zu kommen und den Stuhl Petri aus den Händen des verbrecherischen Borgiapapstes zu befreien. Überhaupt war die Hinneigung zu Frankreich, seitdem dieses auf der Apenninenhalbinsel keine stärkere Macht mehr besaß, wieder weitverbreitet: in Neapel ist die Anjoupartei nie ausgestorben, Florenz bekannte auch unter den Medici gerne seine alten guelfischen Sympathien für Frankreich, und in Genua haben solche Sympathien ja immer wieder sehr reale Formen angenommen. So waren dann

Karl VIII. und seine Leute selbst ganz verwundert, mit welchem Jubel sie in Italien allenthalben – ›wie die Heiligen‹ –
begrüßt wurden.

Wie einst jener erste Karl von Anjou neigte auch der vier-
undzwanzigjährige Karl VIII. zu unberechenbaren Aben-
teuern und nahm daher den Ruf nach Italien an. Im August
1494 konnte Ludovico ihn und sein Heer in Piemont feierlich begrüßen. Wenige Wochen darauf starb der unglückliche Giovanni Galeazzo, der Moro wurde in Mailand als
Herzog ausgerufen. Vorsorglich hatte er sich freilich vorher
schon von Maximilian I. (1493–1519) um viel Geld ein Her-
zogsdiplom verschafft. Der deutsche König kam seinen Wünschen gerne entgegen, boten sie ihm doch den willkommenen
Anknüpfungspunkt, um die alten Rechte auf Reichsitalien, die
er im Rahmen seiner weitausgreifenden Politik wiederherstellen wollte, erneut zur Geltung bringen.

Unbehelligt zog der Franzosenkönig an der tyrrhenischen
Küste entlang. Piero Medici, der 1492 seinem Vater Lorenzo
in der Herrschaft gefolgt war, liefert ihm angsterfüllt die florentinischen Grenzfestungen aus und erbietet sich zur Zahlung von 200000 Goldgulden. Dies aber nehmen die schon
seit längerem unruhigen Florentiner zum Anlaß, die Medici
zu verjagen (November 1494); Karl muß seine Forderungen
zurückstecken. Pisa freilich macht sich bei dieser Gelegenheit
von Florenz unabhängig und es bedurfte eines langen, wechselvollen Krieges, bis die Stadt wieder unterworfen war
(1509).

Mit dem Umschwung in Florenz kamen für den Domini-
kanermönch Girolamo Savonarola (1452–1498) die großen
Tage. Durch seine hinreißenden Bußpredigten, seine öffentlichen Anklagen gegen die Üppigkeit und Sittenlosigkeit des
Medicihofes und durch seine prophetische Ankündigung eines
bald über die Kirche und Italien hereinbrechenden Strafge-
richtes – als dessen Vollstrecker ihm eben der französische
König galt! – hatte Savonarola beim Volk schon lange tiefen
Widerhall gefunden. Jetzt ging seine Saat auf: die Republik
wurde wieder hergestellt und unter Savonarolas geistiger Leitung sollte sie als eine Art von Theokratie das Muster eines

frommen, sittlich einwandfreien Staates werden. Aber der gleichzeitige erbitterte Kampf, den Savonarola gegen Alexander VI., den ›Simonisten, Häretiker und Ungläubigen‹, und gegen die ganze verderbte Kurie eröffnete, führte seine Feinde innerhalb und außerhalb der Stadt in *eine* Front zusammen. Ihrem gemeinsamen Ansturm ist Savonarola schließlich erlegen (Mai 1498). Die Republik Florenz aber hielt sich unter dem tüchtigen Gonfaloniere Piero Soderini noch eineinhalb Jahrzehnte; erst fremde Waffengewalt hat die Medici zurückführen können (1512).

Von Florenz aus marschiert König Karl in den Kirchenstaat und nach Rom. Eine Gruppe von Kardinälen, unter ihnen wieder der Rovere, drängt ihn zur Berufung eines allgemeinen Konzils, das die Absetzung des Papstes erklären sollte. Doch Karl zieht es vor, sich mit Alexander VI. zu verständigen und seinem eigentlichen Ziel, Neapel, zuzueilen.

König Ferrante war zu Anfang des Jahres 1494 gestorben, sein Sohn Alphons II., entartet und allgemein verhaßt, hatte den Thron bestiegen. Vor den heranrückenden Franzosen flieht dieser nach Sizilien (wo er 1496 starb), nachdem er zugunsten seines Sohnes Ferdinand II. (Ferrantino) abgedankt hatte. Auch Ferrantino muß das Land verlassen, im Februar 1495 hält Karl seinen triumphalen Einzug in Neapel: die kühnsten Träume hatten sich binnen weniger Monate erfüllt.

Aber schneller noch sollten sie auch wieder zerrinnen. Eine ›Heilige Liga‹ vereinigt im März 1495 den Papst, Ferdinand II. von Aragon und Sizilien (1479–1516), Kaiser Maximilian, Venedig und Ludovico Sforza gegen den Franzosenkönig. Im Juli ist Ferrantino bereits wieder Herr seines Reiches; die Häfen am Adriatischen Meer allerdings hatte ihm unterdessen Venedig weggenommen. Zur gleichen Zeit suchte das Heer der Liga den Franzosen in Oberitalien den Weg zu verlegen. Nach heftigem Kampf schlägt sich Karl durch, im Oktober 1495 überquert er wieder die Alpen – ohne irgendein Ergebnis mit nach Hause zu bringen.

Aber Karls Vetter und Nachfolger Ludwig XII. (1498–1515), der Enkel der Valentine Visconti, gab schon bei seiner Thronbesteigung kund, daß es nach seinem Willen nicht dabei bleiben sollte: er nannte sich König der beiden Sizilien und Herzog von Mailand. Doch realpolitischer denkend als sein Vorgänger, hatte er es zunächst nur auf das näherliegende Mailand abgesehen. Er verständigte sich mit Venedig und dem Papst; auch Ferdinand von Aragon und Sizilien erhob keine Schwierigkeiten. Der Moro stand plötzlich allein. Bereits im Oktober 1499 zieht Ludwig XII. als Sieger in Mailand ein. Noch wenige Jahre zuvor hatte sich der Moro gebrüstet, der Papst sei sein Kaplan, der Kaiser sein Condottiere, Venedig sein Kämmerer, der König von Frankreich sein Kurier, der da kommen und gehen müsse, wie es ihm beliebe. Jetzt führte ihn der ›Kurier‹ gefangen nach Frankreich ab, wenige Jahre später ist er dort gestorben (1508).

Nun sollte Neapel an die Reihe kommen. Doch vorsichtig verband sich Ludwig mit König Ferdinand von Aragon und Sizilien: in dem Teilungsvertrag von Granada (November 1500) wollte er ihm die südlichen Gebiete des Königreiches überlassen.

In Neapel war nach dem frühen Tod des kinderlosen Ferrantino (gest. 1496) dessen Oheim Federico König geworden. Mit leichter Mühe vertrieben ihn die beiden Verbündeten, die Dynastie Ferrantes hatte ihr Ende gefunden (1501). Doch bei der Aufteilung der Beute überwarfen sich die Sieger. Schließlich fiel – nicht zuletzt durch den Ausgang der berühmten ›Disfida (Herausforderung) von Barletta‹, einem Ehrenhandel zwischen französischen und italienischen, in spanischen Diensten stehenden Kriegern – das gesamte Königreich Neapel König Ferdinand zu (1504). Zweihundert Jahre lang, bis zum spanischen Erbfolgekrieg, residieren nun in Neapel spanische Vizekönige, während Sizilien als gesonderter Verwaltungskörper der spanischen Krone unterstellt blieb.

Auch in Oberitalien gerät der französische König mit seinem mächtigsten Nachbarn – mit Venedig – in Streit. So sammeln sich in der Liga von Cambrai zunächst die Feinde Venedigs (1508/09): der König von Frankreich, der Kaiser, der Papst, der König von Spanien und Neapel-Sizilien, sowie eine Reihe von italienischen Kleinstaaten. Die militärischen Erfolge konnten da nicht ausbleiben, um die Republik schien

es geschehen. Aber das Bündnis war zu unnatürlich. Venedig
gab die Romagna an den Papst und die neapolitanischen Häfen an König Ferdinand zurück: die Liga war damit gesprengt. Julius II. warf jetzt das Steuer völlig herum. Eine
neue ›Heilige Liga‹ von 1510 verband den Papst, den Kaiser,
Spanien und Venedig gegen die Franzosen: »Fuori i barbari!«
hieß nun der Schlachtruf Julius' II. Wohl erfocht der französische Generalissimus Gastone de Foix bei Ravenna einen blutigen Sieg über das Heer der Liga (April 1512), aber Ludwig
konnte sich in Oberitalien doch nicht mehr halten. Ins Herzogtum Mailand wird ein Sohn des Moro, Massimiliano
Sforza, zurückgeführt, aber nunmehr unter ausdrücklicher
Anerkennung der Lehensabhängigkeit vom Kaiser (Juni 1512).
Der Papst erhält als Siegespreis die bisher zum Mailänder
Territorium gehörigen Gebiete Parma und Piacenza. In Florenz, das sich geweigert hatte, der heiligen Liga beizutreten,
wurden die Medici wieder in die Herrschaft eingesetzt (August 1512); der Kardinal Giovanni Medici, ein Sohn Lorenzos
des Prächtigen, der sogleich als Leo X. (1513–1521) den päpstlichen Stuhl besteigen sollte, übernahm einstweilen zusammen mit seinem Bruder Giuliano die Regierung.

In eben diesen ereignisreichen, das Schicksal Italiens bis tief
ins 19. Jahrhundert bestimmenden Jahren, verfaßt der große
Staatstheoretiker der Renaissance, Niccolò Machiavelli
(1469–1527), seine berühmten Schriften: die ›Discorsi‹ über
die ersten zehn Bücher des Titus Livius und den für das
Grundsätzliche noch bedeutsameren ›Principe‹. Man fühlt,
wie hier eine für Italien vergehende Welt das Wort hat. Die
Unsumme von praktischen Erfahrungen, die die vergangenen
Menschenalter (sowie der Rückblick auf die Antike) boten,
und alle Staatsweisheit des 15. Jahrhunderts sind in eine Art
von Lehr- und Handbuch der Staatskunst zusammengefaßt.
Neu sind also nicht so sehr die politischen Methoden und
Maximen, wie sie besonders im Principe niedergelegt wer-
den, sondern die rücksichtslose Offenheit und die weltanschau-
liche Systematisierung, mit der sie vorgetragen werden. Das
Hervorstechendste ist ja das, was nun als ›Machiavellismus‹

durch die Jahrhunderte gehen wird: die ethische Rechtfertigung des Bösen im Rahmen der Staatsnotwendigkeit. Der Fürst muß Treue und Glauben brechen, Frömmigkeit und Rechtschaffenheit vortäuschen, wider alle Menschlichkeit und Religion handeln können – wenn und soweit es notwendig erscheint. »Er darf nicht ganz vom Wege des Guten abgehen, solange dies nur möglich ist. Erst dann muß er ohne Bedenken Verbrechen begehen, wenn es die äußerste Not erfordert ... Er muß die Rolle eines Menschen und diejenige einer Bestie zu spielen verstehen.« Die Begriffe Gut und Böse werden also auch im Staatsbereich nicht aufgehoben, das Böse bleibt bös, aber Machiavelli spricht ihm eine immanente Daseinsberechtigung zu, soweit es sinnvoll, d. h. zweckfördernd angewendet wird. Von den besonderen italienischen Verhältnissen ausgehend, hat Machiavelli mit seinen ausführlichen Anweisungen vor allem den *neuen* Fürsten vor Augen, der sich erst einen Staat erobern oder sich in ihm einrichten muß. Für einen solchen ist ihm Cesare Borgia das unübertroffene Vorbild; doch ist gerade er Abschluß und Ende einer Entwicklung – Machiavellis Werk aber, von *Italien* aus gesehen, weit mehr ein Epilog auf die Vergangenheit, als lebensfähiges Programm für die Zukunft.

Die typische Situation der italienischen Renaissance mit ihrer völligen Ungesichertheit und Rechtlosigkeit aller Machtverhältnisse – die ständigen Umwälzungen ließen ja den Begriff der Legitimität einer Herrschaft kaum noch aufkommen – spiegelt sich in der ganzen Staatsphilosophie Machiavellis wider. Alles politische Leben spielt sich für ihn ab zwischen den beiden Polen der ›Virtù‹, der Kraft und Lebenstüchtigkeit des Einzelnen und des Volkes, auf der einen Seite und der ›Fortuna‹, dem Schicksal und der unentrinnbaren Notwendigkeit auf der anderen. Virtù ist das allein Notwendige und das Entscheidende, womit der Mensch die Fortuna bezwingen kann. Ihrem Dienst muß sich alles andere unterordnen, auch die Religion und die Ethik, denen er, soweit sie der Sicherung und Belebung der Virtù förderlich sind, eine hervorragende Stellung zuweist. In den Discorsi erhebt er scharfe Anklage gegen das Christentum, daß es im Gegensatz zur antiken Religion die Menschen gelehrt habe, in Selbsterniedrigung, in Geringschätzung und Verachtung der irdischen Dinge das höchste Gut zu erblicken, daß es mehr Duldsamkeit als Tatkraft, mehr passive als aktive Stärke predige. Doch kann er fast im gleichen Atemzug betonen, daß »unser Glaube die Erhebung und Verteidigung des Vaterlandes vorschreibe« und daß die angedeuteten Schäden von der »Verworfenheit jener herrührten, die diesen Glauben mehr zugunsten der Untätigkeit als der kraftvollen Tätigkeit gedeutet hätten«. Aber von tiefster zersetzender Skepsis zeugt wiederum sein Rat, daß man auch eine von Irrtum und Täuschung durchsetzte Religion stützen müsse, und zwar »um so mehr, je klüger man sei«. Ihren absoluten, in sich ruhenden Eigenwert und ihren Charakter als oberste Richtschnur und lebengestaltendes Element hat so die Religion bei Machiavelli eingebüßt.

Sein ganzes Sinnen und Trachten gilt der Ergründung der Ursachen, die Italien in jene hoffnungslose Zerrissenheit und Schwäche hineingeführt hätten, und der Mittel, die dem Wiederaufstieg des Landes dienlich sein könnten. Als der eine Grund für das Unglück des Landes erscheinen ihm die Söldnerheere: »Italiens jetzige Zerrüttung hat nur in dem langjährigen Vertrauen auf diese Mietlinge ihren Grund.« Leidenschaftlich und als einer der ersten erhebt Machiavelli daher immer wieder den Ruf nach ›eigenen Waffen‹, nach einem stehenden Volksheer als der einzigen zuverlässigen Stütze des Staates; er selbst hat im Krieg, den seine Vaterstadt Florenz mit dem abgefallenen Pisa führte (1494–1509), solche Volksmilizen aufgestellt, aber da die Florentiner (wie auch die Bürger der anderen italienischen Städte) seit Menschengedenken des Kriegsdienstes fast ganz entwöhnt waren, nur wenig Erfolg damit erzielt.

Der andere Grund ist die weltliche Herrschaft der Kirche. »Die Kirche hat in Italien ihren Sitz aufgeschlagen und hier eine weltliche Herrschaft begründet, aber sie war nicht so mächtig noch besaß sie genügend Tüchtigkeit und Verdienst, um den Rest Italiens erobern und sich zu dessen Fürsten machen zu können. Auf der anderen Seite war sie nicht zu schwach, um aus Furcht vor dem Verlust ihrer weltlichen

Herrschaft eine auswärtige Macht herbeizurufen, um sie (ihre Herrschaft) gegen *den* Staat, der in Italien zu mächtig geworden war, zu verteidigen . . . Da also die Kirche nicht imstande war, Italien zu erobern und nicht seine Eroberung durch einen anderen erlaubte, war sie die Ursache dafür, daß es nicht unter *ein* Haupt kommen konnte, sondern unter vielen Fürsten und Herren blieb.«

In den Discorsi hat sich Machiavelli offen und warm für die republikanische Herrschaftsform eingesetzt; der fast gleichzeitige Principe dagegen ist völlig monarchisch ausgerichtet. Die Staats*form* also ist für Machiavelli etwas Relatives, sie richtet sich, wie Fr. Meinecke bemerkt hat, nach dem Maß an Virtù, das in einem Volk vorhanden ist. Eine aus den Fugen geratene Zeit wie die seine bedarf – wenn auch Machiavellis Herz doch nie recht von der Florentiner ›Freiheit‹ loskommen kann – eines monarchischen Zwingherrn; zu *dessen* Unterrichtung hat Machiavelli sein Lehrbuch verfaßt. So klingt der Principe in jenen berühmten (optimistisch-illusionistisch gefärbten) Appell an den jüngeren Lorenzo Medici, dem das Werk gewidmet ist, aus, er und sein Haus möchten Italien einigen und von den Barbaren befreien. »Italien, das in den letzten Zügen liegende Italien, sieht der Erscheinung eines Retters entgegen, der die Leiden der Lombardei, des Königreichs Neapel und Toskanas beende und seine eiternden Wunden heile, die durch die Länge der Zeit beinahe unheilbar geworden sind. Es fleht zu Gott um einen Erretter, der es von dem unerträglichen Joche des fremden Despotismus befreie. Es ist bereit, jeder Fahne zu folgen, die ein Tapferer wehen lassen wird . . .Übernehmet Ihr daher, mein Fürst, die Ausführung dieses Werkes . . ., auf daß unter Eurem Banner unser Vaterland geadelt werde und unter Eueren Auspizien sich die Prophezeiung Petrarcas (aus der Kanzone ›Italia mia‹) erfülle:

Manneskraft wird gegen (Barbaren)wut die Waffen ergreifen,
Kurz wird der Kampf sein,
Denn die alte Tapferkeit
Ist im italischen Herzen noch nicht erstorben!«

Länger als zwei Jahrhunderte hatte die Apenninenhalbinsel auf allen Gebieten des Lebens in großartig unbekümmerter Vitalität ihre Kräfte verausgabt. Nun beginnt es sich wie ein tiefer Erschöpfungszustand über Land und Volk zu legen. So werden die nächsten Jahrhunderte Zeiten der Verarbeitung des in stürmischem Anlauf Eroberten, ja einer tiefen Passivität und Erschlaffung – aber auch Zeiten der unbewußten Sammlung neuer Kräfte, die sich dann im 19. Jahrhundert Bahn brechen werden.

Am eindringlichsten offenbart der Bereich des Politischen, daß die Entwicklungstendenzen der Renaissance sich selbst zu überleben begannen. In den raffinierten diplomatischen Künsten eines Moro, in der hemmungslosen Gewalttätigkeit eines Cesare Borgia, aber auch im rationalistischen Positivismus Machiavellis, hatte das typisch renaissancehafte staatliche Leben in Italien seine letzten Möglichkeiten verwirklicht und seine einprägsamsten Verkörperungen gefunden – und doch Schiffbruch erlitten. Alle unbändige Selbstherrlichkeit jener Staatsgebilde, die sich seit fast drei Jahrhunderten beharrlich jeder höheren und allgemeineren Ordnung verweigert hatten, schlug nun in ihr völliges Gegenteil um und endete mit dem Verlust fast jeden politischen Eigenwillens und mit der Unterwerfung unter fremde Machtgebote drückender als je zuvor.

Die Wirtschaft des Landes ließ schon im späteren 15. Jahrhundert erkennen, daß der Höhepunkt überschritten war. An Stelle des stolzen, wohl rücksichtslos egoistischen, aber wagenden Kaufherrn traten die Nachfahren, die im Genusse der erworbenen Schätze ausruhten und in denen der Unternehmungsgeist, die innere, vorwärtstreibende Spannkraft der Väter langsam versiegte. Tiefgreifende äußere Veränderungen taten das ihre dazu: die Ausbreitung der türkischen Macht im östlichen Mittelmeerbecken und bald auch die afrikanischen Küsten entlang und die Entdeckung Amerikas (1492). Wohl war es ein Florentiner, der Physiker Paolo del Pozzo Toscanelli (gest. 1482), der zum erstenmal auf Grund der Kugelgestalt der Erde die Theorie aufgestellt hatte, daß Indien auch auf dem westlichen Seeweg zu erreichen sein müsse, und wohl ist es der Genuese Christoph Kolumbus (gest. 1506) gewesen, der auf der Suche nach diesem Westweg den unbekannten Kontinent fand, ja der neue Erdteil empfing seinen Namen ›Amerika‹ sogar nach einem italienischen Seefahrer, Amerigo Vespucci, – aber all das hinderte nicht, daß die große Entdeckung zum wirtschaftlichen Verfall Italiens ausschlug. So wie schon Kolumbus seine großen Fahrten nicht im Dienste einer italienischen Macht, sondern des spanischen Königs unternahm, blieben auch fortan die westlichen Mächte – zuerst Spanien und Portugal, dann Frankreich, die Niederlande und England – die großen Gewinner dieser epochemachenden Umwälzung des geographischen Weltbildes: der Welthandel geriet in Bahnen, die abseits der Apenninenhalbinsel verliefen und das Mittelmeer auf Jahrhunderte fast zu einem stillen Binnensee herabdrückten.

Komplizierter allerdings liegen die Dinge auf geistigem Gebiet. Denn neben Entkräftung und Verfall wachsen neue Entwicklungstendenzen, die zu einer geistigen Umorientierung und zu teilweiser Überwindung des Alten führen. Der zynische Pietro Aretino (gest. 1556) oder der Kardinal Pietro Bembo (gest. 1547) etwa sind als die letzten typischen Vertreter der Humanistengeneration alten Stils zu bezeichnen. Bereits der größte Dichter der klassischen Renaissance, Ludovico Ariosto (1474–1533), hat den Humanisten seine tiefe Verachtung entgegengebracht, und ihm folgend hat das 16. Jahrhundert über sie als eitle, starrsinnige, sich selbst vergötternde ›Pedanten‹ schonungslos den Stab gebrochen. Als Ursache dafür erscheint ein Doppeltes: einmal hatte sich die hemmungslose Verehrung der Antike als der letzten Autorität für alle Fragen des Geschmackes innerlich überlebt und mußte einer wohl immer noch pietätvoll aufgeschlossenen, aber doch Abstand wahrenden Wertung den Platz räumen. Daß sich nun die italienische Sprache in der Literatur endgültig ihre Gleichberechtigung auch neben dem gepflegtesten Latein eroberte, ist der sichtbarste symbolhafte Ausdruck dafür. Zum andern aber gab das aufwühlende Erlebnis von Reformation

und Gegenreformation dem Denken der Zeit eine ganz neue
Ausrichtung: es schärfte vor allem wieder den Sinn für die
Transzendenz und für die Einbettung des Menschen in größere, überindividuelle Ordnungen; die Kräfte eines neuen Ge-
meinschaftsempfindens und eines sozialen (das Wort im weitesten Verständnis genommen) Verantwortungsbewußtseins
drängten die entfesselte Selbstherrlichkeit des Humanisten und
des Renaissancemenschen wieder in engere Schranken zurück.
Den bildenden Künsten aber wird es – im Gegensatz zur literarischen Produktion – vorbehalten bleiben, sich zu neuer
Vergeistigung und Formkraft durchzuringen, um dann den
tiefsten Strebungen des heraufziehenden Zeitalters des Barock,
großartigen, ja überzeitlich gültigen Ausdruck zu verleihen.

Dem Erlahmen der Vitalität im Italien des späteren 16. und
des 17. Jahrhunderts steht die gefestigte Kraft der neuerstark-
ten Großmächte: Frankreich, Spanien und Deutschland-
Habsburg gegenüber. Alle drei Mächte aber hatten seit langem ihre weitreichenden machtpolitischen Interessen auf der
Apenninenhalbinsel. Diejenigen Spaniens gingen letzten Endes auf die Sizilianische Vesper von 1282, unmittelbar aber auf
die Eroberung Neapels durch Alphons I. (bzw. V. als König
von Aragon; 1443) zurück, diejenigen Frankreichs waren
seit den Tagen Karls I. von Anjou lebendig und wirksam geblieben, Deutschland-Habsburg aber brauchte bloß die uralten, aber unverjährten Reichsrechte auf Oberitalien wieder
geltend zu machen. Der Augenblick, in dem Frankreichs neu-
belebter Expansionsdrang nach Italien griff, mußte notwendig
auch das Reich (das zunächst die spanischen Gegensätzlich-
keiten zu Frankreich mitübernimmt) auf den Plan rufen: das
Ringen zwischen Frankreich und Deutschland um die europäische Vormachtstellung hebt jetzt erst eigentlich an.

So sinkt das politische Leben Italiens in den nächsten Jahrhunderten zu einem Ausschnitt der großen europäischen Kabinettspolitik herab. Die einzelnen Staaten der Halbinsel werden zu Schachfiguren im politischen Spiel der Großmächte,
die keine Eigenbewegung mehr besitzen, von den Spielern
nach ihrem Gutdünken benutzt und gelenkt. Nur die Republik Venedig und anfangs auch das Papsttum versuchen sich

dagegenzustemmen und sich eine gewisse Handlungsfreiheit
zu wahren; bald aber scheiden auch sie als ernsthafte Machtfaktoren aus. Mehr denn je ist Italien passives – und oft genug
im wörtlichen Sinn: leidendes – Glied der europäischen Völkergemeinschaft geworden.

Karl V. und Franz I. Der Friede von Cateau Cambrésis (1559)

Unter zwei überragenden Herrschern: König Franz I. von
Frankreich (1515–1547) und Kaiser Karl V. (1519–1556) erhebt sich der Kampf auf der Apenninenhalbinsel erstmals zu
voller Wucht.

Franz I. gewinnt in raschem Angriff zurück, was Ludwig
XII. in Oberitalien verloren hatte. Die neue Liga zwischen
Spanien, dem Kaiser (es ist noch Maximilian) und dem Papst
war nicht imstande, ihren Schützling Massimiliano Sforza von
Mailand wirksam zu verteidigen. Die zweitägige Schlacht bei
Marignano (südlich von Mailand) im September 1515 treibt
das Sforzahaus erneut in die Verbannung. Mailand und mit
ihm Genua, das sich 1512 gleichfalls von Frankreich gelöst
hatte, kehren unter französische Herrschaft zurück; auch die
eben vom Papst gewonnenen Gebiete von Parma und Piacenza gehen wieder verloren. In den Friedensschlüssen von
Brüssel und Noyon (1516) mußten Kaiser Maximilian und der
spanische Herrscher Karl I. ihre Zustimmung geben.

Als dieser letztere drei Jahre später als Karl V. auch die
Krone des Römischen Reiches Deutscher Nation trug, vereinigte sich eine unermeßlich scheinende Machtfülle in seiner
Hand. Und wie keiner seiner Vorgänger seit hundert und
mehr Jahren ist Karl V. in der christlich-universalen Herrschaftsidee des hohen Mittelalters aufgegangen und von den
höchsten Vorstellungen von Rechten und Pflichten des römischen Königs und Kaisers als des obersten von Gott gesetzten
Ordners des Erdkreises durchdrungen gewesen. Zum Herzstück des mittelalterlichen Reiches aber hatte von jeher Italien
gehört; die Ideologie und die machtpolitischen Notwendig-
keiten verboten es also in gleicher Weise, die Festsetzung des
französischen Königs in ›Reichsitalien‹ – der Begriff war

schon unter Maximilian zu neuem Leben erwacht – zu dulden.

In vier großen Kriegen hat Karl V. mit Franz I. gerungen, mit dem Ziel, Italien wieder in den Reichsverband (oder was für ihn gleichbedeutend war: in den spanischen Machtbereich) einzugliedern. Eine endgültige Entscheidung hat weder er noch Franz erzwingen können, sie ist erst unter den Nachfolgern der beiden Herrscher gefallen.

Karl fordert Mailand als Reichslehen zurück, Franz beginnt den Krieg gleichzeitig in Oberitalien, in den Niederlanden und in dem zwischen Spanien und Frankreich strittigen Navarra (1521). Doch ein deutsch-spanisches Heer erobert die Lombardei, Francesco II. Sforza, ein Bruder des Massimiliano, wird als Herzog eingesetzt. Venedig, zuerst auf der Seite Frankreichs, tritt zu Karl über, mehr noch: Karl von Bourbon, der Vetter des Königs von Frankreich und nach ihm der mächtigste Mann des Landes, fällt zu Karl ab. Bei Pavia erleidet Franz die entscheidende Niederlage (Februar 1525), er selbst wandert als Gefangener nach Madrid. Im Frieden von Madrid (Januar 1526) muß er allen Ansprüchen auf Mailand und Neapel (sowie auf Flandern und Burgund) entsagen.

Karl V. schien am Ziel seiner Wünsche. Aber er hatte nicht mit dem Papst gerechnet. Es gehört zu den merkwürdigsten Erscheinungen der nächsten zwei Jahrzehnte, wie diesem Kaiser, der wie nur je einer christlich-universal dachte und empfand, Päpste gegenübertraten, die sich aus ihrer italienischen Tradition heraus nur noch auf dem Boden einer nüchternen Territorialpolitik und einer säkularisierten Staatsräson zu bewegen vermochten. Der letzte, durch Karl V. unternommene Versuch, den alten christlichen Reichs- und Einheitsgedanken zu neuem Leben zu erwecken, ist nächst dem französischen König durch niemanden mehr zu Fall gebracht worden als durch Clemens VII. oder dessen Nachfolger Paul III. Clemens VII. (1523–1534), der zweite Medici auf dem Stuhle Petri (er ist ein Sohn des in der Pazziverschwörung 1478 ermordeten Giuliano), wollte die für die päpstlichen Territorialinteressen sowie für die besonderen Wünsche des Medicihauses unbequeme Übermacht des römischen Königs brechen und hielt sich daher an den Unterlegenen; die andern italienischen Staaten leisteten ihm dabei gerne Gefolgschaft. Die ›heilige Liga‹ von Cognac (Mai 1526) vereinigte Frankreich, England, den Papst, Venedig, Florenz und selbst Mailand gegen Karl V. Vorher schon hatte man (jedoch ohne Erfolg) versucht, dessen Feldherrn, den Marchese von Pescara (gest. 1525; den Gatten der berühmten Vittoria Colonna, der späteren Freundin Michelangelos) mit der Aussicht auf die Königskrone von Neapel zum Abfall zu verführen.

Der Anschlag sollte sich für den Papst furchtbar rächen. Den Truppen Karls V., die unter dem Kommando Karls von Bourbon bereits in Italien standen, führte Georg Frundsberg noch 12000 deutsche Landsknechte zu, unter denen sich, da es ja gegen den Papst ging, viele Protestanten befanden. Das vereinigte Heer stürmte die ewige Stadt und nun folgt der berüchtigte ›Sacco di Roma‹ des Mai 1527: mit Plünderung, Mord und Greueltaten aller Art suchte die entfesselte Soldateska die ewige Stadt wochenlang aufs furchtbarste heim. Das lebens- und genußfreudige Renaissance-Rom hat damals einen Schock erhalten, von dem es sich nie wieder ganz erholen sollte. Wieder war Karl Herr der Lage; doch obgleich ihm einige seiner Ratgeber nahelegten, mit der weltlichen Herrschaft der Kirche überhaupt aufzuräumen, wollte er den Kampf mit dem Papst nicht überspitzen. Im Vertrag von Barcelona (Juni 1529) versprach der Papst Karl die Belehnung mit Neapel (das dieser tatsächlich im Besitz hatte) und die Kaiserkrone; im Jahre darauf (Februar 1530) hat er ihm diese in Bologna tatsächlich aufs Haupt gesetzt: es war die letzte Krönung eines Kaisers durch den Papst, die die Welt gesehen hat. Dafür erhielt Clemens nicht nur seine Besitzungen wieder; in Florenz nämlich, das sich nach dem Sacco die Roma erneut als Republik erklärt hatte, führte Karl mit Waffengewalt den Alessandro Medici, einen (illegitimen) Urenkel Lorenzos des Prächtigen, zurück und erhob ihn zum Herzog von Florenz (1530). Das Haus Medici blieb nun ohne Unterbrechung bis zu seinem Aussterben 1737 an der Herrschaft.

Zwischen Karl und Franz I. aber stellte der sogenannte Damenfriede von Cambrai (die Mutter Franz' I. und eine Tante

Karls V. hatten ihn vermittelt) im August 1529 die Verhältnisse des Madrider Friedens (mit der einen Ausnahme, daß
Karl nun auf Burgund verzichtete) wieder her.

1535 erlischt mit dem Tode des kinderlosen Francesco II.
die Sforzadynastie, der Kaiser zieht Mailand als erledigtes
Reichslehen ein, der König von Frankreich besetzt aus Protest
das Herzogtum Savoyen (1536) und verbindet sich überdies
offen mit den Türken. Der dritte Krieg zwischen Karl V. und
Franz I. war damit ausgebrochen. Er spielt sich auf verschiedenen Kriegsschauplätzen ab, in Flandern und in Südfrankreich (dort erhält Karl Flottenhilfe des seit 1528 wieder selbständigen Genua), für den Kaiser diesmal nicht sehr glücklich.
Die Türken verwüsten die Küsten des spanischen Unteritalien. Der Papst – der Farnese Paul III. (1534–1549) – bleibt
trotz einer eindrucksvollen Rede, die der Kaiser selbst vor
ihm hielt, neutral. Doch um wenigstens die Türken von Italien abzuhalten, vermittelt er in Nizza zwischen beiden Seiten
einen zehnjährigen Waffenstillstand, bei dem Franz auf das
türkische Bündnis verzichten muß, aber Savoyen in Händen
behält (1538).

Doch 1542 bereits verbündet sich der König zum vierten
Krieg gegen den Kaiser erneut mit den Türken. Nach anfänglicher Bedrängnis gelingt Karl von Norden her ein überraschender Vorstoß bis in die Nähe von Paris, Franz bequemt
sich darauf schleunigst zum Frieden von Crépy (September
1544): er muß den Verzicht auf Italien erneuern, aber einer
seiner Söhne sollte zugleich mit der Hand einer österreichischen Prinzessin das Herzogtum Mailand erhalten; doch da
dieser schnell starb, blieb Mailand kaiserlich; dafür behielt
Franz Savoyen.

Der Papst hatte in diesem vierten Krieg eine mehr als zweideutige Haltung eingenommen. Die Türkengefahr und der
Wunsch nach Wiederherstellung der Glaubenseinheit in
Deutschland hätten ihn vorbehaltlos auf die Seite des Kaisers
führen müssen. Aber Paul III. steckt noch zutiefst in den Traditionen des Renaissancepapsttums: der politische Nepotismus
erlebt in ihm seine letzte verhängnisvolle Blüte. Mit zähem
Starrsinn verfolgt er seinen Lieblingswunsch, dem er bereit

ist alle anderen Rücksichten zu opfern: die Gebiete von Parma und Piacenza (die Julius II. für den Kirchenstaat gewonnen, Leo X. wieder verloren hatte) sollten für seinen Sohn Pierluigi Farnese ein eigenes Fürstentum abgeben. Der Kaiser (sowie ein Großteil der Kardinäle) versagt sich dem Plan, so wenden sich die Sympathien des Papstes und Papstsohnes unverhüllt Frankreich zu. Gegen den Willen Karls V. wird das Herzogtum 1545 für Pierluigi tatsächlich geschaffen. Italien bekam so mit den Farnese ein neues Fürstengeschlecht, das sein Herzogtum fast 200 Jahre lang (bis 1731) regieren wird, dem Staat selbst aber hat erst das Risorgimento das Ende bereitet.

Verschiedene Unruhen in Italien selbst wachsen alle aus den im Zusammenhang mit der Glaubensspaltung in Deutschland ungelöst zwischen Kaiser und Papst schwebenden Fragen, sowie aus dem französisch-habsburgischen Gegensatz heraus. Es handelt sich da um Besitz- und Nachfolgefragen im neuen Herzogtum Parma (1547); um die gescheiterte Verschwörung des Grafen Gian Luigi Fieschi gegen den kaisertreuen Andrea Doria in Genua (Januar 1547); und um die Vorgänge, die die Einverleibung der Republik Siena in das Herzogtum Florenz (1555) und, im Zusammenhang damit, die Entstehung des den Spaniern zufallenden ›Stato dei Presidi‹ (1557; das Fürstentum von Elba und Piombino sowie einige kleinere Orte des sienesischen Staatsgebietes umfassend) zur Folge haben.

Kaiser Karl V. hat 1556 abgedankt. In den deutschen Ländern und in der Kaiserwürde folgt ihm sein Bruder Ferdinand I. (1556–1564), Spanien dagegen samt allen italienischen Besitzungen kommt an seinen Sohn Philipp II. (1556–1598). Da unterfängt sich nochmals ein Papst, Italien von den ›Barbaren‹ – diesmal sind es die Spanier – zu befreien: der Caraffa Paul IV. (1555–1559). Er macht seinem Haß gegen das Haus der Habsburger gern in dröhnenden Worten Luft: »Sie verdienen nicht, daß sie die Erde trägt . . .« Die Spanier aber sind für ihn nur die Sprößlinge von Juden und Marranen (zwangsweise getaufte spanische Juden) und die Hefe der Welt. Um ihnen den Garaus zu machen, verbündet sich der Papst mit dem König von Frankreich – dieser wiederum steht im Ein-

verständnis mit den Türken und im päpstlich-französischen
Heer kämpfen nun deutsche protestantische Landsknechte!
Doch das Ganze war nichts als ein kopfloses Abenteuer
(1556/57). Der Friedensschluß von Cave bei Palästrina (September 1557) ließ, in betonter Schonung des unterlegenen
Papstes von seiten Philipps II., alles beim alten. Die Lehre aus
dem Ganzen war, daß auch der Kirchenstaat aufgehört hatte,
ein ernsthafter territorialer Machtfaktor zu sein, und so
schwer es auch künftig manchem Papst fallen mochte, hat
doch keiner mehr gewagt, sich gegen die spanische Vorherrschaft mit Waffengewalt aufzulehnen.

Der Friede von Cateau-Cambrésis vom April 1559 bringt
diese erste Epoche des Streites der großen Mächte um die
Apenninenhalbinsel zum Abschluß. Frankreich behält danach
in Italien nur die unmittelbar an die Dauphiné anschließende
Markgrafschaft Saluzzo. Der Herzog von Savoyen, der 1535
vertrieben worden war und seitdem auf kaiserlich-spanischer
Seite gekämpft hatte, bekommt sein Land (mit Ausnahme
eben von Saluzzo) zurück. Die Farnese in Parma-Piacenza
werden von Philipp II. anerkannt. Der große Gewinner auf
der Halbinsel aber ist Spanien: ihm gehört Mailand, Neapel-
Sizilien, Sardinien und der Stato dei Presidi. Von dieser allbeherrschenden Vormacht sind die übrigen größeren Staaten
wie die Republik Genua, die Gonzaga, die seit 1536 außer
Mantua auch die weitabliegende Markgrafschaft Montferrat
besitzen, der Kirchenstaat und Toskana rettungslos umklammert; von ihrer Freiheit bleibt nicht viel mehr als der Name
übrig. Nur die Republik Venedig wahrt ihre Unabhängigkeit,
aber die Zeit großer Politik ist auch für sie bereits abgelaufen.
Der Friede von Cateau-Cambrésis hat das Ende der politischen Selbständigkeit Italiens besiegelt.

Die spanische Vorherrschaft (1559-1700)

Die eineinhalb Jahrhunderte dieser Periode umfassen die
ruhigsten und ereignislosesten Menschenalter, die Italien je
gesehen hat. Das Land bleibt von allen Kriegen größeren Stiles und von ernsthafteren politischen Veränderungen ver-

schont und lebt unter dem strengen Regiment des spanischen Absolutismus sein gesichertes, gleichförmiges, dafür auch starres und passives Dasein.

Die *spanischen Länder* – Mailand, Neapel, Sizilien und der Stato dei Presidi – bleiben als einheitliche Verwaltungskörper erhalten; spanische Gouverneure (oder in Neapel Vizekönige) stehen an ihrer Spitze. Dazu errichtete Philipp II. an seinem Hof 1563 einen ›obersten Rat für Italien‹, dem außer den Gouverneuren je zwei Mailänder, Neapolitaner und Sizilianer angehörten. Lange Zeit hindurch (bis 1674) schickte die Madrider Regierung außerdem regelmäßig Visitatoren nach Italien, die praktisch allerdings in die weitgedehnten Machtbefugnisse der Statthalter nur wenig eingreifen konnten. Die lokalen Landesinstitutionen blieben neben den spanischen Regierungsorganen erhalten: in Mailand ein ›Senat‹, in Neapel und Sizilien ein ›Parlament‹, doch legten die Parlamente Süditaliens gewöhnlich mehr Bedacht auf die Erhaltung der ständischen Vorrechte des Adels und des hohen Klerus als auf die Vertretung der Gesamtinteressen des Volkes. Nicht überall wirkte sich der spanische Absolutismus gleich stark aus: »je nach dem größeren oder geringeren Maß von Feigheit derer, die ihnen (den Spaniern) gehorchen«, meint der Staatstheoretiker Trajano Boccalini (s. u. S. 324). So scheiterte z. B. die Einführung der rigorosen spanischen Inquisition in Neapel und Mailand am Widerstand der führenden Schichten, während sie sich auf Sizilien durchsetzen konnte.

Fast ohne Unterbrechung hat die spanische Herrschaft ihren Ländern (und damit ganz Italien) eineinhalb Jahrhunderte lang die Segnungen des Friedens erhalten – aber der Gewinn war teuer erkauft. Während sich Mailand mit seinem starken Bürgertum und seinem regen Binnenhandel verhältnismäßig gut erhielt, hat die wirtschaftliche Aussaugung durch die Spanier die beiden lange nicht so leistungsfähigen Länder Süditaliens langsam dem Verfall und einem Zustand der Erstarrung alles Lebens entgegengeführt. Eine Haupteinnahmequelle des Südens, der Getreidehandel, wurde (nach altem staufischem Vorbild) Staatsmonopol; die überaus mannigfaltigen Steuern trafen fast ausschließlich die unteren Volks-

schichten und Adel und hoher Klerus – zwar in strengster politischer Abhängigkeit (›Monarchia Sicula‹! s. o. S. 127f.) gehalten – genossen weiterhin wirtschaftliche Bevorrechtung,
ja große Teile des Landes gingen als Lehen in die Hände (und
Ausbeutung!) von Feudalherren und Prälaten über.

Die Mißverhältnisse steigerten sich um die Mitte des 17.
Jahrhunderts zu offenen Hungerrevolten – das einzige, was an
Bewegung und Veränderung aus dem spanischen Unteritalien dieser Epoche berichtenswert erscheint. 1599 bereits hatte
Thomas Campanella (s. u. S. 324 ff.) in Kalabrien einen Aufstandsversuch unternommen, der jedoch schon im Keime erstickt wurde. Seit den zwanziger Jahren des 17. Jahrhunderts
nimmt die Unruhe im Volke zu; sie richtet sich zunächst nicht
so sehr gegen die spanische Herrschaft als vielmehr gegen den
verhaßten Adel. Im Juli 1647, anläßlich der Neueinführung
einer vom Parlament bewilligten Steuer, erhebt sich das Volk
in Neapel in offener Revolte. Der Anführer Masaniello, ein
junger Fischhändler, wird (zunächst im Einverständnis mit
dem Vizekönig) ›Capitano generale‹; nach seiner Ermordung
stellt sich der Waffenhändler Gennaro Annese an die Spitze der
Bewegung und im Oktober 1647 wird die Republik ausgerufen. Zu gleicher Zeit flammt auch in Palermo, der Hauptstadt
Siziliens, die Empörung auf, doch ihre Anführer werden bald
hingerichtet, oder im Tumult umgebracht. In diesen gleichen
Jahren hatte Frankreich die ersten Schritte unternommen, um
erneut in Italien festen Fuß zu fassen (s. unten S. 329), und
suchte naturgemäß auch die Wirren in Neapel für seine
Zwecke auszubeuten. Der in französischen Diensten stehende
Prinz Thomas von Savoyen (ein Bruder des Herzogs Viktor
Amadeus I.) konnte sich bereits Hoffnungen auf die neapolitanische Krone machen. Doch weder er noch die Republikaner kamen zum Ziel. Seit April 1648 vielmehr ist die spanische
Herrschaft in Neapel wieder in vollem Umfang und für dauernd hergestellt. In Palermo dagegen zogen sich die Unruhen
noch bis gegen Ende des folgenden Jahres hin.

Die ersten Jahrzehnte der spanischen Vorherrschaft sind
noch von einer schweren, die ganze spanisch-italienische Staa-
tenwelt erfüllenden außenpolitischen Sorge bewegt, von der

Türkengefahr, mit der die Apenninenhalbinsel ja bereits in den mittleren Jahrzehnten des 15. Jahrhunderts unmittelbar Bekanntschaft gemacht hatte.

In der ersten Hälfte des 16. Jahrhunderts erfährt die Expansionskraft des asiatischen Eroberervolkes unter Selim I. (1512–1520) und vor allem unter Soliman II. (1520–1566) erneut einen mächtigen Auftrieb. In Syrien, Ägypten, Tunis und Algier fallen ihm die alten arabischen Kalifate zum Opfer (1516–1520): die ganze östliche und südliche Umrandung des Mittelmeeres befindet sich in der Gewalt der Feinde. Die für Italien so nahen und wichtigen Gegenküsten von Griechenland und Albanien (bis gegen das dalmatinische Ragusa) hatten die Venetianer schon gegen Ende des vergangenen Jahrhunderts eingebüßt (Durazzo 1501), der gleichzeitige Ansturm der Türken vom Balkan her bedrohte bereits auch Istrien und das nördliche Dalmatien. Ein Angriff auf Korfu wird zwar von den Venetianern abgeschlagen (1537), aber in dem darauffolgenden Friedensschluß (1540) verliert Venedig wieder mehrere Plätze im ägäischen Meer. Vorher schon waren die Johanniter von Rhodos vertrieben (1522) und zum Rückzug auf Malta (1530) genötigt worden. Karl V. konnte zwar dem neuen Gewaltherrn von Tunis, Chaireddin Barbarossa, mehrere wichtige Hafenplätze, darunter Tunis selbst, wegnehmen (1535), aber ein ähnliches Unternehmen gegen Algier mißglückte völlig (1541); nicht besser erging es seinem Nachfolger Philipp II. mit weiteren derartigen Versuchen (1559/60). Die Insel Chios, seit 200 Jahren (1346) genuesisch, wurde von den Türken mit leichter Mühe weggenommen (1566). Als letzte christliche Bollwerke im östlichen Mittelmeer verblieben fast nur mehr das (seit 1489) venetianische Cypern sowie die Johannitermacht auf Malta. Malta schlägt den türkischen Ansturm in heldenhafter Gegenwehr ab (1565), aber Cypern erlag der Übermacht (1570/71).

Wieder einmal wird dadurch das Gewissen Europas für einen Augenblick wachgerüttelt. Auf den Hilferuf Venedigs hin bringt Pius V. (1566–1572) eine heilige Liga zustande, der Spanien, der Papst, Venedig, Genua, Savoyen und die Johanniter angehören; Frankreich bequemt sich wenigstens zur

Neutralität. Die vereinigte Flotte der Liga unter der Führung des Don Juan d'Austria, eines natürlichen Sohnes Karls V., erringt am 7. Oktober 1571 über die etwa gleichstarke türkische Flotte den Sieg bei Lepanto (am Eingang zum Golf von Korinth). Es war der erste ganz große Erfolg, der den Türken den Nimbus der Unbesiegbarkeit raubte und Italien und das ganze Abendland befreit aufatmen ließ. Doch die Liga zerfällt, Venedig schließt einen Sonderfrieden (1573), in dem es Cypern abtritt und sogar eine große Kriegsentschädigung bezahlt, dafür aber seine bisherigen Handelsvorrechte behält; Spanien beendet den Krieg im Jahr darauf ohne formellen Friedensschluß. Trotz allem hatte der Tag von Lepanto die türkische Angriffslust gebrochen, die Gefahr für Italien war endgültig gebannt.

In den beiden Seestädten, denen die Türkenfrage am nächsten ging, kehrte nun ein ruhiges, erschütterungsfreies Leben ein. *Genua* hat außer Korsika, das durch seinen unentwickelten Wirtschafts- und Kulturstand eher eine Belastung als einen Vorteil bedeutete, keine überseeischen Besitzungen mehr. In enger Anlehnung an Spanien zieht sich die Stadt in sich selbst zurück; auch die Wut der Parteikämpfe verklingt; die gescheiterte Verschwörung des Fieschi war ziemlich der letzte gewalttätige Ausbruch der jahrhundertelangen inneren Spannungen. Dafür hat die Stadt im Gegensatz zu den vergangenen Zeiten ihre Unabhängigkeit (trotz gelegentlicher Bedrohung durch Savoyen-Piemont) nun ohne Unterbrechung bis zur französischen Revolution wahren können.

Venedig dagegen bleibt noch stärker am Meer interessiert. In seinem Besitz verbleiben Korfu nebst einigen anderen Inseln des Jonischen Meeres, das nördliche Dalmatien und Istrien und zunächst noch die Insel Kreta (Kandia; seit 1204). Die Kriege dieser Epoche – 1669 fällt Kreta nach mehr als zwanzigjährigem Krieg an die Türken; 1687 erobert der Venetianer Francesco Morosini die Halbinsel Morea (Peloponnes), die jedoch ein Menschenalter später wieder verloren ging (1716/18) – sind nur die letzten Nachwehen der früheren großen Unternehmungslust und Kampfbereitschaft der Republik; im ganzen bleibt sie sorgfältig darauf bedacht, durch eine biegsame und zurückhaltende Politik den Frieden mit der Hohen Pforte nicht zu gefährden. Der Seehandel, mehr als ein halbes Jahrtausend lang Quelle des Reichtums und der Macht, bedeutet für den Venetianer immer weniger, er zieht sich auf den bequemeren Genuß der Einkünfte aus der Terra ferma zurück. Zu gleicher Zeit verengt sich durch den Ausschluß eines großen Teiles des Adels, besonders natürlich des ärmeren, von allen Staatsgeschäften die aristokratische Regierungsform noch mehr als bisher zu einer oligarchischen; symbolhaft dafür wird in der amtlichen Bezeichnung schon seit der Mitte des 15. Jahrhunderts aus der ›Republik Venedig‹ die ›Serenissima Signoria Veneta‹. Ihre Diplomatie hat sich in Europa durch besondere Feinheit und Raffinesse berühmt gemacht, doch deren einziges Ziel besteht auch auf dem Festland nur in der Aufrechterhaltung des Status quo. In vorsichtiger Anlehnung an Frankreich, unter Vermeidung aller gefährlichen Experimente, gelingt es, die politische Freiheit gegen das übermächtige Spanien und Österreich zu schützen: weiter ist der Ehrgeiz nicht mehr gespannt.

Nur kirchenpolitisch gab es einmal noch eine große Aufregung, deren (im Vergleich zum Aufwand) matter Ausgang zeigte, wie sehr sich die kurialistischen Rechtsansprüche des Mittelalters überlebt hatten. Seit langem hatte Venedig mit Nachdruck nach der größtmöglichen Unterwerfung des Klerus unter die staatliche Hoheit gestrebt, und manche Differenzen mit der römischen Kurie waren daraus schon erwachsen. Jetzt (1605) erneuert die Republik ein Gesetz, wonach für den Erwerb von Grundbesitz durch kirchliche Genossenschaften sowie für jede Neugründung einer Kirche oder eines Klosters die staatliche Erlaubnis erforderlich sein sollte, und überdies werden noch zwei höhere Geistliche, die schwerer Vergehen angeschuldigt waren, in den Kerker geworfen. Darob kommt es zum offenen Bruch mit dem Papst (Paul V. 1605–1621). Dieser verlangt die Aufhebung jener Gesetze, die Auslieferung der beiden Angeklagten und verhängt Exkommunikation und Interdikt über die Stadt (1606). Die Regierung verhindert die Verkündigung und Beobachtung der Strafsentenzen, die wenigen neuen Ordensgesellschaften, die nicht Folge leisteten, wie vor allem die Jesuiten, werden ausgetrieben. Ein leidenschaftlicher literarischer Kampf entbrennt; Venedig findet in dem Servitenmönch Paolo Sarpi (gest. 1623) einen ebenso gewandten wie fanatischen Verteidiger seines Standpunktes, während auf der kurialen Seite unter anderen Baronius sowie die Jesuiten Suarez und Bellarmin mit Gutachten hervortreten. Schließlich fehlte nicht mehr viel, daß der Kampf mit Waffen ausgetragen wurde und internationale Ausmaße annahm: Spanien, Frankreich, der Kaiser und selbst England begannen sich bereits darauf vorzubereiten! Doch schließlich kommt unter Vermittlung vor allem eines französischen Kardinals nach zähen Verhandlungen ein Ausgleich zustande, bei dem keiner der beiden Teile rechter Sieger blieb (April 1607). Venedig gibt, ohne damit die grundsätzliche Exemtion des Klerus von der staatlichen Gerichtsbarkeit anzuerkennen, die beiden Geistlichen frei und verspricht, die anstößigen Gesetze mit Mäßigkeit und in kirchlicher Gesinnung anzuwenden. Der Papst hebt die Zensuren auf, muß aber weiterhin die Verbannung der Jesuiten aus dem gesamten venetianischen Staatsgebiet dulden; erst ein halbes Jahrhundert später konnten sie wieder zurückkehren.

Florenz erfreut sich noch in höherem Maße als die beiden Seestädte eines ruhigen, harmlosen Daseins. Pius V. erhob es 1569 – gegen den anfänglichen Protest des Kaisers und des Königs von Spanien – zu einem ›Großherzogtum Toskana‹: mit Ausnahme der Republik Lucca und des Stato dei Presidi umfaßte der Staat jetzt ja auch tatsächlich das ganze Toskana. Das Haus Medici gab dem Land eine Reihe von tüchtigen Herrschern, so besonders Cosimo I. (1537–1574), oder dessen zweiten Sohn Ferdinand I. (1587–1609), der bei der Übernahme der Regierung das Kardinalat, das er bisher innehatte, niederlegte. Das Land erfreut sich eines gleichmäßigen Wohlstandes: Polizei, Gerichtswesen, Finanzen sind gut im Stande, Sümpfe werden trockengelegt, die Häfen verbessert und auch die alte, jetzt unterworfene Feindin Pisa wird in der wirtschaftlichen Fürsorge nicht hintangesetzt; Ferdinand I. verschmähte es dabei auch nicht, zur Förderung des Handels zahlreiche aus Spanien vertriebene Juden und Moriskos (nach der

Reconquista in Spanien zurückgebliebene, teilweise zwangs-
bekehrte Mauren) besonders in Livorno anzusiedeln. Den
militärischen Schutz des Landes und besonders der von den
Korsaren Nordafrikas bedrohten Küsten übernahmen neben
einer aus spanischen und deutschen Söldnern bestehenden
Kerntruppe einheimische Milizen. Alles in allem darf Toskana
als italienischer Musterstaat gelten, in dem sich behäbiges
Wohlbehagen wie die Pflege von Künsten und Wissenschaften – die natürlich nicht mehr das Format des Quattrocento
erreichen – entfalten konnten. Erst unter der untüchtigen Regierung der letzen Medici, besonders Cosimo III. (1670–1723),
wendeten sich die Dinge zum Schlimmeren; drückende Steuern und wirtschaftlicher Niedergang ließen breite Schichten
des Bauerntums und der unteren städtischen Bevölkerung
mehr und mehr verelenden.

Neben der Tatsache der spanischen Vorherrschaft wirkt
nichts so bestimmend auf die neue Gestalt der Apenninenhalbinsel ein wie die tiefgreifenden Wandlungen, von denen
das *Papsttum* ergriffen wird. Seine politische Kraft und damit
auch die großen politischen Aspirationen sind gebrochen;
es beginnt sich wieder auf seinen ursprünglichen, kirchlich-
religiösen Aufgabenkreis zu besinnen. Auf dem Felde der
internationalen Politik hatte der Abfall der nördlichen Länder
zum Protestantismus und ebenso der unaufhaltsame Drang
der katholischen Fürsten – allen voran des spanischen Herrschers – zu einem Absolutismus, der auch den kirchlichen Bereich in weitestem Umfang mit Beschlag belegte, der Bewegungsfreiheit der Kurie die engsten Schranken gesetzt. Dazu
waren auch die kirchenstaatlichen Probleme andere geworden. Die Signorie – seit Beginn des 16. Jahrhunderts auch im
Kirchenstaat, so gut wie anderswo, unwiderruflich dem Tode
geweiht – hatte allen aktivistischen Eigenwillen eingebüßt.
Und als zwei ihrer wichtigsten Geschlechter, die Este von
Ferrara und die Rovere von Urbino (die seit Julius II. die
Montefeltre abgelöst hatten) ausstarben, konnten ihre Lehen
reibungslos in den unmittelbaren Besitz der Kirche zurückkehren (1598 bzw. 1632). Wenn aber ein Papst wie der Barberini Urban VIII. (1623–1632) nochmals in den politischen

Nepotismus und in die kriegerischen Allüren seiner Vorgänger im Renaissancezeitalter zurückfallen wollte, wurde er schnell eines Besseren belehrt: als er versuchte, dem Herzog von Parma und Piacenza das kleine kirchenstaatliche Lehen Castro (das Paul III. seinem Enkel Ottaviano Farnese verliehen hatte) mit Gewalt zu entreißen, um es seinen eigenen Nepoten zuzuwenden, erlitt er nur einen kläglichen Mißerfolg (1641/44); mit Mühe und Not konnte sein Nachfolger Innozenz X. das Gebiet für die Kirche selbst zurücknehmen (1649).

Nach außen hin war so die territoriale Geschlossenheit des Kirchenstaates hergestellt wie noch nie in seiner ganzen Geschichte. Aber die Art der Regierung und Verwaltung des Landes macht ihn (auch abgesehen von der spanischen Herrschaft) für einen ernsthaften machtpolitischen Einsatz völlig unbrauchbar. Die einzelnen Städte und Landschaften besitzen ihr starkes kommunales Eigenleben und auch die feudalistische Zersplitterung wirkt noch stark nach – beides jetzt natürlich nur mehr in verwaltungsmäßiger Hinsicht –, die zentralen Regierungsorgane, in allen wichtigeren Stellen durch Geistliche vertreten, bleiben schwach und dürftig, die Finanznöte des Staatswesens sind unversieglich, das Heerwesen ist völlig unbedeutend, die Polizei wohl ziemlich zahlreich, aber nur mäßig funktionierend, das Banditenwesen, das allenthalben die Reisewege unsicher macht, wird bis ins 19. Jahrhundert herauf zu einem chronischen Übel, dem nur einzelne besonders energische Päpste, wie der darob berühmt gewordene Sixtus V. (1585-1590), vorübergehend zu steuern vermochten. So führt man sein friedfertiges und (sofern man nicht gerade auf Reisen ging, was jedoch der durchschnittliche Italiener sehr ungern tat) sein gesichertes Dasein, spannungslos, beschaulich-bequem das Leben genießend, mit kleinbürgerlichem Horizont, mit einem lebendigen und tief verwurzelten, aber in engsten Grenzen sich bewegenden städtischen Lokalpatriotismus und mit dem geringsten Maß von Anteilnahme am allgemeinen politischen Leben – der ganze Staat löst sich in hundert Einheiten auf, von denen jede eine kleine Welt für sich darstellt. In dieser Gestalt geht der Kirchenstaat verhält-

nismäßig bewegungs- und geschichtslos durch die Zeiten –
bis die Sturmfluten der Französischen Revolution über ihn
hereinbrechen. Auch die anderen nichtspanischen Staaten
Italiens, Toskana oder die Terra ferma Venedigs, bieten kein
wesentlich anderes Bild. Nur der Randstaat Savoyen-Piemont
wird andere Wege einschlagen.

Die oberste Aufgabe für die Kurie hieß jetzt: Neusamm-
lung und Neuaufbau der kirchlichen Kräfte in allen katholisch
gebliebenen Ländern und vor allem in Italien. Das Programm
umfaßt das, was man gewöhnlich als ›Gegenreformation‹ bezeichnet: Abwehr und Ausrottung der protestantischen Bewegungen in gleicher Weise wie Reform und Neubelebung
des kirchlichen Geistes von innen heraus. In nicht unbeträcht-
lichem Maße hatte die Gedankenwelt der Reformatoren auch
in Italien, wenigstens in gewissen Teilen der gebildeten
Schichten, Eingang gefunden. Die Grenzen zwischen altem
und neuem Glauben blieben dabei allerdings auch für die
Träger solcher Bewegungen selbst vielfach unsicher und flie-
ßend. Der Kreis, der sich in Neapel um den stark spirituali-
stisch-mystisch gerichteten Spanier Juan Valdez (gest. 1541)
sammelte und zu dem insbesondere die vornehmen Damen
Giulia Gonzaga und Vittoria Colonna (sowie unter dem Einfluß der letzteren etwa auch Michelangelo) zählten, hat den
Bruch mit der alten Kirche immer vermieden. Der Kapuziner
Bernardin Ochino von Siena dagegen (gest. 1564), der Augu-
stiner Pietro Martire Vermigli (gest. 1562) oder der in Venedig wirkende Pier Paolo Vergerio (gest. 1564) schwenkten in
langsamer Radikalisierung ihrer Ideen völlig in das Lager der
Reformatoren über. Gegen alle derartigen Bestrebungen
wurde die Inquisition mit dem Zentralsitz in Rom erneuert
(1542). Die drei genannten Führer suchten darauf in unstetem
Wanderleben im Ausland, in der Schweiz, in Deutschland,
England und Polen Zuflucht; Italien ist dadurch frühzeitig
ihrem Einfluß entzogen worden. In strengster Überwachung
des gesamten geistigen Lebens – 1564 veröffentlichte Pius IV.
den ersten ›Index der verbotenen Bücher‹, der, fortlaufend
ergänzt, nun zur dauernden Einrichtung wurde – bemühte
sich die Kirche mit Erfolg, alle ähnlichen Tendenzen zu unter-

drücken und im Keime zu ersticken. Päpste wie Paul IV.
(1555–1559) oder Pius V. (1566–1572) haben sich dabei durch
rücksichtslose Strenge und Härte besonders hervorgetan.

Anderseits fehlte es gerade in diesen Jahrzehnten auch keineswegs an Kräften, die um die Erneuerung und Vertiefung
des religiösen Geistes im Sinne der alten Kirche rangen und
damit in ganz Italien tiefe Resonanz fanden. Was der Volks-
mann Philipp Neri (gest. 1595) in diesem Sinn für die Stadt
Rom leistete, vollbrachte der Erzbischof Karl Borromäus
(gest. 1584) für Mailand und die ganze Lombardei. Beide fanden dabei Unterstützung durch eine Reihe von neuen religiösen Genossenschaften wie den Oratorianern, den Orden der
Theatiner (nach der Stadt Chieti = Theate benannt), der
Somasker, Ursulinen, Barnabiten (alle drei haben ihren Ursprung in Oberitalien), der Kapuziner (eine Abzweigung des
alten Franziskanerordens) und schließlich durch den neuen
großen, von Spanien kommenden Orden der Jesuiten (von
Paul III. 1540 bestätigt). An der Kurie selbst aber waren schon
unter dem persönlich noch ganz renaissancehaft-weltlichen
Paul III. die Männer der Reform eingezogen, Kardinäle wie
Jacopo Sadoleto (gest. 1547), Gasparo Contarini (gest. 1542),
Giovanni Morone (gest. 1580), die das Papsttum nun dauernd
für die neue Richtung mit Beschlag belegten. Ihnen war es vor
allem zu danken, daß auch das große allgemeine Reformwerk
des Tridentiner Konzils (1545–1563) nach unendlichen Schwierigkeiten und Gefahren glücklich zum Abschluß kam.

Aus alledem erwächst nun nicht eine Periode der Weltab-
gewandtheit und der Weltflüchtigkeit. Im Gegenteil, das kulturelle Schaffen wird von diesem Erneuerungswillen durch-
pulst und in seinen Dienst genommen. Fruchtbarer als auf
irgendeinem anderen Einzelgebiet wirkt sich dabei der neue
Geist bei den bildenden Künsten aus. Sie werden aus ihren
individualistischen Neigungen herausgeführt und erneut auf
ein gemeinschaftliches Ziel hin ausgerichtet. Das päpstliche
Rom, wie es (neben manchem seiner Vorgänger und Nachfolger) insbesondere Sixtus V. (1585–1590) in seinen kurzen
Regierungsjahren mit gigantischer Kraftanstrengung hat erstehen lassen, geht beispielgebend voran und präsentiert sich

der erstaunten Welt in einem neuen, noch herrlicheren Gewande, als es ihm die Renaissance gegeben hatte. Kirchen, Paläste, Monumente, Wasserleitungen mit prunkvollen Brunnen erstehen, ganze Straßenzüge und Stadtviertel werden neu errichtet, Plätze zu festlichen Räumen umgestaltet (am charakteristischsten etwa die Piazza Navona), Museen und Bibliotheken errichtet und mit Liebe betreut, die antiken Kunstschätze mit Eifer gesammelt und gesichtet. Die Stadt erwächst so zur mächtigen Verkörperung des neuen Zeitgeistes, des Barock. Die Weltaufgeschlossenheit der Renaissance, ihr Zug zur Sinnenhaftigkeit, ihre humanistische Liebe zur Antike leben weiter, die große »Repräsentation im Sein, die Bewahrung und immer erneute Festigung der anschaulichen Werte«, die man mit Recht als eigentümlichste Kraft der italienischen Nation herausgestellt hat (A. E. Brinckmann), bricht sich noch machtvoller Bahn, das unsichere, von Zwiespältigkeit erfüllte Nebeneinander der irdischen und jenseitigen Lebenssphäre ist (oder scheint) aufgehoben. Die Diesseitigkeit: heitere Lebensfreude und Lebensgenuß, Prachtentfaltung und Repräsentation, wird in die christliche Transzendenz eingetaucht und empfängt so ihre neue Legitimierung. Die antiken Obelisken, die nun, vom Kreuz überhöht, allenthalben die Plätze der Stadt Rom zieren, die Säulen Trajans und Marc Aurels, geschmückt mit den Figuren der Apostelfürsten Petrus und Paulus, sind die gewollten und sprechenden Symbole des neuen Geistes, der eigentümlichen Verbindung zweier Welten und der Wertmaßstäbe, mit denen sie gemessen werden.

In der Malerei liegt die Zukunft bei den schöpferischen Kräften eines Caravaggio (1560–1609) und Tintoretto (1518–1594). Bei Caravaggio empfangen die geistigsten Gegenstände in einem nochmals ein Stück weitergetriebenen Naturalismus eindringlichste Lebensnähe und unmittelbarste Vergegenwärtigung, während Tintoretto sie hinaufhebt in eine leidenschaftlich bewegte und doch unirdisch wirkende Sphäre des Ekstatischen und Visionären. Auf diesen Grundlagen haben dann das ausgehende 16. und das 17. Jahrhundert das ihnen gemäße Pathos der großen Form gefunden und zugleich versucht, Michelangelos Idee, daß irdische Schönheit nichts anderes sei als der ›sterbliche Schleier‹ der göttlichen Gnade kongenialen Ausdruck zu verleihen. In Bernini (1598–1680), der wie einst die großen Meister der Renaissance zugleich Bildhauer, Architekt, Maler, Dichter und Ingenieur war, ist der genialste Interpret der Sehnsucht des Zeitalters erstanden: mit seinen großen, vornehmen Raumschöpfungen (Kolonnaden von St. Peter) wie mit seiner ekstatisch verzückten Hingabe an die rauschend bewegte sinnenhafte Schönheit als Ausdruck letzter, in der Transzendenz aufgehender seelischer Gelöstheit (hl. Theresa) hat er dem Geist des Barock vollendetsten Ausdruck verliehen.

So wächst der Barock über den Namen für eine bestimmte Stilrichtung der bildenden Künste hinaus und bezeichnet Welt- und Lebensgefühl und geistig-seelischen Ausdruck einer ganzen Epoche. Italien, als der lebensfrohe und zugleich immer vom Drang zur Ganzheit erfüllte Süden, befruchtet mit dieser ebenso metaphysisch orientierten wie im Diesseits verankerten Gesamtkultur nochmals in großem Ausmaß Europa.

Freilich sind wesentliche Einschränkungen anzumerken. Auf literarischem Gebiete sind dem Lande – besonders im Vergleich mit dem gleichzeitigen England, Frankreich und Spanien – die großen schöpferischen Kräfte versagt geblieben. Torquato Tasso (1544–1595), der größte Dichter des Zeitalters, steht zeitlich und geistig noch ganz im Übergang von der Renaissance zum Barock, zeit seines Lebens unglücklich von den ungelösten Spannungen zwischen Altem und Neuem hin- und hergerissen. Nach ihm aber hat sich die italienische Dichtung zum größten Teil in den unfruchtbaren ›Marinismus‹ – so benannt nach dem herrschenden Vorbild Giambattista Marini (1569–1625) – d. h. in unnatürlichen Spitzfindigkeiten, virtuosenhaft geschraubten Satzkonstruktionen u. dgl. verloren. Auch die literarischen ›Akademien‹ wie die der ›Crusca‹ in Florenz oder der (erst 1690 begründeten) ›Arcadia‹ in Rom brachten, obgleich sich die letztere programmatisch der Rückkehr zu formaler und stofflicher Einfachheit verschrieben hatte, keine wirklich großen Schöpfungen hervor.

Und stärker noch wird das Versagen auf wissenschaftlichem

Gebiete fühlbar. Allerdings fanden die Geschichtswissenschaften und die Philologie auch jetzt noch ein breites Betätigungsfeld; die ›Annales ecclesiastici‹ des Caesar Baronius (gest.
1607) und seines Fortsetzers Raynald (gest. 1671) etwa stellen
noch heute eine unentbehrliche Fundgrube von Akten und
Urkunden dar. Aber gerade die für das ganze Zeitalter charakteristischsten Forschungsgebiete, die Philosophie und die
Naturwissenschaften, konnten sich in der italienischen Umwelt, dem Herrschaftsgebiet der Inquisition, keinen rechten
Lebensraum erobern. Italien hatte dem übrigen Europa gegenüber als ebenbürtige Gelehrte nur wenige Männer aufzuweisen: vor allem Galileo Galilei (1564–1642), der seine Er-
kenntnisse vor der Inquisition abschwören mußte (1633);
dann etwa noch den Naturforscher Bernardin Telesio (1508–
1588) sowie den eklektizistisch-pantheistischen Philosophen
Giordano Bruno (1548–1600), der auf dem Scheiterhaufen
endete. Und bezeichnenderweise bekennt gerade Giordano
Bruno, daß er mit seinem Werk am stärksten drei Nordlän-
dern verpflichtet sei: dem Kardinal Nikolaus von Cues, dem
Schweizer Arzt und Naturphilosophen Theophrastus Para-
celsus und dem Astronomen Nikolaus Kopernikus aus Thorn.
Ohne diese geistigen Ströme wäre etwa Brunos Lehre von
der »Einheit des Daseins und der Lebendigkeit« und vom »un-
endlichen Universum als Wirkung der unendlichen göttlichen
Macht« (dies sind seine eigenen Formulierungen) in der Welt
Italiens kaum denkbar und sie vermochten hier auch nicht
Raum zu gewinnen.

Eine sehr merkwürdige Erscheinung auf literarischem Gebiet verdient noch besonders festgehalten zu werden. Dieses
Italien, das nahezu jeder politischen Eigenbewegung beraubt
war, erweist sich auf dem Felde der Staatswissenschaften und
der theoretischen Behandlung der Staatskunst so fruchtbar
wie kaum ein anderes Land! Doch es wird sich zeigen, daß es
dabei nicht bloß um eine abstrakte Lehre geht – alle diese
Menschen ringen mit dem konkreten Schicksal, dem das
Italien ihrer Zeit verfallen war. Besonders der geistige Mensch,
der am staatlichen Leben Anteil nehmen und Mitverantwortung tragen wollte, besaß nichts, was seinen Betätigungs-

drang hätte stillen können. Die Notwendigkeit, sich mit dem Schicksal abzufinden und ihm, soweit es nur möglich war, die lichteren Seiten abzugewinnen, oder der Drang, den Hoffnungen auf eine bessere Zukunft nachzusinnen, sind der eigentliche Quell dieser umfangreichen und, wenn schon vielfach nicht wegen ihres Inhaltes, so doch als Zeitphänomen bedeutsamen staatstheoretischen Literatur.

Das ganze Volk wird von dieser Leidenschaft ergriffen: die Sackträger auf dem Markte, die Barbiere und die Handwerker in den Kneipen haben in den ersten Jahrzehnten des 17. Jahrhunderts über die Ragione di stato debattiert. Der Venetianer Paruta schreibt seine ›Discorsi politici‹ (erschienen 1599), Giovanni Botero ein Werk ›Della ragione di stato‹ (1589), Ammirato die ›Discorsi sopra Cornelio Tacito‹ (1594), Trajano Boccalini die in satirischem Gewande auftretenden ›Ragguagli di Parnasso‹ (Berichte aus dem Parnaß, 1612/13), und noch durch die ganze erste Hälfte des 17. Jahrhunderts geht eine Flut ähnlicher literarischer Erzeugnisse, die unter Verzicht auf Originalität immer wieder dieselben Gedanken breittreten. Sie alle stehen, ob sie wollen oder nicht, im Bannkreis Machiavellis, dessen Werk die Geister nicht zur Ruhe kommen ließ. Gegen ihn bäumt sich das Zeitalter der Gegenreformation auf; es war ja, was die ethischen Wertmaßstäbe anlangt, weit empfindlicher geworden als die Renaissance. Botero insbesondere versucht die Staatsräson durch die Gesetze der Religion und Moral einzuschränken und darüber hinaus aufzuzeigen, wie sie letzten Endes mit diesen parallel liefe; eine ›süße Harmonie‹ (dolce armonia) zwischen beiden nur scheinbar entgegengesetzten Polen herzustellen, war das Wunschziel. Er sowie Paruta und Ammirato predigen den Verzicht auf große und umfassende Machtziele; die *mittleren* Staaten seien das Ideal, denn ihnen komme die größte Lebensdauer zu. Venedig, auf das sich nun als den einzigen wirklich freien Staat der ganze nationalitalienische Stolz konzentriert, gilt dafür als Musterbeispiel. Aber man fühlt doch, ohne sich davon ganz klare Rechenschaft abzulegen, immer wieder die bitteren Grenzen, an die alle solche zahmen Harmonisierungsversuche früh genug stoßen mußten. Auch Botero, der eifrigste Verkünder

eines glatten und konfliktlosen Ausgleiches, sagt doch seinem
Leser: das Interesse des Fürsten besiegt jede Rücksicht. »Und
deshalb darf man nicht trauen auf Freundschaft, auf Verwandt-
schaft, auf Bündnisse, auf irgendein anderes Band, sofern
nicht dieses auch das Interesse dessen, mit dem man verhan-
delt, zum Fundamente hat.« Viel stärker aber hat Trajano
Boccalini die tiefen und unüberwindlichen Antinomien empfunden. »Der Fürst, der nach Notwendigkeit, nicht nach dem
Willen seines Geistes handelt, ist gezwungen, Dinge zu tun,
die er haßt und verabscheut.« Die Welt der guten und bösen
Handlungen und Wirkungen ist für Boccalini nicht mehr
eindeutig voneinander geschieden: »Ebenso selten wie die
Medikamente sind, die mit den schlechten Säften dem Körper
nicht auch gute und lebensnotwendige Säfte entziehen, ebenso
selten sind die guten Ordnungen eines Staates, die nicht
irgendeinen Schaden nach sich ziehen, ja oft geschieht es sogar,
daß Fürsten aus den Unordnungen im Staate großen Nutzen
gewonnen haben.« So sehr es Boccalini mit magischer Gewalt hinzieht zu der oft dämonisch wirkenden Welt des Politischen, kann ihm ihre Betrachtung doch nicht echte Beruhigung und Befriedigung verleihen. Der Grundton, der bei ihm
immer wieder durchbricht, ist vielmehr ein ausweglos resignierter und müder Pessimismus, der nicht einmal vor der
großen römischen Vergangenheit Halt macht. Resigniert
bleibt seine Haltung auch der Gegenwart gegenüber: er ersehnt mit heißem Herzen die Befreiung Italiens vom spanischen Joch und träumt von einer zukünftigen Republik als der
Zufluchtsstätte freier und großer Geister – bleibt sich aber
doch dessen bewußt, daß es für solche Hoffnungen bis auf
weiteres keine Möglichkeit der Verwirklichung gab.

Weitaus der interessanteste und tiefgründigste Staatstheoretiker dieser Zeit ist aber Thomas Campanella. Schon sein Le-
bensschicksal wirkt wie ein verdichtetes Abbild der eigentümlichen Situation Italiens in dieser Epoche. 1568 in Kalabrien geboren, frühzeitig in den Dominikanerorden eingetreten, widmet er sich zuerst naturphilosophischen Studien;
noch vor dem Jahrhundertende aber verfaßt er zwei große
staatsphilosophische Werke, die ›Monarchia Hispanica‹ und

die ›Discorsi politici ai principi d'Italia‹. Beide stellen die spanische Weltherrschaft, überhöht jedoch durch die weltlich-geistliche Macht des Papstes, als die von Gott gewollte Ordnung dar, die den Völkern Rettung bringen und das goldene Zeitalter einleiten werde. Unmittelbar darauf (1599) aber versucht er jenen sogleich mißglückten Aufstand gegen die spanische Herrschaft in Neapel (s. o. S. 311), der ihn siebenundzwanzig Jahre in die spanischen Gefängnisse warf. Aber auch im Kerker schreibt der leidenschaftliche Mann ungebrochen, wenn auch »wie Prometheus an den Kaukasus geschmiedet«, weiter. Hier entsteht u. a. sein ›Atheismus triumphatus‹ (der besiegte Atheismus), von dem er selbst sagte, daß er auch den Titel ›Antimachiavellismus‹ führen könnte, und vor allem das Buch vom ›Sonnenstaat‹ (Civitas Solis), die Utopie eines kommenden Idealstaates, doch von ihm nicht als Utopie, sondern als mögliches Zukunftsbild gemeint. Es ist ein im Sinne Platons kommunistisch aufgebauter Gemeinschaftsstaat, in dem das Geld abgeschafft, die allgemeine Arbeitspflicht und eine rationale Arbeitsteilung durchgeführt sind und an Stelle der Einehe eine von eugenischen Gesichtspunkten geleitete, staatlich geregelte Kindererzeugung tritt, die zum Ziel hat, daß nur gute Menschen geschaffen werden. Die Dreiheit Macht, Weisheit und Liebe sollte das tragende Fundament dieses Staatswesens sein, seine äußere Leitung aber in den Händen einer in einem obersten Priesterfürsten gipfelnden Theokratie der weisesten Männer liegen. Von Papst Urban VIII. durch ein Scheinverfahren der römischen Inquisition aus dem spanischen Gefängnis befreit, lebt er in Rom in milder Haft, bis er (1634) wieder flüchten muß. In Frankreich nimmt ihn Kardinal Richelieu gern in seine Dienste; 1639 ist er in Paris gestorben. Seine letzte große Schrift ›Le monarchie delle nationi‹ geht mit Spanien offen ins Gericht; die Rolle der Weltführung, die er ihm einstmals zugedacht hatte, fällt nun Frankreich zu, aber, wie schon der Titel andeutet, die Freiheit und das Eigenleben der Nationen wird von Campanella jetzt stärker als vordem betont.

Doppelgesichtig wie das Leben ist auch das literarische Werk dieses Mannes. Da finden sich, etwa wenn Campanella einen Fürsten unterweist, der ein *neues* Reich erobert hat, ausführliche und fast wörtliche Anleihen aus Machiavelli: man muß die Gewalttaten schnell und auf einmal vollbringen und so, daß sie von der Volksmeinung den Heerführern oder Beamten in die Schuhe geschoben werden, die Wohltaten aber nach und nach und so, daß sie dem eigenen Namen zugute kommen, und dergleichen echte, ›Machiavellismen‹ mehr.

Und doch weiß Campanella wie kein anderer um die tiefen Probleme, die jenseits aller Fragen des Opportunismus liegen. Er kennt nicht bloß die naheliegenden ethischen Einwände gegen den Machiavellismus. Sein eigentlicher Ausgangspunkt vielmehr, von dem aus er gegen ihn einen leidenschaftlichen Kampf eröffnet, ist der Wille zur ganzheitlichen Erfassung des Menschen und des Kosmos, und damit werden die Stöße, die er führt, ungleich wirkungsvoller als es die aller bisher genannten Schriftsteller sein konnten. Machiavelli besitzt, dies ist der grundlegendste Vorwurf, den Campanella gegen ihn erhebt, nur die Schlauheit, um das Einzelne, aber nicht die Weisheit, um die großen Schicksalsfragen der Menschheit zu verstehen: er ist der »töricht Kluge, der den Teil mehr als das Ganze liebt«. Der Mensch ist von einer Kette von Ursachen geleitet, die in einer ›ersten Ursache‹, in Gott verankert ist. »Wenn keine Ursache über uns wäre, würdest du, Machiavelli, uns etwas sagen. Aber da unsere Pläne zerbrechen, wenn wir nicht *alle* Ursachen erwägen, so täuschest du dich und darum brechen auch alle deine Schüler zusammen.« Die Politik darf aus der Gesamtheit des menschlichen Lebens nicht losgerissen werden. Der ganze Weltzusammenhang, wo Himmel und Erde zusammenwirken, um alles, was geschieht, hervorzubringen, sei Machiavelli entgangen und wer diesen Zusammenhang nicht kenne, baue auf schlechten Grund. Es war auf jeden Fall eine große mystische Gesamtschau des geschichtlichen Prozesses und der universalen Lebensvorgänge, wie sie vor Campanella noch niemand versucht hatte, die die Basis für den grundsätzlichsten und hellsichtigsten Angriff abgab, der in den älteren Zeiten gegen Machiavelli vorgetragen wurde.

In ihrer ganzen Tiefe hat Campanella die Problematik auf-
gerissen, eine echte Lösung – soweit eine solche überhaupt
möglich ist – dürfen wir auch bei ihm nicht erwarten, es sei
denn, daß man seinen ›Sonnenstaat‹ für eine solche halte. Mit
welch fruchtbarem politischen Denker wir es aber hier doch
zu tun haben, zeigen wiederum seine klaren Einsichten in die
innere Gefährdung und Schwäche des spanischen Weltrei-
ches, die sich auch in seinen älteren Schriften wie in der ›Monarchia hispanica‹ schon andeuteten, die aber natürlich erst
offen zum Durchbruch kamen, seitdem er sich französischen
Diensten verschrieben hatte. Je mehr Spanien an Herrschaft
wuchs, um so mehr nahm es an Menschen und Kraft ab: dies
ist der Grundgedanke seiner Kritik. Das Land verträgt nicht
den Entzug an Volkskraft, den seine italienischen und mehr
noch seine amerikanischen Besitzungen mit sich bringen, es
wird sich in seinem Riesenreich verbluten. Dies um so mehr,
als die Spanier es nicht wie die alten Römer verstehen, die
unterworfenen Völker zu fruchtbarer Mitarbeit heranzuziehen. Und dann: in Spanien will jetzt alles nur vom Geld des
Königs und von der Ausbeutung der Kolonien leben; Ackerbau und Gewerbe, die echten Grundlagen einer gesunden
Volkswirtschaft, gehen darob zugrunde. So sieht Campanella
die spanische Weltmacht im trefflichen Bilde eines Wildba-
ches, der, durch Regengüsse vorübergehend aufgeschwemmt,
gewaltig einherbraust, dann aber schnell wieder zu einem bescheidenen Rinnsal zusammenschrumpfen muß.

Aber was steht bei Campanella auf der anderen, der positiven Seite? Verblendete, haltlose Fiktionen, ein gewaltsames
Verschließen der Augen vor den einfachsten Tatsachen! Die
Franzosen sollen nach Italien kommen, aber sie sollen wirklich die ›Libertas Italiae‹ auf ihre Fahnen schreiben! Sie sollen
das befreite Neapel und Sizilien dem Papste übergeben – vom
Gedanken einer hierokratischen Führung hat Campanella nie
gelassen – Frankreich hätte davon weit mehr Vorteil als von
einer Unterwerfung des Landes. Er wollte nicht sehen (oder
er tat wenigstens so, als ob er es nicht sehe), daß dem Frankreich des Kardinal Richelieu der Sinn nach anderen Dingen
stand als nur danach, den großmütigen Befreier zu spielen!

Und in gewaltsamen, eines solchen Denkers wahrhaft unwürdigen dialektischen Kunststücken wird dieses Frankreich,
in dem er seine Zuflucht gefunden hatte, verherrlicht und in
Schutz genommen. Es bleibt dabei: Campanella ist »eines der
größten psychologischen Rätsel der neueren Geistesgeschichte,
das bisher noch nicht im vollen Umfang gelöst worden ist«
(Fr. Meinecke).

Die grundlegenden Veränderungen, die das Gesicht Europas in der ersten Hälfte des 17. Jahrhunderts erfahren hat –
voran durch den dreißigjährigen Krieg (1618–1648) und dem
Krieg zwischen Frankreich und Spanien (1635–1659) – gewinnen für die Schicksale Italiens merkwürdigerweise nur
eine recht periphere Bedeutung. Nicht als ob die großen
Mächte nun plötzlich die Apenninenhalbinsel aus dem Auge
verloren hätten – bei fast allen Planungen vielmehr spricht
der Gedanke ›Italien‹ mehr oder weniger deutlich und bestimmend mit –, aber die Machtstellung Spaniens schien gerade hier am wenigsten unmittelbare und erfolgversprechende
Angriffspunkte zu bieten; es zeigte sich aufs neue, daß die
spanische Herrschaft für Italien nicht nur Druck und Unter-
jochung bedeutete, sondern auch Schutz und Erhaltung des
Friedens. So ging, wenn man von den nordwestlichen Grenzgebieten des Landes absieht, die Kriegsfurie, die halb Europa
zerfleischte, an der Apenninenhalbinsel fast völlig vorüber,
und die diplomatischen Abschlüsse in den Friedensverträgen
ließen hier im großen und ganzen alles beim alten.
Nur einmal schien es, als ob das Land doch in den allgemeinen Strudel mit hereingerissen werden sollte: im mantuanischen Erbfolgekrieg (1628–1631). Nach dreihundertjäh-
riger ununterbrochener Herrschaft stirbt 1627 der Haupt-
stamm der Gonzaga aus. Um die Nachfolge streiten sich
zwei Seitenlinien: die eine, die in Guastalla ihren Sitz hat, ist
spanisch gesinnt, die andere war seit längerem schon in die
französische Grafschaft Nevers (an der Loire) übergesiedelt
und wird infolgedessen von Frankreich (und dem meist spa-
nienfeindlichen Venedig) unterstützt. Der Herzog Karl Emanuel I. von Savoyen (s. u. S. 331f.) dagegen läßt sich durch

Aussichten auf die (zur strittigen Erbschaft gehörige) Markgrafschaft Montferrat für den spanischen Kandidaten gewinnen. Ebenso tritt für diesen Kaiser Ferdinand II. ein, für den das Land erledigtes Reichslehen ist, dessen Neuvergebung ihm zusteht. So kreuzen wieder einmal kaiserliche und französische Truppen in Oberitalien die Klingen, ja wie seine Vorgänger vor hundert und mehr Jahren erscheint der französische König Ludwig XIII. (und nach ihm auch Richelieu) persönlich auf dem Kriegsschauplatz. Und wieder wie damals verhält sich der Papst – es ist der Barberini Urban VIII. – neutral, aber mit merklicher Hinneigung zu Frankreich. Während der savoyische Verbündete Spaniens meistenteils unglücklich kämpft, siegt im Mantuanischen das spanisch-kaiserliche Heer über das französische. Doch nach der Landung Gustav Adolfs von Schweden in Deutschland (Juni 1630) verstand sich Ferdinand II. dazu, im Frieden von Cherasco (April 1631) den Grafen von Nevers mit Mantua und Montferrat zu belehnen. Viktor Amadeus I. von Savoyen, der Nachfolger Karl Emanuels I., erhielt seine von Frankreich besetzten Gebiete zurück und etliche Grenzstreifen von Montferrat neu hinzu; aber in einem Geheimvertrag mußte er dafür die mitten in seinem Lande gelegene Festung Pinerolo (südwestlich von Turin), die einen wichtigen Ausgang aus den Hochalpen in die Ebene von Piemont beherrschte, einer französischen Besatzung ausliefern. Mit Mantua und Pinerolo hatte Frankreich wieder erste, wenn auch noch ziemlich bescheidene Stützpunkte seines Machtwillens in Italien gewonnen.

Diese Lage bleibt auch nach einigen anderen französischen Unternehmungen während der folgenden Jahre erhalten. Der anfangs erfolgreiche Angriffsversuch auf den Stato dei Presidi unter dem Prinzen Thomas von Savoyen (1646) mißlang letzten Endes doch (1650); ebenso der gleichzeitige Versuch Frankreichs die Unruhen in Neapel für seine Zwecke auszubeuten (s. o. S. 311). Nicht anders ging es schließlich bei einem Aufstand der Stadt Messina gegen die spanische Herrschaft (1674): Ludwig XIV., dessen Schutz sich die Stadt unterstellt hatte, zog sich bald von dem Unternehmen zurück und überließ das unglückliche Messina dem Strafgericht der spanischen

Herren. Der bereits 1659 zwischen Frankreich und Spanien abgeschlossenen Pyrenäenfrieden hat die spanische Machtstellung in Italien unangetastet gelassen.

Der einzige Punkt in Italien, an dem Frankreich seit der Mitte des 17. Jahrhunderts größere, wenn auch nicht allzu erfolgreiche Aktivität entfalten konnte, blieb das nordwestliche Grenzgebiet der Halbinsel. Hier erwächst eine ganz neue politische Situation, denn ein Staat, dessen Name bisher immer nur am Rande des italienischen Geschehens begegnet ist, erhebt sich jetzt zu selbständiger Kraftentfaltung: das Herzogtum Savoyen-Piemont, für Italien die einzige echte politische Neuschöpfung dieser Epoche.

Emanuel Filibert (1553–1580) ist der erste bedeutende Herrscher auf dem savoyischen Herzogstuhl. Er hat den festen Grund für den kommenden Aufstieg des Staates gelegt und das arme, wirtschaftlich und kulturell noch ganz ungeprägte Land in ein verhältnismäßig blühendes und starkes Staatswesen modernen Gepräges umgewandelt. Verwaltung, Gesetzgebung und Rechtspflege wurden vereinheitlicht und zentralisiert, Ackerbau, Textilindustrie, die Verkehrswege erfuhren bedeutende staatliche Pflege und Fürsorge, die Erträgnisse der hohen Steuern wurden mit der Genauigkeit eines strengen Hausvaters in den Dienst der öffentlichen Bedürfnisse gestellt oder zur Anhäufung eines Staatsschatzes für Notzeiten verwendet. Bedeutsam für den Neubau des Staates wird auch die Kirchenpolitik des Herzogs. Wohl förderte er, den Wünschen des Papstes entgegenkommend, eifrig die Durchführung der Reformbestimmungen des Tridentiner Konzils, doch der allgemeine Zug der Zeit zum Staatskirchentum macht sich auch hier bemerkbar: der Papst konnte die Bischöfe nur im Einverständnis mit dem Herzog ernennen, für die Besitzergreifung aller kirchlichen Pfründen durch neue Inhaber war das staatliche Placet erforderlich und die Tätigkeit der römischen Inquisition stand (ebenso wie etwa auch in Toskana) unter der Aufsicht des Staates. Anderseits verwickelte der Wille, die unbedingte Glaubenseinheit des Landes durchzusetzen, Emanuel Filibert und noch mehrere seiner Nachfolger in die heftigsten Kämpfe mit den in einigen

Alpentälern sitzenden protestantischen Valdesern (so 1560/61, dann wieder Karl Emanuel II. um 1650/55 und Viktor Amadeus II. 1686/87), die sich aber immer wieder die Anerkennung ihrer Gewissens- und Kultfreiheit erkämpfen konnten. Besonders charakteristisch schließlich ist das starke Interesse für das Militärwesen. Für den Kriegsfall gibt es sogar eine Art von allgemeiner Aushebung (derart, daß jede Pfarrei ein bestimmtes Kontingent zu stellen hatte), und auch das stehende Heer bevorzugt vor allem solche Soldtruppen, die aus den Reihen der eigenen Landeskinder angeworben waren, ohne daß deswegen die ausländischen, besonders schweizerischen Söldner fehlen würden. Selbst eine kleine Flotte hat Emanuel Filibert aufgebaut, die in der Schlacht bei Lepanto ihre Feuertaufe empfangen hat.

Die außenpolitische Haltung wurde durch die heikle Lage des Staates zwischen den zwei Großmächten Spanien und Frankreich von selbst vorgezeichnet: vorsichtige Gleichgewichtspolitik schien für den aufstrebenden Staat das Gegebene. Nach dem Frieden von Cateau-Cambrésis mußte zunächst das spanische Übergewicht, dem ja das Herzogtum seine Wiedererstehung verdankte, vorherrschen, doch konnte Emanuel Filibert dank seiner überragend klugen Gattin Margarete, einer Schwester König Heinrichs II. von Frankreich, bald auch nach der französischen Seite hin gute Beziehungen unterhalten.

Sein unruhiger Sohn und Nachfolger Karl Emanuel I. (1580–1630) dagegen versuchte es als Gatte einer Tochter Philipps II. zunächst ganz mit Spanien: 1588 nahm er Saluzzo, ja besetzte sogar mehrere Städte in der Provence (1590), wofür dann umgekehrt die Franzosen in Piemont einfielen. Das Ganze endete nach jahrelangem fruchtlosen Hin und Her mit dem Status quo (1598). Nur Saluzzo blieb (nach einer neuerlichen, 1601 beigelegten Wirrung) von jetzt ab bei Savoyen; ein gleichzeitiger Anschlag auf Genf ging fehl (1602).

Doch weit üppigere Wünsche werden in diesen Jahrzehnten laut und sie weisen jetzt alle in die Richtung Italiens. Da ist Genua, für das sich schon Emanuel Filibert lebhaft interessiert hatte und gegen das nun Karl Emanuel, die inneren Spaltungen der Stadt ausnützend, neue, aber vergebliche Angriffe unternahm (so schon in den neunziger Jahren des 16. Jahrhunderts und besonders zwischen 1618–1628 und nochmals sein Enkel Karl Emanuel II. 1671/73), dann Montferrat, das der Herzog schon 1612 (vor dem Aussterben der Gonzaga) für sich beanspruchte, und schließlich nichts Geringeres als Mailand – und mit ihm die Königskrone! Dafür freilich war Spanien nicht mehr zu haben. So schloß der Herzog im April 1610 ein Kriegsbündnis mit König Heinrich IV. von Frankreich, das ihm im Falle des Sieges die Erfüllung seiner Wünsche zusicherte. Heinrich dagegen beabsichtigte dafür Savoyen an sich zu nehmen – der Weg Cavours (s. u. S. 411) kündet sich zum erstenmal aus weiter Ferne an! Doch die Ermordung Heinrichs IV. machte bereits im folgenden Monat den kühnen Plan zunichte. 1627, als die Montferrater Frage spruchreif wurde, trat der Herzog wieder an die Seite Spaniens (s. o. S. 329).

Der Ausbruch des großen Krieges zwischen Frankreich und Spanien 1635 führt den neuen Herzog Viktor Amadeus I. (1630–1637), der mit Christine, einer Schwester König Ludwigs XIII. verheiratet war, wieder auf die französische Seite, und als Siegespreis wird ihm erneut Mailand versprochen. Auch die anderen italienischen Kleinstaaten lassen sich mit hereinziehen, die Gonzaga-Nevers von Mantua und die Farnese von Parma auf der französischen, die Este von Modena und Reggio (die Hauptlinie in Ferrara war bereits 1598 ausgestorben) auf der spanischen Seite, während sich Venedig und Papst Urban VIII. neutral verhielten. Doch bleiben die Kämpfe, die sich in den folgenden Jahren (1636/37) in Oberitalien abspielen, auf den Gang der großen Entwicklung ohne Einfluß.

Der Tod des Herzogs öffnete der spanisch-französischen Rivalität im Gebiete des wichtigen Grenzstaates ein neues Betätigungsfeld. Beide Mächte ergriffen Partei in dem erbitterten Streit, der sich zwischen der Herzogin-Witwe Christine auf der einen, dem Kardinal Moritz und dem Fürsten Thomas auf der andern Seite um die Regentschaft für den minderjährigen Karl Emanuel II. (1638–1675) entspann.

Schließlich trug Christine, und durch sie der französische Machteinfluß, den Sieg davon (1642). Erst der Pyrenäenfrieden (1659) schränkte diesen wenigstens auf die eine Festung Pinerolo ein.

Die Erschütterungen, die mit den Raubkriegen und ›Reunionen‹ Ludwigs XIV. von Frankreich (1643–1715) über ganz Europa hereinbrachen, trugen ihren Wellenschlag auch in das seit Menschenaltern so bewegte Grenzland. Die an Stelle ihres minderjährigen Sohnes, Viktor Amadeus II. (1675–1730), bis 1684 regierende hochbegabte Giovanna Battista aus der savoyisch-französischen Seitenlinie der Herzöge von Nemours (südöstlich von Paris) konnte nicht verhindern, daß Ludwigs Truppen am selben Tag wie die alte Reichsstadt Straßburg auch die wichtige piemontesische Festung Casale (östlich von Turin) einnahmen (30. Sept. 1681). Der damit unerträglich werdende französische Druck führte den selbständig gewordenen Herzog der großen Liga in die Arme, die sich unterdessen zwischen Spanien, Holland, England und dem Kaiser gegen Ludwig XIV. gebildet hatte (1690). Im Krieg nehmen die Franzosen zunächst Savoyen und Nizza, Piemont wird schwer verwüstet; aber die Hilfe, die der große kaiserliche Feldherr Prinz Eugen von Savoyen brachte, wendet das Blatt; selbst Casale geht den Franzosen verloren (1695). Im Jahr darauf versteht sich Ludwig in einem Sonderfrieden dazu, auch Pinerolo herauszugeben; der Herzog sieht seine Kriegsziele erreicht und trennt sich wieder von der Liga. Der allgemeine Friede, den die Großmächte bereits im folgenden Jahr (1697) in Ryswyck abschlossen, ließ es, was Italien anlangt, bei diesen Abmachungen.

Welches Ergebnis zeichnet sich ab? Im gesamten Italien stand die spanische Herrschaft unerschüttert da. Nur in den oberitalienischen Grenzgebieten hatte Frankreich ernsthaft den Kampf mit ihr aufnehmen und ihr dabei längere Zeit im savoyisch-piemontesischen Grenzstaat den Rang ablaufen können. Aber am Ende des Jahrhunderts hatte es auch den letzten Stützpunkt jenseits der Alpen (von den französischen Gonzaga in Mantua abgesehen) wieder eingebüßt. Doch *ein*

für die Zukunft entscheidendes Ereignis hatte die französisch-
spanische Rivalität gezeitigt: auf ihren Schultern war jener
neue Machtfaktor emporgestiegen, das Herzogtum Savoyen-
Piemont – ein *italienischer* Staat, der in der großen Politik
nicht mehr übergangen werden konnte und dem sich vereinzelt schon die Hoffnungen des übrigen Italien zuwendeten:
»Wenn der Prinzipat über Italien einem Einzigen zu übertragen wäre«, schrieb ein anonymer Zeitgenosse Karl Emanuels I.,
»wer würde daran zweifeln, daß er dem Herzog von Savoyen
gebühre«!

Die Neuverteilung der Macht: Bourbonen und Österreich.
Das Zeitalter der Reformen (1700–1796)

Die offensichtlich endgültige Kinderlosigkeit des letzten
spanischen Habsburgers, König Karls II. (1665–1700; Urenkel Philipps II.), versetzte die europäischen Kabinette in
fieberhafte Erregung: Spanien selbst, das riesige Kolonialreich in Süd- und Mittelamerika, die südlichen Niederlande
(Belgien) und mehr als das halbe Italien warteten auf ihren
neuen Herrn. Auf Grund der bestehenden Verwandtschafts-
verhältnisse erhoben Ludwig XIV. für seinen Enkel Philipp
von Anjou-Bourbon, Kaiser Leopold für seinen Sohn Karl
und Max Emanuel von Bayern für seinen Sohn Joseph Ferdinand Anspruch auf das spanische Erbe. Als Urenkel Philipps III. von Spanien meldete sich schließlich noch Viktor
Amadeus II. von Savoyen zum Wort, doch ohne unter den
Großmächten damit sonderliche Beachtung zu finden.

Als im November 1700 der Erbfall eintritt, zieht der französische Thronkandidat – Karl hatte ihn testamentarisch zu
seinem Universalerben erklärt – unangefochten als Philipp V.
in Spanien ein. Ludwig XIV. aber verschärft die Situation
durch verschiedene militärische und diplomatische Maßnahmen (u. a. durch die Entsendung eines Heeres nach Oberitalien oder durch Bündnisse mit Savoyen und Mantua) und
behält überdies seinem Enkel (gegen eine ausdrückliche Bestimmung im Testament Karls II.) auch die französische Erbfolge vor. Insbesondere diese Aussicht auf einen Zusammen-

schluß der Länder diesseits und jenseits der Pyrenäen vereinigte im September 1701 die anderen Mächte (Österreich,
England, die Niederlande, die Kurfürsten von Hannover und
Brandenburg-Preußen) zur ›großen Allianz‹. Zwei Jahre
später (Oktober 1703) tritt auch Viktor Amadeus II., um
nicht zu einem Vasallen des französischen Königs herabge-
drückt zu werden, zu ihr über; Venedig und die anderen
italienischen Staaten (mit Ausnahme Mantuas) bleiben neutral. Der allgemeine Krieg – der sog. Spanische Erbfolgekrieg
(1701–1714) – war fertig.

Die Ereignisse können hier nur unter dem Blickpunkt
Italiens verfolgt werden. In Oberitalien, wo die Feindseligkeiten schon vor dem Abschluß der großen Allianz ausbrachen, kämpft Prinz Eugen von Savoyen zunächst mit wech-
selndem Erfolg. Im September 1706 aber erringt er bei Turin
einen großen Sieg, der die Franzosen aus Oberitalien verdrängt. Mailand und Mantua fallen in die Hände des Kaisers.
Im Jahr darauf wird auch Neapel besetzt (August 1707).
Italien ist damit für den Bourbonen verloren.

Da ergibt sich noch einmal jene alte, nun schon ganz anachronistisch anmutende Situation: der Papst – Clemens XI.
(1700–1721) – fühlt sich durch verschiedene kaiserliche Ansprüche in Italien verletzt und hält überdies seine Unabhängigkeit durch den erneuten Zusammenschluß von Ober-
und Unteritalien für bedroht. Und da er (wie schon sein Vorgänger Innozenz XII.) von Anfang an offen auf die bourbonische Seite geneigt hatte, verschärft sich die Spannung mit
Wien zum offenen Krieg zwischen Kaiser und Papst (1708/09)
– dem letzten, den die Geschichte kennt. Ohne ernsthafte Bemühungen des kaiserlichen Heeres wurde der Papst in drei
Monaten zum Nachgeben genötigt (Januar 1709); die här-
teste Bedingung des Friedensschlusses, gegen die er sich lange
sträubte, bestand in der offiziellen Anerkennung der österreichischen Ansprüche auf das spanische Gesamtreich.

Der machtpolitische Entscheid aber kam von anderer
Seite: Infolge des unerwartet frühen Todes des söhnelosen
Kaisers (Joseph I. 1705–1711) bestieg dessen jüngerer Bruder
– eben der habsburgische Thronanwärter für Spanien – als

Karl VI. (1711–1740) den Kaiserthron. Die neue Lage *konnte* ein zweites Weltreich im Stil Karls V. zeitigen – und das war natürlich nicht im Sinne des englischen Bundesgenossen. Englisch-französische Geheimverhandlungen führten schließlich zum Frieden von Utrecht (April 1713); der Kaiser, auch von seinen anderen Bundesgenossen im Stich gelassen, muß diesem notgedrungen im Frieden von Rastatt (März 1714) beitreten. Das Ergebnis für Italien ist: Karl VI. erhält das bisher spanische Italien mit Ausnahme der Insel Sizilien, also Mailand, Neapel, Sardinien und den Stato dei Presidi sowie Mantua, das der Kaiser nach dem Aussterben der Gonzaga-Nevers bereits 1708 als erledigtes Reichslehen eingezogen hatte; das bisher mit Mantua vereinigte Montferrat wird zu Savoyen-Piemont geschlagen. Aber mehr noch: dem Herzog Viktor Amadeus II. wird auch die Insel Sizilien und mit ihr der Königstitel zugesprochen. Es war freilich die echte Willkürtat einer hohen Kabinettspolitik, die das nördliche Bergland mit der völlig andersgearteten Insel des fernen Südens verband, aber immerhin: der Staat, der sich seit dem 16. und 17. Jahrhundert mit beharrlicher Zähigkeit in die Höhe gearbeitet hatte, war damit zu einer ihm bisher unbekannten Geltung emporgestiegen und war nächst Österreich die erste Macht in Italien geworden.

Doch der dynastische Handel um die Länder Italiens beginnt jetzt erst recht. Den Anstoß dazu gab zunächst der neue spanische Herrscher Philipp V. (1701–1746) und vor allem dessen ehrgeizige Gattin Elisabeth Farnese von Parma sowie der nicht weniger aktive oberste Minister (und Kardinal) Giulio Alberoni, der im Gefolge der Königin gleichfalls von Parma nach Spanien gekommen war. Ihr Ziel hieß einfach, die spanische Herrschaft über Italien, so wie sie unter den Habsburgern bestanden hatte, möglichst weitgehend wiederherzustellen oder dort für die königlichen Prinzen Sekundogenituren zu schaffen. 1717 bereits landen spanische Truppen auf dem österreichischen Sardinien und im folgenden Jahr (1718) besetzen sie einen großen Teil des savoyischen Sizilien. Doch die ›Quadrupelallianz‹ zwischen Kaiser Karl VI., England, den Niederlanden und Frankreich – hier führte bereits der Herzog Philipp von Orléans die Regentschaft für den unmündigen Ludwig XV. – nötigt Spanien zum Nachgeben. Im Vertrag vom Haag (Februar 1720) geht die Familie Philipps V. einstweilen leer aus. Österreich dagegen setzt durch, daß ihm Sizilien überlassen wird, auf das es in Rastatt nur äußerst ungern verzichtet hatte. Das alte ›Königreich beider Sizilien‹ ist damit wieder in einer Hand vereinigt und wird es nun bis zu seinem Untergang (1860) bleiben, nur die Dynastie wird noch wechseln. Piemont muß für Sizilien das an sich weit weniger wertvolle, aber dem Hauptland immerhin näher gelegene Sardinien in Tausch nehmen; seitdem führt der Staat den Titel Königreich Sardinien-Piemont.

Doch an zwei anderen Stellen eröffneten sich für die spanischen Bourbonen neue Aussichten: Karl von Bourbon, der Sohn Philipps V. und der Elisabeth Farnese, wurde als künftiger Erbe der Farnese in Parma-Piacenza wie der Medici in Toskana von den großen Mächten anerkannt. Über Toskana allerdings wurde dann wieder anderweitig bestimmt (s. u. S. 338), aber in Parma-Piacenza hat Karl die Herrschaft 1731 tatsächlich angetreten.

Dann ist es der Erbfolgekrieg im fernen Polen (1733/35), der den europäischen Kabinetten Gelegenheit verschafft, der politischen Landkarte Italiens wiederum ein anderes Gesicht zu geben. Über den Erfolg des Kaisers in der Frage der polnischen Nachfolge erbittert, verbündet sich das hier unterlegene Frankreich mit Philipp V. von Spanien und Karl Emanuel III. von Sardinien-Piemont (1730–1773), dem Sohn und Nachfolger Viktor Amadeus' II., gegen Österreich; der eine erhielt dabei Aussicht auf Neapel-Sizilien, der andere auf das längst heiß begehrte Mailand. Der Krieg verlief für Österreich unglücklich, 1733 fiel die Lombardei, im folgenden Jahr auch Neapel-Sizilien in die Hände der Feinde. Im Frieden von Wien im Oktober 1735 (eigentlich nur Vorfriede, der erst im November 1738 ebenfalls in Wien bestätigt wurde) wird Karl Emanuel jedoch mit einigen Randgebieten (Novara, Tortona) abgespeist, Mailand sowie Mantua bleiben österreichisch. Aber im Königreich beider Sizilien sowie im Stato dei Presidi zieht nun der bisherige Herzog von Parma-Piacenza als

Karl III. (1735–1759) ein und das Reich bleibt von jetzt ab dauernd in bourbonischen Händen. Über die Proteste des Papstes, der seine alten Lehensrechte über Unteritalien in Erinnerung bringen wollte, ging man jetzt wie auch bei den früheren Friedensschlüssen achtlos hinweg. Österreich mußte nun an Stelle des großen unteritalienischen Reiches mit dem kleinen Herzogtum Parma-Piacenza sowie mit der Aussicht auf das bald frei werdende Toskana vorliebnehmen. Nach dem Tode des letzten Medici 1737 übernahm hier der bisherige Herzog von Lothringen, Franz Stephan (der Gatte der Kaisertochter Maria Theresia) ohne Schwierigkeiten die Herrschaft und Toskana blieb von da an habsburgische Sekundogenitur.

Die letzten Veränderungen rein dynastischer Art führte schließlich der österreichische Erbfolgekrieg (1740–1748), der in Deutschland von den schlesischen Kriegen begleitet war, herbei. Neapel-Sizilien, der Kleinstaat Modena und Karl Emanuel III. von Sardinien-Piemont schlossen sich der französisch-spanischen Liga an, die im Bund mit Friedrich d. Gr. und Bayern gegen die Erbin der österreichischen Gesamtmonarchie, Maria Theresia, zustande gekommen war. Erst als Karl Emanuel merkte, daß es die Spanier auf Mailand abgesehen hatten, ging er zu Österreich und seinem englischen Verbündeten über (1742). Die anderen italienischen Staaten blieben neutral, nur Genua trat noch im Verlaufe des Krieges in alter Abneigung gegen Piemont der französischen Partei bei. Der Krieg verlief in Italien zunächst wechselhaft, 1746 aber wurden die Franzosen und Spanier aus ganz Oberitalien, wo sie schon die Hauptstadt Mailand besetzt hatten, vertrieben. Im selben Jahr noch erobern die Österreicher, unterstützt von einer englischen Flotte, sogar Genua. Aber schon nach vier Monaten verjagte ein Volksaufstand in einem fünftägigen heftigen Kampf die Fremden aus der Stadt (Dezember 1746).

Bald darauf wurde im Gefolge neuer politischer Konstellationen der Weg für den Frieden frei. Der Friede von Aachen (Oktober 1748) brachte die allgemeine Anerkennung Maria Theresias und ihres Gatten Franz Stephan und, was Italien

anlangt, folgende Veränderungen: Österreich mußte Parma-
Piacenza an Philipp, einen jüngeren Bruder Karls III. von
Neapel-Sizilien, abtreten; Piemont bekam nochmals einige
Gebietsstreifen hinzu, so daß es östlich bis an den Lago Mag-
giore und den Tessin reichte, Genua wurde wieder selb-
ständig.

Diese Ordnung blieb für die folgenden Jahrzehnte bis zum
Einbruch der französischen Revolution in Italien bestehen.
Wie die erste Hälfte des 16., so war auch die erste Hälfte des
18. Jahrhunderts von einer fast ununterbrochenen Reihe von
Kriegen ausgefüllt gewesen, in denen von den europäischen
Großmächten um die Länder Italiens gewürfelt wurde. Aber
wenn der Abschluß jener älteren Kriegsepoche schließlich
(im Frieden von Cateau-Cambrésis) die eindeutige Vorherrschaft *eines* Staates, Spaniens, herbeigeführt hatte, so teilten
sich nun zwei annähernd gleichstarke Mächte in die Halbinsel:
im Süden die Bourbonen, im Norden (abgesehen vom bourbonischen Parma) Österreich. Die Zahl der unter einheimischer Führung stehenden Kleinstaaten aber hatte sich weiterhin verringert: Toskana und Parma hatten fremde Dynastien
annehmen müssen, Mantua war im österreichischen Mailand
aufgegangen. Anderseits war in Sardinien-Piemont ein nationaler Staat von einer Kraft und Bedeutung erstanden, wie das
16. Jahrhundert keinen (auch nicht in Venedig) gekannt hatte.

Nur an der Peripherie und außerhalb der europäischen Kabinettspolitik erlebt das Italien des späteren 18. Jahrhunderts
noch eine territoriale Veränderung: den Verlust Korsikas.
Nach jahrhundertelangem Ringen mit den rebellischen Insel-
bewohnern – so besonders noch in den großen Aufständen
von 1736 und 1755 – wurde die selbst im Niedergang be-
griffene Republik Genua des aussichtslosen Kampfes über-
drüssig und trat Korsika an Frankreich ab (Mai 1768). Seitdem blieb die Insel dem italienischen Staatsverband ent-
fremdet.

Der dynastische Absolutismus, der über Länder und Völker schrankenlos verfügen kann, beherrscht den Beginn des
18. Jahrhunderts. Am Ende desselben Jahrhunderts erhebt

sich in der französischen Revolution der Kampfruf von der Freiheit und Gleichheit des Individuums, aber bereits auch der Volkstumsgedanke, die Parole also vom Recht der Nation als einer lebendigen, organisch in sich geschlossenen ›Persönlichkeit‹ auf Freiheit, Unabhängigkeit und Selbstbestimmung. Diese eine Gegenüberstellung schon läßt die gewaltigen Spannungen sichtbar werden, von denen das 18. Jahrhundert erfüllt ist, und macht die ungeheure geistige Umwälzung deutlich, die diese kurze Epoche über die europäische Menschheit gebracht hat.

Befreiung von der Tradition, Sprengung aller äußeren und inneren Fesseln des Menschen und der Menschheit, »der Ausgang des Menschen aus seiner selbstverschuldeten Unmündigkeit« (Kant): lautet das Programm der ›Aufklärung‹. Es fußt auf einem unbegrenzten Kulturoptimismus, d.h. auf dem enthusiastischen Vertrauen in die natürlichen Kräfte des Menschen – sofern sie sich nur frei entfalten können –, auf die alles überwindende und alles durchleuchtende Vernunft wie auf das natürlich-ungebrochene ethische Gutsein des Individuums: beide würden den Weg frei machen für den Fortschritt, für das Heraufkommen eines paradieshaften Daseins auf Erden. Aus diesem Programm erwächst der Wille zu angestrengter, auf Beobachtung, Experiment und natürlichem Verstand begründeter und von allen transzendenten Bindungen befreiter wissenschaftlicher Forschung, fast mehr aber noch der Wille zur Popularisierung alles Wissens, zu seiner Verbreitung in möglichst weite Volkskreise und damit zu seiner Nutzbarmachung für das praktische Leben des Einzelnen und der Gesellschaft. Rationalismus, Empirismus, Kritizismus sind die kennzeichnendsten Formen dieser Geisteshaltung; den von ihnen nicht erfaßbaren Bezirken des Religiösen gegenüber wirken sie sich als tiefer Skeptizismus oder nüchterner moralischer Utilitarismus aus. Bewegungen wie der französische Enzyklopädismus, der deutsche Illuminatenorden und die seit Anfang des 18. Jahrhunderts in England (aus älteren, kaum faßbaren Vorstufen) auftauchende, schnell international werdende Freimaurerei erscheinen als die Hauptträger dieses neuen, diesseitig humanitären Kulturprogramms.

Zwei große konservative Mächte standen oder schienen der Verwirklichung des Aufklärungsprogramms im Wege zu stehen: die absolute Monarchie und die Kirche. Beide mußten als die stärksten Feinde des Fortschritts (im Sinne der neuen Bewegung) und des Durchbruchs der Menschheit zu einem schönen und freien Leben empfunden werden. Aber trotz der dem Aufklärungsideal immanenten antimonarchischen Entwicklungstendenz ließ sich zunächst die Monarchie selbst in einem nicht unbeträchtlichen Umfang vom neuen Geist erfassen, ja in manchen Ländern schien sie sogar die Führung übernehmen und so die ihr gefährlichen Elemente der Bewegung abfangen zu wollen.

Dieser ›aufgeklärte Absolutismus‹ wird – von Spanien etwa abgesehen – nirgends in solchem Maße heimisch wie bei den Dynastien, die Italien beherrscht haben: sie vor allem werden auf der Apenninenhalbinsel die Bringer und Träger des neuen Geistes. Für Italien, dem Mutterboden der Gegenreformation und des Barock, bleibt die Aufklärung – das Gewächs der nördlichen und westlichen Länder – wesentlich fremder Import. Die in starrer Unfruchtbarkeit verharrenden Verhältnisse in den Staaten unter einheimischer Führung (Venedig, Genua, das Herzogtum Modena) machen dies eindrucksvoll offenbar. Es fanden sich dann freilich auch in Italien einheimische Kräfte, die die Bewegung aufnahmen, fortbildeten und den besonderen Verhältnissen des Landes anzupassen versuchten. Aber die Männer, die einen solchen Geist verkündeten und in die Tat umsetzen wollten, standen doch ziemlich vereinzelt und ohne ernsthaften Rückhalt an einem größeren Publikum der wirtschaftlich oder bildungsmäßig gehobenen Volksschichten. Im ganzen bleiben Anregung und Führung bei den Fürsten. Dieser Umstand und dazu auch der jedem theoretischen Radikalismus abgeneigte Geist des Italieners hatten zur Folge, daß die Bewegung sich noch bis zum Ende des Jahrhunderts in gemäßigten Bahnen bewegte und mehr den Charakter einer vorsichtigen Evolution als den einer stürmischen, zur Niederreißung aller Schranken bereiten Revolution an sich trug.

Das große Vorbild für den aufgeklärten Absolutismus gibt

auf der Apenninenhalbinsel die Lombardei, die seit 1714 der
österreichischen Monarchie angeschlossen war. Bereits Karl
VI. und dann vor allem Maria Theresia (1740–1780) bemühten sich aufs eifrigste, die Sünden des spanischen Regimes in
Justiz, Verwaltung und Wirtschaft wiedergutzumachen.
Ackerbau, Handel und Gewerbe blühten in gleicher Weise
auf; für ihre Belange wurde 1765 ein oberster ›Wirtschafts-
rat‹ gegründet, der sich 1786 zu einer ›Handelskammer‹, der
ersten, die Italien gesehen hat, ausweitete. Straßen und Kanäle zur Hebung des Verkehrs wurden gebaut, die für die
Landwirtschaft so wichtigen Anlagen zur künstlichen Bewässerung vielfach verbessert. Eine Unmenge von Einzelmaßnahmen und Reformbestimmungen rüttelten das Land aus seiner Lethargie, in die es in der spanischen Ära versunken war,
auf. Kaiser Joseph II. (1780–1790) betrieb das wirtschaftliche
Reformwerk seiner großen Mutter in gleichem Sinne, nur
mit der ihm eigenen ungestümen, ja gewalttätigen Art weiter.

Auch in den einheimischen Kreisen regte sich auf den verschiedensten Gebieten neues Leben. Mit dem Mailänder Blatt
›Il Caffè‹, das freilich kaum drei Jahrgänge erlebte, beginnt ein
Zeitungswesen, das nicht nur dürftige Nachrichten und an-
genehme Unterhaltung bringen, sondern das gesamte öffentliche Leben kritisch betrachten und an seiner Ausgestaltung
aktiv teilnehmen wollte. Sein hauptsächlichster Herausgeber
Pietro Verri (1728–1797), einer der hervorragendsten Vertreter der neuen, aus dem Geist der Aufklärung herausge-
wachsenen Wissenschaft der Nationalökonomie, fand mit
seinen Verbesserungsvorschlägen bei Maria Theresia ein stets
offenes Ohr; unter dem selbstherrlicheren Kaiser Joseph wurde
er dagegen in den Hintergrund gedrängt und mußte sich darauf beschränken, seine Ideen vorzüglich auf literarischem
Wege (so in einer ›Geschichte Mailands‹) zu verbreiten. Der
kleinen Kreisen entstammende, späterhin hochangesehene
Dichter Giuseppe Parini (1729–1799) anderseits übernahm die
Aufgabe, das moralische Verantwortungsbewußtsein des Volkes wachzurütteln: in seinem berühmten (immer Fragment
gebliebenen) satirischen Gedicht ›Das Tagewerk‹ (Il Giorno,
begonnen um 1760) geißelt er das inhaltlose, tändelnd ober-

flächliche und dabei anspruchsvolle Dasein, das ein junger adeliger Müßiggänger von der Morgenfrühe bis in die Nacht hinein führt, – nicht um den Klassenhaß des Bürgertums gegen den Adel aufzupeitschen, sondern um mit scharfem Spott und ernsten Lehren zum tätigen, für die Öffentlichkeit nutzbringenden und pflichtbewußten Leben aufzurufen. Der Theoretiker des Staatsrechtes Cesare Beccaria (1738–1794) wiederum schlug mit seinem Buch ›Über die Verbrechen und ihre Strafen‹ (1764) in das bisher übliche Justizverfahren eine Bresche im Sinne des humanitären Gedankens: unter seinem Einfluß wurde unter anderem die Tortur abgeschafft und die Todesstrafe (die Beccaria ganz ablehnte) bedeutend eingeschränkt. Beide, Parini und Beccaria, haben mit ihren Ideen auf Joseph II. stark eingewirkt.

Einen besonders wichtigen Platz nehmen im Kulturprogramm dieser Zeit überall die kirchlichen Verhältnisse ein. Bereits Maria Theresia hat auf diesem Gebiet mancherlei Reformen durchgeführt; unter ihrem Sohn und Nachfolger zog dann das System des ›Josephinismus‹ so wie in die anderen Länder der habsburgischen Monarchie auch in die Lombardei ein. Es traf sich hier mit einer aus ganz anderen geistigen Quellen gespeisten kirchlichen Richtung, dem Jansenismus. Da dieser späte norditalienische Jansenismus (ohne sich von der ursprünglichen großen religiösen Bewegung innerlich ganz zu lösen) immer stärker aufklärerische und liberale Wege einschlug, fand er sich unter seinem bedeutendsten Führer, dem vielseitigen Schriftsteller und Professor Pietro Tamburini (1737–1827), mit dem Staatskirchentum Josephs II. zu einem engen Bund zusammen. Abschaffung der Inquisition, Unterdrückung der kirchlichen Bücherzensur und des Asylrechtes, Aufhebung zahlreicher Klöster, allgemeine religiöse Toleranz u. ä. sind die wesentlichen Ergebnisse dieser Zusammenarbeit. Gründung von Wohltätigkeitsanstalten sowie von Schulen, Bibliotheken und Museen oder der eifrige Ausbau der Universität Pavia lagen ebenfalls auf dieser gemeinsamen Linie.

Ganz dasselbe Bild bietet das Großherzogtum Toskana. Der unter den letzten dekadenten Medici stark heruntergekommene Staat erlebte bereits unter seinem ersten habsburgisch-lothringischen Herrn, Franz Stephan (1737–1765), einen bedeutenden Aufschwung, obgleich dieser nur kurze Zeit persönlich im Lande residierte. In seinem Sohn und Nachfolger Leopold I. (1765–1790, dann Kaiser 1790–1792) aber erhielt Toskana das unübertroffene Muster eines aufgeklärten, für das Wohl des Landes unablässig besorgten Fürsten. Das Ziel beider Herrscher war es, die Überreste des Mittelalters in wirtschaftlicher, sozialer und kirchlicher Beziehung endgültig zu beseitigen. So wurde auf dem Lande ein einheitliches Pachtsystem eingeführt, das bei geringerem Jahreszins dem Pächter die Möglichkeit gab, den Grund und Boden langsam in Eigenbesitz zu erwerben. Eine Anzahl von Latifundien verfiel der Aufteilung, die weitere Übereignung von Grundbesitz an die Kirche hatte Franz Stephan mit Zustimmung des verständigen Papstes Benedikt XIV. bereits im Jahre 1751 verboten. Beseitigung der verschiedenen Privilegien, gleichmäßige Verteilung der Steuerlasten, Abschaffung der Zünfte, Gewerbefreiheit, staatliche Unterstützung der darniederliegenden Wollindustrie: solche und ähnliche den Wirtschaftsliberalismus anbahnende Maßnahmen steigerten zunächst den Wohlstand des Landes bedeutend. Der klugen Amtsführung des toskanischen Finanzministers Francesco Gianni gelang es überdies die Staatsschuld ohne Erhöhung der Steuern größtenteils abzutragen. Von den umfassenden Wirtschaftsplanungen dieser Jahrzehnte zeugt schließlich der groß angelegte Versuch Franz Stephans, das Sumpfland der Maremmen mit Hilfe einiger tausend lothringischer Kolonisten zu kultivieren. Eine bedeutende nationalökonomische Schrift des toskanischen Kanonikus Sallustio Bandini setzte sich besonders für den Plan ein. Aber die feindliche Natur blieb schließlich doch stärker: dem ganzen Unternehmen war nur ein sehr bescheidener Erfolg beschieden.

In der Strafrechtspflege setzte sich der Geist der Aufklärung in Toskana mit der Abschaffung der Tortur, der Güterkonfiskationen und, über das Beispiel der meisten anderen europäischen Staaten hinausgehend, selbst der Todesstrafe durch. Dem geistigen Fortschritt sollten neue Schulen, Akademien,

Museen, die eifrige Fürsorge für die Universitäten u. dgl. dienen. In den kirchlichen Fragen verbündete sich Leopold ebenfalls mit der jansenistischen Richtung; ähnlich wie in der Lombardei bezeichnete auch in Toskana die Abschaffung der Inquisition, die Aufhebung verschiedener Klöster und dazu die Vertreibung der Jesuiten (s. u. S. 346) den neuen Weg. Unter der Führung des Bischofs von Pistoja, Scipione Ricci (1741–1810), versuchte die Diözesansynode von Pistoja (1786) noch einen viel radikaleren Vorstoß: zahlreiche ihrer Bestimmungen griffen auch in das Gebiet der Dogmatik, der Liturgie und der innerkirchlichen Disziplin ein. Aber die Verurteilung der Synode durch den Papst und fast mehr noch der überaus leidenschaftliche Widerstand im toskanischen Volk selbst, nötigten den Großherzog, viele Bestimmungen wieder rückgängig zu machen.

Weniger ausgeprägt als in den habsburgischen Ländern kommt das Reformzeitalter im bourbonischen Unteritalien zur Geltung. Der junge, intelligente und tatkräftige Karl III. (1735–1759) allerdings hat es an eifrigen Bemühungen nicht fehlen lassen. Aber die Verhältnisse boten hier ganz besondere und fast unübersteigbare Schwierigkeiten. Der sehr zahlreiche Adel war gemäß der alten süditalienischen Tradition seiner politischen Machtstellung längst verlustig gegangen, um so stärker aber blieb der wirtschaftliche Feudalismus erhalten: auf den riesigen, großenteils wirtschaftlich zurückgebliebenen und daher wenig ertragreichen Latifundien fristete die Masse der abhängigen Hintersassen ein überaus kümmerliches Dasein. Als zweiter führender Stand tritt neben den Adel der höhere Klerus; fast die Hälfte des ganzen Grund und Bodens war in kirchlichen Händen und damit grundsätzlich steuerfrei. Der König versuchte, wenigstens mit Einzelreformen die Lage einigermaßen zu verbessern. Aber das Ergebnis blieb, nicht zuletzt durch den Unverstand und den passiven Widerstand des einheimischen Beamtentums, bescheiden. Doch konnte der kirchliche Grundbesitz, wiederum mit Genehmigung Benedikts XIV., mit einer vierprozentigen Steuer zum Dienst an den öffentlichen Bedürfnissen herangezogen werden (1741).

Im Gegensatz zu den allgemeinen Tendenzen seiner Zeit entschloß sich Karl III. zur Vertreibung der Juden aus der Stadt Neapel. Aber seine Bemühungen, den dürftigen Handel in die Höhe zu bringen, waren gleichfalls nur von sehr mäßigen Erfolgen begleitet. Bei alledem bleibt es um so merkwürdiger, daß die neuen, für das Aufklärungszeitalter so charakteristischen Wissenschaften der Volkswirtschaft und des Staatsrechtes gerade in Unteritalien ihre bedeutendsten Vertreter fanden. Die Begründer der Nationalökonomie Antonio Genovesi (1713–1769) und Ferdinando Galiani (1728–1787), der politische Geschichtsschreiber Pietro Giannone (1676–1748) oder Gaetano Filangeri (1757– 1788), den man den Montesquieu Italiens nennen könnte, und manche andere entfalteten in Neapel eine hervorragende Tätigkeit, die aber zum größten Teil den Bereich der Theorie nicht überschritt.

Nachdem Karl III. den spanischen Thron bestiegen hatte (1759), führte ein Regentschaftsrat unter dem maßgebenden Einfluß des radikalen Aufklärers Bernardo Tanucci die Geschäfte für seinen noch minderjährigen Sohn und Nachfolger Ferdinand IV. (bzw. als Bourbone F. I., 1759–1825). In diesen Jahren nahm der Kampf des neapolitanischen Staatsabsolutismus gegen alle kirchlichen Privilegien und Exemtionen und überhaupt gegen alle kurialen Einflüsse (z. B. mit der Abschaffung der kirchlichen Zehnten, mit Klosteraufhebungen, oder der Besetzung der päpstlichen Enklave Benevent) seine schärfsten Formen an. Der leidenschaftlichste Angriff aber richtete sich im Verein mit den drei anderen Bourbonenhöfen Frankreich, Spanien und Parma (wo der Franzose Tillot leitender Minister war), gegen den Jesuitenorden; dem allgemeinen Ansturm nachgebend, hat schließlich Clemens XIV. den Orden aufgehoben (1773). Nach der Heirat des großjährig gewordenen, jedoch an den Regierungsgeschäften uninteressierten Ferdinand mit der tatkräftigen Maria Karolina (Tochter Maria Theresias), die dem Geist der Aufklärung abgeneigt blieb, mußte Tanucci zurücktreten und die Reformperiode war für das Königreich Neapel ziemlich abgeschlossen, ja manche Maßnahmen der vorausgegangenen Zeit wurden wieder rückgängig gemacht.

Der Kirchenstaat erlebt zwar in Benedikt XIV. (1740–1758) und wieder in Pius VI. (1775–1799) zwei ausgezeichnete, tätige und den Bedürfnissen der Zeit gegenüber verständnisvolle Herrscher; Bekämpfung des Wuchers, verschiedentliche Förderung von Ackerbau und Handel, der Versuch, der Pontinischen Sümpfe Herr zu werden, sowie die warme Pflege der Künste und Wissenschaften war ihr Verdienst. Doch für eine durchgreifende Neugestaltung des eigenen Staates, dessen Verwaltungssystem zudem nicht sehr glücklich organisiert war, blieb den Päpsten dieses ›antipäpstlichsten‹ Jahrhunderts nicht mehr allzu viel Zeit und Kraft: sie verzehrten sich im ständigen Ringen mit dem Absolutismus aller europäischen (insbesondere der katholischen) Mächte und im aufreibenden Rückzugskampf um die kirchenpolitische Erbschaft des späteren Mittelalters: jene vielfachen kirchlichen Vorrechte, Ansprüche und Gewohnheiten, die großenteils erst unter dem reformerischen oder direkt kirchenfeindlichen Ansturm der Aufklärung fielen.

Seiner großen, seit der Renaissance ununterbrochen fortwirkenden Kulturtradition blieb das Papsttum auch im 18. Jahrhundert wenigstens nach einer Richtung hin treu: in der Pflege der unausschöpflichen Kunstschätze des antiken Rom. Ja durch den bahnbrechenden deutschen Archäologen Johann Winckelmann (1717–1768) empfing die kunstverständige Begeisterung der römischen Kreise einen erneuten Auftrieb. Ausgrabungen, Antikensammlungen, Bibliotheken und Museen vervollständigten immer mehr das Bild von der großen griechischen und römischen Vergangenheit, so wie es dann durch Vermittlung vor allem der deutschen Klassik in die Vorstellungswelt der neuesten Zeit eingehen wird und wie es die klassizistische Kunst etwa des Antonio Canova (1757–1822) inspiriert hat. Mehr als 300 Jahre hatten unablässig an der Wiedererstehung der großen Ruinenstadt gearbeitet, bis das einzigartige weltgeschichtliche Phänomen ›Rom‹ dem Beschauer auch äußerlich immer plastischer vor Augen trat. Der römische Kupferstecher Piranesi (1720–1778) etwa hat dieses melancholische Bild des Zerfalles in zahlreichen und weitverbreiteten Stichen eindrucksvoll festgehalten. Es ver-

führte, wie W. Rehm in einer eindringlichen Studie über die
›Europäische Romdichtung‹ gezeigt hat, lange Jahrhunderte
hindurch den gebildeten Romfahrer aus dem Norden dazu,
Rom nur mehr als Symbol der Vergänglichkeit und des Todes zu sehen: ›Größe des Nichts‹, ›Vanitas mundi‹, ›Grab der
Vergangenheit‹, ›Stadt der Trümmer‹, so zieht sich in selt-
samer Konstanz (von der nur Goethe eine Ausnahme macht)
immer wieder das gleiche Motiv durch die deutschen, französischen und englischen Verse, fast so, als ob der pulsierende
Lebenswille im Rom der Renaissance und des Barock keinerlei sichtbare Spuren hinterlassen hätte. Auch im 19. Jahrhundert ändert sich daran noch kaum etwas. Wilhelm von Hum-
boldt kam von der elegisch-schwermütigen Träumerei über
das trümmervolle Rom nicht los und weist den Gedanken
seiner möglichen Wiedergeburt schroff ab: »Wenn man die
Campagna di Roma anbaut und Rom zu einer polizierten
(polizeilich geordneten) Stadt machen wollte, dann ziehe ich
aus! Nur wenn in Rom eine so göttliche Anarchie und um
Rom eine so himmlische Wüstenei ist, bleibt für die Schatten
Platz, deren einer mehr wert ist als dies ganze Geschlecht.«
Und erst recht die echten Romantiker: Madame de Staël erlebt Rom nur als ›Vaterland der Gräber‹, Lamartine läßt sich
selbst dazu verführen, das ganze Land Italien als ›Land der
Toten‹ zu sehen, für Lord Byron ist Rom ›die trauervolle
Stadt‹. Und auch der sonst so hellsichtige J. Burckhardt
konnte noch im Jahre 1846 vom ›ewigen, unparteiischen, un-
modernen, tendenzlosen, großartig abgetanen Rom«sprechen.

Von diesem römischen Aspekt aus wird am leichtesten die
Auffassung verständlich, daß »in Piemont die politische Anti-
these des geschichtlichen Italien liege« (E. Rota). Fast als einziger italienischer Staat nimmt Savoyen-Piemont aktiv und
freiwillig an der langen Reihe von europäischen Kriegen, die
die erste Hälfte des 18. Jahrhunderts ausfüllen, teil, je nachdem es der Vorteil zu fordern scheint, bald auf dieser, bald
auf jener Seite. Bereits Viktor Amadeus II. (1675–1730) hatte
durch vielfache Maßnahmen auf dem Gebiete der Verwaltung, der Wirtschaft und des Militärwesens die innere Schlagkraft des Staates zu heben gesucht. Auf dieser Grundlage der

stärksten Konzentrierung aller Kräfte führt das Land unter
Karl Emanuel III. (1730–1773) seit dem Aachener Frieden
(1748) ein gleichmäßiges, nüchternes, von den aufrüttelnden
Problemen der Zeit fast unberührtes Dasein. Viktor Amadeus
III. (1773–1796) vollends legt seine Staatsmaxime in dem
Worte nieder, daß ihm ein Trommler lieber sei als ein Literat.
Und tatsächlich vermochten die geistig bedeutenden Köpfe
des Landes in der dünnen, kühlen Luft, die hier wehte, nicht
zu gedeihen: der große Mathematiker Lagrange, der Chemi-
ker Berthollet, der Historiker Denina, der Publizist Baretti,
der in Turin einige Jahre eine literarkritische Zeitschrift (›Die
Geißel‹) herausgegeben hatte, und auch der national gesinnte
Dramatiker Vittorio Alfieri (s. unten S. 351) gingen alle in die
Fremde und fanden dort erst den ihnen zukommenden Lebensraum. Viktor Amadeus hat sich bewußt das preußische
Heerwesen Friedrichs d. Gr. zum Vorbild genommen. Trotzdem haben dann die piemontesischen Truppen, allzu stark in
bloßem Drill und Paradewesen befangen, bereits vor dem
Ansturm des ersten französischen Volksheeres (1796) versagt,
und auch in der Folge werden es bemerkenswerterweise nicht
Piemonts Heer und Diplomatie sein, die dem Frankreich der
Revolution und Napoleons I. wirksam entgegentreten können; der beharrlichste und nicht immer erfolglose Widerstand wird vom Unteritalien des Bourbonenkönigs und der
Habsburgerin Maria Karolina ausgehen: Nur langsam ist
Piemont, dieses ›Preußen Italiens‹, in seine italienische Auf-
gabe hineingewachsen.

Zum geistigen Bild Italiens in dieser Epoche gehören jedoch
noch zwei Männer, die mit den aufs Praktische gerichteten
Reformzielen der Aufklärung nicht oder nur lose zusammen-
hängen: der Neapolitaner Giambattista Vico und der Ober-
italiener Ludovico Muratori.

Der universale Denker Vico (1668–1744) ist bestrebt, die
gemeinsame geschichtliche Überlieferung des Menschengeschlechtes als wesentliche Erkenntnisquelle herauszuarbei-
ten. Er unterstreicht (in Auseinandersetzung mit Hugo Gro-
tius) die göttlichen und daher unveränderlichen Grundlinien
des Naturrechtes und wird in seinem Hauptwerk »Prinzipien

einer neuen Wissenschaft über die gemeinsame Natur der
Völker« der Begründer einer vergleichenden Völkerpsycho-
logie und zugleich einer allgemeinen Kulturkreislauflehre:
alle Menschengeschichte entwickelt sich in einem gesetz-
mäßigen Ablauf von gleichartigen, immer wiederkehrenden
Perioden (›corso‹ und ›ricorso‹) des Aufstiegs, der Kulmina-
tion und schließlich der Dekadenz und des Untergangs. Diese
Lehre entwickelt Vico auf Grund von umfassenden (öfters
freilich auch mit phantastischen Konstruktionen durchsetz-
ten) vergleichenden Untersuchungen über Sprache, Poesie,
Mythen und Recht der einzelnen Völker. Doch bleibt sein
gesamtes Werk, das mit seinem Willen zu ganzheitlicher Betrachtung vielfach an Leibniz gemahnt, sowohl in Italien wie
im Ausland lange Zeit unbeachtet; erst das ausgehende 18.
und das 19. Jahrhundert (Herder, Gioberti, Benedetto Croce)
haben seine hervorragende Bedeutung gewürdigt.

Der geistliche Archivar und Bibliothekar der Este von
Modena, Ludovico Muratori (1672–1750), ist von der empi-
risch-positivistischen Seite her an die Geschichte herangetreten.
Mit einer geradezu unfaßlich anmutenden Arbeitskraft begabt, hat dieser eine Mann durch seine großen Sammlungen
der ›Scriptores rerum Italicarum‹ und der ›Antiquitates Itali-
cae‹ für die Erforschung aller mittelalterlichen Geschichte
Italiens das bleibende und unerschütterliche Fundament gelegt.

Einige bedeutende und in der Folgezeit klangvoll gewordene Namen weist das Italien des Settecento – die Tradition
Galileis (auch was ihre geringe Resonanz im eigenen Vaterland angeht) fortsetzend – auch in den Naturwissenschaften
auf, so Galvani (gest. 1798), Volta (gest. 1826) oder Spallan-
zani (gest. 1799).

Des unmittelbaren und beifallsfreudigen Widerhalls beim
großen Publikum aber konnte der auf dem Gebiete der leich-
ten, gefälligen Dichtung schöpferisch Arbeitende sicher sein,
vor allem, wenn sie für die Bühne bestimmt war und sich
mit der stets eifrig gepflegten Musik zur Oper verband. Und
Theater und Musik sind auch – neben dem letzten großen Aufschwung etwa, den die barocke Freskenkunst dem Venetianer

G. B. Tiepolo (1696–1770) verdankte – das einzige Gebiet, auf dem die italienische Kultur des 18. Jahrhunderts nochmals in starkem Maße anregend über die Grenzen des eigenen Landes hinausgriff. Die Lustspiele des Venetianers Carlo Goldoni (1707–1793), die das buntbewegte Leben seiner Vaterstadt von der heiteren, freundlichen Seite her nehmen, fanden allenthalben ungeteilten Beifall: in ihnen spiegelte sich nochmals die ganze fröhliche Unbeschwertheit des Settecento wider, in einem Augenblick, wo sich bereits die ernsten Schatten der kommenden Revolution über das Land breiteten. Nicht weniger Erfolg war dem Römer Pietro Metastasio (1696–1782) mit seinen zahlreichen Texten zu klassischen und romantischen Opern sowie zu geistlichen Oratorien beschieden; als kaiserlicher Hofdichter in Wien hat Metastasio ein halbes Jahrhundert lang den Geist des italienischen Rokoko nördlich der Alpen mit am lebendigsten vertreten.

In dem piemontesischen Grafen Vittorio Alfieri (1749–1803) aber bricht sich ein neuer Wille Bahn. Mit seinen strengen klassischen Tragödien, oft mehr aus ungestümer Willensanstrengung als aus dichterischer Phantasie heraus gestaltet, will er seine in Wohlleben und Gleichgültigkeit versunkenen Landsleute zu moralischer Strenge und heroischer, opferbereiter Lebensgestaltung emporreißen und so die ethische Wiedergeburt des Vaterlandes vorbereiten. Mit glühendem Haß verfolgt Alfieri dazu alles, was dem persönlichen Freiheitsdurst und der Freiheit des Vaterlandes im Wege zu stehen scheint: die ›Tyrannen‹ und die Fremden, unter denen er die ›Goten‹ ebenso versteht wie die ›Gallier‹. Mit dieser ethisch-politisch-patriotischen Zielsetzung, die sein ganzes dichterisches Werk beherrscht, wird Alfieri zusammen mit dem schon genannten Giuseppe Parini und den etwas jüngeren Vincenzo Monti und Ugo Foscolo (s. u. S. 363f.) der unmittelbare Wegbereiter in die kommende Epoche der Revolution und des Risorgimento hinein.

Als den Völkern Europas seit dem Jahre 1789 mit rapid sich steigernder Gewaltsamkeit der Aufruf zu ›Freiheit, Gleichheit und Brüderlichkeit‹ ans Ohr schallte, antwortete auf der dem Absolutismus fremder Dynastien so gut wie restlos ausgelieferten Apenninenhalbinsel zunächst nur ein schwaches Echo; der Appell an das Volk als den souveränen Gestalter seines Schicksals schien fast ungehört zu verhallen. Wohl bildeten sich in den Jahren zwischen 1790 und 1795 republikanische ›Jakobinerklubs‹ (in Toskana, Neapel, Palermo, Turin und Bologna), aber sie entbehrten des Rückhaltes in breiteren Volksschichten und die Staatsgewalten konnten sie mit geringer Mühe – freilich nicht ohne eine Reihe von Todesurteilen – unschädlich machen.

Erst als die französischen Volksheere die Alpen überstiegen und sich mit unwiderstehlicher Gewalt über die ganze Halbinsel ergossen, wurde auch das Land Italien in den Strudel nicht bloß der äußeren, politischen, sondern auch der inneren, geistigen Umwälzungen der Jahrhundertwende hereingerissen – und zugleich für seine eigene völkische Zukunft entscheidend befruchtet.

Der Staat, der den französischen Einwirkungen am nächsten stand und sich von ihnen am unmittelbarsten bedroht fühlen mußte, war Savoyen-Piemont. Dies erkennend hat König Viktor Amadeus III. versucht, die anderen italienischen Staaten zu einer dauernden Konföderation, die ein gemeinsames Handeln sichern sollte, zusammenzubringen (1791); doch diese versagten sich. Wenige Monate später (April 1792) gerät Österreich mit den neuen Machthabern von Paris in Krieg; Savoyen verbündet sich noch im September des gleichen Jahres mit ihm. Als Antwort darauf besetzen die revolutionären französischen Truppen ohne sonderliche Mühe Savoyen und Nizza.

Im Namen des neuen Volkstumsgedankens und der ›natürlichen Grenzen‹ Frankreichs (Rhein und Alpen) erklärt die Republik beide Gebiete sogleich für annektiert (November 1792 und Januar 1793). Unmittelbar darauf erweitert sich das frankreichfeindliche Bündnis durch den Anschluß von England, Holland, Spanien und Preußen (Februar 1793); es kommt zum ersten ›Koalitionskrieg‹. Ein Sonderabkommen zwischen Österreich und Savoyen-Piemont im Mai 1794 sieht die Rückgabe des Gebietes von Novara an die österreichische Lombardei vor, Savoyen sollte sich dafür durch Eroberungen auf französischem Boden schadlos halten (ein letztes Mal wendet sich der Blick des jungen Königreiches von Italien weg nach Frankreich). Die übrigen italienischen Staaten halten sich auch weiterhin zurück, nur Neapel, dessen Herrscherpaar der Revolution immer besonders feindlich gesinnt war, schließt sich der Koalition an (Juli 1793).

Doch erst als der Mann der Zukunft, der junge Napoleon Bonaparte (geb. im August 1769 in Aiaccio auf Korsika, ein Jahr nachdem Genua die Insel an Frankreich abgetreten hatte), als General des ›Direktoriums‹ auf dem italienischen Kriegsschauplatz erschien, nahm der Kampf ernsthafte Formen an. Viktor Amadeus III. wurde schnell zu einem Sonderfrieden gezwungen, in dem er Savoyen und Nizza abtreten und den französischen Truppen freien Durchzug durch sein Land gewähren mußte (Mai 1796). Wenige Monate später hat Napoleon fast ganz Oberitalien in Händen, d. h. nicht bloß die österreichische Lombardei, sondern unter Mißachtung der Neutralität der kleineren Staaten auch das Fürstentum Modena sowie das westliche Venetien und die kirchenstaatliche Romagna; auch Neapel muß sich zu einem Sonderfrieden bequemen (Oktober 1796). In den besetzten Ländern konnten die neuen Freiheitsideen zum erstenmal ungehindert ihr Haupt erheben: die Gebiete von Modena, Reggio, Bologna und Ferrara erklärten sich zur ›Cispadanischen Republik‹ (Oktober–Dezember 1796). Im Frieden von Campoformio (Oktober 1797), den Kaiser Franz II. eingehen muß, erweitert sich die ›Cispadanische‹ zur ›Cisalpinischen Republik‹, bestehend in der Hauptsache aus Mailand, Mantua, Modena, dem westlichen Venetien sowie Bologna, Ferrara und der Romagna (zur Abtretung der letzteren Gebiete hatte sich der Papst schon im Februar 1797 im Vertrag von Tolentino herbeilassen müssen). Österreich aber erhält als Ersatz für das Verlorene das eigentliche Venetien (östlich der Etsch) samt Istrien und Dalmatien: die fast tausendjährige glorreiche Markusrepublik war für immer aus der Geschichte ausgelöscht.

All das war nur eine erste Etappe; die Revolutionierung der Halbinsel ging mit Sturmschritten weiter. Bereits im Februar 1798 muß Papst Pius VI. als Gefangener des französischen Generals Berthier die Stadt Rom verlassen, aus dem Kirchenstaat (soweit er nicht schon zur Cisalpinischen Republik gehörte) wird eine ›Römische Republik‹. Wiederum hatte ein tausendjähriger Staat (wenn auch erst vorübergehend) aufgehört zu bestehen. In Piemont zwingen ein Jahr später (Februar 1799) die französischen Truppen den neuen König Karl Emanuel IV. (1796–1802) zur Abdankung; er zieht sich nach Sardinien zurück, wo ihm die englische Flotte Schutz gewährt, und auf dem Festland tritt eine republikanische, von Frankreich natürlich aufs engste abhängige Regierung an seine Stelle. Die alte Aristokratenrepublik Genua hatte sich bereits im Juni 1797 in eine demokratische ›Ligurische Republik‹ verwandeln müssen, im Januar 1799 folgt das kleine Lucca diesem Beispiel. Zur selben Zeit etwa wie der König von Sardinien muß sich der Großherzog von Toskana in sein Schicksal ergeben und in die Verbannung gehen (März 1799). Den stärksten, wenngleich vergeblichen Widerstand leistet Neapel, das in diesen Jahren nicht nur eine äußerst rege diplomatische Tätigkeit, sondern auch eine trotz aller Mißerfolge bemerkenswerte militärische Kraft entfaltet. Damals triumphiert am süditalienischen Königshof der englische Einfluß: Der seit langem in neapolitanischen Diensten stehende erste Minister des Reiches Lord Acton (einer französisierten irländischen Familie entstammend), Lady Hamilton, die Gattin des englischen Gesandten in Neapel, und der berühmte Seeheld und Kommandant der englischen Mittelmeerflotte, Lord Nelson genossen das unbegrenzte Vertrauen der Königin. Und als Nelson die Flotte Napoleons bei Abukir (Nildelta) vernichtet hatte (August 1798), glaubte man den Augenblick für einen großen Gegenschlag in Italien selbst gekommen. Im Triumph zieht Ferdinand IV. in Rom ein, doch schnell haben die zahlenmäßig weit schwächeren, aber dafür ungleich geübteren, besser ge-

führten Feinde das Heft wieder in Händen: nach einem dreitägigen blutigen Kampf mit den wilden Haufen des neapolitanischen Proletariats, den ›Lazzaroni‹, zieht der General
Championnet als Sieger in Neapel ein (Januar 1799); das Kö-
nigspaar hat sich mit Hilfe der englischen Flotte schon vorher
auf die Insel Sizilien geflüchtet. Der festländische Teil des Königreichs wird zur ›Parthenopäischen Republik‹ erklärt, mehr
als anderswo stürzt sich hier eine Schar von Intellektuellen
aus dem höheren Bürgertum und dem Adel mit Feuereifer
auf die vielfältigen Aufgaben, die ihnen der Aufbau des neuen
Staatswesens stellte.

Anfang 1799 ist so das ganze festländische Italien der Revolution zum Opfer gefallen. Weitaus den stärksten Anteil daran
hatten freilich die französischen Waffen, ihnen gegenüber
tritt die Revolutionierung von innen heraus ganz in den Hintergrund; nur im Kirchenstaat und in der Stadt Neapel werden beträchtlichere Teile der Oberschicht von ihr ergriffen.
Alle neuen Republiken werden natürlich nach französischem
Vorbild d.h. nach Art des ›Direktoriums‹, das in Paris die
Macht in Händen hat (1795–1798), eingerichtet: ein engerer
und ein weiterer Rat, der die Gesetzgebung ausübt, die Abschaffung aller Privilegien von Adel und Geistlichkeit, Glau-
bens- und Pressefreiheit, Emanzipation der Juden, die Aufstellung einheimischer revolutionärer Truppen wie vor allem
der von der Cisalpinischen Republik organisierten ›italienischen Legion‹ sind die bezeichnendsten Merkmale für den
liberalen Geist dieser Regierungen. Dazu durften natürlich
die äußeren Begleiterscheinungen der Revolutionsbegeiste-
rung nicht fehlen: Freiheitsbäume, Festlichkeiten mit enthusiastischen Reden, Zeitungen, Klubs und zahllose Debatten,
in denen erregt und überschwenglich über die neuen Mensch-
heitsideale theoretisiert wurde, französische Mode in Klei-
dung und Gehaben, die gegenseitige Anrede als ›Bürger‹
(cittadino) u. dgl. geben jenen bewegten Monaten das charakteristische Gepräge. Auch antik-demokratische Reminiszen-
zen erwachen wieder: für die ›Parthenopäische Republik‹
etwa (Parthenope ist der älteste Name für die Stadt Neapel)
arbeitet der Publizist Mario Pagano eine neue (nie verwirk-

lichte) Verfassung aus, nach der es Archonten, Censoren und Ephoren geben sollte.

Doch die französischen Sieger taten reichlich das Ihre hinzu, um das Volk mit tiefem Mißtrauen gegen die Errungenschaften, die sie gebracht hatten, zu erfüllen. Hinter den republikanischen Regierungen stand die französische Militärdiktatur, und sie ließ keinen Zweifel darüber aufkommen, wer Herr im Lande sei. Sonderkontributionen und wachsende Steuerlasten, von deren Erträgnissen das italienische Volk selbst nur wenig zu sehen bekam, oder die bisher ungewohnten Zwangsaushebungen zum Militärdienst wurden als drückende Last empfunden. Die Massen des unverändert gläubigen Volkes fühlten sich durch die ausgedehnten Säkularisierungen von Kirchengut verletzt. Aus Bibliotheken, aus Kirchen und Museen des ganzen Landes wanderten zahllose Kunstschätze, die jahrhundertelang der Stolz des Italieners gewesen waren, nach Paris – auch jenes vergoldete Viergespann, das die Venetianer einst im Triumph aus Konstantinopel entführt hatten, ging diesen Weg –: dies alles konnte nur als tiefe nationale Demütigung empfunden werden, über die selbst die begeistertsten Republikaner nicht ohne bittere Gefühle hinweg kamen.

Doch die neue politische Ordnung in Italien lebte überhaupt nicht aus eigener Kraft, sie war und blieb nur ein Produkt der internationalen Machtverhältnisse. Kaum ein Jahr nach dem Frieden von Campoformio hatten sich die alten konservativen Feinde des revolutionären Frankreich – Österreich, England, Rußland – zu einer zweiten Koalition zusammengefunden. Die vertriebenen italienischen Souveräne fassen neue Hoffnungen, aber wiederum ist es eigentlich nur die bourbonische Dynastie, die eine hartnäckige und unermüdliche Regsamkeit entfaltet, um wieder in den Besitz ihres festländischen Reiches zu gelangen. Während die Franzosen von den vereinigten Russen und Österreichern fast aus ganz Oberitalien vertrieben werden (Frühjahr und Sommer 1799), organisiert der Königshof von Sizilien aus den bewaffneten Aufstand der Volksmassen jenseits der Meerenge unter der Losung der ›Verteidigung des heiligen Glaubens‹ (daher ihr Name ›Sanfedisten‹ – Santa fede). An ihre Spitze tritt, vom

König mit umfassenden Vollmachten ausgestattet, der selbst aus Süditalien stammende, vielseitig begabte Kardinal Ruffo, ein Mann, der sich wie ein verspäteter Nachkömmling jener kriegsgewaltigen Bischöfe und Kardinäle des späteren Mittelalters und der Renaissance ausnimmt. Selbst auf die Mitwirkung der berüchtigten Briganten des Landes wie des ›Fra Diavolo‹ verzichtet man nicht. Mit unwiderstehlicher Gewalt und unter wilden Greueltaten arbeitet sich das leidenschaftlich aufgepeitschte Volksheer vom Süden aus gegen die Hauptstadt vor. Die Franzosen hatten sie bereits geräumt, die Häupter der Republik ergeben sich dem Kardinal gegen die vertragliche Zusicherung von Leib und Leben (Juni 1799). Aber unter dem Einfluß des Admiral Nelson bricht der königliche Hof das Abkommen – der darob erbitterte Kardinal wurde kaltgestellt – und beschwört nun ein sinnlos grausames Rachegericht über alles herauf, was irgendwie mit der Republik in Berührung gekommen war. Auch alle anderen italienischen Republiken waren im Laufe des Sommers 1799 wieder verschwunden und hatten den legitimen Regierungen Platz machen müssen.

Aber der Triumph der alten Mächte war verfrüht. Im Sommer 1800 steht Napoleon (seit 9. Nov. 1799 Erster Konsul der französischen Republik) wieder mitten in Oberitalien. Die Österreicher werden bei Marengo (in der Nähe von Alessandria) schwer geschlagen (Juni 1800), der Tag entscheidet erneut über das Schicksal der ganzen Halbinsel. Piemont, Ligurien und die Lombardei stehen den Franzosen offen. Mit dem Frieden von Lunéville (Februar 1801) schließt der zweite Koalitionskrieg ab: Die Cisalpinische Republik ersteht aufs neue, nun als ›Italienische Republik‹, unter der persönlichen Präsidentschaft Napoleons und mit einer Verfassung (vom Januar 1802), die den Anteil des Volkes an der Regierung auf das äußerste beschnitt. Piemont wird unmittelbar mit Frankreich vereinigt, aus Toskana wird ein ›Königreich Etrurien‹, das die Bourbonen von Parma von Napoleons Gnaden regieren. Papst Pius VII. (1800–1823; dessen Napoleon gerade zur Neuordnung der inneren Verhältnisse Frankreichs bedarf) bekommt den Kirchenstaat, mit Ausnahme der nördlichen Legationen, zurück, und auch die Bourbonen in Neapel bleiben unter der drückenden Verpflichtung, in ihr Land französische Besatzungen aufzunehmen, erhalten. Die ganze Neuordnung zeigt, wie (analog der Entwicklung in Frankreich) das Stadium der Revolution langsam überwunden wird; die monarchischen Tendenzen des Eroberers beginnen sich bereits deutlich abzuzeichnen, und etwa die Zusammensetzung des Parlamentes der italienischen Republik zeigt, wie sehr sich Napoleon – neben der neuen Klasse des höheren Bürgertums – wieder auf die alten konservativen Mächte zurückbesinnt: es besteht aus 300 Vertretern des Großgrundbesitzes, 200 des Klerus, 100 des Handels und der Industrie und 100 der Wissenschaften und Künste.

Napoleons Aufstieg zur absoluten Macht in Frankreich (im August 1802 erhält er das Konsulat auf Lebenszeit übertragen, am 2. Dezember 1804 läßt er sich von Pius VII. zum Kaiser der Franzosen salben) bringt auch für Italien den wenigstens vorläufigen Abschluß der unablässigen politischen Umwälzungen. Im März 1805 wird Napoleon in Paris zum ›König von Italien‹ proklamiert, zwei Monate später krönt er sich im Dom von Mailand selbst mit der alten eisernen Krone der Lombarden. Als Vizekönig setzt er seinen Stiefsohn Eugen Beauharnais ein. Bald darauf führt der dritte Koalitionskrieg (mit Österreich, Rußland und England, 1805/06) den Usurpator dem Höhepunkt seiner europäischen Machtstellung entgegen. Im Frieden von Preßburg (26. Dezember 1805) tritt Österreich ganz Venetien an das Königreich Italien ab; Istrien und Dalmatien dagegen und auf der anderen Seite die Ligurische Republik werden unmittelbar dem französischen Kaiserreich unterstellt.

Dann müssen die zähesten und unversöhnlichsten Feinde, die die französische Revolution und Bonaparte auf der ganzen Apenninenhalbinsel gefunden haben, Ferdinand IV. und Maria Karolina von Neapel, zum zweitenmal das Feld räumen (Februar 1806). Das festländische Reich erhält zuerst Napoleons älterer Bruder Joseph, der sich freilich dauernd mit bourbonischen Freischaren herumzuschlagen hat; dann (nach Josephs Versetzung nach Spanien) der Schwager des Kaisers,

Joachim Murat (Juni 1808). Aus Lucca macht Napoleon ein Fürstentum für seine Schwester Elisa und deren Gatten Baciocchi (1805). Die Bourbonen in Florenz haben ihren Traum vom Königreich Etrurien bald ausgeträumt: ihr ganzes Land wird mit Frankreich vereinigt (Dezember 1807); ebenso das Herzogtum Parma-Piacenza. Schließlich kommt es auch mit dem Papst, der die Teilnahme an Frankreichs Kriegspolitik verweigert, wieder zum Bruch. Urbino und die Mark Ancona werden dem Königreich Italien angegliedert (1807), zwei Jahre später erklärt der Kaiser die weltliche Gewalt des Papstes für erloschen, Pius VII. wird in die Verbannung nach Savona und später nach Fontainebleau geschleppt, das restliche Patrimonium kommt zum Kaiserreich, Rom selbst wird zur reichsunmittelbaren Stadt erklärt (1809). Nach einem neuen Krieg mit Österreich erfährt das Königreich Italien zur selben Zeit trotz der Niederlage Napoleons bei Aspern (Mai 1809) mit der Angliederung des Trentino seine letzte Vergrößerung.

Durch die territoriale Zusammenfassung des ganzen italienischen Festlandes in drei Gebiete: Neapel unter Joachim Murat, der größte Teil von Oberitalien als Königreich Italien unter Napoleon selbst bzw. unter Eugen Beauharnais und die unmittelbar mit Frankreich verbundenen Länder Piemont, Ligurien, Parma-Piacenza, Toskana und das Patrimonium ist das staatliche Bild Italiens wesentlich vereinfacht, aber die Willkür in der Grenzziehung und in der Zuordnung der einzelnen Landschaften (insbesondere der zuletzt benannten) springt in die Augen. Diese politische Ordnung des Landes blieb bis zu den Jahren 1814/15 erhalten. Ihr Zusammenbruch ist ausschließlich außerhalb Italiens – in Rußland, bei Leipzig, im Felde vor Paris und schließlich auf dem Kongreß von Wien – entschieden worden.

Wesentlicher noch als die äußeren Veränderungen ist die innere Bedeutung und Wirkung des napoleonischen Regimes für Italien. Durch einen Vergleich mit der Entwicklung in Frankreich charakterisiert O. Vossler die entscheidende Wandlung: »In Frankreich ist das Kaisertum wesentlich Vollendung und Vollstreckung der Revolution, in Italien bringt erst

Napoleon die Revolution und setzt sie durch. In Frankreich macht das aufstrebende Bürgertum den Umsturz, in Italien ersteht (genauer: wiederersteht [d. Verf.]) erst durch den Umsturz ein aufstrebendes, aufgeklärtes und selbstbewußtes Bürgertum. Bei den Franzosen geht das gespannte politische Interesse, der unbefriedigte Staats- und Machtwille der Revolution voraus, bei den Italienern wird erst durch die napoleonische Revolution von oben und außen das innerliche, politische Interesse, der Staats- und Machtwille geweckt. In den Köpfen der Franzosen ist die Revolution schon fertig, ehe sie sich in die Wirklichkeit umsetzt, in Italien werden zuerst die revolutionären Einrichtungen geschaffen, und dann erst setzt sich auch in den Köpfen der revolutionäre Geist dieser Einrichtungen durch, dann erst ersteht in dem neugeschaffenen Beamtentum und Heer und weiterhin im erstarkten Bürgertum und in einem großen Teil des Adels eine politisch denkende Schicht mit einem aufgeklärten und freiheitlichen politischen Willen.«

Allerdings ist der erste Versuch einer Revolutionierung Italiens in den kurzen Jahren 1796–1799 im wesentlichen gescheitert; aber die zweite Republik (seit 1801) und die sich unmittelbar anschließenden napoleonischen Königreiche haben auf allen Gebieten eine erstaunliche Tatkraft entfaltet und dem Lande ein neues Gesicht aufgeprägt. Nach französischem Muster wurde ein umfangreicher zentraler Verwaltungsapparat mit einem zahlreichen und hauptsächlich italienischen Beamtentum aufgebaut. Die Rechtsprechung verwirklichte mit der Einführung des Code Napoléon den neuen Grundsatz von der Gleichheit aller Bürger vor dem Gesetz und – was besonders bedeutsam war – sie führte die Rechtsgleichheit über die ganze Halbinsel hinweg durch. Ebenso fielen für den Handel zum größten Teil die hemmenden Schranken, die ihm vordem durch die einzelnen Ländergrenzen gezogen waren. Die Zahl der Bistümer und Klöster wurde stark beschnitten. Bei alledem blieb das napoleonische Regime weder im bloßen Theoretisieren noch in der unfruchtbaren Negation stecken, sondern leistete tatsächlich die ausgedehnteste praktische Kulturarbeit: Straßen, Brücken, Wasserleitungen, Kanäle wurden überall in Menge aufgeführt, die Bodenkultur vielfach verbessert und erweitert, Handel und Industrie gefördert, Spitäler gebaut, aber auch Schulen aller Art, Bibliotheken und Forschungsinstitute gegründet und mit guten Mitteln ausgestattet, die Pflege der archäologischen Ausgrabungen nicht vergessen u. dgl. m. Vieles davon sind Maßnahmen, wie sie bereits im 18. Jahrhundert begegnet sind, aber viel nachdrücklicher, intensiver und vor allem: nicht mehr auf einzelne Länder beschränkt, sondern über die ganze Halbinsel hin gleichmäßig betrieben. Die Führung hatte natürlich die französische Regierung, aber die einheimischen Kräfte waren zu stärkster Mitarbeit berufen, die ihnen in einem bisher nicht bekannten Ausmaß eine neue Arbeitssphäre erschloß: die des öffentlichen, staatlichen Lebens.

Von besonderer Bedeutung wird das Militärwesen. Seit Jahrhunderten war der Italiener außer in Piemont und etwa (in sehr bescheidenen Grenzen) noch in Neapel des Kriegsdienstes so gut wie ganz entwöhnt, er galt mit der Zeit geradezu als unbrauchbar dafür. Trotzdem hat Napoleon die allgemeine Aushebung, mit der schon die erste Republik begonnen hatte, durchgeführt: sie gehörte zu den unbeliebtesten unter allen seinen Maßnahmen. An die 300000 Italiener kämpften dann für den Kaiser auf allen Schlachtfeldern von Spanien bis Rußland, mehrere zehntausend mußten für die fremden Ziele ihr Leben lassen. Trotzdem nahm mancher Italiener diese zwanggeborene Tatsache als notwendige und fruchtbringende Schule auf sich: »Es macht nichts aus, für wen wir kämpfen«, schrieb damals ein italienischer Offizier aus der Fremde nach Hause, »jetzt kommt es darauf an, daß wir uns an die militärische Zucht gewöhnen und überhaupt erst kämpfen lernen.« Und einer der literarischen Vorkämpfer des Risorgimento, der piemontesische Graf Cesare Balbo, meint später, daß damals der Name ›Italien‹ wieder einen helleren Klang bekommen und daß man wieder angefangen habe, auf das gesamte Italien zu schauen.

So wurden wichtigste Voraussetzungen für die Politisierung der Nation geschaffen. Und sie fielen zeitlich zusammen mit dem Ruf nach Freiheit und Gleichheit, der über die Alpen

herüberscholl! Freiheit und Gleichheit des bürgerlichen Ein-
zelmenschen, jenseits aller kastenmäßigen Abschließung und
Bevorrechtung der Stände, hatte die französische Revolution
gemeint. In Italien verfängt der Ruf nach solcher bürgerlicher
Freiheit nur wenig. Die drückendsten Privilegien der obersten
Stände waren hier zusammen mit der alten feudalistischen
Gesellschaftsordnung längst verfallen; und dank einer dem
Italiener eigenen natürlichen Humanitas auch im Umgang
zwischen Hoch und Niedrig, verlief das soziale Leben in Ita-
lien ungleich spannungsloser als in anderen Ländern.

Aber der Ruf nach Freiheit und Gleichheit konnte für den
Italiener auch einen anderen, ihm viel näherliegenden Sinn
bekommen: Freiheit und Gleichberechtigung der Nation unter den Völkern, die jahrhundertealte, geheime und nie ganz
erstorbene Sehnsucht. »O wie schön, wie glücklich wäre
Italien«, so schrieb schon der Humanist Girolamo Muzio um
die Mitte des 16. Jahrhunderts, »wenn es so sehr seinen Italienern gehörte, wie Frankreich den Franzosen, Spanien den
Spaniern, Deutschland den Deutschen und die andern Länder
den anderen Völkern!« Ganz anders aber als vordem in allen
vergangenen Jahrhunderten begann der Gedanke ›Italien‹
jetzt greifbare – d.h. politische – Gestalt und Form anzuneh-
men. 1796 bereits erwählt sich die Cispadanische Republik im
Anschluß an die französische Trikolore das grün-weiß-rote
Banner als nationales Symbol. Im selben Jahr erließ die Regierung in Mailand ein Preisausschreiben über das Thema,
»welche von den freien Regierungsformen dem Wohle Italiens am besten diene«, und unter den 52 Antworten erhielt
diejenige den ersten Preis, die den Zusammenschluß ganz
Italiens zu einer »unitarischen, liberalen und demokratischen
Republik« forderte. Und dann die neuen Namen ›Italienische
Republik‹, ›Italienisches Königreich‹: sie waren Namen voll
Verheißung! Der Vizekönig Eugen Beauharnais eröffnete den
Senat des Königreichs Italien mit den Worten: Dank der
Waffen des Kaisers gebe es nun keine Kleinstaaterei, keine Ve-
netianer und Bolognesen und Lombarden mehr, »sondern
lediglich *eine* Nation, eine *italienische* Nation«. Und dies war
ja eine der ersten und wichtigsten Voraussetzungen für jeden

nationalen Aufschwung des Italieners: Überwindung des jahrhundertealten, zutiefst eingewurzelten Partikularismus, Absage an den voll Kleinlichkeit eifersüchtig gehüteten kommunalen oder lokalen Sondergeist.

Die innere Stellung des Italieners zu seinem neuen Herrn blieb immer zwiespältig. Man sah in dem Korsen so gern den Landsmann gleichen Blutes und war daher überaus bereit, ihn mit aufgeschlossenem Herzen entgegenzukommen, und zudem erkannte man in ihm den gewaltigen Erwecker aller nationalen Energien. Der Dichter Ugo Foscolo (1778–1827), neben seinem Freund und Rivalen Vincenzo Monti (1754–1828) der stärkste und gefeiertste Interpret der nationalen Gefühle jenes Zeitalters, hat dieser Erkenntnis Ausdruck verliehen: »Er (Napoleon) brachte es ganz allein fertig, die Italiener zu beleben, sie mit selbständigen Meinungen, Gesetzen, Waffen, mit dem Sinne für Unabhängigkeit, mit der Sehnsucht nach einem freien Vaterland und besonders mit einer so raschen fortschrittlichen Beweglichkeit auszustatten, daß sie in wenigen Jahren in ihren inneren Verhältnissen Veränderungen aufweisen konnten, zu denen unter anderen Umständen eine Arbeit von drei oder vier Generationen nötig gewesen wäre.«

Aber je mehr die Zeit fortschritt, um so mehr schlug die Stimmung in bittere Enttäuschung um. Der Kaiser hatte wohl die Einheit des Landes in einem bisher nicht gekannten Umfang erzwungen, aber von Freiheit und Selbstbestimmung der Nation war nicht einmal mehr soviel wie zuletzt unter der habsburgischen Herrschaft zu finden. Man erkannte, daß der Korse in Wahrheit völlig im französischen Macht- und Volksgedanken aufging. Und wie schon in der ersten Republik floß ein beträchtlicher Teil des italienischen Reichtums ins Ausland ab und wanderte das Schönste und Wertvollste der Kunstschätze des Landes nach Paris.

Die Reaktion konnte nicht ausbleiben. Das reifste und berühmteste Gedicht des gleichen Ugo Foscolo, ›Die Grabmale‹ (I Sepolcri), nach der Restauration unzählige Male gegen die österreichische Fremdherrschaft ins Feld geführt, ist ursprünglich (1806/07) der leidenschaftliche – und von den Zeitgenossen auch als solcher verstandene – Angriff gegen eine Verfügung des ›Italienischen‹ Königreiches, die die Benutzung und den Schmuck der alten Friedhöfe verbieten wollte: Pflege und Verehrung der Ruhestätten der großen Toten ist völkische Tugend und Pflicht, denn aus den Gräbern seiner Vorfahren, seiner Helden und Heroen heraus erfährt ein Volk Stärkung und Aufmunterung seines nationalen Gewissens und Selbstbewußtseins. Ebenso bekam auch Alfieris nachgelassene Epigrammsammlung ›Der Franzosenhasser‹ (Misogallo) erst jetzt ihre tiefere Resonanz im Volk: nicht die äußerlich von Napoleon geschaffene Einheit Italiens ist die echte und wirkliche Einheit, vielmehr liegt sie »in dem gemeinsamen und unauslöschlichen Haß gegen die Barbaren von jenseits der Berge, gegen die Franzosen«! Und der mit hohem dichterischem Talent begabte, aber überaus wandlungsfähige Vincenzo Monti, der seine Muse nacheinander in die Dienste des Papstes, des revolutionären Geistes, Napoleons und Habsburgs gestellt hat, konnte nach der Restauration sogar mit seinem Lobpreis auf Kaiser Franz II. Anklang finden, in dem er die Wiederkehr der Gerechtigkeit in das ›verwüstete Land‹ feierte!

Diese nur scheinbar widerspruchsvolle Situation entbehrte der inneren Logik nicht: Das Frankreich der Revolution und Napoleons hat – unbewußt und bewußt – das schlummernde nationale Empfinden des Italieners geweckt und aufgerüttelt; es war unausbleiblich, daß dieses Empfinden, einmal hellwach und seiner selbst bewußt geworden, sich zuerst gegen dieses Frankreich selbst kehrte. Aber auch Österreich, im großen Kampf mit dem Usurpator um die Volksgunst auf der Halbinsel werbend, konnte und wollte nicht zurückstehen. 1809 bereits wandte sich der Erzherzog Johann in einem Aufruf an die Italiener, sie sollten sich gleich den Tirolern und Spaniern erheben, damit sie vom Ausland unabhängig würden und einmal »nicht nur ein erobertes Volk ohne Namen und Rechte« wären. Auch hier der Appell an Gefühle und Empfindungen, die den wirklichen politischen Absichten Österreichs diametral entgegenliefen und deshalb dereinst ihre Spitze gegen eben jene Macht, die an sie appelliert hatte, wenden mußten.

Und nochmals zeigte die Episode, mit der das napoleonische Zeitalter in Italien abschloß, wie sehr nun plötzlich von verschiedenen Seiten her das neue italienische Selbstbewußtsein umworben wurde. Als Bonapartes Stern sich zum Untergang neigte, suchte Joachim Murat, der König von Neapel, seine Schicksale von denen des kaiserlichen Schwagers zu trennen, um so vielleicht mit Hilfe der siegreichen Mächte seinen Thron gegen den Bourbonen zu behaupten. Da sich aber die internationale Waagschale sichtbar auf die Seite des Rivalen neigte, wagte er etwas Größeres: er erhob die Waffen zur Eroberung ganz Italiens. Im März 1815 brach er in den Kirchenstaat ein, und in dem Manifest von Rimini (März 1815) wandte er sich an das gesamte Volk der Apenninenhalbinsel: unter seiner Führung solle es die Fremdherrschaft (nunmehr die österreichische) abschütteln und sich unter ihm zu einem einigen großen Reich zusammenschließen. »Die Vorsehung ruft euch auf, eine unabhängige Nation zu sein. Von den Alpen bis zur Meerenge der Scylla soll ein einziges Wort ertönen: die Unabhängigkeit Italiens!« Der in jeder Hinsicht verfrühte Versuch mißglückte. Die österreichische Macht hatte schnell gegen Murat entschieden, nach einem letzten verzweifelten Versuch geriet der König in die Gefangenschaft seines bourbonischen Konkurrenten Ferdinand IV. und wurde auf dessen Befehl erschossen (Oktober 1815).

Das Ziel eines gesamtitalienischen Einheitsstaates gehörte noch der Zukunft an. Aber eine tiefgreifende Wandlung wird deutlich – und in ihr darf man wohl das Fazit für die innere Geschichte Italiens im Zeitalter der französischen Revolution sehen –: »Aus dem literarischen und kulturellen, theoretischen nationalen *Gedanken* (langer Jahrhunderte [d. Verf.]) wird jetzt ein ethisch-politischer nationaler *Wille*« (O. Voßler).

EINHEIT UND FREIHEIT

(1815 BIS ZUM 1. WELTKRIEG)

DAS RISORGIMENTO
(1815–1870)

Der Kongreß, zu dem nach dem Sturz Bonapartes die siegreichen Mächte in Wien zusammentraten, um die Neuordnung Europas vorzunehmen (September 1814 bis Juni 1815), stand im Zeichen der ›Restauration‹. Auslöschung der unmittelbaren Vergangenheit, Wiederherstellung der politischen Ordnungen, wie sie vor Revolution und napoleonischem Kaisertum bestanden hatten, lautete insbesondere der Apenninenhalbinsel gegenüber die Losung, die in Wien den Sieg davontrug. Die letzte Regelung der Machtverhältnisse, die der dynastische Absolutismus im Frieden von Aachen (1748) getroffen hatte, bildete die Grundlage. Freilich nicht ohne bezeichnende Ausnahmen: die seit uralter Zeit unter einheimischer Führung lebenden aristokratischen Republiken Genua und Venedig durften nicht wiedererstehen. Venedig mit seiner Terraferma bildete nun zusammen mit der Lombardei im habsburgischen Völkerstaat das ›Königreich Lombardo-Venetien‹, Genua aber mußte sich unter die Herrschaft Piemonts fügen, das dem König Viktor Emanuel I. (1802–1821) in seinem ganzen Umfang (abgesehen von einigen savoyischen Grenzgebieten) zurückgegeben wurde. Das Trentino sowie Istrien und Dalmatien gehörten unmittelbar den österreichischen Erblanden an. Österreich und Sardinien-Piemont beherrschten also ganz Oberitalien. Daneben gab es noch wie früher etliche Kleinstaaten. Das Herzogtum Modena, dessen Herrscherfamilie der Este während der napoleonischen Zeit im Mannesstamm ausgestorben war, übernahm ein habsburgischer Fürst (Franz IV., 1814–1846), der Sohn einer Este-Prinzessin (und Enkel der Maria Theresia). Parma-Piacenza, vordem im Besitz einer bourbonischen Seitenlinie, wurde der zweiten Gattin Napoleons, der Habsburgerin Marie Louise, auf Lebenszeit überlassen, nach ihrem Tod aber sollte es wieder an die Bourbonen zurückfallen. Bis dahin mußten sich diese mit Lucca begnügen, das seine alte aristokratisch-republikanische Verfassung einbüßte, um Herzogtum zu werden; wenn Parma aber für

die Bourbonen frei würde, sollte Lucca an das Großherzogtum Toskana fallen: 1847 sind diese Veränderungen als die
letzten rein dynastischer Art tatsächlich eingetreten. In Toskana, das um den Stato dei Presidi vergrößert wurde, übernahm wieder Ferdinand III. (1791–1824), der Sohn Leopolds I.
und Bruder Kaiser Franz' II., die Regierung. Der Kirchenstaat wurde in seinem vollen Umfang wiederhergestellt und
dem Papst Pius VII. zurückgegeben; doch sicherte sich Österreich das Recht, in Ferrara und Comacchio Besatzungen zu
unterhalten. Und schließlich kehrte der Bourbone Ferdinand
IV. (1759–1825) als anerkannter Herrscher des Königreichs
beider Sizilien zurück.

Zum letztenmal in der Geschichte ist so über Italien völlig
von außen her entschieden worden – ohne die Italiener selbst.
Österreich ist die unbestrittene Vormacht auf der Halbinsel,
nicht nur kraft seines unmittelbaren Landbesitzes in Lombardo-Venetien und der habsburgischen Sekundogeulturen
in Toskana und Modena, sondern die von den Mächten der
Revolution zutiefst erschreckten Souveräne Italiens suchen
von sich aus Anlehnung und Schutz bei diesem stärksten Bollwerk der Restauration: sie schließen Militärallianzen mit ihm,
verpflichten sich, in ihren Staaten keinerlei ›unüberlegte Neue-
rungen‹ zu dulden – d. h. vor allem keine Verfassungen zu gewähren –, und stehen überhaupt der diplomatischen Beeinflussung und Führung durch das Kaiserreich in weitem Maße,
wenn auch im einzelnen nicht immer ganz widerstandslos,
offen. Der Geist der zunächst zwischen den Herrschern von
Österreich, Rußland und Preußen geschlossenen ›Heiligen
Allianz‹ (September 1815), der nach und nach alle europäischen Fürsten mit Ausnahme des Königs von England und –
merkwürdigerweise – des Papstes beitraten, breitete sich über
die Halbinsel aus.

Doch die auf ihre Throne zurückgekehrten Dynasten bedurften keineswegs eines besonderen Druckes von seiten
Österreichs und dessen allmächtigem Führer Metternich, um
sie zur Ausrottung alles dessen, was an das französische Regime erinnerte, anzuhalten. Gerade die wichtigsten von ihnen
fanden in dem eifervollen Bemühen, die verhaßten letzten 20

Jahre ungeschehen zu machen, keine Grenzen mehr und ließen sich zu Maßnahmen von vollendeter Verblendung und Sinnlosigkeit hinreißen. In Neapel mußte neubestellter Ackerboden wieder zu Weideland werden – weil die Franzosen ihn kultiviert hatten, und den gleichen Grund fand man hinreichend genug, um auch die Ausgrabungen in Pompeji einzustellen. Im Kirchenstaat wurden trotz der überragenden staatsmännischen Persönlichkeit des Kardinals Consalvi (s. unten S. 391) die Pockenimpfung und die Straßenbeleuchtung in Rom abgeschafft – sie waren französische Einrichtungen! In Piemont, dessen König Viktor Emanuel I. es nach dem Urteil Cesare Balbos fast noch schlimmer trieb als die anderen, verloren alle Gerichtsurteile und Besitzveränderungen seit 1798 ihre Gültigkeit, die Rangeinstufungen im Beamtentum und Offizierskorps erfolgten gleichfalls nach dem Stand von 1798, die verkehrswichtige Brücke, die Napoleon in Turin über den Po hatte bauen lassen, wäre um ein Haar der Reaktion zum Opfer gefallen, und selbst die unschuldigen Pflanzen, die die Franzosen im Botanischen Garten der Hauptstadt eingesetzt hatten, mußten ihren revolutionären Ursprung mit dem Leben bezahlen! Die einheitliche Gesetzgebung des Code Napoléon wurde natürlich überall beseitigt, an ihre Stelle trat im Kirchenstaat und in Piemont jene Fülle von unübersichtlichen, sich oft widersprechenden alten Gesetzen, die allenthalben durch Feudalprivilegien, Sondergerichtshöfe, lokale oder kirchliche Exemtionen durchlöchert waren und so einen ungeheuer schwerfälligen und schleppenden Gerichtsgang verursachten; nur Neapel hat, getreu seinen alten zentralistischen Traditionen, ein neues, für das ganze Königreich gültiges Gesetzbuch geschaffen; dafür konnte hier das alte süditalienische Übel, die Beamtenkorruption, erneut üppig ins Kraut schießen. Der Katholizismus wurde wieder zum allein zugelassenen Bekenntnis erhoben, das Unterrichtswesen kam größtenteils unter bischöfliche Aufsicht und in die Hände der Jesuiten, die Inquisition, die Tortur (auch im weltlichen Gerichtsverfahren) sowie im piemontesischen Heer die Strafe der Stäupung erstanden aufs neue. Daß bei alledem die Männer, die irgend etwas mit dem verflossenen Regime zu tun gehabt hatten, kein gutes Leben bekamen, versteht sich von selbst: Zurücksetzungen und Entlassungen, mißtrauische Beaufsichtigung und geheime Verdächtigungen waren an der Tagesordnung.

Der Hinweis auf den ›Druck Österreichs‹ mit dem die Regierungen ihre Maßnahmen oftmals beschönigten, besteht vielfach zu Unrecht. Gerade in den beiden österreichischen Hauptländern wurde keine vernünftige Einrichtung des gestürzten Regimes aus blinder Rachsucht und um der bloßen Reaktion willen zunichte gemacht; die oberste Richtschnur bei allen Maßnahmen vielmehr blieb die (im österreichischen Verständnis gesehene) Staatsnotwendigkeit, d. h. der alleinige Wille, die gegebene Ordnung und die innere Ruhe Italiens unter allen Umständen aufrechtzuerhalten. Wie schon im 18. Jahrhundert, so marschierten, was die wirtschaftliche und geistige Kultur anlangt, Oberitalien und Toskana auch jetzt an der Spitze der italienischen Staaten, und im glücklichen Toskana läßt es sich so gut und bequem leben wie kaum sonstwo auf der ganzen Halbinsel. Im lombardo-venetianischen Reich sind Verwaltung, Sicherheits- und Gerichtswesen die besten, die es in ganz Italien gibt, frei von jeder Beamtenbestechlichkeit, und ebenso erfreuen sich Handel und Gewerbe, Wohlfahrtspflege und Schulwesen eifriger und geschickter Förderung durch die Regierung. In kirchenpolitischer Hinsicht werden die Reformen des josephinischen und napoleonischen Zeitalters festgehalten. Natürlich fehlt es auch nicht an Schattenseiten wie den beträchtlichen Steuerlasten, dem achtjährigen Dienst für die zum Militär Ausgehobenen – in Piemont sind es 14 Jahre! – oder dem Gerichtsverfahren unter Ausschluß der Öffentlichkeit und ähnlichen Dingen. Aber nicht sie, sondern die Tatsache der Fremdherrschaft an sich war es, die die österreichische Herrschaft bei den höheren Ständen unbeliebt, ja zunehmend verhaßt gemacht hat. Daniele Manin, in der 1848er Revolution der provisorische Diktator Venedigs, hat dies einmal in die einfachen Worte gefaßt: »Wir wollen nicht, daß die Österreicher menschlicher werden, wir wollen, daß sie aus Italien verschwinden.«

Hier liegt der eigentliche Ansatzpunkt für die Problematik

der nach dem Prinzip der konservativen Erhaltung des Bestehenden angelegten, mit der Dynamik des jungen nationalen Gedankens unvereinbaren österreichischen Stellung auf der Halbinsel. Spannung und Mißtrauen sind von Anfang an fühlbar. 1814 bereits klagt Metternich über den ›sogenannten italienischen Geist‹ – über denselben Geist, den die österreichische Propaganda soeben noch selbst gegen Napoleon geschürt hatte. Einsichtige Diplomaten, wie der Baron Hügel, fühlen es selbst: »Wir sind nicht beliebt in diesem Lande.« Und die Persönlichkeit des Kaisers Franz, geist- und seelenlos in seltenem Maße, war nicht dazu angetan, das Verhältnis freundlicher oder vertrauensvoller zu gestalten. Für ihn war das Problem sehr einfach: »Die Lombarden müssen vergessen, daß sie Italiener sind. Meine großen italienischen Provinzen brauchen nur durch das Band des Gehorsams gegen den Kaiser vereinigt zu sein.« Solche Regierungsmaximen, zu Anfang des 19. Jahrhunderts verkündet, konnten bei denen, die es anging, nur auf feindselige Ablehnung stoßen: selbst Metternich mahnte ab.

Und im Dienste der Unterdrückung aller auch nur schüchternen nationalen Wünsche standen jene zahlreichen Maßnahmen, die soviel von den guten Wirkungen der an sich trefflichen zivilen Verwaltung des Landes wieder hinfällig machten. Die Einheimischen blieben, im Gegensatz zur napoleonischen Zeit, von den höheren Beamtenstellen so gut wie ausgeschlossen. Deutsche und Slawen nahmen alle wichtigeren Posten ein. Die Mitbeteiligung der höheren Stände am Staatsleben wurde damit vereitelt. In die Garnisonen zogen gleichfalls Deutsche, Kroaten und Ungarn ein, während die italienischen Truppenkörper in andere Reichsteile verschickt wurden. Und dazu das allmächtige Polizei- und Spitzelwesen, das über alle zivilen Verwaltungsorgane triumphierte und den Staat in Wirklichkeit beherrschte! Ein unglücklicher, endloser Circulus vitiosus erwuchs daraus: Die Kreise der ernsthaft Unzufriedenen, zunächst noch ziemlich klein und nicht gerade maßgebend, bekamen mehr und mehr Zuzug; dies verschärfte die österreichischen Gegenmaßnahmen, und sie wiederum steigerten aufs neue Abneigung und Haß – bis im Laufe von zwei oder drei Jahrzehnten der Bruch zwischen der italienischen Oberschicht und den fremden Herren unheilbar wurde.

Zwei große Ansatzpunkte ergeben sich so für die Bewegung des Risorgimento: der reaktionäre Geist der meisten italienischen Regierungen einerseits und die erneute, aber im Vergleich zu den früheren Jahrhunderten weit empfindlicher und kritischer aufgenommene Fremdherrschaft anderseits; beide durch die Ideen und Bewegungen der Revolution mit der Zeit zu einer Aktivität aufgereizt, der sich das Ziel immer klarer, bewußter und unerschütterlicher formte. Vor allem das höhere Bürgertum, daneben aber auch ein auffallend großer Teil des Adels, werden sich um dieses Ziel scharen.

So beginnt die zweite Hoch-Zeit der italienischen Volksgeschichte. Sie umschließt drei Themenkreise: Da ist einmal die Auseinandersetzung mit dem Geist des neuen Zeitalters, mit Aufklärung, Liberalismus und Fortschrittsgedanken fällig, mit den Ideen von Demokratie und konstitutioneller Monarchie, von Freiheit und Gleichheit aller Staatsbürger, mit allem, was zur Angleichung Italiens an die führenden Völker und Staaten Europas in sozialer, wirtschaftlicher und geistiger Hinsicht zu gehören schien. Mit dieser Arbeit am kulturellen Fortschritt aufs engste verflochten und nur für die theoretische Betrachtung davon ablösbar sind die beiden politischen Themen: die Erringung der nationalen Unabhängigkeit, die Abschüttelung also der durch Österreich repräsentierten Fremdherrschaft und, als Krönung des Ganzen, die Ausmerzung des staatlichen Partikularismus und die Schaffung des Einheitsstaates von den Alpen bis nach Sizilien, die Unità italiana. Dies freilich war der Gedanke, der es am schwersten hatte, sich die Geister zu erobern – es bedurfte einer langen Entwicklung, bis er sich gegen die Jahrhundertmitte zu ernsthafter und greifbarer Gestalt durchzuringen vermochte.

Die ersten Aufstände. Die geistige Vorbereitung (1815-1848)

Zwei Momente geben den folgenden dreieinhalb Jahrzehnten das charakteristische Gepräge: einmal die Geheimbünde, die eine fast nicht abreißende Reihe von Aufständen und Re-

volutionen ins Werk setzen, die alle miteinander fruchtlos
bleiben und im Blute der Empörer erstickt werden und nur
insofern Bedeutung gewinnen, als sie das Volk immer wieder
wachrütteln und zugleich die italienische Frage mehr und
mehr in das Blickfeld der europäischen Öffentlichkeit rücken.
Und dann die literarische Vorbereitung des Risorgimento, die
Erörterung seiner vielgestaltigen Einzelprobleme in programmatischen Schriften. Das bedeutete aber auch die Ausbildung
und Klärung der inneren Fronten: gemäßigte Reformer und
radikale Revolutionäre, höheres Bürgertum und breite Volksmassen, konstitutionelle Monarchie und Republik, Staatenbund (bzw. Bundesstaat) und Einheitsstaat, die stolze Parole
des ›L'Italia farà da sé‹ (Italien wird es selbst schaffen) und die
nüchterne, unromantische Überzeugung, daß die Befreiung
nur mit fremder Hilfe gelingen könne – das sind die wichtigsten Gegensatzpaare, die sich jenseits der gemeinsamen Ausrichtung erhoben, ja diese manchmal zu überwuchern und zu
ersticken drohten.

Seine ersten unsicheren und mißglückten Schritte tat das
Risorgimento im Zeichen der Geheimbünde, vor allem der
›Carbonaria‹ (Carbonaro = Köhler; diesem Stand waren ihre
rituellen Gebräuche entlehnt). Sie trat zum erstenmal in Unteritalien unter den Königen Joseph Bonaparte und Joachim
Murat in Erscheinung. In diesen Jahren scharf antifranzösisch,
wendet sie sich schnell mit aller Leidenschaft gegen die seit
1815 einsetzende Reaktion des bourbonischen Königshofes.
Ihre sehr unklaren, konkret kaum faßbaren Lehren und Ziele
hat man als »einen merkwürdigen Mischmasch von romanti-
schem Imperialismus und halb sozialistischem Demokratismus
im Sinne Rousseaus« (L. Salvatorelli) bezeichnet. Ein starker
Mystizismus, geheimnisvolle Symbole und Eide, hierarchische
Abstufung der Mitglieder in ›Graden‹ und ähnliche freimau-
rerische Formen sind für sie charakteristisch; Christus galt
ihnen dabei als ›das erste Opfer der Tyrannen‹. So geht ihr
Kampf vor allem um eine freiheitliche Verfassung und richtet
sich zum Teil auch schon gegen die österreichische Fremdherrschaft; soweit man sich von der künftigen Gestalt der
Halbinsel etwa eine bestimmte Vorstellung machte, dachte

man am ehesten an einen gesamtitalienischen Staatenbund. Alles aber wollte man auf dem Wege der Verschwörung, des Tyrannenmordes und des plötzlich losbrechenden Aufstandes erreichen. Vom Süden aus breitete sich die Carbonaria bald über ganz Italien aus, zerfiel aber schnell in einzelne Gruppen, die keine rechte Verbindung mehr miteinander hatten und ihre Kraft in unzusammenhängenden, schlecht organisierten Einzelaktionen verpufften: in ihnen durchlebt das Risorgimento sein temperamentvolles, aber noch ganz individualistisch unausgegorenes Jugendalter.

Besonders in Neapel und im Kirchenstaat aber erwuchsen den Carbonari gefährliche Feinde in Gesellschaften, die mit ihnen das Dunkle und Geheimnisvolle der Organisation gemeinsam hatten, aber im entgegengesetzten, d.h. im konservativ-reaktionären Sinn arbeiteten und daher gerne von den bestehenden Regierungen gefördert und in Dienst genommen wurden: etwa die ›Sanfedisten‹ oder die ›Calderari‹ (Kesselflicker). So bekämpften sich die geheimen Gesellschaften gegenseitig mit den ihnen eigentümlichen unterirdischen Mitteln und erschütterten damit das staatliche Leben, die öffentliche Ruhe und Sicherheit zeitweise bedenklich.

Nach einem unbedeutenden Vorspiel im nördlichen Kirchenstaat (1817) bricht die erste Carbonariverschwörung im Juli 1820 in Neapel aus. Ihre Träger sind insbesondere Offiziere und höhere Beamte. An die Spitze stellt sich der General Guglielmo Pepe, der schon unter Murat gedient hatte; die breiteren Schichten des Volkes, auch des Bürgertums, halten sich durchaus abseits. Das Ziel der Revolutionäre ist die Verfassung in der radikalen spanischen Form, wie sie auf der Pyrenäenhalbinsel 1812 eingeführt und soeben (1820) dem König erneut abgetrotzt worden war; auf dem Einkammersystem basierend, ließ sie dem König nicht viel mehr als die Exekutive für die von der Nationalversammlung getroffenen Beschlüsse.

Sogleich zeigte es sich, daß es an der Einheitlichkeit nicht nur des Vorgehens, sondern auch der Ziele noch aufs schwerste fehlte. Die Sizilianer benützen die Gelegenheit, um die ihnen 1812 gewährte, dann im Zuge der Reaktion wieder abgeschaffte Autonomie der Insel mit einem eigenen Parlament aufs neue zu erringen. Davon aber wollten die Carbonari des Festlandes keineswegs etwas wissen; selbst mit den Waffen griffen sie, um dies zu verhindern, in Sizilien ein.

So ist die Bewegung von allem Anfang an unheilvoll gespalten. Trotzdem beeilt sich der erschrockene Ferdinand IV., die verlangte Verfassung zu beschwören. Doch im Schutz der ›Heiligen Allianz‹ und außer Landes (auf dem Fürstenkongreß in Laibach) widerruft er alles.

Die österreichischen Truppen rücken an, Metternichs Grundsatz der ›Intervention‹ zugunsten des monarchischen Absolutismus in die Tat umsetzend; nach geringfügigen Kämpfen mit den revolutionären Milizen ziehen sie im März 1821 in Neapel ein. Wer sich nicht, wie der General Pepe, durch die Flucht rechtzeitig in Sicherheit bringen konnte, verfiel dem Galgen oder dem Kerker, mit der Verfassung war es vorbei. Auf allen Gebieten feierte die Reaktion neue Triumphe; selbst der Katechismus, der unter den Christenpflichten die Liebe zum Vaterland aufführte, entging ihrem Zugriff nicht. Die österreichischen Truppen aber blieben vier Jahre lang (bis 1824) zum Schutze des Königs in Neapel – natürlich auf Kosten des Landes.

Während die Revolution in Neapel zusammenbrach, flammte sie am anderen Ende der Halbinsel, in Piemont, auf – ein eindringliches Beispiel für die schlechte Organisation und das individualistische Draufgängertum der Carbonaria. Auch in Piemont geht es um die spanische Verfassung. Dazu aber wird hier offen der Kampf gegen die Fremdherrschaft im Nachbarstaat, gegen »die mehr als 800jährige teutonische Knechtschaft«, wie es in einem Aufruf hieß, proklamiert. »In Anbetracht, daß jede Nation das Recht hat, sich durch eigene, von ihr beschlossene Gesetze zu regieren und sich von jedem fremden Einfluß zu befreien«, erklären die Revolutionäre, als deren bedeutendster Führer der Graf Santorre di Santarosa auftritt, an Österreich den Krieg.

Viktor Emanuel I. fühlt sich der Lage nicht gewachsen, er dankt (da er selbst kinderlos ist) zugunsten seines Bruders Karl Felix (1821–1831) ab. Doch da dieser augenblicklich außer Landes weilt, muß zunächst der Prinz Karl Albert aus der Seitenlinie der Carignano (begründet durch den Prinzen Thomas, s. o. S. 311) die Regentschaft übernehmen. Und – das gibt der piemontesischen Revolution ihren besonderen Anstrich – dieser Prinz, der überdies, da auch Karl Felix kinderlos war, einst den Thron des Königreichs besteigen sollte, galt als liberal und antiösterreichisch, ja er besaß seine guten Beziehungen zur Carbonaria selbst.

Doch Karl Albert ist ein schwankender, seiner selbst immer unsicherer Charakter; im Augenblick, da es Ernst wurde, versagt er sich zur maßlosen Enttäuschung der Revolutionäre der Bewegung. Wohl verkündet er nach einigem Schwanken im März 1821 die spanische Verfassung, aber von Modena aus erklärt sie der neue König sogleich für ungültig. Karl Albert fügt sich widerstandslos und begibt sich einstweilen ins Exil zum Großherzog von Toskana.

Wie Ferdinand IV. ruft Karl Felix die österreichischen Waffen zu Hilfe, und auch in Piemont ist ihnen ein leichter Sieg beschieden (April 1821). Die Episode war zu Ende, mehrere hundert Aufständische wanderten ins Exil. An reaktionären Maßnahmen blieb der sardinische König kaum hinter dem neapolitanischen zurück; besonders die Universitätsstudenten wurden – bis zur Erfüllung ihrer äußeren religiösen Pflichten – der peinlichsten Überwachung unterworfen. Zweieinhalb Jahre lang blieben die fremden Truppen in Piemont.

Auch in Mailand hatte sich ein Kreis von Liberalen und Carbonari gebildet, von Männern, die geistig besonders hochstanden und sich mit Feuereifer der Arbeit am kulturellen Fortschritt des Landes widmeten. Zwischen ihnen und den piemontesischen Aufständischen hatten enge Beziehungen bestanden: sobald diese die piemontesisch-lombardische Grenze überschritten hätten (wozu sie aber dann gar nicht kamen), sollten die Mailänder losschlagen. Die Verschwörung wurde aufgedeckt, ihre Hauptführer wurden nach jahrelangen Prozessen zum Tode verurteilt und dann vom Kaiser zu lebenslänglichem (oder zum Teil 15–20jährigem) Kerker in der berüchtigten Festung auf dem Spielberg in Mähren begnadigt. Es sind jene Männer, denen Ricarda Huch in feinfühliger Cha-

rakterisierung ihrer Persönlichkeiten ein unvergängliches literarisches Denkmal gesetzt hat: der stolze Graf Federico Confalonieri, der zarte Dichter Silvio Pellico, dessen schlichte
Schilderung seiner Gefängniszeit (Le mie prigioni) später als
erschütternde Anklage durch die ganze Welt ging, der Graf
Giorgio Pallavicini, der einzige, dem es vergönnt war, die
Einigung Italiens noch zu erleben, Piero Maroncelli u. a. Erst
in den Jahren zwischen 1830 und 1836 wurden sie nacheinander begnadigt und gingen als Verbannte nach Frankreich, England und Amerika, überall allein durch ihr Erscheinen die Blicke auf das unterjochte Italien hinlenkend und den
Haß des liberalen Zeitalters gegen die Mächte des österreichischen Absolutismus aufrührend.

Nach den unglücklichen Ereignissen von 1820/21 herrschte,
von mehrfachen politischen Meuchelmorden in der Romagna
und Mark Ancona abgesehen, zehn Jahre lang äußerlich Ruhe.
Dann kam der Sturm der Julirevolution des Jahres 1830, der
in Paris zum zweiten Male die Bourbonen wegfegte und den
›Bürgerkönig‹ Louis Philippe (1830–1848) auf den Thron
führte. Das Ereignis trug seinen Wellenschlag auch nach Italien. Von den zahlreichen in Paris lebenden italienischen Emigranten angefeuert, erhoben sich zuerst Bologna und Modena
(dessen Herzog selbst mit den Carbonari in Verbindung gestanden hatte, aber dann ein falsches Verräterspiel mit ihnen
trieb) sowie Parma, während Piacenza durch eine österreichische Besatzung gesichert war; die Romagna und Mark
Ancona, jene Gebiete des Kirchenstaates, die sich von alters
her immer am schwersten in die päpstliche Herrschaft gefügt
hatten, folgten sogleich. Die genannten Gebiete schlossen
sich unter einer provisorischen Regierung als ›Vereinigte italienische Provinzen‹ zu einer Republik zusammen (Februar
1831). Wiederum ein Traum von wenigen Wochen: Ende
März haben die österreichischen Truppen die alte Ordnung
restlos hergestellt und die vertriebenen Souveräne zurückgeführt.

Immerhin wurde erreicht, daß die italienischen Probleme
mehr als bisher in das Blickfeld der europäischen Großmächte
rückten. In einem berühmt gewordenen Memorandum vom

Mai 1831 wandten sich Österreich, Frankreich, England, Preußen, Rußland und schließlich Sardinien mit eindringlichen Vorstellungen an den Papst, er möge doch, um ähnliche Vorkommnisse in der Folge hintanzuhalten, die Verhältnisse im Kirchenstaat durch eingreifende Reformen denen der übrigen europäischen Staaten angleichen. Vor allem die Zulassung der Laien zu allen Ämtern in Verwaltung und Justiz, die Bildung von freigewählten Provinzialräten und die Einsetzung eines wenigstens teilweise weltlichen Staatsrates für das ganze Land wurden gewünscht (s. u. S. 392).

Im Juli 1831 verließen die österreichischen Truppen den Kirchenstaat, aber im Januar 1832 rückten sie nach erneuten Unruhen wieder in Bologna ein, diesmal offensichtlich mit der Absicht, sich für längere Zeit einzurichten. Daraufhin besetzten die Franzosen die wichtige Hafenstadt Ancona, um, wie sie in einem Manifest erklärten, die Freiheit der Völker gegen die Despotie zu schützen. So sind es immer noch die beiden alten Mächte Österreich und Frankreich, die über allen Wandel der Jahrhunderte hinweg offen um den beherrschenden Einfluß in Italien ringen. Sechs Jahre lang (bis 1838) blieb die Okkupation Bolognas durch die Österreicher und Anconas durch die Franzosen bestehen.

Seit Anfang der dreißiger Jahre des 19. Jahrhunderts erfahren die inneren Kräfte der Risorgimentobewegung eine wesentliche Wandlung und Vertiefung durch einen Mann, der zu den Nationalhelden des Risorgimento zählt, obgleich auch seine Wünsche und Ziele nur sehr teilweise Erfüllung fanden: durch Giuseppe Mazzini (1805–1872). Selbst aus der Carbonaria hervorgegangen, hatte er sich frühzeitig von ihr abgewandt; mit scharfem Blick erkannte er, daß sie in nichts einig sei als in der Negation. Demgegenüber stellt Mazzini wie kein anderer Theoretiker des Risorgimento ein einheitliches, in sich geschlossenes und vor allem weltanschaulich unterbautes Programm auf, und dieses heißt: Einheitsstaat und Republik. Die Fürsten hatten – daran hielt Mazzini trotz des pathetischen Aufrufs, mit dem er König Karl Albert von Sardinien bei seiner Thronbesteigung (1831) begrüßt hat, fest

– versagt und würden weiterhin versagen; desgleichen die
oberen Stände, die bisherigen Träger aller nationalen Bewegungen, die immer noch auf jene – d. h. konkret auf das sar-
dinisch-piemontesische Herrscherhaus – ihr Vertrauen setzten. Zum erstenmal ertönt in Italien der Appell nicht mehr an
irgendwelche kleine auserwählte Gesellschaftsschichten, sondern an das Volk als Ganzes: »Das Volk, das ist das Prinzip,
auf dem das ganze politische Gebäude ruhen muß. Das Volk,
die große Einheit, die alle Dinge umfaßt, die Gesamtheit aller
Rechte, aller Macht, des Willens aller – Richter, Mittelpunkt,
lebendiges Gesetz der Welt!« Und dieses Volk aus der Lethargie seiner jahrhundertealten Geschichtslosigkeit herauszureißen und zum Bewußtsein seiner selbst aufzurütteln, damit es echter, fruchtbarer Untergrund des neuen nationalen
Daseins werden könne: in diesem Ziel erschöpft sich das Le-
benswerk des unermüdlichen, fanatischen Revolutionärs und
Agitators. Aber durch eine moralisch-religiöse Erneuerung,
durch den Kult der Gerechtigkeit und Wahrheit muß es erst
zu seiner nationalen Aufgabe erzogen werden. Mazzini ist
(abgesehen von allen grundsätzlich konservativen Kreisen)
der erste, der der Revolution und ihrem Geisteserbe den Kampf
ansagt: sie hat die tödliche Krankheit des Individualismus zu
ihrer vollsten und letztmöglichen Entfaltung gebracht. Jetzt
heißt die einzige Aufgabe: Gemeinschaft schaffen, und die
höchste Form der Gemeinschaft ist die Nation. Auch das
Christentum ist individualistisch und daher überholt. An
seine Stelle muß eine ›soziale‹ Religion der Gemeinschafts-
epoche, muß die Selbstoffenbarung des der Nation immanenten Gottes treten. So erhebt Mazzini den Nationalismus in
die Sphäre der religiösen Weltanschauung. Doch ist für ihn
auch die Nation nicht letztes Ziel und Selbstzweck, sondern
sie wird hingeordnet auf die allgemeinen Menschheitszwecke,
auf den Dienst an den Anliegen der Gesamtheit: Einheit,
Friede, Freiheit, Recht und Fortschritt. Eine ›organische‹ Ära
wird kommen, und in ihr werden nicht mehr die Franzosen,
sondern – in der Selbstverwirklichung ihrer nationalen Einheit – die Italiener das Führervolk sein. »In Italien liegt der
Knoten des europäischen Problems. Denn von Rom allein

kann zum drittenmal das Wort der modernen Einheit ausgehen.« Das ist die ›Terza Roma‹, nach dem Rom der Cäsaren
und der Päpste das Dritte Rom, das auf dem Boden der völkischen Wiedergeburt die neue glückverheißende Welten-
wende heraufführen wird.

Mit diesem Ideengut hat Mazzini den großen Bund der
›Giovine Italia‹ (Jungitalien) erfüllt, den er bereits 1831 als
Exilierter von Marseille aus begründete und der sich schnell
über die ganze Apenninenhalbinsel hin ausbreitete (1834 weitet er den Bund zur ›Giovine Europa‹ aus und fordert eine demokratische europäische Konföderation). Es ist ein Geheim-
bund, wie die Carbonaria, aber mit einheitlichem Programm
und einheitlicher Weltanschauung und durch Mazzinis Persönlichkeit zentralistisch geleitet. »Das Junge Italien ist die
Verbrüderung der Italiener«, so heißt es im Programm, »die
an ein Gesetz des Fortschrittes und der Pflicht glauben, die
überzeugt sind, daß Italien berufen ist, eine Nation zu sein,
die sich mit eigenen Kräften als solche konstituieren kann...
Das junge Italien ist republikanisch und unitaristisch; republikanisch, weil alle Menschen einer Nation durch das Gesetz Gottes und der Menschlichkeit berufen sind, frei, gleich
und brüderlich zu sein, und weil die republikanische Institution die einzige ist, die eine solche Zukunft sicherstellt; und
unitaristisch, weil es ohne Einheit keine Kraft gibt, und das
von geschlossenen, mächtigen und eigensüchtigen Nationen
umgebene Italien es vor allem notwendig hat, stark zu sein.«

Diesen Einheitsgedanken und den darauf basierenden
Machtgedanken hat keiner seiner Zeitgenossen so klar und
entschieden – und vor allem so frühzeitig – proklamiert wie
Mazzini, und hierin ist auch der unmittelbarste und konkre-
teste Beitrag zu sehen, den er für die nationale Erhebung geleistet hat. Denn in der Praxis ist Mazzini freilich wieder in
die Geleise der von ihm so sehr verurteilten Carbonaria zu-
rückgefallen: er ist der ewige Verschwörer geblieben, der
(lange Jahre vom Ausland, von der Schweiz, von Paris oder
London aus) eine Unzahl von Aufständen ins Werk setzte.
Unterirdische Propaganda, Meuchelmorde und Empörungen
bezeichnen den äußeren Weg der Giovine Italia, denn ihr

leidenschaftlicher Führer besaß nicht die Ruhe, den organi-
schen, aber unendlich langen Weg der inneren Erneuerung
und Erhebung des Volkes in Geduld zu gehen. Zudem mußten der dogmatisch starr festgehaltene Grundsatz des ›L'Italia farà da se‹, wie die negative Einschätzung einer Zusammenarbeit mit den bisher führenden Ständen auf den Weg
der Revolution von unten her führen. Alle Verschwörungen
der Giovine Italia freilich haben so wenig zu etwas geführt
wie die der Carbonaria, sie kosteten sie vielmehr immer wieder schwere Blutopfer. 1834 bereits bezahlte der Bund solche
Aufstandsversuche in Piemont mit zwölf vollzogenen Todesurteilen, und dasselbe Schauspiel – Hinrichtungen, Kerker,
Verbannungen – wiederholt sich in den folgenden Jahren in
allen Teilen der Halbinsel. So war die Vergeudung der jungen, idealistischen Kräfte einer der schwersten und eindrucksvollsten Vorwürfe, die Mazzinis Feinde von Anfang an gegen
ihn erheben konnten.

Mazzinis Programm hat sich in seiner Gesamtheit die Nation nicht erobern können. Die breiten Massen des Volkes,
denen sein eigentliches Anliegen galt, versagten sich im großen und ganzen seinem Aufruf: seine abstrakte Ideologie
blieb dem einfachen Italiener des 19. Jahrhunderts immer
fremd. Die höheren Volksschichten aber, die das ›bürgerliche Jahrhundert‹ repräsentierten, schreckten vor seinem Radikalismus auf politischem und sozialem Gebiet zurück. Sie
wollten eine verfassungsmäßig gelenkte Monarchie, aber
keine Republik. Und eine Forderung etwa wie die des allgemeinen Wahlrechtes – ohne Rücksicht auf Besitz und Bildung – wirkte auf sie ebenso aufreizend und abstoßend, wie
sie im Gedankenkreis Mazzinis eine Selbstverständlichkeit bedeutete. Vollends Camillo Cavour, der wirkliche Schöpfer
der Einheit und Unabhängigkeit Italiens, stand dem Mazzinismus voll tiefer Ablehnung gegenüber. Seine ganze soziale
und bildungsmäßige Herkunft bäumte sich gegen Form und
Inhalt dieser Bewegung auf, und seine illusionslose Nüchternheit wußte mit dem Schlagwort von der alleinigen Selbsthilfe
Italiens nichts anzufangen. Ein kaltes Zweckbündnis für kurze
Zeit – mehr kam zwischen den beiden einander so wesens-

fremden Männern nie zustande. Trotz allem aber sind Mazzinis Gedanken, wenn auch vielfach abgewandelt und ihrer schärfsten Spitzen beraubt, in zahllosen Rinnsalen in das Volk eingedrungen und haben einen wesentlichen, nicht wegzudenkenden Anteil an der Vorbereitung Italiens auf seine nationale Erhebung genommen. Seine leidenschaftliche Propaganda blieb außerdem für die gemäßigt-bürgerlich-monarchische Richtung immer ein ernster Ansporn, die Sache des Risorgimento energisch zu betreiben, damit ihr nicht durch den Radikalismus aller Wind aus den Segeln genommen würde. So blieb das Risorgimento – wie es der gesamten geistigen Lage des früheren und mittleren 19. Jahrhunderts entsprach – in der Hauptsache eine Angelegenheit des Bürgertums und teilweise des Adels, jedoch unter dem ständigen, keine Ruhe gönnenden Antrieb der auf die Massen eingestellten Agitation des Mazzinismus.

Was jene gemäßigten Kreise – bevor sie in Cavour den überragenden Führer empfingen – dem Aufstiegswillen der Nation an Ideen und ethischen Antrieben zu bieten hatten, das zeigen einige programmatische Schriften der vierziger Jahre. 1843 erschien in Brüssel das Buch ›Vom moralischen und zivilen Primat der Italiener‹ (Del primato morale e civile degli Italiani). Sein Verfasser ist Vincenzo Gioberti (1801–1852), Priester und Professor der Philosophie in Turin, der ursprünglich dem Mazzinismus nahegestanden hatte und deshalb 1833 aus Piemont verbannt worden war, dann aber bald seine eigenen geistigen Wege ging. Der ›Primato‹ ist ganz dem Geist der Romantik verhaftet, ein Werk voll von blendenden Ideen, von Leidenschaft und Überschwang, der vor gewagtesten geschichtlichen Konstruktionen nicht zurückschreckt und anderseits von geringen Einsichten in die realpolitischen Möglichkeiten der Gegenwart zeugt, aber ein Buch, das durch das Pathos eines unerhörten nationalen Selbstbewußtseins in Italien wie ein Fanfarenstoß gewirkt hat. In weitausholenden historischen Ausführungen rechnet Gioberti seinem Volke vor, daß es den anderen Völkern in allen Wissenschaften und Künsten und selbst in der Kriegsführung immer weit überlegen gewesen sei. Es ist die universalste aller Nationen, ja die

›übernatürliche Nation‹. Das Christentum ist erst durch Italien in die Welt eingeführt worden, Rom ist der Sitz des Papsttums und damit der Ausgangspunkt aller Zivilisation. Die weltliche Herrschaft des Papsttums sei nie ein Hindernis für die Einigung Italiens gewesen. Schuld an der jetzigen Schwäche des Landes ist allein der Müßiggang, dem sich die Italiener ergeben haben, und – die Kraftlosigkeit seiner derzeitigen Schriftsteller! Denn der Schriftsteller ist der Lenker und Diktator des Geistes, derjenige, von dem alles abhängt. Mit glühender Begeisterung umschreibt Gioberti die Aufgabe und Verantwortung des Schriftstellers; es sind die Partien, die zu den berühmtesten des ganzen Buches zählen.

Was aber tun? Keine Verschwörungen, keine Revolutionen, keine Republik, keinen Unitarismus (also die völlige Absage an Mazzini)! Vielmehr: die Fürsten sollen sich durch liberale Reformen – Verfassung, Pressefreiheit, Hebung der wirtschaftlichen und sozialen Verhältnisse – innerlich mit ihren Völkern vereinigen, und sich dann zu einem gesamtitalienischen Staatenbund zusammenschließen. Das politische Haupt dieses Staatenbundes soll der militärisch stärkste Fürst, der König von Sardinien, sein, das moralische Haupt aber das mit den Forderungen der modernen Kultur ausgesöhnte und national gesinnte Papsttum, »denn nichts ist möglich gegen den Papst und ohne den Papst, nichts soll angestrebt werden außer durch ihn und mit ihm«! Auch Gioberti lebt also von der Hoffnung auf eine Terza Roma – nur unter anderen Vorzeichen als Mazzini – die Italien wieder an die Spitze der Welt stellen und dadurch der Menschheit erneut den Frieden bringen würde.

Das ist das Programm der sogenannten ›Neuguelfen‹: ein föderalistischer Staatenbund unter der Führung des Papstes – eine historisch-romantische Utopie durch und durch. Seine Wirklichkeitsferne sollte sich bereits bei der ersten Erprobung seiner Tragfähigkeit klar genug erweisen. Tatsächlich hat Gioberti selbst aus den Erfahrungen des Jahres 1848 die Lehre gezogen und (in einer zweiten, 1851 erschienenen Schrift ›Del Rinnovamento civile d'Italia‹) diesem einen Hauptpunkt seines ursprünglichen Planes den radikalen Abschied gegeben, ja sogar die völlige Beseitigung der weltlichen Herrschaft der Kirche gefordert. Aber trotzdem hat der Neuguelfismus, mehr oder weniger deutlich ausgeprägt, noch lange nachgewirkt; geistvolle und bedeutende Männer wie der edle Antonio Rosmini – der stärkste philosophische Gegner Giobertis – sind ihm nahegestanden, und noch 1859 glaubte Napoleon III., die italienische Frage auf diesem Wege ihrer Lösung entgegenführen zu können.

Ebenfalls im Ausland (Paris) erschien ein anderes Buch unter dem verheißungsvollen Titel: ›Von den Hoffnungen Italiens‹ (Delle Speranze d'Italia), verfaßt von dem piemontesischen Grafen Cesare Balbo (1789–1853). Dieses Buch gibt sich schon weit nüchterner als der Primato und erwägt mit großem Ernst die konkreten Möglichkeiten der nationalen Wiedererstehung. Als das Hauptproblem steht hier offen die österreichische Vorherrschaft im Vordergrund. Und daß bei einem Zusammenstoß mit dem Hause Habsburg der Papst nicht Führer sein könne, das ist Balbo völlig klar. Piemont allein ist befähigt, diese Aufgabe zu übernehmen (doch der Verfasser hofft noch, daß ein kriegerischer Zusammenstoß mit der österreichischen Übermacht überhaupt vermieden werden könnte). Auch Balbo hält es mit dem Grundsatz: »l'Italia farà da sé«, und auch er kann sich das gemeinsame Ziel nur in einem Staatenbund verwirklicht vorstellen. Zunächst aber soll sich Piemont mit den österreichischen Provinzen zu einem großen oberitalienischen Staat zusammenschließen. Die weltliche Herrschaft des Papstes will Balbo unangetastet lassen; im übrigen bleibt bei ihm, was die künftige politische Gestalt der Halbinsel anlangt, so ziemlich alles offen. Eine gewisse Resignation durchzieht sein politisches Programm; nicht ganz ohne Grund konnten daher Balbos Gegner seinem Buch den bissigen Titel geben: »Die Hoffnungen eines Hoffnungslosen«.

Immer wieder lenkt sich sodann der Blick der Patrioten auf die gegenwärtige moralische Verfassung des in Passivität und Gleichgültigkeit dahinlebenden italienischen Volkes: sie alle fühlen hier eine der ernstesten Fragen jeder nationalen Wiedergeburt, ohne deren Lösung die äußeren Erfolge umsonst erkämpft wären. Berühmt ist Balbos Predigt über die notwendige moralische Erneuerung des Volkes, über die nationale Pflicht zur Besserung der öffentlichen Sitten, die die einzige echte Grundlage für einen wirklichen Aufschwung Italiens sei. Die Fürsten und die führenden Stände seien zur Erziehung des Volkes berufen, mit maßvollen Reformen solle es allmählich an den Geschicken des Landes interessiert und mitbeteiligt werden. Der scharfe Gegensatz zum Revolutionär Mazzini tritt so auch bei Balbo offen zutage, und er wird dadurch, daß für ihn das Christentum die unantastbare Grundlage aller sittlichen Erneuerung bleibt, nur noch unterstrichen.

1846 erscheint das schmale Büchlein ›Über die letzten Vorfälle in der Romagna‹ (Degli ultimi casi di Romagna) von Massimo d'Azeglio (1789–1866). Der ebenfalls piemontesische Autor (nebenzu auch gefeierter Landschaftsmaler und Verfasser gern gelesener historisch-patriotischer Romane) knüpft zunächst nur an nüchterne Tatsachen an, an den mißglückten Aufstandsversuch einer geheimen Verschwörung in der Romagna (1845). Von dem Sonderthema der päpstlichen Herrschaft im Kirchenstaat aber geht d'Azeglio dann auch zum gesamtitalienischen Programm über. Er greift nicht die Kirche oder den Papst als solchen an – im Gegenteil, der Katholizismus gilt ihm geradezu als die einzige einigende Kraft der Halbinsel –, sondern nur die Mißstände des kirchlichen Regierungssystems (s. u. S. 391 ff.). Gerade diese Mäßigung hat seiner Schrift, die ihren Weg durch ganz Europa genommen hat, die weite Resonanz und den starken Eindruck gesichert. Zugleich wendet sich d'Azeglio aber offen gegen die österreichische Macht: sie sei letzten Endes an diesen unglücklichen Verhältnissen schuld. Fürsten und Völker sollen einträchtig gegen die Fremdherrschaft zusammenstehen; wie Balbo (und in seiner Weise auch Gioberti) unterstreicht er dabei besonders die Führerstellung, die dem Königreich Sardinien zukomme. Und wie diese beiden will d'Azeglio nichts von geheimen Verschwörungen wissen, denn sie kosteten nur nutzlose Blutopfer. Öffentlich muß sich der Italiener zu liberalen Reformen und zur Unabhängigkeit bekennen. Dies wird der Weg zur Freiheit und Selbständigkeit sein, denn die öffentliche

Meinung ist alles: »Es gibt keine Fürstenmacht, keine Autorität auf der Welt, die sich auf einer anderen Grundlage halten könnte als auf der der öffentlichen Zustimmung.« Letzten Endes auch dies wieder ein theoretisches Programm, das das große Ziel in weite, nebelhafte Ferne rückte!

Von geographisch-strategischen Gesichtspunkten aus geht der piemontesische Offizier Giacomo Durando, der wie Gioberti lange Jahre im Exil gelebt hatte, an die Dinge heran. In seiner Schrift ›Über die italienische Nationalität‹ (1846) erscheint ihm der Apennin, der als trennender Gebirgsrücken die Halbinsel zerstückelt, als das stärkste Hindernis für eine völlige Einigung Italiens. So neigt er zu einer politischen Zweiteilung der Halbinsel in ein nördliches und südliches Reich; in dem einen soll die savoyische, in dem anderen die bourbonische Dynastie herrschen. Die übrigen Staaten, auch der des Papstes, müßten verschwinden, Österreich, wenn nötig, mit Waffengewalt vertrieben werden. Beide Reiche sollten in engem Bündnis miteinander vorgehen und ihre Herrscher müßten sich natürlich auch durch die Gewährung einer gemäßigten Verfassung mit der öffentlichen Meinung ihrer Untertanen in Einklang setzen.

Aber auch fast alle anderen literarischen Erzeugnisse der ersten Hälfte des 19. Jahrhunderts sind mehr oder weniger deutlich auf die großen Anliegen des öffentlichen Lebens und der moralischen und politischen Erneuerung der Nation hingeordnet. So vor allem die unter dem Einfluß der Romantik sich rege entfaltende Geschichtsschreibung. Cesare Balbo hat seinem Lande einen ersten kurzgefaßten, von nationalem Bewußtsein getragenen Gesamtüberblick seiner geschichtlichen Entwicklung gegeben (1846), ein Buch, das ob seines Gedankenreichtums heute noch lesenswert erscheint. Ihm schließen sich andere Historiker an, so etwa Gino Capponi (1792–1876) mit einer Geschichte seiner Vaterstadt Florenz, Carlo Botta (1766–1837) mit einer großen Geschichte Italiens im Zeitalter der französischen Revolution und Napoleons I., Michele Amari (1806–1889), der sich ein besonders verlockendes Thema, die Befreiung von der Fremdherrschaft durch die Sizilianische Vesper, erwählte, oder der fruchtbare, vielge-

lesene Cesare Cantù (1804–1895), der zwar an der streng kurialen Richtung festhielt, zugleich aber unzweideutig gegen
die österreichische Fremdherrschaft Front machte.

Belebung des Sinnes für die geschichtliche Vergangenheit
des Landes und für die Wesenheit des eigenen Nationalcha-
rakters, Erweckung eines lebendigen Mitempfindens mit den
Schicksalen des Volkes vermochten auch manche Erzeugnisse
der schönen Literatur zu vermitteln, wie etwa die schon er-
wähnten romantisch-historischen Romane Massimo d'Azeglios. Einzig steht hier aber Alessandro Manzoni (1785–1873)
mit seinem unsterblichen Epos des einfachen italienischen
Volkes da, mit dem großen, künstlerisch vollendeten Roman
›Die Verlobten‹ (I promessi sposi; zum erstenmal 1827, dann,
sprachlich gereinigt, 1840/42 erschienen). Was diese schlichte
Erzählung für die Erhebung und Festigung eines gesunden,
natürlichen, in sich selbst ruhenden Volksbewußtseins bedeutete, wird man kaum hoch genug veranschlagen können.
Wohl kein anderes Volk darf sich einer so warmherzig ein-
fühlenden literarischen Verkörperung seiner selbst rühmen;
sie hat sich Herz und Sinn des einfachen, nur eben des Lesens
kundigen Mannes ebenso wie des anspruchsvollen Gebildeten
im Sturm erobert und lebt so als geistiger Besitz der *gesamten*
Nation auch heute noch in unverminderter Frische fort.

Nicht zu vergessen ist schließlich die lyrische und drama-
tische Dichtung, die aus der jungen nationalen Begeisterung
erwuchs und sich in ihren Dienst stellte. Die bedeutendsten
Geister der Nation und die vielen des Mittelmaßes vereinigten sich hier in einer gemeinsamen Front. Der tiefsinnigste
Denker des Zeitalters allerdings, der unglückliche Dichter
und Philosoph Giacomo Leopardi (1798–1837), hat sich frühzeitig innerlich ganz von den Schicksalen der Nation losge-
löst, um sich in zersetzendem Weltschmerz, aber in vollendet
klaren und ergreifenden Versen mit den lastenden Problemen
des eigenen Ich, das seinen rechten Platz in der Weltordnung
nicht finden kann, abzuquälen. Aber noch als zwanzigjähriger
Jüngling hatte er, den Spuren Ugo Foscolos folgend, in seiner
Hymne ›An Italien‹ der tiefen Trauer des entwürdigten Vaterlandes ergreifenden Ausdruck gegeben.

Doch die Dichtung begnügt sich nicht mit resignierter Ergebung, sondern reiht sich ein in den Kampf um die Neugestaltung des Landes und vor allem in den Kampf gegen den äußeren Feind, die Fremdherrschaft. Das Vollkommenste und – kraft seiner vornehm zurückhaltenden Gesinnung – Eindrucksvollste geht auch hier auf Manzoni zurück. Anläßlich der piemontesischen Erhebung von 1821 beschwört er in berühmt gewordenen Versen die Deutschen (denn Österreicher und Deutsche sind in diesen Tagen für den Italiener eins), daß sie den italienischen Boden endlich freigeben möchten – und er widmet das Gedicht dem »wunderbaren Gedächtnis Theodor Körners, des Dichters und Kämpfers der deutschen Unabhängigkeit..., dem teuren Namen für alle Völker, die kämpfen zur Verteidigung oder zur Erwerbung eines Vaterlandes«:

Wenn heute deckt die Erde eure Unterdrücker,
Gen die ihr einst, auch unterdrückt, nur konntet klagen...,
Wer hat euch nun gesagt, daß unfruchtbar und ewig
Die Trauer würde sein des italienischen Volkes?
Wer sagte euch, daß niemals unsere Klage wird erhören
Der Gott, der einst auch euch erhört? ...
O Fremde, Italien besinnt sich auf sich selbst,
Es fordert seinen Boden nur zurück.
O Fremde, brechet eure Zelte ab
In einem Land, das nicht das eure ist!

Immer breiter wird der Strom der Dichtung, der sich über das Land ergießt. Schärfer und erbitterter wird auch ihr Gehalt und steigert sich wohl manchmal wie bei dem Paduaner Ippolito Nievo zum entfesselten, tobenden Haß gegen »das blonde Geschlecht Armins«, gegen die Bedrücker, »die heruntergestiegen waren von den Wäldern, von den Bergen, wie Wölfe nächtlich in den Schafstall«.

In allen Abstufungen der Leidenschaft und des äußeren Pathos bewegt sich so die nationale Dichtung dieser Jahrzehnte, die Verse eines Berchet, eines Giusti, eines Mameli und vieler anderer; Manzoni und Nievo stellen nur etwa die extremen Möglichkeiten dar. Und nicht das Maß an dichterischer Ausdruckskraft oder gar an Reife und Vollendung der Form war das Ausschlaggebende, sondern die Masse der »immer neuen Strophen, die in ihrer Gesamtheit von größter Wirksamkeit wurden, dem steten Tropfen gleich, der auch den härtesten Stein auszuhöhlen vermag« (W. Deutsch). Ihnen kommt ein nicht wegzudenkender Anteil am Wachstum des Gedankens von der nationalen Freiheit und Einheit zu.

Eines der schwerstwiegenden Probleme des neuen Italien war durch den Kirchenstaat gegeben; in ihm liegt der Ansatzpunkt, von dem aus die äußere Entwicklung des Risorgimento vorwärtsgetrieben wurde.

Das Problem des Kirchenstaates ist ein doppeltes: einmal die Tatsache der weltlichen Herrschaft des Papstes an sich – noch dazu in der Form eines Staates, der sich als breiter Block quer über die Halbinsel, diese in zwei Hälften zerreißend, legte – und sodann die Besonderheit seiner inneren Verhältnisse. Dieser nunmehr tausendjährige Staat wurzelt in einer Epoche der europäischen Geistesgeschichte, die eine reinliche Scheidung von weltlich und geistlich, weder gekannt noch auch nur ernsthaft gewollt hatte. Damals, da ohne Landbesitz keinerlei Art von Macht und Herrschaft möglich schien, mochte er als Garantie für die Freiheit und Unabhängigkeit des gesamtkirchlichen Oberhauptes erscheinen. Aber mit dem Heraufkommen des modernen Zeitalters mußte er notwendigerweise zum vollendeten Anachronismus werden. Dennoch fristete sich das alte Denkschema mit unglaublicher Zähigkeit fort: auch noch Friedrich der Große meinte gelegentlich, von einem Papste, der in dieser Weise (nämlich ohne eigenen Staat) unfrei geworden sei, möchten bald die anderen Herrscher und die Katholiken anderer Staaten nichts mehr wissen wollen. Um so weniger wußte das Papsttum selbst die Zeichen der Zeit zu deuten und sich aus den alten, festgefahrenen Geleisen herauszureißen. Mit Gewalt vielmehr mußte ihm die weltliche Herrschaft, die längst schon nicht mehr Schutz, sondern nur Last und Gefahr bedeutete, abgenommen werden, in einem Prozeß voll Bitternis und Tragik, der bis zu seiner Bereinigung (1929) dem Katholizismus wie dem neuerstehenden Italien ebenso schweren wie an sich vermeidbaren

Schaden zugefügt hat. Doch erst von dem unmittelbarer zutage liegenden Problem der inneren Verhältnisse dieses Staates her ist das 19. Jahrhundert langsam zur Beantwortung jener Grundfrage selbst vorgestoßen. Hier existierte ein Staat, der die Wünsche und Vorstellungen des bürgerlich-liberalen 19. Jahrhunderts aufs schwerste herausfordern mußte.

Allerdings schien es zunächst, als ob der Kirchenstaat unter der Führung des hervorragenden Kardinalstaatssekretärs Ercole Consalvi (gest. 1824) keineswegs solche Wege der Reaktion einschlagen würde, wie sie etwa Neapel oder Piemont sogleich betraten. Die »Angleichung des Kirchenstaates an die anderen Staaten Europas« vielmehr wurde das ausdrückliche Programm der päpstlichen Regierung. Consalvi baute sein Verwaltungssystem auf modern zentralistischer Grundlage auf. Er suchte mit Eifer und beginnendem Erfolg die zerrütteten Finanzverhältnisse des Staates wieder ins Gleichgewicht zu bringen. Dem Wiener Hof gegenüber bewahrte er Zurückhaltung, um sich in keine zu große Abhängigkeit von außen zu bringen; anderseits half eine lange Reihe von Konkordaten mit allen möglichen Staaten mit, die internationale Stellung der Kurie aufs neue zu befestigen und zu erhöhen. Viele dringende Wünsche blieben freilich auch jetzt unerfüllt: wie bisher waren alle höheren Beamtenstellen dem geistlichen Stand vorbehalten, und auch zu der so notwendigen Kodifikation eines einheitlichen Rechtes kam es nicht. Immerhin: es waren verheißungsvolle Ansätze gemacht.

Doch als Pius VII., der dem Staatssekretär sein volles Vertrauen geschenkt hatte, die Augen schloß (1823), obsiegte auch gegenüber solchen gemäßigten Reformen die reaktionäre Partei der ›Zelanti‹ (Eiferer); mit geringen Wandlungen blieb sie unter den folgenden Pontifikaten bis 1846 (Leo XII., Pius VIII., Gregor XVI.) am Ruder. Die Inquisition, auf die Consalvi verzichtet hatte, wurde wiederhergestellt; ein ausgedehntes Spioniersystem zur Überwachung der Beamten und der öffentlichen Moral griff Platz, die engherzig-ängstliche Beaufsichtigung und Knebelung des gesamten geistigen Lebens, insbesondere des Unterrichtswesens, feierte Triumphe. Ja selbst die kirchlichen Sakramente und Frömmigkeitsfor-

men wurden in schlimmster Weise zu polizeilichen Straf-
mitteln herabgewürdigt: die von der ›Polizeiaufsicht erster
Ordnung‹ Betroffenen etwa mußten monatlich beichten und
jährlich geistliche Exerzitien machen und – unter Androhung
von dreijähriger Zwangsarbeit – über beides der Polizei eine
Bescheinigung vorlegen! Die Reformvorschläge, mit denen
die Großmächte in dem Memorandum von 1831 an die
päpstliche Regierung herangetreten waren, blieben in der
Praxis zum größten Teil unerfüllt.

Auch die Judenfrage gehört in diesen Zusammenhang. Für
Gesamtitalien bedeutet sie nicht allzuviel, denn die spanischen
Regierungen von Mailand und Neapel-Sizilien hatten, dem
Beispiel ihrer Heimat folgend, die Juden bereits im 16. Jahrhundert vertrieben, so daß diese größten italienischen Territorien zu Anfang des 19. Jahrhunderts noch nahezu judenfrei
dastanden. Nur die Mittel- und Kleinstaaten besaßen größere
Judengemeinden mit insgesamt etwa 33 000 Seelen; vor allem
die Medici hatten im 16. und 17. Jahrhundert die Judenansied-
lung durch Gewährung großer Freiheiten begünstigt. Im Kirchenstaat hatte bereits Pius V. die Juden aus allen Orten außer
Rom und Ancona vertrieben (1569), und diese Regelung blieb
im wesentlichen bis ins 19. Jahrhundert herein erhalten. Die
römische Judengemeinde mit ungefähr 3000 Mitgliedern war
neben der etwa gleich starken von Livorno die größte in
ganz Italien. Die französische Revolution hatte den Juden
auch in Italien die volle bürgerliche Emanzipation gebracht;
aber bereits 1814 wurden sie in Rom und Ancona erneut ins
Ghetto zusammengeschlossen und mancherlei strengen Son-
derbestimmungen unterworfen; selbst die regelmäßigen Be-
kehrungspredigten, die die Juden zwangsweise anhören mußten, wurden durch Leo XII. (1823–1829) wieder eingeführt.
All das ging natürlich der Zeitstimmung völlig zuwider und
war nur geeignet, den Ruf der päpstlichen Herrschaft als eines
barbarischen und mit den modernen Bedürfnissen unvereinbaren Gewaltregiments inner- und außerhalb Italiens noch
weiter zu verschlechtern.

Die geschilderten Verhältnisse bewirkten, daß in diesen
Jahrzehnten vor allem die in den nördlichen Provinzen vor-

herrschende städtische Bevölkerung, die (wie in den anderen Staaten) mit Macht nach allen materiellen und geistigen Fortschritten ihres liberalen Zeitalters verlangte, innerlich völlig mit dem Papst als ihrem Souverän zerfiel. Und die Regierung wiederum griff zu einem bedenklichen Mittel: sie warb zur Aufrechterhaltung der Ordnung fremde Truppen, vor allem Schweizer, an. Daraus erwuchs nicht nur eine übermäßige Beanspruchung der Staatsfinanzen, sondern der Bevölkerung bemächtigte sich das erbitterte Gefühl, in unwürdiger Weise mit Hilfe landfremder Söldner unterjocht zu werden.

Die tiefe Unzufriedenheit entlud sich unter anderem in jenem Aufstand von 1845 (s. d'Azeglio S. 386). In dem ›Manifest von Rimini‹ formulierten damals die Aufständischen in einer grundsätzlichen, die Welt stark beeindruckenden Mäßigung ihre wichtigsten Forderungen: Amnestie für alle seit 1821 politisch Verurteilten; Erlaß eines allgemeinen bürgerlichen Gesetzbuches und eines Strafgesetzbuches mit Geschworenen und Öffentlichkeit der Gerichtsverhandlungen; Abschaffung jeder Gerichtsbarkeit von kirchlichen Tribunalen über Laien (in weltlichen Dingen); Behandlung auch der politischen Prozesse durch die ordentlichen Gerichte (nicht durch Militärgerichte); freie Wahl von Stadträten und Vorschlagsrecht für Provinzialräte sowie für einen zu errichtenden Staatsrat; Überwachung des Budgets durch den Staatsrat; Besetzung aller Beamtenstellen durch Laien; Befreiung des öffentlichen Unterrichtes von der bischöflichen Aufsicht, der nur die religiöse Erziehung vorbehalten bleiben sollte; Einschränkung der Präventivzensur für die Presse auf Fälle von Gotteslästerung, Beleidigung der katholischen Religion oder des Souveräns u. dgl.; Entlassung der Schweizer Truppen und Errichtung einer Bürgergarde und schließlich soziale Verbesserungen, wie sie dem Geiste des Jahrhunderts entsprächen. Aber die Regierung fand nicht den Weg, um diesen Forderungen in irgendeiner Form gerecht zu werden. Und doch wußte auch der Papst, daß es nicht so weitergehen konnte: »Die bürgerliche Verwaltung der römischen Staaten«, erklärte Gregor XVI. schon um 1843, »bedarf einer großen Reform. Ich war zu alt, als man mich zum Papst wählte ...

Nach mir wird man einen jungen Papst wählen; ihm wird es zufallen, diese Tat zu vollbringen, ohne die man nicht fortexistieren kann.«

Da kam im Jahre 1846 der ›junge Papst‹, der 54jährige Graf Mastai Ferretti: Pius IX. (1846–1878). Er begann seine Regierung mit einer umfassenden von ihm geradezu als Akt der Versöhnung und Wiedergutmachung empfundenen politischen Amnestie. Durch Wort und Tat bekundete er seinen Willen zu einer durchgreifenden Modernisierung des Staatswesens und zur Berücksichtigung insbesondere der Wünsche der Laien, kündigte die Einsetzung eines Staatsrates und die Aufstellung einer Bürgergarde an, lockerte die Pressezensur, begann mit dem Bau von Eisenbahnen (die unter seinem Vorgänger noch verpönt waren!), u. dgl. m. Im Sturm hatte er sich die Herzen aller Italiener erobert. »Pius regiert erst sechs Monate«, schrieb Cesare Balbo, »und ist in dieser kurzen Zeit der tatkräftigste Reformator dieses tatenreichen Jahrhunderts geworden.«

Mehr noch! In der Lombardei hatte sich unterdessen die Bevölkerung gegen das österreichische Regime immer feindseliger erwiesen – unter anderem durch einen ausgedehnten Raucherstreik, der die Finanzen der Monarchie schädigen sollte –; der Oberbefehlshaber des Heeres, der berühmte Feldmarschall Radetzky, hatte den Belagerungszustand verhängt. Dazu verstärkten die Österreicher plötzlich ihre Besatzung im päpstlichen Ferrara: Pius IX. protestierte öffentlich dagegen – er fühlte sich als italienischer Patriot und hatte die Schriften von Gioberti, Balbo und d'Azeglio nicht umsonst gelesen! Ein einziger Jubelschrei tönte dem nationalen Papst entgegen.

An diesem Punkt mündet das Kirchenstaatsproblem wieder in das allgemeine italienische Problem ein. Das Beispiel des liberalen und nationalen Papstes wirkte. In Piemont hatte Karl Albert als geheimer Carbonaro begonnen, dann die Hoffnungen der Patrioten aufs grausamste enttäuscht und durch seine aktive Beteiligung am Kampf gegen die Revolutionäre in Spanien (1823) sein Ansehen bei den Fürsten wiederhergestellt. Als er 1831 in Piemont an die Herrschaft kam, führte er zwar verschiedene Verbesserungen, darunter vor allem ein einheitliches Zivil- und Strafrecht (1837/39), durch, regierte aber im übrigen völlig im Geist des Absolutismus. Freilich, antiösterreichisch war er in der Stille des Herzens geblieben, obgleich er seinem ältesten Sohn und Nachfolger Viktor Emanuel eine Habsburgerin zur Frau gab (1842). 1838 z.B. war er als der einzige italienische Fürst den prunkvollen Krönungsfeierlichkeiten für Kaiser Ferdinand in Mailand ferngeblieben; die kleine Geste genügte, um die Hoffnungen des nationalen Italien erneut auf ihn zu vereinigen. Und durch d'Azeglio ließ er (1845) verbreiten, daß zum gegebenen Zeitpunkt »sein Leben, das Leben seiner Kinder, seine Waffen, seine Schätze, sein Heer, daß alles bereitstehe für die italienische Sache«.

Nun aber begann, durch das Vorgehen des Papstes ermutigt, auch Karl Albert mit Reformen, deren Endziel nichts anderes sein sollte als eine Verfassung. Gewählte Gemeinderäte, Erleichterung der Pressezensur, Zulassung einer gemäßigten, aber öffentlich anerkannten Oppositionspartei und dazu unmißverständliche Reden gegen Österreich machten den Anfang. In Turin konnten führende liberale Reformer wie Balbo und Cavour eine Zeitschrift begründen; sie nannte sich ›Risorgimento‹ – von ihr hat die ganze Epoche ihren Namen empfangen. Als Programm verkündete sie: »Unabhängigkeit Italiens, Eintracht zwischen Fürsten und Völkern, innere Reformen, Gründung eines italienischen Fürstenbundes« – auch hier war der Schritt zum Einheitsstaat noch nicht getan.

Ähnlich ging es auch im Toskana Leopolds II. (1824–1859), das sich ja dem Reformgedanken gegenüber immer am aufgeschlossensten gezeigt hatte. Plötzlich waren also drei wichtige Staaten der Halbinsel aus der reaktionären Front ausgesprungen. Zum äußeren Ausdruck ihres gemeinsamen Wollens verhandelten sie bereits wegen einer Zollunion.

Ferdinand II. von Neapel (1830–1859) hatte sich dem neuen Geist, von dem die Souveräne Mittel- und Norditaliens ergriffen worden waren, verschlossen. Gerade deswegen sollte hier der Stein, der die Bewegung der großen Sturmjahre

1848/49 auslöste, ins Rollen kommen. Zu Anfang des Januar 1848 erhob sich Sizilien, proklamierte die alte spanische Verfassung (von 1812 bzw. 1820) und eröffnete eigenmächtig ein Parlament. Um dem allgemeinen Aufstand zuvorzukommen, verkündete der König seinerseits eine Verfassung für das ganze Reich (Ende Januar).

Da konnte Piemont nicht zurückbleiben: am 7. Februar 1848 gewährte auch Karl Albert eine Verfassung. Es war die einzige, die dann dauernd in Kraft blieb und im großen und ganzen auch für das neue Königreich Italien bis zum Faschismus herauf Geltung besaß. Dem Beispiel des Königs von Sardinien folgten Leopold II. von Toskana sowie der Papst, der letztere zunächst mit der Einsetzung eines Laienministeriums und im März ebenfalls mit einer Verfassung. Freilich war Pius IX. schon nicht mehr Herr seiner Entschlüsse. Von den dank der Amnestie zurückgeströmten Mazzinisten aufgestachelt, hatten die erregten Volksmassen mit stürmischen Ovationen, die schon mehr wilden Drohungen glichen, den Papst Schritt für Schritt weitergedrängt und ihm das Gesetz des Handelns aufgezwungen. »Das triumphierende Volk bejubelte, bekränzte, beflaggte sein Opfer«, so schilderte Cesare Balbo eine dieser Kundgebungen.

Alle diese Verfassungen waren im ganzen der französischen von 1830 nachgebildet. Zwei Kammern (im Gegensatz zur spanischen Verfassung), von denen die eine, der Senat, vom König ernannt, die andere frei gewählt war, Verantwortlichkeit der Minister, aber Unantastbarkeit des Souveräns, Freiheit und Gleichheit aller Staatsbürger und Pressefreiheit sind ihre Hauptcharakteristika. Dazu kommt noch die sehr starke Einschränkung des aktiven und passiven Wahlrechtes sowohl durch Ausschluß der Analphabeten wie durch Zugrundelegung einer hohen Steuerquote. Was das für ein Land wie Italien bedeutete, können wenige Zahlen veranschaulichen: noch um 1870 sind im Durchschnitt in Italien zwei Drittel aller Männer des Lesens und Schreibens unkundig (in Piemont die Hälfte, in Sizilien aber vier Fünftel!). Und unter Wegfall der Minderbemittelten blieb für Italien bei einer Gesamtbevölkerung von etwa 26 Millionen nur eine gute halbe Million

Wähler; erst die Wahlrechtsreform von 1882 erhöhte die Zahl auf etwa drei (und eine neue Erweiterung des Wahlrechtes 1912 auf etwa acht) Millionen. Es waren also Verfassungen, in denen nur die höheren Stände zu Wort kamen, Mazzini hatte allen Grund, mit ihnen unzufrieden zu sein!

Unterdessen war ganz West- und Mitteleuropa vom Revolutionssturm ergriffen worden. Der Sturz Metternichs am 13. März war das Signal für die gärende Lombardei. In einem fünftägigen Kampf (Le cinque giornate, 18.–23. März) wurden die österreichischen Truppen trotz des Aufgebotes aller Kräfte durch den Feldmarschall Radetzky aus Mailand verjagt; Radetzky sammelte seine Kräfte in dem berühmten ›Festungsviereck‹ (Mantua, Verona, Peschiera und Legnago), dem militärischen Rückgrat der ganzen österreichischen Herrschaft in Oberitalien. Ähnlich, nur weniger blutig, ging es in Venedig. Hier wie dort wurden provisorische Regierungen errichtet.

Die Erhebung des lombardischen Reiches trieb auch Karl Albert weiter. Am 24. März proklamierte er die Unabhängigkeit Italiens und rief das ganze Land zum ›heiligen Krieg‹ gegen Österreich auf. Zwei Tage später bereits konnte ihn Mailand unter endlosem Jubel empfangen. In den Sommermonaten erklärten sich Volksabstimmungen im ganzen befreiten Oberitalien mit großen Mehrheiten für den Anschluß an Piemont.

Toskana stellte sich auf die nationale Seite, obgleich sein Großherzog selbst Habsburger war. Die Fürsten von Parma und Modena mußten fliehen. Neapel schickte schließlich, nachdem sich der König der allgemeinen Begeisterung widerwillig gefügt hatte, ein Heer nach dem Norden; sein Anführer war der gleiche General Pepe, der den Aufstand von 1820 geleitet hatte.

Der eigentliche Scheideweg aber kam für den Papst. Er fühlte sich als Italiener; aber durfte er, der Papst, im Ernst Krieg führen, noch dazu gegen die katholische Großmacht Österreich? Der Neuguelfismus mußte seine Feuerprobe bestehen – und er konnte nur versagen.

In feierlichem Akt segnete Pius IX., die Hilfe Gottes auf

›Italien‹ herabflehend, die Fahnen der Truppen, die – mit unbestimmtem Ziel – nach dem Norden abgingen. Aber als der
General der päpstlichen Truppen eigenmächtig die Grenzen
des Kirchenstaates zum Kampf gegen Österreich überschritt,
rief Pius IX. sein ›Halt!‹ (29. April); er habe die Truppen nur
zum Schutze seines Staates entsandt, aber er könne nicht Krieg
führen, denn sein apostolisches Amt gebiete ihm, »alle Völker
und Nationen mit gleicher väterlicher Liebe zu umschließen«.
Aus dem gefeiertsten Manne Italiens war mit einem Schlage
der verhaßte ›eidbrüchige Verräter‹ geworden. Wohl forderte dann der Papst in einem öffentlichen Brief den jungen
Kaiser Franz Joseph auf, er möge »die Herrschaft (über Italien) . . . verwandeln in nützliche Beziehungen einer freundlichen Nachbarschaft und keine blutigen Versuche gegen die
italienische Nation unternehmen«. Es half ihm nichts: der
Kaiser hörte nicht, und Italien wollte sich mit einem solchen
Beweis nationaler Gesinnung nicht zufrieden geben. Diese
Entscheidung besiegelte für den Kirchenstaat – sofern dieser
dem übermächtigen nationalen Einheitswillen gegenüber
überhaupt noch zu retten gewesen wäre – endgültig das
Todesurteil.

In Rom trieben nun die Dinge schnell der Katastrophe zu.
Der Papst wurde völlig zum Gefangenen der Massen. Er unternahm einen letzten Versuch zur Rettung der Lage und
ernannte den klugen und tatkräftigen Pellegrino Rossi, der
lange Zeit als französischer Gesandter beim Heiligen Stuhl
gewirkt hatte, zum Ministerpräsidenten. Aber dieser stand
den radikalen Plänen der Mazzinisten im Wege; im November 1848 fiel er im Palast der Cancellaria einem Mordanschlag
zum Opfer. Darauf flüchtete Pius mit Hilfe des französischen
Gesandten nach Gaëta in den Schutz des Königs von Neapel.
Rom erklärte sich zur Republik (Februar 1849); die Regierung übernahm ein Triumvirat, dem Mazzini persönlich angehörte. Auch im benachbarten Toskana wurde die Republik
ausgerufen (Februar 1849).

Aber auf dem allein wichtigen Kriegsschauplatz, in Oberitalien, gingen die Dinge um so schlechter. Vor allem die
Scharen der mehr oder weniger ungeübten italienischen Frei-

willigen waren den alterprobten österreichischen Truppen nicht gewachsen. Schlimmer noch wirkten sich die Zwistigkeiten im eigenen Lager aus. In Unteritalien brach die alte Spannung zwischen Sizilien und dem Festland wieder auf, und vollends ein Aufstand der Volksmassen in Neapel gab dem König den erwünschten Vorwand, seine Truppen vom nördlichen Kriegsschauplatz abzuberufen. Mazzini aber fürchtete sogleich, daß die sardinische Dynastie seiner künftigen Einheitsrepublik den Rang ablaufen könnte; heftig schürte er in Mailand vor allem gegen die geplante Vereinigung der Lombardei mit Piemont und beschwor selbst offene Straßenkämpfe zwischen seinen Anhängern und denen des Königs, den ›Albertisten‹, herauf. Und sogar Genua erinnerte sich plötzlich wieder seiner alten republikanischen Freiheit und versuchte nochmals, die Herrschaft des sardinischen Königshauses abzuschütteln.

Bald beherrschte Radetzky wieder die Lage. Im Juli 1848 erlitten die Piemontesen bei Custozza (südwestlich von Verona) eine schwere Niederlage. Kampflos räumte darauf Karl Albert im August die Stadt Mailand, nun seinerseits verfolgt von den Schmähungen und Drohungen derselben Massen, die ihm vor wenigen Monaten zugejubelt hatten. Er schloß mit Österreich einen Waffenstillstand, demzufolge er alle Eroberungen herauszugeben hatte.

Doch die öffentliche Meinung forderte die Fortsetzung des Krieges. Am 12. März 1849 kündigte Karl Albert den Waffenstillstand; an den Fähigkeiten seiner eigenen Generale verzweifelnd, ernannte er einen Polen, der kein Wort italienisch verstand, zum Oberbefehlshaber der Truppen. Zehn Tage später bereits war bei Novara die Entscheidung gefallen. Der unglückliche König hatte den Schlachtentod gesucht, aber nicht gefunden. Er erbat einen neuen Waffenstillstand. Dann legte er die Krone nieder; noch im selben Jahr ist er gestorben.

Sein ältester Sohn Viktor Emanuel II. (1849–1878) ist der König der wirklichen nationalen Einigung geworden. Aber die Erbschaft, mit der er beginnen mußte, war bitter genug. An eine Fortsetzung des Kampfes war nicht mehr zu denken. Immerhin fiel der Friedensschluß mit Österreich (August

1849) für das völlig geschlagene Piemont verhältnismäßig günstig aus. In territorialer Hinsicht blieb alles beim alten, aber eine Kriegsentschädigung von 75 Millionen Gulden mußte geleistet werden. Die Lombarden und Venetianer – die letzteren hatten sich unter ihrem Diktator Manin noch bis zum August 1849 verteidigt – erhielten allgemeine Amnestie zugesichert.

Nun war auch das Schicksal der Revolution in den anderen italienischen Staaten besiegelt. In Neapel und Sizilien wurde Ferdinand II. bald wieder Herr der Lage. Die Stadt Messina freilich konnte er nur mit einem scharfen Bombardement zur Unterwerfung zwingen, daß ihm von da ab bei den Italienern der Ehrentitel des ›re-bomba‹, des Bombenkönigs, blieb. Die Verfassung wurde abgeschafft, die übliche Reaktion trat an ihre Stelle.

In Toskana fand die Republik unter dem Eindruck der österreichischen Waffenerfolge ein schnelles, undramatisches Ende. Im Juli 1849 konnte Leopold II. nach Florenz zurückkehren. Die Verfassung hat er formell immerhin erst 1852 abgeschafft; die österreichische Besatzung blieb sechs Jahre im Lande.

Und schließlich Rom. Die politische Führung hatte hier praktisch Mazzini in der Hand, die militärische Leitung aber unterstand einem Manne, der bald zum vergötterten Freiheitshelden des Risorgimento werden sollte: Giuseppe Garibaldi (1807–1882). Ganz Krieger und verwegener Held, enthusiastisch und unproblematisch, von bezauberndem persönlichen Wesen – einen Mann »mit einem Herzen von Gold und dem Kopf eines Büffels« hat ihn d'Azeglio genannt – bald vom Schimmer der Romantik und der Legende umwoben, verkörperte dieser Freischarenführer geradezu das heldische Ideal des italienischen Volkes. Keiner der sonstigen Führer des Risorgimento – und am wenigsten Cavour selbst – vermochte sich mit ihm an Popularität und an glühender Anhänglichkeit der Massen auch nur entfernt zu messen. Für die verantwortliche Diplomatie der piemontesischen (und dann italienischen) Regierung freilich ist der ungeduldige und stürmische Draufgänger bald ein ebenso unentbehrlicher wie ängstlich und mit Mißtrauen beobachteter Helfer geworden, ein Mann, der bei all seinen Verdiensten aus innen- und außenpolitischen Gründen doch immer wieder zurückgedrängt und kaltgestellt werden mußte: ein Verhältnis, das dann auf beiden Seiten viel Feindschaft und Verbitterung hervorrief.

Der Papst hatte von seinem Exil in Gaëta aus die katholischen Mächte um Hilfe angerufen. Die Österreicher standen bereits in den nördlichen Provinzen des Kirchenstaates. Da entsandte auch Frankreich ein Expeditionskorps unter dem General Oudinot unmittelbar gegen Rom (1849).

Am Gianicolo erringt Garibaldi zuerst einen beträchtlichen Erfolg gegen die Franzosen; ein neapolitanisches Heer wird (bei Velletri) gleichfalls geschlagen. Ein Vermittlungsversuch des französischen Diplomaten Ferdinand Lesseps (des späteren Erbauers des Suezkanals) scheitert am Widerspruch der französischen Regierung. Nach neuen erbitterten Kämpfen ziehen schließlich die Franzosen am 3. Juli 1849 als Sieger in Rom ein. In gefahrvoller Flucht schlägt sich Garibaldi nach Norden durch, um dann – ebenso wie Mazzini – erneut ins Exil zu gehen.

Pius IX. war wieder Herr seines Staates. Allerdings standen in Rom französische und in den nördlichen Provinzen sowie in den Herzogtümern Parma und Modena österreichische Truppen. Und der Papst erklärt jetzt (dem Philosophen Antonio Rosmini gegenüber) kühl: »Sie finden mich nun antikonstitutionell« – die Erlebnisse der vergangenen Monate und nicht zuletzt sein eigenes nervös-labiles, unberechenbar schwankendes Temperament trieben ihn völlig den Reaktionären in die Arme. Unter dem keineswegs immer glücklichen Einfluß des Kardinalstaatssekretärs Antonelli, einem ehrgeizigen, routinierten, aber ideenlosen Diplomaten, und dem der Jesuiten, die immer schon jedes Eingehen auf die Forderungen der neuen Zeit starrsinnig und erbittert bekämpft hatten, fristete der Kirchenstaat seine Existenz durch die letzten zwanzig Jahre, die ihm beschieden waren.

Das also war das Ende aller hochfliegenden Hoffnungen, aller heroischen Anstrengungen der Jahre 1848/49: keine nationale Unabhängigkeit, keine Einheit und – mit der einen

Ausnahme Piemont – keine Verfassung. Und vor allem: das
›L'Italia farà da se‹, zu dem sich selbst der König Karl Albert
bekannt hatte, war eine grausame Täuschung gewesen.

So beginnt ein neuer Abschnitt des Risorgimento, in dem
neben allem Enthusiasmus eine andere Kraft, die bisher gefehlt hatte, das Wort sprechen mußte: die illusionslose, kühl
rechnende und doch von innerer Leidenschaft durchglühte
Vernunft und der unbeirrbar zielsichere Wille des echten
politischen Führers.

Befreiung und Einigung (1848–1870)

Der unerreichte politische Meister dieser Epoche ersteht
dem Land in dem Grafen Camillo Benso di Cavour (1810 bis
1861). Die Familie, der er entstammt, ist im Kleinen ein
getreues Abbild des savoyisch-piemontesischen Übergangs-
staates, wie er zwischen den drei Volkstümern des Italienischen, Französischen und Deutschen eingebettet war. Ihr
Wappenschild trägt neben dem lateinischen Spruch ›Militia
et Peregrinatio‹ eine Devise in deutscher Sprache: ›Gott will
Recht.‹ (Der deutsche Einschlag geht vielleicht auf einen
sächsischen Ministerialen zurück, der mit Barbarossa ins Land
kam.) Camillos Mutter jedoch ist eine savoyische Französin,
und Französisch war auch die im Haus gewöhnlich gebrauchte
Sprache. Die fehlerfreie Beherrschung des Schriftitalienischen
hat Cavour zeit seines Lebens gewisse Schwierigkeiten bereitet. Florenz, die Wiege und den Inbegriff aller italienischen
Kultur, hat er nur ein einzigesmal, Rom aber, die künftige
Hauptstadt des durch ihn geeinten Reiches, nie gesehen. In
französischer Sprache schreibt der noch nicht Zwanzigjährige:
»Mein Vaterland wird mein ganzes Leben besitzen, nie werde
ich ihm untreu werden.« Dieses Vaterland aber heißt – kein
Atemzug in ihm weiß es anders – Italien.

Nach dem üblichen Unterricht – seine Lieblingsfächer
wurden Mathematik und Geschichte, dann bald auch die
Volkswirtschaft – schlug Camillo zunächst die Militärlauf-
bahn ein, um sie schnell wieder aufzugeben (1831): er konnte
sich in dem geistlos-reaktionären Betrieb des damaligen

piemontesischen Heerwesens nicht zurechtfinden. Der Vater überläßt ihm eines der Familiengüter zu selbständiger Bewirtschaftung. Siebzehn Jahre lang führt Camillo ein zurückgezogenes Leben als erfolgreicher Landwirt. Daneben verfolgt er auch jetzt schon die Entwicklung und die Probleme des öffentlichen Lebens mit gespanntestem Interesse. Mehrfache Studienreisen führen ihn vor allem nach Frankreich und England. Da erschließt sich ihm das pulsierende Leben des westlichen Liberalismus, der damals seiner Glanzzeit entgegenging. In England insbesondere glaubte Cavour lebenslang – obgleich es ihm später herbe politische Enttäuschungen bereitet hat – das Idealbild des modernen Staates sehen und verehren zu dürfen; diese Hinneigung zum nördlichen Inselreich war einer der wenigen Punkte, an dem er sich mit seinem Gegner Mazzini traf. Freilich entgingen seiner scharfen Beobachtungsgabe bis zu einem gewissen Grade auch nicht die heraufziehenden Gefahren dieses schrankenlosen Wirtschaftsliberalismus, wie vor allem die Proletarisierung des industriellen Arbeiters. Und in Frankreich wurden ihm die sichtbaren Auswirkungen der zügellosen politischen Freiheit der Massen ein ernstes Warnungssignal.

So wird Cavour das echte Kind des gemäßigten Liberalismus. Der Fortschritt, die Entfaltung der menschlichen Zivilisation in wirtschaftlicher und geistiger Hinsicht und auf der Grundlage einer wohlabgewogenen, beschränkten Freiheit des Individuums erscheint ihm als die unerschütterliche Grundfeste eines modernen, seiner größtmöglichen Entfaltung zustrebenden Staatswesens. Verfassung und Parlament werden ihm dabei zum Herzstück seiner politischen Weltanschauung – allerdings nur ein Parlament, in dem die durch Bildung und Besitz (im damaligen Italien noch vorwiegend durch den *Grund*besitz repräsentiert) ausgezeichneten sozialen Schichten zu aktiver Mitgestaltung des öffentlichen Lebens zugelassen waren. Kein großer Staatsmann des europäischen Festlandes hat das Parlament so sehr aus innerster Überzeugung bejaht wie Cavour; keiner freilich hat es auch durch seine Persönlichkeit so zu meistern verstanden und ihm seine eigene Willensrichtung aufzuprägen gewußt.

Bei allem Liberalismus aber ist das starke konservative Element in Cavour, das man wohl auf seine soziale Herkunft zurückführen darf, nicht zu übersehen. Nichts ist ihm so zuwider wie plötzliche und heftige Erregungen im öffentlichen Leben, wie die gewaltsame Aufrüttelung der in der Tiefe der menschlichen Seele schlummernden dunklen Triebe und irrationalen Instinkte. Organische Entwicklung, gesunder Fortschritt in gemäßigter Freiheit anstatt gewalttätig die Dämme überflutender Revolution: darin ist Cavours Programm auf geistigem, wirtschaftlichem und politischem Gebiet beschlossen. Darum tritt er mit der ganzen Kraft seiner Persönlichkeit für die konstitutionell beschränkte Monarchie ein; die Republik ist ihm ein Greuel. Hier liegen auch die unübersteiglichen Schranken, die ihn innerlich vom Mazzinismus trennen.

Das Nüchterne, das Realistische, Berechnende und Unpathetische, durch das die innerlich glühende Begeisterung und die leidenschaftliche Hingabe an das Ziel zugleich verhüllt und zuchtvoll gebändigt wird, ist es, was sein Charakterbild am stärksten von den meisten anderen Männern des Risorgimento abhebt. Es sind Wesenszüge, die dem südländischen Naturell fremd erscheinen und die es Cavour tatsächlich sehr erschwerten, sich das Herz des Italieners zu erobern. So sehr auch bald seine überragende Führung anerkannt und mit getreuer Gefolgschaft belohnt worden ist, ein ›populärer‹ Mann ist Cavour nie geworden.

Bis ins Jahr 1847 ist Cavour außerhalb der Turiner Kreise ein politisch ziemlich unbekannter Mann. In dem Augenblick aber, da Karl Albert mit seinem neuen reformerischen Kurs der öffentlichen politischen Betätigung freien Spielraum gab, tritt er (zusammen mit seinem Freund Balbo) mit einer Zeitschrift ›Risorgimento‹ hervor; sie vor allem hat den König sowohl zum Krieg gegen Österreich wie zum Erlaß einer Konstitution gedrängt; die Ausarbeitung des Wahlgesetzes geht vor allem auf Cavour zurück. Als Abgeordneter zog er sogleich in das Parlament ein.

An der Spitze der ersten verfassungsmäßigen Ministerien standen in schneller Folge Balbo, Gioberti, d'Azeglio – verdienstvolle nationale Schriftsteller, deren bescheidene diplomatische Kunst jedoch in den Sturmjahren 1848/49 jeweils schnell verbraucht war. Auch nach dem völligen militärischen Zusammenbruch hat der neue König als einziger italienischer Fürst an der Verfassung festgehalten. Um die Ratifizierung des harten Friedensvertrages mit Österreich zu erreichen, mußte er allerdings die Kammer auflösen; in der eindringlichen Proklamation von Moncalieri (November 1849) wandte er sich unmittelbar an die Nation und erreichte in der Neuwahl eine Mehrheit, die sich in das Unvermeidliche fügte (Januar 1850).

Das neue Ministerium legte unter der Führung d'Azeglios der Kammer sogleich einen kirchenpolitischen Gesetzentwurf vor, vorwiegend veraltete Relikte aus vergangenen Jahrhunderten betreffend (wie Einschränkung der kirchlichen Feiertage, staatliche Genehmigung für Vermächtnisse an die Kirche und vor allem Abschaffung des kirchlichen Asylrechtes sowie des ›Forum ecclesiasticum‹, d.h. einer besonderen geistlichen Gerichtsbarkeit für den Klerus), die in den anderen katholischen Staaten Europas längst gefallen waren. Für die nach dem Justizminister Siccardi benannten Gesetze hielt Cavour die Verteidigungsrede; sie seien – dies ist immer sein tiefstes Anliegen – nicht revolutionär, sondern stellten eine fruchtbare Reform dar. Es war sein erster großer Erfolg. Die Gesetze wurden in beiden Kammern angenommen und vom König unterzeichnet (März 1850).

Als Nachfolger für den im gleichen Jahr verstorbenen Minister für Handel und Landwirtschaft wünschen sich d'Azeglio und seine Kollegen vom König den Grafen Cavour. Der König stimmt mit der Prophezeiung zu: »denken Sie daran, er wird Ihnen schließlich alle Ihre Portefeuilles wegnehmen!« Wenige Monate später übernimmt Cavour auch das Finanzministerium. Dann tritt er wegen Meinungsverschiedenheiten mit d'Azeglio wieder aus der Regierung aus (Mai 1852). Aber als d'Azeglio bald über mancherlei Schwierigkeiten stürzte, ernannte Viktor Emanuel am 4. November 1852 Cavour zum Ministerpräsidenten. Abgesehen von einer kurzen Unterbrechung (im Jahre 1859), bleibt Cavour von jetzt ab der verantwortliche Leiter der piemontesischen Politik bis zu seinem frühen Tod im Juni 1861.

Dies ist das ›Große Ministerium‹, das in knapp neun Jahren die Einheit Italiens in ihren wesentlichen Zügen geschaffen hat. Innenpolitisch wußte sich Cavour dabei eine starke und zuverlässige Mehrheit im Parlament dadurch zu sichern, daß er die gemäßigte Rechte und die gemäßigte Linke zu einem dauernden Bündnis, dem sogenannten ›Connubio‹ (Ehebund), zusammenführte. Ebenso unermüdlich wie weitherzig warb er bei allen, von denen er sich nur irgend etwas erhoffen konnte, immer wieder um fruchtbare, positive Mitarbeit. Nur mit den starren Reaktionären, die aus Grundsatz jede Art von Reform ablehnten, und auf der anderen Seite mit den mazzinistischen Revolutionären, die die Führung durch die Monarchie bedrohten, wußte er nichts anzufangen.

Mit diesem ›Großen Ministerium‹ hatte es sich auch endgültig entschieden, daß in Italien nur mehr *ein* Staat berufen war, ernsthafte Außenpolitik zu treiben: Sardinien-Piemont. Das entscheidende außenpolitische Problem heißt nach wie vor ›Österreich‹. Im lombardischen Königreich waren und blieben die Verhältnisse unheilbar vergiftet. Das ganze Land stand unter der scharfen Militärdiktatur Radetzkys – erst 1857 zog mit dem zum Vizekönig ernannten Erzherzog Maximilian (dem späteren Kaiser von Mexiko) ein versöhnlicherer Geist ein –, jenseits der nahen westlichen Grenze aber lockte das freiheitliche nationale Leben des konstitutionellen Piemont! Vielfältigste unterirdische Propaganda gegen die Fremdherrschaft, Verschwörungen und Mordtaten waren auf der einen, harte Repressalien, Prozesse, Gütereinziehungen und Todesurteile auf der anderen Seite das unerquickliche Ergebnis. So verschlechterte sich das Verhältnis zwischen Piemont und Österreich wieder schnell genug, vor allem als das letztere die Besitzungen von lombardischen Emigranten, die piemontesische Staatsbürger geworden waren, mit Beschlag belegte (Februar 1853).

Dieser feindselige Akt kam Cavour nur gelegen. Denn von Anfang an steuerte er bewußt auf einen neuen Krieg mit Österreich los, überzeugt, daß dies der einzige Weg zur Befreiung Italiens sei. Aber Cavour verlangte vom Staatsmann vor allem, den unbestechlichen Sinn für das Mögliche. Und möglich war, das stand für ihn jedenfalls nach den Erfahrungen des Jahres 1848 fest, nur ein Krieg an der Seite einer europäischen Großmacht. Die internationale Lage aber bot damals nur zwei mögliche Bundesgenossen: England und Frankreich. Und bei beiden Mächten (bzw. ihren führenden Politikern wie Gladstone und Napoleon III.) konnte man mit Interesse, ja mit Sympathie für das Schicksal Italiens rechnen.

So hieß die Aufgabe für Cavour, sich in die große europäische Politik einzuschalten. Der Weg, den er zu diesem Zwecke ging, war von unerhörter Kühnheit: er führte über das Schwarze Meer und die Halbinsel Krim! Als im März 1854 zwischen Rußland und den Westmächten der ›Krim-Krieg‹ ausbrach, hat sich Cavour diesen geradezu mit Gewalt als Bundesgenossen aufgedrängt. Er erhoffte sich zweierlei: einmal den militärischen Bündniswert Sardiniens auch einer Großmacht gegenüber zu erweisen; sodann beim kommenden Friedenskongreß mit dabei sein und so die Klagen gegen Österreich vor größtem und offiziellstem Forum der europäischen Diplomatie vorbringen zu können. Es war ungeheuerlich, was er dabei seinem eigenen Land zumutete, in einen Krieg einzutreten, der es nicht das Geringste anging, nur um eines möglicherweise und in weiter Ferne winkenden bescheidenen Vorteiles willen. Daß gegen ein solches Wagnis starker Widerspruch laut werden mußte (Mazzini!), war klar, doch Cavour wußte auch diesmal das Parlament für sich zu gewinnen. Und Antonio Rosmini ließ dem Miniterpräsidenten auf eine Anfrage antworten: »Gehen Sie in die Krim, dort geht die Morgenröte für Italien auf!«

Am schwierigsten fast erwies es sich, England und Frankreich zur Annahme des neuen Freundschaftsantrages zu bewegen. Man hoffte in London und Paris immer noch, Österreich für den Krieg zu gewinnen; so durfte dieses durch ein vorzeitiges Bündnis mit Sardinien nicht vor den Kopf gestoßen werden. Als im Dezember 1854 wirklich ein Bündnis mit Wien zustande kam, ging man auch auf Cavours Angebot ein: nach dem Vertrag vom Januar 1855 sollten 15000 Piemontesen nach dem russischen Kriegsschauplatz abgehen. Als Gegengabe verlangte Cavour die offizielle Zulassung zum

Friedenskongreß und die Besprechung der italienischen Frage dortselbst: nicht die geringste bindende Zusage konnte er erreichen.

Als das piemontesische Heer endlich in der Krim erscheinen konnte, war der Kampf zum größten Teil schon vorbei. Immerhin vermochte es noch in einem größeren, von Cavour heiß ersehnten Gefecht seine Tapferkeit zu beweisen (August 1855).

Bevor der Friedenskongreß zusammentrat, reiste König Viktor Emanuel zusammen mit Cavour und d'Azeglio persönlich nach Paris und London, um für die Sache Italiens zu werben: auch dies wieder ein sprechendes Zeichen für die radikale Neuorientierung, die die sardinische Politik erfahren hatte.

»Was kann man für Italien tun?« lautete Napoleons berühmte Frage, mit der er seine Absicht bekundete, sich irgendwie für dieses Land einzusetzen. Das Memorandum, das daraufhin Cavour dem Kaiser überreichte (Januar 1856), ist wiederum ein Meisterstück seiner diplomatischen Kunst. Zurückziehung der österreichischen Truppen aus dem Kirchenstaat, Freigabe der beschlagnahmten Besitzungen der lombardischen Emigranten, Forderung verschiedener Reformen im Kirchenstaat und im Königreich Unteritalien – das war ungefähr alles! Nichts von einer Einigung Italiens, nichts von der Beseitigung der österreichischen Herrschaft als solcher: es wären Forderungen gewesen, die den Kaiser nur vorzeitig abgeschreckt hätten.

Und auf dem Friedenskongreß in Paris (Februar bis April 1856) hat Cavour kaum dieses Wenige erreicht. Wohl erhielt Sardinien vor allem mit Unterstützung Englands schließlich die Zulassung zum Kongreß, aber erst ganz am Schlusse der wochenlangen Verhandlungen konnte Cavour unter heftigem Widerspruch des österreichischen Vertreters die Sprache noch auf Italien bringen. Und eine recht allgemeine, für alle Teile ziemlich unverbindliche Resolution über die im Memorandum an Napoleon hauptsächlich aufgezählten Punkte war der ganze Erfolg.

Unmittelbar darauf erfuhr die Lage eine weitere Klärung.

Englands Vertreter auf dem Kongreß, Lord Clarendon, hatte sich Cavours Wünschen sehr entgegenkommend gezeigt und ihm vielleicht sogar weitgehende Zusagen über die künftige Haltung Englands gemacht. Aber als Cavour von Paris weg selbst nach London fuhr, belehrte ihn der kühle Empfang, den ihm der Premierminister Lord Palmerston bereitete, schnell darüber, daß er von England keine *aktive* Hilfe mehr zu erhoffen hatte. England wünschte auf dem Balkan ein starkes Österreich als Gegengewicht gegen Rußland; unbeschadet mancher Sympathien für das liberale Sardinien wollte es sich daher mit diesem erbittersten Feind der habsburgischen Monarchie nicht mehr allzu tief einlassen. Das bedeutete für Cavour, daß er von jetzt ab allein auf Frankreich – d.h. auf Napoleon III. – setzen mußte.

Die allgemeine Spannung war in Piemont noch von einer heftigen Erregung der Gemüter begleitet, die im Winter 1854/55 durch eine neue kirchenpolitische Vorlage ausgelöst wurde. Vom Führer der Linken, Urbano Ratazzi, ausgehend, bezweckte sie vor allem die Aufhebung einer beträchtlichen Anzahl von Klöstern, insbesondere solcher, die weder der Predigt und Seelsorge noch dem Unterricht oder der Krankenpflege dienten; ihre Güter sollten, um die gespannte Finanzlage des Staates zu verbessern, eingezogen werden (›Incameramento‹). Die Säkularisation und der aufgeklärte Josephinismus, die in den katholischen Ländern jenseits der Alpen die noch aus dem Spätmittelalter mitgeschleppten, vielfach ungesunden Verhältnisse bereinigt hatten, waren an Piemont bisher ziemlich spurlos vorübergegangen: das Land zählte mit seinen etwa fünf Millionen Einwohnern mehr als 600 Klöster, und der gesamte geistliche Stand war im Verhältnis zur Bevölkerungszahl noch fast dreimal so stark wie etwa in der österreichischen Monarchie. Das Reformbedürfnis schien unbestreitbar. Trotzdem ließ sich Cavour, der einst für die Siccardischen Gesetze so entschieden eingetreten war, nur zögernd für den Plan Ratazzis gewinnen. Und vollends der König, von starken religiösen Gefühlen durchdrungen, wollte lange nichts davon wissen: beinahe wäre es zwischen ihm und Cavour zum Bruch gekommen. Schließlich ging die Vorlage in beiden Kammern (im Senat allerdings nur mit einer knappen Mehrheit) durch, und Viktor Emanuel unterzeichnete sie (Mai 1855). Der Papst sprach gegen die Urheber des Gesetzes die Exkommunikation aus; das Verhältnis zu Rom hatte sich so nicht weniger zugespitzt als das zu Österreich, wo man die große Parlamentsrede Cavours nach dem Krimkriegsunternehmen als ›unverschämte Provokation‹, ja als ›Kriegsruf‹ verstand. Und zur selben Zeit (1855) hatte Österreich mit dem Papst ein Konkordat geschlossen, das den kurialen Wünschen weit entgegenkam: Österreich konnte in Rom als ›das Schwert der Kirche‹ gefeiert werden: die religiös-kirchlichen Fragen verquickten sich so besonders in Propaganda und Publizistik auf beiden Seiten immer unheilvoller mit dem politischen Anliegen Italiens, dem Freiheitskampf gegen die Fremdherrschaft.

Ein neues, unerwartetes Ereignis brachte kaum zwei Jahre nach dem Pariser Kongreß die Entwicklung erneut in Fluß. Im Januar 1858 verübte der italienische Carbonaro und zeitweilige Mazzinist Orsini ein Bombenattentat auf Napoleon III.; der Kaiser blieb unverletzt, aber mehrere Personen seiner Umgebung kamen dabei um. Cavour erschrak zutiefst: wie leicht konnten dadurch alle Sympathien für Italien verscherzt werden! Zur Beruhigung der erregten öffentlichen Meinung in Frankreich mußte er ein Stück seiner freiheitlichen Grundsätze opfern und etliche der radikalsten piemontesischen Zeitungen, darunter Mazzinis Organ ›L'Italia del popolo‹, verbieten. Schließlich gelang es ihm, auch dieser gefährlichen Episode eine Wendung ins Positive zu geben. Aus dem Gefängnis hatte Orsini einen leidenschaftlichen Brief an Napoleon geschrieben: Europa werde nicht zur Ruhe kommen, solange Italien nicht frei sei; »befreien Sie mein Vaterland, und der Segen von dreiundzwanzig Millionen folgt Ihnen in die Nachwelt!« Und der Kaiser ließ sich von Cavour dazu bewegen, diesen Brief in den französischen Zeitungen bekanntzumachen: es war eine offene Herausforderung Österreichs!

Die Furcht vor neuen Angriffen gegen seine Person – Orsinis Attentat war bereits das dritte, das von italienischer Seite gegen den ehemaligen Carbonaro Napoleon versucht worden war! – und der Ehrgeiz, wirklich zum Befreier einer unterdrückten Nation zu werden, trieben den Kaiser vorwärts. Im Juli 1858 lädt er Cavour zu einer geheimen Besprechung in das Vogesenbad Plombières ein. Hier wird der Krieg gegen Österreich verabredet, unter der Bedingung freilich, daß es Cavour gelinge, den Feind zum Angriff zu provozieren! Das vereinbarte Kriegsziel heißt: »Italien frei bis zur Adria«, also ein Königreich Oberitalien, bestehend aus Lombardo-Venetien, den kleinen Herzogtümern und den nördlichen Legationen des Kirchenstaates, unter der Herrschaft Viktor Emanuels. Im übrigen war ein italienischer Staatenbund (für die Unità Italiana war Napoleon aus begreiflichen Gründen nicht zu haben) unter dem Vorsitz des Papstes vorgesehen – der Neuguelfismus schien sich der realen Politik zu bemächtigen! Dem Papst sollte das Patrimonium bleiben, Umbrien und Spoleto dagegen sollten mit Toskana vereinigt werden.

Eine zweifache Gegenrechnung stellte Napoleon: einmal die Hand einer Tochter Viktor Emanuels für seinen (in denkbar üblem Ruf stehenden) Vetter Napoleon, sodann die Abtretung von Savoyen und Nizza an Frankreich. Savoyen war wohl eindeutig französischer Nationalität, aber es war auch das uralte Stammland der Dynastie! Auch zu diesem Verzicht fand sich Cavour bereit: er ist neben dem Eintritt in den Krimkrieg der sichtbarste Ausdruck für den rücksichtslosen politischen Realismus, der mit Cavour in die piemontesische Politik eingezogen war.

So hieß die nächste Aufgabe Cavours, Österreich zum Angriff zu reizen. Er versäumte nichts in dieser Hinsicht. Er rüstete offen zum Kriege. Er bediente sich in kaum verhüllter Weise des schon im August 1857 begründeten und schnell über die ganze Halbinsel verbreiteten ›Nationalvereins‹, um allenthalben für die Parole ›Italien und Viktor Emanuel!‹ werben zu lassen. Er suchte (wie es schon in Plombières besprochen worden war) in Parma und Modena eine Erhebung vorzubereiten, um Österreich zum Eingreifen zu veranlassen. Er ließ den aus dem Exil zurückgekehrten Garibaldi Freischaren anwerben.

Beim Neujahrsempfang des diplomatischen Korps (1859)

erklärt Napoleon dem österreichischen Gesandten: »Ich bedauere, daß die Beziehungen zwischen unseren Regierungen nicht mehr so gut sind wie früher.« Verabredungsgemäß sekundiert Viktor Emanuel wenige Tage später mit einer Thronrede: bei aller Achtung vor den Verträgen könne er nicht unempfindlich bleiben gegenüber dem ›Schmerzensschrei‹ (grido di dolore), der aus allen Teilen Italiens zu ihm dringe!

Aber noch gab es der Hindernisse genug. In Frankreich war fast die gesamte öffentliche Meinung gegen den Krieg. Selbst der Außenminister des Kaisers, Graf Walewski, verhielt sich zurückhaltend. Die starke kirchliche Partei war einem Unternehmen abgeneigt, das den Papst in irgendeiner Weise in Mitleidenschaft ziehen mußte. Und außerdem besorgte man, daß sich die deutschen Mittel- und Kleinstaaten nach der Devise »den Rhein am Po verteidigen« zu müssen, auf Österreichs Seite stellen würden; dagegen schien Preußens Neutralität vorläufig gesichert.

Aber auch England und Rußland arbeiteten gegen den Krieg und setzten sich für die gleichzeitige Abrüstung Österreichs und Piemonts sowie für einen neuen Kongreß ein. Und Napoleon, stets schwankend und unsicher, ließ sich dafür gewinnen! Es schien der Bankrott der ganzen Cavourschen Politik. »Jetzt bleibt mir nichts mehr übrig, als mir eine Kugel durch den Kopf zu jagen«, erklärte er verzweifelt, als kein Ausweg mehr offen schien.

Österreich selbst hat Cavour aus dieser Not gerettet. In einem befristeten Ultimatum verlangte es Ende April 1859 die einseitige Abrüstung Piemonts. Das war formal der Angriff, und Österreich hatte nun auch in Frankreich und England die Stimmung gegen sich.

Cavour lehnt das Ultimatum ab und ruft die Bündnishilfe Frankreichs an (26. April). Der Krieg war fertig. »Wir haben Geschichte gemacht, nun laßt uns zum Essen gehen«, lautet das berühmte Wort, das Cavour damals aufatmend zu seinen Freunden sprach.

Er hatte weit mehr ›Geschichte gemacht‹, als er in diesem Augenblick selbst ahnen konnte. Wie eine Lawine riß die innere Wucht des Kommenden alles mit sich, was in den vergangenen Jahrzehnten der Vorbereitung längst morsch geworden und dem Tod verfallen war. Und das Endergebnis ist das geeinigte Königreich Italien, dem nur mehr zwei Stücke fehlen werden: im Nordosten Venetien und in Mittelitalien Rom und das Patrimonium. Alle Elemente der italienischen Erhebung vereinigen und verdichten sich in diesen kurzen Jahren von 1859/60 zu ihrem mächtigen Höhepunkt: die überlegene diplomatische Kunst und die militärische Kraft, die revolutionäre Begeisterung des Volkes und die Taten des Freiheitshelden Garibaldi.

Die schlecht geführten österreichischen Truppen erlitten bei Magenta (am Tessin) eine erste Niederlage gegen das vereinigte französisch-piemontesische Heer (4. Juni 1859). Mailand wurde aufgegeben. Bei Solferino (südlich des Gardasees) wurde auch der Kaiser Franz Joseph, der nun selbst den Oberbefehl übernommen hatte, besiegt (24. Juni). Dennoch war keine Rede davon, daß die militärische Stellung der Österreicher in Oberitalien wirklich vernichtet gewesen wäre.

In dieser Situation bietet Napoleon – über den Kopf seines Verbündeten hinweg – Franz Joseph einen Waffenstillstand an. Und am 12. Juli bereits kommt in Villafranca zwischen beiden Herrschern ein Vorfriede zustande. Franz Joseph tritt die Lombardei formell dem französischen Kaiser ab, dieser sollte das Land an Sardinien weitergeben; Venetien aber bleibt österreichisch. Im übrigen wird wiederum ein italienischer Staatenbund unter dem Ehrenvorsitz des Papstes in Aussicht genommen. Plombières mit seinem (von Napoleon auch in der öffentlichen Kriegsproklamation verkündeten) Ziel, ›Italien frei bis zur Adria‹, war verraten.

Viktor Emanuel beugt sich dem harten Gebot und nimmt die Bedingungen seines Bundesgenossen an. Cavour aber tobt vor Zorn: nach einem leidenschaftlichen Auftritt mit dem König nimmt er seinen Abschied (13. Juli), um sich verbittert in die Einsamkeit des Genfer Sees zurückzuziehen. Sein ganzes, seit langen Jahren mühsam vorbereitetes Werk schien durch die Schwäche des Herrschers vernichtet.

Doch die einmal angefachte Bewegung ließ sich nicht mehr

zurückdämmen. Bereits vor Villafranca waren die Fürsten von Parma, Modena und Toskana sowie die päpstlichen Beamten der Romagna vertrieben worden – diesmal um nicht wiederzukehren. Provisorische Regierungen betrieben überall die Vereinigung mit Piemont. Vorläufig gewählte Volksvertretungen unterstrichen im August und September 1859 den Willen zum Anschluß. Der französische Kaiser, obwohl mit der Regelung in Toskana unzufrieden, ließ der Entwicklung ihren Lauf. England forderte mit Entschiedenheit, daß die Bevölkerung Mittelitaliens die Freiheit haben müsse, über ihr künftiges Schicksal selbst zu entscheiden. An dieser Haltung der beiden westlichen Großmächte scheiterten alle Bemühungen Österreichs, die Dinge noch einmal zu wenden.

Ein halbes Jahr verbringt Cavour in seiner freiwilligen Verbannung – seine Stelle nimmt unterdessen Ratazzi ein –, dann hat er sich soweit gefaßt, daß er nach der Aussöhnung mit dem König auf seinen Posten zurückkehrt, entschlossen, sein Werk trotz allem zu Ende zu führen (Januar 1860).

Im endgültigen Frieden zwischen Frankreich und Österreich (November 1859 in Zürich) war die Ordnung der italienischen Verhältnisse einem neuen Kongreß vorbehalten worden. Doch der Kongreß kam gar nicht mehr zustande: die italienische Frage war der Reichweite der Diplomaten bereits entglitten.

Und Cavour selbst war es, der sie jetzt – entgegen seiner bisherigen Tradition – aus den rein diplomatischen Bahnen abdrängte und entschlossen alle Mächte der inneritalienischen Revolution in Dienst nahm. Wohl suchte er sich auch jetzt noch die französische Freundschaft und Hilfestellung zu erhalten; manche seiner Maßnahmen, mit denen er den stürmischen Gang der Revolution zu lenken versuchte, waren von der Rücksicht auf Napoleon diktiert. Aber die Kräfte der allgemeinen Volksbewegung waren nicht mehr zu entbehren. Nun hebt mit Cavours Zustimmung und Hilfe die große Zeit für Garibaldi an, und selbst die Unterstützung durch den alten Feind Mazzini wurde nicht mehr ganz verschmäht. Das Ziel hieß einfach: Revolutionierung der Bevölkerung der fremden Staaten, d. h. derjenigen Unteritaliens und gewisser Teile des

Kirchenstaates, und dann bewaffnetes Eingreifen der piemontesischen Macht. Die radikalen Kräfte sollten die Vorarbeit leisten, der Enderfolg aber mußte – das war Cavours unverrückbares Ziel – auf jeden Fall ausschließlich der konstitutionell-bürgerlich-konservativen Monarchie seines Heimatlandes vorbehalten bleiben. So begann jenes schillernde Doppelspiel sowohl gegenüber fremden Staaten wie gegenüber den eigenen Mitkämpfern, das wie nichts anderes den moralischen Ruf Cavours in Italien selbst schwer belastet hat. Cavour wußte sehr wohl um die harten Spannungen, die zwischen den Bedürfnissen des Staates und den Gesetzen der Sittlichkeit aufbrechen konnten, und er hat seine Meinung einmal dahin formuliert, daß sich auch der Politiker ›nicht allzu weit‹ von den Grundsätzen der Ethik entfernen dürfe. Doch das einmal als notwendig und unabdingbar erkannte Ziel schien seinem Weg die innere Rechtfertigung zu sichern.

Unter diesem neuen Aspekt geht es vorwärts. Zu Anfang des Jahres 1860 erklärt Sardinien offiziell die Annexion Oberitaliens (d.h. der Lombardei, der Herzogtümer und der Romagna) sowie Toskanas, nachdem eine erneute Abstimmung in diesen Ländern sich mit riesigen Mehrheiten, ja teilweise fast einstimmig für den Anschluß ausgesprochen hatte. Für das also vergrößerte Reich, das noch keinen Namen hat, wird ein neues Parlament gewählt. Dessen erste Aufgabe war bitter: die Abtretung von Savoyen und Nizza an Frankreich mußte genehmigt werden. Cavour bestand darauf, obgleich Napoleon seine Vertragspflichten nur zum Teil erfüllt hatte. Garibaldi – dessen Vaterstadt Nizza war – und ein großer Teil der Linken protestierten heftig, aber die Mehrheit nahm an. Volksabstimmungen in den beiden abzutretenden Gebieten mußten der Sache das richtige Gesicht geben (April 1860).

Geographisch gesehen wäre das nächste Gebiet für die italienische Revolution der Kirchenstaat gewesen. Doch vor allem mit Rücksicht auf Frankreich wollte Cavour den Papst schonen, solange es nur ging.

Aber die tiefe Unzufriedenheit mit dem Bourbonenregiment – Franz II. (1859–1861) hatte soeben den Thron von Neapel-Sizilien bestiegen – bot den Ansatzpunkt, von dem aus man weiterkommen konnte. Es ist das erstemal, daß die Annexion des Südens in den Bereich der konkreten Wünsche und Pläne Cavours rückte. Der ›Nationalverein‹ – einer seiner bedeutendsten Führer, La Farina, war selber Sizilianer – bereitete mit aller Eile und mit allem Nachdruck die Erhebung des Landes vor. Nicht weniger leidenschaftlich war die Agitation, die der unermüdliche Mazzini entfaltete. Auch von außen her sollte dem Sturz der Bourbonen nachgeholfen werden – das war eine Aufgabe für Garibaldi!

In der Nähe von Genua sammelt Garibaldi seine Freiwilligen zum Zug gegen den Süden: 1067 Mann. Obgleich dies unter den Augen der piemontesischen Regierung geschah, sollte das Ganze nur als ein privates Unternehmen des Freischarenführers erscheinen, für das die Regierung keine Verantwortung traf.

So beginnt der berühmte ›Zug der Tausend‹. Am 6. Mai 1860 geht Garibaldi mit zwei Schiffen in See, fünf Tage später landet er in Marsala an der Westspitze Siziliens und erklärt sich sogleich als Diktator im Namen Viktor Emanuels. Neue Freiwillige schließen sich an, nach einigen, teilweise heftigen Kämpfen ist Ende Juli die ganze Insel in seinen Händen.

Jetzt erst tritt auch Cavour offen auf: er schickt zwei sardinische Kriegsschiffe und mit ihnen als seinen speziellen Vertreter La Farina nach Sizilien – den Garibaldi jedoch bald von der Insel verbannte! Auf dem Festland aber sucht Cavour dem Freischarenführer zuvorzukommen, indem er mit den Führern der gemäßigten Liberalen in Neapel und selbst mit dem Innenminister des Königreiches Verbindung aufnimmt. Doch bevor etwas aus der Verschwörung wird, erscheint Garibaldi auch auf dem Festland (20. August). Am 7. September bereits zieht er als Sieger in Neapel ein, auch hier seine Diktatur ausrufend. Der König weicht mit immerhin noch 40000 Mann einigermaßen treuer Truppen nach Gaëta zurück.

Garibaldi war entschlossen, von Neapel aus gegen den Kirchenstaat zu ziehen. Aber hier wenigstens wollte Cavour der erste sein. In geheimen Verhandlungen mit Napoleon gibt dieser zu erkennen, daß er gegen eine Besetzung von Umbrien, Spoleto und der Mark Ancona nichts unternehmen werde. Dafür garantiert ihm Piemont die Unantastbarkeit Roms und des Patrimoniums gegen jedermann – auch gegen Garibaldi.

Unter einem mehr als fadenscheinigen Vorwand rücken daraufhin reguläre piemontesische Truppen in den Kirchenstaat ein (Anfang September 1860). Das päpstliche Heer unter Führung des französisch-bourbonischen Legitimisten (also Gegner Napoleons III.) La Moricière wird bei Castel Fidardo (in der Nähe von Ancona) geschlagen, in drei Wochen ist das gewünschte Gebiet besetzt. Das Patrimonium aber bleibt unberührtes Land.

Über die Abruzzen weg rücken nun die Piemontesen auch gegen das neapolitanische Heer bei Gaëta vor. König Franz II. hält sich noch bis zum Februar 1861, dann nimmt er nach ehrenvoller Kapitulation seine Zuflucht in Rom. Nach mehr als 700jährigem Bestand hatte das Königreich Unteritalien aufgehört zu existieren.

Zuvor schon kam die unvermeidliche endgültige Auseinandersetzung zwischen den Siegern Cavour und Garibaldi. Garibaldi will die Annexion Süditaliens hintanhalten, bis er auch Rom in Händen hätte, und er stellt an den König kein geringeres Ansinnen, als Cavour und etliche andere Männer seiner nächsten Umgebung zu entlassen (September 1860). Cavour rät dem König, sich an das Parlament zu wenden. Bereits im Oktober 1860 beschließt dieses gegen Garibaldi die Annexion Unteritaliens und der eroberten kirchenstaatlichen Gebiete. Volksabstimmungen ergeben wiederum überall riesige Mehrheiten dafür. Garibaldi legt darauf die Diktatur nieder. Er erbittet vom König die Generalstatthalterschaft für Neapel; auch diese wird ihm, da er dem Angriff auf Rom nicht entsagen will, verweigert. Verbittert zieht er sich auf sein Gut Caprera (eine kleine Insel nordöstlich von Sardinien) zurück (November 1860); doch hat er seinen Freiwilligenscharen anempfohlen, sich um der Einheit willen dem König anzuschließen.

Das Königreich Italien war Tatsache geworden, unter Ausschluß freilich noch von Venetien und Rom. Am 18. Februar 1861 trat die neugewählte und erste (nahezu) gesamtitalienische Volksvertretung in feierlicher Sitzung in Turin zusammen. Viktor Emanuel nahm dabei den Titel an: »König von Italien durch Gottes Gnade und durch den Willen des Volkes«. Frankreich und England anerkannten den neuen Staat in kurzem, die deutschen Staaten und Rußland folgten etwas zögernd nach, Österreich, der Papst und die vertriebenen Monarchen erhoben Protest.

Daß Venetien noch fehlte, beschwerte Cavour einstweilen nicht allzusehr; er war überzeugt, daß es über kurz oder lang der Anziehungskraft des geeinigten Nationalstaates verfallen müsse. Anders stand es mit Rom: hier blieb noch ein unendlich verwickeltes und delikates Problem zu lösen. Da Cavour den einfachen Weg der Gewaltanwendung, solange nicht alle anderen Möglichkeiten erschöpft waren, ablehnte, beherrscht nun – abgesehen von den vielfältigen und schweren Aufgaben, die der innere Aufbau des neuen Staatswesens stellte – die ›römische Frage‹ das letzte Jahrzehnt des Risorgimento. Sie umschloß zwei Probleme: die weltliche Herrschaft des Papstes (in ihrem Restbestand) und das Verhältnis zwischen Kirche und Staat auf allen jenen Gebieten, auf denen sich Berührungs- und Konfliktspunkte ergeben konnten. Die Lösung dieses zweiten Problems erschien Cavour als einzige echte Grundlage für die endgültige Bereinigung des erstgenannten. Die berühmte Formel aber, in der er (der sich voll als Katholik fühlte) – getreu seiner liberalen Weltanschauung – glaubte, diese Lösung gefunden zu haben und beiden Teilen, Staat und Kirche, gerecht zu werden, hieß: »libera chiesa in libero stato« (freie Kirche in freiem Staate). Mit diesem Prinzip hoffte er, dem Papst den Weg in die neue Zeit ebnen zu können.

Bereits im November 1860 trat er durch die Vermittlung des Arztes Pantaleoni und des Exjesuiten Passaglia mit Rom in Verhandlungen ein. Das Angebot, das er damals der Kurie als Ersatz für den Kirchenstaat machte, bestand in der Hauptsache in folgenden Punkten: Anerkennung des Papstes als Souverän auch ohne Territorium; Überlassung des Vatikan und dessen reichliche Ausstattung mit beweglichen und unbeweglichen Gütern, die in seinen vollen Besitz übergehen würden; Freiheit des Konklave, freier Verkehr des Papstes mit den Gläubigen aller Länder und anderseits freier Zutritt aller Christen und Nichtchristen zu ihm (unter Ausschluß eines Asylrechtes für Delinquenten); freie Ausbildung des Klerus in kirchlichen Seminarien, dagegen Ausschluß des bischöflichen Einflusses auch auf die religiöse Unterweisung in den staatlichen Schulen und ebenso auf die Besetzung der theologischen Lehrstühle an den Universitäten; Freiheit in der Unterhaltung von kirchlichen Privatschulen sowie kirchlichen Vereinen, wobei es jedoch bei den letzteren dem Staat vorbehalten bleibt, ihnen den Charakter der juristischen Persönlichkeit zuzuerkennen oder zu verweigern; Bereitstellung einer genügenden Menge von weltlichen Gütern zum Unterhalt des Seelsorgsklerus; freie Ausübung der Predigt, soweit sie nicht die Gesetze, die Moral oder die öffentliche Ordnung verletzt; Verzicht der Regierung auf jedes Präsentations- oder Ernennungsrecht bezüglich der Bischofsstühle; Freiheit der kirchlichen Presse, soweit es die allgemeinen Pressebestimmungen gestatten, und ebenso aller kirchlichen Erlasse im Rahmen der allgemeinen staatlichen Gesetze. Das Ziel war also die möglichst vollständige Trennung des staatlichen und kirchlichen Bereiches und zugleich der möglichste Ausschluß jeder Sonderstellung des Klerus vor dem Gesetz. Napoleon machte seinen Einfluß an der Kurie im Sinne einer solchen friedlichen Vereinbarung geltend. Eine Zeitlang schien der Papst auch nicht abgeneigt, dann aber vermochte ihn die Partei der Intransigenten, unterstützt durch verschiedene kirchenfeindliche Ausschreitungen in Umbrien und in den Marken, umzustimmen. Im März 1861 wurden die Verhandlungen abgebrochen.

Trotzdem hielt Cavour an seiner Linie fest. In drei berühmten Reden stellt er sein römisches Programm vor dem Parlament auf: Italien kann sich ohne Rom nicht konstituieren. Rom allein kann Italiens Hauptstadt sein. Aber wir müssen im Einvernehmen mit Frankreich nach Rom gehen, und wir müssen es tun unter Erhaltung der vollen Unabhängigkeit des Papstes. Die Anwendung von Gewalt wäre beklagenswert . . . Das einzige wirksame Mittel ist die Trennung der geistlichen von der weltlichen Gewalt; durch sie allein wird der Papst seine Unabhängigkeit wiedererlangen, und seine Autorität wird weit mehr geachtet werden, wenn sie sich nur auf sein geistliches Ansehen stützt. Die Garantien (für die Unabhängigkeit des Papstes) müssen in der Konstitution des neuen italienischen Reiches verbrieft werden. Und wenn unsere wirklichen Absichten bekannt sein werden, hoffe ich, daß wir besseres Gehör finden: dann dürfte vielleicht auch der Papst seinen Sinn ändern . . .

Es waren die letzten großen Tage Cavours. Ende Mai wirft ihn ein tödliches Fieber aufs Krankenbett. Alle inneren und äußeren Anliegen seines Vaterlandes beschäftigen auch hier noch seinen rastlosen Geist: die römische Frage, Venetien, Istrien und das Trentino, die ungeheure, kaum zu bändigende Korruption und das Brigantenunwesen in Süditalien, Garibaldi, mit dem es soeben noch im Parlament einen furchtbaren Auftritt gegeben hatte, dem nur eine notdürftige Versöhnung gefolgt war, der Aufbau von Heer und Marine, dann die Frage der Nachfolge. Die letzten Worte waren an den Priester gerichtet, der ihm die Sakramente spendete: »Frate, frate, libera chiesa in libero stato!« Am Morgen des 6. Juni 1861 ist der Einiger Italiens gestorben, noch nicht einundfünfzig Jahre alt.

Die letzten Jahre des Risorgimento empfangen von zwei Tatsachen her ihr charakteristisches Gepräge: einmal, das Land bekam schnell genug zu fühlen, daß es einen unersetzlichen Führer verloren hatte, und zum anderen, es mußte langsam aus den stürmischen Wogen des revolutionären Enthusiasmus hinüberfinden in die stilleren, aber klippenreichen Gewässer eines geregelten, normalen staatlichen Daseins.

Der bisher unerschütterliche Zusammenhalt der gemäßigten Parteien, das ›Connubio‹, ging mehr und mehr in die Brüche, die ›Consorteria‹ Cavours zerfiel. Die Ministerpräsidenten wechselten in schneller Folge: Ricasoli, Ratazzi, Farini, Minghetti, Lamarmora, lauter Männer, die in den Entscheidungsjahren 1859/60 (und teilweise schon 1848/49) an wichtigen Stellen gestanden hatten, denen aber allen das überragende Format des einmaligen Staatsmannes fehlte. Und die jahrhundertealten, nur vorübergehend vom Sturm der Begei-

sterung zum Schweigen gebrachten munizipalen Sonder-
wünsche und die Gegensätze zwischen den einzelnen Landschaften brachen mit erneuter Wucht wieder auf: Italien sei
geschaffen, nun müsse man auch den Italiener schaffen, konnte
d'Azeglio erklären. Besonders hart stießen die Geister bei den
Fragen des inneren Aufbaues des neuen Staates aufeinander:
Regionalismus oder Zentralismus, Bildung bestimmter, ungefähr den historischen Grenzen folgender Verwaltungseinheiten mit autonomer Ordnung ihrer inneren Angelegenheiten oder eine zentralistisch gemäßigte Verwaltung im Stile
der französischen Departementseinteilung? Und soll Piemont
im neuen Staat aufgehen oder soll es als geschlossene, die Führung weiterhin ausübende staatliche Einheit erhalten bleiben?
Der zentralistische und unitaristische Gedanke setzte sich
schließlich durch. Doch für seine Verwirklichung fehlte es an
der notwendigen Zahl von Beamten, die nach Vorbildung
und moralischer Eignung ihren Aufgaben hätten entsprechen
können. In solchen und ähnlichen Fragen mußte sich der wie
über Nacht geborene Staat noch geraume Zeit mit Notlösun-
gen begnügen. Was aber die Gesamtlage noch ganz besonders
erschwerte, war die heillos scheinende Finanzlage des Staates:
der Staatshaushalt begann mit einem Jahresdefizit von etwa
400 Millionen Lire und doch bedurfte das junge Reich notwendigerweise weit größerer Mittel als ein Staatswesen, das
sich schon in geordneten Bahnen bewegen konnte. Im Dienste der nationalen Bewegung hatte Piemont eine ungeheure
Finanzlast auf sich genommen: hier trafen unmittelbar vor
der Einigung für den Zinsendienst an der öffentlichen Schuld
13,93 Lire auf den Kopf der Bevölkerung, in Toskana dagegen nur 4,43, in Unteritalien 3,58 und in der Lombardei
2,68 Lire; jetzt mußte sich das *ganze* Land in die piemontesische Staatsschuld teilen. Gewiegte und eifrig bemühte Fi-
nanzmänner wie Marco Minghetti und Quintino Sella haben
zwar für die allmähliche Sanierung des Staatshaushaltes Her-
vorragendes geleistet, aber unverhältnismäßig hohe Steuerlasten, die auch die armen Volksmassen stark in Mitleidenschaft zogen und deren freudige Einordnung in den neuen
Staat bedrohten, waren trotzdem nicht zu vermeiden.

In der römischen Frage bleibt zunächst Cavours letzter Wille richtunggebend: Rom die künftige Hauptstadt des Reiches, aber ohne neue Gewaltanwendung und vor allem im Einverständnis mit dem Kaiser der Franzosen. Immer noch (seit 1849) hat Napoleon seine Truppen in Rom zum Schutz des Papstes stehen, verfolgt aber im übrigen seine alte, zwischen diesem und Italien schwankende, vielfach zweideutige Politik.

Die Regierung hofft auf einen Augenblick, wo sie dem Kaiser unter gewissen Garantien die Preisgabe der ersehnten Hauptstadt abringen könne. Doch Garibaldi und den Seinen erscheint dieser Weg des ungewissen Wartens zu langwierig und unwürdig. Unter halber Duldung der Regierung sammelt er im Frühjahr 1862 zunächst an den Grenzen Südtirols seine Freischärler. Ein Einfall ins österreichische Venetien schien das Nächste. Doch die Regierung greift nun energisch ein und verhindert den Konflikt.

Im Sommer desselben Jahres aber erscheint Garibaldi in Sizilien mit dem Kriegsruf: ›Rom oder den Tod!‹ Mit 3000 Mann setzt er aufs Festland über, entgegen der ausdrücklichen Willenserklärung des Königs. Aber nun macht die Regierung (unter Ratazzi) in einer Weise, wie es Garibaldi nicht hatte glauben wollen, Ernst: bei Aspromonte (Abruzzen) geben königliche Truppen auf seine Scharen Feuer. Garibaldi selbst wird leicht verwundet und ergibt sich, er wird amnestiert und nach Caprera zurückgeschickt (Ende August 1862).

So hatte Viktor Emanuel den europäischen Mächten bewiesen, daß er allen Ernstes mit dem Revolutionsprinzip Schluß gemacht habe, selbst um den Preis des heißersehnten Einzuges in seine künftige Hauptstadt. Erst die sogenannte ›Septemberkonvention‹ von 1864 zwischen Napoleon III. und Viktor Emanuel II. (mit einem Ministerium Minghetti) schien für die römische Frage ein neues Stadium zu eröffnen. Der Kaiser – längst der römischen Last müde – verpflichtete sich, innerhalb von längstens zwei Jahren seine Truppen aus Rom zurückzuziehen, wofür anderseits der König verspricht, weder selbst einen Angriff auf das Patrimonium zu unternehmen noch einen solchen von anderer Seite – gemeint war Garibaldi – zu dulden. Das Ganze gab sich freilich von Anfang an nur als unsichere Verlegenheitslösung kund, mit der niemand, weder der Papst noch die italienische Aktionspartei, zufrieden war. In Turin entstanden nach der gleichzeitig mit der Konvention erfolgten Verlegung der Residenz nach Florenz böse Straßenunruhen, die durch das Militär niedergeworfen werden mußten; nur an Rom selbst wollte man seine alten Rechte als königliche Hauptstadt abtreten. Und der Ruf nach Rom als Hauptstadt verstummte so wenig wie zuvor – er sollte auch nach dem Willen der Regierung nicht verstummen. Alle Welt wartete gespannt, was nach der Ausführung der Konvention geschehen werde: es sei »ein unbeschreiblich interessanter Moment«, schrieb Kurd von Schlözer, der preußische Geschäftsträger beim Heiligen Stuhl, nach Hause.

Bevor jedoch die zweijährige Frist abgelaufen war, verschob die große europäische Politik das politische Spannungsfeld von Rom weg nach dem Norden. Mit dem immer deutlicher heraufziehenden preußisch-österreichischen Endkampf des Jahres 1866 rückte die venetianische Frage in den Vordergrund.

Cavour bereits hatte in seinen letzten Lebensjahren die Entwicklung Preußens aufmerksam verfolgt und eine künftige Zusammenarbeit vorausgesehen. Und umgekehrt hatte Bismarck schon 1860 gemeint: »Für unseren natürlichen Bundesgenossen . . . halte ich Piemont.« Manches gegenseitige Mißtrauen und viele diplomatische Schwierigkeiten waren freilich zu überwinden, bis am 8. April 1866 das preußisch-italienische Bündnis Wirklichkeit wurde. Als italienisches Kriegsziel war darin die Eroberung Venetiens festgelegt. Napoleon der sich von einem preußisch-österreichischen Konflikt eine Stärkung seiner eigenen internationalen Machtstellung erhoffte, gab auf den ausdrücklichen Wunsch der italienischen Regierung (unter Lamarmora) bereitwillig seine Zustimmung zu dem neuen Bündnis.

Doch wie 1859 wird es auch diesmal nicht ganz leicht, wirklich zum Krieg zu kommen. Österreich bietet durch die Vermittlung des französischen Kaisers von sich aus die Abtretung Venetiens an! Aber das italienische Selbstbewußtsein will sich nicht noch einmal ein Land schenken lassen, die Regierung hält daher am preußischen Bündnis fest. Und wiederum wie 1859 scheint der Plan einer beiderseitigen Abrüstung im letzten Augenblick den Krieg zu verhindern. Als die Verstärkung der österreichischen Truppen an der italienischen Grenze Bismarck doch noch die Handhabe für den Krieg gibt, versagt die italienische Heeresleitung (Lamarmora und der Admiral Persano). So bleiben die Österreicher, obwohl ihre Streitkräfte zahlenmäßig schwächer sind, siegreich: zu Land unter dem Erzherzog Albrecht bei Custozza (24. Juni; auf dem alten Schlachtfeld von 1848) und zur See unter dem Admiral Tegetthoff bei der Insel Lissa (vor der dalmatinischen Küste; 20. Juli). Mit mehr Erfolg kämpfen Garibaldis Freischaren im Trentino, aber einen durchschlagenden Erfolg erringen auch sie bis zum frühen Kriegsende nicht.

Die Entscheidung im Kriege aber fiel im Norden, auf dem Schlachtfeld von Königgrätz (3. Juli). Wenige Wochen später (26. Juli) schließt Bismarck auf eigene Faust mit Österreich den Vorfrieden von Nikolsburg. Italien muß sich fügen. Im Frieden von Wien (Oktober 1866) wiederholt sich das Schauspiel von 1859: Österreich gibt Venetien heraus, aber nur auf dem Umweg über Napoleon III.; Kaiser Franz Joseph hielt es immer noch unter seiner Würde, sich mit dem italienischen Staat unmittelbar auseinanderzusetzen.

Das Kriegsziel war erreicht und die eine Lücke im neuen Staat von 1860 ausgefüllt, jedoch unter Bedingungen und Formen, die für den jungen italienischen Nationalstolz einen bitteren Nachgeschmack in sich bargen.

Die Mißstimmung gegen die Regierung war groß. Garibaldi sammelt erneut Freischaren gegen Rom. Die Regierung (Ratazzi) warnt wiederum vergeblich, sie läßt Garibaldi gefangennehmen und nach Caprera zurückbringen. Aber unter der Führung seines Sohnes Menotti dringen trotzdem Freischaren ins Patrimonium ein. Da stellt Napoleon wegen Verletzung der Septemberkonvention ein förmliches Ultimatum an Italien: wenn es den Papst nicht wirksam schützen könne, würden in Rom wieder französische Truppen einrücken.

Die Situation spitzt sich soweit zu, daß tatsächlich wieder

französische Truppen eintreffen, und zusammen mit dem
päpstlichen Heer (das größtenteils aus international angeworbenen Freiwilligen bestand) schlagen sie bei Mentana die
Freischaren Garibaldis zurück (November 1867); wieder
kommt – nicht zum Vorteil der italienischen Volksstimmung!
– eine französische Besatzung nach Rom.

Bald zeichnet sich am politischen Horizont immer deutlicher die kommende Auseinandersetzung zwischen Preußen-
Deutschland und Frankreich ab. Der siegreiche Angriff der
deutschen Heere nötigt Napoleon, seine Truppen aus Rom
zurückzuziehen, und der Untergang des zweiten französischen
Kaisertums bei Sedan (2. September 1870) besiegelt auch das
Ende des päpstlichen Rom. Die italienische Regierung (Giovanni Lanza) will einer neuen Aktion Garibaldis zuvorkommen und ebenso auch der immer drohender werdenden mazzinistischen Propaganda den Wind aus den Segeln nehmen.
Sie kündigt die Septemberkonvention formell auf und macht
den großen europäischen Kabinetten von ihrem Vorhaben
Mitteilung: kein ernsthafter Widerspruch verlautet mehr.
Der Papst sieht die Nutzlosigkeit eines weiteren Widerstandes ein und begnügt sich mit einem symbolischen Widerstand
gegen die Gewalttat. Am 20. September 1870 ziehen die Regierungstruppen in Rom ein. Die übliche Volksabstimmung
folgt: sie ergibt mehr als 40000 Stimmen für und nur 46 gegen den Anschluß. Der König nimmt (2. Juli 1871) im Quirinal, in dem in den letzten Jahrzehnten der Papst gewöhnlich
gelebt hatte, Residenz, Pius IX. zieht sich in den Vatikan zurück. Garibaldi, erneut um den Siegespreis gebracht, geht mit
seinen Freischaren nach Frankreich und kämpft hier im Dienste
der dritten Republik gegen dasselbe Preußen, das letzten Endes das entscheidende Hindernis für die Eroberung Roms beseitigt hatte.

Das ›Garantiegesetz‹ vom 13. März 1871 sollte von Staats
wegen das neue Verhältnis zum Papst regeln. Es sicherte ihm
die volle und freie Ausübung seiner geistlichen Herrschaft zu,
ferner die freie Verfügung über den Vatikan, den Lateran und
die Sommerresidenz Castel Gandolfo sowie eine jährliche
›Zivilliste‹ von dreieinviertel Millionen Lire. Die Annahme

dieser letzteren freilich blieb für den Papst unmöglich, er hätte sich damit doch wenigstens formell in die Abhängigkeit eines· einzelnen Staates begeben. Aber abgesehen davon war Pius IX., seit nunmehr zwanzig Jahren, in der erklärtesten Ablehnung alles Neuen befangen, auch sonst nicht der Mann, der sich mit eigener Einsicht in die Notwendigkeit gefügt und freiwillig das Steuer herumgeworfen hätte. Er vermochte nicht zu begreifen, daß – wie es schon Cavour und viele andere vorausgesehen hatten – sein Ansehen in der Welt durch die Befreiung von der längst unerträglich gewordenen Last des Kirchenstaates nur mächtig gewinnen konnte. Als ›Gefangener des Vatikan‹ zog er sich in den einfachen Protest gegen das Geschehene zurück. So blieb die ›römische Frage‹ in Wirklichkeit ungelöst und sie wird noch manches Jahrzehnt hindurch das inneritalienische Leben nicht unbeträchtlich belasten. Aber an der Tatsache des nun seit 1300 Jahren zum erstenmal wieder zugleich geeinten und von jeder Fremdherrschaft befreiten Italien vermochte sie nichts zu ändern.

DER NATIONALSTAAT. DIE ERSTEN SCHRITTE ZUM IMPERIALISMUS (1870 BIS ZUM 1. WELTKRIEG)

Der Staat war geschaffen, er mußte nun sein Haus im Innern bestellen und einrichten. In der Epoche bis zum 1. Weltkrieg geschah dies, indem man sich auf allen Lebensgebieten möglichst schnell und gründlich den führenden europäischen Staaten und Völkern, die als die vielgepriesenen Vorbilder erschienen, anzugleichen bemühte: Italien mündet in den Jahrzehnten zwischen 1870 und 1914 aufs stärkste in die allgemeine – und nivellierende! – europäische Gesamtentwicklung ein.

Das innenpolitische Leben, d.h. das Verhältnis zwischen den bestimmenden Machtfaktoren König, Volk, Ministerium und Parlament, wurde auf dieselbe konstitutionell-parlamentarische Basis gestellt, wie sie das Menschenalter vor dem 1. Weltkrieg auch sonst gewohnt war. Zunächst standen sich eine ›Rechte‹ und eine ›Linke‹ gegenüber: die eine, mehr aus den hochbürgerlich-aristokratischen Kreisen bestehend, war gewillt, die gesamte Cavoursche Tradition fortzuführen; die andere stützte sich mehr auf die breiten Volksmassen und trat deshalb etwa für die Erweiterung des Stimmrechtes ein und legte mehr oder weniger ausgeprägte republikanische Neigungen sowie stärkere antikirchliche Tendenzen an den Tag. Zur Linken hielt sich auch Garibaldi, während Mazzini (der allerdings schon 1872 starb) als unentwegter Republikaner den neuen Staat ablehnte und seine unbedingten Anhänger daher dem Parlament fernblieben. Doch war der mazzinistische Republikanismus an sich einem schnellen Untergang geweiht. Seine radikalen (und vor allem die jüngeren) Kreise wandten sich frühzeitig dem neuen Ideal, dem Sozialismus und der ersten ›Internationale‹ (begründet 1862) zu. Mazzini hat den Sozialismus verachtet und scharf abgelehnt, aber vor allem durch die Agitation des russischen Anarchisten Michael Bakunin (gest. 1876) fand dieser schon zu Ende der sechziger Jahre Eingang in Italien; im Parlament konnte er freilich noch nicht zu Wort kommen. Die gemäßigteren Anhänger Mazzinis aber versöhnten sich bald mit der Monarchie, weil sie ihnen zum Schutze des *einen* Notwendigen, der nationalen Einheit, unentbehrlich erschien. Am typischsten dafür ist Francesco Crispi, der in den neunziger Jahren der führende Mann Italiens sein wird: er hatte im ›Zug der Tausend von Marsala‹ eine hervorragende Rolle gespielt und wie kein anderer die mazzinistische Revolutionierung Siziliens betrieben, aber schon um 1870 gab er seinem Gesinnungswandel mit dem Worte Ausdruck, daß »die Monarchie uns geeinigt habe, die Republik aber uns trennen würde«. Dazu hatte sich die Persönlichkeit Viktor Emanuels II. als des Königs der nationalen Einigung längst eine starke, kaum mehr zu erschütternde Stellung im Herzen fast des ganzen Volkes erobert. Aber auch sein Nachfolger, der ritterliche König Humbert I. (1878–1900), trug durch sein vorsichtiges und gewinnendes Auftreten viel zur Festigung des monarchischen Gedankens bei; daß er schließlich dem Attentat eines Anarchisten zum Opfer fiel, konnte der Monarchie als solcher eher nützen als schaden. Unter dem seit dem Jahre 1900 (bis zu seiner Abdankung am 9. Mai 1946) regierenden Viktor Emanuel III. schien sie zunächst durch den übermächtigen Liberalismus und dann durch die Erschütterungen der faschistischen Revolution stark in den Hintergrund gedrängt zu werden; aber in der Stille und je länger desto mehr hat auch er es verstanden, das savoyische Königshaus im Bewußtsein des italienischen Volkes tief zu verankern.

Bis 1876 bleibt die Rechte (mit den Ministerien Giovanni Lanza und Marco Minghetti) am Ruder, dann wird sie durch die Linke, deren Führung nach dem Tode Ratazzis (gest. 1873) Agostino Depretis übernommen hatte, abgelöst. Die Linke, deren Ministerien häufig wechseln, erweitert 1882 den Kreis der Wahlberechtigten von etwa einer halben Million auf drei Millionen, indem sie die Steuerquote von 40 auf 19 Lire und das Mindestalter von 25 auf 21 Jahre herabsetzte sowie zwei Klassen Volksschule als Bildungsgrundlage für die Ausübung des Wahlrechtes für genügend erklärte. In der Praxis allerdings blieb die parlamentarische Herrschaft auch jetzt noch auf eine schmale Basis gestellt; denn sowohl die politische Gleichgültigkeit weiter Kreise wie das päpstliche Wahlverbot für die Katholiken (s. u. S. 433) führten dazu, daß gewöhnlich die Hälfte bis zwei Drittel der Wahlberechtigten nicht an die Urne gingen, und daß Abgeordnete, die einen Wahlkreis von 50000 Einwohnern vertraten, vielleicht von hundert Stimmen ins Parlament geschickt wurden! Weiter schafft die Linke den religiösen Eid vor Gericht ab, schließt die theologischen Fakultäten an den Universitäten, erklärt den Religionsunterricht in der Volksschule als Wahlfach, führt die Zivilehe ein und schlägt auch sonst vielfach eine (zum Teil am Widerstand des Senates gescheiterte) schärfere antikirchliche Richtung ein. Auf der anderen Seite wird das Militärbudget, das die Rechte aus Sparsamkeitsgründen stark beschränkt gehalten hatte, erweitert, und gegen die Mitglieder der Internationale und des Republikanischen Bundes geht die Linke nicht weniger mit Zwangsmaßnahmen vor, als es die Rechte getan hatte; unter anderem wird die 1882 gegründete ›Unabhängige Arbeiterpartei‹ von Depretis 1886 wieder aufgelöst. So war auch die Linke eine einwandfrei monarchische, ja in manchen Dingen fast reaktionäre Partei geworden. Überhaupt vermengten sich im Laufe der achtziger Jahre die beiden Parteien immer mehr, sich auf einer mittleren, liberalen und etwas farblosen Linie treffend, für die man den (oft abschätzend gemeinten) Namen ›Trasformismo‹ erfand. Aus dieser allgemeinen Erweichung der innerpolitischen Gegensätze ging die Ära Crispi hervor, der, da es im Parlament an einer ernsthaften Opposition fehlte, in den Jahren von 1887–1896 (jedoch mit zwei kurzen Unterbrechungen) eine annähernd autoritäre Regierung ausüben konnte. Als Crispi schließlich über verschiedene Anklagen (insbesondere wegen ungehöriger Beziehungen zur ›Römischen Bank‹) sowie über die Mißerfolge seiner afrikanischen Politik (s. u. S. 443) stürzte, schien sich für einen Augenblick wieder eine schärfere Scheidung der Geister anzubahnen. Aber im letzten Jahrzehnt vor dem 1. Weltkrieg wiederholte sich im Grunde genommen nur das gleiche Schauspiel: man sprach jetzt vom ›Neotrasformismo‹, und der ›starke Mann‹ der liberalen Regierung hieß nun (obgleich auch seine Ministerpräsidentschaft mehrere Unterbrechungen erlitt) Giovanni Giolitti (gest. 1928).

Im engsten Zusammenhang mit dieser Entwicklung stehen das wirtschaftliche und das soziale Problem. Die Finanzlage des Staates blieb noch bis zum Ende des 19. Jahrhunderts ein überaus heikles Kapitel. Die öffentliche Schuld, die im Jahre 1870 zwei Milliarden Lire betrug, stieg in kurzem auf acht Milliarden, mehrfach drohte geradezu der Bankrott. Doch der Finanzminister Quintino Sella kämpfte während der Herrschaft der Rechten (wie auch schon im Jahrzehnt vor der Eroberung Roms) verbissen mit dem jährlichen Defizit, dabei auch nicht vor den unpopulärsten Maßnahmen (Mahlsteuer!) zurückschreckend. Das italienische Volk mußte die höchsten Steuern in ganz Europa tragen. Auch die Linke betrieb grundsätzlich keine andere Finanzpolitik; sie konnte zwar infolge der unterdessen erzielten Besserung der Lage die verhaßte Mahlsteuer abschaffen (1880), doch diese war auch von Männern der Rechten nur als Notstandsmaßnahme angesehen worden. Ende der achtziger Jahre nahm die Finanzlage nochmals (zum Teil infolge der außenpolitischen Lage des Landes) bedrohliche Formen an, ja das Jahresdefizit erklomm eine bis dahin nie erreichte Höhe. Diesmal war es Giolitti, der als Finanzminister unter Crispi entschlossen die Sanierung in Angriff nahm. Seit der Jahrhundertwende waren derartige Gefahren endgültig gebannt.

Zu verdanken war dies vor allem dem starken Aufschwung, den die nationale Wirtschaft im letzten Menschenalter vor dem 1. Weltkrieg nahm. Gegen Ende des Risorgimento steckte die Fabrikindustrie des Landes noch völlig in den Kinderschuhen. Drei Viertel der gesamten Bevölkerung lebten auf dem Lande (bzw. in den für den Süden typischen ländlichen Städtchen); jedoch nur 42% des Bodens entfielen auf den eigentlichen Ackerbau. In Unteritalien vor allem und in Sizilien waren die landwirtschaftlichen Verhältnisse seit alters her so unbefriedigend, daß »das Problem des Südens« lange Jahrzehnte eines der schwerstwiegenden des neuen Reiches geblieben ist. Weder Landwirtschaft noch Industrie boten der ständig wachsenden Bevölkerung – von 1870 bis etwa 1900 beträgt die Zunahme mehr als fünf Millionen – genügende Erwerbsmöglichkeiten. So kam es zu der großen italienischen Auswanderung und Saisonarbeit in fremden Ländern: im Jahre 1883 verließen 68000 die Heimat, fünf Jahre später ist die Zahl bereits dreimal so groß, und mit mehr als 700000 erklomm sie im Jahre 1905 ihren Höhepunkt. (Der Eindruck dieser Zahlen wird allerdings nicht unwesentlich gemildert, wenn man bedenkt, daß ein beträchtlicher Teil der Auswanderer nicht nur nach mehr oder weniger langer Zeit in die Heimat zurückkehrte, sondern auch durch den in der Regel heimgesandten Verdienst das Volksvermögen erheblich anzureichern half.) Doch seit den achtziger Jahren begann sich die Industrie, unterstützt durch umfangreiche Eisenbahnbauten und protektionistische Zölle, zu entfalten, und etwas langsamer folgte auch die Landwirtschaft nach. Die Zahl der Baumwollwebstühle etwa stieg zwischen 1870 und 1900 von 27000 auf 78000; ähnlich verhielt es sich mit der Eisen-, Gummi-, Seiden-, Zuckerindustrie oder mit der – bei dem fast völligen Kohlenmangel des Landes besonders wichtigen – Elektrifizierung der Betriebe. Der Ertrag der landwirtschaftlichen Produkte wuchs im selben Menschenalter, teils durch

Verbesserung des Anbaus, teils durch Kultivierung von Neuland, von etwa drei auf etwa acht Milliarden Lire. Der Exporthandel nahm von 1890 bis 1907 um 118% zu, eine Ziffer, die beträchtlich höher lag, als sie der gleichzeitige deutsche oder englische Handel aufzuweisen hatte. Dieser allgemeine Aufschwung ermöglichte wiederum die teilweise bedeutende Erhöhung der Ausgaben für öffentliche Arbeiten, für die Landwirtschaft, die Beamtengehälter und das Unterrichtswesen sowie für Heer und Marine. Der Staatshaushalt konnte zu alldem sogar mit jährlichen Überschüssen arbeiten.

So hatte das neue Jahrhundert dem Lande ein wahres Zeitalter der ›Prosperität‹ gebracht, mit ihr freilich auch die entscheidende Zuspitzung der sozialen Frage. Der Sozialismus hatte zwar in Italien frühzeitig Eingang gefunden, aber da das Land zunächst so glücklich war, kein eigentliches Fabrikproletariat zu besitzen, hatte er sich nur langsam zu einer Macht im öffentlichen Leben entwickelt. Freilich war auch die wirtschaftliche und soziale Lage des Landarbeiters, insbesondere im Süden, dürftig und unhaltbar genug – hier lag ja ein speziell Italien eigentümliches soziales Problem –, aber das flache Land konnte durch die Massenagitation nur schwerer und langsamer erfaßt werden als die auf engem Raum zusammengeballte Arbeiterbevölkerung der Städte. Die Regierungen der Rechten wie der Linken und des Trasformismo zeigten sich dem Sozialismus feindlich gesinnt, aber (von einigen schüchternen Versuchen abgesehen) ergriffen sie keine wirksamen sozialen Maßnahmen, um seiner Propaganda den Wind aus den Segeln zu nehmen. In den achtziger Jahren gewannen die sozialistischen Gewerkschaften zum erstenmal größere Bedeutung, die Zeitschrift ›Critica Sociale‹ begann unter der Leitung von Filippo Turati den wissenschaftlichen Marxismus zu verbreiten, zahlreiche Universitätsdozenten (der bedeutendste unter ihnen Antonio Labriola) wurden zu begeisterten Verfechtern der Bewegung – der ›Kathedersozialismus‹ hat in Italien noch stärker geblüht als in den meisten anderen Ländern –, im Jahre 1891 wurde zum erstenmal der Erste Mai gefeiert. Bald darauf (1892/1893) bildeten sich in Sizilien unter den Belegschaften der Schwefelgruben und mehr noch unter den kleinen Landarbeitern die ›Fasci dei lavoratori‹; die hohe Mitgliederzahl (vielleicht 200000) dieser Vereinigungen (deren Organisation jedoch schwach und deren Zielsetzungen teils sehr bescheiden, teils idealistisch unklar waren), sowie mehrfache Unruhen jagten der besitzenden Gesellschaft großen Schrecken ein. Crispi ließ den Belagerungszustand erklären und griff drakonisch durch: die Fasci wurden aufgelöst und ihre Führer von Militärgerichten zu hohen Freiheitsstrafen verurteilt (die Todesstrafe hatte bereits das neue Gesetzbuch von 1889 abgeschafft), aber die wirklich vorhandenen Schäden wurden nicht beseitigt. Das gleiche Schauspiel wiederholte sich 1898 (unter Antonio di Rudinì), als in verschiedenen Gebieten Italiens, vor allem in Mailand, Arbeiterunruhen ausbrachen. Immerhin setzte sich langsam die Überzeugung durch, daß es ohne eine gewisse Sozialgesetzgebung nicht mehr weiterginge. Das erste Jahrzehnt des 20. Jahrhunderts brachte eine Reihe von Maßnahmen zur Sicherung und Verbesserung der wirtschaftlichen Lage der Arbeiter sowohl auf dem Lande wie in der Stadt: Beschränkung der Frauen- und Kinderarbeit, gesetzliche Unfall- und Altersversicherung, Vorkehrungen zur Bekämpfung der unter den Arbeitern weit verbreiteten Malaria, Verpflichtung zum wöchentlichen Ruhetag (der nicht durchwegs der Sonntag war), Ausbau von Spar- und Hilfskassen für Arbeiter u. dgl. m.; ihre Ausdehnung und Wirksamkeit aber war mit dem, was auf diesem Gebiet vor allem Deutschland, aber auch die Schweiz, Frankreich und England schon geleistet hatten, nicht zu vergleichen. Anderseits zogen sich die liberalen Regierungen seit der Jahrhundertwende von der Auseinandersetzung zwischen Arbeit und Kapital ganz zurück, indem sie den Arbeitern das früher vielfach bestrittene Streikrecht uneingeschränkt zugestanden. Die Folge war, daß die Zahl der Streiks bei den Fabrikarbeitern von 642 im Jahre 1899/1900 auf 1852 im Jahre 1901/1902, bei den Landarbeitern gar von 36 auf 856 emporschnellte. Der wirtschaftliche Aufschwung ist trotzdem kaum gehemmt worden, während sich die Arbeiterschaft bedeutende Lohnverbesserungen erzwingen konnte. So bekam der Sozialismus im 20. Jahrhundert für

seine theoretische und praktische Entfaltung freie Bahn; die
ersten Wahlen zum Parlament, die nach dem im Jahre 1912
gewährten (nahezu) allgemeinen Stimmrecht stattfanden,
zeigten eindrucksvoll das Wachsen der Bewegung. Freilich
nahm der Sozialismus – bis auf eine kleine, aktiv revolutionäre
Gruppe unter der Führung des jungen Mussolini – gerade im
Parlament nach dem Beispiel der anderen Parteien, sehr zahme
und bürgerliche Formen an.

Neben allen diesen mehr oder weniger gemeineuropäischen
Problemen hat das neue Italien noch sein besonderes Anliegen:
die römische Frage. Auf beiden Seiten wirkte aus den Tagen
des offenen Kampfes noch so viel Ressentiment und damit
noch so viel innere Unsicherheit und Unfreiheit nach, daß
ein vernünftiger Ausgleich der Interessen erst nach langer Zeit
und vor allem erst von einer neuen Generation gefunden werden konnte. Wie scharf und störend die Spannungen noch
waren, zeigte sich sinnfällig etwa am römischen Hochadel:
er schied sich seit 1870 in einen ›weißen‹ und einen ›schwarzen‹ Adel, von dem der eine jede offizielle Berührung mit
dem Vatikan und der andere ebenso eine solche mit dem
Quirinal vermied. Vom alten Pius IX. war naturgemäß auch
jetzt nichts anderes zu erwarten, als die starre und intransi-
gente Ablehnung der neuen Situation, wie er sie bei jeder Gelegenheit in heftigsten Protesten gegen den Raub seines Kirchenstaates bekundete. 1874 gab er den Katholiken die grundsätzliche Weisung des ›Non expedit‹, d.h. das Verbot, sich
aktiv oder passiv an den Parlamentswahlen des von ihm nicht
anerkannten Staates zu beteiligen. So schied sich der bewußte
Katholizismus selbst aus der obersten Volksvertretung aus.
Dagegen waren die Wahlen zu den kommunalen Verwal-
tungskörpern durch das Verbot nicht betroffen. Und tatsächlich entwickelten die Katholiken in den Gemeinden bald ein
eifervolles politisches Leben in scharfer Konkurrenz vor allem
mit den Liberalen und dann auch mit den Sozialisten. Antonio Fogazzaro (s. u. S. 437) etwa hat in seinem Roman ›Die
Kleinwelt unserer Zeit‹ (›Piccolo mondo moderno‹) davon
ein anschauliches, oft ironisches und satirisches Bild entworfen.

Über seine schroff bekundete Ablehnung hinaus suchte der Papst immer wieder die auswärtigen katholischen Mächte für eine Intervention zu seinen Gunsten zu gewinnen, ohne daß eine solche Gefahr für Italien je ernsthafte Formen angenommen hätte. Nur das Frankreich der dritten Republik hielt sich besonders unter dem Präsidenten MacMahon noch ganz auf der kirchenpolitischen Linie Napoleons III. – bis 1874 stand in den Gewässern von Cicitavecchia ein französisches Schiff für die eventuelle Flucht des Papstes bereit – und einflußreiche Kreise des französischen Katholizismus hätten selbst zur bewaffneten Intervention nicht übel Lust gehabt; doch die anderen Großmächte zeigten zu einem so gewagten Experiment keinerlei Neigung. Die Rechte, die sich dem kirchenpolitischen Testament Cavours verpflichtet fühlte, verstand es, außenpolitische Komplikationen, die sich aus der römischen Frage hätten ergeben können, geschickt aufzulösen und begegnete im ganzen den leidenschaftlichen Angriffen des Papstes mit Ruhe und Gelassenheit. Doch hielt sie z.B. am staatlichen ›Exequatur‹ für die Besitzergreifung der weltlichen Güter von Bistümern usw. fest; mehr als dreißig Bischöfe, die sich bei ihrem Amtsantritt dieser Forderung nicht fügen wollten, wurden vertrieben. Ebenso erklärte man alle Klöster in Rom für aufgehoben, doch führte man (und ebenso auch später unter der Linken) das Gesetz nur in sehr lückenhafter Weise durch.

Die Regierungen der Linken und des Trasformismo sahen sich einem neuen Mann, Leo XIII. (1878–1903), gegenüber. Wohl hat Leo in manchen Dingen, wie besonders in der Arbeiterfrage, eine starke Aufgeschlossenheit für die Bedürfnisse der neuen Zeit an den Tag gelegt, aber von der alteingewurzelten Ideologie der weltlichen Herrschaft des Papstes vermochte auch er sich noch nicht zu befreien. Mit Eifer – aber ohne Erfolg – warb er für seine Pläne zunächst bei Bismarck und dem deutschen Kaiser; dann betrieb er mit seinem Staatssekretär Rampolla (seit Juni 1887 im Amt) die Annäherung zwischen dem republikanischen Frankreich und dem autokratischen Rußland – ebenfalls nur um seine Hoffnungen, die er auf diese neu sich abzeichnende Allianz setzte, enttäuscht zu sehen. Trotz allem fehlte es nicht an Anzeichen dafür, daß sich die Gegensätze zu erweichen begannen; in den Anfängen der Ära Crispi schien sogar die endgültige Versöhnung unmittelbar vor der Tür zu stehen: Luigi Tosti, der Abt des uralten Benediktinerklosters Monte Cassino, der sich unablässig um die Beilegung des Streites bemühte, konnte bereits unmittelbare Verhandlungen zwischen Kurie und Regierung führen (Mai 1887), ja schon gab es Bilder, auf denen Papst und König Hand in Hand miteinander dargestellt waren. Aber die Intransigenz gewisser kurialer Kreise wie die (in den romanischen Ländern) ausgesprochen kirchenfeindliche Freimaurerei, wußten jeden Ausgleich zu verhindern. Als unmittelbare Folge des gescheiterten Vermittlungsversuchs brach eine neue scharf antiklerikale Welle durch; aber es kam nie zu einem eigentlichen ›Kulturkampf‹ in der Art, wie ihn soeben Deutschland erlebt hatte oder wie er zu Beginn des 20. Jahrhunderts in Frankreich ausbrach. Das Land verlor trotz allem nicht seinen einheitlich katholischen Charakter, und der dem Austrag letzter grundsätzlicher Kämpfe abholde Sinn des Italieners verhinderte immer wieder, daß der Bogen bis zum Zerbrechen gespannt wurde. Unbeschadet ihres offiziellen Kriegszustandes fanden sich die beiden Partner in den gemeinsamen Angelegenheiten des täglichen Lebens mehr und mehr auf dem Boden eines erträglichen, ja fast freundlichen ›Modus vivendi‹. Vor allem Leos Nachfolger Pius X. (1903–1914), ein Mann, dem alle Politik in der Seele zuwider war und der sich in ausschließlichster Weise seinen religiösen Aufgaben widmete, trieb die Entwicklung in dieser Richtung ein mächtiges Stück vorwärts. So gab er, vor allem unter dem Eindruck des immer stärker vordringenden antichristlichen Sozialismus, den Katholiken die Teilnahme an den Wahlen zum Parlament frei (Juni 1905); von da ab zogen auch Männer, die sich uneingeschränkt als Katholiken fühlten, in die gesetzgebende Versammlung ein, aber ohne noch, wie in Deutschland und in anderen Ländern, zu einer eigenen Partei zusammengeschlossen zu sein (die Popolari-Bewegung gehört erst den Nachkriegsjahren an). Seit Beginn unseres Jahrhunderts war so der Widerstand des Papsttums gegen das neue Italien zu einem bloßen formalen Protest herabgesunken, während anderseits auch bei der Regierung bezüglich der allgemeinkirchlichen Fragen jeder ernsthafte Kampfwille erlosch. Trotzdem bedurfte es auf beiden Seiten ganz neuer Männer, die entschlossen auch mit dem letzten Rest veralteter Vorstellungen und Wünsche und geheimer Widerstände aufräumten, um die ›römische Frage‹, die sich selbst schon überlebt hatte, endgültig aus der Welt zu schaffen.

Auch in seiner geistigen Ausrichtung sucht das Italien des späteren 19. und des beginnenden 20. Jahrhunderts engen Anschluß an die führenden europäischen Völker. Die großen Mächte der Zeit: Positivismus und Naturalismus, vielfach verdichtet zum offenen Materialismus, beherrschen mehr oder weniger unmittelbar das gesamte geistige Leben (Wissenschaft, Philosophie und Weltanschauung, schöne Literatur, bildende Kunst). Viele Forschungsgebiete erfahren durch sie eine unerhörte Bereicherung an Einzelerkenntnissen – die Geschichtswissenschaften etwa konnten ein Tatsachenmaterial anhäufen, von dem noch mehr als eine Gelehrtengeneration zehren wird – aber das Organ für die großen, vor allem in Philosophie und Dichtung immer neu anzugreifenden Themen metaphysischer, ethischer, politischer oder religiöser Art drohte zu verkümmern, und die geistige Durchdringung und Formung der Stoffmassen konnte mit der äußeren Ausweitung der Erkenntnis nicht Schritt halten. Die Naturwissenschaften und die Technik aber erleben jenen jähen Aufstieg, der in ihrer bisherigen Entwicklung ohnegleichen dasteht. Italien hat mit der Erfindung der drahtlosen Telegraphie durch Guglielmo Marconi (1874–1937) sogar einen Beitrag allererster Ordnung auf diesem Sektor geleistet.

Sonst freilich blieben hier trotz einer stattlichen Reihe von Wissenschaftlern und Literaten charakteristische und wahrhaft schöpferische Leistungen nahezu aus. Nur ganz wenige wirklich eigenständige Persönlichkeiten – im großen und ganzen Einzelgänger – zeichnen sich innerhalb dieser (bei aller selbstverständlichen Nuancierung) ziemlich gleichförmigen Umwelt als scharf umrissene Profile ab. Als unbestrittener Führer der älteren Generation erweist sich der Dichter und Literarhistoriker Giosuè Carducci (1835–1907), der sich aus hemmungsloser Begeisterung für alles Revolutionäre und aus der wildesten Auflehnung gegen jede Art von politischer oder geistiger Bindung (Monarchie, Christentum) erst langsam zu positiverer Haltung durchringen konnte. Seine Dichtungen verherrlichen in glühenden Farben kriegerisches Heldentum und lassen die ganze Vergangenheit seines Vaterlandes, verwoben mit Naturmystik und mit heimischen und fremden Mythen, wiedererstehen: es sind vielfach klassisch vollendete, in rhetorischem Pathos kraftvoll tönende, wenn auch von gelehrter Pedanterie und etwas schalem Ästhetizismus nicht immer freie Verse. Obgleich Carducci im Grunde seiner Seele völlig in den alten Zeiten lebte und mit herbsten Verdikten über die Gegenwart keineswegs sparte, wurde er doch zum führenden nationalen Dichter; die Zeit hat sich von seinen Werken gefangennehmen lassen und mit begeisterter Anerkennung ebensowenig gekargt wie mit eifrigen, aber meist nur schwächlichen Versuchen der Nachahmung. Der etwas jüngere, Carducci in manchem wesensverwandte Gabriele d'Annunzio (1863–1938) schlug seine zahlreichen Verehrer durch einen hemmungslos aufgeregten, völlig egozentrischen Sensualismus und durch ein berauschendes, oft freilich zu tönendem Wortschwall entartendes sprachliches Virtuosentum in Bann: in seinen späteren Jahren sind diese selben dichterischen Elemente eine seltsame Verbindung mit einem sich nicht weniger leidenschaftlich gebärdenden Nationalismus eingegangen. In vollem Gegensatz zu ihm führte Antonio Fogazzaro (1842–1912) mit seinen (auch in Deutschland viel gelesenen) Romanen die vornehm ausgeglichenen Traditionen Manzonis so glücklich wie kein anderer fort, indem er sich zugleich für die Versöhnung eines gereinigten, von allen weltlichen Bindungen befreiten Katholizismus mit dem nationalen Bewußtsein des modernen Italien einsetzte. Der umfassendste Geist aber erwuchs dem Lande in Benedetto Croce (1866–1952). Als Philosoph, Literarkritiker und Historiker begründete er (teilweise von Hegel und Herbart beeinflußt) eine spiritualistisch gerichtete Immanenzphilosophie und baute sie zu einem weitgespannten, Geschichte und Gegenwart, In-

dividuum und Staat zu einer höheren Einheit verwebenden
System einer idealistischen, rein innerweltlichen Weltbe-
trachtung aus, in schroffem Gegensatz sowohl zur Transzendenz der christlichen Weltdeutung wie zum Positivismus und
historischen Materialismus des 19. Jahrhunderts. Seit der Jahrhundertwende etwa ist Croce immer mehr zum führenden
und weit über Italien hinaus wirkenden Denker geworden.

In einem ungeheueren Aufschwung des nationalen Selbstgefühls war einst das Risorgimento dem großen Ziel entge-
gengestürmt, aber merkwürdig genug: jetzt, da man die
Früchte jener großen Zeit in Händen hielt, schlug die Stimmung ins Gegenteil um. Eine weitgreifende, von jener stolzen
Zuversicht sonderbar abstechende Depression und eine tiefe
Unzufriedenheit mit dem öffentlichen und kulturellen Leben,
das der neuerstandene Staat gewährte, erfüllte wenigstens bis
an die Jahrhundertwende hin das Land. Der Ursachen dafür
gab es genug: der vielfache Leerlauf und die oft mit Händen
zu greifende Unfruchtbarkeit des parlamentarischen Getriebes; das Versagen des Staates dem Arbeiterproblem gegenüber; die im Vergleich zu den anderen Ländern vorläufig
noch so stark zurückgebliebenen wirtschaftlichen Verhältnisse; die Beunruhigung des öffentlichen Lebens durch geheime Vereinigungen wie die Maffia und Camorra, zu deren
endgültiger Ausrottung in Unteritalien und Sizilien selbst die
Machtmittel des geeinigten Staates nicht auszureichen schienen; mancherlei Korruptionsskandale bei den führenden Kreisen; der Tiefstand der allgemeinen Bildung, wie ihn das sich
hartnäckig behauptende Analphabetentum breiter Volksschichten offenbarte; die geringe schöpferische Kraft auf geistigem Gebiet; der Konflikt mit dem Papsttum, der das Gewissen und die nationale Staatsfreudigkeit des katholischen
Volkes schwer belastete; dann die dürftigen Ergebnisse der
Außenpolitik und die schweren Niederlagen, die man auf
kolonialem Boden erlitt (s. unten S. 442 f.); die oft unverhüllte
Geringschätzung, die den Millionen von Auslandsitalienern
von den fremden Wirtsvölkern entgegengebracht wurde –
das alles verdichtete sich (je nach dem Standpunkt des einzelnen mit verschiedenen Akzenten) zu Eindrücken, die dem

Überlegenheitsbewußtsein des Italieners, das sich selbst durch die langen Jahrhunderte der Fremdherrschaft unbesieglich aufrechterhalten hatte, schwere Stöße versetzten. Das Ausland – und vor allem Deutschland – erschien als das unerreichbare Muster und Vorbild alles materiellen und geistigen Fortschrittes, während man sich selbst kaum mehr zu etwas Großem imstande glaubte. Das resignierte Gefühl: »Wir sind ein zu altes Volk«, drohte sich in gefährlicher Weise in den Köpfen der Gebildeten einzunisten, wirklichkeitsnähere Erklärungsmöglichkeiten, wie sie die naturgegebene Problematik eines gerade erst geschaffenen Staates oder die gleichzeitige gemeineuropäische Kultursituation wie von selbst anboten, dabei ganz außer Acht lassend. Erst der allgemeine äußere Aufschwung, den Italien im neuen Jahrhundert nahm, ließ eine mehr optimistische und selbstsichere Stimmung aufkommen, aber schnell genug brach dann die Katastrophe des 1. Weltkrieges und der faschistischen Revolution über das vom Liberalismus getragene Geistesleben der Apenninenhalbinsel herein.

Wie kein anderer moderner Großstaat war Italien bewußt und ausschließlich auf dem Boden des Nationalitätenprinzips und des völkischen Selbstbestimmungsrechtes (das in den vielen Volksabstimmungen immer erneut unterstrichen worden war) erstanden. Über die Ideologie des Nationalitätenprinzips reichten daher auch die außenpolitischen Wünsche zunächst nicht hinaus. So erhob man lediglich (wie es theoretisch auch schon Cavour getan hatte) grundsätzlich Anspruch auf die letzten ›unbefreiten‹ Gebiete, auf Istrien (mit Triest) und das Trentino, ohne vorläufig bezüglich dieser ›Irredenta‹ eine besondere Aktivität zu entfalten. Vor allem: die zentrale Mittelmeerlage war noch nicht zu neuem Leben erwacht. Der italienische Handel begann zwar vielfache Beziehungen zum Balkan und zu den afrikanischen Gegengestaden, ja bereits zu den Küsten des Roten Meeres anzuknüpfen; aber noch 1885 konnte der führende Völkerrechtslehrer und damalige Außenminister Pasquale Mancini unter allgemeinem Beifall erklären, Italien wolle zwar seinen mittelmeerischen Handel schützen und verteidigen, aber es sei weit davon entfernt, die Wege

einer kolonialen Eroberungspolitik zu beschreiten, da eine
solche allen politischen Grundsätzen des Landes widerspräche.

Und auch als der endgültige Zusammenbruch der türkischen Macht auf europäischem und afrikanischem Boden (der
sich bereits im Krimkrieg von 1854/55 angekündigt hatte)
hier wie dort zu einer Neuverteilung der Machtverhältnisse
führte, war die allgemeine Stimmung auf der Apenninenhalbinsel sehr geneigt, auch diesen aus dem türkischen Staatsverband sich loslösenden Gebieten das völkische Selbstbe-
stimmungsrecht uneingeschränkt zuzugestehen. Noch auf
dem Kongreß der Großmächte in Berlin (Juni und Juli 1878)
nach dem russisch-türkischen Krieg von 1877 blieb Italien seiner alten Linie treu. Es erhoffte sich allerdings, da sich Österreich in Bosnien und in der Herzegowina festsetzen konnte,
die Herausgabe des Trentino, vermochte aber mit dieser bescheidenen, freilich nur mit geringem Nachdruck vertretenen
Forderung nicht durchzudringen. Man tröstete sich darüber
mit dem idealen Gedanken, daß Italien allein ›mit reinen Händen‹ vom Kongreß gegangen sei, während die anderen Großmächte gewalttätig fremdes Volkstum an sich gerissen hätten.

Doch in Berlin hatte sich auch das Schicksal eines Gebietes
entschieden, an dem Italien völkisch, wirtschaftlich und
machtpolitisch in gleicher Weise interessiert sein mußte, das
Schicksal von Tunis. Das in unmittelbarster Nachbarschaft zu
Sizilien und ohnedies an strategisch hervorragender Stelle gelegene Tunis war seit längerem ein wichtiges Auffanggebiet
für die italienische Auswanderung geworden und bereits
durch enge Beziehungen mit Italien verknüpft. Nun erhält
Frankreich die Anwartschaft auf das Land, im Mai 1881 erklärt es formell sein Protektorat über Tunis, wo damals mehr
als 11 000 Italiener nur etwa 700 Franzosen gegenüberstanden.
Italien protestierte heftig, mußte aber ohnmächtig zusehen.
Der bittere und doch nicht unerwartet gekommene Schlag
bewies deutlich genug, daß es nicht weiterhin in seiner Isolie-
rung verharren konnte, daß es der Stütze und des Anschlusses
an stärkere Mächte dringend bedurfte.

So erfolgte die Annäherung Italiens an die Zentralmächte
Deutschland und Österreich, die ihrerseits bei der unsicheren

Haltung Rußlands eine Verstärkung ihres im Oktober 1879 abgeschlossenen Bündnisses wünschten. Im Mai 1882 kam der erste, zunächst auf fünf Jahre gültige ›Dreibund‹ als ausgesprochen gegen Frankreich gerichtetes Defensivbündnis zustande. Gegen einen unmittelbaren Angriff war Italien also geschützt, aber über seine Interessen im Mittelmeer und auf dem Balkan war im Vertrag nichts ausgemacht: das Land bekam zu fühlen, daß es in erster Linie als Hilfesuchender zu den Zentralmächten gekommen war. Erst bei der ersten Erneuerung des Bündnisses (Februar 1887) wurde bestimmt, daß Österreich und Italien auf dem Balkan und in der Inselwelt des östlichen Mittelmeeres etwaige territoriale Veränderungen nur in gegenseitigem Einvernehmen und auf der Grundlage entsprechender Kompensationen für den Vertragspartner vornehmen könnten, und daß auf Anforderung Italiens für Deutschland (nicht aber für Österreich) der Bündnisfall auch schon bei jedem französischen Versuch, den Status quo im Mittelmeer zu verändern, eintrete. Von Anfang an hatte Italien in das Bündnis auch England miteinbeziehen wollen; jetzt (1887) erreichte es zusammen mit Österreich und im Einverständnis mit Bismarck wenigstens so viel, daß gegen etwaige weitere französische Expansionsversuche im Mittelmeer auch England seine Flottenhilfe zusicherte. Durch diese Verträge wurde Frankreich isoliert, und Italien war, um mit seinem damaligen Außenminister, dem Grafen Robilant, zu sprechen, »in eine eiserne Rüstung gekleidet«. Aber es stand nun glücklich Seite an Seite mit dem alten Erbfeind Österreich – Triest und das Trentino schienen auf alle absehbare Zeit aufgegeben. Seitdem bekam die irredentistische Bewegung in Italien vielfach einen regierungsfeindlichen, ja antimonarchischen Einschlag. Aber auch sonst konnte das Bündnis – dessen Einzelbestimmungen geheimgehalten wurden – beim italienischen Volk keinen großen Enthusiasmus erregen: es war, wie Crispi es offen ausgedrückt hat (obgleich gerade er die entschiedenste Dreibundpolitik betrieb), eine ›Vernunftehe‹ und keine ›Liebesheirat‹.

Italien war so aus seiner anfänglichen außenpolitischen Unbestimmtheit und Desinteressiertheit binnen weniger Jahre

gründlich herausgerissen und mitten in die große europäische
Politik hineingestellt worden. Wenige Monate schon nach
dem Dreibundvertrag bot sich die erste Gelegenheit zu akti-
vem Handeln: England forderte Italien auf, bei der Besetzung
Ägyptens mitzuwirken (Sommer 1882). Aber Italien lehnte
den Antrag, die eigene Position realistisch einschätzend, aus
guten Gründen ab. Um so überraschender mußte es wirken,
als man sich drei Jahre später plötzlich, aber in unmittelbarem
Einvernehmen mit England, zur Besetzung von Assab und
Massaua am Roten Meer – das seit der Eröffnung des Suezkanals (1869) ganz neue Bedeutung gewonnen hatte – entschloß (Februar 1885).

Mit Assab und Massaua war der Sprung in die unbekannte
Welt des dunklen Erdteiles getan. Das folgende Jahrzehnt
steht ganz im Zeichen einer intensiven und hochfliegenden,
aber am Ende zum größten Teil gescheiterten Kolonialpolitik.
Ihre Seele war der alte Anhänger Garibaldis und Mazzinis
Francesco Crispi (gest. 1901), der im August 1887 die Ministerpräsidentschaft übernahm, ein Mann voll von leidenschaft-
lichem Willen, von Ehrgeiz und feurigem Patriotismus, aber
ohne kühlen realpolitischen Blick für die konkreten Möglichkeiten. Es entging ihm vor allem, daß die Verwirklichung seiner weitschweifenden Pläne einen Machteinsatz erfordert
hätte, den die gesamte innenpolitische Lage des Landes, sein
geistiger, wirtschaftlicher und sozialer Zustand, noch keineswegs gestattete. So blieb der praktische Erfolg am Ende sehr
bescheiden, und das von etlichen Niederlagen getroffene empfindliche Selbstbewußtsein des Landes – die weitesten Volkskreise aller Parteischattierungen waren jedem kolonialen Unternehmen ohnehin gleichgültig und vielfach ausgesprochen
feindselig gegenübergestanden – wußte nicht einmal das, was
erreicht war, richtig zu würdigen.

Noch bevor Crispi Ministerpräsident geworden war, hatte
die Besetzung des Hinterlandes von Massaua bereits zu Reibungen mit der einzigen einheimischen Großmacht des östlichen Afrika, mit Abessinien, geführt. Bei Dogali wurde
eine italienische Abteilung geschlagen (Januar 1887). Crispi
entsandte darauf eine größere Heeresmacht, die an der Nord-

grenze Abessiniens (Tigre, Cassala) erfolgreich operierte. Die
Besitzungen um Assab und Massaua wurden sowohl der
Küste entlang wie teilweise ins Innere des Landes hinein er-
heblich ausgedehnt und nun amtlich zur Kolonie ›Eritrea‹ erklärt (1889). Gleichzeitig bildete sich durch Verträge mit meh-
reren Sultanen an der Küste des Indischen Ozeans eine zweite
Kolonie, das Somaliland. Freilich blieb es unmöglich, beide
Gebiete miteinander zu vereinigen, denn sowohl England wie
Frankreich hatten sich unterdessen mit der Besetzung von
Djibuti (1887) und Britisch-Somaliland (1884) dazwischen-
geschoben. Anderseits schienen sich die größten Aussichten
zu eröffnen, als zu Anfang 1889 der kriegerische Negus Johannes von Abessinien im Kampf mit mohammedanischen
Derwischen fiel und der Italien freundlicher gesinnte Negus
Menelik den Thron bestieg. Ein Vertrag mit Menelik (Mai
1889) wurde von Crispis überschwenglichem Optimismus
dahin ausgedeutet, daß der Negus für sein ganzes Reich das
italienische Protektorat angenommen habe. Wie dem auch
sei: bald lehnte Menelik offiziell das Protektorat ab. Die italienischen Machthaber in Eritrea ließen sich stark mit rebellischen Häuptlingen des nördlichen Abessinien ein, während
der Negus offen (und nicht ohne Unterstützung von seiten
Frankreichs und selbst Rußlands) zum Kampfe rüstete. Die
Niederlagen, die die italienischen Truppen bei Amba Alagi
(Dezember 1895) und bei Adua (März 1896) erlitten, bereite-
ten dem ganzen Traum vom abessinischen Kolonialreich – für
dessen Realisierbarkeit in einem von Schwierigkeiten aller
Art strotzendem Land es Italien bei weitem an militärischer
und wirtschaftlicher Kraft gefehlt hätte! – ein grausames
Ende. Crispi hatte für immer ausgespielt, sein Nachfolger
Antonio di Rudinì liquidierte entschlossen das unglückliche,
mit völlig unzulänglichen Mitteln begonnene Unternehmen:
in einem schnell abgeschlossenen Frieden wurde die uneinge-
schränkte Souveränität Abessiniens wieder anerkannt (Oktober 1896).

In der ganzen durch die Persönlichkeit Crispis bestimmten
Epoche blieb das Verhältnis zu Frankreich, dem alten Bundesgenossen des Risorgimento, dauernd heftig gespannt. Feind-

selige Reden und Handlungen vergifteten in Frankreich wie
in Italien die Atmosphäre, wobei sich natürlich das letztere als
der schwächere Teil in der Defensive befand. Die zahlreichen
Italiener, die als Arbeiter besonders im Süden Frankreichs lebten, waren des öfteren wilden Verfolgungen durch den Pöbel
ausgesetzt, ohne daß die französische Regierung ernsthaft ein-
geschritten wäre. Frankreich wiederum fühlte sich durch
einen politisch bedeutungslos bleibenden Besuch Crispis bei
Bismarck in Friedrichsruh (Oktober 1887) heftig beunruhigt
und versuchte nun, Italien durch einen rücksichtslosen Han-
delskrieg, der unter anderem besonders schwer die Ausfuhr
der süditalienischen Weine traf, vom Dreibund abspenstig zu
machen. Solche Gewaltmethoden trieben damals das Land (zusammen mit den kostspieligen afrikanischen Unternehmungen) in die erneute Krise seiner Staatsfinanzen (s. o. S. 429 f.).
An einen offenen Krieg, wie ihn Crispi glaubte fürchten zu
müssen, hat Frankreich jedoch nicht gedacht, wenn auch
Crispi überall: im Vatikan, bei den Irredentisten, selbst bei
den Arbeiterfasci in Sizilien, Frankreichs italienfeindliche
Hand zu sehen vermeinte.

Doch sehr bald nach Crispis Ausscheiden legten sich auf beiden Seiten Aufregung und Erbitterung und machten einer
schrittweisen gegenseitigen Annäherung Platz. Schon im
Oktober 1896 wurde ein Abkommen geschlossen, das die
Rechte der in Tunis lebenden Italiener sichern sollte. Ein
neuer Handelsvertrag beendete sodann den französischen
Wirtschaftskrieg gegen Italien (1898). Ihm folgte 1900 ein
wichtiges Abkommen, das die beiderseitigen Interessensphären im Mittelmeer abgrenzte und damit den eigentlichen
Streitpunkt zwischen beiden Nationen (wenigstens vorläufig)
aus der Welt schaffte: Frankreich verzichtete auf eine Einflußnahme in Tripolis, Italien auf eine solche in Marokko. Wieder
zwei Jahre später sicherten sich bereits beide Länder im Falle
eines Angriffes gegenseitige Neutralität zu (1902). Der Dreibund, im Mai 1891 und wieder im Juni 1902 erneuert, bekam
für Italien immer mehr den Charakter eines einseitigen, nur
zu eigenen Gunsten genutzten Defensivbündnisses. Das Verhältnis zu England war schon seit einem Jahrhundert ein fast

ununterbrochen freundliches gewesen; als sich in diesen selben Jahren die englisch-französische Entente ausbildete, wandte sich ihr daher Italien immer unverkennbarer zu. Deutlich zeigte sich dies schon bei den Marokkokrisen von 1905/1906 und 1911 als Italien seinem deutschen Bundesgenossen keine diplomatische Unterstützung mehr gewährte. Und ebenso erkalteten die Beziehungen zu Österreich, vor allem, als dieses im Oktober 1908 Bosnien annektierte, ohne dafür (wozu es allerdings keine vertragliche Verpflichtung besaß) das Trentino herauszugeben. Mancherlei Interessengegensätze auf dem Balkan, insbesondere bezüglich Albaniens, kamen hinzu. Ein Abkommen mit Rußland (Oktober 1909 in Racconigi in Piemont), das die Unabhängigkeit der Balkanstaaten betraf und seine deutliche Spitze gegen Österreich hatte, rundete das Bild: »Der Dreibund ist ... offenkundig gesprengt«, schrieb Dietrich Schäfer in seiner ›Weltgeschichte der Neuzeit‹ bereits 1912.

Die außenpolitische Rückversicherung, die sich Italien durch seine zweiseitige Stellung zwischen Dreibund und Entente geschaffen hatte, und der wirtschaftliche Aufschwung, den das Land seit Anbruch des neuen Jahrhunderts nahm, ließen auch den kolonialen Aktivismus wieder zu neuem Leben erwachen. Das einzige Stück der ganzen afrikanischen Mittelmeerküste, auf das im 19. Jahrhundert noch keine europäische Macht (mittelbar oder unmittelbar) die Hand gelegt hatte, war Libyen (Tripolis und Cyrenaica). Von langer Hand wurde die Besitzergreifung des Gebietes diplomatisch vorbereitet: 1900 schon gab Frankreich seine Zustimmung dafür, 1902 England und 1909 Rußland; von seiten der Zentralmächte waren keine ernsthaften Schwierigkeiten zu befürchten. Im September 1911 erging an die Türkei die einfache Aufforderung, Tripolis und Cyrenaica abzutreten; als diese den Verhandlungsweg beschreiten wollte, erfolte drei Tage später die Kriegserklärung. Diesmal stand die Nation im großen und ganzen geschlossen hinter dem Unternehmen, auch die Sozialisten erhoben keinen ernsthaften Widerspruch. Und die Regierung Giolitti hatte aus dem Unglück Crispis gelernt: sie stellte diesmal reichliche Finanzmittel und genügend Truppen zur Verfügung. So ging die Eroberung des Landes (oder zunächst wenigstens eines schmalen Küstenstreifens) trotz des tapferen Widerstandes der Türken und vor allem verschiedener eingeborener Araberstämme ohne größere Fährnisse vor sich. Im Frieden von Lausanne (Oktober 1912) willigte die auf dem Balkan schwer bedrängte Türkei in die Abtretung ihres letzten afrikanischen Besitzes. Ebenso blieben die Inseln des Dodekanes im Ägäischen Meer sowie die Insel Rhodos, die Italien im Laufe des Krieges erobert hatte, vorläufig in den Händen des Siegers, um nach dem 1. Weltkrieg in dessen Besitz überzugehen.

So waren die ersten Schritte, die den jungen Nationalstaat in den Imperialismus hinüberführen sollten, nach allen Seiten hin, wenn auch noch nicht überall mit gleicher Klarheit und Entschiedenheit, getan. Die Teilnahme Italiens am 1. Weltkrieg sollte der Erfüllung und Vollendung seines imperialistischen Programms dienen, wie es etwa der Londoner Vertrag vom 26. April 1915 umriß: neben der Brennergrenze Istrien, Triest, Teile von Dalmatien und das Protektorat über Albanien; im türkischen Kleinasien ein weites Interessengebiet rings um die Bucht von Adalia (Südanatolien); in Afrika womöglich Vergrößerung des Kolonialbesitzes, im gesamten Mittelmeer schließlich das Gleichgewicht der Kräfte gegenüber den neuen Bundesgenossen Frankreich und England.

ITALIEN VOM ERSTEN ZUM ZWEITEN WELTKRIEG

VON THEODOR SCHIEDER

Nicht in der kraftvollen Sicherheit einer unbestrittenen Groß-
machtstellung erlebte Italien im Jahr 1914 den Ausbruch
des Krieges der beiden machtpolitischen Gruppen, zwischen
denen es, immer noch verbündet mit der einen, aber schon in
engen Beziehungen mit der anderen, Stellung bezogen hatte.
Der Zweigleisigkeit des außenpolitischen Weges entsprach es,
wenn der Schwerpunkt der nationalen Interessen und Ziele
Italiens wie in einem festen Rhythmus zwischen den verschiedenen Einflußsphären des jungen italienischen Staates sich
verschob. Drei große Möglichkeiten, über die im Jahre 1870
gesetzten Grenzen hinauszugehen, schienen sich dabei zu ergeben: die irredentistische, die balkanisch-mittelmeerische
und die koloniale. Aber in keinem dieser drei Bereiche gelang
ein entscheidender politischer Durchbruch, der dem italienischen Volke im neuen Jahrhundert das Bewußtsein des
Schritthaltens und der machtmäßigen Ebenbürtigkeit mit den
anderen europäischen Großvölkern gegeben hätte. Das Tripo-
lisunternehmen von 1911/12 machte dies gerade wegen der
Steigerung des nationalen Selbstgefühls, das es mit sich
brachte, offenkundig; nach der erneuten Festsetzung auf afrikanischem Boden stiegen die Hoffnungen und Erwartungen
auf größere Entscheidungen und Erfüllungen. In den Programmen der nationalistischen Partei, die in diesen Jahren unter Enrico Corradini sich bildete (1910), fand die Stimmung
unbefriedigter nationaler Sehnsüchte ihren Niederschlag.
Schon kündete sich in ihnen auch zum ersten Male die Zu-
sammenschau äußerer imperialer Machtentfaltung mit der
Forderung revolutionärer Neuformung der Nation im Innern
an. Es kommt zu Berührungen des neuen italienischen Nationalismus mit der syndikalistischen Bewegung.

Nun bestand an sich zwischen den kleinen Kreisen der nationalistischen Opposition und der herrschenden bürgerlich-
liberalen Schicht in der Bejahung nationaler Machtpolitik
kaum eine Meinungsverschiedenheit. Nach dem Tiefpunkt

nationaler italienischer Außenpolitik hatte sich um die Jahrhundertwende politische Energie und wirtschaftlicher Unter-
nehmergeist der einflußreichsten liberalen Gruppen in erster
Linie wieder auf die Adria und den Balkan gerichtet. Im Tri-
poliskrieg von 1911/12 erfuhr dann die afrikanische Politik
nach den Rückschlägen im 19. Jahrhundert wieder neuen Auftrieb, ohne daß die früheren Versäumnisse und Niederlagen
dadurch ausgeglichen werden konnten. Die verspätete Erwerbung der nordafrikanischen Kolonialgebiete Tripolis und
der Cyrenaika konnte den Verlust des weit günstigeren Tunis
nicht mehr aufwiegen. Trotzdem ist das italienische Selbstbewußtsein in jenen Tagen außerordentlich gewachsen. Der lei-
tende Staatsmann allerdings, Giovanni Giolitti, der das Tri-
polis-Unternehmen nur zögernd begonnen hatte, hielt sich
von hektischen Stimmungen fern; er nahm den Krieg gegen
die Türkei als ›geschichtliche Fatalität‹. In der Art, wie er die
Eroberung Libyens vorbereitete und begründete, lag nichts
von den imperialen Konzeptionen der Nationalisten, dafür
mehr handgreiflicher Erfolg und praktisch-nüchterne Ergebnisse.

Unzweifelhaft trug das außenpolitische System der italienischen Vorkriegspolitik den Keim einer inneren nationalen
Krise in sich, die sich weniger aus der Auseinandersetzung
über die konkreten politischen Ziele als über den Geist, in
dem sie vertreten wurden, entwickeln konnte. Hier findet
man die tieferen geschichtlichen Voraussetzungen für den
großen Konflikt, der in den Monaten nach dem August 1914
zwischen den Anhängern der Neutralität und Intervention
zum Ausbruch gekommen ist. Als das liberale Kabinett Salandra am 2. August 1914 die Entscheidung für die Neutralität traf, hatte es die Zustimmung fast der ganzen öffentlichen
Meinung und die Unterstützung aller führenden Kreise mit
Ausnahme weniger Nationalisten. Hinter dieser Geschlossenheit verbarg sich jedoch eine Vielheit der Empfindungen und
Vorstellungen verschiedenster politischer Gruppen: Zuneigung zur Sache der Alliierten und diese wieder aus mannig-
fach abweichenden Motiven; das nüchterne Bestreben, für
die vernachlässigte geistige und materielle Aufrüstung des

Landes Zeit zu gewinnen; in weiten Kreisen aber doch auch Scheu vor dem ungewissen Risiko des Krieges oder doktrinär-ideologischer Pazifismus. So verschieden proletarischer Sozialismus, Klerikalismus und bürgerlicher Liberalismus an sich auf den Krieg reagierten, im Neutralitätsprogramm schienen sie zunächst einen Vereinigungspunkt gefunden zu haben.

Indes begannen sich die taktischen Grundlagen eines solchen Zusammengehens sehr bald zu enthüllen; der ursprüngliche Einklang der italienischen Innenpolitik löste sich auf. In den Gruppen des Liberalismus und der Demokratie, die die Neutralitätspolitik des August 1914 vor allem im Hinblick auf die in ihr ausgesprochene Annäherung an die Entente bejaht hatten, verlor der unbedingte Neutralismus immer mehr seinen Glanz, je größer die Anziehungskraft der westlichen Parolen vom Kampf gegen die Reaktion und für die nationale Freiheit wurde. Sie drangen auf den verschiedensten Wegen in die politisch führenden liberalen Schichten und wurden von der geschickt arbeitenden französischen Propaganda in der Öffentlichkeit verbreitet. Bahnte sich somit ein Bündnis des politischen Geistes des liberalen Italiens mit dem Westen an, das durch finanzkapitalistische Bindungen wirksam verstärkt wurde, so war es von nicht geringer Bedeutung, daß jetzt die Frage der österreichischen Irredentagebiete immer beherrschender in den Mittelpunkt trat. Als Ministerpräsident Salandra in der Kammersitzung vom 3. Dezember 1914, der ersten seit Kriegsbeginn, mit den bekannten Worten den ›sacro egoismo‹ der italienischen Politik berief und ihre ›giuste aspirazioni‹ und ›legittimi interessi‹ andeutete, konnte es noch scheinen, als stünde der Weg einer Verständigung mit Österreich um den Preis einiger gebietsmäßiger Abtretungen offen. Für sie trat die deutsche Regierung in Wien ein, namentlich Fürst Bülow als deutscher Botschafter in Rom. Aber die italienische Regierung verhandelte von vornherein mit stärkerem Nachdruck mit den Alliierten, zuerst schon im August 1914 und dann erneut seit dem März 1915, und war sehr bald von der Unvermeidbarkeit eines Waffengangs mit Österreich überzeugt.

Sie hatte dabei nur einen Teil des Liberalismus hinter sich
und eben jetzt bildete sich eine starke Gruppe vor allem der
liberalen Rechten und der Mehrheit der Parlamentarier, die
aus Temperament und Überzeugung am Standpunkte der
Neutralität festhielten. Zu ihr gehörten Männer vom geistigen Range Benedetto Croces; ihr Wortführer wurde Giolitti,
der bis zuletzt der Meinung blieb, man dürfe sich ›ziemlich
viel‹ (parecchio) von Verhandlungen mit Österreich erhoffen und könne daher den Krieg vermeiden. Der Gegensatz der
liberalen und konservativen Interventionisten und Neutralisten entwickelte sich noch zuletzt zu einem großen Zweikampf zwischen dem Ministerium Salandra und seinem Gegenspieler Giolitti, der in den entscheidenden Maitagen nach
Rom gekommen war und an die Spitze der neutralitäts-
freundlichen Mehrheit des Parlaments trat. Die Dinge trieben
jetzt fast einer Staatskrise zu: König Viktor Emanuel trug sich
mit Abdankungsgedanken, durch interventionistische Demonstrationen wuchs der Druck der Straße auf das Parlament, der Ministerpräsident erzwang schließlich durch sein
Rücktrittsgesuch die Entscheidung: am 20. Mai erhielt er vom
Parlament die Vollmachten für den Kriegseintritt.

Daß die Intervention von 1915 in der italienischen Geschichte mehr als nur ein diplomatisches und militärisches Ereignis geworden ist, ist das Werk jener Kräfte, die, ohne Anteil an der Arbeit der Kabinette und Kanzleien, in Rede und
Schrift, die Straße und die Massen zu mobilisieren versuchten. Neben den Führern der nationalistischen Gruppen traten
in diesem Augenblick vor allem zwei Männer in den Vordergrund: Gabriele D'Annunzio und Benito Mussolini. Mit
D'Annunzio, der in den entscheidenden Maitagen des Jahres
1915 von Paris nach Italien eilte und dort in seinen Reden
»Per la più grande Italia« die großen Überlieferungen der
italienischen Vergangenheit: den Zug der Tausend und das
›ewige Gesetz Roms‹ zum Einsatz für den Krieg aufrief,
ergreift der intellektuelle Ästhetizismus Partei für die Intervention und stößt zu dem neuen Nationalismus, der sich
seit dem lybischen Krieg ausgebreitet hatte. Von wesent-
licherer Bedeutung für die Zukunft ist aber das Eintreten

eines anderen Mannes für die Sache der Intervention: Benito Mussolinis.

Mussolini, 1883 in Predappio in der Romagna geboren, wuchs in einem sozialistischen Milieu auf und wurde selbst zum Anhänger von Marx, des revolutionären Marx. Die Spuren seiner marxistischen Anfänge sind lange von seinen Jüngern und von ihm selbst verwischt worden; man kann sie aber unschwer aus seinen Reden und Schriften rekonstruieren. Indessen trifft es zu, daß Mussolini nie einen ›reinen‹ Marxismus im dogmatischen Sinne vertreten und daß er auch andere Impulse aufgenommen hat. In der unsteten Jugend, die den Mittelschullehrer in Konflikt mit dem bestehenden Staat brachte und zu einem jahrelangen Wanderleben in der Schweiz, in Frankreich, im österreichischen Trentino zwang, hat er journalistisch und propagandistisch dem Sozialismus gedient, aber sich doch anderen geistigen Einflüssen nie ganz verschlossen. So beeinflußt ihn Vilfredo Pareto, dem er in Lausanne begegnet, mit seiner Theorie der Eliten; Georges Sorels Begriff des ›sozialen Krieges‹, des Generalstreiks, der ›action directe‹ mit seinem kämpferischen Klang nimmt ihn gefangen. In Machiavellis politischem Realismus stößt er auf den höchsten Ausdruck des italienischen politischen Geistes; ihm widmet später noch der Ministerpräsident Italiens sein ›Preludio al Machiavelli‹. Nietzsche beeindruckt ihn mit seiner Philosophie des Willens zur Macht und des Übermenschen, aber auch mit seiner schonungslosen Radikalität und dem Vorrang des Mythos vor dem logischen System.

Indessen für den heranreifenden Aktivisten Mussolini bildeten in den Jahren materieller Not in der Fremde die Geister, mit denen er umging, doch immer nur Anstöße für sein Handeln. Kaum etwas ist für seine spätere politische Entwicklung wichtiger geworden als der Aufenthalt in Trient (1909) und die Begegnung mit dem Irredentismus. Von den österreichischen Behörden des Landes verwiesen, verfaßte er die Schrift »Il Trentino veduto da un socialista«, die starke nationalistische Akzente trägt. Trotzdem bleibt Mussolini Sozialist auch im Parteisinne; nach Italien zurückgekehrt gibt er in Forlì die Zeitung »La lotta di classe« heraus, bis man ihn, den

Anhänger des radikalen Flügels der Partei, im Jahre 1912 an Stelle eines ›Revisionisten‹ als Hauptschriftleiter an das Mailänder sozialdemokratische Parteiblatt ›Avanti‹ berufen. Sein politischer Aufstieg beginnt, doch er verläuft anders, als es sein bisheriger Lebensgang ahnen ließ.

Die entscheidende Wendung brachte der Krieg. Er machte in Mussolini erst die Kräfte frei, die alle bisherigen Bindungen reißen lassen. Bis weit in den September 1914 vertritt der Schriftsteller des ›Avanti‹ den Standpunkt der unbedingten Neutralität, die er aus der sozialistischen Lehre folgerte, ohne erkennbare innere Zweifel. Aber schon im Oktober beginnt er sich offen von dieser Haltung loszusagen; Mitte November erscheint bereits nach dem offenen Bruch der sozialdemokratischen Parteidisziplin das erste Blatt der neuen von ihm herausgegebenen interventionistischen Zeitung ›Popolo d'Italia‹ unter der Überschrift: ›Audacia‹. Mussolini war zum glühendsten Verfechter des Krieges geworden. Was war in ihm vorgegangen?

Seine erstaunliche Wendung läßt die verschiedensten Deutungen zu. Die alten sozialistischen Freunde Mussolinis haben sie als reinen Verrat empfunden und diesen mit Geldzuwendungen in Zusammenhang gebracht, die dem aus der Schriftleitung des ›Avanti‹ Entlassenen die Neugründung einer anderen Zeitung möglich gemacht haben. Daß Mussolini Gelder, vielleicht sogar solche aus französischen Quellen angenommen hat, steht kaum noch in Zweifel, doch genügten sie nicht, um die Verwandlung des sozialistischen Pazifisten in einen militanten Befürworter des Krieges zu erklären. Diese Verwandlung läßt sich vielmehr noch aus den Voraussetzungen des revolutionären Sozialismus Mussolinis erklären: sie berührt sich sogar mit der Haltung Lenins und versteht den Krieg als die Fortsetzung und Vollendung der Revolution mit anderen Mitteln. Hinter ihr steht der Eindruck von der ›Unzulänglichkeit‹ des Internationalismus, der überall im Augenblick des Krieges vor den stärkeren nationalen Triebkräften kapituliert habe. Darum soll der nationale Krieg die internationale Revolution vorantragen. Der Krieg ist für Mussolini aufs höchste revolutionär, »nicht im kleinlich politischen

Sinne des Worts, sondern durch alles, was auf dem Spiele steht, durch alles, dem der Untergang droht, und am meisten durch das, was erneuert werden wird«. So entsteht das seltsame Bild eines ins Nationalistische verzerrten Klassenkampfes: »Auf der einen Seite stehen alle Konservativen, alle abgestorbenen Kräfte der Nation; auf der anderen Seite die Revolutionäre, und somit alle lebendigen Kräfte des Landes. Man muß sich entscheiden!« Damit hat Mussolini den Marxismus in einen integralen Nationalismus gewendet. Beide verbindet nur noch die Idee einer totalen Revolution.

Noch standen im Jahre 1915 beim Eintritt Italiens in den Krieg Männer wie Benito Mussolini und Liberale vom Schlage Salandras in einer Reihe. Es war der zweite Schritt zur Revolution, als sich dieses Bündnis zu lösen begann – ein Ereignis, das aufs engste zusammenhing mit dem außenpolitischen Weg der bürgerlichen liberalen Interventionisten zwischen 1914/15 und 1919. Wie behauptete sich Italien unter ihrer Leitung als Macht unter den kämpfenden europäischen Mächten? Als die Regierung Salandra im März 1915 in den letzten und entscheidenden Verhandlungsabschnitt mit den Alliierten trat, gedachte sie die Zukunft Italiens als Großstaat in allen jenen Ausdehnungsbereichen sicherzustellen, die sich seit einem halben Jahrhundert außenpolitischer Überlieferung trotz mancher Schwankungen herausgebildet hatten. Der Londoner Vertrag vom 26. April 1915 mit den alliierten Hauptmächten England, Frankreich und Rußland läßt diesen Einsatz für das Ganze der machtpolitischen Bestrebungen Italiens noch deutlich erkennen, er deutet aber schon an, an welchen Punkten die italienische Expansion auf Widerstand und Gegenbewegungen stieß. Am reibungslosesten noch konnte ein Übereinkommen über die Erweiterung der Kontinentalgrenzen bis zum Brenner und an der Adriaküste, d.h. um das Trentino, Südtirol, Dalmatien und Istrien erzielt werden. Jedoch schon der vollen Erfüllung der adriatischen Ansprüche trat Rußland als Schutzmacht südslawisch-serbischer Interessen mit Heftigkeit entgegen, so daß Italien im Artikel 5 des Londoner Abkommens hinter seine ursprünglichen Forderungen zurückweichen mußte, aber doch wenigstens noch die strategische Abschließung und Beherrschung der Adria zugesichert bekam. Die italienischen Staatsmänner hatten um diese Ergebnisse einen harten diplomatischen Kampf zu bestehen gehabt, ihre Kraft reichte nicht dazu aus, auch noch feste Zusagen für ihre levantinisch-mittelmeerischen und kolonialen Wünsche zu erreichen. Die Verabredungen über italienische Einflußsphären in der Türkei hatten nur vorläufigen und unbestimmten Charakter und überschnitten sich zudem mit gegenseitigen Erklärungen der übrigen Alliierten, die Italien bis 1916 verheimlicht wurden. Erst die Besprechungen englisch-französisch-italienischer Staatsmänner in St. Jean de Maurienne im April 1917 führten zu genaueren Abmachungen über eine italienische Ausdehnungszone in Südwestkleinasien.

Der Eintritt Italiens in den Krieg an der Seite der Ententemächte im Mai 1915 gefährdete die Lage der Mittelmächte an einer neuen Front; kriegsentscheidende Bedeutung wird man ihm aber nicht zusprechen können. Die italienische Armee unter dem Generalstabschef Luigi Cadorna war schlecht gerüstet, als der Krieg begann, der bald den Charakter eines alpinen Stellungskrieges in dem Raume vom Trentino bis an die Adria annahm. In ihm hat der italienische Soldat mit großer Zähigkeit und Widerstandskraft gekämpft. Große strategische Ziele wie der Durchbruch nach Kärnten oder die Einschnürung von Triest wurden allerdings nicht erreicht, nur selten gewannen die Operationen die Freiheit größerer Bewegung: so im Sommer 1916, als die Italiener an der julischen Front bis Görz vorstießen oder im Oktober 1917, als die österreichischen und deutschen Truppen bei Karfreit (Caporetto) die italienische Front durchbrachen und zur Piave nach Venetien vordrangen. Erst am Ende des Krieges, als das österreichische Heer schon in Auflösung begriffen war, wurde es von den Italienern zurückgedrängt, die nun rasch den italienischen Boden und die erstrebten Irredenta-Gebiete – Trient und Triest – befreiten.

So befand sich Italien am Ende des großen Ringens in einer günstigen Position und konnte hoffen, die politische Ernte des Krieges voll einbringen zu können. Doch hier sollte es herbe Enttäuschungen erleben; aus einer Reihe von Gründen hatte

sich inzwischen die politische Lage zuungunsten der italienischen Politik verändert. Der Boden der Londoner Verträge
war schwankend geworden, seitdem Wilson die Rechtskraft
aller vor Amerikas Kriegseintritt abgeschlossenen Geheimver-
träge bestritt. Ihre einzelnen Bestimmungen lösten sich in
nichts auf oder wurden offen bekämpft: in der dalmatinischen
Frage verband sich Wilsons Doktrinarismus vom Selbstbe-
stimmungsrecht mit französischen Balkanwünschen zu einer
Ablehnung der italienischen Forderungen. Der koloniale Ent-
schädigungsanspruch verlor sich, da die deutschen Kolonien
den Alliierten als Mandate übergeben wurden. Im anatoli-
schen Interessengebiet sicherte sich Griechenland mit Einverständnis der Westmächte Smyrna. Von den Expansionswün-
schen des Jahres 1915 schien nichts übriggeblieben als die Erwerbungen im Norden und Nordosten des Landes und dies
geschah alles in einem Augenblick, in dem die italienische Politik mit Fiume und ganz Dalmatien die volle Erfüllung des
Vertrages von 1915 gefordert hatte. Orlando war nicht der
Mann durch geschickte Diplomatie oder kraftvollen persönlichen Einsatz den offenkundigen machtpolitischen Nachteil
Italiens auf der Konferenz auszugleichen; sein Schwanken
zwischen widerspruchslosem Nachgeben und unvermittelter
Heftigkeit verschlimmerte eher noch die Lage. So verließ er
am 23. April, nachdem Wilson in einer der Presse über-
gebenen Botschaft an das italienische Volk die Forderung auf
Fiume als unvereinbar mit den Grundsätzen nationaler Selbstbestimmung bezeichnet hatte, die Konferenz, vertrat im römischen Parlament eine Politik des Widerstands, kehrte dann
aber doch Anfang Mai ohne irgendwelche Sicherheiten für
die Durchsetzung seines Programms nach Paris zurück. In der
Zwischenzeit hatten sich die Zeugnisse der Geringschätzung
des italienischen Bundesgenossen durch die westlichen Staatsmänner nur noch vermehrt: ein in Versailles verbliebenes
Mitglied der italienischen Delegation berichtet, wie er eben
noch verhindern konnte, daß das Königreich Italien in der
Präambel des Friedensvertrages nicht unter den alliierten
Hauptmächten, sondern nur mehr unter den kleineren Mächten ›mit Sonderinteressen‹ aufgeführt wurde.

Nimmt man aber alles in allem, so hatte Italien auf der Friedenskonferenz nicht Geringes erreicht und mindestens seine nationalirredentistischen Wünsche, an einigen Stellen wie in Südtirol auch noch mehr befriedigen können. Gescheitert ist es mit den größeren Programmen im ›mare nostro‹, auf dem Balkan, in Kleinasien, also überall da, wo es nicht mehr nur um die Vollendung des Risorgimento, sondern um imperialistische Tendenzen ging. Nur für diese könnte das demagogische Wort Mussolinis vom ›diplomatischen Caporetto‹ zutreffen.

Eben über diese Frage kam es jetzt zum Streit. Aufs neue brach wie 1914/15 die italienische Nation in zwei sich befehdende Gruppen auseinander, aber nicht mehr die Kampfrufe: Neutralität und Intervention, sondern die Parolen: ›gerechter Friede‹ und ›Verteidigung des Sieges‹ standen sich gegenüber und die alte Front der Interventionisten begann sich aufzulösen. Die Forderung des ›gerechten und gemäßigten Friedens‹, der das Nationalitätsprinzip und die demokratische Selbstbestimmung verwirklichen sollte, wurde jetzt nicht nur von den Neutralisten von 1915, sondern auch von einem großen Teil ihrer interventionistischen Gegner aus dem liberalen Lager erhoben. An ihrem Sprachrohr, dem ›Corriere della Sera‹, läßt sich die Wandlung ablesen, die hier vorgegangen war.

Auf der anderen Seite stand der nationale Flügel des Liberalismus mit dem ›Giornale d'Italia‹, dem Organ Sonninos, die zahlenmäßig schwache nationalistische Rechte und der Kreis um Mussolini und seinen ›Popolo d'Italia‹, von dem sich die sozialistischen Massen abgekehrt hatten. In ihren Augen galt jede Haltung, die sich mit den Ergebnissen des Friedens abfand, als Defaitismus, die Vertreter einer solchen Politik als ›Verzichtler‹ (rinunciatari). Das Schlagwort vom ›verlorenen Siege‹ (›guerra vinta, pace perduta‹) kam auf und wurde der Alarmruf aller enttäuschten Aktivisten, Frontkämpfer und Nationalrevolutionäre.

Während die breiten Massen sozialistischen Parolen folgten, bildete sich aus der nationalen Enttäuschung der Ansatz einer neuen Bewegung. Als ihr Träger und zugleich als neues soziologisch-politisches Element traten die Verbände der Frontkämpfer und Kriegsversehrten hervor, unter ihnen radikale Gruppen wie die Arditi. Sie machten den Nationalismus, der sich bisher auf intellektuelle bürgerliche Kreise beschränkt hatte, erst virulent und schufen einen neuen politischen Typus. In ihm verband sich soziale Heimatlosigkeit mit nationalem Ressentiment und Verherrlichung der Gewalt zu einer höchst gefährlichen Mischung.

Wohl beherrschten im Nachkriegs-Italien zunächst die großen Parteien, zu denen zum erstenmal eine katholische Partei, der ›Partito popolare‹ getreten war, das Feld, aber schon fielen die Vorentscheidungen für eine Entwicklung, an deren Ende die Zerstörung der parlamentarischen Demokratie stehen sollte. An zwei Stellen zeigt bereits das Jahr 1919 Vorstöße dieser neuen Kräfte: im Handstreich D'Annunzios auf Fiume im September 1919 und in der Sammlung der ersten Fasci di Combattimento, der Kampfbünde unter der Führung Mussolinis seit dem März 1919. Während die Aktion D'Annunzios die Augen der ganzen Welt auf sich zog und in der dramatischen Auseinandersetzung zwischen dem Dichter und seinen Legionären mit dem Ministerpräsidenten Nitti, der am 22. Juni Orlando im Amte gefolgt war, sich bereits die großen Fronten des inneren Kampfes der nächsten Jahre abzuzeichnen begannen, blieben die ersten Anfänge des Faschismus von der Öffentlichkeit fast unbemerkt. Ihr Boden ist das oberitalienische Mailand, der Ort des jahrelangen publizistischen Wirkens Mussolinis. Von hier aus ergeht am 2. März 1919 in den Spalten des ›Popolo d'Italia‹ eine Aufforderung an alle »Mitarbeiter und Anhänger, an Frontkämpfer, Heimkehrer und alle Bürger, die die Fasci des neuen Italien und den übriggebliebenen Teil der Nation darstellten«, zu einer Versammlung für den 23. März. Nur etwa 120 Menschen leisteten ihr Folge und auch das von Mussolini hier verkündete Programm war nicht geeignet, sensationell zu wirken; es enthielt nur allgemeine Gesichtspunkte wie die, die Forderungen der Kriegsteilnehmerverbände zu unterstützen, das volle nationale Recht für Italien zu verwirklichen und die Kandidaturen von Neutralisten in allen Parteien zu sabotieren. Mussolini spricht hier

noch ganz als interventionistischer Sozialist, scharf antimon-
archistisch, in. einigen Punkten sogar internationalistisch,
wenn auch seine Hauptabsicht dahin ging, eine Brücke zu den
›Arditi‹ zu schlagen und sich als wahrer Revolutionär zu emp-
fehlen.

Die offizielle faschistische Lesart läßt mit dieser Zusammenkunft an der Piazza San Sepolcro in Mailand die Geschichte
des Faschismus beginnen. Dies ist insofern zutreffend, als hier
zum erstenmal die Kampfbünde (fasci die combattimento,
squadre) als Instrument einer wenn auch noch sehr unprofilier-
ten Bewegung erscheinen. Bei der starken nationalen Erregung, die das Fiume-Unternehmen D'Annunzios im September auslöst, beginnt diese Bewegung zunächst auch zu wachsen. Als am 9. Oktober 1919 in Florenz ein erster nationaler
Kongreß der Kampfbünde zusammentrat, waren auf ihm 53
Fasci mit 17000 Mitgliedern vertreten; eine weit höhere Zahl
hatte sich angemeldet. Gegen die anwachsende Flut des Sozialismus fiel das noch nicht ins Gewicht; bei den November-
wahlen konnten die Faschisten kein einziges Mandat gewinnen. Im folgenden Jahr 1920 gerieten die Fasci immer mehr
ins Hintertreffen, aber durch eine unerwartete Änderung der
politischen Gesamtlage gewannen sie wieder an Boden: der
greise Giovanni Giolitti, der im Frühjahr 1920 sein letztes Kabinett gebildet hatte, stand vor einer Staatskrise, als die sozialistischen Arbeiter in Mailand und Turin im September die
Fabriken besetzten und Italien dadurch in ein wirtschaftliches
und politischen Chaos gestürzt wurde. Zu schwach gegen
diese Aktionen einzuschreiten, duldete Giolitti den Gegen-
terror, den die Faschisten in geschickter Ausnutzung der Lage
organisierten, allerdings nicht ohne daß Mussolini vorher die
Arbeiterschaft seiner Sympathien für ihre Aktionen versichert
hatte.

Als die Bewegung ihren Gipfel überschritten und ihre Kraft
erschöpft hatte, griffen seit dem November die Faschisten im
Nachstoß gegen den schon zurückweichenden Gegner zu, befreiten die noch nicht von den Sozialisten geräumten Fabriken
und brachen durch den organisierten Terror ihrer ›Straf-
expeditionen‹ (spedizioni punitive) die Macht der revolutio-

nären Linken in Gemeinden und Betrieben. In diesen Aktionen, die bis zum August 1921 ununterbrochen andauerten, suchten der Faschismus und sein Führer Mussolini die Gewaltanwendung in Bürgerkrieg und Straßenkämpfen den Berechnungen des revolutionären Gesamtplans dienstbar zu machen, er trat als Wiederhersteller des Produktionsvorgangs und ›Rächer‹ sozialistischer Übergriffe geradezu selbst an den Platz des inaktiven Staates. Es war mit einem bezeichnenden Worte der faschistischen Sprache die ›sostituzione‹, die Ersetzung der Staatsorgane durch die Organisationen des Faschismus, die sich hier im Großen anzeigte, wie sie von jetzt an auch eines der wirksamsten Mittel der faschistischen Praxis in den mittleren und unteren Bereichen von Verwaltung und Politik werden sollte.

In einem Augenblick, in dem der Faschismus der Macht im Staate nähergerückt war als je zuvor, setzte Mussolini gegen manche Widerstände eine wesentliche Umwandlung seines politischen Aufbaus und seiner politischen Formen durch. Am 7. November 1921 wurde auf dem faschistischen Nationalkongreß in Rom in aller Form der Partito Nazionale Fascista (PNF), die Nationalfaschistische Partei begründet. Diese Wandlung vom movimento zum partito ist unter den politischen Entscheidungen der faschistischen Frühzeit diejenige, die bei den Anhängern der jungen Bewegung das geringste Maß an Begeisterung geweckt hat. Viele sahen den revolutionären Bewegungscharakter der faschistischen Kampfgruppen, den ›squadrismo‹ durch die Übernahme einer bisher bekämpften und in ihren Augen erstarrten und überalterten Form gefährdet. So hat namentlich Dino Grandi Widerspruch angemeldet, derselbe, der später beim Sturze Mussolinis eine entscheidende Rolle spielen sollte. Jedoch Mussolini war der romantische Gedanke der Revolution um der Revolution willen fremd; er blieb in allen seinen Entscheidungen Opportunist und ordnete alles dem einzigen Ziele unter, die faschistische Machtergreifung vorzubereiten. So schuf er sich jetzt an Stelle der losen Organisation der Fasci in der einheitlich das ganze Land überziehenden Partei ein ihm uneingeschränkt zur Verfügung stehendes Werkzeug. Schon vorher, bei den Wahlen vom 15. Mai 1921 waren 25 faschistische Abgeordnete, unter ihnen Mussolini selbst, in die Kammer eingezogen.

Die Begründung einer faschistischen Partei darf aber keineswegs als ein Versuch Mussolinis gedeutet werden, zu konventionellen Formen des Kampfes um die Macht überzugehen: der Nachdruck lag weiterhin auf dem Instrumentarium der Gewalt und des Terrors auf der Straße. Der ›Marsch auf Rom‹ ist nur das Ende einer Reihe von Aktionen, bei denen auf einen formalen Legalismus – im Gegensatz zum Nationalsozialismus – nur wenig Wert gelegt wurde. So verstanden die Faschisten selbst unter ›la marcia su Roma‹ in seiner historischen Bedeutung das Jahr vom November 1921 bis zum Oktober 1922. Diese Zeit ist beherrscht von einer politischen Taktik, in der Drohung, Gewaltanwendung und Verhandlungsbereitschaft nebeneinander stehen, die ›direkte Aktion‹ aber immer einen unbestrittenen Vorrang einnimmt. Am 1. Mai 1922 verhinderten die Faschisten durch ihre Kampfgruppen die roten Maifeiern und drei Monate später, am 1. August, warfen sie eine umfassende sozialistische Streikaktion nieder. In diese Phase der offenen faschistischen Revolution wagten die staatlichen Organe kaum mehr einzugreifen, namentlich seitdem zuletzt noch im Mai ein Aufmarsch der Fasci die dem Faschismus widerstrebende Provinzialbürokratie in Oberitalien ausgeschaltet hatte. Die Schwäche der Regierung beruhte dabei sicherlich zum wesentlichen Teil auf der Haltung der Armee, in der weite Kreise des Offizierskorps von vornherein von der nationalen Dynamik der faschistischen Bewegung mitgerissen wurden. Durch eine überraschende Absage an alle bisher von ihm vertretenen republikanischen Tendenzen in der Rede von Udine vom 20. September hatte Mussolini schließlich noch einen ernsten Konfliktstoff mit den konservativen Kräften des Heeres ausgeräumt.

Im Spätsommer 1922 schien die Lage für den Faschismus günstiger als je: die Armee war kein sicheres Machtinstrument der liberalen Regierung mehr, die Industrieführung sympathisierte offen mit der faschistischen Bewegung; in die Front der sozialistischen Arbeiterorganisationen war eine Bresche geschlagen; Oberitalien war im Grunde schon in der

Hand einer illegalen faschistischen Staatsgewalt, die neben die Organe des Staates Dubletten der faschistischen Parteiorganisation mit einer weit größeren faktischen Macht stellte. In diesem Augenblick entschloß sich Mussolini, die Entscheidung herbeizuführen. Ein Mann der großen Gesten und Worte, der er war, proklamierte er in großen Reden – in Udine, Cremona, in Mailand und zuletzt in Neapel – die Revolution und gab ihr den Charakter einer Mobilmachung, deren militärischer Charakter noch dadurch unterstrichen wurde, daß anstelle der politischen Parteileitung ein außerordentliches Viermännerkomitee, bestehend aus Italo Balbo, Emilio de Bono, Cesare de Vecchi und Michele Bianchi die exekutive Gewalt übernahm. Mussolini hielt sich selbst zurück, verschaffte sich aber gerade damit volle politische Handlungsfreiheit für die Fäden, die er von seinem Hauptquartier in Mailand aus nach allen Seiten, auch zur Regierung, spann. Unterdessen leiteten die Quadrumvirn von Perugia aus nach einem festgelegten Plane die Besetzung der öffentlichen Gebäude in den Provinzen und den Aufmarsch der Kampfbünde gegen die Hauptstadt, die nach einem gelungenen Transportmanöver zugleich von Norden und Süden her angegriffen wurde.

Gegenüber den offenen Aufstandsvorbereitungen der Faschisten entwickelte das letzte schwächliche liberale Kabinett Facta wenig Aktivität, schien sich aber zuletzt noch einmal zu einer energischen Aktion aufzuraffen, als der Ministerpräsident dem König die Zustimmung zur Verhängung des Belagerungszustandes abrang. Doch verweigerte Viktor Emmanuel im letzten Augenblick seine Unterschrift, wohl unter dem Eindruck höchst unsicherer Auskünfte der Generalität über die zu erwartende Haltung der Armee. So kapitulierte die Monarchie vor der Revolution um sich zu retten, riß sich aber damit in ein unabsehbares Abenteuer hinein, an dessen Ende sie den Untergang des Faschismus nur um wenige Jahre überlebte. Als die faschistischen Kolonnen am 29. Oktober 1922 kampflos in Rom einrückten, war die Beauftragung Mussolinis mit der Kabinettsbildung durch den König schon ergangen. Die auf Gewalt und Usurpation gestützte Revolution endete mit einem nach formalem Recht ›legalen‹ Regierungswechsel.

Zunächst blieb auch die alte Verfassung, in ihren Grundlagen immer noch das Statuto Piemont-Sardiniens von 1848, stehen, und die Führungsschichten des liberalen Regimes wurden nur langsam und ohne anfängliche Durchsetzung des faschistischen Totalitätsanspruches verdrängt. Das erste Kabinett Mussolini stand zwar eindeutig unter faschistischer Führung, aber in der Aufnahme nichtfaschistischer Mitglieder aus dem Kreise der gesinnungsverwandten Nationalisten und sogar der katholischen Volkspartei erinnerte es doch noch an die Koalitionsregierung, die combinazione im Stile Giolittis. Ebenso sahen sich Gegner und Anhänger in der Erwartung getäuscht, der Faschismus werde die Kammer, in der die faschistische Bewegung nur mit einer kleinen Minderheit vertreten war, sofort beseitigen. Mussolini, der den Deputierten drohend zu verstehen gab, er könnte sehr wohl aus ihrem Sitzungssaal ein Biwak für seine Soldaten herrichten, begnügte sich fürs erste damit, vom Parlament außerordentliche Vollmachten zu erbitten, die ihm auch mit großer Mehrheit (175 gegen 90 Stimmen) gegeben wurden. Erst ein volles Jahr später schuf das Wahlgesetz vom November 1923 die Voraussetzungen, um der herrschenden Partei auch ein erdrückendes parlamentarisches Übergewicht zu sichern; nach ihm fielen derjenigen Liste, die die höchste Zahl und mindestens 25% aller Stimmen auf sich vereinigte, von vornherein zwei Drittel der Abgeordnetensitze zu – bei den Neuwahlen im April 1924 stimmten aber ohnedies 65% der Wähler für die faschistischen Kandidaten.

Aber konnte eine Bewegung, die ihren Anhängern eine Praxis und Theorie der Gewalt gelehrt hatte, sich ohne weiteres in ein System der Legalität einfügen? Konnte sie mit anderen Gruppen im Staate auszukommen versuchen? Mussolini mag die Gefahren geahnt haben, die für ihn selbst aus dem squadrismo erwuchsen, aber er vermochte nicht einfach über seinen eigenen Schatten zu springen. Er versuchte zunächst die Kampfgruppen der Frühzeit, die squadre und fasci, stärker unter Kontrolle zu bekommen, indem er aus ihnen die Milizia Volontaria per la Sicurezza Nazionale bildete, eine Parteimiliz halbstaatlichen Charakters, die aller-

dings nicht auf den König vereidigt wurde, aber damit war
das eigentliche Problem nicht gelöst und aus revolutionären
Aktionsgruppen zweifelhafter Art noch kein Ordnungsele-
ment, eher eine Institutionalisierung der Gewalt gemacht, die
das Verhältnis der Armee zum Faschismus auf die Dauer belastete. Bald sollte der Duce des Faschismus vor einer Situation stehen, die aus dem fortdauernden Squadrismus entstanden war und dem Faschismus um ein Haar den revolutionären Sieg gekostet hätte. Am 10. Juni 1924 wurde der sozialistische Abgeordnete Giacomo Matteotti, der im Parlament eine mutige Rede gegen die fortdauernde Herrschaft
der Gewalt gehalten hatte, unter nie vollständig aufgeklärten
Umständen, aber eindeutig von Faschisten ermordet. Diese
Tat war das Signal für die bis dahin wie gelähmte Opposition,
um vor der italienischen Nation ein System der Rechtlosigkeit anzuklagen und die ›moralische Schuld‹ des Faschismus,
voran des Duce auszurufen. Die Passivität der staatlichen Si-
cherheitsorgane bei der Aufklärung des Mordes steigerte die
Erregung bis zur Siedehitze, aber zu einem geschlossenen
Handeln konnten sich die oppositionellen Parteien nicht aufraffen, und der König fand nicht den Mut zur Entscheidung.
So blieb als einzige in ihrer Wirkung zweifelhafte Antwort
der Auszug der Oppositionsparteien aus der Kammer auf den
Aventin – eine Selbstausschaltung der Kräfte, die hätten handeln müssen.

In der Matteotti-Krise entschied sich die zukünftige Entwicklung des Faschismus. Mussolini, dem die Gewalttat in
einem Moment steigender Popularität im In- und Ausland
sichtlich ungelegen kam, stand vor der Alternative, entweder
den Weg der Normalisierung, der Rückkehr zu Gesetz und
Verfassung einzuschlagen oder die Diktatur zu vollenden. Er
tat das zweite, aber er gab der Diktatur institutionelle Formen und stützte sie auf das Machtinstrument der einen, all-
mächtigen Partei. So entstand jetzt der faschistische Staat als
eine ideologische Größe und zugleich als machtmäßige Organisation. In der großen Kammerrede vom 3. Januar 1925, die
diese Wendung einleitete, forderte Mussolini seine Gegner
persönlich zur Anklageerhebung gegen ihn heraus und über-

nahm vor Italien die alleinige Verantwortung für den Faschismus: »Man sagt, der Faschismus ist eine Barbarenhorde,
die sich inmitten der Nation niedergelassen hat. Eine Bewegung von Banditen und Räubern. Man inszeniert eine ›moralische Frage‹. Wir kennen die traurige Geschichte der moralischen Fragen in Italien! ... Nun denn, ich erkläre hier vor
dem Angesicht dieser Versammlung, und des ganzen italienischen Volkes, daß ich, ich ganz allein, die politische, moralische und historische Verantwortung für alles Vorgefallene auf
mich nehme! ... Wenn der Faschismus eine Vereinigung zur
Begehung von Verbrechen ist, wenn alle Gewalttaten das
Ergebnis eines bestimmten geschichtlichen, politischen und
moralischen Klimas gewesen sind, dann trage ich die Verantwortung dafür, weil ich dieses Klima geschaffen habe mit
einer Propaganda, die vom Intervento dauerte bis zum heutigen Tage.«

Diese Rede, die die Einheit des Systems in der Person des
Duce zu retten suchte, steckte voller Drohungen und die Tat
folgte ihr auf dem Fuße. Die zweite Phase des faschistischen
Staates begann mit dem, was als ›Rückkehr zur Methode der
starken Regierung‹ bezeichnet wurde, tatsächlich aber der
Übergang zur Alleinherrschaft der faschistischen Partei und
ihres Duce war. Ihr dienten die Maßnahmen gegen die ›antifaschistische Verschwörung‹ im Innern und im Ausland, gegen Freimaurerei und die seit der Matteotti-Krise angewach-
sene Emigration, die ihr Zentrum in Paris aufschlug, die politische Säuberung des Beamtentums, die Auflösung der oppositionellen Parteien und das Verbot ihrer Presse, die völlige
Unterdrückung der Meinungsfreiheit (1925/26).

Als der Duce am vierten Jahrestage des Marsches auf Rom
im Oktober 1926 verkündete, das Regime sei fest wie ein
Berg aus Granit, waren schon die Fundamente eines neuen
politischen Systems gelegt. Das erste unter den die bisherige
Verfassung umwälzenden Gesetzen dieser Jahre, »über die
Befugnisse und Vorrechte des Regierungschefs (Capo del
governo) und Premierministers« vom 24. Dezember 1925 bezeichnete Mussolini später selbst als eines der revolutionärsten.
Soweit darin das Verhältnis des Ministerpräsidenten zu den

anderen Kabinettsmitgliedern geregelt wird, scheint es nun
zunächst eher, als werde die schon früher ausgebildete lei-
tende Stellung des Erstministers nur fortentwickelt; indes
die Formen und der Umfang, in denen das geschah, gehen
doch über alle Vorstellungen des konstitutionellen Verfas-
sungsrechtes hinaus. Die Trennung von gesetzgebender und
ausführender Gewalt wird in aller Form aufgegeben und im
Amte des Regierungschefs eine unbeschränkte politische
Führungsgewalt hergestellt. Sie erscheint dem König als Capo
dello Stato, der nicht mehr an ihr teilhat, ihr aber seine Autorität gibt, mehr zugeordnet als unterstellt (Gesetz vom 24.
Dezember 1932). Nirgends im Staate ist mehr politische Wil-
lensbildung möglich ohne das Regierungsoberhaupt: die Befugnisse und die Tätigkeit der Minister werden von ihm geregelt, die Tagesordnung der politischen Körperschaften, des
Faschistischen Rates, der Kammer und des Senats bleiben an
seine Zustimmung gebunden; in seiner Hand lag praktisch
die Gesetzgebung; das Recht dazu wurde in einem Gesetz
vom 31. Januar 1926 ›über die Befugnis der vollziehenden
Gewalt zum Erlaß von Rechtsnormen‹ ausdrücklich garantiert. Dies alles wie auch die Zusammenfassung mehrerer
Ressortministerien in der Hand des Regierungschefs diente
sicher der persönlichen Machtstellung Mussolinis. Aber es
charakterisiert das faschistische System etwa gegenüber dem
Regime Hitlers, daß es die Diktatur institutionell festzulegen
und auszubauen suchte und darin auch eine gewisse formale
Erfindungskraft entwickelte. Dies galt vor allem für das Verhältnis zwischen dem Staat und dem monokratischen Anspruch der *einen* herrschenden Partei, das bisher nur im kommunistischen System Rußlands als Problem bestand. Schon
vor der Machtübernahme im Staate hatte die Nationalfaschistische Partei ihren hierarchischen Aufbau und ihre politischen
Organe in Anlehnung an die staatliche Organisation entwickelt, was ihre volle Eingliederung in die staatliche Verfassung außerordentlich erleichterte. Im Grunde begann diese
Eingliederung schon mit der Errichtung des Amtes des Capo
del governo; sein Träger war zugleich ›Duce del Fascismo‹
und führte fortan beide Titel nebeneinander. Die bedeutsam-

sten Schritte aber auf dem Wege zum reinen faschistischen
Staat waren unstreitig die Gesetze über den Großen Faschistischen Rat vom 9. Dezember 1928 und 14. Dezember 1929.
Dadurch wurde die oberste Beratungskörperschaft der Partei,
der nur ein kleiner Kreis von zuletzt etwa 20 Mitgliedern –
neben den Quadrumvirn und vom Duce ernannten besonders verdienten Mitgliedern die Leiter höchster Partei- und
Staatsämter und ein Teil der Minister – angehörten, zu einem
Organ des Staates. In seiner Zusammensetzung und verfassungsmäßigen Stellung ist es ohne Vorbild im liberalen Ver-
fassungsschema; am ehesten wird man seine Bedeutung damit umschreiben, daß es die dauernde Repräsentanz der faschistischen Revolution verkörpert. Die ihm verliehene Befugnis, bei allen Fragen verfassungsrechtlichen Charakters gehört zu werden, gibt ihm u. a. Einfluß auf die Zusammensetzung von Senat und Kammern, auf das Verhältnis zum
Heiligen Stuhl, auf alle Verträge, welche eine Veränderung
des Staatsgebietes mit sich bringen. Indem er schließlich seinen Einfluß auf Thronfolge und Kronrechte ausdehnte, usurpierte er auch noch eine Art Wächteramt über die Wahrung
der staatlichen Kontinuität, was für das Ende des faschistischen
Regimes im Jahre 1943 von größter, allerdings ungeahnter
Bedeutung werden sollte. Damals war es dieses oberste Partei-
und Staatsorgan, das die Rückkehr zur Verfassung proklamierte.

Die ›Verschmelzung‹ von Partei und Staat hatte mit den
Gesetzen über den Großen Rat des Faschismus ihr entscheidendes Stadium erreicht. Alle noch folgenden gesetzlichen
Maßnahmen führten nurmehr auf organisatorischen Teilgebieten einen grundsätzlich bereits verwirklichten Gedanken
zu Ende. So die verschiedenen, nie geglückten Versuche, die
faschistische Miliz in den militärischen Organismus des Staates einzugliedern und ihre Aufgaben gegenüber denen der
Armee abzugrenzen; sie gipfelten im Wehrgesetz von 1934,
durch das die Formationen der Partei: Miliz und Jugend-
verbände neben dem aktiven Heere ihre Funktionen erhalten
sollten. So die formellen, in ihrer Wirkung höchst zweifel-
haften Befugnisse, die dem König als capo dello stato auch

über den PNF gegeben wurden: der König billigt das Parteistatut nach Anhören des Großen Rates und des Ministerrats
auf Vorschlag des Regierungschefs und setzt es durch Kgl.
Dekret in Kraft – nach der Machtergreifung sind viermal:
1926, 1929, 1932 und zuletzt noch 1938 im Zusammenhang
der antisemitischen Rassengesetzgebung des Faschismus Par-
teisatzungen erlassen worden –; er ernennt den wichtigsten
Parteibeamten unter dem Duce, den Generalsekretär, der seit
1928 auch an den Ministerratssitzungen teilnimmt. Hier sollte
unzweifelhaft eine Anleihe bei der größeren Legitimität der
Monarchie gemacht werden, um die Parteidiktatur durch die
Kräfte der Tradition zu stützen.

Je mehr sich die Einparteienherrschaft im faschistischen System vollendet, desto mehr wird das Verhältnis der herrschenden Partei zum Staat zu der zentralen politischen Frage,
auf die der italienische Faschismus für die nicht-kommuni-
stischen totalitären Systeme die erste Antwort erteilt hat. Die
faschistische Lehre deutete dieses Verhältnis einseitig von dem
ideellen Vorrang des Staates her: faschistische Ideologen haben von einer ›statocrazia‹ gesprochen (Panunzio) und in der
von Mussolini gezeichneten, in ihrem ersten Teil wahrscheinlich von Gentille stammenden ›Dottrina‹ des Faschismus von
1932 hat der Staatsidealismus Hegels einen verspäteten Nachklang gefunden. Hier wird allerdings schon das totalitäre
Prinzip in seiner ganzen Schärfe formuliert und der Faschismus als totalitär insofern bezeichnet, als es für den Faschisten
außerhalb des Staates nichts Menschliches oder Geistiges geben darf, das irgendwelchen Wert hätte. Dies traf die Wirklichkeit und die Tradition des italienischen Lebens in keiner
Weise und kann nur als der mißglückte Sprung aus einer im
ganzen staatsfernen Geschichte in einen ideologischen Staatsabsolutismus verstanden werden. Welche Konsequenzen ergaben sich daraus aber für das Verhältnis von Staat und Partei? Das Parteistatut von 1932 definierte aus der Logik des
staatstotalitären Prinzips die Partei als eine im Dienste des
Staates stehende bürgerliche Miliz, zur Verfügung des Duce:
»Da im Faschismus alles im Staate ist, kann sich auch die Partei dieser unumgänglichen Notwendigkeit nicht entziehen«

(Mussolini 1929). Formeil werden sogar die mittleren und unteren Parteiorgane den Staatsorganen, wie z. B. den Präfekten und podestàs unterstellt. Die Partei wird auf eine Funktion eingeschränkt, die schon die älteren italienischen Kritiker des Parlamentarismus wie Gaetano Mosca als die führende Elite, die ›classe dirigente‹ bezeichnet hatten.

Daß dies im wesentlichen Ideologie geblieben ist, sollte sich sehr rasch herausstellen, als der Faschismus zusammenbrach, ohne tiefere Spuren in Italien zu hinterlassen. Dieses Versagen lag an dem Unvermögen des Systems, wirkliche Elite zu repräsentieren und die die Nation bildende Erziehungsmacht zu werden. Wohl war der Faschismus italienisch in seiner Fähigkeit, geschliffene Formeln für widerspruchsvolle politische Tatsachen und eine hohe rhetorische Sprache zu finden, aber er überanstrengte den italienischen Geist mit seiner ständigen Gespanntheit und seiner forcierten Betonung der militärisch-machtpolitischen Kräfte des Staates. Die Partei führte nicht zu einer Erneuerung des italienischen Lebens, sondern blieb ein Machtapparat, der die Nation beherrschte, wenn er auch zu Zeiten wie in der Krise des Abessinienkrieges und der über Italien verhängten Sanktionen die Zustimmung breiterer Massen fand. Über das Dilemma sämtlicher totalitärer Parteien zwischen Funktionärs- und Apparatpartei, von ›Berufsrevolutionären‹ und nationaler Massenpartei ist auch der PNF nicht hinausgekommen, wenn auch seine Mitgliederzahlen vom Jahre 1922 bis zum Sommer 1943 sich verzehnfachten (1922: 477000, 1943: 4770770). Der ideologischen Vorstellung von der Verstaatlichung des Faschismus entsprach die Wirklichkeit nicht; vielmehr muß man von einer Faschistierung des Staates sprechen mit allen Folgerungen, die daraus gezogen werden können: der Faschismus wurde nicht durch den ›ethischen Staat‹ versittlicht, sondern der Staat als Gewaltinstrument mißbraucht, selbst wenn formale Ordnungstendenzen nicht geleugnet werden können.

Entscheidend bleibt, daß der faschistische Staat in einer Zusammenfassung aller frühen geistigen und politischen Antriebe der faschistischen Revolution jetzt seine Kennzeichnung als autoritärer, totalitärer, hierarchischer und korporativer Staat erhält. Wie er autoritär ist in der bedingungslosen Durchsetzung der diktatorischen Führungsgewalt, so auch totalitär in der Ausschließlichkeit seines Anspruchs an den Einzelnen wie an die Nation, in der völligen Verneinung jeglicher Toleranz für jede andere als die faschistische Bewegung. Die Durchsetzung des totalitären Prinzips ist das Ziel des Staatsumbaus nach der Matteotti-Krise, der nicht in *einem* Anlauf, sondern Schritt für Schritt in relativ langen Abständen vorgetrieben, aber niemals ganz vollendet wurde. Erst zweieinhalb Jahre nach dem Auszug der Opposition auf den Aventin holt der Faschismus zum Schlage gegen diese aus und läßt durch die Kammer das Verfallen der Mandate von 120 oppositionellen Abgeordneten beschließen. Anfang November 1926 wird die Auflösung aller oppositionellen Parteien dekretiert und im Staatsschutzgesetz vom 25. November die Neubildung von Parteien unter Strafe gestellt. Der totalitäre Einparteienstaat wird dann zementiert durch das Wahlgesetz vom 17. Mai 1928, das die Entscheidung über die 400 vorzuschlagenden Abgeordneten der faschistischen Partei dem Großen Rat des Faschismus überträgt. Von jetzt an erhalten die Wahlen den Charakter plebiszitärer Zustimmungsakte zu dem einheitlichen faschistischen System.

Doch wird man das totalitäre System nicht ausschließlich an seinen formalen Einrichtungen messen dürfen, es verwirklicht sich nicht weniger in dem Ausschließlichkeitsanspruch, den es an das geistige und persönliche Leben stellte. Auch hier begann der Faschismus seit 1926 reinen Tisch zu machen: am 31. März 1928 wurde die gesamte Jugendausbildung außerhalb der Schule an die Jugendorganisationen des PNF übertragen; die Oppositionspresse verschwand, die Uniformierung des nationalen Geistes wurde vorangetrieben, wenn auch Inseln der Selbständigkeit und des Widerstands sich erhielten (z. B. die ›Critica‹ von Benedetto Croce). Die Monarchie und die Römische Kirche blieben als Institute des öffentlichen Lebens Fremdkörper innerhalb des Systems. Wenn die Lateranverträge vom Februar 1929 auch das Verhältnis der Kurie zum italienischen Staate nach fast sechs Jahrzehnten der

Wirrnisse auf sicherere Grundlagen stellten, so mußte dies von der Kirche doch mit dem Rückzug des Klerus aus der Politik erkauft werden. – Alles in allem erfüllte der Faschismus die Bedingungen, um ihn als totalitär zu kennzeichnen, wenn auch zuzugeben ist, daß vieles in ihm nur Anspruch und nicht Realität gewesen ist. Der durch das System ausgeübte Terror läßt sich doch nicht mit dem des nationalsozialistischen oder stalinistischen Systems vergleichen, seine Formen (Sondergerichte, Verschickung) sind bei aller Brutalität im ganzen milder, die Zahl seiner Opfer bleibt geringer, doch sind die Intentionen des Systems nicht weniger radikal.

Als ›hierarchisch‹ bezeichnet sich der Faschismus in einem mehrdeutigen Sinne. ›Gerarchia‹ hatte Mussolini schon in der ersten Phase der faschistischen Bewegung die älteste Zeitschrift des Faschismus benannt, in der er damals schrieb: »Wer von Hierarchie spricht, meint damit die Rangstufen menschlicher Werte, die Abstufung der Verantwortlichkeit und der Pflichten; wer von Hierarchie spricht, meint Disziplin.« Diesem hohem Anspruch genügte das faschistische System, namentlich die faschistische Partei zu keiner Stunde. Unter dem Prinzip der Hierarchie wurde schließlich nur noch die Aufrichtung eines neuen Führungsgrundsatzes, nämlich die Umkehr der demokratischen Repräsentation von unten nach oben und ihre Ersetzung durch die unumschränkte Befehlsgewalt von oben nach unten verstanden. Sie wurde, namentlich nach 1924, ein Mittel, das Aufkommen ungezügelter Macht der Unterführer, der ›Ras‹ zu verhindern, die Mussolini seit der Ära des squadrismo schwer zu schaffen machten.

Mit dem Begriff ›korporativ‹ stoßen wir schließlich auf die Verflechtung der faschistischen Bewegung mit dem Syndikalismus, der national-gewerkvereinlichen Richtung des Sozialismus, die sich schon in den ersten Anfängen des Faschismus beobachten läßt. Die gemeinsame Abwehr des marxistischen Klassenkampfgedankens verband die in Italien schon vor dem Weltkriege entstandenen nationalen Syndikate sehr bald mit den faschistischen Kampfgruppen. Bereits im Januar 1922 sammelte Edmondo Rossoni alle syndikalistischen Organisationen unter der Fahne des Faschismus in der ›Nationa-

len Konföderation der syndikalen Korporationen‹, die kurz
nach dem Marsch auf Rom auch formell in den PNF eingegliedert wurde. Damit brachte der Faschismus auch äußer-
lich-organisatorisch zum Ausdruck, daß er gewillt war, die
Lösung des sozialen Problems mit eigenen Kräften in Angriff
zu nehmen. In langsamer Entwicklung, gehemmt und dann
wieder beschleunigt durch die tagespolitischen Anforderungen und die Wirkungen einer wirtschaftlichen Weltkrise, beginnt er nun in dem Jahrzehnt von 1924 bis 1934 das äußere
Gebäude einer neuen Wirtschafts- und Sozialordnung aufzurichten. Edmondo Rossoni, der erste Führer des faschistischen
Syndikalismus, trat ursprünglich mit einem Programm hervor, das für die faschistischen Syndikate, denen immer noch
die sozialistischen und andere Gewerkschaften gegenüberstanden, ein staatliches Monopol forderte und sie zugleich zu
umfassenden, für Arbeitnehmer und Arbeitgeber gemeinsamen Körperschaften ausbauen wollte. Wenn er mit dieser
zweiten Forderung überhaupt nicht durchdrang – Arbeitgeber und Arbeitnehmer bleiben in den faschistischen Syndikaten getrennt –, so ist auch die erste nicht eigentlich gesetz-
lich verwirklicht worden, so sehr sie auf der Linie der politischen Wendung von 1925 zum totalitären faschistischen Staate
zu liegen scheint. Das grundlegende Gesetz vom 3. April 1926
über die rechtliche Ordnung der kollektiven Arbeitsbeziehungen vermeidet es, den faschistischen Gewerkschaften eine
formelle Monopolstellung zu geben; in den praktischen Folgen lief es aber auf das Gleiche hinaus, wenn den rechtlich anerkannten Berufsverbänden die Vertretung aller in ihrem Bereich ansässigen Arbeitgeber oder Arbeitnehmer übertragen
wurde. Für diese Anerkennung, die allein zum Abschluß von
Arbeitsverträgen berechtigte, genügte es, wenn nur ein Zehn-
tel der Mitglieder einer Berufsgruppe von Arbeitnehmern ein-
geschrieben war; der verlangte Nachweis ›sittlicher und nationaler Zuverlässigkeit‹ der Verbandsleiter und die Forderung nach ›sittlicher und nationaler Erziehung‹ der Verbands-
mitglieder war nur eine Umschreibung dafür, daß hiermit
die gesetzliche Grundlage für das faschistisch geführte und
faschistisch ausgerichtete Syndikat geschaffen werden sollte.

Die syndikale Ordnung mit ihren nebeneinander gestellten Verbänden der Arbeitgeber und Arbeitnehmer war aber nicht das letzte Wort der faschistischen Ära; die Gefahr klassenmäßiger Verengung oder gewerkschaftlicher Bürokratisierung war in ihr zu offenkundig. Die ›Carta del lavoro‹ schafft daher schließlich die Korporationen als zusammenfassende Organisation der getrennten Syndikate. Die Korporation geht gegenüber dem einseitig gerichteten Syndikat vom Grundsatz der Vereinigung der Wirtschaftsparteien aus; aber diese Vereinigung vollzieht sich nicht im Schoße der gesellschaftlichen Kräfte selbst, sie ist vielmehr einzig die Leistung des intervenierenden Staates. In den Korporationen treffen sich Unternehmer und Arbeiter, Vertreter der staatlichen Verwaltung und der politischen Bewegung, der Partei, um die Erzeugung nach den Maßstäben des nationalen Gesamtinteresses zu regeln und zu planen. Der Einfluß der Partei ist auch hier bedeutend und auch das korporative System mündet wieder im totalitären Prinzip.

Nicht sofort ist der programmatischen Ankündigung der korporativen Neuordnung die Ausführung gefolgt und zunächst lag in der sogenannten ›syndikalen Phase‹ das Schwergewicht noch ganz bei der Organisation der Syndikate. In zwei Säulen wird jetzt die Hierarchie der Berufsgruppen durchgegliedert von den Syndikaten im engeren Sinne, Verbänden der untersten räumlichen oder fachlichen Stufe, über die ihnen übergeordneten Föderationen und Konföderationen bis zu den 13 Nationalkonföderationen als den Spitzengruppen eines ganzen Produktionsbereiches. Erst 1930 wird dann im Gesetz über die Neugestaltung des Nationalrates der Korporationen ein wesentlicher Schritt näher an die Vollendung des korporativen Systems gemacht. Aber auch jetzt noch war es lediglich ein Dach ohne Haus, dem die Grundlage ausgebildeter Körperschaften selbst noch fehlte. Ihre Begründung zieht sich noch bis in das Jahr 1934 hin, an dessen Eingang das Gesetz vom 5. Februar über die Bildung und Aufgaben der Korporationen und die Einberufung der ersten Nationalversammlung der Korporationen steht. Ihr war die Schaffung von 22 Korporationen vorausgegangen. In langen Beratun-

gen war die Zahl und das Organisationsschema der neuen
Körperschaften festgesetzt worden: man hatte schließlich das
Prinzip der ›Kategoriekorporation‹ angenommen, d. h. die
Bildung eines korporativen Organs auf die einheitliche Zusammenfassung eines ganzen Erzeugungsprozesses gegründet.
So entstanden z. B. Korporationen für Getreide- und Wein-
bau in der Landwirtschaft und solche für Bekleidung oder
Bergbau im industriellen Bereich. Ihre Aufgaben greifen
nach den gesetzlichen Bestimmungen von 1934 und der späteren Praxis über die ursprünglichen Vorstellungen hinaus
und erfaßten den ganzen Umkreis aller Probleme der Wirt-
schaftsregelung und Wirtschaftslenkung. Wenn gesagt wurde,
daß sie zu ›Planstellen der Produktion und der Verteilung‹
wurden, so ist das nur eine Umschreibung dafür, daß sich der
totalitäre Staat ihrer bediente, um die Wirtschaft zu dirigieren.

Das syndikal-korporative System sollte in seiner Zielsetzung von seinen Ursprüngen an über eine nur-wirtschaftlich-
soziale Reform hinausgehen und machte den Anspruch, als
Grundlage auch einer politisch-staatlichen Neuordnung genommen zu werden. Das Zeichen dafür sollte die Verwandlung der Kammer des allgemeinen Stimmrechts in eine Vertretung der nationalen Körperschaften sein, wie sie im Gesetz
vom 17. Mai 1928 ausgesprochen wurde. Wenn sich tatsächlich, wie die faschistische Ideologie behauptete, Gliederung
und Aufbau der Nation nach der Hierarchie der Arbeit und
der Berufe vollzog, dann konnte im faschistischen System die
Organisation der Berufsgruppen den tragenden Grund einer
neuen Nationalvertretung bilden, wie sie in der älteren syndikalistischen Theorie vorgebildet war. Es wurde im Sinne dieser Lehre interpretiert, daß jetzt die Syndikate das Vorschlagsrecht für die größte Zahl der Kandidaten erhielten, die in die
Kammer gewählt werden konnten. Tatsächlich war dies aber
nur eine Verschleierung des alleinigen Vorschlagsrechts der
faschistischen Partei. Dieses kam zuletzt noch dadurch zum
Ausdruck, daß die Vorschlagsliste der Syndikate dem Großen
Faschistischen Rate zuging, der aus ihr eine engere Auswahl
traf und den endgültigen Vorschlag den Wählern vorlegte.
Nach diesen Grundsätzen wurde am 24. März 1929 zum ersten

Male eine faschistische Volksvertretung gebildet. Jedoch war
damit nur ein Durchgangsstadium in dem langdauernden
Entwicklungsgang durchlaufen, an dessen Ende erst die völlige formale Deckung des korporativen mit dem politischen
Aufbau des Staates steht. Dieses Ziel wurde mit dem Gesetz
vom 7. Oktober 1938 erreicht, durch das die Kammer der
›Fasci und Korporationen‹ ins Leben gerufen wurde. Sie
stellte neben dem Faschistischen Großrat und den Korporationen einen weiteren institutionellen Ausdruck des Faschismus dar, trat jedoch nicht einfach neben diese, sondern beanspruchte die Zusammenfassung und Bindung aller ihrer
Kräfte zu sein: denn wie ihm der Duce und die Mitglieder des
Gran Consiglio angehören, so umfaßte er neben 150 Mitgliedern des Nationalrats der Faschistischen Partei die 500
effektiven Mitglieder des gleichzeitig umgebildeten Nationalrats der Korporationen und die Räte der 22 Korporationen.
Die Zuständigkeit dieser Kammer läßt sich begrifflich nicht
nach dem normalen Verfassungsrecht beschreiben; am ehesten kann man von einer Beratungskörperschaft sprechen,
deren Aufgabe es ist, eine juristisch sehr undeutliche ›coo-
perazione‹ mit der faschistischen Regierung bei der Gesetzgebung zu üben. Die bisher herrschende Inkraftsetzung von
Gesetzen durch königliches Dekret tritt wieder stärker in den
Hintergrund, aber von einer Konstitutionalisierung des faschistischen Staates kann man keineswegs sprechen. Das sehr
künstlich wirkende System des korporativen Staates mit seinen politischen Funktionen blieb im ganzen eine Fassade,
hinter der sich die weiterdauernde Autokratie des Duce und
der Faschistischen Partei verbarg. Die wirtschaftlichen Machtstellungen des Bürgertums sind im Schatten des korporativen
Staats eher verstärkt als abgebaut worden, was Mussolini in
der Endphase der Republik von Salò zu einer radikalen
Wendung in den Sozialismus veranlaßte.

Der Augenblick der Errichtung der Korporationen im
Jahre 1934, mit dem die entscheidende Phase des faschistischen
Staatsumbaus abgeschlossen wurde, bezeichnete zugleich den
Übergang zu einem Zeitabschnitt des beinahe ausschließlichen
Übergewichts außenpolitischer Entscheidungen. Wenn die

korporative Neuordnung nach den unmißverständlichen
Worten des Duce in erster Linie die politische Macht des
faschistischen Staates ›für Zwecke seiner Expansion in der
Welt‹ steigern sollte, so näherte sich jetzt die Stunde, wo die
im Innern aufgespeicherten Kräfte sich nach außen zu ent-
laden begannen. Als am 8. Mai 1936 nach der Eroberung
Abessiniens das italienische Imperium ausgerufen wurde, war
der Höhepunkt der faschistischen Expansionspolitik erreicht,
aber war diese von Anfang an als Ziel verfolgt worden? Eine
Antwort darauf kann nur durch einen Rückblick auf die
Außenpolitik des Faschismus im voraufgehenden Jahrzehnt
gewonnen werden.

Für die faschistische Revolution war der ›verlorene Sieg‹
ein Schlagwort von größter demagogischer Wirkung gewesen, es lag nahe, daß Mussolini als leitender Minister die
Außenpolitik des neuen Regimes im aggressiven Geiste des
Intervento führen und auf die traditionellen großen Ziele
italienischer Expansion: Adriaherrschaft, Mittelmeerpolitik
und koloniales Afrika richten werde. Doch war davon – mit
Ausnahme der kurzdauernden Besetzung der griechischen
Insel Korfu im Sommer 1923 – zunächst wenig zu spüren; in
keinem Ressort blieben auch die Träger der bisherigen Politik so unbehelligt wie im Auswärtigen Ministerium, in dem
bis 1925 der Generalsekretär Contarini seinen beherrschenden
Einfluß behielt. Tatsächlich waren einer italienischen Außenpolitik zu Beginn der 20er Jahre enge Grenzen gesetzt: sie
konnte es nicht wagen, sich in Aktionen zu verwickeln, die
auf einen Konflikt mit den Siegermächten England und Frankreich hinausliefen, solange sie diesen isoliert und in offener
militärischer Schwäche gegenübertrat. Auch die Revision der
Friedensverträge konnte sie, wie es durch Mussolini des öfteren geschah, nur in sehr allgemeiner Form ohne konkrete
Ziele fordern. Der Gedanke, die volle Erfüllung des Londoner Vertrags von 1915 zu verlangen, mußte für Anatolien
schon gleich nach der faschistischen Machtübernahme auf
der Lausanner Konferenz mit der Türkei aufgegeben werden.
In der für Italien noch sehr viel entscheidenderen Adriafrage
ist Mussolini in den ersten Jahren des Regimes sehr gewun-

dene Wege gegangen. Die italienische Adriapolitik mußte
von der Tatsache ausgehen, daß an die Stelle des Vorkriegs-
gegners Österreich-Ungarn der neue südslawische Staat getreten war, der den Anspruch Italiens auf die Vorherrschaft
im mare nostro bestritt und sie schon durch sein Dasein ver-
neinte. War damit als unmittelbares Ergebnis der territorialen
Entscheidungen von 1919 ein neuer adriatischer Gegensatz
entstanden, so wurde er noch in einen gesamteuropäischen
verlängert durch die Abstützung, die sich das französische
Nachkriegssystem in den Staaten der Kleinen Entente geschaffen hatte. An den Gestaden des Adriatischen Meeres trafen nicht nur Südslawien und Italien, sondern auch die Mittel-
meermächte Frankreich und Italien aufeinander.

Nicht zuletzt diese gesamtpolitischen Zusammenhänge waren es, die Mussolini zu einer Biegsamkeit seiner politischen
Taktik veranlaßten. Die schon vor der faschistischen Machtergreifung begonnene Annäherungspolitik an Jugoslawien
(Rapallo-Vertrag vom November 1920) setzt er selbst um
den Preis territorialer Zugeständnisse in Fiume und der Anerkennung des Status quo an der Adria fort; 1924/25 erreicht
sie ihren Höhepunkt in einem italienisch-jugoslawischen
Freundschaftspakt und den – tatsächlich nie in Kraft getre-
tenen – wirtschaftlichen Abmachungen von Nettuno. Erst
als dieser Versuch, Frankreich durch eine freundschaftliche
Verständigung mit Südslawien zu überspielen, in seinen Ansätzen steckenblieb, ging Italien selbst zur politischen Offensive über und suchte seinen Adriagegner vom Meere und
seinen rückwärtigen kontinentalen Grenzen her zu blockieren.
Mit diesem Stellungswechsel sind die Ursprünge des politischen Vormarsches Italiens in Südosteuropa und auf dem
Balkan aufs engste verbunden. Wenn es dem liberalen Regime nicht gelungen war, den italienischen Einfluß in Albanien wirksam durchzusetzen, so konzentrierte jetzt die faschistische Regierung ihre ganze Aktivität auf die den Adria-
ausgang beherrschende albanische Stellung. In einem System
mehrerer Verträge, namentlich dem Beistandspakt vom November 1926 vollzieht sich die politische, militärische und
wirtschaftliche Durchdringung Albaniens durch Italien, die

alle Krisen der nächsten Jahre trotz mannigfacher Reibungen überdauerte.

Schon der Verlauf der albanischen Angelegenheit läßt erkennen, wie sich die anfänglich militärisch-defensiven Absichten der italienischen Politik im Donau- und Balkanraum zu einem selbständigen Programm politischer Vormacht und Ausbreitung erweitern. Vollends deutlich aber wird diese Ausdehnung der balkanischen Ziele in der Freundschaftspolitik, die Italien nun gegenüber den anderen Donau- und Balkanstaaten einleitet. Mögen die Annäherungsbestrebungen an Bulgarien, Griechenland und Rumänien sowie die frühesten vertraglichen Abmachungen mit Österreich (Freundschafts- und Schiedsgerichtsvertrag vom 6. Februar 1930) und Ungarn (Freundschaftsvertrag vom 5. April 1927) noch in den unmittelbaren Zusammenhang der Auseinandersetzung mit Jugoslawien gehören, so war im Dreierpakt der römischen Protokolle vom 17. März 1934 mit Österreich und Ungarn ganz allgemein die Vorhand in Südosteuropa das Ziel der faschistischen Außenpolitik. Diese war damit auf einem ursprünglichen Nebenschauplatz die stärksten Bindungen eingegangen und sah sich dadurch vor Konsequenzen gestellt, die ihr ganzes Konzept in Verwirrung zu bringen drohten.

Dies betraf in erster Linie das Prinzip des Revisionismus, das Italien zum erstenmal durch seine Unterstützung der ungarischen – und mit geringerem Einsatz der bulgarischen – Revisionsforderungen in einem konkreten Falle aufgegriffen hatte. Vorher war es nur ein allgemeiner Grundsatz der faschistischen Politik gewesen, der mehr für den inneren Hausgebrauch rhetorisch-demagogisch proklamiert wurde und nach außen höchstens als Versuch gelten konnte, sich von dem strengen Legalismus namentlich Frankreichs zu distanzieren und das Tor für dynamische Bewegungen offenzuhalten. In diesem allgemeinsten Sinne hatten schon die ältesten programmatischen Grundsätze des Faschismus vor 1921 die Veränderung derjenigen Teile des Friedensvertrages verlangt, »die offensichtlich undurchführbar sind und deren gewaltsame Durchführung nur Haß erzeugt und den Keim zu künftigen Kriegen legt.« Die Annäherung an Ungarn war ein erster

Schritt des faschistischen Italiens auf einem Wege, der schließlich zu einem völligen Umsturz der Ordnung von 1919 führte,
der entscheidende Schritt war es noch nicht. Dieser wurde
erst getan, als die faschistische Politik die Weichen stellte, um
eigene ›revisionistische‹ Ziele zu erreichen, und sich dadurch
auch sein Verhältnis zu der Macht klärte, die die Revision
der Verträge von 1919 zum Sprungbrett größter Macht-
expansion machte: zum nationalsozialistischen Deutschland.
Das letztlich über den ganzen Faschismus entscheidende Problem lag in dieser Wendung von einem begrenzten zum
totalen Revisionismus. Trat jener im Grunde nicht aus der
Kooperation mit England heraus, die ein Lebensgesetz des
modernen Italien seit seiner Entstehung gewesen ist, so führte
dieser immer näher an das nationalsozialistische Reich heran.
Mochten Mussolini und seine Berater anfänglich damit argu-
mentieren, daß gegenüber Frankreich als dem Hauptgegner
einer europäischen Machtsteigerung Italiens ein wiederer-
starkendes Deutsches Reich die Bewegungsfreiheit der faschistischen Politik Schritt für Schritt vergrößern werde, so
hatten sie nicht in Rechnung gestellt, daß der deutsche Revisionismus schließlich Italien erdrücken könnte. Unter den anfänglichen Befürwortern des deutschen Kurses erkannten nur
einige wenige wie Graf Ciano und namentlich der Berliner
Botschafter Attolico zu spät diese Gefahr. Vor der nationalsozialistischen Machtergreifung schienen solche Überlegungen ohnedies noch verfrüht: in dieser Phase glaubte Mussolini
den Machtanstieg Deutschlands für sich nutzbar machen zu
können, indem er durch eine Vereinbarung der europäischen
Großmächte unter Kontrolle gehalten wurde. Diese Haltung
hatte schon zum Beitritt Italiens zum Rheinpakt von Locarno
als Garantiemacht beigetragen. Später lieh Mussolini von den
Anfängen der Abrüstungskonferenz an, vor allem aber auf
dem Höhepunkt ihrer Krise Ende 1932 der deutschen Gleich-
berechtigungsforderung seine nachdrückliche Unterstützung.
Die Idee des Viererpaktes, vom Duce in einem Augenblick
der Wende der europäischen Geschicke vorgetragen, versuchte, noch einmal die Zusammenarbeit Europas auf die unmittelbare Verständigung seiner großen Nationen zu grün-

den, wobei es Italien erspart bleiben konnte, zwischen zwei
entgegengesetzten Systemen zu optieren. In allen diesen Jahren schien Mussolini konventionelle, unideologische Außenpolitik zu treiben, die zwar im flagranten Widerspruch zu
der faschistischen Rhetorik stand, aber gerade deshalb sein
internationales Ansehen als das eines gemäßigten Revolutionärs begründete. Zu diesem Ansehen trugen schließlich auch
die mit dem Vatikan geschlossenen Lateranverträge von
1929 bei.

Der Übergang zu einer neuen Politik hing mittelbar und
unmittelbar mit dem ersten Auftreten des Nationalsozialismus auf der europäischen Bühne zusammen. Mit dem Aufbau seiner Stellung im Donauraum hatte Italien ursprünglich
eine revisionistische Gegenstellung gegen Frankreich und
seine Trabanten aufgerichtet zu einer Zeit, als die deutsche
Politik dort so gut wie nicht in Erscheinung trat. In einem
Augenblick, in dem der großdeutsche Revisionismus den
Donauraum stärker als je an das Reich heranrückte, wurde
das südosteuropäische System Italiens fast automatisch aus
seinen antifranzösischen Funktionen gerissen und in eine ge-
gendeutsche Front verwandelt. Die Barriere-Politik der Römischen Protokolle vom März 1934 kündete diese Wendung
schon deutlich an, ganz offen wurde sie im Juli dieses gleichen
Jahres, als Mussolini gegen den nationalsozialistischen Handstreich in Österreich italienische Divisionen am Brenner auf-
marschieren ließ. Daß sich hinter diesen Aktionen ganz andere Ziele verbargen und der Donauraum eigentlich kein
primäres Interessengebiet der faschistischen Außenpolitik
mehr darstellte, war in diesem Augenblick noch nicht zu erkennen, es ging erst aus den nächsten diplomatischen Schritten Mussolinis hervor. In der Rolle des Bürgen der Unabhängigkeit Österreichs war sein Wert für die französische
Mitteleuropa-Politik außerordentlich gestiegen, und er war
jetzt entschlossen, diese Lage zu einem großen machtpolitischen Durchbruch auszunutzen. Die diplomatische Basis
meinte er in den Abmachungen geschaffen zu haben, die mit
dem französischen Außenminister Laval im Januar 1935 in
Rom getroffen wurden. In der Hauptsache schienen diese

einen diplomatischen Erfolg Lavals darzustellen: Frankreich glaubte durch die Abreden von Rom die italienische Politik endgültig gegen die deutsche Revision in der österreichischen und Rüstungsfrage festgelegt zu haben; es sah den italienischen Druck auf Tunis geschwunden, da Mussolini in ein Sonderabkommen über eine – auf Jahrzehnte verteilte – Tilgung der Sonderrechte der Tunisitaliener willigte, und es hoffte, sich endlich mit einigen Berichtigungen der lybischen und Somaligrenze aus seinen Verpflichtungen des Londoner Vertrags von 1915 losgekauft zu haben. Für Mussolini war jedoch der entscheidende Punkt der Übereinkünfte mit Laval gar nicht in den bekanntgegebenen Vertragstexten enthalten, sondern fand sich in einem geheimen Schriftstück, in dem der französische Außenminister sein ›désistement‹ in bezug auf französische Interessen in Abessinien erklärte. Mündlich sprach Laval offenbar geradezu von der ›freien Hand‹, die Italien in Äthiopien habe. Um der ›historischen Ziele Italiens‹ in Afrika und Asien willen, von denen Mussolini zuletzt in einer aufsehenerregenden Rede vom März 1934 gesprochen hatte, hatte er sich jetzt den Westmächten so weit wie nie zuvor angenähert und erschien in voller Solidarität mit ihnen auf der Konferenz von Stresa im April 1935, die die einseitige deutsche Aktion in der Rüstungsfrage verurteilte und gegen Deutschland die entschlossene ›Front von Stresa‹ aufzurichten schien.

Wenn Mussolini sich an dieser Politik beteiligte in der Absicht, dafür die offene oder stillschweigende Zustimmung der Westmächte zu seinen inzwischen zu einem Plan gereiften kolonial-imperialistischen Ziele zu erlangen, so unterschätzte er die Durchschlagskraft des Legalismus dieser Mächte ebenso wie auf der anderen Seite später die des nationalsozialistischen Revisionismus. Möglicherweise hätte er sich anfangs noch mit bescheideneren Gewinnen als der vollständigen Annexion Äthiopiens begnügt, aber selbst gegen diese hat die britische Politik sofort Widerspruch angemeldet. Italien verwickelte sich in Afrika in ein weniger militärisches als politisches Abenteuer, das die Ergebnisse der bisherigen faschistischen Außenpolitik – den Kontakt mit Großbritannien, die Stellung in Österreich – preisgab: der koloniale Imperialismus setzte die Zusammenarbeit mit England und Frankreich voraus, wurde aber gerade die Ursache der Entfremdung von ihnen. Er verstand sich als ein dynamisches Prinzip, war aber nur ein verspäteter Nachklang des europäischen Kolonialismus, der sich überall im Rückzug befand.

Der Abessinienkrieg war nicht ein Konflikt, der das unvermeidbare Ergebnis aus einer langen Ära unüberbrückbarer Gegensätze darstellte, sondern ein auf kurze Sicht geplantes und organisiertes Kolonialunternehmen. Die Beziehungen des faschistischen Italien zu Äthiopien, das einst schon das begehrte, aber nicht erreichte Ziel der älteren italienischen Kolonialpolitik gewesen war, blieben lange normale, ja freundschaftliche; die Aufnahme des afrikanischen Kaiserreiches in den Völkerbund (September 1923) war gegen britische Widerstände von Italien mitbeantragt worden, das überhaupt den britischen Einfluß dort einzudämmen suchte. Erst seit 1933 begann sich die Lage zu verschlechtern, zuletzt seit dem Zwischenfall von Ual-Ual im Dezember 1934. Seit Beginn des Jahres 1935 scheint Mussolini zu einer radikalen militärischen Lösung der abessinischen Frage entschlossen gewesen zu sein; im Februar setzten die militärischen Vorbereitungen ein. Der Aufmarsch italienischer Truppen in Erythräa und Italienisch Somaliland vollzog sich ohne Schwierigkeiten in technisch einwandfreien Formen. Mit dem Eindringen zweier italienischer Armeen von Norden und Süden begann am 2. Oktober der Krieg unter dem Oberbefehl zuerst Marschall de Bonos, später Badoglios, eine koloniale Besetzungs- und Befriedigungsaktion im Stile früherer Kolonialunternehmungen gegen einen, moderner Kriegtechnik in keiner Weise gewachsenen Gegner, der sich tapfer wehrte und Terrain und Klima für sich nutzte. Am 9. Mai 1936 wurde nach dem Einmarsch der Italiener in Addis Abeba das Kaiserreich Äthiopien unter die Souveränität Italiens gestellt und zusammen mit den älteren Besitzungen Somali und Erythräa zur neuen Kolonie Italienisch-Ostafrika vereinigt. Damit war nach der in den vorhergehenden Jahren (1926–1931) gelungenen Wiedereroberung Libyens ein zweites als Rohstoffbasis und Sied-

lungsland unvergleichlich wertvolleres afrikanisches Kolonial-
gebiet in die Hände der Italiener gefallen, die die ersten
Schritte zu seiner wirtschaftlichen und kolonisatorischen Entwicklung sofort einleiteten. Der historisierende Stil dieses
Neo-Imperialismus, hinter dem ein immenser Bevölkerungs-
druck stand, wollte das kurzlebige, verspätete Kolonialunternehmen mit der Neuschöpfung eines italienischen Imperiums krönen. Als ›Impero del lavoro‹ – Imperium der
Arbeit – wurde dieser Versuch bezeichnet, aber die militä-
risch-diplomatischen Umstände seiner Gründung verhinderten den Übergang zu aufbauender Arbeit auf lange Sicht;
Italien war durch seine Abessinenpolitik in gefährliche Strudel der Weltpolitik geraten und fand nicht mehr in ruhigeres
Fahrwasser zurück.

Das hing mit den weltpolitischen Auswirkungen des abessinischen Krieges zusammen, wie sie zuerst durch das Vorgehen des Völkerbundes, die Verhängung wirtschaftlicher
Sanktionen gegen Italien unter Führung Englands eingetreten
sind. Hatte nicht Mussolini gegen das Grundgesetz der italienischen Politik verstoßen und die führende Seemacht im
Mittelmeer zum offenen Konflikt herausgefordert? Als die
Briten ihre Flotte im Mittelmeer konzentrierten, schien die
gefährlichste Stunde der Va-banque-Politik des Duce gekommen, aber in diesem Punkte ging seine Rechnung auf:
England wollte nur den Schein retten und trieb die Sanktionen weder bis zum Öl-Embargo noch bis zur Schließung
des Suezkanals. Der Hoare-Laval-Plan der Außenminister
Englands und Frankreichs, der eine Teilannexion Abessiniens
durch Italien vorschlug, wurde zwar vor der öffentlichen
Meinung des Westens zerrissen, er war aber doch ein Sym-
ptom für die Neigung, die äußerste Zuspitzung des Konflikts
mit Italien zu vermeiden. So tat die westliche Politik das
Schlechteste, was sie konnte: sie trat Italien in den Weg, ohne
ernstlich seine Aktionen verhindern zu wollen. Sie verletzte
Italien und die Italiener, die dadurch stärker als zuvor an den
Faschismus herangedrängt wurden, und sie bereitete die Annäherung Italiens an das nationalsozialistische Deutschland,
die ›Achse Rom-Berlin‹ vor.

Bei Hitler, der Mussolini als Vorbild bewunderte, spielte schon in seinen frühen außenpolitischen Programmen ein Bündnis Deutschlands mit Italien, in Verbindung mit England, eine wichtige Rolle. Durch seine Verzichterklärung auf Südtirol glaubte er das einzige Hindernis einer Annäherung von vornherein aus dem Wege geräumt zu haben, doch stellte sich bald nach der nationalsozialistischen Machtergreifung Österreich überhaupt als ein sehr viel schwierigerer Punkt für die gegenseitigen Beziehungen heraus. In Wien hatte sich Italien nicht nur machtpolitisch festgesetzt, sondern hier war auch seit Dollfuß und Schuschnigg das faschistisch-totalitäre Vorbild ideologisch bedeutsam geworden und stand in schroffem Gegensatz zu nationalsozialistischer Politik und nationalsozialistisch-völkisch-großdeutschen Ideen. Eine erste Begegnung Mussolinis mit Hitler im Juni 1934 in Venedig vertiefte die Gegensätze eher, mindestens auf Mussolinis Seite, die Ereignisse des Juli 1934 in Wien und Österreich führten auf einen Tiefpunkt der Beziehungen. Die Wendung setzte dann während der Sanktionskrise im Winter 1935/36 ein, als Deutschland sich an den Sanktionen nicht nur nicht beteiligte, sondern allmählich dem kriegführenden Italien wirtschaftliche und propagandistische Hilfe leistete. Die Lähmung des Garantiesystems von Locarno durch den britisch-italienischen Gegensatz kam Hitler bei dem Einmarsch deutscher Truppen in die entmilitarisierte Zone des Rheinlands zugute, so daß auch sein Interesse an einer Intensivierung des Verhältnisses zu Italien wuchs. Ein übriges tat der Ausbruch des Bürgerkrieges in Spanien (Juli 1936), in den die Diktatoren mit verschieden hohem Einsatz, aber in der gleichen Absicht eingriffen, auf der iberischen Halbinsel der Bewegung des General Franco zum Siege zu verhelfen. Hatte der Abessinienkrieg die machtpolitische Annäherung des faschistischen und nationalsozialistischen Staats eingeleitet, so schuf der Bürgerkrieg in Spanien die Basis einer gemeinsamen ideologischen Politik gegen die demokratischen und bolschewistischen Mächte. Das Verhängnis der Politik Mussolinis entwickelte sich daraus, daß er den Bund mit Deutschland zum einzigen Inhalt seiner außenpolitischen Entscheidungen machte, nicht nur, solange die ideologische Solidarität mit den realen staatlichen Interessen Italiens zusammenzufallen schien, sondern als längst beide in Kollision geraten waren. In dieser zweiten Phase wurden die Befürworter der Wendung zu Deutschland, in erster Linie Mussolinis Schwiegersohn, Galeazzo Ciano, Außenminister seit Juni 1936, zu Gegnern der nach dem Reich orientierten Politik, Mussolini selbst blieb aber der Gefangene der Entscheidungen, die er 1936–37 getroffen hatte. Er blieb es auch, als sich längst herausgestellt hatte, daß sein Partner Hitler die Gemeinsamkeit der politischen Weltanschauung zu skrupelloser Interessenpolitik gegenüber dem ideologischen Bundesgenossen ausnutzte.

Die engere Zusammenarbeit Deutschlands und Italiens beginnt mit dem Besuch Cianos in Deutschland im Oktober 1936, dessen Ergebnis ein deutsch-italienisches Geheimprotokoll gewesen ist. Als kurz darauf, in einer Mailänder Rede vom 1. November, Mussolini die ›Achse Rom-Berlin‹ verkündete, fand er ›die rhetorisch wirksame Formel für eine politische Verbindung, die noch keinen festen Bündnischarakter hatte. Auch der Deutschland-Besuch des Duce im September 1937 brachte noch keine weiteren Verdichtungen der politischen Beziehungen, aber um so lautere Demonstrationen der Solidarität und ein immer enger werdendes persönliches Verhältnis zwischen den Diktatoren. Im November 1937 trat Italien dem Antikominternpakt Deutschlands und Japans bei und verstärkte damit sein ideologisches Bekenntnis zum Antibolschewismus. Aber das wachsende Bewußtsein gemeinsamer politischer Ideologien konnte die große machtpolitische Aufrechnung zwischen den beiden Partnern nicht hindern, die sich aus der Schwerpunktsverlagerung Italiens ins Mittelmeer ergaben. Italien mußte es untätig geschehen lassen, daß Österreich immer mehr in den Sog des nationalsozialistischen Reiches geriet und im März 1938 seine bisher von Italien geschützte Unabhängigkeit verlor. Äußerungen Mussolinis und Tagebucheintragungen Cianos in diesen Monaten lassen vermuten, daß sich in Rom sehr früh schon eine resignierende Stimmung in der österreichischen Frage durchgesetzt hatte. In den entscheidenden Märztagen wurden die

Italiener zwar von den Ereignissen und dem deutschen Vorgehen überrascht, gaben aber den hilfesuchenden Schuschnigg preis. Hitler hatte sich mit Österreich einen teuren Preis für die Hilfe in der Abessinien- und Spanienkrise zahlen lassen, dem er nur durch seine Bekräftigung der Brennergrenze seine Schockwirkung auf die italienische öffentliche Meinung zu nehmen versuchte.

Als Hitler wenige Wochen nach den österreichischen Ereignissen im Mai 1938 seinen Gegenbesuch in Rom abstattete, waren die Nachwirkungen des Anschlusses bei den Italienern noch nicht ganz überwunden, aber der deutsche Außenminister v. Ribbentrop rückte schon mit dem Angebot eines engen militärischen Bündnisses heraus. Die Italiener hielten sich zurück und es sollte ihnen gelingen, den endgültigen Abschluß noch ein ganzes Jahr hinauszuzögern. In diesem Jahre wuchs das Übergewicht des Reiches in Europa immer mehr und Mussolini manövrierte ohne festen Kurs und klare Linie in seinem Gefolge, aber immer noch bestrebt, den Spielraum für eigene Entscheidungen nicht ganz zu verlieren. Je mehr die nationalsozialistische Führung eine Politik der Überraschungsschläge machte, geriet Mussolini in das Dilemma, sich auf der einen Seite nicht überrunden zu lassen, auf der anderen aber dem großen Konflikt aus eigener militärischer Schwäche aus dem Wege gehen zu müssen. Die Flucht in die große Geste und das große Wort wurde unglaubhaft, je mehr der nationalsozialistische Partner sich alle Vorteile durch die große Aktion zu sichern suchte. Die inneren Widersprüche und Verzerrungen der Politik Mussolinis in diesen Monaten erwuchsen aus dem Widerspruch zwischen seinem Bedürfnis zum dynamischen Handeln und dem Eingeständnis seiner Schwäche, d.h. seiner Meinung, dieses Bedürfnis nur mehr mit der Rückendeckung der deutschen Macht stillen zu können. Die innere Freiheit, die Sicherheit Italiens in der Wahrung des Friedens zu suchen, besaß er längst nicht mehr: nur vorübergehend schien ihm die Rolle des europäischen Friedensvermittlers in der Sudetenkrise zuzufallen, als er die Münchener Konferenz durch seine Initiative herbeiführte und dadurch die Abtretung der Sudetengebiete an Deutschland ohne kriegerischen Konflikt ermöglichte. Aber eben in dem Augenblick, wo er sich den Ruf eines Staatsmannes erworben zu haben schien, setzte er ihn endgültig aufs Spiel: statt nach München den wiedergewonnenen Kontakt mit den anderen Mächten, vor allem Großbritannien zu verstärken und eine Politik der Eindämmung des Achsenpartners einzuleiten, ließ er sich dazu hinreißen, es diesem gleichtun zu wollen. Die Vorgänge in München hatten auch bei ihm die Meinung von der Kraftlosigkeit der demokratischen Staaten bestätigt und er glaubte, ebenso wie Hitler terroristische Außenpolitik treiben zu können. So kam es zu der Proklamation italienischer Annexionsziele in der Sitzung des Faschistischen Großrats vom 30. November 1938, in der der Duce Albanien, Tunis, Korsika, ja sogar das Tessin nannte.

Die daraus erwachsende Spannung mit Frankreich drängte Italien erneut an das nationalsozialistische Reich heran: seit dem Januar 1939 laufen, nun auf italienische Anregung, wieder die Verhandlungen über eine Umwandlung des Antikominternpakts in einen militärischen Dreibund. Sie sollten, nachdem Japan zögerte, bald in Verhandlungen über einen deutsch-italienischen Zweibund übergehen. Diese wurden selbst durch die erneute Brüskierung, die die auch für Italien überraschende Besetzung der Rest-Tschechoslowakei im März 1939 bedeutete, nicht ernstlich gestört. Nachdem sich das faschistische Italien in einer Blitzaktion vom April im Stile Hitlers zum Herrn Albaniens gemacht und damit die Adria geschlossen hatte, war seinem Prestigebedürfnis Genüge getan, die Abhängigkeit von Deutschland aber war noch gesteigert. So wurden die letzten Diskussionen über den Pakt beschleunigt; das bedeutete aber gleichzeitig, daß die Italiener jede Sorgfalt in der politischen Vorbereitung des Bündnisses vernachlässigten und es zuließen, daß der deutsche Verhandlungspartner im Grunde alle Bedingungen festsetzte. Was noch vorher für Mussolini, Ciano und den Berliner Botschafter Attolico als unabdingbare Voraussetzung einer Allianz gegolten hatte, so die genaue Bestimmung der beiderseitigen Interessensphären und Aktionsräume und die Einhaltung einer Frist, in der ein Konflikt vermieden werden sollte, blieb schließlich ungeklärt. Die gefährlichste Klausel des sogenannten ›Stahlpakts‹ vom 22. Mai 1939, die im Art. III eingegangene automatische militärische Beistandspflicht bei jedem Konflikt ging sogar auf einen Vorschlag Mussolinis zurück. Dieser hatte dabei aber eine italienische Initiative im Auge, während Hitler und Ribbentrop an die bevorstehenden deutschen Aktionen gegen Polen dachten, über die sie Rom indessen ganz im unklaren ließen.

Ciano, damals schon voller Kritik gegen die Politik seines Meisters, aber unfähig ihr entgegenzuwirken, notierte über den ›Patto d'acciaio‹ in seinem Tagebuch: »Ich habe nie einen derartigen Vertrag gelesen, er ist wahrhaft Dynamit.« In seiner unverhüllten Tendenz zum Kriege hat man ihn als ›totalitären Pakttypus‹ bezeichnet, doch wird dabei leicht übersehen, daß das Bekenntnis zu totalitärer Solidarität im Grunde durch die machiavellistische Machtpolitik aufgehoben wurde, die der stärkere Partner mit dem schwächeren trieb.

Der von Italien leichtsinnig unterschriebene Wechsel wurde früher fällig, als die italienischen Politiker im Mai angenommen hatten: sie wiegten sich – außer dem unablässig mahnenden und warnenden Attolico in Berlin – in der Hoffnung, daß die nationalsozialistische Führung selbst noch an einer längeren Friedensperiode interessiert sei, während doch die Termine für die gewaltsame Lösung der polnischen Frage schon feststanden. Volle Klarheit hat Ciano darüber erst bei seinem Besuch Ribbentrops in Salzburg und Hitlers auf dem Obersalzberg am 11./12. August 1939 gewonnen, wo zum erstenmal mit schonungsloser Offenheit von den bevorstehenden Ereignissen gesprochen wurde. Hitler rechnete damit, daß das propagandistisch in seinem Wert übersteigerte Bündnis mit Italien und der nahe herangekommene Abschluß des Nichtangriffspakts mit der Sowjetunion genügen werde, den polnischen Konflikt zu lokalisieren. Unzweifelhaft wurde dabei der Wert des Pakts der Achsenmächte durch den Vertrag mit den Sowjets für Deutschland erheblich gemindert. Ciano scheint diese Wendung bei seinen Gesprächen in Salzburg und Berchtesgaden bereits gespürt zu haben.

Nach den Eröffnungen von Salzburg befand sich Mussolini

in einer ausweglosen Situation. Hielt er sich an die Verpflichtungen des Bündnisses vom Mai, mußte er mit Hitler marschieren; das hieß, daß er in den großen Konflikt unmittelbar hineingerissen wurde, vor dem er trotz aller oratorischen Floskeln immer zurückgeschreckt war. Für die Möglichkeit der Friedensvermittlung wie im September 1938 verfügte er nicht mehr über die Unabhängigkeit, die er vor dem Mai 1939 noch besessen hatte. Eine offene Bündnisverweigerung hätte leicht das ganze Fundament zum Einsturz bringen können, auf dem der Faschismus innen- und außenpolitisch stand, ganz abgesehen von der psychologischen Schwierigkeit, daß der Interventionist von 1915 dem Neutralisten von 1939 innerlich im Wege stand. In dieser Stunde verließ Mussolini die zur Schau getragene Sicherheit: seine Entscheidungen wurden schwankend, schließlich fand er zu einer halben Entscheidung, die praktisch nur einen Aufschub bedeutete: am 25. August legte Mussolini in einem Briefe an Hitler drei Möglichkeiten für das Verhalten Italiens fest, unter denen für die erste – deutscher Angriff auf Polen und Lokalisierung des Konflikts – nur »jede Form politischer und wirtschaftlicher Hilfe« zugesagt wurde. Eine unverzügliche Intervention könne nur dann stattfinden, »wenn Deutschland uns sofort das Kriegsmaterial und die Rohstoffe liefert, um den Ansturm auszuhalten, den die Franzosen und die Engländer überwiegend gegen uns richten werden.« Dies war die Einleitung einer Politik der ›nonbelligeranza‹, wie sie von Mussolini genannt wurde. Nach außen hin abgeschirmt als eine auf gegenseitigem Einverständnis der beiden Bundesgenossen beruhende Entscheidung erschien sie doch wie ein Versuch einer selbständigen Politik Italiens und eine Antwort auf das isolierte Handeln Deutschlands in der polnischen Frage. Daß die Berufung auf den schlechten Rüstungsstand und unerfüllbare Forderungen für die italienische Rüstung den Wert des italienischen Bundesgenossen in deutschen Augen weiter herabmindern mußten, nahmen die Italiener für die gewonnene Atempause in Kauf.

War damit ein Spalt offengelassen für eine neue Politik Italiens, das als neutrale Macht sich nicht nur aus dem Kriege heraushalten, sondern auch eben dadurch seinen maßgebenden Einfluß auf die politischen Entscheidungen sichern wollte? Ciano und Attolico haben die Situation in diesem Sinne verstanden und weiterzuführen gewünscht. Für Mussolini verboten sich aber nach dem Gesetz, mit dem er angetreten war, Spekulationen, die an die Politik Giolittis von 1914/15 erinnerten: für ihn war damals wie schon 1915 der Eintritt Italiens in den Krieg nicht ein Akt des berechnenden Kalküls, sondern ein Handeln im Einklang mit den heroischen Idealen der faschistischen Revolution, in ihm lag geradezu die Selbstbestätigung des Faschismus. So löste sich schließlich alle Vermittlungspolitik oder die Möglichkeit des Übergangs von der Nichtkriegführung in echte Neutralität in nichts auf. Am 10. Juni, kurz vor dem Ende des Frankreich-Feldzugs und im Augenblick eines unbezweifelbaren deutschen Sieges trat Italien in den Krieg ein. Die Paradoxie der Entscheidung des Duce lag darin, daß dies weder ein heroischer Moment war, noch daß Italien gegen Frankreich noch irgendwelche nennenswerten militärischen Leistungen vollbringen konnte. Nach außen wirkte der Kriegsentschluß Mussolinis gerade als das, als was er nicht gelten sollte: als Ausdruck machiavellistischer Taktik, als risikoloser Versuch, sich an der Liquidation des geschlagenen Frankreich noch gerade rechtzeitig zu beteiligen.

Die Diskrepanz zwischen Schein und Wirklichkeit wurde nun im Kriege immer mehr kennzeichnend für das faschistische System: zwischen dem Schein imperialer Macht und militärischer Kraft und der Wirklichkeit einer in halben Ansätzen steckenbleibenden, von einem Rückschlag zum andern geworfenen Kriegführung, aber auch zwischen dem Schein einer auf solidarischen Interessen und gemeinsamen verpflichtenden Ideen beruhender Gesamtkriegspolitik der Achsenmächte und der Wirklichkeit eines Bundesgenossenkrieges, in dem die Mächte fast ohne jede militärische und politische Koordination operierten. Nur da, wo die Niederlagen des schwächeren Partners zu einer Existenzgefährdung des stärkeren zu führen drohten, stellte dieser ein gemeinsames Vorgehen sicher, solange er dazu die Kraft hatte. So kam es, daß die Gesamtkriegsleistung des faschistischen Italiens, das ein

militanter, starker und disziplinierter Staat zu sein beanspruchte, weit hinter der des liberalen italienischen National-
staats im I. Weltkrieg zurückblieb. In diesem glaubte die italienische Nation bis zuletzt daran, daß ihre nationale Existenz
von einem siegreichen Ausgang des Krieges abhängig sei, im
II. Weltkrieg führte immer offenkundiger das faschistische
Regime einen Existenzkampf, während die Interessen des italienischen Staates darauf drängten, den Krieg zu beenden.

Mangelnde technische und militärische Bereitschaft der
italienischen Armee zeigten sich schon bei den ersten Kriegs-
handlungen gegen Frankreich. Noch schlimmer traten sie zutage, als Italien Ende Oktober 1940 von Albanien aus militärische Aktionen gegen Griechenland eröffnete, nachdem es
vorher Monate lang günstige Gelegenheiten verstreichen
ließ, um gegen schwache britische Kräfte in Nordafrika,
namentlich in Ägypten vorzugehen. Das griechische Unternehmen endete in ernstesten militärischen Rückschlägen und
nur das deutsche Eingreifen auf dem Balkan im April 1941
konnte die Lage retten. Damit war aber politisch gerade das
erreicht, was die italienische Initiative zu verhindern gesucht
hatte: das nationalsozialistische Reich dominierte auch auf der
Balkanhalbinsel. Die deutsch-italienischen Reibungen wegen
der italienischen Besatzungszonen in Griechenland und Jugoslawien, wegen des italienischen Einflusses auf den ›Unabhängigen Staat Kroatien‹ häuften sich in den nächsten Jahren.

Noch ernster wurde die Lage in Nord- und Ostafrika: die
Annexion von 1936, das abessinische Kaiserreich, jetzt Italienisch Ostafrika, ging bis zum April 1941 ganz verloren. Am
4. April, fast genau 5 Jahre nach dem Einzug der Italiener in
Addis Abeba, rückten dort die Engländer ein. In Nordafrika
war ein Angriffsunternehmen Marschall Grazianis im September 1940 auf ägyptischem Boden in der Höhe von Sidi Barani
liegengeblieben. Ein Gegenangriff der Engländer im Dezember brachte den vollständigen Zusammenbruch der italienischen Front, schwerste italienische Menschen- und Material-
verluste und den Verlust der ganzen Cyrenaika. Auch hier
konnte die Lage nur durch die Hilfe des deutschen Bundesgenossen wiederhergestellt werden: Rommels kühner Vor-

stoß im Frühjahr 1941 schlug die Engländer aus der Cyrenaika hinaus, Ende Juni 1942 fiel ihr letzter Stützpunkt, die Festung Tobruk in die Hände der deutsch-italienischen Truppen, im Juni 1942 war die El-Alamein-Stellung, 100 km vor Kairo, erreicht, in der die Fronten bis zum Herbst erstarrten. Ein strategischer Durchbruch bis zum Suezkanal war auch jetzt nicht geglückt, ebenso wie der entscheidende Angriff auf Malta unterblieb, zur gleichen Zeit etwa, als sich Franco einem Vorgehen an deutscher Seite nach Gibraltar versagte. Hitlers Interesse an großer Mittelmeerstrategie war äußerst begrenzt; die in diesem Raume auch für seine Kriegführung liegenden Möglichkeiten hat er nicht erkannt; für ihn blieb er ein Nebenkriegsschauplatz. So wurde die deutsch-italienische Strategie im Mittelmeer nur ein System kleiner Aushilfen, ohne großes Konzept, das auch bei den Italienern fehlte. Bald reichte die deutsche Unterstützung nicht mehr aus, die bis zum Sommer 1942 erreichten Positionen zu halten: mit dem Durchbruch der Engländer durch die El-Alamein-Stellung Ende Oktober 1942 und der Landung der Alliierten in Französisch-Nordafrika begann auch im Mittelmeerraum die Wende des Krieges. Im Mai 1943 brach der letzte Widerstand der auf den Brückenkopf in Tunesien zurückgedrängten deutsch-italienischen Truppen zusammen. Mit dem Verlust des afrikanischen Vorfeldes war Italien selbst in die unmittelbare Gefahrenzone gerückt: als die Alliierten im Juli auf Sizilien landeten, vollzog sich der Rückzug der Italiener bereits in turbulenten Formen. Der Glaube, dem Feinde noch erfolgreichen Widerstand leisten zu können, brach endgültig in diesen Tagen zusammen. Für das faschistische Regime, das den Krieg herbeigeführt hatte, war damit eine Krise heraufgekommen, die es nicht mehr überstehen sollte.

Rückwirkungen der immer düstereren Kriegslage auf das faschistische System, ja den italienischen Staat waren schon seit Beginn des Jahres 1943 zu spüren. Die letzte ›Wachablösung‹ der faschistischen Regierung vom 6. Februar 1943 stand bereits in ihrem Zeichen: fünf Minister, unter ihnen Ciano und Grandi wurden aus ihren Ämtern entlassen. Die Keime einer innerpolitischen Fronde wurden in diesem

Augenblick gelegt. Weitere Oppositionszentren gegen Mussolini und die von ihm verantwortete Kriegspolitik bestanden
in der Umgebung des Königs und beim König selbst; schließlich beim Generalstabschef Ambrosio und der Generalität.
Zwischen diesen Gruppen wurden Fäden gesponnen und in
erster Linie die Möglichkeit der Herauslösung Italiens aus dem
Bündnis mit dem nationalsozialistischen Deutschland vorerst
noch im geheimen diskutiert. Die Führungskreise der illegalen Widerstandsbewegung waren daran noch nicht beteiligt,
es war vielmehr eine Krise, die sich innerhalb des Regimes im
weitesten Sinne anbahnte. Mussolinis Haltung in den ersten
Monaten dieses Jahres wird von dem Zwiespalt seiner unbezweifelbaren Einsicht in die aussichtslose Situation auf der
einen Seite und der inneren Unmöglichkeit bestimmt, daß der
Verkünder des imperialen Italiens einen Schritt tat, der zur
Selbstabdankung des Faschismus führen mußte. Er war und
blieb der Gefangene seiner totalitären Ideologie, so sehr er
sich mit Gedanken getragen haben mag, Italiens ›Herauslösung‹ (sganciamento) aus dem Kriege vorzunehmen. Als
er am 19. Juli zum letztenmal auf italienischem Boden in
Feltre bei Belluno Hitler begegnete, brachte er kein Wort
über die Lippen, das dem deutschen Diktator die Unfähigkeit
Italiens, den Krieg fortzusetzen, angezeigt hätte.

So ergriffen Mussolinis Gegner am Hofe, im Generalstab
und die Frondeure der Partei die Initiative: während jene die
Ablösung Mussolinis und seines Regimes durch den Marschall
Badoglio vorbereiteten, betrieben diese, sehr gegen Mussolinis Willen, die Einberufung des obersten Organs der Partei
und des Staates, des Faschistischen Großrats. Als dieser in der
Nacht vom 24. auf den 25. Juli zusammentrat, wurde die
Krise des Regimes offenbar: eine von Grandi entworfene Tagesordnung wurde mit großer Mehrheit angenommen. Sie
forderte die sofortige Wiederherstellung aller Staatsfunktio-
nen und die Wiedereinsetzung der Krone, des Großrats, der
Regierung in ihre volle, durch die Verfassungsgesetze gewähr-
leistete Verantwortung. Gleichzeitig wurde der König aufgefordert, den tatsächlichen Oberbefehl über die italienischen
Streitkräfte wieder zu übernehmen. Dies war nichts anderes

als ein Mißtrauensvotum gegen den Duce und den Regie
rungschef – ein unerhörter Vorgang in der Geschichte totali
tärer Regime. Nach diesem Beschluß wurde nun auch die
andere Gruppe, an ihrer Spitze der König aktiv: bei einer
Audienz Mussolinis beim König am Nachmittag des 25. Juli
eröffnete ihm Viktor Emanuel seine Entlassung, die Mussolini
ohne jeden Widerstand akzeptierte. An den beiden Schick
salstagen seines Lebens und seines Regimes war der Mann der
großen Rede und großen Pose ohne Entschlußkraft und be
fand sich in einem Zustand innerer Gelähmtheit. Beim Ver
lassen des königlichen Palastes wurde er ohne Aufhebens ver
haftet und blieb dies, bis ihn deutsche Fallschirmjäger am 12.
September auf dem Gran Sasso im Apennin befreiten.

Daß die Aktion gegen den Duce im letzten auf die Heraus
lösung Italiens aus dem Bündnis mit Deutschland zielte, ist
nicht zu bezweifeln. Nicht mit gleicher Eindeutigkeit kann
aber gesagt werden, daß alle Beteiligten an eine Beseitigung
des faschistischen Regimes dachten; Männer wie Grandi woll
ten höchstens einen Wechsel an der Spitze des Regimes, um
dieses einer Umwandlung zu unterziehen und Italien gleich
zeitig in nähere Verbindung mit den Alliierten zu bringen.
Praktisch stand aber die Regierung Marschall Badoglios, die
ein unpolitisches, nur aus Fachleuten zusammengesetztes Ka
binett sein sollte, vor den beiden Aufgaben, den Faschismus
zu vernichten und Italien aus dem Kriege herauszulösen. Völ
lig gelungen ist nur die erste: widerstandslos brach das Re
gime zusammen und wurde die Faschistische Partei aufgelöst.
Die Einleitung von Waffenstillstandsverhandlungen mit den
Alliierten zwang Italien zu äußerster Vorsicht, da es die
Kriegsereignisse inzwischen zu einem von seinem bisherigen
Bundesgenossen Deutschland halbbesetzten Land gemacht
hatten. Man brauchte die bisherigen Gegner, die die härtesten
Bedingungen stellten, geradezu, um sich mit ihrer Hilfe des
Bundesgenossen zu entledigen. Dieses Spiel ist nicht zuletzt
auch an der Schwerfälligkeit der alliierten Kriegführung ge
scheitert, die es versäumte, mit allen denkbaren Anstrengun
gen sofort das ganze Italien in die Hand zu bekommen. Als
der am 3. September geschlossene Waffenstillstand am 8.Sep

tember bekannt gegeben wurde, liefen zwar die alliierten Landungsmanöver in Calabrien und bei Salerno schon an, aber die deutsche Armee brachte in den nächsten drei Tagen das gesamte italienische Festland nördlich von Neapel in ihre Hand. Die in den besetzten Gebieten von Frankreich bis zum Dodekanes stehenden italienischen Armeen wurden von deutschen Truppen entwaffnet. Italien blieb Kriegsschauplatz, nur daß es jetzt, wenigstens fürs erste, ausschließlich die Armeen der fremden Mächte waren, die auf seinem Boden operierten. In anderer Weise als in Deutschland 1939/45, aber doch aus ähnlichen Gründen hatte der totale Krieg den Weg aus dem Krieg in die Neutralität unmöglich gemacht; es gab nur den Übergang von einem Krieg in den andern.

Unter diesen Umständen ist Italien das Schicksal nicht erspart worden, daß es der Schauplatz der blutigen Auseinandersetzung zweier ideologischer Systeme geworden ist, die nun auch die Versuche eigener staatlicher Neubildung tief beeinflußten. Der König und die durch ihn eingesetzte Regierung waren durch den Exodus aus Rom nach Brindisi am Tage nach der Veröffentlichung des Waffenstillstands in eine schwierige Lage geraten: sie hatten sich damit praktisch in den Schutz der herannahenden Alliierten begeben, was dem Ansehen der Monarchie sehr geschadet hat. Aber gerade deshalb stellte es sich also unmöglich heraus, mit einem Fachkabinett die schwierigen inneren und äußeren Fragen zu entscheiden; die Heranziehung von Politikern aus den nationalen Befreiungsausschüssen, in denen die alten antifaschistischen Parteien vertreten waren, scheiterte aber zunächst an deren Forderung nach der Abdankung des Königs. Erst als dieser für den Augenblick des alliierten Einzugs in Rom seine Vertretung durch den Kronprinzen als Statthalter bindend in Aussicht stellte, traten Vertreter aus fünf Parteien in ein neues Kabinett Badoglio ein (22. April 1944). Nach der Einnahme Roms durch die Alliierten bildete der frühere Ministerpräsident Bonomi eine neue Regierung aus Mitgliedern der Befreiungsausschüsse. In ihr waren zuerst alle antifaschistischen Parteien vertreten, später traten die Repräsentanten der Linksparteien wieder aus. Im Grunde waren in diesen Auseinander-

setzungen, auch in dem Streit um die Monarchie, schon die
späteren Entwicklungen eines neuen parlamentarisch-demo-
kratischen Italien enthalten, nur daß jetzt der Entfaltung des
italienischen politischen Lebens im Bereich der alliierten
Streitkräfte noch erhebliche Grenzen durch die Besatzungs-
mächte gesetzt waren.

Diese Abhängigkeit bestand im Machtbereich der deutschen
Truppen in noch stärkerem Maße. Hier unternahm Mussolini
einen letzten Versuch, den Faschismus zu erneuern: die Begründung der Repubblica Sociale Italiana, die nach ihrem provisorischen Zentrum als Republik von Salò bezeichnet wird.
Beurteilt man sie nach ihrem effektiven politischen Wirkungs-
grad, so kommt ihr nicht viel mehr als die Rolle eines Verwaltungsapparates zu, der Handlangerdienste für die Besat-
zungsmacht leistete. Die in ihr zutage tretenden Ideen, wie sie
im Veroneser Manifest der Faschistischen Partei vom 14. November 1943 erscheinen, enthalten allerdings eine interessante
Wendung zu einem Linksfaschismus, der den faschistischen
Anfängen nahesteht. Noch in den letzten Monaten ihrer
Herrschaft hat die Republik die großen Industrieunterneh-
mungen Oberitaliens – u. a. Fiat, Alfa Romeo, Olivetti –
verstaatlicht. Mussolini unternahm bis zuletzt Versuche, sich
mit den sozialistischen Oppositionsgruppen zu verständigen.
Alle diese Experimente gingen aber in den Kriegsereignissen
unter: die Lebensdauer des letzten faschistischen Staatsver-
suchs war rettungslos an die deutsche Okkupationsmacht geknüpft, deren Ende sich immer deutlicher abzeichnete.

Die Spaltung Italiens durch die deutsch-alliierten Frontlinien führte in der letzten Kriegsphase dazu, daß das Land,
das einen Waffenstillstand geschlossen hatte um aus dem
Kriege auszuscheiden, weiterhin in diesen Krieg verwickelt
blieb, und zwar mit militärischem Einsatz auf beiden Seiten.
Die Bemühungen der Badoglio-Regierung gingen von Anfang an um einen italienischen Beitrag auf der Seite der mißtrauischen und zurückhaltenden Alliierten, um dadurch die
Waffenstillstandsbedingungen zu mildern. Sie konkretisierten
sich schließlich in der Bildung des ›Raggruppamento Moto-
rizzato‹ (24. September 1943), das später in das ›Corpo Italiano

di Liberazione‹, das Italienische Befreiungskorps umgewandelt und erheblich vergrößert wurde. Es nahm in nicht unerheblichem Maße an den Operationen der Alliierten teil. Daneben stand der Einsatz der Partisanenverbände in dem von den Deutschen besetzten Teil Italiens, die seit dem Fall Roms (4. Juni 1944) immer aktiver wurden. Sie waren im ›Korps der Freiwilligen der Freiheit‹ organisiert und unterstanden dem General Cadorna, der Mitte August 1944 in Oberitalien angekommen war. Auf der faschistischen Gegenseite kam es nach vielen Schwierigkeiten zur Aufstellung von vier Divisionen, die nur in Deutschland ausgebildet werden durften, dann aber an der mittelitalienischen Front, wohl durch die Einwirkung des Kriegsministers der Republik von Salò, des Marschalls Graziani, nicht eingesetzt wurden.

Italien war längst zum Nebenkriegsschauplatz in den letzten Auseinandersetzungen um Europa geworden, in denen die großen Entscheidungen am Rhein und an der Oder fielen. Die deutschen Truppen wurden langsam zurückgedrängt, hielten sich aber vom Spätherbst 1944 bis zum April 1945 in einer Linie vom Ligurischen Meer quer über den Apennin bis südlich Modena und Bologna. Eine am 9. April einsetzende Offensive der Alliierten zwang sie schließlich zum Rückzug über den Po. Schon vorher hatten Kapitulationsverhandlungen begonnen, die schließlich zur Unterzeichnung eines Waffenstillstands durch die Bevollmächtigten des deutschen Befehlshabers Generaloberst v. Vietinghoff am 27. April in Caserta führten. Italiens Schicksal wurde durch diese Ereignisse unmittelbar bestimmt: der nun überall aufflammende Volksaufstand bereitete der faschistischen Herrschaft ein rasches Ende. Am 28. April fiel Mussolini auf der Flucht am Comer See unter den Schüssen des Partisanenoberst Audisio.

Sein kläglicher Tod ließ jede historische Größe vermissen, die auch seinem Leben und seinem Werk unerreichbar gewesen ist. Der Faschismus hatte unter ihm die Institutionen einer Diktatur entwickelt, war aber doch die ganz persönliche Herrschaft *eines* Mannes geblieben. Sie war Gewaltherrschaft in einer Form, deren Vorbilder am ehesten in der italienischen Tradition des Condottieretums zu suchen sind und die zuerst im Principe Machiavellis ihren Verkünder gefunden haben. Neuartig sind nur die Elemente eines plebiszitären Führertums in der Massengesellschaft, deren Zustimmung durch die rhetorische Verführung und den reinen Terror erreicht wird. Es ist zuzugeben, daß Mussolini und der Faschismus in der Perfektionierung des Terrors vom Nationalsozialismus Hitlers übertroffen wurden, daß das System Züge der Lässigkeit und Nachlässigkeit behielt. Der Fanatismus, den die Faschisten entwickelten, war manchmal nur ein Fanatismus der großen Worte, dem keine Taten folgten. Vielleicht ist die Kluft zwischen Schein und Wirklichkeit die tiefste Ursache für die Katastrophe des Faschismus geworden; der Krieg, der wie Jacob Burckhardt sagen konnte, die wahren Kräfte zu Ehren und die Notexistenzen zum Schweigen bringt, hat die ganze Schwäche des Regimes, seine Wirkungslosigkeit enthüllt. Es ist kein Zweifel, daß Mussolini in seinen lichten Momenten vor dem Kriege zurückscheute, weil er die eigene Schwäche erkannte, aber schließlich glaubte er doch eine vermeintlich heroische Politik treiben zu müssen, ohne die Möglichkeiten dafür geschaffen zu haben. Er wollte ein Zwingherr der italienischen Nation zur Größe sein und führte sie in eine nationale Katastrophe.

Als dem Ende des Krieges, kaum zwei Jahre später, am 10. Februar 1947, der Friede gefolgt war, stellte sich heraus, was Italien der Krieg gekostet hat. Es verlor zunächst alle Annexionen, die der Faschismus vollzogen hatte: Aethiopien, Albanien, aber auch die älteren afrikanischen Kolonien mit der einzigen Ausnahme Somalilands, das ihm für befristete Zeit in der Treuhänderschaft der UNO verblieb; den kleinasiatischen Dodekanes. Gingen so alle Fundamente eines italienischen Mittelmeer-Imperiums verloren, so wurde die italienische Adriastellung zunächst bis hinter Triest zurückgeworfen; erst 1954 gewann Italien die Stadt ohne das Hinterland zurück. Im Norden wurden die Erwerbungen von 1919 bis zur Brennergrenze behauptet. Im ganzen blieb Italien ein lebensfähiger und immer noch großer europäischer Staat, der aber darauf angewiesen war, seine innere und äußere Sicherheit in seiner Einordnung in ein neues europäisches System

498   ITALIEN VOM ERSTEN ZUM ZWEITEN WELTKRIEG

zu suchen, bei dessen Planung der Ministerpräsident De
Gasperi in vorderster Linie stand.

Im Innern hatte die Ära des Faschismus und der sie be-
schließende Krieg die soziale Problematik des Landes, wie sie
sich aus seiner Übervölkerung, dem zivilisatorischen Gefälle
vom Norden nach Süden ergab, nur noch verschärft. Manche
der großen Fragen der sozialen Politik waren wohl gesehen,
aber keine gelöst worden. So strömten große Massen des italienischen Volkes nach dem Kriege der Kommunistischen
Partei zu, die schon im Widerstand sich als eine aktive Gruppe
erwiesen hatte. In den Spannungen, die sich nach dem Staatsstreich des 25. Juli 1943 zwischen den antifaschistischen Parteien, namentlich zwischen ihrem bürgerlichen und ihrem
sozialistischen Flügel entwickelten, zeigte sich schon ein in-
neres Ungleichgewicht an, das für die Nachkriegsära Italiens
charakteristisch werden sollte. Das erste Opfer der inneren
politischen und sozialen Spannungen wurde die Monarchie,
deren Anhänger in der Volksabstimmung vom 2. Juni 1946
knapp unterlagen. Seit Cavour das Symbol nationaler Einheit,
ging sie unter, weil sie als mitschuldig für die Ära des Faschismus gesprochen wurde. Das neue Italien, das am 1. Januar
1948 eine Verfassung als demokratisch-parlamentarische Republik erhielt, war der Erbe der nationalen und liberalen Tradition seit dem Risorgimento, es war aber auch der Erbe der
sozialen Fehler und Versäumnisse des vorausgehenden Jahrhunderts. Wenn es gelungen war, die nationale Einheit nach
außen zu erhalten, so war diese jetzt viel mehr als je zuvor von
innen her bedroht. Belastet mit schweren Problemen, aber
getragen von einer erstaunlichen Lebenskraft, ist das italienische Volk in der wiedergewonnenen inneren Freiheit und
in der immer engeren Nachbarschaft zu den anderen europäischen Völkern in ein neues Zeitalter seiner Geschichte eingetreten.

ITALIEN ALS REPUBLIK: 1946–1987

VON JENS PETERSEN

Der Übergang von der Diktatur zur Republik

Die Jahre 1943–1945 bilden einen tiefen Einschnitt in der
Geschichte Italiens im 20. Jahrhundert. Die mit dem Waffenstillstand vom 8. September 1943 verbundene doppelte Besetzung und Teilung des Landes bedeutete nicht nur das Verschwinden einer 1,7 Mio. Armee, den Verlust aller Kriegsgewinne, die Auslieferung der Flotte, sondern auch die Aufgabe
der Hauptstadt und die unter schmählichen Umständen
erfolgte Flucht von König, Regierung und militärischen Füh-
rungsspitzen in den äußersten unbesetzten Süden des Landes.
Der 8. September bildet noch heute, weit über den damaligen
Anlaß hinaus, im Kollektivbewußtsein der Nation das Symbol
für Niederlage und Zusammenbruch schlechthin. Dies ist ein
Tag, der in die Biographie jedes älteren Italieners eingeschrie-
ben ist. Mit Krieg und Bürgerkrieg auf heimischem Boden
schien die Zukunft der Nation ausgelöscht zu sein. Wie die
deutsche Propaganda höhnisch aussprach, schienen die Italiener für ein Fellachendasein bestimmt.

Daß der Faschismus für diese Katastrophe verantwortlich zu
machen sei, ist der großen Mehrheit des italienischen Volkes
damals schrittweise bewußt geworden. Vor dem Hintergrund
eines Kollektiverlebnisses von Entbehrungen und Leiden entstand eine Art schweigender Pakt des Volkes mit sich selbst,
daß man nie wieder den Verlockungen des Faschismus, seinen
Idealen und seinen Methoden nachgeben werde. In der Tat
endete damals eine lange, vom frühen Risorgimento bis zum
Faschismus reichende Tradition nationalen, nationalistischen
und machtstaatlichen Denkens, das die Rolle des neugeeinten
Italien im Wettkampf mit den europäischen Großmächten
gesehen hatte. Italien als eine der führenden Weltmächte am
Ausgang des 20. Jahrhunderts – das war ein Traum Mussoli-

nis, den viele damalige Italiener in politisch führender Stellung
teilten. Sie sahen, wie es der rechtsliberale, dann zum Faschismus übergegangene Starhistoriker G. Volpe formulierte, »Italien auf dem Marsch«. Auf dem Marsch wohin? Die Katastrophe von 1943 rückte den ganzen zurückgelegten Weg in ein
neues düsteres Licht. »Italien sah sich als ein Volk, das die
Einheit gewonnen hatte, um eine große Rolle in der Weltgeschichte zu spielen. Dieses Bild ist damals endgültig zerstört
worden, und mit ihm die Idee der Nation« (R. Romeo).

Der 8. September 1943 war aber nicht nur der dunkelste Tag
in der Geschichte des Einheitsstaates. Er wurde zugleich das
Datum für einen Neubeginn. An diesem Tage trafen sich in
Rom die Führer der neu entstehenden antifaschistischen Parteien, um das »Komitee für die nationale Befreiung« (CLN) zu
gründen. Hier lag der Auftakt für die spätere Resistenza.
Italien verfügte über reiche positive Erfahrungen im kleinen,
auf Freiwilligkeit, Spontaneität und dem Charisma der Anführer aufbauenden Guerilla-Krieg. In den Einigungskriegen des
Risorgimento war der Name Garibaldis gut gewesen für das
Zusammenströmen von Freischaren von beträchtlichem militärischen Wert. Garibaldi war und ist der mit Abstand popu-
lärste Heroe im Kollektivbewußtsein der Nation. Der Faschismus hatte sich intensiv bemüht, den Mythos des »Löwen von
Caprera« für seine Zwecke zu nutzen. Aber weder 1939/40
noch 1943 gab es hier das Phänomen der Freiwilligenmeldun-
gen. Diese Traditionen lebten mit großer Intensität in der
»Resistenza« wieder auf. Während mehr als 600 000 Italiener in
eine harte deutsche Kriegsgefangenschaft gingen und die in
Krieg und Bürgerkrieg verstrickte Nation in Resignation und
Apathie zu versinken drohte, stiegen erste kleine Gruppen von
Jugendlichen bewaffnet in die Berge, organisierte sich in den
Städten in der Illegalität der antifaschistische Widerstand. Auf
militärischem Gebiet hat die Resistenza, die in der Endphase
im Frühjahr 1945 mehr als 150 000 Mann umfaßte und über
einen breiten Rückhalt in der Bevölkerung verfügte, einen
nicht unerheblichen Beitrag zur Befreiung des Landes geleistet. Die meisten norditalienischen Städte wurden im April
1945 von den Italienern selbst befreit. Weit größer aber als

dieser militärische Beitrag war die politische und die moralische Bedeutung des Phänomens. Aus der Illegalität und dem
Widerstand heraus organisierte sich das neue Parteiensystem,
bildete sich eine neue politische Elite, fand die Nation ein neues
moralisch-politisches Selbstbewußtsein.

Anders als das Hitler-Regime hatte der Faschismus seine
politischen Feinde nicht ermordet oder psychisch zerbrochen.
Aus der Emigration in Übersee, aus den Gefängnissen, von
den Verbannungsinseln, aus klösterlich-kirchlicher Abge-
schiedenheit oder der inneren Emigration einer nur privat-
bürgerlichen Existenz kehrten die Antifaschisten auf die politische Bühne Italiens zurück.

In den Motiven der Resistenza mischten sich drei Zielsetzungen: 1) die außenpolitische Abwehr der teutonischen Invasion und die Befreiung des nationalen Territoriums, 2) der
innenpolitische Kampf gegen den republikanischen Faschismus, 3) die Vorbereitung der politisch-sozialen Revolution.
Den kleinsten Nenner einer in sich sehr heterogenen Kräfte-
koalition, die von den Liberalen und den Katholiken bis zu den
Kommunisten reichte, bildeten die Ziele der Befreiung des
nationalen Territoriums und die Wiederherstellung einer
handlungsfähigen, den Konsens der Nation und ihre Würde
repräsentierenden Regierung. In zielbewußter Anknüpfung an
die großen Traditionen des 19. Jahrhunderts sprach man von
»zweitem Risorgimento«. Hier wurde zwischen dem vor- und
dem postfaschistischen Italien eine Kontinuität des »heri dice-
bamus« postuliert, die sich beim moralischen Wiederaufbau
nach 1945 als kostbar erweisen sollte.

Auf deutscher Seite kann man häufiger die Auffassung
vertreten finden, die Periode des Faschismus sei relativ rasch
»historisiert« und »bruchlos in die eigene Nationalgeschichte«
eingeordnet worden. Eher das Gegenteil ist richtig. Die Zeit
des Faschismus und vor allem die Jahre 1943–1945 werden
auch heute noch als tiefe Zäsur empfunden. Die zentralen
Zielsetzungen der Resistenza waren eine direkte Antwort auf
die als explosiv und zerstörerisch empfundenen Mythen des
Faschismus, seine Staatsidolatrie und Nationsverherrlichung,
seine Verachtung von Rechtsstaat und Individualrechten, seine

aggressive und als antieuropäisch empfundene Außenpolitik. Von verschiedenen christlichen, radikaldemokratischen, marxistischen und förderalistischen Ansätzen her entwickelte sich eine auf die gesamten Bewegungsgesetze der europäischen Politik übergreifende Fundamentalkritik der Staatssouveränität, der zentralistischen Staatsgewalt, der totalitären Machtbesessenheit. Nach weit verbreiteter Auffassung hatten selbstmörderische Nationalismen in Europa jene Bruderkriege ausgelöst, die entscheidend zu seinem weltpolitischen Niedergang beitrugen. Nach Altiero Spinelli wurde der europäische Föderalismus »das wichtigste neue Ideal«, das aus den Erfahrungen des Zweiten Weltkrieges hervorgegangen ist.

Wo konnte der Platz Italiens in einer restabilisierten europäischen Nachkriegsordnung sein? Das Land hatte das Glück, ganz in der westlichen Hemisphäre des militärischen Weltkonflikts zu liegen. Die englischen Vorstellungen eines harten Straffriedens konnten sich trotz der gravierenden Kapitulationsbedingungen gegenüber den sehr viel flexibleren und vom italo-amerikanischen Wählerpotential beeinflußten Vorstellungen Washingtons nicht durchsetzen. Es entstand, anders als später in Deutschland, keine getrennte Besatzungsverwaltung. Das Land wurde nicht geteilt. Die mit der Befreiung Roms im Juni 1944 in die ewige Stadt zurückkehrende Regierung konnte mit der Verlagerung des Krieges nach Norden und der Befreiung Norditaliens Ende April 1945 schrittweise die Souveränität über das nationale Territorium zurückgewinnen. Schon Ende 1947 verließen die letzten alliierten Truppen das Land.

Italien als staatliche Entität blieb erhalten, auch wenn sich der Status der »Mitkriegsführung« an der Seite der Alliierten (die Regierung Badoglio hatte am 12. 10. 1943 Deutschland den Krieg erklärt) sich nicht recht auszahlte. Der Friedensvertrag von Paris, im Juli 1947 von der Konstituante mit knapper Mehrheit ratifiziert, bildete eine wichtige Etappe auf dem Wege zur Aussöhnung mit den europäischen Nachbarn. Das Abkommen, das Italien schmerzliche territoriale Verluste und Souveränitätsbeschränkungen auferlegte – Abtretung des Dodekanes an Griechenland, Istriens an Jugoslawien, Verzicht auf alle Kolonien, Anerkennung Triests als Freistaat, Zahlung einer Kriegsentschädigung, Rüstungsbeschränkungen – wurde von der Mehrheit der italienischen Öffentlichkeit noch lange als Diktat empfunden. Ca. 400000 Bewohner aus dem istrischen und dalmatinischen Küstenbereich und aus Städten wie Pola, Fiume oder Zara flüchteten nach Italien. Hier ging ein jahrhundertealtes venetianisches Erbe verloren, das dem italienischen Nationalismus besonders am Herz gelegen hatte. Die kolonialen Nostalgien erwiesen sich noch bis in die fünfziger Jahre als stark. Rom erreichte es, für Somaliland ein bis 1960 reichendes Treuhandmandat der UNO zu erhalten. Die Regierung De Gasperi unterzeichnete den Friedensvertrag nur unter Protest. De facto aber war die Revision der Friedensbedingungen schon vor der Unterzeichnung im Gang. Die Westmächte verzichteten auf ihren Teil der Reparationen. Anfang 1948 sicherten sie Italien ihre Unterstützung für die Rückgewinnung der vollen Souveränität über Triest zu.

Ein Stück Bewegungsfreiheit gewann die römische Politik bei der Regelung der Südtirolfrage zurück. Österreich galt seit der Moskauer Außenministerkonferenz im Oktober 1943 als erstes Opfer der Hitler-Aggression. Eine Revision der 1919 entstandenen Brennergrenze, d. h. die Rückkehr Südtirols zu einem neu entstehenden Österreich schien im Bereich des Möglichen. Dieses Land war aber bei Kriegsende besetzt, viergeteilt und verfügte erst ab Ende 1945 wieder über eine handlungsfähige Regierung. Dank englischer Vermittlung kam es im Sommer 1946 zu direkten Verhandlungen zwischen Rom und Wien. Am 5. 9. 1946 schlossen die Außenminister A. De Gasperi und A. Gruber ein Abkommen, das die Brenner-Grenze für Italien sicherte, es gleichzeitig aber zur Gewährung einer großzügigen Autonomie für die deutschsprachige Minderheit nötigte. Dieser Vertrag – und seine Fortsetzung in dem zweiten bilateralen Abkommen von 1969, dem sog. »Südtirol-Paket« – bildeten die »Magna Charta« der Südtiroler Eigenexistenz, die diese Volksgruppe zu einer der am besten geschützten Minderheiten in Europa gemacht hat.

In den Jahren nach 1943 zeichneten sich schrittweise die Umrisse eines neuen Parteiensystems ab, das bei den ersten in ganz Italien abgehaltenen Kommunalwahlen im Februar/März 1946 eine Bestätigung erfuhr. Auf der Linken etablierte sich, wie zu erwarten stand, eine starke kommunistische Partei. Die Kommunisten hatten den Kampf gegen den Faschismus am entschiedensten geführt und hatten die größten Opfer gebracht. Sie stellten über 80% der von den faschistischen Sondergerichten Verurteilten und über 50% der aktiven Resistenza-Kämpfer. Mit dem seit 1934 entwickelten Konzept breiter antifaschistischer Aktionsbündnisse vertrat der *Partito Comunista Italiano* (PCI), der seit März 1944 wieder unter der Leitung des aus Moskau zurückgekehrten Palmiro Togliatti stand, eine Umarmungsstrategie, der sich die anderen Parteien nur schwer entziehen konnten. Die als »Wende von Salerno« in die Geschichte eingegangene Beteiligung an der zweiten Regierung Badoglio im April 1944 zeigte, wie pragmatisch und kompromißbereit Togliatti operierte. Nicht der Aufbau des Sozialismus oder gar die Nachahmung des sowjetischen Modells stand im Vordergrund, sondern das Nahziel der demokratischen Republik. Togliatti fürchtete die große innen- wie außenpolitische Konfrontation, die – wie das Beispiel der griechischen Kommunisten zeigte – angesichts der in Yalta gezogenen Einflußsphären nur zu Ungunsten der sozialrevolutionären Kräfte ausgehen konnte. Gleichzeitig aber hoffte die Parteibasis auf die künftige kommunistische Machtergreifung und bereitete sich auf die »Stunde X« vor. Die PCI-Politik erhielt damit die schillernden Züge der »Zweideutigkeit« (doppiezza). Mit der von Togliatti proklamierten »Partei neuen Typs« wandelte sich der PCI von einer elitären Kader- in eine breit in die gesellschaftlichen Räume ausgreifenden Massenpartei, die mit 1,8 Mio. Mitgliedern (Dezember 1945) zur größten Nachkriegspartei Italiens aufstieg. Mit der Devise, »für jeden Kirchsprengel eine Parteisektion« versuchte der PCI eine der katholischen Kirche gleichkommende Basispräsenz zu organisieren.

Als direkter Konkurrent um die Stimmen der Arbeiterbewegung entstand, aus verschiedenen illegalen Anfängen heraus, im Sommer 1943 die Sozialistische Partei (*Partito Socialista Italiano di Unità Proletaria,* PSIUP, später PSI). Die Parteifüh-

rung vereinte sehr unterschiedliche Erfahrungen aus Emigra-
tion (P. Nenni, G. Saragat), Illegalität, Gefängnis (S. Pertini,
R. Morandi) und jugendlicher Kriegsgeneration. Der PSIUP
erneuerte die seit 1934 bestehende und 1939–41 unterbrochene
Aktionseinheit mit den Kommunisten, beteiligte sich an dem
Nationalen Befreiungskomitee (CLN) und organisierte eigene
Widerstandsbrigaden. Mit der Betonung der Resistenza als
doppeltem Kampf um nationale und soziale Befreiung wie
auch mit der jakobinischen Forderung nach einer durch das
CLN legitimierten Notstandsregierung als Vorstufe zu einer
sozialistischen Arbeiterrepublik stand der PSIUP zum Teil
links von den Kommunisten.

Als dritte Komponente einer möglicherweise dominieren-
den linken Parteienkonstellation entwickelte sich, aufbauend
auf dem Erbe der antifaschistischen sozialliberalen Bewegung
»Giustizia e Libertà«, 1942/43 die »Aktionspartei«, in der sich
bedeutende Teile der linksliberalen und radikaldemokratischen Intelligenz Italiens vereinten. Die Aktionspartei propa-
gierte eine tiefgreifende personelle, institutionelle und ideelle
Erneuerung von Staat und Gesellschaft. Dank ihres starken
Aktivismus konnte sie 1944/45 das nach den Kommunisten
stärkste Kontingent der Resistenza-Streitkräfte aufbauen.
Ohne gewerkschaftliche Präsenz in der Arbeiterklasse und
ohne taktische Rücksichtnahme auf die noch vielfach philofa-
schistischen oder apolitischen Mittelschichten war diese Grup-
pierung nach 1945 zu einem raschen Niedergang verurteilt.

Als das bestimmende Element des neuen Parteiensystems
erwies sich innerhalb weniger Jahre die Entstehung einer
klassenübergreifenden katholischen Partei, der *Democrazia
Cristiana* (DC). Mit dem Sturz des Faschismus stellte sich die
Frage nach der Präsenz der Katholiken in der italienischen
Gesellschaft völlig neu. Wie schon 1919 bei der Gründung des
Partito Popolare gelang es 1943/44 dank des Rückhalts durch die
katholische Subkultur, die Grundlagen für eine erneuerte
katholische Partei zu legen. Mit einem Programm, in dem die
Stärkung des bäuerlichen und gewerblichen Kleineigentums,
die Kontrolle des großen Finanz- und Industriekapitals, die
Landreform, die Dezentralisierung der Staatsverwaltung und

die Rückkehr zu westlich-parlamentarischen Verfassungsformen vorgesehen war, befanden sich die Gründer der DC links
vom Vatikan und der kirchlichen Hierarchie. Hier dachte man
eher an einen autoritär-klerikalen Staatsneubau nach dem
Muster Salazar-Portugals. Das weite, auch vom Faschismus
kaum angetastete Netz kultureller, sozialer und religiöser
Institutionen der katholischen Kirche gab der DC große Vorteile gegenüber den Mitbewerbern. Für die Nachwuchs- und
Elitenrekrutierung wurde von besonderer Bedeutung die
Katholische Universität in Mailand und die ihr zugehörigen
katholischen Studenten- und Akademikerverbände. Ein großer Teil der späteren DC-Elite, soweit nicht dem Gewerk-
schaftsflügel zugehörig, ist durch diese Pflanzschulen hindurchgegangen.

Völlig ungewiß schien die Frage nach der Zukunft der
liberalen Kräfte in einem postfaschistischen Italien. Der Liberalismus hatte das risorgimentale Italien dominiert. Der Erste
Weltkrieg hatte zu einem tiefen Bruch zwischen Neutralisten
und Interventionisten geführt. Eine zweite Bruchzone ergab
sich nach 1922 mit der Spaltung zwischen Philo- und Antifaschisten. Durch die Zusammenarbeit mit der Diktatur vielfach
kompromittiert und durch das Aufkommen der Massendemo-
kratie als kulturelle und ökonomische Elite in die Defensive
gedrängt, hatten die liberalen Kräfte es nach 1943 schwer, eine
neue zukunftsweisende Organisationsform zu finden. In dem
Sechsparteienkomitee der Nationalen Befreiung bildete der
Partito Liberale Italiano zusammen mit der Honoratiorengrup-
pierung der »Partei der Arbeit« den rechten Flügel.

Schon die ersten freien Kommunalwahlen im Februar/März
1946 zeigten, daß sich das Verhältnis zwischen Katholiken und
Liberalen tiefgreifend verändert hatte. Der DC gelang es, über
die früheren Hochburgen der *Popolari* (Piemont, Lombardei,
Trentino, Veneto) hinaus breite früher liberal oder national
votierende, durch die Zusammenarbeit mit dem Faschismus
desorientierte Wählerschichten an sich zu ziehen. Vor allem in
Süditalien übernahm die DC das Erbe der liberalkonservati-
ven, lokal verankerten klientelaren Einflußgruppen.

Nach dem kurzen Zwischenspiel der Regierung F. Parri

Juni–Dezember 1945 übernahm Ende 1945 mit A. De Gasperi zum ersten Mal in der Geschichte Italiens ein katholischer Politiker die Regierungsverantwortung. Von diesem Augenblick ab sind die Geschichte der DC und die Italiens eng und kaum trennbar miteinander verknüpft. De Gasperi stammte aus dem bis 1918 österreichischen Trentino und hatte nach 1924 als letzter Generalsekretär des *Partito Popolare* gewirkt. Seine Vergangenheit wie sein antifaschistisches Engagement machten ihn zu einer fast idealen Integrationsfigur. Die Erfahrungen der Grenzlandschaft des Trentino und seine Vertrautheit mit zwei Staaten und zwei Kulturen hatten ihn nicht nationalistisch verengt, sondern seine Perspektiven europäisch geweitet. Als Außenminister (seit Juni 1944) und dann als Regierungschef vertrat er mit Takt, Würde und Festigkeit das andere, das neue Italien, das entschlossen war, mit der unseligen faschistischen Vergangenheit zu brechen. Anders als viele seiner christdemokratischen Kollegen besaß er ein stark ausgeprägtes Staatsbewußtsein und wußte auch als gläubiger Katholik die Autonomie des Politischen gegenüber den vielfältigen Zumutungen und Auflagen aus dem kirchlichen Raum zu wahren. Er war der bedeutendste Staatsmann Italiens in der Nachkriegszeit. Sein Land entdeckte erst rückschauend, wieviel es ihm verdankte.

Mit der Ausschaltung der Resistenza-Präfekten, dem Verzicht auf eine Entfaschisierung des Beamtenapparats und der Wahrung der Kontinuität in Bürokratie, Justiz, Polizei und Schule trug die Politik der neuen Regierung stärker restaurative als innovatorische Züge. Die Frage der Staatsform bildete das erste große zu lösende Problem. Gegen die Wünsche der Linken, aber in Übereinstimmung mit den Alliierten übertrug De Gasperi die Entscheidung einer Volksabstimmung, die am 2. 6. 1946 zusammen mit den Wahlen zur Konstituante stattfand.

Die Ergebnisse des doppelten Wahlgangs (vgl. Tab. 1) befeuerten und dämpften zugleich die Hoffnungen der Linken. Für die Republik entschieden sich 12,7 Mio. (= 54,3%), für die Monarchie 10,7 Mio. (= 45,7%) der Wähler. Dieses relativ deutliche Votum enthielt aber einen tiefen Widerspruch: in

Nord- und Mittelitalien siegte die Republik mit 66,5%, im
Süden die Monarchie mit 67,4% der Stimmen. Dem mehr-
heitlich monarchistischen Süden stand ein ebenso entschieden
republikanischer Norden gegenüber. König Umberto, der
nach der Abdankung seines Vaters Vittorio Emanuele III. im
Mai 1946 für wenige Wochen die Herrschaft übernommen
hatte, ging nach kurzem Zögern nach Portugal ins Exil. Die
spätere Verfassung verbot den männlichen Thronerben der
Savoyer den Aufenthalt auf italienischem Boden und stellte die
republikanische Staatsform unter Bestandsgarantie (Art. 139).
Der 2. Juni, später zum Staatsfeiertag erklärt, erwies sich
als der größte Sieg der progressiven Kräfte. Mit der Monarchie
verloren der Legitimismus und Konservativismus ihren wichtigsten Bezugspunkt, der Vatikan einen schwer entbehrlichen
Verbündeten. Die Entscheidung trug Zukunftscharakter.
Anders als etwa in Frankreich nach 1870 büßte die monarchi-
stische Bewegung in Italien rasch an Terrain ein. In späteren
Wahlen kamen die verschiedenen monarchistischen Parteien
niemals mehr über 7% der Stimmen hinaus. Die letzten Reste
vereinigten sich 1972 mit dem neofaschistischen *Movimento
Sociale Italiano* (MSI).

Die Wahlen zur Konstituante sahen die DC mit 35,2%
vorne. Die Sozialisten erreichten 20,7% und lagen damit
deutlich vor dem PCI (19,0%). Anstandserfolge erzielten auch
die Liberalen und die Republikaner (vgl. Tab. 1). Völlig ent-
täuschend war dagegen das Abschneiden der Aktionspartei,
die nur auf 1,5% kam und sich wenig später auflöste. Unzu-
friedene Rechtswähler vereinigten sich in der Kleine-Leute-
Partei des *Uomo Qualunque* (5,3%). Für die Linke bedeutete der
Wahlausgang eine massive Enttäuschung. Entgegen allen
Erwartungen kam sie nicht über die 40%-Grenze hinaus.
Selbst unter Einschluß der Aktionspartei und der Republikaner gab es keine numerische Mehrheit für eine Politik der
grundlegenden gesellschaftlichen Umgestaltungen. An dieser
minoritären Stellung sollte sich in den folgenden Jahrzehnten
und bis zur Gegenwart nichts ändern.

Strukturell und wahlgeographisch war das künftige Parteiensystem schon weitgehend in den Ergebnissen von 1946

vorgezeichnet. Es kandidierten 51 Parteien, 15 erreichten eine parlamentarische Vertretung, aber nur 7 erzielten mehr als 4% der Stimmen. Diese Parteienvielfalt und Zersplitterung des Wählerwillens ist bis heute ein Charakteristikum Italiens geblieben. Neu war die hohe Wahlbeteiligung (1946: 89,9%). Diese Einstellung hat sich bis heute erhalten. Noch in den Europa-Wahlen der achtziger Jahre liegt Italien in der Wählerpartizipation mit Abstand an der Spitze.

Die alten historisch und subkulturell bedingten wahlgeographischen Landschaften der vorfaschistischen Zeit tauchten 1946 kaum verändert wieder auf: 1. der industrielle Nordwesten mit hohen katholischen und kommunistisch/sozialistischen Stimmanteilen, 2. die sog. »weiße Zone« des Nordostens als Domäne der Katholiken, 3. die früher kirchenstaatlichen Gebiete der »roten Zone« mit dominierendem Linksvotum, 4. Süd- und Inselitalien. Es entstand so ein bis heute mit geringen Veränderungen fortbestehendes, 7–8 Komponenten umfassendes Vielparteiensystem.

Der große Wahlerfolg vom 2. 6. 1946 festigte die Stellung De Gasperis und der DC, gefährdete aber gleichzeitig den Fortbestand der »großen Koalition« zwischen DC, PCI und PSI. Die politisch ungesicherte Zukunft Italiens und die Existenz einer starken philo-sowjetischen Machtkonzentration auf der Linken machten das Land zu einem der Zentren des beginnenden Kalten Krieges. Die USA und der Vatikan drängten auf eine Auflösung des Resistenza-Bündnisses. Washington schlug seit Anfang 1947 mit Truman-Doktrin und Marshall-Plan einen offenen Konfrontationskurs ein. Entscheidend mußte die Haltung der Sozialisten sein. Die Partei P. Nennis hatte aus der Erfahrung des Faschismus die Konsequenz gezogen, daß die Aktionseinheit der Arbeiterklasse nie wieder aufgegeben werden dürfe. Ablehnend gegenüber dem Kurs der westlichen Sozialdemokratien und auf der Suche nach einem dritten Weg geriet die Partei in das Spannungsfeld des Ost-West-Konflikts und zerbrach. Im Januar 1947 spaltete sich der pro-westliche Flügel unter G. Saragat ab und konstituierte den *Partito Socialista Democratico Italiano* (PSDI). Der Bruch hatte bedeutende Auswirkungen auf die gesamte Nachkriegs-

zeit. Er schwächte die Linke insgesamt und innerhalb der
Linken die Sozialisten. Er bildete aber gleichzeitig eine der
wichtigsten Voraussetzungen für den Aufbau der parlamentarischen Demokratie in Italien.

Im Mai 1947 wagte De Gasperi den entscheidenden Schritt
einer Regierungsumbildung unter Ausschluß der Kommunisten und Sozialisten. Mit der Auflösung der eher einer
Zwangsehe gleichenden großen Koalition wurde der Weg frei
für eine energische Sanierungspolitik von Wirtschaft und
Finanzen. Der neoliberale Kurs unter E. Corbino und L.
Einaudi (PLI), der der DC die Unterstützung der »vierten
Partei« (so De Gasperi), d. h. des industriell-finanziellen Esta-
blishments sicherte, verzichtete auf Währungsreform, Erfassung der Kriegsgewinne, Vermögensverteilung und Lasten-
ausgleich zugunsten einer raschen Produktionssteigerung.

Ende 1947 schloß die Konstituante ihre Beratungen ab. Es
war ein symbolisches Zeichen für die auch den Bruch der
Regierungszusammenarbeit überdauernde Resistenza-Soli-
darität, als am 27. 12. 1947 der Präsident der Konstituante, der
Kommunist U. Terracini, der provisorische Staatspräsident,
der Liberale E. De Nicola und der Christdemokrat A. De
Gasperi das Verfassungsdokument unterzeichneten. Am 1. 1.
1948 trat die Verfassung in Kraft. Sie bildete einen Kompromiß zwischen politisch und weltanschaulich weit auseinander-
stehenden Gruppen, die die Erfahrungen der totalitären Diktatur in gegenseitigem Respekt auf dem Boden eines demokratischen und antifaschistischen Konsens hatte zusammenfinden
lassen. Die Verfassungsväter hatten sich für ein parlamentarisches System entschieden. Ein Präsidialsystem hätte, so fürchtete die Mehrheit, eine Einbruchsstelle für eine neue Diktatur
bilden können. Auch sonst wirkten die Erfahrungen der Vergangenheit in vielen Punkten auf das Verfassungswerk ein.
Das gilt für die starke Betonung der Individualrechte und der
rechtsstaatlichen Garantien, für die betont abgesicherte Unabhängigkeit der Judikative, für die Kontrolle und Eingrenzung
der Exekutive.

Viele Zielvorstellungen der Linken gerieten als deklaratori-
sche Soll-Formulierungen in den Text. So heißt es in Artikel 1:

»Italien ist eine demokratische, auf die Arbeit gegründete Republik«. »Um die Linkskräfte für die ausgebliebene Revolution zu entschädigen, widersetzten sich die Kräfte der Rechten nicht, als es darum ging, das Versprechen auf eine künftige Revolution in die Verfassung aufzunehmen« (P. Calamandrei). Etliche dieser Vorhaben wurden erst mit großer Verspätung, andere überhaupt nicht realisiert. So kam es zur Einrichtung des Verfassungsgerichts erst 1956, zur Schaffung der Regionen 1970, zum Erlaß des Ausführungsgesetzes zum Referendum erst 1971. Die von der Verfassung vorgesehene gesetzliche Regelung des Streikrechts kam bis heute nicht zustande.

Reformbedürftig erscheint heute vor allem das undifferenzierte Nebeneinander von Kammer und Senat, das den Gesetzgebungsgang unnötig verlängert und erschwert. Auch die Stärkung der Exekutive und eine stärkere Richtlinienkompetenz des Ministerpräsidenten bildet ein dringendes Erfordernis. Insgesamt aber hat sich die Verfassung bewährt. Sie hat der rapiden Entwicklung der stark fragmentierten Gesellschaft Italiens einen stabilen Rahmen gegeben. Für die Weisheit der Verfassungsväter spricht, daß ihr Werk weniger ergänzungsbedürftig gewesen ist als viele andere im gleichen Zeitraum entstandene Staatsgrundgesetze.

Eine Hypothek für die Zukunft bildete auch die Regelung der Staat-Kirchen-Beziehungen. Hier hatte der Vatikan fast ultimativ gefordert, die Republik solle die von Mussolini in den Lateranverträgen von 1929 zugestandenen Vereinbarungen in toto übernehmen. Dieses Thema hat im März 1947 die Konstituante am längsten und intensivsten beschäftigt. Die tiefen Frontlinien zwischen laizistischem und katholischem Italien drohten neu ausgezogen zu werden. Der Konflikt fand eine völlig überraschende Lösung. In einer radikalen, von Togliatti initiierten Kehrtwendung fand sich der PCI bereit, für den von der DC vorgeschlagenen Art. 7 zu stimmen, der in der Schlußfassung lautete: »Der Staat und die katholische Kirche sind, ein jeder in seinem Bereich, unabhängig und souverän. Ihre Beziehungen sind in den Lateranverträgen geregelt.« Um den religiösen Frieden zu sichern, nahm

Togliatti so die Sicherung der privilegierten Stellung der katholischen Kirche in Kauf. Die Widersprüche zwischen Verfassungstext und Konkordat blieben ungelöst, der Katholizismus blieb Staatsreligion und die Freiheit der übrigen Kulte damit eingeschränkt. Erst mit dem Abschluß des Konkordats von 1984 wurde eine zeitgemäße Regelung der Staat-Kirchen-Beziehungen gefunden.

Die ersten Parlamentswahlen vom 18. April 1948 fanden in einem Klima der absoluten Konfrontation statt. Die im Prager Staatsstreich vom Februar 1948 gipfelnde Sowjetisierung Ostmitteleuropas wirkte stark auf die italienische Szene ein. PSI und PCI schlossen ein im Zeichen der Volksfront stehendes, mit dem Signum Garibaldis operierendes Kampfbündnis. Die durch die Spaltung geschwächten Sozialisten gerieten hier und später völlig in das kommunistische Fahrwasser. Auf der Gegenseite erschien die DC als letztes Bollwerk gegen soziale Revolution und Sowjetisierung Italiens. Beide Seiten führten den Wahlkampf als manichäischen Konflikt zwischen Gut und Böse. Pius XII. selbst sprach in seiner Weihnachtspredigt 1947 von den beiden »mit Christus oder gegen Christus ... kämpfenden Heerscharen«. Mit den Bürgerkomitees L. Geddas griff die katholische Kirche direkt in den Wahlkampf ein. Auf der Gegenseite mobilisierte die Perspektive eines konservativ-klerikalen Ordnungsblocks große Teile der laizistischen und progressiven Kultur zugunsten der Volksfront. Die Ergebnisse übertrafen – im Positiven wie im Negativen – alle Erwartungen. Die DC erzielte 48,5% der Stimmen und erhielt 304 von 573 Mandaten, d. h. die absolute Mehrheit. Die Demokratische Volksfront erlitt mit 31,0% der Stimmen eine vernichtende Niederlage. Die Sozialisten hatten ein doppeltes Fiasko zu beklagen. Denn innerhalb der Einheitsliste schnitten die Kommunisten dank der Präferenzstimmen und der größeren Wählerdisziplin weit besser ab. Von den 183 Abgeordneten der Linken stellte der PSI weniger als 50. Die frontale Machtprobe hatte die kleinen Mittelparteien fast erdrückt. Nur die Sozialdemokraten Saragats konnten mit 7,1% ein akzeptables Ergebnis vorweisen.

Will man die Geschichte Italiens in der Nachkriegszeit perio-

Tab. 1: Ergebnisse der italienischen Parlamentswahlen (1946: Konstituante, 1948–1987: Kammer)

	1946	1948	1953	1958	1963	1968	1972	1976	1979	1983	1987
	Prozente und Abgeordnete (in Klammern)										
PCI	19,0 (104)	31,0 (183)	22,6 (143)	22,7 (140)	25,3 (166)	26,9 (177)	27,2 (179)	34,4 (227)	30,4 (201)	29,9 (198)	26,6 (177)
PSI	20,7 (115)		12,7 (75)	14,3 (84)	13,9 (87)	14,5 (91)	9,6 (61)	9,7 (57)	9,8 (62)	11,4 (73)	14,3 (94)
PSDI	–	7,1 (33)	4,5 (19)	4,6 (22)	6,1 (33)		5,2 (29)	3,4 (15)	3,8 (20)	4,1 (23)	3,0 (17)
PRI	4,4 (23)	2,5 (9)	1,6 (5)	1,4 (6)	1,4 (6)	2,0 (9)	2,9 (15)	3,8 (14)	3,0 (16)	5,1 (29)	3,7 (21)
DC	35,2 (207)	48,5 (304)	40,1 (262)	42,5 (273)	38,3 (260)	39,1 (265)	38,7 (266)	38,8 (263)	38,3 (262)	32,9 (225)	34,3 (234)
PLI	6,8 (41)	3,4 (19)	3,0 (13)	3,6 (17)	7,0 (39)	5,8 (31)	3,9 (20)	1,3 (5)	1,9 (9)	2,9 (16)	2,1 (11)
Monarchisten	2,7 (16)	2,8 (14)	6,9 (40)	4,9 (25)	1,8 (8)	1,3 (6)	–	–	–	–	–
MSI	5,3 (30)	2,0 (6)	5,9 (29)	4,8 (24)	5,1 (27)	4,5 (24)	8,7 (56)	6,1 (35)	5,3 (30)	6,8 (42)	5,9 (35)
PR	–	–	–	–	–	–	–	1,1 (4)	3,4 (18)	2,2 (11)	2,6 (13)
Andere	5,9	2,7	1,5	1,5	1,2	5,9	3,9	2,1	4,1	4,7	7,5 (28)
% abgegeb. Stimmen	89,1	92,2	93,8	93,8	93,0	92,9	93,2	93,1	90,1	88,3	88,7

PCI = Partito Comunista Italiano, PSI = Partito Socialista Italiano, PSDI = Partito Socialista Democratico Italiano, PRI = Partito Republicano Italiano, DC = Democrazia Cristiana, PLI = Partito Liberale Italiano, MSI = Movimento Sociale Italiano, PR = Partito Radicale. 1948 gingen PCI und PSI ein Wahlbündnis ein. 1968 waren PSI und PSDI als Partito Socialista Unificato (PSU) vereinigt.

disieren, so ist ohne Zweifel bei den Aprilwahlen 1948 ein
tiefer Einschnitt zu machen. Erst hier endete die unmittelbare
Nachkriegszeit. Staat und Gesellschaft hatten ein neues Gleichgewicht gefunden. Alle Hoffnungen auf eine demokratische
Revolution oder gar auf eine unter kommunistischen Vorzeichen stehende gesellschaftliche Umwälzung hatten sich als
illusionär erwiesen. Etwas vom konservativen, auf den Status
quo verpflichteten Urgestein der Gesellschaft war zutage
gekommen. Die Machtverhältnisse des 18. April waren so
eindeutig, daß sie allen Beteiligten neue Langzeitperspektiven
aufnötigten.

Gesellschaftswandel und Moderne

Am Beginn einer langen Entwicklungsperiode lohnt es,
einen Blick auf die strukturellen Veränderungen zu werfen, die
Italien in der Nachkriegszeit erlebt hat. In einem berühmt
gewordenen Ausspruch hat der kommunistische Spitzenpoli-
tiker Giorgio Amendola 1976 gesagt: »Insgesamt gesehen,
haben die dreißig Jahre Republik einen Fortschritt bedeutet . . .
Den Italienern ist es noch nie so gut gegangen wie heute,
niemals waren sie so frei, niemals haben sie so viel essen und so
viel lernen können wie heute.« Zum gleichen Zeitpunkt formulierte sein Parteifreund, der Dichter Pier Paolo Pasolini,
sein radikales Verdammungsurteil über die gleiche Zeit und
das gleiche Italien mit seiner egalisierten Konsumgesellschaft,
seinem Verlust aller transzendentalen Werte, seiner Verschlechterung der anthropologischen Substanz und seiner Ver-
heerung von Natur und Umwelt.

Diese antithetischen Urteile spiegeln zwei unterschiedliche
Generationserfahrungen. Sie spiegeln aber auch zwei unterschiedliche Optiken der gleichen Realität. Italien hat sich in
den vier Jahrzehnten nach 1945 stärker verändert als in vielen
Jahrhunderten zuvor. Die Industrialisierung, die Urbanisierung, die Migrationsbewegungen und die Zunahme des Verkehrs haben das physische Antlitz Italiens und die Charakteri-
stika der Gesellschaft in einer noch zu Beginn des Jahrhunderts
kaum vorstellbaren Weise verändert.

Sieht man einmal von den Zonen früher und intensiver Industrialisierung ab (Industriedreieck Genua-Turin-Mailand, Alpenrandzone Mailand-Vicenza, Neapel), so war die überwiegende Mehrheit der italienischen Regionen bei Kriegsende noch stark agrarisch bestimmt. Mit Beginn der fünfziger Jahre setzte hier ein rapider Erosionsprozeß ein. Seitdem wechselten mehr als 1,5 Mio. Italiener jährlich ihren Wohnort. Und dies war überwiegend eine Wanderung von Süden nach Norden, vom Land in die Stadt, aus den Hügel- und Gebirgszonen in die Ebene, vom Landesinnern an die Küsten. 1921 wohnten noch ein Fünftel der Italiener in Bergzonen (über 700 Meter). 1971 war dieser Anteil auf ein Siebtel gefallen. Die durchschnittliche Wohnhöhe des Italieners sank von knapp 300 Meter auf weniger als 200 Meter. 1911 wohnten nur 4,5% der Bevölkerung nicht am Geburtsort. 1950 lag diese Ziffer bei 30%, 1971 bei mehr als 42%. In den Zuwanderungsgebieten des Nordwestens steigt dieser Wert auf über 50%, in Piemont sogar auf 62%.

Die größte dieser Wanderungsbewegungen ging von Süden nach Norden. In den Jahrzehnten nach 1945 haben ca. 5 Mio. Süditaliener im Norden oder im Ausland eine Arbeitsstätte und einen neuen Lebensraum gesucht. Allein zwischen 1951 und 1971 hatte Süditalien einen Wanderungsverlust von 4,0 Mio., Nordwestitalien einen Wanderungsgewinn von 2,2 Mio. Personen zu verzeichnen. In Turin stammte Mitte der siebziger Jahre nahezu die Hälfte der Einwohner aus Süditalien. Die Anpassungsschwierigkeiten und die Eingliederungsprobleme dieser Masseneinwanderung lassen sich vorstellen. Berg-, Süd- und Landflucht fanden hier ihr gemeinsames Zielgebiet.

Dieser Wandel spiegelt sich auch in der Beschäftigtenstruktur Italiens. Wie Tab. 2 zeigt, waren 1936 noch die Hälfte, 1951 noch 42,2% der erwerbstätigen Bevölkerung in den Bereichen Landwirtschaft, Forst und Fischerei beschäftigt. In den Bereichen Industrie und Handwerk arbeiteten 1951 32,1%, im Sektor Dienstleistungen und Verwaltung 25,7% der Beschäftigten. Auch ökonomisch war der primäre Sektor noch hoch bedeutsam. Im Jahrzehnt 1941–50 erwirtschaftete er 33,7% des

Bruttoinlandsprodukts. Nach 1950 erfolgte hier eine rapide Umschichtung. Der Anteil der in der Landwirtschaft Beschäftigten fiel von 29,1% (1961) auf 17,2% (1971) und 10,6% 1985. Selbst in Süditalien, wo die Landwirtschaft relativ noch das größte Gewicht besitzt, wird der Bauer und der Landarbeiter immer mehr zu einer marginalen Figur. In den ersten beiden Nachkriegsjahrzehnten kam dieser Abfall vor allem dem gewerblichen Sektor zugute, der von 32,1% (1951) auf 44,4% (1971) anstieg, seitdem aber deutlich rückläufig ist. Das entschiedenste Wachstum verzeichnet seit langem der tertiäre Sektor, der sich seit 1945 mehr als verdoppelt hat und heute über mehr als 50% der Beschäftigten verfügt. Gliedert man, im Anschluß an P. Sylos Labini, die Daten nach einem Klassenschichtungsmodell, so zeigt sich, daß die Arbeiterklasse, 1971 mit 47,8% noch quantitativ ansteigend (1961: 44,6%) seitdem relativ und absolut abnimmt (1983: 42,7%). Der Schwund macht sich vor allem im Industrie- und Bausektor bemerkbar. Zu konstatieren ist gleichzeitig ein rascher, vor allem vom neuen Mittelstand getragener Anstieg der urbanen Mittelschichten. Aber auch der alte Mittelstand (Handwerk, Handel, Transport, 1971: 18,5% 1983: 20,4%) zeigt eine erstaunliche Anpassungs- und Überlebensfähigkeit.

Tab. 2: Die Beschäftigten nach Sektoren 1936–1985 (in %)

Jahr	Landwirtschaft, Forst, Fischerei	Industrie, Bergbau, Handwerk	Dienstleistungen, öffentliche Verwaltung
1936	49,4	27,3	23,3
1951	42,2	32,1	25,7
1961	29,1	40,1	30,3
1971	17,2	44,4	38,4
1981	12,6	41,5	45,9
1985	10,6	37,7	51,7

Diese Daten lassen erkennen: seit Mitte der siebziger Jahre tritt Italien in das postindustrielle Zeitalter ein. Nur vor dem Hintergrund dieses enorm raschen Strukturwandels werden

die oben zitierten kontrastierenden Urteile von G. Amendola
und P. P. Pasolini verständlich. Italien ist, nach der Schweiz,
das bergreichste Land Europas. Neben 20% Ebene weist es
40% Hügelland und 40% Bergland auf. Im Berg- und Hügelland hatten sich bis vor vierzig Jahren die säkularen Lebens-
und Bewirtschaftungsformen fast ungebrochen erhalten. Dieses archaische, unwissende und arme Italien der Hügel- und
Bergzonen, das C. Pavese für Piemont, I. Silone für die
Abruzzen und C. Alvaro für Kalabrien so eindrücklich in ihren
Romanen beschrieben haben, gehörte mit seinen Formen der
Subsistenzwirtschaft zu dem großen Raum der vorindustriellen Welt. Diese »Welt der Besiegten« (N. Revelli) mit ihrer
Armut, ihrer Not, ihrer Ausbeutung und ihrer Würde war
durch den Einbruch der Neuzeit zum Untergang verurteilt.
Unter dem Anprall der Moderne, die mit Radio, Zeitung und
Fernsehen, mit Schiene und Straße, mit Diesel- und Elektro-
motor, mit Maschine und Markt heranflutete, begann sich eine
tausendjährige Lebenswelt aufzulösen. Die Jugend wanderte
ab, die Alten starben langsam hinweg. Schon in den sechziger
Jahren gab es Bergdörfer in den Seealpen oder in der Molise,
wo der Pfarrer im Jahr nur noch ein Kind taufte und dreißig
Alte beerdigte. Für die äußerst mühsame und wenig gewinn-
bringende bäuerliche Arbeit in den höheren Lagen der Alpen
und des Apennin ist in der heutigen sozialen und wirtschaftlichen Lage Italiens kein Platz mehr. Aufgegebene Gehöfte,
verfallende Wirtschaftsgebäude und überwucherte Ackerter-
rassen zeugen von dem Exodus der früheren Bewohner. Die
Faszination, die Italien auch heute noch auf den deutschen
Betrachter ausübt, beruht z. T. auf der Begegnung mit dieser
säkularen, sterbenden vorindustriellen Welt.

Die vierfache Wanderungsbewegung und der rasch steigende Wohlstand haben nach 1945 eine rasch steigende Urbani-
sierungswelle mit einer enormen Bautätigkeit in Gang gesetzt.
Am Ende der Wiederaufbauphase und der Beseitigung der
unmittelbaren Kriegsschäden gab es 1951 auf italienischem
Boden 11,4 Mio. Wohnungen mit 37,3 Mio. Zimmern (1931:
9 Mio. mit 30 Mio. Zimmern). Dreißig Jahre später war der
Bestand auf 21,9 Mio. Wohnungen mit 88,6 Mio. Zimmern

angestiegen. Heute liegen diese Daten vermutlich bei über 25 und 100 Mio. Als Faustregel läßt sich festhalten: Über Zwei-drittel des heutigen Baubestandes ist nach 1945 entstanden. Diese Globaldaten decken übrigens sehr unterschiedliche Realitäten. Der Baubestand vor 1946 bildet in der Provinz Asti (Piemont) 50,1% des heute Vorhandenen, in Lucca 41,9%, in Grosseto 30,2%, in Ravenna 20,0% und in der Provinz Rom 19,7%. In dürren Worten: Vierfünftel des heutigen metropoli-tanen Roms sind nach 1945 entstanden.

Diese Daten spiegeln das Phänomen einer rasch fortschrei-tenden Urbanisierung. 1931 lebte knapp die Hälfte der Italie-ner in Gemeinden unter 10 000 Einwohnern. Die Bevölkerung der Großstädte über 100 000 Einwohner betrug 16,8%. Heute lebt nur noch knapp ein Drittel der Italiener in Gemeinden unter 10 000 E. Der Anteil der Großstädte ist auf 28,2% (1981) gestiegen. Städte wie Mailand, Turin, Neapel, Palermo oder Rom haben ihre Bevölkerung in den letzten vierzig Jahren verdoppelt oder verdreifacht. Um die Millionenstädte wie Mailand oder Rom haben sich metropolitane Zonen gebildet, die weit über das eigentliche Gemeindegebiet hinausgreifen. Auch hier läßt sich als Faustregel festhalten: der Durchschnitts-italiener ist innerhalb einer Generation vom Landmenschen zum Stadtbewohner geworden.

Diese enorme und auch in der Gegenwart weiterlaufende Bautätigkeit hat auf dem Papier längst alle Wohnbedürfnisse der seit langem nur noch langsam wachsenden und heute mit 57 Mio. stationären Bevölkerung gedeckt. Das Verhältnis Einwohner/Zimmer, das jahrzehntelang bei 0,6–0,9 lag, hat längst die Marke 1,5 überschritten und tendiert auf 2. Der Durchschnittsitaliener lebt heute weit geräumiger und mit Versorgungsleistungen besser ausgestattet als die Väter- oder Großvätergeneration. Trotzdem bildet die Wohnungsfrage nach wie vor einen der kritischsten Punkte der Sozialpolitik. Der staatlich geförderte soziale Wohnungsbau ist nach verhei-ßungsvollen Anfängen in den fünfziger Jahren längst zum Erliegen gekommen. Wohnraum ist für die Reicheren vielfach im Überfluß vorhanden, für die sozial schwachen Schichten z. T. bittere Mangelware. Die Familiengröße hat sich stark verringert. Sie ist von 4,3 Mitgliedern (1936) auf 3,3 (1971) und 3,0 (1981) gefallen. Dies erklärt unter anderem die erhöhte Nachfrage. Außerdem ist die Zahl der Zweit- und Drittwohnungen, vor allem in den Erholungsgebieten am Meer und in den Bergen, rapide angestiegen. 1981 gab es 4,4 Mio. nur zur temporären Nutzung bestimmte Wohnungen dieses Typs.

Jeder aufmerksame Italienbesucher kennt die Wirklichkeit, die hinter diesen Zahlen steht: die 7000 km Küste Italiens sind weitgehend mit privat und kommerziell genutzten Ferienwohnungen zugebaut. Eine Woge von Zement hat auch die schönsten Lokalitäten entstellt oder ganz zerstört. Von den »Idyllen am lateinischen Ufer«, von denen F. Gregorovius zum Beispiel Mitte des vorigen Jahrhunderts schwärmte, ist nichts mehr übriggeblieben. Das gleiche gilt für die attraktiveren, für den Wintersport geeigneten Höhenlagen in den Alpen oder dem Apennin. Ferien-, Wochenend- und Zweithäuser umschließen heute auch bis zu einer Tiefe von 60–80 km die großen metropolitanen Zonen. Auto und Straße haben die Bevölkerung in einer vor wenigen Jahrzehnten noch kaum vorstellbaren Weise mobilisiert. Italien verfügt heute über ein Netz von mehr als 6000 km Autobahnen, das vor allem in den sechziger und siebziger Jahren entstanden ist. In der Nachkriegszeit ist gleichzeitig das übrige Straßennetz enorm gewachsen (Staatsstraßen von 20000 auf 46000 km, Provinz- und Kommunalstraßen von 150000 auf 250000 km). Auf den Italiener entfallen heute 300 m² Straßenfläche (1945: 50 m²). Parallel zu diesem Wachstum stieg der Grad der Motorisierung. Die erste Million zugelassener Autos wurde 1950 überschritten. 1960 war man bei 6,3 Mio., 1970 bei 14,8 Mio. Autos angekommen. Heute ist die Zahl von 30 Mio. überschritten. Gleichzeitig hat sich der Güterverkehr weitgehend von der Schiene auf die Straße verlagert. Der Fernlastverkehr bewältigt heute über 90% des Gesamtvolumens. Drei Jahrzehnte fast ausschließlicher Förderung des Individualverkehrs haben das Auto vom Traum zur Realität und zum Alptraum werden lassen. Die meisten städtischen Ballungszonen sind in den Hauptverkehrszeiten verstopft, die alten städtischen Zentren sind, wo nicht durch Fußgängerzonen entlastet, für den gehenden, einkaufenden und schlendernden Menschen zu einem unwirtlichen Gelände geworden.

Dieser rasch ablaufende Prozeß der Mobilisierung und Urbanisierung ist vielfach außerhalb jeder Kontrolle und Planung der öffentlichen Hand erfolgt. Grundbesitzer, Immobilien- und Finanzgesellschaften und die Bauindustrie haben einen Prozeß in Gang gehalten, der vielfach die Züge nackten Profitinteresses trug. »Die Spekulation um Bauland und Bauerwartungsland ist über dreißig Jahre hinweg das größte, das gewinnbringendste und zugleich das schmutzigste Geschäft gewesen, das Italien zu bieten hatte« (E. Scalfari). Das gültige Städtebaugesetz stammt aus dem Jahre 1942. Jede Novellierung scheiterte an vielfachen gesellschaftlichen Widerständen. Noch 1981 entschied der Verfassungsgerichtshof, das das *ius aedificandi* ein dem Bodenbesitz inhärentes Recht sei und daß der Eigentümer deshalb bei Enteignung zu marktnahen Preisen entschädigt werden müsse. Um die Durchsetzung und Einhaltung der Bebauungspläne etwa der Stadt Rom sind in den fünfziger und sechziger Jahren große politisch-publizistische Schlachten geschlagen worden, bei denen das Öffentlichkeitsinteresse in der Regel unterlegen ist. Bei dem Wettlauf zwischen Profitinteresse und Bürgersinn verkündete wie auf der Buxtehuder Heide jeweils der Igel des privaten Gewinnstrebens sein »Ick bün all dor«, wenn der Hase des Gemeinwohls in der Furche angekeucht kam.

Nicht zum geringsten Teil, vor allem in Süditalien, ist die urbanistische Entwicklung auch völlig illegal, als Selbsthilfe, außerhalb jeder staatlich-kommunalen Kontrolle erfolgt. Dieser sog. »abusivismo« (illegales Bauen), der an ähnliche Phänomene der Dritten Welt erinnert, bildet inzwischen die vorherrschende Bauweise in weiten Bereichen Süditaliens. Von den 3 Mio. Einwohnern Roms lebt heute fast ein Drittel in solchen illegal errichteten (und z. T. später legalisierten und normalisierten) Vorstädten und Streusiedlungen. Als die Regierung 1983 versuchte, mit einer gleichzeitig eine neue Steuerquelle erschließenden Generalamnestie (legge sul condono) Ordnung in die Materie zu bringen, kam es in vielen Städten Siziliens und Kalabriens, z. T. unter Führung der lokalen Bürgermeister, zu Protestbewegungen. Das Gesetz selbst und die von ihm ausgelösten Reaktionen zeigen, wie weit sich hier Rechts- und Ordnungssinn schon verändert haben. Es fehlt sogar das Unrechtsbewußtsein für das eigene Tun. Aber auch das Staatshandeln erweckt Erstaunen. Für das Linsengericht einiger Milliarden DM neuer Steuereinnahmen hat der Staat auf sein Recht verzichtet, ein Minimum urbaner Ordnung – in mehrfachem Sinne – zu garantieren und notfalls mit Zwang durchzusetzen. In Neapel, Salerno, Bari, Catania oder Palermo hat die vielfach mit mafiosen Praktiken verknüpfte Bauspekulation ihre schlimmsten Triumphe gefeiert. Den hier entstandenen, sich über Dutzende von Quadratkilometern hinziehenden Vorstädten fehlt es an jedem bürgerlichen Dekor und praktisch an allen Identitäts- und Gemeinschaftsbewußtsein stiftenden Orten der Selbstbegegnung wie Plätzen, Freiräumen, Parks, Arkaden, Brunnen, Denkmälern und ähnlichem.

Die gerade in Italien so stark ausgeprägte Individualität der »historischen« Stadt mit ihren von Vitalität und Selbstbewußtsein zeugenden Plätzen, Kirchen, Palästen, ihren Stadtteilen und Monumenten verliert sich in den Neubauzonen nach 1945 in der grauen Einförmigkeit nicht endender Peripherien.

Der Verbrauch des unersetzbaren und nur in begrenztem Umfang vorhandenen Territoriums geht rasch voran. Die Zersiedelung der Landschaft und die »Zerstörung der Natur« (A. Cederna) hat in den letzten Jahrzehnten immer breitere Ausmaße angenommen. 40 000 ha Land gehen jährlich durch die Urbanisierungsmaßnahmen verloren. 50 000 ha Wald fallen jährlich den sommerlichen, häufig gezielt angelegten und mit der Bauspekulation zusammenhängenden Großbränden zum Opfer.

Italien ist geologisch eines der gefährdetsten Länder Europas. Erdbeben, Erdrutsche, Überschwemmungen, Bodenerosion und andere, durch menschliche Eingriffe potenzierte Reaktionen der Natur verursachen, mit rasch steigender Frequenz, jährlich Milliardenschäden. Jährlich werden allein 300 Mio. Tonnen Baumaterialien wie Steine, Schotter, Kies oder Sand abgebaut, transportiert und verarbeitet. Die prophetischen Warner des Naturschutzbundes »Italia nostra« sprechen davon, daß bei einem ungehinderten Fortgang dieser Entwicklung in 100–150 Jahren alle attraktiveren Teile des Landes unter einer gleichförmigen Kruste von Zement, Asphalt, Stein oder Kulturschutt verschwunden sein werden. Noch skeptischer sind die Autoren eines amerikanischen Wochenmagazins, die ihre Italien gewidmete Titelgeschichte unter das Motto stellten: »Besucht Italien jetzt. In zehn Jahren ist es zu spät.«

Vom »Zentrismus« zu den Mitte-Linksregierungen: die fünfziger und die sechziger Jahre

Auf der Suche nach neuen politischen Idealen richtete sich der nationalismusernüchterte Blick Italiens auf Europa. Schon nach 1918 hatte der Gedanke einer föderalistischen Union des alten Kontinents eine erste gedankliche Konkretisierung in den Projekten von G. Agnelli und A. Cabiati erfahren. Im »Manifest von Ventotene« skizzierten A. Spinelli und E. Rossi 1941 auf dem Höhepunkt der nationalsozialistischen Machtentfaltung die Umrisse einer künftigen Föderierung Europas. Der Föderalismus wurde zum wichtigsten neuen politischen Ideal, das aus der Katastrophe des Zweiten Weltkriegs hervorging. Die Rekonstruktion der alten Nationalstaaten nach 1945 schien die Entwicklung in eine gegenläufige Richtung zu treiben. Erst die Lancierung des Marshall-Planes 1947 und die sich rasch vertiefende Spaltung Europas mit den von ihr ausgehenden Zwängen eröffneten Chancen für eine engere zwischenstaatliche Zusammenarbeit.

Schon im Programm der Christdemokraten vom 25. 7. 1943 hatte es geheißen: »Wir erstreben ... eine Föderation der freiheitlichen europäischen Staaten, die unmittelbare Vertretung der Völker ..., europäische Streitkräfte ..., ein gemeinsames Rechtssystem ... und eine europäische neben der nationalen Staatsbürgerschaft.« Mit der schrittweisen Wiedergewinnung der außenpolitischen Bewegungsfreiheit nach 1947 ergaben sich Chancen für eine aktive Europapolitik, für die

auch in der Verfassung (Art. 11) schon gewisse Souveränitätsbeschränkungen vorgesehen waren. Diese Chancen – gegen
den massiven Widerstand der Linken, vor allem der Kommunisten – genutzt zu haben, ist ein bleibendes Verdienst der
christdemokratischen Eliten. Unter hohem persönlichen
Einsatz A. De Gasperis hat Italien nach 1948 eine treibende
Rolle bei der schrittweisen Integration Westeuropas gespielt.

Italien trat 1949 der NATO bei und gehörte 1951 zu den
Gründungsmitgliedern der Montanunion. Sowohl bei der
(dann gescheiterten) Europäischen Verteidigungsgemein-
schaft 1953/54 wie bei der Schaffung der Europäischen Wirt-
schaftsgemeinschaft 1957 spielte die römische Politik eine
wichtige Rolle. Die zunehmende Internationalisierung der
italienischen Wirtschaft hatte eine eminent praktische Bedeutung. Diese Öffnung erwies sich auf längere Sicht als Einbahn-
straße, aus der es kein Zurück mehr gab. Eine Rückkehr zu
einer rein nationalen, protektionistischen oder gar autarkisti-
schen Wirtschaftspolitik ist nach 1955 von niemandem mehr
ernsthaft in Erwägung gezogen worden. Die außenwirtschaft-
liche Verflechtung Italiens (Export plus Import) stieg von
22,2% des Bruttoinlandsprodukts (1958) auf 53,5% (1974).
Der Außenhandel wurde zum großen Motor, der die italienische Wirtschaft auf dem Wege der Rationalisierung und Dynamisierung vorantrieb. Die Einfuhren nahmen von 1952 bis
1978 im Jahresdurchschnitt um 8,5%, die Ausfuhren sogar um
10,4% (jeweils auf konstanter Preisbasis) zu.

Italien erlebte in den fünfziger und frühen sechziger Jahren
ein Wirtschaftswachstum, das in Westeuropa nur noch von der
Bundesrepublik übertroffen wurde, und das man als »Wirt-
schaftswunder« bezeichnet hat. Der Anteil der italienischen an
der westeuropäischen Industrieproduktion stieg von 8,0%
(1938) auf 12,2% (1962).

Italien mit seinem Mangel an Rohstoffen und seinem hohen
Importbedarf an Nahrungsmitteln für eine rasch wachsende
Bevölkerung war außenwirtschaftlich sehr verwundbar. Es
konnte aber im europäischen Vergleich drei Trümpfe ins Spiel
bringen: 1. das niedrige Lohnniveau, 2. die unbegrenzt

erscheinenden Arbeitskraftreserven, 3. die mangelnde Durchschlagskraft der Gewerkschaftsbewegung. Die Industrielöhne lagen 1950 erheblich unter dem westeuropäischen Durchschnitt und stiegen auch in den Folgejahren kaum. Die Lohnquote fiel von 1951–1961 von 67,4% auf 56,9%. In diesen Jahren begann die schon geschilderte Berg-, Süd- und Landflucht, die die jungen Bauernsöhne aus dem Veneto, dem Trentino, aus den Abruzzen, aus Kalabrien, Apulien und Sizilien in die norditalienischen Industriestädte führte. Die Schwäche der italienischen Arbeiterbewegung hing mit ihrer Zersplitterung zusammen.

Aus dem Geist der Resistenza heraus war im Juni 1944 mit dem »Pakt von Rom«, anders als vor 1922, die Einheitsgewerkschaft der *Confederazione Generale Italiana del Lavoro* (CGIL) entstanden. In ihr erlangten bald die Kommunisten eine zentrale Stellung (Kräfteverteilung 1947: PCI 57,8%; PSI 22,6%; DC 13,4%; PSDI und PRI 4,2%). Der Ost-West-Gegensatz führte 1948 zur Spaltung. In den fünfziger Jahren ergab sich ein Nebeneinander von Richtungsgewerkschaften, in dem die kommunistisch-sozialistische CGIL (3,5 Mio. Mitglieder 1963) eine führende Rolle einnahm. Daneben entstand die DC-nahe *Confederazione Italiana Sindacati Lavoratori* (CISL) mit 2,4 Mio. Mitgliedern (1961) und die *Unione Italiana del Lavoro* (1,5 Mio. Mitglieder 1962), die den Sozialdemokraten und Republikanern nahestand.

Der Wahlerfolg vom April 1948 bildete den Auftakt für eine lange Erfolgsstory. Die 35–40% der Stimmen, die die DC seither in fast allen Nachkriegswahlen erreichte (vgl. Tab. 1), bildeten die Basis für eine bis heute behauptete hegemoniale Stellung im politischen System. Die DC rekrutiert ihre Wähler aus drei sich z. T. überschneidenden Einzugsbereichen. Sie ist zugleich Bauern-, Katholiken- und Bürgerpartei. 20–25% der Wähler, die fest in die katholische Subkultur eingebunden sind, optieren für die DC aus weltanschaulich-religiösen Gründen. Sie reichen vom katholischen Arbeiter, Angestellten und Kleinbauern bis hin zum Industriellen, Manager und Großagrarier. Auf dieser Wählerbasis beruht der im Selbstverständnis der DC an zentraler Stelle stehende Anspruch, eine

Volkspartei zu sein. De Gasperi nannte 1945 die DC »eine Partei der Mitte, die nach links tendiert.« Weitere 10–15% stammen aus bäuerlichen und städtischen Mittelschichten, die in der DC die beste Garantie gegen statusgefährdende gesellschaftliche Reformen und gegen revolutionären Umsturz sehen. Nach linken Interpreten wird die DC so zur »ersten konservativen Massenpartei Italiens« (G. Galli). Die konservative Ausrichtung der Mehrheit der DC-Wählerschaft wurde schon 1946 deutlich, als 80% der DC-Wähler für die Beibehaltung der Monarchie stimmten. Dieser starke konservative Wähleranhang kann jederzeit, wie die Wahlen von 1953, 1963 und 1972 zeigten, bei einer stärker innovatorischen Politik nach rechts abwandern.

Zur Basis der DC-Herrschaft wurden nach 1948 sog. »zentristische« Koalitionen mit den kleineren laizistischen Mittelparteien PRI, PSDI und PLI, die ihre stärkste Motivation in einem ideologisch überhöhten Antikommunismus fanden, der vor allem auch von der katholischen Kirche mitgetragen wurde. Alle katholischen Mitglieder des PCI wurden exkommuniziert und den Gläubigen jede Mitarbeit innerhalb der Linksparteien verboten. Innerhalb der DC bildete sich nach 1947 eine linkskatholisch-integralistische Opposition um den späteren Priester G. Dossetti, die in Kritik des De Gasperischen Pragmatismus eine christlich inspirierte gesellschaftspolitische Neuorientierung unter Aufnahme planwirtschaftlicher Elemente und flankierender sozialpolitischer Maßnahmen forderte. Der in dieser Gruppe sichtbare Antikapitalismus und Antiliberalismus (der sich außenpolitisch mit neutralistischen Positionen verband) bildet bis heute eine der Konstanten der inneren DC-Dialektik. Überhaupt entwickelte die DC seitdem die Fähigkeit, auch ihre eigene Opposition aus sich selbst hervorzubringen, um so mal auf der einen, dann auf der anderen Schulter tragen zu können.

Die kapitalismuskritischen Komponenten innerhalb der DC erklären auch, warum es niemals zu einer völligen Identifizierung zwischen dem großen Bank- und Industriekapital mit der DC gekommen ist. Dieses hat die Repräsentation seiner politischen Interessen neben dem rechten Flügel der DC immer auch

bei den Liberalen und Republikanern, im letzten Jahrzehnt
auch bei den Sozialisten gesucht.

Die Wahlniederlage der DC und der verbündeten kleinen
Mittelparteien 1953 und das Anwachsen der linken und rechten Antisystem-Oppositionen zeigte, wie prekär – trotz lang-
fristigem wirtschaftlichem Wachstum und sozialer Stabilität –
die Stellung des parlamentarischen Systems in Italien blieb.
Das innerparteiliche Erbe des 1953 zurückgetretenen und
wenig später gestorbenen A. De Gasperi übernahm der aus
dem Umkreis G. Dossettis stammende A. Fanfani, der als
Parteisekretär (1954–1959) die DC durch Reorganisation und
Potenzierung des Apparats zu einer modernen, von der katholischen Kirche unabhängigen Massenpartei umzuformen
suchte. Nach 1953 bildete sich so eine Organisationsstruktur
heraus, die mit Abwandlungen bis heute Bestand gehabt hat.
Dazu gehört vor allem die Entstehung von Fraktionen (sog.
correnti, Strömungen). Das im Parteistatut von 1948 ausgesprochene Fraktionsverbot hatte sich angesichts der in der DC
vorhandenen Interessenvielfalt nicht aufrechterhalten lassen.
Unter Fanfani wurde die Aufgliederung der DC in ein knappes
Dutzend Unterparteien stillschweigend anerkannt. Gleichzeitig konsolidierte die DC – dank der Gründung des Ministe-
riums für staatliche Beteiligungen, dem Aufbau einer staatseigenen Erdöl- und Erdgasindustrie (ENI) und den Investitions-
hilfen für den Süden (vgl. unten S. 542 ff.) – ihre Machtpositionen im sozioökonomischen Bereich. Die religiös-ideellen Mo-
tivationen der Anfangszeit traten damals zurück zugunsten
eines kaum verhüllten Machtpragmatismus. Ideologische
Kontroversen sind seitdem häufig nur noch ein Vorhang, hinter
dem machtpolitische Konflikte ausgetragen werden. Wenig
aussagekräftig ist daher jede Rechts-Links-Klassifizierung. Der
»linke« Fanfani der fünfziger Jahre wurde zwei Jahrzehnte
später zum Verfechter einer autoritären Präsidialdemokratie;
der »rechte« Andreotti, der 1972/73 eine Mitte-Rechts-Regie-
rung geführt hatte, wurde nach 1976 im Zeichen der »nationalen Solidarität« zum Exponenten einer Zusammenarbeit mit
den Kommunisten.

Die Ursachen für die Erfolgsstabilität der DC sind vor allem im weiten Hinterland der katholischen Subkultur zu suchen. Die DC kann sich auf ein kapillares Netz sozialer, religiöser, alters-, geschlechts- und berufsbezogener Organisationen der katholischen Laienbewegung stützen, so auf die Katholische Aktion mit ca. 3 Mio. Mitgliedern, den Arbeiterbildungs- und Freizeitverband ACLI oder die Studenten-, Lehrer- und Frauenvereine. Der Bauernverband *Coldiretti* bildete in den fünziger Jahren die wichtigste DC-flankierende Organisation, hat aber seitdem mit dem Bedeutungsverlust der Landwirtschaft stark an Einfluß eingebüßt. Eine breite Kontaktzone zu den Arbeitnehmern ergibt sich durch die katholische Gewerkschaft CISL.

Neben diesen Möglichkeiten mittelbarer Einflußnahme hat die DC seit Mitte der fünfziger Jahre auch ihre direkten innergesellschaftlichen Machtpositionen ausgebaut. Die großen staatseigenen Teile der italienischen Wirtschaft ebenso wie die Instrumente staatlicher Interventionspolitik wurden zu Aktionsräumen der DC-Personalpolitik. Seit den sechziger Jahren stellt die DC die übergroße Mehrheit der Vorstände und Aufsichtsräte der Staatsunternehmen. Das gleiche gilt für die ca. 60 000 Körperschaften öffentlichen Rechts in Verwaltung, Sozialfürsorge, Krankenversorgung, Kredit- und Versicherungswesen, Erziehung, Forschung, Lehre, den Massenmedien usw. Ende der siebziger Jahre gehörten 70 von 80 Sparkassenpräsidenten und 90% der leitenden Manager in den Staatsbetrieben der DC an. Kritiker sprechen von einer Refeudalisierung der italienischen Gesellschaft, in der eine vielfach ineffizient und parasitär gewordene Staatsbourgeoisie Pfründenzonen verwaltet. Diese »Okkupation der Machtzentren« ergibt den unsichtbaren Teil des »Eisbergs DC«. Selbst wohlwollende Betrachter sprechen von einer »Staatspartei mit Regime-Elementen«. Nach einem Wort von G. Agnelli in den siebziger Jahren verwaltete die DC damals mit 40% der Stimmen 80% der Macht in Italien.

Auch der Ausbau des Wohlfahrtstaates seit Anfang der sechziger Jahre erfolgte vielfach unter parteipolitischen Vorzeichen. Eine wenig effiziente und weitgehend meridionalisierte Staatsbürokratie (über 60% der Angestellten stammen aus dem Süden, nur 14% aus dem Norden) erwies sich gegenüber den aus der Gesellschaft kommenden Forderungen mehr als nachgiebig. Pensionen, Renten (zusammen 1984: 18 Mio.) und Invaliditätsrenten (1984: über 5 Mio.) bilden faktisch vielfach so etwas wie ein garantiertes Mindesteinkommen, das den sozialen Frieden und das parteipolitische Votum sichert. Manche süditalienische Provinzen mit hohen DC-Voten weisen inzwischen mehr als 20% ziviler (und vielfach fiktiver) Invaliden auf.

Die kleineren Mittelparteien und dann seit den sechziger Jahren auch die Sozialisten sind dem Beispiel der DC gefolgt und haben politische Positionen in gesellschaftliche und wirtschaftliche Macht umgesetzt. Eine besondere Rolle spielt hierbei das italienische Wahlsystem, das als Verhältniswahlrecht mit Präferenzstimmen den direkten Bezug zwischen Wähler und Gewähltem begünstigt. Zwischen beiden entsteht vielfach ein klientelares Verhältnis.

Schon Mitte der fünfziger Jahre begannen politische Beobachter vor der »partitocrazia«, der Parteienherrschaft, d. h. der Invasion aller gesellschaftlichen Freiräume durch die Parteien zu warnen. Diese vielfach mit Ineffizienz, Dysfunktionen und Korruption verbundene Kolonisierung aller Lebenswelten durch die Parteien hat in den folgenden Jahrzehnten immer gravierendere Ausmaße angenommen. Die nach zahlreichen Bestechungsskandalen 1974 eingeführte Parteienfinanzierung hat hier nur wenig Abhilfe schaffen können. Der Finanzbedarf der hier entstandenen Apparate geht weit über die vom Staat gewährten Zuschüsse hinaus. Eine 1988 veröffentlichte Untersuchung schätzt für die Jahre 1976–1986 die jährlich als »tangente« (Quote) gezahlten und von Parteivertretern illegal einkassierten Summen auf mehr als 3000 Mrd. Lire (4–5 Mrd. DM pro Jahr).

Das Jahr 1956 mit der von Chruschtschow eingeleiteten Entstalinisierung und dem Aufstand in Ungarn hatte massive Rückwirkungen auf die italienische Linke. Der PCI geriet in eine tiefe Krise, und die Sozialisten, die sich aus dem Bann des Sowjetmythos lösten, gewannen schrittweise ihre Bewegungsfreiheit zurück. Damit wurde der Weg frei für eine

»apertura a sinistra«, eine Öffnung nach links, d. h. eine Erweiterung der immer prekärer werdenden Regierungsmehrheit durch Hereinnahme der Sozialisten.

Diese vom Vatikan, der Mehrheit von Großfinanz und Industrie und auch von großen Teilen der Presse bekämpfte »Öffnung nach links« zeichnete sich ab 1958 im Zusammenwirken zwischen P. Nenni, G. Saragat und den linken DC-Politikern A. Fanfani und A. Moro ab. Die Präsidentschaft John F. Kennedys und die konziliare Neubesinnung der katholischen Kirche unter Johannes XXIII. öffneten international neue Perspektiven. Aber erst das Scheitern einer auf die Tolerierungsstimmen der Neofaschisten angewiesenen rechten DC-Minderheitsregierung unter F. Tambroni machte den Weg frei für eine Machtbeteiligung der Sozialisten. Im Dezember 1963 bildete sich unter A. Moro das erste Mitte-Links-Kabinett, in dem P. Nenni den Posten des stellvertretenden Ministerpräsidenten übernahm. Hinter dieser 1964 mit der Absplitterung des linken Flügels (als *Partito Socialista di Unità Proletaria, 1974* mit dem PCI vereinigt) bezahlten Umkehrung der Allianzen stand die Hoffnung auf die Herausbildung einer großen, nach Europa hin offenen sozialistischen Reformpartei, die fähig sein würde, die Mehrheit der Arbeiterbewegung zurückzugewinnen. Die Wahl G. Saragats zum Staatspräsidenten 1964 und der Zusammenschluß von PSI und PSDI zur Vereinigten Sozialistischen Partei (PSU) 1966 schienen erste Schritte auf diesem Weg. Diese Hoffnungen wurden jedoch radikal enttäuscht. Der PCI erwies gegenüber dieser Herausforderung ein hohes Standvermögen. Zu schwach, um nach den ersten erfolgreichen Ansätzen (Schulreform, Verstaatlichung des Energiesektors) weitere Punkte ihres Reformprogramms gegen den Immobilismus der DC durchzusetzen, brach die neue Partei nach der schweren Wahlniederlage 1968 (PSI und PSDI 1963: 20,0%; PSU 1968: 14,5%) schon 1969 wieder auseinander.

In diesen sechziger Jahren entwickelte die politologische Forschung zwei kontrastierende Interpretationen des politischen Systems in Italien. G. Galli deutete die italienische Situation nach angelsächsischen Vorbildern als »unvollendetes

Zweiparteiensystem«. Christdemokraten und Kommunisten dominierten jeweils das konservative und das progressive Lager. Hier bestanden alle Voraussetzungen für einen alternierenden Machtwechsel, der jedoch durch außenpolitische Faktoren (Moskau-Abhängigkeit des PCI, Veto der USA) verhindert wurde. Es handelte sich also um eine »blockierte Demokratie« mit schweren Degenerationserscheinungen wie Korruption, Ineffizienz, mangelndem Elitentausch usw. Der in den siebziger Jahren in die USA emigrierte G. Sartori sah im Gegensatz zu Galli Italien vor dem Schatten Weimars und der Vierten Französischen Republik im Bild einer »belagerten Civitas« und sprach von »polarisiertem Pluralismus«. Wie in Weimar gab es in Italien eine Vielzahl von Parteien, eine schwache, instabile und weiter abbröckelnde Mitte, die von zwei Antisystem-Oppositionen auf den Flügeln bedrängt wurde. Beide Modelle enthalten ein starkes Element der »selffulfilling prophecy«. Galli befürwortet eine Machtübernahme der Linken als einziges wirkliches Heilmittel für die vielen Schwächen der italienischen Demokratie. Sartori befürchtet für diesen Fall den Untergang eben dieses Systems. Der Disput geht auch heute noch weiter.

Krisis, Umbruch und Neubeginn: die siebziger und frühen achtziger Jahre

1968/69 trat Italien in eine neue Entwicklungsphase ein. Wie im übrigen Westeuropa bildete der anti-autoritäre Jugend- und Studentenprotest den Auftakt für eine Mobilisierung und Dynamisierung weiter Bereiche der Gesellschaft. »Il Sessantotto«, »das Jahr 1968«, ist mit seiner »contestazione«, der »Herausforderung« aller Autoritäten, noch heute, positiv oder negativ akzentuiert, ein Generationsbegriff und die Bezeichnung für ein spezifisches Lebensgefühl. »Il Sessantotto«, das hieß: Kampf gegen die Väter, Ablehnung aller institutionellen Begrenzungen, ein neues Verhältnis der Geschlechter, Totalpolitisierung aller Lebensbereiche und die chiliastische Hoffnung auf eine antikapitalistische Revolution. Am Rande und außerhalb der Institutionen und Parteien bildeten sich zahlreiche »Bewegungen«, die der Jugend und der Studenten, der Frauen, der religiösen und sexuellen Minoritäten oder der Bürgerrechtskämpfer, die die Konturen der italienischen Gesellschaft und das Verhältnis der drei Subkulturen zueinander tiefgreifend veränderten.

Im Jahr darauf kulminierte eine Phase sich steigernder Arbeitskämpfe im »heißen Herbst« 1969, der mit seinen 7,5 Mio. Streikbeteiligten und seinen 38 Mio. verlorenen Arbeitstagen den absoluten Höhepunkt der Arbeitskonflikte in der Nachkriegszeit bildete. Die große Machtprobe brachte den Gewerkschaften bedeutende Positionsgewinne. Die bis dahin vielfach zersplitterten Richtungsgewerkschaften CGIL, CISL und UIL näherten sich einander an. Mit der Einführung der Inkompatibilität zwischen Partei- und Gewerkschaftsmandat lockerten sich die Bindungen zu den jeweiligen Parteien. Die Erfahrungen des Jahres 1969 bildeten ein mächtiges Stimulans für die Wiederherstellung einer Einheitsvertretung, die im Bereich der Metallarbeitergewerkschaften zeitweise schon erreicht schien. Tarifpolitisch gelang es, den Unternehmern wesentliche Konzessionen abzunötigen. Während 1970–1982 der Anteil der abhängig Beschäftigten von 66,5% am Gesamt auf 71,6% stieg, erhöhte sich die Lohnquote im gleichen Zeitraum von 59,2% auf 69,1%. Die Distanz gegenüber dem west- und nordeuropäischen Reallohnniveau begann sich rasch zu verringern. Die Reallohnsteigerungen in der Industrie betrugen im Mittel der Jahre 1970–73 12,2%, 1974–77 5,5% und 1978–79 2,4%. Die tarifpolitischen Erfolge schlugen sich auch in den Mitgliederzahlen der Gewerkschaften nieder, die im gleichen Zeitraum von 5,6 Mio. auf 9 Mio. anwuchsen. Für ein Jahrzehnt stiegen die fast nur noch im »Dreibund« (triplice) operierenden Gewerkschaften zum mächtigen Gegenspieler der Politik auf. Ohne sie oder gegen sie schienen keine grundlegenden Entscheidungen mehr möglich. Ein Generalstreik oder ein Protestmarsch in Rom konnte das Ende einer Regierung bedeuten.

Die Christdemokraten versuchten, die neue gesellschaftliche Dynamik durch eine konservative Rückwendung abzufangen. Dazu zählten die Wahl G. Leones zum Staatspräsidenten

(1972–1978) und vor allem das gegen die Ehescheidung gerichtete, von der DC, den Neofaschisten und der katholischen Kirche unterstützte Referendum vom April 1974, das mit 40,9% zu 59,1% verlorenging. Was in den Augen des damaligen DC-Parteisekretärs A. Fanfani als große antikommunistische, konservativ-zentristische Sammlungsbewegung gedacht gewesen war, erwies sich als ein Bumerang. Hier wie dann noch einmal 1982 bei dem Referendum über die Aufhebung der Schwangerschaftsunterbrechung zeichnete sich, unter Einschluß der Kommunisten, eine laizistische, progressive Parteienmehrheit ab, die von den Liberalen und Republikanern bis zur äußersten Linken reichte. Spätestens 1974 wurde deutlich, daß die Mehrheit der Italiener nicht mehr einen nach integral katholischen Prinzipien organisierten christlichen Staat akzeptierten. Eine beträchtliche Minderheit von DC-Wählern hatte den Weisungen der katholischen Kirche und ihrer Partei nicht Folge geleistet.

Als politisches »Erdbeben« wirkten die Kommunal- und Regionalwahlen vom Juni 1975, bei denen die Kommunisten mit 33,4% der Stimmen bis auf 2% an die DC (35,3%) herankamen. Insgesamt zeichnete sich eine Linksverschiebung des Wählerspektrums ab. PCI und PSI kamen zusammen mit linken Splittergruppen auf 47%. Diese Tendenz verstärkte sich noch bei den Parlamentswahlen 1976 (vgl. Tab. 1). Die DC konnte mit 38,8% ihre Positionen voll behaupten, die kleinen Mittelparteien jedoch, die Sozialdemokraten und Liberalen, erlitten eine vernichtende Niederlage. Als großer Gewinner erschien der PCI, der auf 34,4% kam. Die unter Führung des sardischen Adligen E. Berlinguer stehende Partei hatte mit der Kandidatur zahlreicher sympathisierender Repräsentanten der linkskatholischen und laizistisch-demokratischen Kultur eine breite Öffnung zur italienischen Gesellschaft hin vollzogen. In Fortsetzung der Aufmerksamkeits-Strategie Togliattis gegenüber den katholischen Volksmassen hatte Berlinguer 1973 nach der gewaltsamen Unterdrückung des Sozialismus-Experiments Allendes in Chile die Strategie des »Historischen Kompromisses« zwischen den beiden großen Volksparteien der Katholiken und der Kommunisten proklamiert. Für die

Formierung eines neuen »historischen Blockes« unter Führung des PCI sollten die Christdemokraten quasi die internationale Rückendeckung abgeben. Berlinguer versicherte, daß der PCI die Zugehörigkeit Italiens zur Nato nicht antasten werde. Ebenso versprach er, die Spielregeln der parlamentarischen Demokratie und das Votum der Wähler zu respektieren.

Das innen- wie außenpolitische Ansehen der DC war 1975/76 auf einen Tiefpunkt gesunken. Die Kommunisten – und nicht nur diese – machten die DC für »dreißig Jahre Mißwirtschaft« in Italien verantwortlich. Auch katholische Beobachter attestierten ihr, sie sei »durch den langen Machtbesitz verbraucht« und sprachen vom »Elend der Christdemokraten«. Erstmals schien das witzig-zynische Wort von G. Andreotti »Die Macht nutzt den ab, der sie nicht besitzt« nicht mehr gültig. Die Liste der Kritikpunkte war lang und reichte von Korruption, Klientelismus, Okkupierung aller gesellschaftlichen Freiräume, Ineffizienz bis zu Regime-Bildung. Die Wahlen von 1975 und 1976 zeigten dann, daß die DC erhebliche, von ihren Kritikern unterschätzte politische, organisatorische und ideelle Reserven besaß. Der von vielen erhoffte oder befürchtete Zusammenbruch trat nicht ein. Mit dem Wechsel im Parteisekretariat von Fanfani zu B. Zaccagnini setzte in der DC ein Prozeß der Selbstkritik und der Erneuerung ein. Die DC-Führungseliten wurden teilweise verjüngt. In das 1976 gewählte Parlament zog eine zu 40% erneuerte DC-Mannschaft ein.

Ab 1976 war eine »zentristische« Kabinettsbildung numerisch nicht mehr möglich. Unter dem Druck der Wirtschafts- und Legitimitätskrise und angesichts der Terrorismusgefahr fand sich die DC bereit, die Kommunisten zumindest indirekt an der Regierung zu beteiligen. 1976–79 befand sich der PCI mit der »Politik der nationalen Solidarität« im Vorhof der Macht. Eine Tolerierungspolitik der Stimmenthaltungen und »Programm-Abkommen« (1977 und 1978) erlaubten die Fortsetzung von DC-Minderheitsregierungen unter G. Andreotti.

Das Land befand sich ökonomisch in einer höchst schwierigen Lage. Seit Beginn der siebziger Jahre lag die Inflation um etliche Prozent über dem westeuropäischen Durchschnitt. Die Lira verlor rasch an Wert. Weite Teile der Industrie, und hier

vor allem der staatliche Sektor, schrieben in roten Zahlen. Hohe
Außenhandelsdefizite, Kapitalflucht, wachsende Staatsverschuldung und innergesellschaftliche Konflikthäufigkeit
schienen das Land in südamerikanische Verhältnisse hineinzu-
treiben. Die stärkste Herausforderung aber lag im Bereich des
Terrorismus.

Gewaltsame Auseinandersetzungen bis hin zu Überfällen,
Verletzten und Toten hatte es schon in den sechziger Jahren bei
Zusammenstößen zwischen militanten Antifaschisten und
jugendlichen Neofaschisten gegeben. In den siebziger Jahren
nahm dieser Gewaltvorfall neue qualitative Formen an. In den
Jahren 1969–1982 erlebte Italien ca. 14 000 politisch motivierte
Attentate. In der großen Mehrzahl handelte es sich um Akte
demonstrativer Gewalt gegen Partei- und Gewerkschaftslo-
kale, Firmen, Wohnungen usw., bei denen Sachschaden entstand. Bei 326 Attentaten kam es zu Verletzten (896) und
Toten (364). Die erste bis ca. 1975 reichende Phase war durch
die »schwarze Gewalt« neofaschistischer Provenienz solcher
Kleingruppen wie »Ordine Nuovo« und »Avanguardia
Nazionale« bestimmt. Den Auftakt bildete am 12. Dezember
1969 eine Zeitzünder-Bombe in einer Mailänder Bank an der
Piazza Fontana, die 16 Menschen tötete und 88 verletzte. Zu
weiteren solchen ziellos-gezielten Blutbädern kam es im Mai
1974 bei einer antifaschistischen Wahlveranstaltung in Brescia
und bei einem Zug-Attentat im August 1974. Als schlimmster
Terror-Akt dieses Typs erwies sich die Explosion einer Zeitzünder-Bombe im Bologneser Hauptbahnhof im August 1980,
(85 Tote, 200 Verletzte). Die Forschungen von Presse und
Justiz ließen bald erkennen, daß es zwischen den Rechtsextre-
misten und Staatsorganen, vor allem den Geheimdiensten,
höchst beunruhigende Mitwisserschaften und Unterstützun-
gen gab, die bis zu Staatsstreichplanungen reichten. Hier
wurden die Umrisse einer »Strategie der Spannung« und der
Destabilisierung sichtbar, die Italien in ein autoritäres, philofa-
schistisches Regime zurückzubomben versprach.

Zeitlich fast parallel und nicht ohne kausale Verbindungen
entwickelte sich in den gleichen Jahren ein linker, seinem
Selbstverständnis nach sozialrevolutionärer Terrorismus.

Anfang 1972 kam der Verleger G. Feltrinelli bei dem Versuch, einen Hochspannungsmast zu sprengen, ums Leben. Er hatte maßgeblich mitgewirkt, die Thesen von der Revolutionsbereitschaft der italienischen Massen und der Notwendigkeit des antifaschistischen und anti-imperialistischen Kampfes auch in den Metropolen des Kapitalismus in Italien zu verbreiten. Angesichts des Eindrucks, am Vorabend einer faschistischen Machtergreifung zu stehen, schien eine neue Resistenza oder eine Stadtguerilla nach südamerikanischem Vorbild das Gebot der Stunde. Eine Vielzahl revolutionärer, z. T. dann in die Illegalität und den Terrorismus hinüberwechselnder Kleingruppen begann sich zu bilden. Die Zahl der bekannten Siglen des linken Extremismus liegt über 500 und umfaßt solche Namen wie »Brigate Rosse«, »Prima Linea« oder »Unione Comunisti Combattenti«. Nach 1972 begannen die Entführungen symbolisch oder propagandistisch wichtiger Repräsentanten des kapitalistischen Systems, die man Schauprozessen selbsternannter »Volksgerichtshöfe« unterwarf. Die Fieberkurve der politischen Gewalt schnellte nach 1974 in die Höhe. Gab es 1975 noch 702 Attentate, so stiegen diese Daten 1976 auf 1353, 1977 auf 1926, 1978 auf 2379 und 1979 auf 2513 Gewalttaten. Den Höhepunkt bildete im März/Mai 1978 die von den »Brigate Rosse« inszenierte Entführung und Ermordung des DC-Präsidenten Aldo Moro, die die Nation für 54 lange Tage in Atem hielt. Die offensichtliche Ohnmacht der Staatsorgane und die spektakuläre Effizienz der Terroristen spalteten politische Öffentlichkeit und Parteien tief zwischen »Falken« und »Tauben«, zwischen Staatsräson und Humanität. Die Moro-Tragödie bildete den Wendepunkt in der Geschichte des italienischen Terrorismus. Nach außen hin hatten die »Brigate Rosse« ihr Ziel erreicht: jenseits jeder kriminellen Dimension die Anerkennung als revolutionärer Gegenspieler des Staates. De facto aber kam es nicht zu seiner erhofften Zersetzung. Die Regierung hielt stand, das Parlament beschloß innerhalb von Stunden verschärfte Anti-Terrormaßnahmen, Polizei und Carabinieri wurden verstärkt.

Die Ergebnisse ließen längere Zeit auf sich warten. Die Jahre 1978–1980 bildeten den Höhepunkt der Terrorismus-Heraus-

forderung. Fast täglich ereigneten sich Attentate auf Polizi-
sten, Richter, Politiker oder Journalisten als Repräsentanten
der »kapitalistischen Repression«. Im Dezember 1981 wurde
der amerikanische General James Dozier, stellvertretender
Chef der NATO-Landstreitkräfte Europa Süd, in Padua entführt. Die Aufspürung seines »Volksgefängnisses« und seine
erfolgreiche Befreiung bedeutete für die »Roten Brigaden«
eine strategische Niederlage. Seitdem mehrten sich mit zahlreichen Verhaftungen die Fahndungserfolge. Von 1502 (1980)
sank die Zahl der Attentate auf 634 (1981), 347 (1982), und 156
(1983). 1985 waren 1280 Terroristen inhaftiert, davon 180
rechte und 1100 linke.

Italien ist, mit Ausnahme von Nordirland, das westeuropäi-
sche Land gewesen, das am stärksten vom Terrorismus heim-
gesucht worden ist. Öffentliche Meinung und Staat haben auf
diese Herausforderung später reagiert als in anderen westlichen Ländern. Die Abneigung gegenüber dem Staat überhaupt
und gegenüber diesem, vor allem von der *Democrazia Cristiana*
verkörperten Staat war weit verbreitet, ebenso wie die Sympathien gegenüber einer vermeintlich revolutionären Herausforderung. Die These L. Sciascias, »weder mit dem Staat, noch
mit den Roten Brigaden«, fand vielfach Zustimmung. Die
Kommunisten erkannten spät, erst ab 1975, daß das Phänomen
linker Gewalt keine Erfindung amerikanischer Geheimdienste
war, sondern teilweise mit dem eigenen Familien-Stamm-
baum zu tun hatte. Während der PCI noch gegen die ersten
Anti-Terror-Gesetze 1975 opponierte, hat er die späteren
Maßnahmen voll mitgetragen. In der Not des Tages gerieten
die rechtsstaatlichen Garantien ins Schwanken. Die erweiter-
ten Möglichkeiten beim Schußwaffengebrauch führten zum
Tod von mehr als einhundert Unschuldigen. Zeitweilig
konnten Verdächtige ohne Gerichtsurteil bis zu vier Jahren in
Untersuchungshaft gehalten werden. Die Einführung des
»pentito«, des »bereuenden« Ex-Terroristen als Kronzeugen
im Strafprozeß, erwies sich als hochwirksames Instrument zur
Aufbrechung der Binnensolidarität der verschiedenen Terro-
rismus-Gruppen, hatte aber gefährliche Auswirkungen auf
Rechtsbewußtsein und Rechtsgleichheit.

Insgesamt aber hat Italien als Demokratie und Rechtsstaat diesen »Angriff auf das Herz des Staates« erstaunlich gut überstanden. Es gab weder Kriegsrecht, noch Armee-Einsatz oder die Einführung von Sondergerichten. Die Öffentlichkeit blieb von bemerkenswerter Gelassenheit. Manch ein deutscher Beobachter wie etwa der frühere Bundeskanzler H. Schmidt wandelte sich von einem Kritiker des italienischen Schlendrians zu einem Bewunderer dieser erfolgreichen Mischung aus Elastizität und Festigkeit. Insgesamt gesehen, ging der italienische Staat, statt geschwächt, eher gestärkt aus dieser Probe hervor.

Eine historische Einordnung dieser »Jahre aus Blei« erweist sich noch als schwierig. Der Linksterrorismus war kein Fremdkörper, sondern eher der extremste Ausdruck einer durch Protest und Gewaltbereitschaft charakterisierten Gesamtsituation. Umstritten bleibt, wie tief die Bedrohung ging. Nach G. Galli hatten Staat, Polizei und Geheimdienste die Situation jederzeit in der Hand. Die Ausschaltung A. Moros war nach dieser Interpretation geradezu vorprogrammiert, da man in ihm den Politiker fürchtete, der durch seine Strategie der »nationalen Solidarität« die Linke in Italien an die Macht bringen konnte. Jede Frage nach dem *cui prodest* bringt die in Italien so beliebte »dietrologia«, die »Hintergrundwissenschaft« ins Spiel. Worte und Ereignisse werden kaum je in ihrer jeweiligen Faktizität akzeptiert, sondern durch ein zweites dahinterliegendes Phänomen erklärt. Es gibt immer irgendwelche geheimnisvollen Marionettenspieler, die hinter den Kulissen die Akteure auf der politischen Bühne tanzen lassen, möge es sich hier handeln um nationale oder internationale Geheimdienste, um die Multinationalen, die CIA, den Moskauer Weltkommunismus oder die Geheimloge P 2.

Im Falle Italiens ist die Frage nach dem *cui prodest* rasch beantwortet. Am Ausgang der siebziger Jahre endete die große Welle gesellschaftlicher Mobilisierung, die kapillare Präsenz politischen und sozialen Engagements in den »Bewegungen«, den Betriebs-, den Schul- und Stadtteilkomitees. Es begann der Rückzug ins Private, die Rückkehr zur Normalität, die konservative Tendenzwende. Die Straßen Italiens, die die großen und zunehmend gewalttätigen Demonstrationen gesehen hatten, leerten sich. Das leidende, von den Wochen der Haft gezeichnete Gesicht A. Moros auf den Flugblättern der »Brigate Rosse« im Frühjahr 1978 bildete quasi die Antwort auf ein Jahrzehnt des Aufbruchs, der Veränderungserwartungen und der utopischen Revolutionseuphorie. Die Linke ging aus den Erfahrungen dieser Krisenjahre tief ernüchtert und desorientiert hervor. Seit 1978 wehte den Kommunisten der Wind der Geschichte ins Gesicht. Dies zeigte der überstürzte Rückzug Berlinguers aus der Politik der »nationalen Solidarität« im Januar 1979, dies zeigten auch die wenige Monate später abgehaltenen Parlamentswahlen, bei denen die Kommunisten erstmals in ihrer Geschichte einen massiven Rückschlag erlitten und mit 30,4% der Stimmen große Teile ihrer Gewinne der Jahre 1975/76 wieder einbüßten. Diese Niederlage bedeutete faktisch das Ende aller eurokommunistischen Hoffnungen auf einen autonomen »dritten«, für die romanischen Mittelmeerländer gültigen Weg zwischen westlichem Kapitalismus und dem immer mehr an Attraktivität verlierenden osteuropäischen realen Sozialismus. Das Scheitern des großen fünfwöchigen Streiks der FIAT-Arbeiter im September/Oktober 1980 bildete das Signal für eine Trendwende auch im industriellen Bereich. Der gegen die egalitäre Gewerkschaftspolitik gerichtete und für den freien Zugang zum Arbeitsplatz plädierende Protestmarsch der »Vierzigtausend« in Turin zeigte, daß die Gewerkschaften die Unterstützung der höheren Kategorien der Arbeiterschaft und der Angestellten verloren hatten. Weitere Niederlagen folgten, die die Aktionseinheit der Gewerkschaften zerstörten, so der Abbau des automatischen Lohnausgleichs 1984 und die Abstimmungsniederlage im Referendum über die »scala mobile« 1985. In wenigen Jahren verloren die Gewerkschaften einen großen Teil ihrer Positionsgewinne des vorhergehenden Jahrzehnts: die Unkündbarkeit des Arbeitsplatzes, die Lohngarantien, die Mitspracherechte im innerbetrieblichen und gesamtwirtschaftlichen Bereich.

Die Industrie gewann ihre Bewegungsfreiheit zurück. Seit Ende der siebziger Jahre setzte eine massive, durch Automati-

sierung und Computerisierung begünstigte Rationalisierungs-
welle ein, die Hunderttausende von Arbeitsplätzen eliminierte
und die Akkumulationskrise der vorhergehenden Jahre über-
wand. Mit einer fast halbierten Beschäftigtenzahl produzie-
ren die FIAT-Werke heute mehr Autos als ein Jahrzehnt zuvor.
Während die 1600 größten Unternehmen Italiens noch 1982
einen Verlust von 5700 Mrd. Lire einstecken mußten, konnten
sie fünf Jahre später einen Gewinn von 5100 Mrd. Lire vorweisen. Allein der FIAT-Konzern erzielte 1987 einen Überschuß
von ca. 3 Mrd. DM und setzte sich an die Spitze der europäischen Automobilindustrie.

Die Jahre nach 1975 sahen einen tiefen Wandel zwischen
privatem und öffentlichem Sektor der Wirtschaft. Der staatsei-
gene Bereich, der mit über 30% am Sozialprodukt weit größer
ist als in irgendeinem anderen westeuropäischen Land und der
in den fünfziger und sechziger Jahren eine vorwärtstreibende
Rolle bei der Industrialisierung des Landes gespielt hatte,
geriet ab Mitte der siebziger Jahre tief in die roten Zahlen.
Selbst nach einer mehrjährigen Sanierungs- und Refinanzie-
rungskur, die die Staatsholdings ENI und IRI dem Bilanzaus-
gleich nahegebracht hat, produzierte der öffentliche Bereich
noch 1987 ein Defizit von fast 1900 Mrd. Lire, während gleichzeitig die Privatwirtschaft mehr als 7000 Mrd. an Gewinnen
hereinholte. Angesichts dieser Mißerfolge steht der Staat auch
im ökonomischen Bereich seit längerem unter einem heftigen
Enttäuschungs- und Kritikdruck. Eine Welle neoliberalisti-
scher Euphorie durchzieht das Land. Mehr Markt, weniger
Staat lautet die Devise. Der Verkauf der staatseigenen und seit
vielen Jahren schwer defizitären Alfa Romeo-Werke an den
FIAT-Konzern bildete nur den spektakulärsten Ausdruck
einer breiten Reprivatisierungswelle, die den partiellen Rückzug des Staates aus dem wirtschaftlichen Raum ankündigt.

Auch im Politischen hat Italien in den letzten Jahren bedeutende Veränderungen erlebt. 1981/82 bildete der Republikaner
G. Spadolini als Chef eines Fünfparteienkabinetts die erste
nichtchristdemokratische Regierung der Nachkriegszeit. Bei
den erneut vorzeitig stattfindenden Parlamentswahlen 1983
erlitt die *Democrazia Cristiana* mit 32,9% die bisher schwerste

Niederlage ihrer Geschichte. Ihr half wenig, daß die Kommunisten erneut Terrain verloren und mit 29,9% unter die Dreißigprozentgrenze sanken. Als neuer Protagonist schob sich die Sozialistische Partei B. Craxis in den Vordergrund. Mit ihren 11,4% (1983) fällt ihr in dem stark polarisierten Parteiensystem Italiens eine Schlüsselrolle bei der Regierungsbildung auf allen Ebenen der politischen Entscheidung zu. Ähnlich wie die Freien Demokraten im deutschen Parteiensystem, so bildet der PSI seit Beginn der sechziger Jahre den fast unentbehrlichen Mehrheitsbeschaffer in allen Koalitionsregierungen auf kommunaler, regionaler und nationaler Ebene. Der Wiederaufstieg und die zeitweilige Machteroberung durch die sozialistischen Parteien in Frankreich, Spanien, Portugal und Griechenland hat beflügelnd auf die italienischen Sozialisten eingewirkt. Sie zielen auf eine Gewichtsverlagerung innerhalb der Linken auf Kosten der Kommunisten. Nach mehr als einem Jahrzehnt offensiver und vielfach aggressiver Selbstbehauptungspolitik gegenüber Christdemokraten und PCI sieht das Fazit der Sozialisten noch immer bescheiden aus. Zwar hat B. Craxi 1983–1987 die erste Regierung der italienischen Geschichte unter sozialistischer Führung bilden können, aber der Wahlerfolg 1987 reichte nicht weiter als bis zu einem respektablen 14,3%. Der erhoffte große Durchbruch ist bislang nicht erfolgt. »Das Drama der sozialistischen Partei«, so schreibt der Turiner Sozialphilosoph N. Bobbio, »besteht nicht darin, daß sie eine mittelgroße Partei ist, sondern darin, daß sie glaubt, eine große Partei zu sein oder gewesen zu sein, oder daß sie hofft, es in Zukunft werden zu können.«

Vergleicht man vierzig Jahre Wahlentwicklung miteinander (vgl. Tab. 1), so ergibt sich ein erstaunliches Fazit. 1946 verfügte die DC über 35,2%, die Linke von PCI und PSI zusammen über 39,7% der Stimmen. Die laizistischen Mittelparteien erzielten zusammen 11,2%. 1987 erreichten PCI und PSI zusammen 40,9%, die DC 34,3%, das Kleeblatt der laizistischen Kleinparteien 8,8% der Stimmen. Die Machtverhältnisse innerhalb der Linken haben sich verschoben und verschieben sich weiter, wie die Regionalwahlen 1988 gezeigt haben, bei denen der PSI seinen linken Rivalen fast eingeholt hat. Jenseits dieser internen Veränderungen ergibt sich ein fast identisches Bild. Nach vierzig Jahren radikaler gesellschaftlicher Veränderungen und eines massiven Kultur- und Mentalitätswandels wählt der heutige Italiener fast ebenso wie seine Eltern oder Großeltern.

Schlußbetrachtungen

Bei einem abschließenden Rundblick hat man in das Bild des heutigen Italien starke Licht- und Schattenseiten einzuzeichnen. Die ausländischen Beobachter fasziniert immer wieder die Fähigkeit der Italiener, »am Abgrund des viel zitierten politischen Zerfalls zu tanzen und nicht nur zu überleben, sondern voranzukommen und in mancher Hinsicht üppiger zu gedeihen als seine offensichtlich besser regierten europäischen Partner. Bis heute ist es niemand gelungen, diesen Widerspruch ganz zu erklären« (Th. Wieser).

Der Schriftsteller Hans Magnus Enzensberger hat in einem hochlesenswerten Italien-Essay kürzlich gar dem südlichen Nachbarn eine Vorreiterrolle für ganz Westeuropa zugesprochen. Italien sei »ein Laboratorium der Moderne«. Der Italiener sei als »Experte der Krise« und als »Facharbeiter des Zusammenbruchs« weit besser auf das kommende »Schlamassel« vorbereitet als seine europäischen Kollegen. Auf die für ganz Europa anstehenden Krisen der Souveränität, der Regierbarkeit, der Planbarkeit und der Arbeit seien die Italiener dank ihrer »alltäglichen Koexistenz mit dem Chaos« vortrefflich eingestellt. Dieser zwinkernde Lobpreis auf das Modell Italien mit seinem »unkalkulierbaren, produktiven, phantastischen Tumult« wird dem wenig einleuchten, der täglich unter den Folgen bürokratischer Langsamkeit, staatlicher Ineffizienz und unkontrollierter Gruppenegoismen zu leiden hat.

Auch die angelsächsische Italienforschung hat nach Jahrzehnten düsterer, ja apokalyptisch getönter Analysen die verborgenen Vorzüge des italienischen Modells entdeckt. Italien erscheint wie der Turm von Pisa, ständig auf der Kippe, den Gesetzen der Schwerkraft trotzend, ein Paradox, das gleichwohl die Zeiten überdauert. Wie kann ein System überleben

und prosperieren, in dem die kommunistische Opposition
zeitweilig ein Drittel der Wählerstimmen okkupierte, das bald
fünfzig Regierungen in vierzig Jahren erlebt hat, in dem die
organisierte Kriminalität 10–15% des Sozialprodukts »erwirt-
schaftet«, in dem der Terrorismus wie in keinem anderen
westlichen Land gewütet hat? Ein System, dessen politische
Eliten auf ein hohes Maß an Mißtrauen und Verachtung bei
den Regierten stoßen? Nach J. La Palombara liegt der Schlüssel
zum Verständnis dieses Überlebenswunders hinter seiner
theatralischen Außenseite. Hinter der Schnellebigkeit der
Regierungen steht die Stabilität der politischen Eliten, hinter
den streiterfüllten Parlamentssitzungen gibt es die stetige
Arbeit der Kommissionen, in denen Zweidrittel aller Gesetze
beschlossen werden. Hinter einem hohen Maß an Konflikt im
öffentlichen Leben steht die Kompromißbereitschaft in entscheidenden Situationen, hinter der mit Gewaltrhetorik aufge-
ladenen Sprache steht ein pragmatischer Sinn für das Mögliche
und eine Toleranz des Alltäglichen.

Es kann nicht Aufgabe des Historikers sein, Prognosen zu
stellen. Auf zwei Themenbereiche aber sei hingewiesen, die
die Zukunft Italiens entscheidend mitbestimmen werden: die
Südfrage und das Schuldenproblem.

Die Geschichte des italienischen Einheitsstaates ist gekennzeichnet durch einen tiefen Nord-Süd-Dualismus. Hier liegt,
seit der Jahrhundertwende auch als solches erkannt, das wichtigste nationale Problem. Die säkulare Aufgabe, dem sozio-
ökonomisch und kulturell rückständigen Süden den Anschluß
an den weiterentwickelten Norden zu verschaffen, stellte sich
für die italienische Politik nach 1945 in erneuter und verschärf-
ter Weise. Der Faschismus hatte die Existenz der Südfrage
schlicht negiert und jede Debatte dieser Themen verhindert.
De facto aber war die sozioökonomische Distanz zwischen den
beiden Landesteilen in den Jahrzehnten der Zwischenkriegszeit
gewachsen. Drei politische Konzeptionen zeichneten sich nach
1945 ab. Die neoliberale Schule um L. Einaudi, die damals
ihren Siegeszug antrat, warnte vor allen staatsinterventionisti-
schen Eingriffen. Nach dieser Ansicht konnte man nur auf eine
allmähliche, durch Binnenwanderung, Kapitaltransfer und

Verbesserung der infrastrukturellen Bedingungen begünstigte schrittweise Angleichung hoffen. Der scharf gegenteiligen Ansicht war die Linke. Sie vertrat die Auffassung, daß nur eine direkte staatliche Wirtschaftsförderungspolitik im Rahmen einer staatlichen Globalplanung dauerhafte Ergebnisse zeitigen könnte. De facto setzte sich eine dritte, stark von katholischer Seite her beeinflußte Konzeption durch: staatliche Intervention ja, aber als Hilfe zur Selbsthilfe. 1950 wurde die Südkasse (Cassa per il Mezzogiorno) begründet, die bis zu ihrer Auflösung 1984 nach heutigem Wert ca. 150–200 Mrd. DM im Süden investiert hat. In den fünfziger Jahren wurden 50% der bereitgestellten Gelder für die Landwirtschaft in Form von Meliorationen, Bewässerung, Mechanisierung, Kreditbeihilfen usw. ausgegeben. 28% galten infrastrukturellen Projekten (Straßenbau, Staudämme, Aquädukte usw.), 20% der Förderung von Industrie, Handwerk und Tourismus.

Diese Schwerpunktbildung im landwirtschaftlichen Bereich ließ sich nicht mehr aufrechterhalten, als dieser Sektor in Westeuropa und in Italien selbst zunehmend an Gewicht verlor. In den sechziger Jahren kehrte sich das Verhältnis der Ausgaben um: 50% galten jetzt der Industrie und nur noch 20% der Landwirtschaft. Damals entstanden große Industriekomplexe im Süden, von denen man sich breite Rückwirkungen auf die gesamte wirtschaftliche Entwicklung der umliegenden Zonen erhoffte: das Alfa Romeo-Werk in Pomigliano bei Neapel, der größte Unternehmenskomplex in Süditalien überhaupt, das auf eine Jahresproduktion von 10 Mio. t ausgelegte Stahlwerk in Tarent, die Raffinerien und petrochemischen Werke auf Sizilien und Sardinien. Anfang der siebziger Jahre erreichten die industriellen Investitionen mit 44% am nationalen Gesamt einen weder vorher noch später wieder erreichten Höhepunkt. Es war überwiegend die öffentliche Hand selbst, die sich über die großen staatlichen Holdinggesellschaften wie ENI, IRI oder Gepi engagierte. Circa ein Drittel der italienischen Wirtschaft ist in Staatsbesitz oder staatlich kontrolliert. Dieses Gewicht warf man in die Waagschale einer forcierten Industrialisierungspolitik. Es entstanden so kapitalintensive, aber relativ wenig neue Arbeitsplätze bietende Anlagen, »Kathedralen in der Wüste«, deren Sekundärwirkungen auf das Umland begrenzt blieben. Sie haben nicht den erhofften Industrialisierungsschub ausgelöst. Im Gegenteil hat die Wirtschaftskrise nach 1973 etliche der schon erreichten Resultate, so im Bereich der Erdölverarbeitung und der chemischen Industrie, wieder in Frage gestellt. Italien war zwar zum zweitgrößten Stahlproduzenten und zum größten Erdölverarbeiter der Europäischen Gemeinschaft aufgestiegen. Diese großen Investitionen in traditionalen, »alten« Industriezweigen erwiesen sich jedoch als Posten auf der Debet-Seite, als es nach 1975 darum ging, die Produktionen einzuschränken und Kapazitäten abzubauen.

Rückblickend betrachtet waren die Investionen im agrarischen und infrastrukturellen Bereich am erfolgreichsten. Heute werden ca. 800 000 ha in den Küstenebenen dauerhaft bewässert. Staudammbau und Aquädukte haben zumindest einen Teil der Wasserversorgungsprobleme von Landwirtschaft und städtischer Bevölkerung gelöst. Der Mechanisierungsgrad der Landwirtschaft ist stark angestiegen und nähert sich den nationalen Durchschnittswerten. Die Prohektar-Erzeugung in der Landwirtschaft ist auf das Sechsfache gegenüber 1950 gewachsen. Die Erschließung der früher malariaverseuchten Küstenebenen läßt sich als der größte Erfolg der Mezzogiorno-Politik bezeichnen. Die Überwindung des Latifundiums als ökonomische und soziale Erscheinung gehört gleichfalls zu den Positiva.

Im letzten Jahrzehnt ist man zunehmend zu der Einsicht gelangt, daß man die Südfrage nicht mehr unter einem einheitlichen Nenner betrachten kann. In den an Mittelitalien angrenzenden Teilen des Südens, so in den Abruzzen, in der Molise oder in Südlatium, scheint der Anschluß an eine selbsttätige wirtschaftliche Entwicklung erreicht. Die Abruzzen erbringen heute 68% des durchschnittlichen Prokopf-Inlandsprodukts und liegen damit an der Spitze der Südregionen. Die Probleme der materiellen Armut und des Hungers sind heute in den meisten Fällen gelöst. Verschärfte Probleme der sozioökonomischen und -kulturellen Rückständigkeit bieten, wie schon oben gezeigt, gleichwohl die städtischen Ballungsräume des

Südens, wo der Mangel an bürgerlicher Kultur, die Schwäche des Staates und die in vielfältigen Formen auftretende, bis zu Großformen der organisierten Illegalität (Mafia, N'drangheta, Camorra) reichende Kriminalität zu gefährlichen gesellschaftlichen Verfallserscheinungen und zu einer massiven Minderung der Lebensqualität geführt hat. Nach Untersuchungen des CENSIS-Instituts erbringt der Bereich der Illegalität und des Verbrechens heute jährlich ca. 130 Mrd. DM Umsatz in Italien. Dazu zählt Drogenhandel (40 Mrd.) und Korruption (14 Mrd. DM). Ein bedeutender Teil dieses Archipels des Illegalen ist im Süden angesiedelt.

Gemessen am Prokopf-Bruttoinlandsprodukt liegt heute der Süden bei 60% des nationalen Mittels. Seit Mitte der siebziger Jahre vergrößern sich die Distanzen wieder. Die Arbeitslosigkeit erreicht mit 19,2% (1987) mehr als doppelt so hohe Werte wie in Nord- und Mittelitalien (8,4%). Sie ist in erster Linie Jugendarbeitslosigkeit. Ca. 70% der fast 3 Mio. Arbeitslosen in Italien sind Jugendliche zwischen 14 und 29 Jahren, zumeist auf der Suche nach einer Erstbeschäftigung.

Mit 34,9% der Bevölkerung produzierte der Süden 1971 24,4% des Nationaleinkommens. Der Bevölkerungsanteil ist 1985 auf 36,1% gestiegen, der Anteil am Nationalprodukt auf unter 24% gefallen. Der Anteil des Südens am italienischen Außenhandel beläuft sich auf ca. 10%, weniger als ein Drittel dessen, was allein die Region Lombardei beiträgt. Alle Anstrengungen des Staates, die Gleichförmigkeit der Lebensverhältnisse auf dem gesamten nationalen Territorium herzustellen (Art. 3 der Verfassung) haben eben ausgereicht, die Distanz zwischen Norden und Süden nicht noch größer werden zu lassen. Mit einem neuen Perspektiv-Gesetz hat die Regierung 1986 ein neues Langzeitprogramm beschlossen, das für neun Jahre Ausgaben in Höhe von 160 Mrd. DM vorsieht. Gab es in den fünfziger Jahren einen Ressourcentransfer von ca. 1% des Bruttoinlandsprodukts von Norden nach Süden, so wird dieser Anteil in Zukunft auf ca. 2% steigen. Die Zielsetzungen dieser inneren Entwicklungshilfe sind aber ungewiß. Die große gesellschaftliche und wirtschaftliche Entwicklung Italiens nach 1945 hat zu keiner Abschwächung oder Aufhe-

bung des Südproblems geführt. Auf allen heutigen Planungen
lasten die vorschnellen Hoffnungen und tiefen Enttäuschungen der vergangenen Jahrzehnte. Die früher so intensiven und
fruchtbaren Meridionalismus-Debatten in der italienischen
Kultur sind abgeflaut. Heute beherrscht eher Skepsis und
Ratlosigkeit die Szene. Die Europäische Gemeinschaft übernimmt hier ein Erbe, das die größte Aufmerksamkeit verdient.

Neben der Südfrage ist in den letzten beiden Jahrzehnten ein
Problem herangewachsen, dessen Lösung alle Energien der
Nation beanspruchen wird: die Staatsverschuldung. Die beiden Erdölkrisen der siebziger Jahre haben das Land, das zu
über 80% auf Energie-Import angewiesen ist, härter getroffen
als die anderen Industriestaaten. Die zeitweilig mit über 20%
Geldentwertung pro Jahr galoppierende Inflation führte zu
großen Lohn- und Einkommensverschiebungen und zu massiven gesellschaftlichen Spannungen. Italien liegt seit langem an
der Spitze der europäischen Streikstatistik. 1971–80 gingen
jährlich 120 Mio. Stunden durch Arbeitsniederlegungen verloren. Die steigenden Kosten des Wohlfahrtsstaates, der Ausbau des tertiären Sektors, die Rettungs- und Umstrukturie-
rungsmaßnahmen im industriellen Bereich, die Finanzhilfen
für den Süden und manche anderen Kosten mehr trieben die
Staatsausgaben in die Höhe. Seit 1970 stieg die Staatsverschuldung rasch an. Von 283 000 Mrd. Lire 1981 (= 60,5% BSP) ist
sie auf über eine Million Milliarde Lire 1988 angewachsen. Sie
ist damit bei der Höhe eines jährlichen Bruttosozialprodukts
angekommen und steigt rasch weiter. Allein die jährliche
Neuverschuldung liegt bei 120 000 Mrd. Lire (= über
160 Mrd. DM = ca. 12% BSP). 1987 zahlte der Staat über
70 000 Mrd. Lire an Zinsen (= 95 Mrd. DM). Damit ist dieser
Posten zur größten Staatsausgabe überhaupt geworden. Der
italienische Staat muß jährlich 350 000 Mrd. Lire an neuen
Staatsanleihen absetzen. Er zahlt die höchsten Realzinsen in
Westeuropa und steht ständig in Gefahr, das Vertrauen der
institutionellen und individuellen Anlieger zu verlieren. War
in den fünfziger Jahren der Staat noch mit 15% des heimischen
Kreditvolumens ausgekommen, so beanspruchte er Mitte der
siebziger Jahre schon 60–70%. Damit nahm auch die Gefahr

zu, daß die privaten Kreditnehmer vom Kapitalmarkt verdrängt wurden. Die Experten fürchten inzwischen das »Syndrom von El Alamein« (nach der Niederlage in Nordafrika im Oktober 1942 kauften die italienischen Sparer keine Staatspapiere mehr). Die Regierung lebt mit einer tickenden Zeitbombe im Haus, die es zu entschärfen gilt. An diesem Unternehmen sind bislang alle Verantwortlichen trotz guter Vorsätze und Programme gescheitert. Die Bewältigung des Problems wäre mit drastischen Ausgabenkürzungen und Steuererhöhungen verbunden. Eine solche Politik würde ein hohes Maß an Durchsetzungsvermögen erfordern und massive Unpopularität mit sich bringen. Eine solche Regierung ist nicht in Sicht.

Besorgte Beobachter fragen sich, ob das demokratische System als solches mit einem Parlament, das unter dem Druck von Gruppen- und Partikularinteressen ständig neue Ausgaben beschließt, in der Lage ist, sich selbst zu reformieren. Soviel ist jedenfalls deutlich: Italien hat in den letzten beiden Jahrzehnten weit über seine Verhältnisse gelebt, die Zukunft zugunsten der Gegenwart vernachlässigt und Ressourcen auf Kosten der kommenden Generationen verzehrt.

In dieses düstere Panorama sind allerdings Aufhellungen einzuzeichnen. Bei den Verbindlichkeiten des Staates handelt es sich weitgehend um eine Binnenverschuldung gegenüber den eigenen Staatsbürgern in Form von Schatzanleihen und ähnlichem. Die Sparquote der Italiener ist mit 22% des BSP eine der höchsten der westlichen Welt. Der öffentlichen Armut steht ein rasch gewachsener privater Reichtum gegenüber. Wie schon in den Staatsgründungsjahren nach 1860 oder in der Zeit der Weltwirtschaftskrise könnte der Staat zum »Zwangskurs«, d. h. zum Einfrieren der Zinszahlungen und zur Nichtkonvertierbarkeit der Anleihen greifen. Eine solche »Gewaltkur« würde aber den »autarken« und den »starken« Staat voraussetzen.

Die oben genannten Zahlen sind nur als Annäherungswerte zu verstehen. Statistiken in Italien sind ungewöhnlich unzuverlässig. Nach Schätzungen beträgt der Anteil der sich jeder statistischen Erfassung entziehenden »Schattenwirtschaft« ca.

35% des BSP. In zwei bezeichnenden Schritten hat das Statistische Zentralamt in Rom 1979 und 1987 nach Auswertung der Volkszählungen von 1971 und 1981 alle Globaldaten der Nationalwirtschaft um 9% bzw. um 15% nach oben korrigiert. Nach diesen berichtigten Schätzungen hatte Italien schon 1986 England als sechstgrößte Industrienation der westlichen Welt überholt und befindet sich heute Frankreich unmittelbar auf den Fersen. Angesichts der überdurchschnittlichen Zuwachsraten der italienischen Wirtschaft erwarten euphorische Interpreten, daß Italien im ersten Jahrzehnt des kommenden Jahrtausends auch Frankreich und Deutschland überholt haben wird und dann als eigentliche »Lokomotive Europas« fungieren wird. In der Tat hat die Vitalität und Leistungskraft der italienischen Wirtschaft die internationalen Beobachter immer wieder überrascht. Die Erfolge der Regierung Craxi (1983–1987), die die Inflation in den Griff bekam und die Streikhäufigkeit auf ein Fünftel früherer Jahre senkte, erweckten eine ganze Welle von Optimismus und Zukunftshoffnungen. Die Dynamik, die Risiko- und Expansionslust einer ganzen neuen Generation von Wirtschaftsmanagern und Unternehmern brachte die Agnelli, De Benedetti, Gardini, Berlusconi usw. bis auf die Titelseiten von »Time« und »Newsweek«, wo sie als erfolgreichste Repräsentanten einer neuen aggressiven Modernisierungswelle in Europa gefeiert wurden. Der »sorpasso« (das Überholen) Englands übte beflügelnde Wirkungen aus. Mit Bewunderung hatten die italienischen Patrioten seit fast zwei Jahrhunderten auf die ökonomischen Leistungen und die politischen Institutionen Englands geschaut. Hier schien quasi en passant ein Ziel erreicht, von dem Generationen von Italienern vergeblich geträumt hatten. Kaum irgendwo in Europa wird heute so viel verdient und investiert wie in Nord- und Mittelitalien. Neben den durch kein Kartellgesetz gehinderten »Elefanten« der Großindustrie (die neun größten Konzerne verfügen über 80% des gesamten italienischen Aktienkapitals) gibt es eine Myriade von Klein- und Mittelbetrieben. Jährlich werden mehr als 200 000 Firmen neu gegründet. Italien gleicht einem »fröhlichen Ameisenhaufen, auf dem alles rennt und niemand regiert«.

Diese ökonomische, gesellschaftliche und kulturelle Vitalität ist aber begleitet von der Dauerkrise eines anscheinend von innen nicht mehr reformierbaren politischen Systems. Viele Beobachter sehen vor sich den »Herbst der Republik« und erwarten einen harten »Winter«, d. h. eine politische Systemkrise, die dann zu einer zweiten Republik überleiten könnte. Skeptiker sprechen heute in Bezug auf Italien von »einer künstlichen nationalen Gemeinschaft, die mehr durch die Macht der Umstände, als durch Willen und Bewußtsein zusammengehalten wird.« Der Turiner Sozialphilosoph N. Bobbio kommt zu einem ähnlichen Fazit: »Italien ist keine Nation mehr. In den jüngeren Generationen gibt es nicht mehr das Nationalgefühl, das man früher Vaterlandsliebe nannte. Italien ist heute kaum mehr als ein geographischer Begriff.«

»Worin besteht der Charakter eines Volkes?« fragt B. Croce und antwortet: er besteht »in seiner Geschichte, in seiner ganzen Geschichte, in nichts anderem als seiner Geschichte.« Diese Geschichte Italiens weist Glanzzeiten, tiefe Brüche und Phasen des scheinbar unaufhaltsamen Niedergangs und der Dekadenz auf. Die politische Einigung kam spät und blieb lange Zeit gefährdet. Die Niederlage im Zweiten Weltkrieg schien erneut die staatliche Eigenexistenz Italiens aufs Spiel zu setzen. Diese wechselvolle Geschichte spiegelt sich im Selbstverständnis der Italiener. »In der Gleichzeitigkeit von Primatdenken und Dekadenz, von objektiver Inferiorität und einem unauslöschlichen Superioritätsgefühl als Überkompensation bildet sich eines der dauerhaftesten Urteilsschemata der gesamten italienischen Geschichte heraus« (G. Bollati).

Diese unruhige, zwischen voreiligen Euphorien und tiefen Pessimismen angesiedelte Suche nach sich selbst, nach nationaler Identität, nach Anerkennung von außen bleibt ein Charakteristikum auch des heutigen intellektuellen Gesprächs. Warum kommt Italien, trotz der zahlreichen Schwachstellen des Systems, voran? Ein langjähriger Beobachter wie Th. Wieser weist, als tieferes Motiv, auf den Nationalcharakter. »Die Italiener haben ... angesichts der immer wieder lauernden Katastrophen über die Jahrhunderte hinweg eine hohe Fähigkeit für Geduld, Beweglichkeit und Improvisation entwickelt.

Sie besitzen ein viel höheres Toleranzniveau für die Unsicherheit, das Durcheinander und die Widersprüchlichkeit der
Dinge als jede andere westliche Nation und bringen es mit
großer Geschicklichkeit fertig, aus einem Maximum an Chaos
ein Minimum an Ordnung zu zaubern. Über den so sichtbaren
Schwächen und Fehlern des politischen Systems werden solche tieferliegenden Züge leicht übersehen. Sie verleihen aber
dem Land eine robuste seelische Stärke, die es ihm erlaubt,
jeden Sturm zu überstehen.«

BIBLIOGRAPHIE

von Jens Petersen

Bevorzugt wurde die neuere und neueste Literatur. Aufsätze wurden nur in Ausnahmefällen aufgenommen. Für ältere Titel sei auf die Bibliographie der 1. Auflage dieses Werkes verwiesen. Abkürzungen: HZ = Historische Zeitschrift. QFIAB = Quellen und Forschungen aus italienischen Archiven und Bibliotheken.

Bibliographische Hilfsmittel

Forschungsberichte

Bibliografia Storica Nazionale. Roma, Bari 1942 ff. [Berichtszeit: 1939 ff. Zuletzt: Bd. 45/46 (1983/84) Bari 1988]. – Cinquant'anni di vita intellettuale italiana (1896–1946). 2 Bde. Napoli ²1966. – B. Croce, Storia della storiografia italiana nel secolo XIX. 2 Bde. Bari ⁴1964. – E. Duprè-Theseider, Literaturbericht über italienische Geschichte des Mittelalters. Veröffentlichungen 1945–1958, in: HZ, Sonderheft 1 (1962) 613–725. – E. Garms-Cornides, Rivalutazione del Settecento. Versuch einer Literaturübersicht, in: Röm. Hist. Mitt. 12 (1970) 197–278. – A. Haverkamp, H. Enzensberger, Italien im Mittelalter. Neuerscheinungen von 1959–1975. München 1980 [= HZ, Sonderheft 7). – La storiografia italiana negli ultimi vent'anni. 2 Bde. Milano 1970. – N. Tranfaglia (Hg.), L'Italia unita nella storiografia del secondo dopoguerra. Milano 1980. – B. Vigezzi (Hg.), Federico Chabod e la »Nuova storiografia« italiana 1919–1950. Milano 1983. – A. Wandruszka, Literaturbericht über die Geschichte Italiens in der Neuzeit. Teil I: 1494–1796. Veröffentlichungen 1957–1971, in: HZ, Sonderheft 5 (1973) 118–201.

Allgemein

R. Almagià, Italia. 2 Bde. Torino 1959. – C. Balbo, Sommario della storia d'Italia. Firenze ¹⁰1856. ND u. d. T. Storia d'Italia ... Torino 1984. – K. J. Beloch, Bevölkerungsgeschichte Italiens. 3 Bde. Berlin 1937–1961. – V. Castronovo, N. Tranfaglia (Hgg.), Storia della stampa italiana. 6 Bde. Bari 1976–1980. – C. De Seta (Hg.) Le città nella storia d'Italia. Bari 1980 ff. [bislang 33 Bde., geplant ca. 60, stark urbanistikgeschichtlich]. – Dizionario biografico degli Italiani. Bd. 1 ff., Roma 1960 ff. [bislang 32 Bände, bis »Da Ronco«]. – G. Galasso, L'Italia come problema storiografico. Torino 1979. – G. Galasso (Hg.), Storia d'Italia. Torino (Utet) 1976 ff. [17 von 23 Bde.n erschienen]. W. Goez, Geschichte Italiens in Mittelalter und Renaissance. Darmstadt ³1988. – H. Kramer, Geschichte Italiens. 2 Bde. Stuttgart 1968. – R. Mansˇelli, La nazione italiana nel suo sviluppo storico e nella discussione storiografica, Torino 1979. – G. Procacci, Geschichte Italiens und der Italiener. München 1983. – L. Salvatorelli, Sommario della storia d'Italia ... Torino ¹²1969, dt. u. d. T. Geschichte Italiens.

Berlin 1942. – Th. Schieder (Hg.), Handbuch der europäischen Geschichte. 7
Bde. Stuttgart 1976–1987. Bd. 1. 371–396 (H. Schmidinger, H. Enzensberger);
Bd. 2. 549–681 (A. Haverkamp); Bd. 3. 851–901 (H. Lutz); Bd. 4. 585–633
(K. O. von Aretin); Bd. 5. 778–885 (E. R. Rosen; R. Lill); Bd. 6. 401–432
(E. Nolte); Bd. 7. 619–650 (E. Nolte). – J. Schmitz van Vorst, Kleine Geschichte
Italiens. Frankfurt ⁴1967. – R. Schumann, Geschichte Italiens. Stuttgart 1983. –
E. Sereni, Storia del paesaggio agrario italiano. Bari ⁵1982. – Storia d'Italia. 6
Bde. in 9 Tlen. Torino (Einaudi) 1972–1976. – Storia d'Italia. Annali. 9 Bde.
Torino (Einaudi) 1978–1986. – Storia d'Italia dalla civiltà latina alla nostra
repubblica. 8 Bde. Novara 1978–1980. – Storia d'Italia illustrata. 9 Bde. Milano
(Mondadori) 3. Aufl. 1948–1962. – Storia della società italiana. Milano (Teti)
1980ff. (von 25 Bde.n 17 erschienen). – F. Tichy, Italien. Eine geographische
Landeskunde. Darmstadt 1985. – N. Valeri (Hg.), Storia d'Italia. 5 Bde. Torino
1959–1960. ²1965.

Mittelalter (Gesamter Zeitraum)

M. Bellomo, Società e istituzioni in Italia tra medioevo e età moderna. Catania
³1982. – K. Bosl, Gesellschaftsgeschichte Italiens im Mittelalter. Stuttgart 1982.
– F. Calasso, Medioevo del diritto. I. Milano 1954. – G. De Vergottini, Lezioni
di storia del diritto italiano. Il diritto publico italiano nei secoli XII–XV. 2 Bde.
Milano ³1960. – L. Gatto, Viaggio intorno al concetto di Medioevo. Roma ²1981.
– W. Goetz, Italien im Mittelalter. Ausgewählte Aufsätze. 2 Bde. Leipzig 1943. –
L. M. Hartmann, Geschichte Italiens im Mittelalter. 4 Bde. in 6 Tlen. Gotha
1897–1908. – D. Herlihy, Cities and Societies in Medieval Italy. London 1980. –
D. Herlihy, The social History of Italy and western Europe, 700–1500 . . .
London 1978. – J. K. Hyde, Society and Politics in Medieval Italy. The Evolu-
tion of the Civile Life, 1000–1350. London 1973. – Ph. Jones, Economia e società
nell'Italia medievale. Torino 1980. – G. Luzzato, Storia economica d'Italia. I:
L'antichità e il medioevo. Roma ²1962. – A. Marongiu, Storia del diritto italiano.
Milano 1958. – A. Milano, Storia degli ebrei in Italia. Torino 1963. – M. Monta-
nari, Campagne medievali: Strutture produttive, rapporti di lavoro, sistemi
alimentari. Torino 1984. – Nuove questioni di storia medievale. Milano 1964. –
G. Penco, Storia del monachesimo in Italia dalle origini alla fine del medioevo.
Roma 1961. – F. Schneider, Rom und Romgedanke im Mittelalter . . . München
1925. ND 1959. – E. Sestan, Italia medievale. Napoli 1966. – C. Violante, Studi
sulla cristianità medioevale. Società, istituzioni, spiritualità. Milano ²1975.

Papsttum und Kirchengeschichte

E. Caspar, Geschichte des Papsttums. 2 Bde. Tübingen 1930–1933. –
G. Falco, Geist des Mittelalters. Kirche – Kultur – Staat. Frankfurt/M. 1958. –
K. A. Fink, Papsttum und Kirche im abendländischen Mittelalter. München
1981. – H. Fuhrmann, Von Petrus zu Johannes Paul II. Das Papsttum: Gestalt
und Gestalten. München 1980. – J. Haller, Das Papsttum. Idee und Wirklichkeit.
5 Bde. Reinbek ³1965. – H. Jedin (Hg.), Handbuch der Kirchengeschichte. 7
Bde. Freiburg/Br. 1962–1979. – L. von Pastor, Geschichte der Päpste seit dem
Ausgang des Mittelalters. 16 Bde. Freiburg/Br. 1885–1933 u. ö. – B. Schimmelpfennig, Das Papsttum. Grundzüge seiner Geschichte von der Antike bis zur
Renaissance. Darmstadt ²1987. – B. Schimmelpfennig, Die Zeremonienbücher
der römischen Kurie im Mittelalter. Tübingen 1973. – F. X. Seppelt, Geschichte

der Päpste von den Anfängen bis zur Mitte des 20. Jahrhunderts. 5 Bde.
München 1955–1957.

Städte, Territorien, Staaten

La città nell'alto medioevo (Settimane di studio . . . 6), Spoleto 1959. – R. Elze,
G. Fasoli (Hgg.), La città in Italia e in Germania nel medioevo: cultura, istituzioni, vita religiosa. Bologna 1981. – R. Elze, G. Fasoli (Hgg.), Aristocrazia
cittadina e ceti popolari nel tardo Medioevo in Italia e in Germania. Bologna
1984. – Y. Renouard, Les villes d'Italie de la fin du Xe siècle au debut du XIVe
siècle. Paris ²1969. – D. Waley, The Italian City Republics. London ²1978, dt.
1969.
    Venedig: R. Cessi u. a., Storia di Venezia. 2 Bde. Venezia 1956, 1958. –
M. Hellmann, Grundzüge der Geschichte Venedigs. Darmstadt 1976. – H.
Kretschmayr, Geschichte von Venedig. 3 Bde. Gotha, Stuttgart 1905–1934. ND
1964. – F. C. Lane, Venice. A Maritime Republic. Baltimore, London 1973. – G.
Rösch, Venedig und das Reich. Handels- und verkehrspolitische Beziehungen in
der deutschen Kaiserzeit. Tübingen 1982. – Storia della civiltà veneziana. 3 Bde.
Firenze 1979. – Storia della cultura veneta. Vicenza 1976 ff. [bislang 5 Bde.]. –
A. Zorzi, Venedig. Die Geschichte der Löwenrepublik. Düsseldorf 1985.
    Mailand, Lombardei: Storia di Milano. 16 Bde. Milano 1953–1966. – Storia di
Brescia. 5 Bde. Brescia 1963–1968. – Storia di Monza e della Brianza. 5 Bde.
Milano 1969–1984. – Storia di Piacenza. Piacenza 1980 ff. [bislang 2 Bde.]. –
Mantova. La storia, le lettere, le arti. 3 Bde. Mantova 1960–1965. – J. Jarnut,
Bergamo 568–1098. Verfassungs-, Sozial- und Wirtschaftsgeschichte einer lom-
bardischen Stadt im Mittelalter. Wiesbaden 1980.
    Piemont-Sardinien: B. Anatra, La Sardegna dall'unificazione aragonese ai
Savoia. Torino 1987. – I. Day, B. Anatra, L. Scaraffia, La Sardegna medioevale e
moderna. Torino 1984. – F. Cognasso, Storia di Torino. Milano 1960. – L. Just,
Das Haus Savoyen und der Aufstieg Italiens. Bonn 1940. – Storia del Piemonte. 2
Bde. Torino 1960.
    Genua: Storia di Genova. 3 Bde. Milano 1941–1942. – La storia dei genovesi. 4
Bde. Genova 1981–1984.
    Bologna, Emilia Romagna: A. Hessel, Geschichte der Stadt Bologna
1116–1280. Berlin 1910, ital. Bologna 1975. – A. Berselli (Hg.), Storia della
Emilia Romagna. 3 Bde. Bologna 1976–1980. – Cultura popolare nell'Emilia
Romagna. 7 Bde. Milano 1977–1983. – I. Affò, Storia della città di Parma. 4 Bde.
Parma 1956–1957.
    Florenz, Toskana: W. Braunfels, Mittelalterliche Stadtbaukunst in der Tos-
kana. Berlin 1953. – R. Davidsohn, Geschichte von Florenz. 4 Bde. in 7 Tlen.
Berlin 1896–1927. ND 1969. – D. Herlihy, Pisa in the early Renaissance. New
Haven 1958. – D. Herlihy, Medieval and Renaissance Pistoia . . . New Haven
1967. – Storia di Prato. 3 Bde. Prato 1980. – Prato. Storia di una città. Firenze
1986 ff. [geplant 4 Bde. Bd. 2 erschienen].
    Rom: M. Caravale, A. Caracciolo, Lo Stato pontificio da Martino V a Pio IX.
Torino 1978. – A. Esch, Bonifaz IX und der Kirchenstaat. Tübingen 1969. –
F. Gregorovius, Geschichte der Stadt Rom im Mittelalter. Hg. von W. Kampf, 3
Bde. Darmstadt 1953–1957 u. ö. – R. Krautheimer, Rome. Profile of a City,
312–1308. Princeton 1980. – Storia di Roma. 31 Bde. Bologna 1938–1987.
    Neapel, Apulien und Sizilien: Storia di Napoli. 10 Bde. Napoli 1967–1974. –
Storia della Puglia. 2 Bde. Bari 1979. – Storia della Sicilia. 11 Bde. Napoli,
Palermo 1977–1981. – D. Mack Smith, A history of Sicily. 2 Bde. London 1968.
– S. F. Romano, Breve Storia della Sicilia. Momenti e problemi della civiltà
siciliana. Torino 1964.

Spätantike und Völkerwanderungszeit (bis 774)

G. Barni, I longobardi in Italia. Novara 1987. – G. Bognetti, L'età longobarda. 4 Bde. Milano 1966–1968. – P. Delogu, A. Guillou, G. Ortalli, Longobardi e bizantini. Torino 1980. – W. Ensslin, Theoderich der Große. München ²1959. – H. Fröhlich, Studien zur langobardischen Thronfolge . . . 2 Bde. Bonn 1980. – S. Gasparri, I duchi longobardi. Roma 1978. – I goti in occidente. Spoleto 1956 (Settimane di studio . . . 3). – A. Guillou, Régionalisme et indépendance dans l'Empire byzantin au VIIe siècle . . . Roma 1969. – J. Jarnut, Prosopographische und sozialgeschichtliche Studien zum Langobardenreich in Italien (568–774). Bonn 1972. – J. Jarnut, Geschichte der Langobarden. Stuttgart 1982. – W. Menghin, Die Langobarden. Archäologie und Geschichte. Stuttgart 1985. – R. Schneider, Königswahl und Königserhebung im Frühmittelalter . . . Stuttgart 1972. – E. Stein, Histoire du Bas-Empire. 2 Bde. Paris, Bruxelles 1949, 1959. – M. A. Wes, Das Ende des Kaisertums im Westen des römischen Reiches. Den Haag 1967. – Ch. Wickham, Early Medieval Italy. Central Power and Local Society 400–1000. London 1981. – H. Wolfram, Geschichte der Goten. Von den Anfängen bis zur Mitte des 6. Jahrhunderts. München ²1980.

Italien in karolingischer und nachkarolingischer Zeit

G. Barni, G. Fasoli, L'Italia nell'alto medioevo. Torino 1971. – C. Brühl, Fodrum, Gistum, Servitium Regis. 2 Bde. Köln 1968. – P. Classen, Karl der Große, das Papsttum und Byzanz. Die Begründung des karolingischen Kaisertums. Düsseldorf 1968. – J. Fischer, Königtum, Adel und Kirche im Königreich Italien (774–875). Bonn 1965. – V. Fumagalli, Il regno italico. Torino 1978. – R. Hiestand, Byzanz und das Regnum Italicum im 10. Jahrhundert. Zürich 1964. – E. Hlawitschka, Franken, Alemannen, Bayern und Burgunder in Oberitalien (774–962). Freiburg/Br. 1960. – H. Keller, Adelsherrschaft und städtische Gesellschaft in Oberitalien 9.–12. Jahrhundert. Tübingen 1979. – H. Keller, Einwohnergemeinde und Kommune. Probleme der italienischen Stadtverfassung im 11. Jahrhundert. HZ 224 (1977) 529–560. – Ch. Ludwig, Untersuchungen über die frühesten »podestaten« italienischer Städte. Wien 1973. – H. Schwarzmaier, Lucca und das Reich bis zum Ende des 11. Jahrhunderts . . . Tübingen 1972. – G. Tabacco, I liberi del Re nell'Italia carolingia e postcarolingia. Spoleto 1966. – P. Toubert, Les structures du Latium médiéval. Le Latium méridional et la Sabine du IXe siècle a la fin du XIIe siècle. 2 Bde. Roma 1973. – C. Violante, La società milanese nell'età precomunale. Bari ²1974.

Ober- und Mittelitalien im Hochmittelalter

O. Capitani, R. Manselli u. a., Comuni e signorie: Istituzioni società e lotte per l'egemonia. Torino 1981. – Comuni e signorie nell'Italia nordorientale e centrale. 2 Bde. Torino 1987. – G. Dilcher, Die Entstehung der lombardischen Stadtkomune. Eine rechtsgeschichtliche Untersuchung. Aalen 1967. – L. L. Gherardini, L'enigma di Canossa. Bologna 1968. – W. Goez, Reformpapsttum, Adel und monastische Erneuerung in der Toscana. Sigmaringen 1973. – A. Haverkamp, Herrschaftsformen der Frühstaufer in Reichsitalien. 2 Bde. Stuttgart 1970–1971. – K. J. Hermann, Das Tuskulaner Papsttum (1012–1946) . . . Stuttgart 1973. – E. Kantorowicz, Kaiser Friedrich der Zweite. 2 Bde. Berlin 1927–1931. ND 1973. – R. Manselli, J. Riedmann (Hgg.), Federico Barbarossa nel dibattito storiografico in Italia e in Germania. Bologna 1982. – R. Morghen,

Gregorio VII e la riforma della chiesa nel secolo XI. Palermo ²1974. – A. M. Nada, G. Airaldi, Comuni e signorie nell'Italia settentrionale: il Piemonte e la Liguria. Torino 1986. – H. M. Schaller, Kaiser Friedrich II. Verwandler der Welt. Göttingen 1964. – T. Schmidt, Alexander II. (1061–1073) und die römische Reformgruppe seiner Zeit. Stuttgart 1977. – H. Schmiedinger, Patriarch und Landesherr. Die weltliche Herrschaft der Patriarchen von Aquileia bis zum Ende der Staufer. Graz, Köln 1954. – C. Vignati, Storia diplomatica della Lega lombarda. Milano 1866. ND Torino 1966. – G. Wolf (Hg.), Friedrich Barbarossa. Darmstadt 1975. – H. Zimmermann, Der Canossagang von 1077. Wirkungen und Wirklichkeit. Mainz 1975.

Süditalien vom 9.–12. und vom 13.–15. Jahrhundert

M. Amari, Storia dei musulmani di Sicilia. 2 Bde. Catania 1939. – M. Caravale, Il regno normanno di Sicilia. Milano 1966. – F. Chalandon, Histoire de la domination normande en Italie et en Sicile. 2 Bde. Paris 1907. ND 1960. – N. Cilento, Italia meridionale longobarda. Milano, Napoli ²1971. – J. Deér, Papsttum und Normannen. Köln, Wien 1972. – E. Eickhoff, Seekrieg und Seepolitik zwischen Islam und Abendland. Das Mittelmeer unter byzantinischer und arabischer Hegemonie (650–1040). Berlin 1966. – V. von Falkenhausen, Untersuchungen über die byzantinische Herrschaft in Süditalien vom 9. bis 11. Jahrhundert. Wiesbaden 1967. Erw. ital. Ausg. Bari 1978. – V. von Falkenhausen, A. Guillou, U. Rizzitano, Il Mezzogiorno dai bizantini a Federico II. Torino 1983. – J. N. Norwich, Die Normannen in Sizilien, 1130–1194. Wiesbaden 1971. – U. Schwarz, Amalfi im frühen Mittelalter (9.–11. Jahrhundert). Tübingen 1978. – S. Tramontana, I Normanni in Italia. I. Messina 1970.

C. A. Willemsen, Bibliographie zur Geschichte Kaiser Friedrichs II. und der letzten Staufer. München 1966. – F. Baethgen, Die Regentschaft Papst Innocenz III. im Königreich Sizilien. Heidelberg 1914. – C. Bellieni, La Sardegna e i Sardi nella civiltà dell'alto Medioevo. Cagliari 1973. – A. Cutolo, Re Ladislao d'Angiò di Napoli. Napoli 1968. – V. D'Alessandro, Politica e società nella Sicilia aragonese. Palermo 1963. – H. Dilcher, Die sizilische Gesetzgebung Kaiser Friedrichs II. Köln, Wien 1975. – F. Giunta, Aragonesi e Catalani nel mediterraneo. 2 Bde. Palermo 1953, 1959. – N. Kamp, Kirche und Monarchie im staufischen Königreich Sizilien. 4 Bde. München 1973–1982. – A. Ryder, The Kingdom of Naples under Alfonso the Magnanimous. The Making of a Modern State. Oxford 1976. – F. Sabatini, Napoli Angioina. Cultura e società. Napoli 1975. – Ch.-U. Schminck, Crimen laesae maiestatis. Das politische Strafrecht Siziliens . . . Aalen 1970. – Studien und Quellen zur Welt Kaiser Friedrichs II. Köln, Wien 1972 ff. [bislang 5 Bde].

Italien im Spätmittelalter

M. B. Becker, Florence in Transition. I: The Decline of the Comune. II: Studies in the Rise of the Territorial State. Baltimore 1967, 1968. – O. Capitani (Hg.), L'etica economica nel basso medievo. Bologna 1974. – C. M. Cipolla, Storia dell'economia italiana. I, Milano 1959. – F. Cognasso, I Gonzaga (Grandi famiglie). Milano 1966. – G. Coniglio, I Gonzaga (Grandi famiglie). Milano 1967. – G. Cracco, Società e Stato nel medioevo veneziano (secoli XII–XIV). Firenze 1967. – J.-F. Leonhard, Die Seestadt Ancona im Spätmittelalter. Tübingen 1983. – G. Luzzatto, Storia economica di Venezia dal XI al XVI secolo. Venezia 1961. – N. Ottokar, Il comune di Firenze alla fine del Dugento. Torino

²1962. – M. Seidlmayer, Die Anfänge des großen abendländischen Schismas ...
Münster 1940. – M. Seidlmayer, Dantes Reichs- und Staatsidee. Heidelberg
1952. – Ch. Schuchard, Die Deutschen an der päpstlichen Kurie im späten
Mittelalter (1378–1447). Tübingen 1987. – Ch. Verlinden, L'esclavage dans
l'Europe médiévale, II: Italie, Colonies italiennes du Levant. Levant latin,
Empire byzantin. Gent 1977. – D. Waley, The papal State in the Thirteenth
Century. London 1961.

Politische Geschichte der Renaissance (etwa 1380–1520)

R. von Albertini, Das florentinische Staatsbewußtsein im Übergang von der
Republik zum Prinzipat. Bern 1955. – H. Baron, The crisis of early Italian
Renaissance. Princeton 1966. – H. Baron, Humanistic and political literature in
Florence and Venice at the beginning of the Quattrocento. Cambridge/Mass.
1955. – M. Berengo, Nobili e mercanti nella Lucca del Cinquecento. Torino
²1974. – F. Chabod, Il ducato di Milano e l'impero di Carlo V. 2 Bde. Torino
1971. – E. Cochrane, Historians and Historiography in the Italian Renaissance.
Chicago 1981. – F. Cognasso, L'Italia nel Rinascimento. 2 Bde. Torino 1965. –
R. de Roover, The Rise and Decline of the Medici Bank 1397–1494. Cambridge/
Mass. ²1968. – T. Frenz, Die Kanzlei der Päpste der Hochrenaissance
(1471–1527). Tübingen 1986. – J. R. Hale (Hg.), A Concise Encyclopedia of the
Italian Renaissance. London 1981. – D. Hay, Geschichte Italiens in der Renais-
sance. Stuttgart 1962. – R. S. Lopez, The Three Ages of the Italian Renaissance.
Charlottesville 1970. – P. Partner, Renaissance Rome 1500–1559. Berkeley 1976.
– P. Pieri, Il Rinascimento e la crisi militare italiana. Torino ²1970. – B. Pullan,
Rich and Poor in Renaissance Venice ... Cambridge/Mass. 1971. – B. Pullan, A
History of the Early Renaissance Italy ... London 1973. – Nuove questioni di
storia moderna. 2 Bde. Milano 1964. – N. Rubinstein, The Government of
Florence under the Medici (1434–1494). Oxford 1966. – V. Rutenburg, Popolo e
movimenti popolari nell'Italia del '300 e '400. Bologna 1971. – A. Ventura,
Nobiltà e popolo nella società veneta del '400 e '500. Bari 1964.

Die Kultur der Renaissance (Anfang des 14. bis Anfang des 16. Jahrhunderts)

W. Andreas, Staatskunst und Diplomatie der Venetianer im Spiegel ihrer
Gesandtenberichte. Leipzig 1943. – L. Bertalot, Studien zum italienischen und
deutschen Humanismus. 2 Bde. Roma 1975. – G. A. Brucker, The Civic World
of Early Renaissance Florence. Princeton 1977. – J. Burckhardt, Die Kultur der
Renaissance in Italien. Stuttgart 1952 u. ö. – D. Cantimori, Studi di storia.
Torino 1959. – F. Chabod, Scritti sul rinascimento. Torino 1981. – F. Chabod,
Machiavelli and the Renaissance. London 1958. – W. Durant, Die Renaissance.
Eine Kulturgeschichte Italiens von 1304–1576. Bern, München ²1961. – E. Ga-
rin, L'umanesimo italiano. Filosofia e vita civile nel Rinascimento. Bari ²1958
u. ö., dt. Bern 1947. – F. Gilbert, Machiavelli and Guicciardini. Politics and
History in Sixteenth-Century Florence. Princeton 1965. – P. O. Kristeller,
Studies in Renaissance thought and letters. 2 Bde. Roma 1956, 1985. – P. O.
Kristeller, Die Philosophie des Marsilio Ficino. Frankfurt/M. 1972. – P. O.
Kristeller, Humanismus und Renaissance ... 2 Bde. München 1974, 1976. –
P. O. Kristeller, Acht Philosophen der italienischen Renaissance. Weinheim
1986. – G. Müller, Bildung und Erziehung im Humanismus der italienischen
Renaissance ... Wiesbaden 1969. – A. Rabil (Hg.), Renaissance Humanism.
Foundations, Forms and Legacy. 3 Bde. Philadelphia 1988. – R. Ridolfi, Vita di

Girolamo Savonarola. Firenze ⁴1974. – G. Sasso, Nicolò Machiavelli. Geschichte seines politischen Denkens. Stuttgart 1965. – G. Toffanin, Storia del Umanesimo dal XIII al XVI secolo. 4 Bde. Bologna 3. Aufl. 1964; dt. 1941. – B. L. Ullman, Studies in the Italian Renaissance. Roma ²1973.

Italien im 16. und 17. Jahrhundert: die Zeit der Dekadenz

G. Alberigo, I vescovi italiani al Concilio di Trento (1545–1547). Firenze 1959. – S. Bertelli, Erudizione e storia in Ludovico Antonio Muratori. Napoli 1960. – G. Bock, Thomas Campanella ... Tübingen 1974. – F. Caracciolo, Il Regno di Napoli nei secoli XVI e XVII. I: Economia e società. Roma 1966. – F. Chabod, La politica di Paolo Sarpi. Venezia, Roma 1962. – N. Cortese, Cultura e politica a Napoli dal Cinquecento al Settecento. Napoli 1965. – G. Cozzi, M. Knapton, La Repubblica di Venezia nell'età moderna. I. Torino 1986. – C. Costantini, La repubblica di Genova nell'età moderna. Torino 1978. – B. Croce, Storia dell'età barocca in Italia. Bari ⁵1967. – F. Diaz, Il Granducato di Toscana: i Medici. Torino 1987. – J. Delumeau, Vie économique et sociale de Rome dans la seconde moitié du XVIe siècle. 2 Bde. Paris 1957, 1959. – G. Galasso, Napoli spagnola dopo Masaniello. Politica, cultura, società. 2 Bde. Firenze 1982. – E. Eickhoff, Wien, Venedig und die Osmanen. München ²1988. – R. Elze u. a. (Hgg.), Rom in der Neuzeit. Politische, kirchliche und kulturelle Aspekte. Wien 1976. – A. de Maddalena, H. Kellenbenz (Hgg.), Finanze e ragion di Stato in Italia e in Germania nella prima Età moderna. Bologna 1984. – H. Jedin, Geschichte des Konzils von Trient. 4 Bde. Freiburg/Br. 1949–1975. – G. Lutz, Kardinal Giovanni Francesco Guidi di Bagno. Politik und Religion im Zeitalter Richelieus und Urbans VIII. Tübingen 1971. – P. Prodi, Il sovrano pontefice. Un corpo e due anime. La monarchia papale nella prima età moderna. Bologna 1982. – W. Reinhard, Papstfinanz und Nepotismus unter Paul V. (1605–1621). 2 Bde. Stuttgart 1974. – V. Reinhardt, Kardinal Scipione Borghese (1605–1633. Vermögen, Finanzen und sozialer Aufstieg eines Papstnepoten. Tübingen 1984. – K. Repgen, Die römische Kurie und der Westfälische Friede. 2 Bde. Tübingen 1962, 1965. – D. Sella, C. Capra, Il ducato di Milano dal 1535 al 1796. Torino 1984. – R. Villari, La rivolta antispagnola a Napoli. Le origini (1585–1647). Bari 1967.

Italien 1750 bis zur Gegenwart (Ganzer Zeitraum)

Bibliografia dell'età del Risorgimento. In onore di A. M. Ghisalberti. 4 Bde. Firenze 1971–1977. – Bibliographische Informationen zur italienischen Geschichte im 19. und 20. Jahrhundert, hg. vom Deutschen Historischen Institut in Rom. 1974 ff. [vierteljährlich, bislang ca. 18 000 Titel]. – H. Benedikt, Kaiseradler über dem Apennin. Die Österreicher in Italien 1700–1866. Wien, München 1964. – G. Candeloro, Storia dell'Italia moderna. 11 Bde. Milano 1956–1986 u. ö. – R. Lill, Geschichte Italiens in der Neuzeit. Darmstadt ⁴1988. – W. Maturi, Interpretazioni del Risorgimento. Lezioni di storia della storiografia. Torino ⁵1974. – A. Omodeo, Die Erneuerung Italiens und die Geschichte Europas 1700–1920. Zürich 1951. – L. Salvatorelli, Pensiero ed azione del Risorgimento. Torino ⁹1981. – L. Salvatorelli, Il pensiero politico italiano dal 1700 al 1870. Torino ⁷1975. – C. Spellanzon, E. Di Nolfo, Storia del Risorgimento e dell'Unità d'Italia. 8 Bde. Milano 1936–1965. – D. Stübler, Geschichte Italiens. 1789 bis zur Gegenwart. Berlin(Ost) 1987. – S. J. Woolf, A History of Italy 1700–1860. London 1979.

Italien im 18. Jahrhundert und im Zeitalter Napoleons

A. Annoni, L'Europa nel pensiero italiano del Settecento. Milano 1959. – C. Beccaria, Über Verbrechen und Strafen ... hg. von W. Alff. Frankfurt/M. 1966. – M. Berengo, La società veneta alla fine del Settecento. Firenze 1956. – L. Bulferetti, C. Costantini, Industria e commercio in Liguria nell' età del Risorgimento (1700–1861). Milano 1966. – J. Burckhardt, Abschied vom Religionskrieg. Der Siebenjährige Krieg und die päpstliche Diplomatie. Tübingen 1985. – E. Bussi, Il diritto pubblico del Sacro Romano Impero alla fine del XVIII secolo. 2 Bde. Padova 1957–1959. – E. W. Cochrane, Tradition and Enlightenment in the Tuscan Academies 1690–1800. Roma 1960. – D. Cantimori, R. De Felice (Hgg.), Giacobini italiani. 2 Bde. Bari 1956, 1964. – B. Croce, La rivoluzione neapolitana del 1788. Bari [8]1968. – B. Croce, Storia del Regno di Napoli. Bari [6]1965. – L. Dal Pane, La finanza toscana dagli inizi del secolo XVIII alla caduta del Granducato. Milano 1965. – F. Della Peruta, Esercito e società nell'Italia napoleonica. Milano 1988. – F. Diaz, Francesco Maria Gianni. Dalla burocrazia alla politica sotto Pietro Leopoldo di Toscana. Milano, Napoli 1966. – Chr. Dipper, Politischer Reformismus und begrifflicher Wandel. Eine Untersuchung des historischen Wortschatzes der Mailänder Aufklärung ... Tübingen 1976. – G. Falzone, Il regno di Carlo di Borbone in Sicilia (1734–1759). Bologna [3]1964. – C. Ghisalberti, Le costituzioni giacobine del triennio 1797–1799. Milano 1959. – W. Markov, Die Triestiner Ostindienkompagnie (1775–1785) und die Nordsee-Adria-Konkurrenz. Berlin 1961. – A. Noyer-Weidner, Die Aufklärung in Oberitalien. München 1957. – G. Nuzzo, La Monarchia delle Due Sicilie tra Ancien Régime e Rivoluzione. Napoli 1972. – A. von Reden-Dohna (Hg.), Deutschland und Italien im Zeitalter Napoleons. Wiesbaden 1979. – N. Valeri, Pietro Verri. Firenze 1969. – F. Venturi, Italy and the Enlighthenment in a Cosmopolitan Century. London 1972. – F. Venturi, Settecento riformatore. 5 Bde. Torino 1969–1987. – F. Venturi (Hg.), Illuministi italiani. 4 Bde. Milano, Napoli 1958–1975. – M. Vaussard, Jansénisme et Gallicanisme aux origines religieuses du Risorgimento. Paris 1959. – A. Wandruszka, Österreich und Italien im 18. Jahrhundert. München 1963. – A. Wandruszka, Leopold II., Erzherzog von Österreich, Großherzog von Toskana ... 2 Bde. Wien 1964–1965. – C. Zaghi, L'Italia di Napoleone dalla Cisalpina al Regno. Torino 1986.

Das Risorgimento (1815–1861)

H. Acton, The last Bourbons of Naples (1825–1861). London 1961. – W. Altgeld, Das politische Italienbild der Deutschen zwischen Aufklärung und europäischer Revolution von 1848. Tübingen 1984. – Atti del ... Congresso di storia del Risorgimento italiano. Roma (Istituto per la storia del Risorgimento italiano) Bd. 32–54 (1954–1986) [die alle zwei Jahre stattfindenden Tagungen bilden das wichtigste Diskussionsforum für Risorgimento-Geschichte]. – M. Berengo, Intellettuali e librai nella Milano della Restaurazione. Torino 1980. – D. Cantimori, Utopisti e riformatori 1794–1847. Firenze 1943. – F. Chabod, Italien-Europa. Studien zur Geschichte Italiens im 19. und 20. Jahrhundert. Göttingen 1962. – F. J. Coppa (Hg.), Dictionary of modern Italian history. Westport, London 1985. – F. Della Peruta, Democrazia e socialismo nel Risorgimento. Roma [2]1973. – F. Della Peruta, I democratici e la rivoluzione italiana. Milano [2]1974. – F. Della Peruta, Mazzini e i rivoluzionari italiani. Il partito d'azione 1830–1845. Milano 1974. – Die deutsch-italienischen Beziehungen im Zeitalter des Risorgimento. Braunschweig 1970. – P. Ginsborg, Daniele Manin and the Venetian Revolution of 1848/49. Cambridge 1979. – K. R. Greenfield, Econo-

mics and Liberalism in the Risorgimento. Baltimore ²1965. – R. Grew, A Sterner
Plan for Italian Unity. The Italian National Society in the Risorgimento.
Princeton 1963. – C. L. Lovett, The Democratic Movement in Italy 1830–1876.
Cambridge/Mass., London 1982. – D. Mack Smith, Cavour and Garibaldi. A
Study in Political Conflict. Cambridge 1954. – D. Mack Smith, The Making of
Italy 1796–1870. London 1978. – D. Mack Smith, Victor Emanuel, Cavour and
the Risorgimento. London ²1981. – D. Mack Smith, Vittorio Emanuele II. Bari
³1972. – D. Mack Smith, Cavour. London 1985. – G. Martina, Pio IX, 2 Bde.
Roma 1974, 1986. – M. Meriggi, Il Regno Lombardo-Veneto. Torino 1987. –
H. Michaelis, Die Einigung Italiens. München 1960. – R. Moscati, La fine del
regno di Napoli . . . Firenze 1960. – Nuove questioni di storia del Risorgimento e
dell'unità d'Italia. Milano 1961. – P. Pieri, Storia militare del Risorgimento . . . Torino ³1979. – E. Portner, Die Einigung Italiens im Urteil liberaler
Zeitgenossen. Bonn 1959. – R. Romeo, Risorgimento e capitalismo. Bari ²1963.
– R. Romeo, Cavour e il suo tempo. 4 Bde. Bari 1969–1984. – A. J. P. Taylor,
The Italian Problem in European Diplomacy 1847–1849. Manchester 1934. ND
1970. – F. Valsecchi, L'Europa e il Risorgimento. L'alleanza di Crimea. Firenze
1967. – G. Verucci, L'Italia laica prima e dopo l'unità, 1848–1876 . . . Bari 1981.

Italien als Einheitsstaat nach 1861 (Gesamter Zeitraum)

Bibliografia del socialismo e del movimento operaio italiano. Torino
1956–1986. – F. Andreucci, T. Detti (Hgg.), Il movimento operaio italiano.
Dizionario biografico 1853–1943. 6 Bde. Roma 1975–1979. – Annali dell'economia italiana. 2 Aufl. 16 Bde. Milano 1983–1985. – G. B. Caizzi, Storia dell'industria italiana dal XVIII secolo ai giorni nostri. Torino 1965. – A. Caracciolo
(Hg.), La formazione dell'Italia industriale. Bari 1969 u. ö. – G. Carocci, Storia
d'Italia dall'Unità ad oggi. Milano ⁷1986. – R. De Felice (Hg.), Storia dell'Italia
contemporanea [1870–1976]. 7 Bde. Napoli 1976–1983. – A. Del Boca, Gli
italiani in Africa Orientale. 6 Bde. Bari 1976–1988 u. ö. – G. De Rosa, Storia del
movimento cattolico in Italia. 2 Bde. Bari 1966. – Discorsi parlamentari, hg.
vom Senato und von der Camera dei deputati, Roma [für fast jeden bedeutende-
ren Politiker nach 1861 gibt es mehrbändige Editionen ihrer Parlamentsreden.
Z. B.: A. De Gasperi, Discorsi parlamentari. 2 Bde. Roma 1985]. – Documenti
Diplomatici Italiani (1861–1943), hg. vom Ministero degli Affari Esteri. Com-
missione per la pubblicazione dei documenti diplomatici. Roma 1952 ff. [9
Serien, von den geplanten ca. 120 Bde.n sind 60 erschienen]. – F. Engel-Janosi,
Österreich und der Vatikan 1846–1918. 2 Bde. Graz 1958–1960. – C. Ghisalberti,
Storia costituzionale d'Italia 1849–1948. Bari 1974 u. ö. – P. Hertner, Italien
1850–1914, in: W. Fischer (Hg.), Handbuch der europäischen Wirtschafts- und
Sozialgeschichte. Bd. 5. Stuttgart 1985, 705–776. – A. C. Jemolo, Chiesa e Stato
in Italia negli ultimi cento anni. Torino ⁵1975, englisch 1960. – C. I. Lowe,
F. Marzari, Italian Foreign Policy, 1870–1940. London 1975. – D. Mack Smith,
Italy. A Modern History. Ann Arbor 1959 u. ö. – F. Malgeri (Hg.), Storia del
movimento cattolico in Italia. 6 Bde. Roma 1981. – R. Michels, Italien von
heute. Politische und wirtschaftliche Kulturgeschichte von 1860 bis 1930. Zürich
1930. – G. Rochat, G. Massobrio, Breve storia dell'esercito italiano dal 1861 al
1943. Torino 1978. – R. Romeo, Breve storia della grande industria in Italia
1861–1961. Milano ⁵1988. – G. Sabbatucci (Hg.), Storia del socialismo italiano.
6 Bde. Roma 1981. – Sommario di statistiche storiche dell'Italia 1861–1965.
Roma 1968. – Sommario di Statistiche Storiche 1926–1985. Roma 1986. –
E. Sori, L'emigrazione italiana dall'Unità alla Seconda Guerra Mondiale. Bolo-

gna 1979. – Storia delle città italiane. Bari (Laterza) 1986ff. Vorgesehen ca.
30 Bde. Erschienen: E. Apih, Trieste (1988). – O. Cancila, Palermo (1988). –
V. Castronovo, Torino (1987). – G. Cingari, Reggio Calabria (1987). – E. Fran-
zina, Venezia (1986). – G. Galasso, Napoli (1987). – G. Giarrizzo, Catania
(1986). – G. Spini, A. Casali, Firenze (1986). – R. Zangheri, Bologna (1986). –
Storia del Parlamento italiano. 20 Bde. Palermo 1963–1984. – Storia d'Italia. Le
regioni dall'Unità a oggi. Torino (Einaudi) 1977ff. (vorgesehen ca. 20 Bde.,
erschienen die Bände über die Regionen: Piemonte, Toscana, Veneto, Calabria,
Sicilia, Marche). – Storia della società italiana dall'Unità a oggi. Torino (Utet)
1974ff. [Vorgesehen: 10 Bde. Erschienen: B. Caizzi, Il commercio (1975). –
L. Ceva, Le forze armate (1981). – G. Galli, I partiti politici (1974)]. – G. Toniolo
(Hg.), L'economia italiana 1861–1940. Bologna 1978. – F. Traniello, G. Campa-
nini (Hgg.), Dizionario storico del movimento cattolico in Italia 1860–1980.
3 Bde. Torino 1981–1984. – N. Valeri (Hg.), La vita sociale della nuova Italia.
Collana di biografie. Torino (Utet) 1962ff. [Die wichtigste biographische Reihe
für den Gesamtbereich von Politik, Kultur, Wirtschaft. Hier sind u. a. erschienen: P. Bairati, Vittorio Valletta (1983). – O. Barié, Luigi Albertini (1972). –
S. Bertoldi, Vittorio Emanuele III (1970). – V. Castronovo, Giovanni Agnelli
(1971). – G. De Caro, Gaetano Salvemini (1970). – G. De Rosa, Luigi Sturzo
(1977). – R. Faucci, Luigi Einaudi (1986). – A. Galante Garrone, Felice Cavallotti
(1976). – P. Pieri, G. Rochat, Pietro Badoglio (1974). – G. Rochat, Italo Balbo
(1986). – N. Valeri, Giovanni Giolitti (1971)]. – F. Vöchting, Die italienische
Südfrage. Entstehung und Problematik eines wirtschaftlichen Notstandsgebiets.
Berlin 1951. – G. Volpe, Italia moderna (1815–1914). 3 Bde. Firenze ²1973. –
R. Webster, Christian Democracy in Italia 1860–1960. London 1961.

Die ersten Jahrzehnte des Einheitsstaates (1861–1914)

M. Abrate, La lotta sindacale nella industrializzazione in Italia, 1906–1926.
Torino 1967. – L. Albertini, Epistolario 1911–1926. 4 Bde. Milano 1968. –
L. Albertini, Venti anni di politica [1898–1918], 5 Bde. Bologna 1950–1953. –
G. Arfé, Storia del socialismo italiano, 1892–1926. Torino 1977 u. ö. – M. Beh-
nen, Rüstung – Bündnis – Sicherheit. Dreibund und informeller Imperialismus
1900–1908. Tübingen 1985. – R. J. B. Bosworth, Italy, the Least of the Great
Powers: Italian Foreign Policy before the First World War. London 1979. –
H. Bütler, Gaetano Salvemini und die italienische Politik vor dem Ersten
Weltkrieg. Tübingen 1978. – A. Caracciolo, Roma capitale. Roma ³1984. –
G. Carocci, Giolitti e l'età giolittiana. Torino ¹²1982. – V. Castronovo, La
stampa italiana dall'Unità al fascismo. Bari 1970 u. ö. – F. Chabod, Storia della
politica estera italiana dal 1878 al 1896. Bd. 1: Le Premesse. Bari ²1962 u. ö. –
B. Croce, Storia d'Italia dal 1871 al 1915. Bari 1928. ¹⁴1966, dt. Berlin 1928. – R.
De Felice, Mussolini il rivoluzionario 1883–1920. Torino 1965 u. ö. – L. Einaudi,
Cronache economiche e politiche di un trentennio (1893–1925). 8 Bde. Torino
1959–1963 u. ö. – F. Fellner, Der Dreibund. München 1960. – C. Gatterer,
»Erbfeindschaft« Italien – Österreich. Wien 1972. – C. Gatterer, Im Kampf
gegen Rom. Bürger, Minderheiten und Autonomien in Italien. Wien 1968. –
G. Giolitti, Memorie della mia vita. Milano 1922, ND 1982, dt. Stuttgart 1923. –
G. Giolitti, Quarant'anni di politica italiana. Dalle carte di G. Giolitti. 3 Bde.
Milano 1962. – V. Hunecke, Arbeiterschaft und industrielle Revolution in
Mailand 1853 bis 1892. Göttingen 1978. – V. Hunecke, Die neuere Literatur zur
Geschichte der italienischen Arbeiterbewegung, in: Archiv f. Sozialgesch. 14
(1974) 543–592; 15 (1975) 409–451. – U. Levra, Il colpo di stato della borghesia.
La crisi politica di fine secolo in Italia 1896–1900. Milano 1975. – N. Miko (Hg.),

Das Ende des Kirchenstaates. 4 Bde. Wien, München 1962–1970. – E. Ragionieri, Socialdemocrazia tedesca e socialisti italiani 1875–1895. Milano ²1976. – A. W. Salomone, Italy in the Giolittian Era. Italian Democracy in the Making, 1900–1914. Philadelphia 1960. – A. W. Salomone (Hg.), Italy from Risorgimento to Fascism. An Inquiry into the Origins of the Totalitarian State. New Abbot 1971. – L. Salvatorelli, La Triplice Alleanza. Milano 1939. – V. Sellin, Die Anfänge der staatlichen Sozialreform im liberalen Italien. Stuttgart 1971. – Chr. Seton Watson, Italy from Liberalism to Fascism, 1870–1925. London 1967. – J. A. Thayer, Italy and the Great War. Politics and Culture, 1870–1915. Madison 1964. – F. Turati, A. Kuliscioff, Carteggio 1898–1925. 8 Bde. Torino 1967. – H. Ullrich, La classe politica nella crisi di partecipazione dell'Italia giolittiana. 3 Bde. Roma 1979. – R. Vivarelli, Il fallimento del liberalismo. Studi sulle origini del fascismo. Bologna 1981. – R. A. Webster, Industrial Imperialism in Italy 1908–1915. Berkeley 1975.

Italien im Ersten Weltkrieg und die Krise des liberalen Systems (1914–1922)

P. Alatri, La prima guerra mondiale nella storiografia italiana dell'ultimo venticinquennio. In: Belfagor 27 (1972) 559–595; 28 (1973) 53–96. – P. Alatri, Nitti, D'Annunzio e la questione adriatica. Milano ²1976. – P. Alatri, D'Annunzio. Torino 1983. – R. Albrecht-Carrié, Italy at the Paris Peace Conference. Hamden/Connecticut ²1966. – E. Bauer, »Der Löwe vom Isonzo«. Feldmarschall Svetozar Boroevic. Graz 1985. – R. De Felice, Mussolini il fascista. I: La conquista del potere 1921–1925. Torino 1966 u. ö. – A. De Grand, The Italian Nationalist Association and the Rise of Fascism in Italy. Lincoln, London 1978. – F. Gaeta, Il nazionalismo italiano. Bari ²1981. – M. Isnenghi, Il mito della grande guerra da Marinetti a Malaparte. Bari 1970. – M. Hinz, Die Zukunft der Katastrophe. Mythische und rationalistische Geschichtstheorie im italienischen Futurismus. Berlin 1985. – D. Leoni, C. Zadra (Hgg.), La grande guerra. Esperienza, memoria, immagini. Bologna 1986. – O. Malagodi, Conversazioni della guerra 1914–1919. 2 Bde. Milano, Napoli 1960. – P. Melograni, Storia politica della grande guerra 1915–1918. 2 Bde. Bari ⁵1977. – A. Monticone, E. Forcella, Plotone di esecuzione. I processi della prima guerra mondiale. Bari 1968. – A. Monticone, La Germania e la neutralità italiana 1914–1915. Bologna 1971. dt. (gekürzt) Wiesbaden 1982. – A. Monticone, Nitti e la grande guerra (1914–1918). Milano 1961. – A. Omodeo, Momenti della vita di guerra. Dai diari e dalle lettere dei caduti 1915–1918. Torino ²1968. – V. E. Orlando, Memorie (1915–1919). Milano 1960. – P. Pieri, L'Italia nella prima guerra mondiale, 1915–1918. Torino ⁷1982. – G. Rochat, L'esercito italiano da Vittorio Veneto a Mussolini, 1919–1925. Bari 1967. – G. Rochat, L'Italia nella prima guerra mondiale. Problemi di interpretazione e prospettive di ricerca. Milano 1976. – E. R. Rosen, Italiens Kriegseintritt im Jahre 1915 . . . In: HZ 194 (1959) 289–363. – G. Sabbatucci, I combattenti nel primo dopoguerra. Bari 1974. – A. Tasca, Glauben, gehorchen, kämpfen . . . Aufstieg des Faschismus. Wien 1969. – L. Valiani, La dissoluzione dell'Austria-Ungheria. Milano ²1985 (engl. London 1973). – D. Veneruso, La vigilia del fascismo. Bologna 1968. – B. Vigezzi, L'Italia di fronte alla prima guerra mondiale. I: L'Italia neutrale. Milano, Napoli 1966. – B. Vigezzi, Da Giolitti a Salandra. Firenze 1969. – B. Vigezzi (Hg.), Dopoguerra e fascismo 1919–1925. Politica e stampa in Italia. Bari 1965. – R. Vivarelli, Il dopoguerra in Italia e l'avvento del fascismo 1918–1922. I: Napoli 1967.

Italien in der Zeit des Faschismus

P. Alatri, Le origini del fascismo. Roma [5]1971. – P. Alatri, L'antifascismo
italiano. Roma [2]1965. – G. Amendola, Der Antifaschismus in Italien. Ein
Interview. Stuttgart 1977. – A. Aquarone, L'organizzazione dello Stato totalita-
rio. Torino 1965 u. ö. – A. Aquarone, M. Vernassa (Hgg.), Il regime fascista.
Bologna 1974. – E. von Beckerath, Wesen und Werden des faschistischen
Staates. Berlin 1927. 2 Aufl. Darmstadt 1979. – G. Bottai, Diario 1935–1944.
Milano 1982. – K. D. Bracher, L. Valiani (Hgg.), Fascismo e nazionalsocia-
lismo. Bologna 1986. – Ph. V. Cannistraro (Hg.), Historical Dictionary of
Fascist Italy. Westport, London 1982. – A. Cassels, Mussolini's Early Diplomacy. Princeton 1970. – F. Chabod, L'Italia contemporanea (1918–1948):
Lezioni alla Sorbona. Torino [26]1983, dt. Reinbek 1965. – G. Ciano, Diario
1937–1943. Milano 1980. – R. De Felice, Le interpretazioni del fascismo. Bari
1969 u. ö., dt. Göttingen 1980. – R. De Felice, Storia degli ebrei italiani sotto il
fascismo, Torino [4]1988. – R. De Felice, Mussolini il fascista. L'organizzazione
dello Stato fascista 1925–1929. Torino 1968 u. ö. – R. De Felice, Mussolini il
duce. Gli anni del consenso 1929–1936. Torino 1974 u. ö. – R. De Felice,
Mussolini il duce. Lo Stato totalitario 1936–1940. Torino 1981. – R. De Felice,
Der Faschismus. Ein Interview. Stuttgart 1977. – G. De Luna, Mussolini.
Reinbek 1978. – Der italienische Faschismus. Probleme und Forschungstenden-
zen. München 1983. – P. Hertner, Italien 1915–1980, in: W. Fischer (Hg.),
Handbuch der europäischen Wirtschafts- und Sozialgeschichte. Bd. 6. Stuttgart
1987, S. 998–1047. – M. Funke, Sanktionen und Kanonen. Mussolini und der
internationale Abessinienkonflikt 1934–1936. Düsseldorf 1970. – K.-P. Hoepke,
Die deutsche Rechte und der italienische Faschismus. Düsseldorf 1968. – A. Lyt-
telton, The Seizure of Power. Fascism in Italy 1919–1929. London 1973. –
D. Mack Smith, Mussolini. London 1982. dt. München 1983. – P. Melograni,
Gli industriali e Mussolini . . . Milano 1972. – M. Michaelis, Mussolini and the
Jews. German–Italian Relations and the Jewish Question in Italy 1922–1945.
London, Oxford 1978. – B. Mussolini, Opera Omnia, 44 Bde., Firenze, später
Roma 1962–1979. – E. Nolte, Der Faschismus in seiner Epoche. München [5]1979.
– E. Nolte, Theorien über den Faschismus. Köln 1967 u. ö. – J. Petersen,
Hitler–Mussolini. Die Entstehung der Achse Berlin–Rom 1933–1936. Tübingen
1973. – K. Priester, Der italienische Faschismus. Köln 1972. – G. Rochat,
Militari e politici nella preparazione della campagna d'Etiopia . . . 1932–1936.
Milano 1971. – L. Salvatorelli, G. Mira, Storia d'Italia nel periodo fascista.
Torino 1964 u. ö. – E. Santarelli, Storia del movimento e del regime fascista.
2 Bde. Roma 1967. 3 Aufl. u. d. T.: Storia del fascismo. Roma 1981. – R. Sarti,
Fascism and the Industrial Leadership in Italy 1919–1940. Berkeley 1971. –
W. Schieder (Hg.), Faschismus als soziale Bewegung. Deutschland und Italien
im Vergleich. Göttingen [2]1983. – P. Spriano, Storia del Partito comunista
italiano. 5 Bde. Torino 1967–1975 u. ö. – P. Togliatti, Lektionen über den
Faschismus. Frankfurt/M. 1973. – P. Togliatti, Opere (1917–1964), 6 Bde.
Roma 1967–1984. – N. Tranfaglia, Dallo Stato liberale al regime fascista. Milano
1973. – G. Turi, Il fascismo e il consenso degli intellettuali. Bologna 1980.

Italien vor und im Zweiten Weltkrieg

W. Baum, E. Weichold, Der Krieg der »Achsenmächte« im Mittelmeer-
Raum. Die »Strategie« der Diktatoren. Göttingen 1973. – G. Bocca, Storia
d'Italia nella guerra fascista 1940–1943. Bari 1969 u. ö. – J. F. Coverdale, Italian
intervention in the Spanish Civil War. Princeton 1975. – F. W. Deakin, Die

brutale Freundschaft. Hitler, Mussolini und der Untergang des italienischen Faschismus. Köln 1962. – R. De Felice (Hg.), L'Italia fra tedeschi e alleati. La politica estera fascista e la seconda guerra mondiale. Bologna 1973. – Das Deutsche Reich und der Zweite Weltkrieg: Bd. 3: Der Mittelmeerraum und Südosteuropa. Stuttgart 1984. – Diario Storico del Comando Supremo. Bd. 1 ff. Roma 1986 ff. – P. Herde, Italien, Deutschland und der Weg in den Krieg im Pazifik 1941. Wiesbaden 1983. – L'Italia nella seconda guerra mondiale e nella Resistenza. Milano 1988. – Gli italiani sul fronte russo. Bari 1982. – M. Knox, Mussolini Unleashed 1939–1941. Cambridge/Mass. 1982. – D. Mack Smith, Mussolini's Roman Empire. London 1976. – R. G. Reuth, Entscheidung im Mittelmeer. Die südliche Peripherie Europas in der deutschen Strategie ... 1940–1942. Koblenz 1985. – G. Schreiber, Revisionismus und Weltmachtstreben. Marineführung und deutsch-italienische Beziehungen 1919–1944. Stuttgart 1978. – J. Schröder, Italien im Zweiten Weltkrieg. Eine Bibliographie. München 1978. – F. Siebert, Italiens Weg in den Zweiten Weltkrieg. Frankfurt/M. 1962. – M. Toscano, The Origins of the Pact of Steel. Baltimore 1967.

Republik von Salò, Resistenza und demokratischer Wiederaufbau

G. Amendola, Lettere a Milano. Ricordi e documenti 1939–1945. Roma 1973 u. ö. – R. Battaglia, Storia della Resistenza italiana. Torino 1964 u. ö. – H. Bergwitz, Die Partisanenrepublik Ossola 1944. Braunschweig 1972. – G. Bianchi, 25 luglio: crollo di un regime. Milano 1963 u. ö. – G. Bocca, La repubblica di Mussolini. Bari 1977. – G. Bocca, Storia dell'Italia partigiana. Bari 1966 u. ö. – E. Collotti, L'amministrazione tedesca dell'Italia occupata 1943–1945. Milano 1963. – G. De Luna, Storia del Partito d'Azione. La rivoluzione democratica 1942–1947. Milano 1982. – Ch. F. Delzell, Mussolini's Enemies. The Italian Anti-fascist Resistance. Princeton 1961. – Enciclopedia dell'Antifascismo e della Resistenza. Milano 1968 ff. (bislang 4 Bde.). – A. Gambino, Storia del dopoguerra. Dalla liberazione al potere Dc. Bari 1975 u. ö. – D. Grandi, 25 luglio. Quarant'anni dopo, hg. von R. De Felice. Bologna 1983. – L'Italia dei quarantacinque giorni. 1943: 25 luglio – 8 settembre. Milano 1969. – E. Kuby, Verrat auf deutsch. Wie das Dritte Reich Italien ruinierte. Hamburg 1982. – E. Lussu, La difesa di Roma. Sassari 1987. – P. Malvezzi, G. Pirelli (Hgg.), Lettere di condannati a morte della Resistenza italiana. Torino 1954 u. ö. – G. Quazza, Resistenza e storia d'Italia ... Milano 1976. – La Repubblica Sociale Italiana 1943–1945, Brescia 1986. – P. Secchia, F. Frassati, Storia della Resistenza. 2 Bde. Roma 1965. – J. Schröder, Italiens Kriegsaustritt 1943. Göttingen 1969. – R. Steininger, Los von Rom? Die Südtirolfrage 1945/46 und das Gruber-De Gasperi-Abkommen. Innsbruck 1967. – K. Stuhlpfarrer, Die Operationszonen »Alpenvorland« und »Adriatisches Küstenland« 1943–1945. Wien 1969. – L. Valiani, G. Bianchi, E. Ragionieri, Azionisti, cattolici e comunisti nella Resistenza. Milano 1971. – L. Valiani, Tutte le strade conducono a Roma. Bologna ²1983. – H. Woller (Hg.), Italien und die Großmächte 1943–1948. München 1988. – S. J. Woolf (Hg.), Rebirth of Italy 1943–1950. Reading, London 1972.

Italien nach 1946: die Republik

P. Lange (Hg.), Studies on Italy 1943–1975. Select bibliography ... Torino 1977. – A. Tauschinsky, U. Krauss-Leichert (Hgg.), Italien. Bibliographie der deutschsprachigen sozialwissenschaftlichen Monographien und Zeitschriftenartikel 1945–1984. München 1985.

S. G. Alf, Leitfaden Italien. Vom antifaschistischen Kampf zum Historischen Kompromiß. Berlin 1977. – E. C. Banfield, The Moral Basis of a Backward Society. New York 1958. – K. von Beyme, Das politische System Italiens. Stuttgart 1970. – D. L. M. Blackmer, Unity in Diversity. Italian Comunism and the Comunist World. Cambridge/Mass. 1968. – F. L. Cavazza, S. R. Graubard (Hgg.), Il caso italiano. Milano 1974. – Dieci anni dopo. 1945–1955. Bari 1955. – G. Di Palma, Surviving without Governing. The Italian Parties in Parliament. Berkeley 1977. – P. Farneti, Il sistema dei partiti in Italia 1946–1979. Bologna 1983. – G. Galli, Il bipartitismo imperfetto. Comunisti e democristiani in Italia. Bologna 1966 u. ö. – L. Graziano, S. Tarrow (Hgg.), La crisi italiana. 2 Bde. Torino 1979. – H. Hess, Italien: Die ambivalente Revolution. In: Angriff auf das Herz des Staates. 2 Bde. Frankfurt/M. 1988. Bd. 2: 9–166. – H. Hinterhäuser, Italien zwischen schwarz und rot. Stuttgart 1956. – N. Kogan, A Political History of Italy: The Postwar Years. New York 1983. – M. Kreile, Gewerkschaften und Arbeitsbeziehungen in Italien (1968–1982). Frankfurt/M. 1985. – J. La Palombara, Interest Groups in Italian Politics. Princeton 1964. – J. La Palombara, Democracy, Italian Style, New Haven, London 1987. – G. Mammarella, L'Italia contemporanea 1943–1985. Bologna 1985. – W. Merkel, Die Sozialistische Partei Italiens … Bochum 1985. – P. Nenni, Diari 1943–1971. 3 Bde. Milano 1981–1983. – G. Sartori, Teoria dei partiti e caso italiano. Milano 1982. – F. Schinzinger, Die Mezzogiorno-Politik. Möglichkeiten und Grenzen der Agrar- und Infrastrukturpolitik. Berlin 1970. – P. Scoppola, La proposta politica di De Gasperi. Bologna 1977. – P. Scoppola, Gli anni della Costituente fra politica e storia. Bologna 1980. – P. Sylos Labini, Saggio sulle classi sociali. Bari 1975 u. ö. – S. G. Tarrow, Peasant Communism in Southern Italy. New Haven 1967. – S. Turone, Storia del sindacato in Italia dal 1943 a oggi. Bari ³1984. – Th. Wieser, F. Spotts, Der Fall Italien. Dauerkrise einer schwierigen Demokratie. Frankfurt/M. 1983. 2. Aufl. München 1988.

PERSONEN- UND SACHREGISTER

ITALIEN IM 15. JAHRHUNDERT

SAVOYEN
PIEMONT
Mailand
MONT-
FERRAT
ASTI
SALUZZO
Genua
Venedig
MANTUA
FERRARA
MODENA
Bologna
ROMAGNA
LUCCA
Florenz
Siena
MARKEN
UMBRIEN
PATRIMONIUM
PETRI
Rom
KÖNIGREICH
Benevent
Neapel
NEAPEL
KORSIKA
SARDINIEN
Palermo
Messina
SIZILIEN
Syrakus

Kirchenstaat um 1450

vom Kirchenstaat abhängige Gebiete

Herzogtum Mailand um 1450

Republik Venedig um 1450

Herrschaft der Este um 1500

Republik Florenz um 1500

Republik Siena um 1500

Republik Genua um 1500

Herzogtum Savoyen um 1500

Aragonischer Besitz 1400

– – – – Grenze des Deutschen Reiches
um 1500

1442 zu Aragon, vorher Anjou